Fachkunde Warenkunde Drogerie

Die einzelnen Inhalte des Buches wurden erarbeitet von:

Michael Bastian, Köln	Kapitel I
Jan Neuhaus, Münster	Kapitel III, IV/4, IV/8–9; X
Barbara Schaefer-Sümmermann, Bergisch Gladbach	Kapitel V, VII; VIII
Anke Trebovsek, Bielefeld	Kapitel IV/1–3, IV/5-7; IV/10–12
Monika Vossler, Enger	Kapitel II, VI, IX, XI

unter Mitwirkung von
Rabia Demirci

Zum geschlechterspezifischen Sprachgebrauch:

Dem allgemeinen Sprachgebrauch folgend, wird in diesem Buch durchgängig die männliche Form verwendet. Selbstverständlich sind damit auch immer die entsprechenden weiblichen Personen gemeint.

Redaktion: *Annette Lindner-Focke*
Layout: *Petra Jentschke*
Layoutanpassung: *Ursula Steffen, Klein & Halm, Berlin*
Umschlaggestaltung: *Rosendahl Grafikdesing, Berlin*

www.cornelsen.de

Die Links der externen Webseiten Dritter, die in diesem Lehrwerk angegeben sind, wurden vor Drucklegung sorgfältig auf ihre Aktualität geprüft. Der Verlag übernimmt keine Gewähr für die Aktualität und den Inhalt dieser Seiten oder solcher, die mit ihnen verlinkt sind.

1. Auflage, 1. Druck 2011

Alle Drucke und seine Teile sind urheberrechtlich geschützt.
Jede Nutzung in anderen als den gesetzlich zugelassenen Fällen bedarf der vorherigen schriftlichen Einwilligung des Verlages.
Hinweis zu den §§46, 52a UrhG: Weder das Werk noch seine Teile dürfen ohne eine solche Einwilligung eingescannt und in ein Netzwerk eingestellt oder sonst öffentlich zugänglich gemacht werden.
Dies gilt auch für Intranets von Schulen und sonstigen Bildungseinrichtungen.

Druck: CS-Druck CornelsenStürtz, Berlin

ISBN 978-3-06-450382-3

 Inhalt gedruckt auf säurefreiem Papier aus nachhaltiger Forstwirtschaft.

Fachkunde Warenkunde Drogerie

Herausgeber
Verband Deutscher Drogisten e.V.

Autoren
Michael Bastian
Jan Neuhaus
Barbara Schaefer-Sümmermann
Anke Trebovsek
Monika Vossler

Vorwort

Die Drogerie ist das Fachgeschäft für Gesundheit, Schönheit und Freizeit. Der Beruf des Drogisten/der Drogistin verlangt daher hohe Kompetenz und Fachwissen über das umfangreiche Warensortiment wie freiverkäufliche Arzneimittel, Haar-, Haut- und Körperpflegemittel, Mittel zur Sachwerterhaltung sowie Artikel für die Fotografie.
Das vorliegende Fach- und Warenkundebuch dient als Lehrbuch für Auszubildende zum Drogisten/zur Drogistin und als Nachschlagewerk für Drogisten in der täglichen Praxis.

Hohe Fachkompetenz erfordert ein fundiertes Fachwissen für eine verantwortliche Beratung des Kunden. Ein fundiertes Fachwissen bedeutet eine hohe Beratungskompetenz, und diese führt zu einer starken Kundenbindung.

Das vorliegende Fach- und Warenkundebuch vermittelt die Inhalte der Grundlagen der fachlichen Ausbildung mit einem hohen Veranschaulichungsgrad durch didaktisierte Grafiken und Fotos. Es erlaubt einen schnellen Zugriff auf Fachinformationen durch Produktbeispiele in Tabellenform aus dem drogistischen Warensortiment mit Eigenschaften und Wirkungsweisen. Es dient damit als Hilfe in der Kundenberatung bei speziellen Anwendungen und gibt Hinweise und Tipps.
Zum besseren Verstehen von Zusammenhängen werden Hintergrundinformationen mittels fachlicher Exkurse dem Leser angeboten. Ferner finden sich zum Vervollständigen der Buchinhalte Hilfen zur Internetrecherche beim selbstständigen Lernen.

Das Autorenteam setzt sich aus erfahrenen Fachlehrern zusammen. Damit ist die Übermittlung eines fundierten Grundwissens in einer praxisnahen Darstellung gewährleistet.
Mein besonderer Dank gilt Frau Babara Schaefer-Sümmermann, die die Idee und Konzeption für dieses Fach- und Warenkundebuch für die Ausbildung zum Drogisten/zur Drogistin hatte.

Der Verband Deutscher Drogisten e. V. dankt dem Autorenteam und dem Cornelsen Verlag sowie allen unterstützenden Firmen für ihre Leistungen und wünscht den Benutzern des Buches viel Freude und Erfolg in der Ausbildung.
Anregungen zur Optimierung des Lehrwerks werden vom Autorenteam und dem Cornelsen Verlag gern entgegengenommen.

Michael Bastian

Köln, im Juni 2011

Zum Gebrauch des Buches:

 Tipp für die Kundenberatung

 Exkurs, vertiefende Informationen zu aktuellen Lerninhalten

 Aufträge zum selbstständigen Arbeiten und Sammeln von Erfahrungen

 Hinweis auf Gesetzestexte

 Hinweis auf Internetrecherche

 Hinweis auf Nachhaltigkeit

Orange gedruckte Begriffe finden Sie im Glossar.

Inhaltsverzeichnis

I	**Geschichte der Drogerie und des Drogisten-Berufsstands**	**13**
II	**Zukunft im Blick – nachhaltig handeln**	**17**
1	Die drei Dimensionen der nachhaltigen Entwicklung	17
1.1	die ökologische Dimension	19
1.2	Die ökonomische Dimension	20
1.3	Die soziale Dimension	21
2	Sich nachhaltig verhalten	22
III	**Gesundheit – Grundwissen, Produkte**	**27**
1	Zellen	28
1.1	Gewebearten	29
1.2	Bakterienzellen	30
2	Knochen- und Bandapparat	31
2.1	Das Skelett	31
2.2	Krankheiten und Beschwerden des Knochen- und Bandapparates	33
2.2.1	Osteoporose	33
2.2.2	Arthritis und Arthrose	34
2.2.3	Sehnenscheidenentzündung	35
2.2.4	Verstauchung	36
2.2.5	Prellung	36
3	Muskulatur	37
3.1	Skelettmuskulatur (quergestreifte Muskulatur)	37
3.1.1	Aufbau des Skelettmuskels	37
3.1.2	Skelettmuskeln in der Übersicht	39
3.2	Glatte Muskulatur	39
3.3	Herzmuskulatur	39
3.4	Produkte bei Krankheiten und Beschwerden der Muskulatur	40
3.4.1	Muskelkater	40
3.4.2	Muskelzerrung	41
3.4.3	Muskelhartspann	41
3.4.4	Muskelrheumatismus	42
3.4.5	Muskelkrämpfe	43
3.4.6	Prellung	43
4	Herz-Kreislauf-System	44
4.1	Herz	44
4.2	Blut	45
4.3	Produkte bei Beschwerden des Herz-Kreislauf- und Blut-Systems	47
4.3.1	Bluthochdruck	47
4.3.2	Arteriosklerose	48
4.3.3	Niedriger Blutdruck	48
4.3.4	Herzinsuffizienz, Herzschwäche oder Altersherz	49
4.3.5	Venenleiden	50
4.3.6	Eisenmangel-Anämie	51
5	Nervensystem	52
5.1	Willkürliches Nervensystem	52
5.2	Unwillkürliches Nervensystem	52
5.3	Mittel zur Behandlung von nervösen Zuständen (Beruhigungsmittel)	53

6	**Lymphgefäßsystem**	55
7	**Atmungsorgane**	57
	7.1 Aufbau und Funktion des Atmungssystems	57
	7.2 Beschwerden der Atmungsorgane – Erkältung	58
8	**Verdauungssystem**	65
	8.1 Bestandteile des Verdauungssystem	65
	8.1.1 Der Mund	66
	8.1.2 Der Magen	66
	8.1.3 Der Dünndarm	67
	8.1.4 Der Dickdarm	68
	8.2 Produkte bei Beschwerden des Magen-Darm-Traktes	70
	8.2.1 Appetitlosigkeit	70
	8.2.2 Sodbrennen	71
	8.2.3 Völlegefühl	72
	8.2.4 Durchfall (Diarrhoe)	73
	8.2.5 Blähungen (Meteorismus)	73
	8.2.6 Verstopfung (Obstipation)	75
	8.2.7 Leberbeschwerden	76
9	**Nieren und Harnblase**	77
	9.1 Aufgaben der Nieren	77
	9.2 Aufbau und Lage der Nieren	77
	9.3 Funktion der Niere	78
	9.4 Harnblase	79
	9.5 Harnwegsinfektionen	79
	9.5.1 Harnröhrenentzündung – unterer Harnwegsinfekt	79
	9.5.2 Blasenentzündung	80
	9.6 Blasenschwäche (Harninkontinenz)	80
	9.7 Prostatabeschwerden	80
10	**Zähne und Zahnhalteapparat**	82
	10.1 Mundhöhle	82
	10.2 Gebiss und Zähne	83
	10.3 Erkrankungen und Beschwerden der Zähne und des Zahnhalteapparates	84
	10.3.1 Karies	84
	10.3.2 Gingivitis	85
	10.3.3 Parodontitis	85
	10.3.4 Sensitive Zähne	86
	10.3.5 Zahnstein	86
	10.4 Produkte zur Vorbeugung und bei Erkrankungen der Zähne und des Zahnhalteapparates	86
	10.4.1 Die Zahnbürste	86
	10.4.2 Zahncreme (Zahnpasta oder-paste)	88
	10.4.3 Zahnseide und andere Zahnreinigungshilfsmittel	90
	10.4.4 Mundspüllöungen, Mundwässer und Mundsprays	91
	10.4.5 Zusätzliche Produkte zur Reinigung der Zähne	92
	10.4.6 Zahnaufheller	93
	10.4.7 Pflege der „3. Zähne"	93

11	**Fuß und Fußpflege**	95
11.1	Aufbau des Fußes	95
11.2	Fehlbildungen und Fehlstellungen der Füße	96
11.3	Produkte bei Beschwerden an den Füßen	96
11.3.1	Übermäßige Hornhaut	96
11.3.2	Hühneraugen	98
11.3.3	Schrunden	98
11.3.4	Blasen	99
11.3.5	Fußpilz	99
11.3.6	Kalte Füße	100
11.3.7	Müde, geschwollene Füße	100
11.3.8	Starker Fußschweiß	100
12	**Wundheilung**	103
13	**Monatshygiene und Verhütungsmittel**	106
13.1	Produkte zur Monatshygiene	107
13.2	Ovulations- und Schwangerschaftstests	108
13.3	Verhütungsmittel und Gleitgele	109

IV Kosmetische Produkte für Haut, Haare, Nägel — 111

1	**Haut und Hautanhangsgebilde**	112
1.1	Funktionen der Haut	113
1.2	Aufbau der Haut	115
1.2.1	Die Oberhaut (Epidermis)	115
1.2.2	Die Lederhaut (Dermis, Corium)	117
1.2.3	Die Unterhaut (Unterhaut-Fettgewebe, Subcutis)	119
1.3	Die Hautanhangsgebilde	120
1.3.1	Drüsen	120
1.3.2	Haare	122
1.3.3	Nägel	124
1.4	Hautveränderungen und Hauterkrankungen	125
1.4.1	Wichtige Hautveränderungen und -erkrankungen	127
1.4.2	Überempfindlichkeitsreaktionen	130
2	Inhaltsstoffe von Kosmetika	132
2.1	Wichtige Inhaltsstoffe von Kosmetika	134
2.1.1	Wasser	134
2.1.2	Alkohole	134
2.1.3	Emulgatoren	135
2.1.4	Tenside	137
2.1.5	Fette, Öle, Wachse	138
2.1.6	Gelbildner	139
2.1.7	Konservierungsmittel	139
2.1.8	Antioxidanzien	140
2.1.9	Duftstoffe	140
2.1.10	Farbstoffe	141
2.2	Wichtige Wirkstoffe in Kosmetika	142
2.2.1	Pflanzliche Wirkstoffe	144

3	**Produkte zur Reinigung und Pflege der Haut**	149
3.1	Tägliche Reinigung der Haut	149
3.1.1	Produkte zur Reinigung der Haut	150
3.1.2	Zusatzartikel für Dusche und Bad	154
3.2	Produkte zur Stärkung (Tonisierung) der Haut	156
3.3	Produkte zum Schutz und zur Pflege der Haut	156
3.4	Spezialpflege	158
3.4.1	Augen	158
3.4.2	Lippen	159
3.5	Intensivreinigung und -pflege	159
3.5.1	Peelings	159
3.5.2	Masken und Packungen	162
3.6	Systempflege	163
3.7	Reinigung und Pflege von typischen Hautzuständen	164
3.7.1	Normaler Hautzustand	165
3.7.2	Fettiger (öliger) Hautzustand	166
3.7.3	Trocken-fettarmer Hautzustand	167
3.7.4	Sensibler (empfindlicher) Hautzustand	169
3.7.5	Reife Haut und Altershaut	170
3.8	Hautbeurteilung im Kundengespräch	172
4	**Sonnenschutz**	174
4.1	Zusammensetzung des Sonnenlichtes	174
4.2	Auswirkungen der Sonnenstrahlung auf die Haut	175
4.3	Eigenschutz der Haut	176
4.4	Lichtschutzfilter	178
4.5	Lichtschutzfaktor (LSF)	178
4.6	Gesamtschutzzeit	179
4.7	Sonnenbrand	179
4.8	Sonnenallergie	180
4.9	Sonnenschutzmittel	180
4.9.1	Sonnenschutzmilch, Sonnenschutzcreme, Sonnenschutzlotion	180
4.9.2	Sonnenschutzgele	181
4.9.3	Sonnenschutzöle	181
4.9.4	Sonnenschutzstift für Lippen, Nase und Ohren	181
4.9.5	Sonnenschutzspray	181
4.10	After-sun-Produkte	182
4.11	Selbstbräunungsmittel	182
5	**Herrenkosmetik**	184
6	**Naturkosmetik**	189
7	**Hautpflegeprodukte für die Schwangerschaft und Babypflege**	191
8	**Deodorants und Antitranspirants**	194
8.1	Schwitzen	194
8.2	Produkte zur Hemmung des unangenehmen Geruchs durch die apokrinen Drüsen	195
8.2.1	Deodorants (Deo)	195
8.2.2	Antitranspirants (Antiperspirants)	195
8.2.3	Darreichungsformen	196
9	**Parfüm**	197
9.1	Duftstoffe	197
9.2	Duftgewinnungsverfahren	199
9.3	Inhaltsstoffe von Parfüms	200
9.4	Duftaufbau und Duftfamilien	200
9.5	Duftberatung	201
9.6	Duftherstellung	201

10 Produkte zur Pflege und Gestaltung der Nägel ... 202
- 10.1 Aufbau und Funktion der Nägel ... 202
- 10.2 Veränderungen und Erkrankungen der Nägel ... 203
- 10.3 Pflege und Verschönerung der Nägel – Arbeitsschritte ... 204
- 10.4 Produkte zur Pflege und Gestaltung der Nägel ... 207
- 10.5 Produkte zur Nageldekoration ... 210
- 10.6 Die Pflege und Dekoration der Fußnagel (Pediküre) ... 210
- 10.7 Produkte für die Nagelmodellage und Nail-Art ... 211

11 Haare und Haarpflege ... 212
- 11.1 Grundwissen Haare ... 212
- 11.2 Reinigungsprodukte für das Haar ... 215
- 11.3 Pflegeprodukte für das Haar ... 217
- 11.4 Produkte zur Haarumformung ... 219
- 11.4.1 Umformung durch Feuchtigkeit und Wärme ... 219
- 11.4.2 Umformung durch Wellmittel (Dauerwelle) ... 221
- 11.5 Kämme und Bürsten ... 223
- 11.6 Haarcoloration ... 223
- 11.6.1 Temporäre und semipermanente (direktziehende) Farben ... 224
- 11.6.2 Pflanzenhaarfarben ... 225
- 11.6.3 Oxidative Farben ... 226
- 11.6.4 Intensivtönungen (demipermanente Haarfarben) ... 228
- 11.6.5 Blondierungen ... 229
- 11.6.6 Re-Nature-Produkte / luftoxidable Haarfarbe (selbstentwickelnde Farbvorstufen) ... 230
- 11.7 Haarentfernung ... 230
- 11.8 Haarverlängerung ... 232

12 Dekorative Kosmetik ... 232
- 12.1 Die Vier-Jahreszeiten-Typologie der Farben ... 233
- 12.2 Farbgebung ... 234
- 12.3 Arbeitsschritte und Produkte für ein Make-up ... 235
- 12.3.1 Vorbereitung ... 235
- 12.3.2 Abdecken ... 236
- 12.3.3 Grundieren (Make-up, Foundation) ... 236
- 12.3.4 Fixierung mit Puder ... 239
- 12.3.5 Augenbrauenstift ... 240
- 12.3.6 Lidschatten (Eye Shadow) ... 240
- 12.3.7 Lidstrich (Eyeliner) ... 241
- 12.3.8 Wimperntusche (Mascara) ... 242
- 12.3.9 Lippenkonturenstift (Lipliner) ... 244
- 12.3.10 Lippenstift ... 244
- 12.3.11 Rouge ... 245
- 12.3.12 Kontrolle des fertigen Make-ups ... 246

V Ernährung und Nahrungsmittel ... 249

1 Einführung in die Ernährungslehre ... 249
- 1.1 Energiebedarf eines Menschen ... 249
- 1.2 Nährstoffe und Nährstoffbedarf ... 251
- 1.2.1 Kohlenhydrate (Saccharide) ... 251
- 1.2.2 Fette (Lipide) ... 255
- 1.2.3 Eiweiße (Proteine) ... 258
- 1.2.4 Vitamine ... 260
- 1.2.5 Mineralstoffe ... 263
- 1.2.6 Sekundäre Pflanzenstoffe (SPS) ... 266
- 1.2.7 Wasser ... 267
- 1.3 Empfehlungen für eine „gesunde Ernährung" ... 269

2	**Ernährung bei speziellen Ernährungserfordernissen**	**270**
2.1	Ernährung in der Schwangerschaft	270
2.2	Ernährung während der Stillzeit	271
2.3	Säuglings- und Kleinkindernährung	272
2.3.1	Milchnahrungen	272
2.3.2	Beikost	276
2.3.3	Getränke in der Säuglingsernährung	278
2.4	Ernährung im Alter	279
2.5	Sportlerernährung	281
2.6	Ernährung bei Übergewicht	283
2.7	Ernährung bei Diabetes mellitus („Zuckerkrankheit")	284
2.7.1	Grundwissen	284
2.7.2	Ernährung bei Diabetes mellitus	286
2.8	Ernährung bei Lebensmittelintoleranz	286
2.8.1	Zöliakie	287
2.8.2	Laktoseintoleranz	287
2.9	Ernährung bei besonderen Ernährungsformen	289
2.91	Vegetarische/vegane Ernährung	289
2.9.2	Vollwerternährung, vollwertige Ernährung	290
3	**Lebensmittelgruppen**	**292**
3.1	Getreide, Getreideprodukte, Körner	292
3.2	Süßungsmittel	296
3.3	Trockenfrüchte	299
3.4	Nüsse, Samen	301
3.5	Öle	303
3.6	Schokolade	304
3.7	Hülsenfrüchte	305
3.8	Getränke	308
3.9	Würzmittel	312
3.10	Funktionelle Lebensmittel	315
3.11	Nahrungsergänzungsmittel	315
3.12	Biologische Lebensmittel	317

VI Drogenkunde … 319

1 Geschichte der Drogen … 320

2 Zubereitungs- und Anwendungsmöglichkeiten von Drogen in der medizinischen Therapie … 320

3 Drogenherstellungsverfahren (Übersicht) … 323

4 Anwendungsmöglichkeiten … 324

5 Wirkstoffgruppen bei Pflanzen … 327

6 Kennzeichnung von pflanzlichen Arzneimitteln … 334

7 Steckbriefe zu gebräuchlichen Drogen … 335

VII Inhaltsstoffe in Wasch- und Reinigungsmitteln … 369

VIII Wasch- und Reinigungsmittel ... 389

- **1 Wasch- und Pflegemittel für Textilien** ... 389
  - 1.1 Faktoren beim Wasch- und Reinigungsprozess ... 389
  - 1.1.1 Die Chemie beim Waschprozess ... 390
  - 1.1.2 Die Wasserhärte ... 391
  - 1.1.3 Die Verschmutzungen ... 392
  - 1.1.4 Die Textilarten ... 393
  - 1.1.5 Hinweise zum „nachhaltigen Waschen" ... 396
  - 1.2 Waschmittel ... 398
  - 1.2.1 Wäschevorbehandlungsmittel ... 341
  - 1.2.2 (Haupt-)Waschmittel ... 400
  - 1.2.3 Wäschenachbehandlungsmittel ... 403
  - 1.2.4 Fleckentfernungsmittel ... 406
- **2 Haushaltsreinigungs- und –pflegemittel (Putzmittel)** ... 408
  - 2.1 Basisreiniger: Scheuermittel und Allzweckreiniger ... 408
  - 2.2 Spezialreiniger ... 411
  - 2.2.1 Spezialreiniger für die Küche ... 411
  - 2.2.2 Bad- und WC-Reiniger ... 420
  - 2.2.3 Spezialreiniger für den restlichen Wohnbereich ... 423
  - 2.3 Putztextilien ... 434
  - 3 Kerzen ... 435
  - 3.1 Kerzenrohstoffe ... 435
  - 3.2 Herstellung ... 436
  - 3.3 Kerzensorten ... 437
  - 3.4 Kerzenpflege ... 437

IX Sachkundig im Pflanzenschutz ... 439

- **1 Pflanzenschutz** ... 440
  - 1.1 Entwicklung des Pflanzenschutzes ... 440
- **2 Schadursachen** ... 441
  - 2.1 Nicht parasitäre Schadursachen ... 442
  - 2.2 Parasitäre Schadursachen ... 444
- **3 Integrierter Pflanzenschutz** ... 449
  - 3.1 Indirekte bzw. vorbeugende Maßnahmen ... 450
  - 3.2 Direkte Maßnahmen ... 451
  - 3.2.1 Mechanisch-physikalische bzw. technische Maßnahmen ... 451
  - 3.2.2 Biologische Maßnahmen ... 451
  - 3.2.3 Biotechnologische Maßnahmen ... 452
  - 3.2.4 Chemische Maßnahmen ... 454
  - 3.3 Formulierung von PSM ... 456
  - 3.4 Zusammenfassende Übersicht ... 457
- **4 Zimmerpflanzen im Haus und Wintergarten** ... 458
- **5 Wirtschaftliche Schadensschwelle** ... 459
- **6 Zulassung** ... 459
- **7 Wirkmechanismen von PSM** ... 460
- **8 Lagerung** ... 461

9		**Schutz der Menschen, der Tiere und der Umwelt vor schädlichen Auswirkungen von Pflanzenschutzmitteln**	462
	9.1	Anwenderschutz	462
	9.2	Verbraucherschutz	465
	9.3	Bienenschutz	465
	9.4	Umweltschutz	468
	9.5	Nützlinge fördern	470
10		**Entsorgung**	471
11		**Mittel zur Bekämpfung von Lästlingen**	471
12		**Biozide**	473

X Fotografie 477

1		**Entwicklungsetappen der Fotografie**	477
2		**Grundlagen der Fotografie**	478
3		**Kameratypen**	481
	3.1	Analoge Kameras	481
	3.2	Digitale Kameras	482
4		**Filme**	485
5		**Der digitale Sensor/Chip**	486
	5.1	Das digitale Bild	486
	5.2	Speichermedien	487
6		**Programmautomatik**	488
7		**Zusatzgeräte**	489
8		**Fotoentwicklung**	490
	8.1	Analoge Filmentwicklung	491
	8.2	Bestellung digitaler Bilder über das Fototerminal	491
	8.3	Sofortausdruck digitaler Bilder in der Drogerie	491
	8.4	Fotobücher, Geschenkartikel, Poster, Leinwände & Co	492
9		**Fotofehler & Probleme bei der Fotobestellung**	492

XI Tiernahrung 495

1		**Heimtiernahrung**	495
	1.1	Ernährung von Hunden	495
	1.1.1	Trocken- und Nassfutter für Hunde	496
	1.1.2	Snacks für Hunde	498
	1.2	Ernährung von Katzen	499
	1.2.1	Trockennahrung für Katzen	500
	1.2.2	Nassfutter für Katzen	500
	1.2.3	Snacks für Katzen	500
	1.3	Ernährung von Nagern	501
	1.3.1	Kaninchen	501
	1.3.2	Meerschweinchen, Hamster, Mäuse, Ratten	501
	1.4	Ernährung von Vögeln	502

Glossar 504

Stichwortverzeichnis 513

Bildquellenverzeichnis 523

How to say it in English / Comment dit-on en francais 525

I Geschichte der Drogerie und des Drogisten-Berufsstands

Mit der Einführung der Gewerbefreiheit 1869 begann eine Epoche, die schöpferischen Talenten und ideenreichen Fach- und Kaufleuten die Möglichkeiten zur Entfaltung persönlicher Initiative und damit das Aufblühen neuer Handels- und Gewerbezweige bot. In diese Zeit fällt auch das **Werden und Wachsen des Berufsstandes der Drogisten**. Es ist der Anfang des Wegs von Kräutergewölbe und Drogenhandlung zum Geschäftsbetrieb der zeitgemäßen Drogerie, die als neuer Gewerbezweig des selbstständigen Mittelstandes im Verlauf der schnellen technisch-industriellen Entwicklung entstand.

Dabei sollte es im Drogistenberuf einem Teil des Handels gelingen, sozial aufzusteigen, der vorher noch unangesehen und undifferenziert war.

Historische Aufnahme der Drogenhandlung „Crusilla" in Deggendorf

Geschichte der Begriffe „Drogerie" und „Drogist"

Erstmals wurde 1846 im „Das große Conversations-Lexicon für gebildete Stände", das kurz als „Meyers Konversationslexikon" bezeichnet wurde, der Begriff „Droguen" definiert ist. Demnach heißt der Inhaber einer „Droguariehandlung" „Droguist" (damals übliche französische Schreibweise).

In der achten Auflage von „Meyers Konversationslexikon" waren dann erstmals die Begriffe „Drogen", „Drogerie" und „Drogist" in der heutigen Schreibweise aufgenommen und wie folgt beschrieben:

„**Drogen** (frz. Drogues, ital., span. Droga, vom arab. Durawa „Spreu") in bestimmter Weise zubereitete Heilpflanzen, Pflanzenteile oder tierische Organe, die unmittelbar als Arzneimittel oder zur Herstellung pharmazeutischer Präparate dienen oder in Technik, Gewerbe, Haushalt verwendet werden".

Drogerie, gelegentlich auch Drogenhandlung genannt, aus dem früheren Kräutergewölbe entstandenes Fachgeschäft, in dem außer Arzneimitteln, Chemikalien, Giften, Gegenstände zur Gesundheits-, Kranken- und Körperpflege zumeist auch Farben und Photoartikel vertrieben werden. Arzneimittel, soweit sie außerhalb der Apotheke frei verkäuflich sind.

Drogist, Inhaber oder Angestellter einer Drogerie. Dreijährige Lehrzeit mit gleichzeitigem Fachschulbesuch, abschließend mit der Kaufmannsgehilfen- und Drogistenprüfung.

Der Begriff „*Droge*" ist inzwischen einem Bedeutungswandel unterzogen. Die Weltgesundheitsorganisation (WHO) definiert als Droge jeden Wirkstoff, der in einem lebenden Organismus Funktionen zu verändern vermag. Demnach sind Drogen Stoffe und Zubereitungen, die primär zur Erzeugung eines Rauschzustandes oder zur Befriedigung einer Sucht verwendet werden.

Mörser und Pistill

Arzneimittelwesen und Drogerie

Die Geschichte der Drogerie und des Drogisten ist eng mit der Geschichte des Arzneimittelwesens verbunden. Bereits im 16. Jahrhundert gibt es Drogen-Großhandlungen und den Verkauf von Zubereitungen von Drogen in Apotheken. Im 18. Jahrhundert wird den Apotheken durch das „Allgemeine und neugeschärffte Medizinaledikt von Preußen" der Verkauf von Materialien und Gewürzwaren gestattet. Zur selben Zeit entstehen als Konkurrenz zu den Apotheken **Drogen- und Material-Warenhandlungen**. Der Betrieb eines solchen Handels spielte sich in sogenannten „Kräutergewölben" ab. Die pharmazeutischen Geräte, zu denen auch Mörser und Pistill gehörten, unterschieden sich kaum von denen in Apotheken. Der Mörser sollte dann auch ab 1925 in stilisierter Form das Verbandszeichen der Berufsorganisation werden.

Angebotspalette einer Drogerie 1816

Der Gewerbefreiheit ab 1869 stand allerdings die Niederlassungsbeschränkung für Apotheken gegenüber. So ist es zu verstehen, dass Apotheker und Apothekergesellen als Alternative **Medizinalwarenhandlungen** gründeten, in denen sie ein breitgefächertes Angebot von Chemikalien, Farben, Reinigungsmitteln, Körperpflege- und Friseurwarenartikel, einfachen Arzneimitteln und Gewürze anboten. Sie wurden von ihren Kollegen verächtlich „Apothekerdrogisten" bezeichnet.

Der Beruf des Drogisten und letztlich die Drogerie ist also durch die Beschränkung der Niederlassungsfreiheit der Apotheken durch Apotheker entstanden.

Als der Verkehr mit Arzneimitteln zum ersten Mal im Deutschen Reich einheitlich durch die „Kaiserliche Verordnung vom 25. März 1872" verkündet wurde, glaubte der Gesetzgeber eine Regelung getroffen zu haben, den Streit der am Arzneimittelhandel interessierten Parteien zu schlichten.

Doch gerade diese Kaiserliche Verordnung, durch die der Handel mit Apothekerwaren außerhalb der Apotheke sehr stark eingeschränkt wurde, bewirkte das Gegenteil. Die Verordnung war Auslöser für einen jahrzehntelangen Streit zwischen Apothekern und Drogisten und führte zur **Gründung der Berufsorganisation der Drogisten**.

So schrieben die Apotheker *J. Rothe* und *C. Junghänel* am 30. April 1872 an dreißig Dresdner Drogenhandlungen:

> „Wenn je es die Interessen unseres Standes erheischten, endlich einmal durch Wort oder Schrift herauszutreten mit dem, was auch wir, namentlich als Detaillisten, beanspruchen können und müssen, um nicht noch mehr einseitigen und ohne Hinzuziehung von Sachverständigen gegebenen Verordnungen zu unterliegen, so fordert es das neue Gesetz im Reichsblatt No. 11 vom 25. März 1872, welches eine Verordnung enthält, wonach das Feilhalten und der Verkauf von dort angeführten:
>
> A. Zubereitungen zu Heilzwecken
>
> B. Drogen und chemischen Präparaten ausschließlich nur in Apotheken gestattet ist.
>
> Stünde es nicht gedruckt mit der Jahreszahl 1872 – man wäre versucht zu glauben, Kurfürst Moritz habe diese Verordnung vor 300 Jahren erlassen!

Der Streit um den freien Arzneimittelverkehr datierte aber nicht erst aus den siebziger Jahren des neunzehnten Jahrhunderts. Bereits 1835 schrieb der Apotheker *Christian Friedrich Haenle* im „Repertorium für Pharmazie" über den „Droguisten-Unfug" (1835 war das eine Drogengroßhandlung, in der auch en détail gehandelt wurde) „als einen auf das Apothekerwesen sehr nachteilig einwirkenden Gegenstand".

Im Jahre 1895 betrug der Anteil der als Drogisten tätigen „Apotheker im Drogenfach" über 50 Prozent. Durch diese Entwicklung waren Probleme um den Besitzstand vorprogrammiert.

Das „Gift-Buch" wurde auch damals sorgfältig geführt.

Die Geschichte der „Drogerie" und des „Drogisten" stellt sich im Wesentlichen als eine Geschichte des Kampfes zwischen Apothekern und Drogisten im Streit um den freien Arzneimittelverkehr dar. Er ist zudem auch nur zu verstehen, wenn man sich vor Augen führt, dass als Apothekerwaren Schnäpse, Gewürze, Tabak und Konditorwaren galten.

Die wirtschaftliche Entwicklung der Drogerie in der sozialen Marktwirtschaft und die Aufhebung der Preisbindung

Die Nachkriegsentwicklung der deutschen Drogerie begann mit der Währungsreform Ende 1948. Viele Geschäftsinhaber waren jedoch unsicher, was freie Marktwirtschaft für sie bedeuten würde.
Bis 1955 konnte die Drogerie mit großem Erfolg ihr Sortiment verbreitern, weil die Kunden bei ständig steigender Nachfrage alles kauften, was sie bekamen.

Mit zunehmender Dauer begannen allerdings die Probleme. Durch das „Gesetz über die Berufsausbildung im Einzelhandel" war es möglich, Waren aus amtsärztlich kontrollierten Drogenschränken zu verkaufen. Zur Genehmigung bzw. Anmeldung bei der zuständigen Behörde genügte es, per Postkarte über das „Vorhaben" zu informieren und zu versichern, dass eine **Allgemeine Sachkunde** nach dem Gesetz über die Berufsausübung im Einzelhandel vorliegt.

Drogerie der Nachkriegszeit

In die Sortimente der Drogerie kam nun Bewegung. Gerichte mussten beschäftigt werden, um festzustellen, was eine Drogerie ist und wie das Sortiment dieser Drogerie auszusehen hat.
Das OLG Bamberg entschied am 06. Februar 1958 über den wettbewerbsrechtlichen Schutz der Bezeichnung „Drogist" und „Drogerie". Erstmals wurde gerichtlich das Sortiment einer Drogerie durch das *Bamberger Urteil* festgeschrieben.

Ende der fünfziger Jahre wurde in Deutschland die „Selbstbedienung", ein in Amerika mit großem Erfolg praktiziertes Angebots- und Verkaufsverfahren, eingeführt. 1960 begann auch eine, sich über mehrere Jahre hinziehende, fachpublizistische Diskussion, ob der **Drogist als Einzelhandelskaufmann mit Sonderstellung**, sich mit den sogenannten „Drogerieartikeln" am SB-System beteiligen sollte.
Ab den Jahren 1966/1967 drängte sich ein neues Problem in den Vordergrund: **Wegfall der Preisbindung**.

Moderner Drogeriemarkt

Inmitten der Diskussionen von Befürwortern und Gegnern der Preisbindung entstand am 17. März 1972 in Hannover durch Dirk Rossmann der erste Markt für Drogeriewaren Deutschlands. Ihm folgte am 28. August 1973 Götz W. Werner in der Herrenstraße in Karlsruhe mit seinem ersten Drogeriediscountmarkt.

Zum 01. Januar 1974 endete, durch das Gesetz gegen Wettbewerbsbeschränkungen, das Verbot des Wettbewerbs über den Preis. Durch den Wegfall der Preisbindung sah sich auch die inhabergeführte Fachdrogerie nun immer stärker den discountierenden Einzelhandelsformen gegenüber.
Die „Drogerie" hat sich durch Sortimentsveränderungen dieser neuen Situation gestellt. So entstand durch diesen Wandel aus der „Medizinaldrogerie" beispielsweise die Drogerie-Parfümerie, die Foto-Drogerie oder die Reformhaus-Drogerie.
Durch die veränderte Sortimentsgestaltung hat es die „Drogerie" geschafft, sich bis heute am Markt zu behaupten.

II Zukunft im Blick – nachhaltig handeln

„Entwicklung zukunftsfähig zu machen, heißt, dass die gegenwärtige Generation ihre Bedürfnisse befriedigt, ohne die Möglichkeiten der zukünftigen Generation zu gefährden, ihre eigenen Bedürfnisse befriedigen zu können."
Eine von den *Vereinten Nationen* eingesetzte Kommission definierte 1987 etwa so den Leitgedanken, an dem jede Entwicklung sich orientieren sollte. Dabei sind mit „Entwicklung" ökologische, ökonomische und soziale Komponenten von Veränderungen gemeint.

Die *Foundation for Global Sustainability* definiert die nachhaltige Entwicklung noch etwas umfassender:
„Nachhaltige Entwicklung bedeutet, dass die Menschheit sich innerhalb der ökologischen Grenzen unseres Planeten weiterentwickelt, wobei ein wesentlicher Teil der Biosphäre den anderen Arten überlassen wird. Dazu braucht es starke soziale Systeme und eine dynamische Wirtschaft, die sich auf die Verbesserung der Lebensqualität aller Menschen ausrichten, der heutigen und zukünftigen Generationen."

Das sind großartige Worte, aber wie kann man diese Prinzipien in das eigene private und berufliche Leben integrieren? Wie kann eine Kundin erkennen, ob ein Produkt im Drogeriemarkt zur nachhaltigen Entwicklung beiträgt? Wie kann die Drogistin darauf achten, eine nachhaltige Entwicklung zu unterstützen? Um später diese Fragen beantworten zu können, werden zunächst im Folgenden ein paar grundlegende Begriffe erläutert.

1 Die drei Dimensionen der nachhaltigen Entwicklung

Viele denken bei Nachhaltigkeit zunächst an deren ökologische Dimension, also an das Verhalten gegenüber der Umwelt: Man kann Energie sparen, wenn man das Fahrrad benutzt und nicht das Auto, man kann den Müll trennen, damit möglichst viel wiederverwertet werden kann, man kann Bio-Lebensmittel kaufen, damit die Umwelt nicht durch Pflanzenschutzmittel geschädigt wird.

Grundsätzlich ist die ökologische Dimension von großer Bedeutung, die ökonomischen und die sozialen Aspekte spielen aber auch eine große Rolle, die Übergänge sind fließend. Die Ursachen für umweltschädigendes Verhalten vieler Menschen sind nämlich oft politische, soziale oder ökonomische Ungerechtigkeiten und Probleme.

Beispiel:
Familie Raul (8 Personen) lebt am Amazonas in einer kleinen Siedlung am Rande des tropischen Regenwalds. Sie betreibt Landwirtschaft für die eigene Versorgung mit Lebensmitteln. Dazu wird ein kleines Stück Regenwald gerodet und es werden Nutzpflanzen angepflanzt. Nach einigen Jahren wächst auf dem Boden nichts mehr (die Böden sind extrem humus- und mineralstoffarm), ein neues Stück muss gerodet werden. Zusätzlich werden in einem Nebenarm des Amazonas von einigen Familienmitgliedern Fische für den täglichen Bedarf gejagt. Weitere Einnahmequellen, z. B. einen Arbeitsplatz, hat niemand aus der Familie.

Ergebnis einer Brandrodung

Familie Raul kann man schlecht verbieten, für die überlebenswichtige Landwirtschaft den Regenwald zu roden. Wollte man die so begründete Rodung verhindern, müssten in einer fairen Welt alle anderen, die vom Regenwald profitieren, dazu einen Beitrag leisten. Da den Menschen auf der ganzen Welt die „grüne Lunge" der Erde zugutekommt, müsste auch die Weltbevölkerung tätig werden, damit die Familie auf andere Weise als durch Regenwaldzerstörung an ihre Lebensmittel gelangt. Vielleicht könnte der Familie ein Boot zur Verfügung gestellt werden, mit dem sie besser, aber bestandsschonend, fischen könnte. Die Fische müssten der Familie auch zu einem fairen Preis abgenommen werden, Verbraucherinnen und Verbraucher weltweit müssten bereit sein, einen fairen Preis zu bezahlen.

www.bundes-regierung.de
Stichwort: Nachhaltigkeitsstrategie
Bildung für nachhaltige Entwicklung
www.bne-portal.de

Eine nachhaltige Entwicklung zum Wohle aller kann also nur erreicht werden, wenn ökologische, ökonomische und soziale Ziele gleichermaßen Berücksichtigung finden. Für die Umsetzung nachhaltiger Ziele auf nationaler Ebene hat die Bundesregierung 2002 eine nationale Nachhaltigkeitsstrategie („Perspektiven für Deutschland") beschlossen, die fortlaufend aktualisiert wird.

Vereinfacht können die drei Aspekte in einem 3-Säulen-Modell dargestellt werden. Dabei sind die Säulen nicht als starre Gebilde zu sehen. Man kann von einem dynamischen, ineinandergreifenden System ausgehen:

Nachhaltige Entwicklung – Zukunft gestalten

Ökologische Aspekte
Unser Lebensraum (Natur und Umwelt) soll für spätere Generationen erhalten bleiben!
Erneuerbare Naturgüter dürfen nur im Rahmen ihrer Regenerierbarkeit genutzt werden.

Klimaschutz: Energien effizient nutzen, Vorräte schonen, erneuerbare Energien fördern und damit das Klima schützen.

Artenschutz: Arten erhalten durch Schutz des Lebensraums, nachhaltige Flächennutzung.

Ökonomische Aspekte
Es muss ein (Wirtschafts-)System entstehen, das dauerhaft funktioniert! Dafür müssen bei allen wirtschaftlichen Entscheidungen ökologische und soziale Aspekte mit einbezogen werden. Hilfreich dabei: Ein (Firmen-)Leitbild mit Zielen und Maßnahmen!
Es muss eine gerechte Einkommens- und Gewinnverteilung geben.
Jeder Mensch sollte Produkte konsumieren, die die Nachhaltigkeit unterstützen (abfallarm, recyclebar, fair gehandelt und produziert, regional produziert, aus erneuerbaren Rohstoffen/mit erneuerbaren Energien hergestellt).

Soziale Aspekte
Jede Generation muss ihre Probleme lösen und darf damit nicht folgende Generationen belasten!
Es muss eine zukunftsfähige, lebenswerte Gesellschaft aller Menschen entstehen (Sicherung des gesellschaftlichen Zusammenhalts). Alle sollten an (Entscheidungs-)Prozessen gleichermaßen Anteil haben (Aspekte hier: Bildung, Erziehung → Chancengleichheit, gerechte Verteilung des Einkommens, soziale Absicherung, soziale Gerechtigkeit). Einhaltung der Menschenrechte, Gesundheitsvorsorge, Integration Benachteiligter.

Das ist eine beispielhafte, nicht abschließende Aufzählung.

1 Die drei Dimensionen der nachhaltigen Entwicklung

1.1 Die ökologische Dimension

Die überwiegende Mehrzahl aller ökologischen Probleme der Menschen ist von den Menschen selbst erzeugt worden. So ist z. B. der **Klimawandel** eines der wichtigsten vom Menschen zu verantwortenden Umweltprobleme. Heute schon noch deutlicher zu spüren sind die Auswirkungen folgender Umweltprobleme:

Luftverschmutzung: Die meisten Luftschadstoffe entstammen der Industrie und dem Verkehr. Bestimmte Luftschadstoffe (u. a. FCKW) sind Verursacher des Ozonlochs. Als Folge gelangen Krebs auslösende ultraviolette Strahlen der Sonne auf die Erde. Fossiler Brennstoffverbrauch führt zu Problemen wie dem sauren Regen oder der Luftverschmutzung in Städten. Saurer Regen als Zerstörer von Ökosystemen in Gewässern und Wäldern ist heute ein eher abnehmendes Problem in den westlichen Industrienationen, aber ein zunehmendes in den Entwicklungsländern. Eingeatmete Luftschadstoffe – besonders problematisch in Städten – sind Verursacher vieler Krankheiten, u. a. von Asthma.

Hauptemittenten der wichtigsten Luftschadstoffe

Wasserverknappung und -verschmutzung: Etwa 2 Milliarden Menschen leiden darunter, zu wenig sauberes Trinkwasser zur Verfügung zu haben. In Deutschland verbraucht jeder Mensch etwa 125 l Trinkwasser pro Tag, davon nur etwa 1,5 l tatsächlich zum Trinken! Größter Trinkwasserverbraucher ist die Landwirtschaft. Zum Beispiel ist der konventionelle Baumwoll- und Zuckerrohranbau sehr wasserintensiv.

Artensterben: Da wir bis heute nicht mal genau wissen, wie viele Arten es weltweit gibt, kann man den Schaden durch das Aussterben von Arten schlecht abschätzen. Es wird geschätzt, dass täglich bis zu 50 Arten aussterben. Das bedeutet einen starken Rückgang der biologischen Vielfalt. Einerseits wird dadurch in vielen ökologischen Systemen das biologische Gleichgewicht zerstört. Andererseits sterben beispielsweise manche Pflanzen aus, bevor ihre heilwirksamen Inhaltsstoffe überhaupt erforscht und nutzbar gemacht sind. Das Artensterben betrifft auch Kulturpflanzen und -tiere, die vom Menschen gezüchtet wurden. So sterben heute widerstandsfähige Nutzpflanzensorten aus, weil nur noch pflegeintensive Hochleistungssorten angebaut werden. Landwirte, die alte Nutzpflanzen und -tierrassen züchten und auf den Markt bringen, tun dies auch unter dem Motto: „Use it or loose it!"

Ressourcenrückgang: Viele natürliche Ressourcen werden übernutzt, dazu zählen die tropischen Regenwälder, viele Fischarten und viele Rohstoffe. Zum Beispiel wird knapp die Hälfte des weltweiten Energieverbrauchs durch Erdöl gedeckt. Es wird geschätzt, dass das Erdöl aber nur noch etwa für die nächsten 40 Jahre ausreicht!

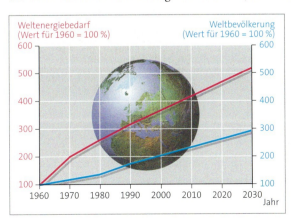

Entwicklung der Weltbevölkerung und des Weltenergiebedarfs, umgerechnet als Veränderung gegenüber 1960

Indikatoren für Nachhaltigkeit I

Wichtige Indikatoren, mit denen das statistische Bundesamt die Umsetzung der ökologischen Ziele der nachhaltigen Entwicklung in Deutschland „misst"!

- Energie- und Rohstoffproduktivität
- Emissionen der 6 Treibhausgase des Kyoto-Protokolls
- Anteil erneuerbarer Energien am Energieverbrauch
- Zunahme der Siedlungs- und Verkehrsfläche
- Entwicklung der Bestände ausgewählter Tierarten
- Transportintensität u. Anteil der Bahn an der Güterverkehrsleistung
- Anteil des ökologischen Landbaus und Gesamtbilanz
- Schadstoffbelastung der Luft

Diese beispielhaft aufgeführten globalen Umweltprobleme stehen natürlich nicht für sich allein, sondern sind vielfach intensiv verflochten. So sterben Arten aus, weil sie kein Wasser mehr finden oder weil ihr Lebensraum im tropischen Regenwald für die Tropenholzgewinnung vernichtet wird. Und die Umweltprobleme sind auch intensiv verflochten mit ökonomischen und sozialen Problemen (siehe Amazonasbeispiel).

1.2 Die ökonomische Dimension

Wie kann man erreichen, dass ein wirtschaftliches System auf Dauer funktioniert und dauerhaft betrieben werden kann? Ein Beispiel: An vielen Küstengebieten wurde in den letzten dreißig Jahren extrem viel gefischt. Fischprodukte konnten dadurch billig angeboten werden und es wurden hohe Gewinne erzielt. Dabei wurden so viele Fische entnommen, dass die verbleibenden nicht mehr genug Nachkommen hervorbringen konnten, um allen Fischern den Lebensunterhalt zu sichern. Dann wurden die Fischerei-Methoden verändert: Es wurden Netze mit kleineren Maschen verwendet, sodass immer kleinere und damit jüngere Fische in den Netzen hängen blieben. Die waren aber noch gar nicht geschlechtsreif und hatten überhaupt noch keine Nachkommen hervorgebracht. Letztlich wurden die Küstenregionen derart leergefischt, dass die Fischer aufgeben mussten, weil sie kaum noch Fische fingen. Die Arbeitslosigkeit in der Region stieg an und an allen europäischen Küsten ging eine seit Jahrhunderten bestehende Lebensweise verloren.

Indikatoren für Nachhaltigkeit II

Wichtige Indikatoren, mit denen das statistische Bundesamt die Umsetzung der sozialen Ziele der nachhaltigen Entwicklung in Deutschland „misst"!
- Höhe von privaten und öffentlichen Ausgaben für Forschung und Entwicklung
- Ausbildungsabschlüsse der 25-Jährigen und Zahl der Studienanfänger
- Zufriedenheit mit der Gesundheit
- Zahl der Wohnungseinbruchsdiebstähle
- Erwerbstätigenquote
- Ganztagsbetreuungsangebote
- Verhältnis der Bruttojahresverdienste von Frauen und Männern

Durch Regierungen oder Staatengemeinschaften kann Einfluss auf das Nachhaltigkeitsprinzip ausgeübt werden, indem die Erreichung festgelegter Ziele unterstützt wird. Es können
- betriebliche ökologische Vorhaben gefördert werden (z. B. Energieeinsparungsmaßnahmen),
- Schadstoffverursacher mit Gebühren belegt werden,
- Beschäftigungskonzepte und die Entwicklung und Ansiedlung neuer Technologien gefördert werden.

Für das oben genannte Fischereibeispiel hätten Fangquoten und Vorschriften über minimale Maschengrößen in Netzen helfen können, den Fischbestand und damit das Geschäft zu sichern. So könnte eine nachhaltige Entwicklung auch die wirtschaftliche und soziale Lage einer Region stabilisieren.

Ein Unternehmen wird zunehmend nicht nur nach seinen Gewinnen beurteilt. Auch die ökologische und soziale Ausrichtung spielt bei Bewerbungen von neuen Mitarbeitern und bei Kaufentscheidungen von Verbraucherinnen und Verbrauchern eine immer größere Rolle. Werden der Umweltschutz, der Arbeitsschutz und soziale Verantwortung vernachlässigt, birgt das erhöhte Risiken für die unternehmerische Zielsetzung. Beispielsweise kann ein vernachlässigter Arbeitsschutz zu einem hohen Krankenstand und damit zu Produktionsengpässen führen. Zudem kann die Glaubwürdigkeit eines Unternehmens und damit der wirtschaftliche Erfolg Schaden nehmen.

In der Herstellung muss der gesamte Lebenszyklus eines Produktes betrachtet werden, nicht nur geringe Kosten. Der bewusste, schonende Einsatz von Rohstoffen und die Minimierung von Abfallstoffen helfen sogar bei Einsparungen.

Dabei sollten alle Beschäftigten gerecht entlohnt werden und an betrieblichen Entscheidungen auf allen Ebenen beteiligt werden.

Natürlich können in diesem ökonomischen, wie auch im ökologischen und sozialen Bereich Verbraucherinnen und Verbraucher ihre Meinung durch bewussten Einkauf (z. B. Fairtrade-Produkte) zum Ausdruck bringen.

1 Die drei Dimensionen der nachhaltigen Entwicklung

1.3 Die soziale Dimension

Wie kann man erreichen, dass unsere Enkel und Urenkel nicht mit von uns verursachten Problemen belastet werden? Die Möglichkeiten, Einfluss darauf zu nehmen, sind vielfältig und können hier nur beispielhaft aufgeführt werden.

Es könnte verboten werden,
- Bäume im tropischen Regenwald zu fällen,
- Wasser für die künstliche Bewässerung landwirtschaftlicher Flächen zu nutzen,
- bestandsbedrohte Fische zu fangen oder
- Erdöl als Energiequelle zu nutzen.

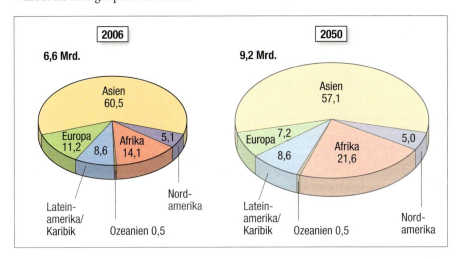

Voraussichtliche Bevölkerungsentwicklung, nach Regionen getrennt (Anteile in %)

Leider würden diese Verbote aber nicht erreichen, dass alle Menschen lebenswert leben können. Vielmehr würden Menschen hungern, weil noch mehr Lebensmittel fehlen würden, die Arbeitslosigkeit würde steigen, weil die energieintensiven Industriebetriebe schließen müssten und die Menschen würden (er)frieren. Mit solchen drastischen Verboten erreicht man also oft wenig Positives. Vielmehr muss es zu einer sozialverträglichen Bewirtschaftung von Regenwäldern und Fischbeständen kommen und die Nutzung erneuerbarer Energiequellen muss Vorrang bekommen. Dafür darf aber nicht die Gewinnmaximierung im Vordergrund stehen, sondern soziale Aspekte müssen bei allen Entscheidungen eingebunden werden. Zum Beispiel durch verbesserte Bildungs- und Ausbildungsangebote können mehr Menschen ihre Chancen besser nutzen.

Grundsätzlich soll nach dem Nachhaltigkeitsprinzip erreicht werden,
- dass die Existenz aller Menschen einer Gesellschaft (auch zukünftig) gesichert ist,
- dass die sozialen Ressourcen einer Gesellschaft erhalten bleiben und entwickelt werden,
- dass alle Menschen einen gleichberechtigten Zugang zu allen Ressourcen haben,
- dass alle Menschen gleichberechtigt an relevanten Entscheidungsprozessen mitwirken können.

2 Sich nachhaltig verhalten

Sich nachhaltig verhalten, das geht nicht ohne Verzicht, das geht nicht „schmerzfrei", oder doch? Die Werbung verspricht, dass, wer beispielsweise einen Kasten Bier kauft, gleich einen Quadratmeter Regenwald mitschützt! Der Markt hat die Kaufkraft kritischer Konsumenten längst erkannt und liefert, was „schmerzfrei" ein gutes Gewissen unterstützt. Doch „sich nachhaltig verhalten" bedeutet mehr – aber was genau und wie sieht der Weg dahin aus?

Am Anfang könnte vielleicht zunächst einmal eine Bestandsaufnahme des eigenen Verhaltens stehen. Dazu eignet sich u. a. die Ermittlung des **ökologischen Fußabdrucks** oder der persönlichen **CO_2-Bilanz**. Der **ökologische Fußabdruck** gilt als Maß dafür, wie viel Fläche ein Mensch für die Herstellung (z. B. Rohstoffverbrauch), den Betrieb und die Entsorgung aller von ihm benutzten Güter und Waren beansprucht. In den reichen Industrieländern ist die beanspruchte Fläche eines Menschen in der Regel viel höher, als tatsächliche Fläche pro Person vorhanden ist. Insgesamt wird von allen Menschen heute etwa 25 % mehr Fläche beansprucht, als auf der Erde zur Verfügung steht. Die Erde wird also „übernutzt"!

 CO_2-Rechner
http://www.wwf.de/
themen/klima-energie/
jeder-kann-handeln/
co2-rechner

Zum **CO_2-Rechner** schreibt der WWF (weltweit tätige Naturschutzorganisation): „Wozu das gut ist? Mit elf Tonnen pro Kopf und Jahr produziert ein Deutscher siebenmal so viel CO_2 wie ein Inder. Wenn wir alle unseren persönlichen Ausstoß um wenige Tonnen senken, ist schon viel gewonnen. Der Rechner zeigt Ihnen, wo Sie besonders viel einsparen können, und gibt Ihnen gleich die passenden Tipps dazu."

> Die Aussagekraft des CO_2-Rechners und des ökologischen Fußabdrucks haben Grenzen: Der Wert von Menschenrechten oder von Artenvielfalt (siehe Säulenmodell) kann damit z. B. nicht abgeschätzt werden! Kritiker diskutieren auch, ob das Säulenmodell (oder ähnliche Modelle) nicht zu sehr auf die Menschen bezogen (anthropozentrisch) ist. Natürlich ist es auf jeden Fall richtig, sich verantwortungsbewusst zu verhalten!

Von Klimaforschern wird eine Beschränkung der CO_2-Emissionen auf 2 t pro Person und Jahr gefordert! Wie kann man das erreichen?

Tipps zum nachhaltigen Verhalten
Im Kontakt mit den Kundinnen und Kunden spielt für die Beschäftigten im Drogeriemarkt der Bereich „Konsum" die größte Rolle. Hier müssen sie fachkompetent zu Aspekten der Nachhaltigkeit beraten können.

Nachhaltiger Konsum
Nachhaltig konsumieren bedeutet, sich die ökologischen, ökonomischen und sozialen Folgen des eigenen Konsums bewusst zu machen und sich dann entsprechend „richtig" und verantwortungsbewusst zu entscheiden. Die Drogistin kann dabei unterstützen, nachhaltige von konventionellen Produkten zu unterscheiden. Qualitätskriterien sind dabei Umwelt- und Gesundheitsschutz, soziale Verantwortung und nachhaltige Herstellung der Produkte. Diese Kriterien sind in der Regel an der Kennzeichnung der Produkte durch unabhängige Siegel bzw. Label erkennbar.

Nachhaltige Produkte im drogistischen Sortiment und ihre Erkennungszeichen

Lebensmittel

Lebensmittel mit diesen Kennzeichen erleichtern die Entscheidung für ein Bio-Lebensmittel. Welche Anforderungen bezüglich Erzeugung und Herstellung an ein solches Produkt mindestens gestellt werden, ist in der „EU-Öko-Verordnung" (Verordnung EWG Nr. 834/2007) geregelt.

Aufschriften wie „bio", „öko", „biologisch", „ökologisch", „biologischer" oder „ökologischer Landbau" dürfen demnach zur Kennzeichnung von Lebensmitteln nur benutzt werden, wenn sie diesen Mindestanforderungen entsprechen. Auch Gentechnik darf nicht angewendet werden. Zu beachten ist, dass die Verordnung **Mindestanforderungen** festlegt. Um das Label von einigen Verbänden (z. B. Bioland) für das erzeugte Lebensmittel zu erhalten, müssen von Erzeugern allerdings noch wesentlich höhere Ansprüche im Sinne der Nachhaltigkeit erfüllt werden.

 Vergleich der Vergabekriterien einiger Label
www.bioland.de/fileadmin/bioland/file/wissen/Kompakt/Vergleich-VB.pdf
oder www.bio-siegel.de

Um die EU-Bio-Mindestanforderungen zu erfüllen, müssen 95 % des Produktes aus ökologischem Landbau stammen:
- Pflanzen dürfen nur auf natürliche Weise oder durch natürliche Stoffe vor Schädlingen geschützt werden (z. B. Nützlinge einsetzen). Der Einsatz von chemisch-synthetischen Pflanzenschutzmitteln ist verboten. Die Kriterien des integrierten Pflanzenschutzes sind ansonsten zu beachten.
- Beim Düngen muss auf Kunstdünger verzichtet werden.
- Tiere sind artgerecht zu halten. Die übliche Massentierhaltung ist verboten.
- Der Einsatz von radioaktiven Strahlen zur Verbesserung der Haltbarkeit ist verboten.

Nützlinge
→ Kapitel IX

Integrierter Pflanzenschutz
→ Kapitel IX / 1.1

Kritiker des EU-Bio-Siegels führen oft an, dass nur 95 % der Mindestanforderungen zu erfüllen nicht ausreicht. Ist es akzeptabel, dass in EU-Bio-Produkten z. B. 1 % gentechnisch verändertes Sojalecithin enthalten ist?
Zudem berücksichtigt das EU-Bio-Siegel keine sozialen Kriterien, die bei der Vergabe des Labels anderer Verbände wie Bioland oder Naturland mit einfließen.

Natürlich gibt es noch andere Label, die Nachhaltigkeit von Lebensmitteln ausdrücken. Besonders erwähnenswert ist dabei das MSC-Siegel (*Marine Stewardship Council-Siegel*) für die Kennzeichnung von Fischen und Fischerzeugnissen aus bestandserhaltender Fischereiwirtschaft. Etwa die Hälfte aller Fischarten gelten heute als so stark befischt, dass ihre Bestände permanent abnehmen, etwa ein Viertel gilt als absolut überfischt, wie der Rotbarsch oder die Seezunge. Zweck der Zertifizierung ist es, die globalen Fischbestände langfristig zu sichern. Mit dem Kauf von mit dem blauen MSC-Siegel gekennzeichneten Fischen und Fischprodukten können Verbraucher die Bestandserhaltung von Fischbeständen unterstützen.

 Bestandschonende Fischerei:
www.msc.org/de
Übersicht über akzeptablen Fischverzehr, z. B. bei www.greenpeace-hamburg.de

Kosmetika

Bei den Wasch- und Reinigungsmitteln und den Kosmetika kommt es heute vor allem auf eine verantwortliche, sparsame Dosierung an. Das spart Waschmittel und Kosmetika und kommt somit direkt dem Geldbeutel zugute. Weil weniger verbraucht wird, werden auch weniger Rohstoffe eingesetzt und es ist weniger Abfall zu entsorgen.
Bei den Inhaltsstoffen gibt es einige, die zu Hautreizungen und Allergien führen können. Diese Stoffe sollten sicherheitshalber vermieden werden. Naturkosmetik zeichnet sich dadurch aus, dass sie ohne viele dieser allergenen Stoffe wie synthetische Farb-, Duft- und naturfremde Konservierungsstoffe hergestellt werden. Pflanzliche Rohstoffe sollten aus kontrolliert biologischem Anbau (kbA) stammen.

Allergien
→ Kapitel IV / 1.4.2

Naturkosmetik
→ Kapitel IV / 6

Waschmittel

Wichtig ist dabei ein sparsamer Umgang mit Energie und den Wasch- und Reinigungsmitteln selbst.

Tipps zum nachhaltigen Waschen in der Waschmaschine:
- Der meiste Strom wird zum Aufheizen des Wassers verbraucht (~ 80 %!), d. h., je niedriger die Temperatur gewählt wird, desto weniger Energie wird verbraucht. Es sollte zudem so oft wie möglich ein Energiespar- oder Kurzprogramm gewählt werden. Auch für Kochwäsche reicht eine Temperatur von 60 °C aus, damit z. B. Bakterien abgetötet werden.
- Immer nur waschen, wenn die Waschmaschine auch voll ist, weil nur sehr „intelligente" Waschmaschinen Wasser nach der Füllmenge einlaufen lassen können. Deshalb wird oft die gleiche Menge an Strom und Wasser verbraucht, auch wenn die Maschine nicht voll ist.
- Vorwäsche ist heute normalerweise höchstens bei **extrem stark** verschmutzter Wäsche empfehlenswert.
- Für die richtige Dosierung des Waschmittels sollte man den **Härtegrad** des am Wohnort verwendeten Wassers kennen. Mehr als sauber kann man die Wäsche nicht waschen, überschüssiges Waschmittel landet in der Kanalisation.
- Wäsche sollte an der Luft getrocknet werden, dann wird kein Strom verbraucht. Soll nach dem Waschen ein Trockner zum Einsatz kommen, so sollte in der Waschmaschine die höchste Schleuderstufe gewählt werden, weil dann der Trockner nicht mehr so viel Arbeit leisten muss und damit weniger Strom verbraucht wird.

> Den Härtegrad des Wasser am Wohnort kann man normalerweise bei der jeweiligen Stadt- oder Gemeindeverwaltung erfragen oder im Internet suchen, z. B. www.rosenheim.de → suchen: Wasserhärte

Textilien

Etwa 50 Prozent aller Textilien weltweit werden aus Baumwolle gefertigt. Der Anbau von konventioneller Baumwolle geschieht in der Regel unter Einsatz großer Mengen an Düngemitteln und Pflanzenschutzmitteln und ist enorm wasserverbrauchend. Bei der Produktion von Biobaumwollprodukten kommen keine chemischen Dünge- und Pflanzenschutzmittel zum Einsatz (sie werden auch als **kbA**-Textilien bezeichnet). Das schont die Umwelt und die Gesundheit der Plantagenarbeiter und der Bewohner der Anbaugegend. Auch auf der Haut der Käufer landen die Schadstoffe dadurch nicht.

Textilien aus fairem Handel helfen die Lebensbedingungen der Menschen in den Produktionsländern zu verbessern. Bei konventionell hergestellten Textilien werden sehr oft Mindestanforderungen an eine gerechte Entlohnung und menschenwürdige Arbeitsumgebung nicht eingehalten. Viele Teppiche werden heute immer noch von Kindern geknüpft.

Elektrogeräte
Bei der Kaufentscheidung für ein Elektrogerät sollte eine gute Energieeffizienz und eine lange Lebensdauer im Vordergrund stehen. Ein Strommessgerät kann dabei wertvolle Auskünfte über den Stromverbrauch geben!

Papier
Bei Schreibwaren und Verbrauchspapier (Toilettenpapier, Zellstofftücher, Babywindeln usw.) sollte auf die Herstellung aus Recycling-Rohstoffen geachtet werden, denn ansonsten werden für diese Produkte Wälder abgeholzt. Die Recycling-Produkte auf Papier- oder Holzbasis sind ebenfalls mit dem blauen Engel ausgezeichnet. Aber Vorsicht: Der blaue Engel sagt nicht immer etwas über einen nachhaltigen Produktionsprozess oder gar soziale Aspekte der Nachhaltigkeit aus. Manchmal wird allein der Einsatz von recyclefähigen Materialien ausgezeichnet.

Stichworte zur weiteren Recherche
Jede Drogistin sollte sich über das breite Angebot nachhaltig produzierter Produkte ausführlich informieren, um Kunden entsprechend beraten zu können. Folgende Stichworte sind beispielhaft zusammengestellt und sollen bei der Recherche helfen.

Lebensmittel: Bioprodukte, Produkte aus der Region, Gemüse und Obst der Saison, wenig Fleisch und Fisch (nur aus artgerechter Tierhaltung und schonender Nutzung), Produkte aus fairem Handel, auf Minimierung des Verpackungsaufwands achten (Recycling-Verpackungen). Lebensmittel schonend zubereiten

Textileinkauf: Biobaumwollprodukte bevorzugen, auch mal beim Secondhandladen schauen, auf gute Qualität (und damit Langlebigkeit) achten, Textilien aus fairem Handel bevorzugen

Mobilität: Möglichst viele Strecken mit dem Fahrrad oder zu Fuß zurücklegen; zusätzlich möglichst oft öffentliche Verkehrsmittel benutzen; Fahrgemeinschaften bilden, Carsharing-Angebote nutzen, möglichst auf Reisen mit dem Flugzeug verzichten; umweltverträglich reisen; wenn Auto fahren, dann möglichst ein Gas- oder Elektroauto! Defensiv fahren!

> Mit dem Flugzeug zum Tagesshopping-Trip nach Mailand und zurück: ein ökologisches Desaster!

Energiesparen: Heizung auf max. 21 °C regulieren, ausprobieren, ob 19 °C oder 20 °C nicht auch zum Wohlfühlen reichen – im Winter ist ein kurzärmeliges T-Shirt nicht die richtige Kleidung in der Wohnung! Beim Waschen möglichst niedrige Temperaturen und Sparprogramme wählen, 95-°C-Wäsche ist eigentlich nur im Krankenhausbereich nötig; Vorwäsche ist bei modernen Waschmaschinen unnötig, Trockner vermeiden, Wäscheleinen nutzen; energiesparende Geräte (Kühlgeräte, Elektroherde, Waschmaschine, Wäschetrockner, Geschirrspüler etc.) kaufen und verwenden – erkennbar an der Energieeffizienzklasse mind. A++; Energiesparlampen eindrehen, Stand-by-Modus abschalten, Fernseher und Computer wirklich nur bei Bedarf laufen lassen. Geräte kaufen, die man möglichst lange nutzt (das spart Rohstoffe)

Weitere Stichworte

- Ökostrom kaufen
- Wasch- und Reinigungs- und kosmetische Mittel sparsam dosieren
- Beim Möbelkauf auf Tropenholz verzichten oder auf FCS-zertifizierte Hölzer zurückgreifen, schadstoffgeprüfte Möbel und Matratzen bevorzugen
- Beim Hauskauf: Niedrigenergiebauweise bevorzugen; Dämmung beachten; naturnahe Gartengestaltung, giftfrei gärtnern, Regenwasser sammeln und nutzen, Kompost anlegen, Nützlinge fördern, heimische Pflanzen anpflanzen
- Nachhaltig und ökologisch Geld anlegen
- Regenwald schützen durch Verzicht auf konventionelle Tropenhölzer und durch verminderten Fleischkonsum
- Unnötige Chemikalien wie Autolufterfrischer oder WC-Steine vermeiden
- Lösemittelfreie Farben, Lacke, Klebstoffe bevorzugen

FCS-zertifizierter Baumstamm

Aufgaben zur Selbstüberprüfung des Lerninhalts:

1. Ermitteln Sie aus dem Beispiel der Familie Raul die ökologischen, die ökonomischen und die sozialen Problemfelder, die darin deutlich werden.
2. Tropischer Regenwald
   a) Recherchieren Sie, was man unter Brandrodung versteht.
   b) Zeigen Sie weitere Quellen der Vernichtung des tropischen Regenwaldes auf.
   c) Ermitteln Sie, welche Bedeutung der tropische Regenwald für die gesamte Menschheit hat.
   d) Sammeln Sie Argumente, mit denen Sie einer Kundin erklären können, wie sie in zum Schutz des tropischen Regenwaldes beitragen kann.
3. Überlegen Sie sich 10 Beispiele, mit denen die sozialen Aspekte der nachhaltigen Entwicklung in Europa unterstützt werden können.
4. Leiten Sie aus den unter „Die ökologische Dimension" aufgeführten Problemfeldern sinnvolle Gegenmaßnahmen ab!
5. Recherchieren Sie die genaue Bedeutung der aufgeführten Label. Wenn Sie im Internet recherchieren, können Sie als Suchmaschine www.ecosia.de nutzen und damit einen Beitrag zum Erhalt der tropischen Regenwälder leisten.
6. Erläutern Sie einer Kundin die Unterschiede zwischen konventionellen Lebensmitteln und solchen, die eines der aufgeführten Bio-Label tragen.
7. Listen Sie Unterschiede in der Zusammensetzung funktionsgleiche Produkte (z.B. Handcreme) aus konventioneller und nachhaltiger Herstellung auf.

III Gesundheit – Grundwissen, Produkte

Wie oft fragen wir „Wie geht es dir?" und meinen „Bist du gesund?". Nach dem Niesen sagen wir „Gesundheit", oder wenn jemand Geburtstag hat, wünschen wir ihm „alles Gute" und „Gesundheit".

Doch was ist Gesundheit eigentlich? Man könnte sagen: „Ich bin gesund, wenn ich nicht krank bin!" Doch ganz so einfach ist das nicht. Die WHO (World Health Organisation) definiert Gesundheit als einen „Zustand völligen körperlichen, seelischen und sozialen Wohlbefindens und nicht nur das Freisein von Krankheiten und Gebrechen".

Gesundheit hat demnach viele Dimensionen, sowohl physische, psychische als auch soziale. Gesundheit ist aber auch ein Zustand, der für den größten Teil der Weltbevölkerung wohl immer nur ein unerreichbares Ideal bleiben wird. Zahlreiche bekannte Persönlichkeiten haben sich zum Gesundheitsbegriff geäußert:

Martin Luther:

„Anstrengungen machen gesund und stark."

Johann Wolfgang von Goethe:

„Unter Gesundheit verstehe ich nicht: Freisein von Beeinträchtigungen, sondern die Kraft, mit ihnen zu leben."

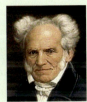

Arthur Schopenhauer:

„Gesundheit ist nicht alles, aber ohne Gesundheit ist alles nichts."

Sebastian Kneipp:

„Gesundheit bekommt man nicht im Handel, sondern durch den Lebenswandel."

Friedrich Nietzsche:

„Gesundheit ist dasjenige Maß an Krankheit, das es mir erlaubt, meinen Beschäftigungen nachzugehen."

Thomas von Aquin:

„Gesundheit gedeiht mit der Freude am Leben."

Deutlich wird, dass Gesundheit ein hohes Gut für uns darstellt. Für die Erhaltung unserer Gesundheit müssen wir aber auch etwas tun, d. h., wie wir uns unserem Körper oder Geist gegenüber verhalten, kann sich positiv oder auch negativ auf unseren Gesundheitszustand auswirken. Jeder, der schon einmal mehrere Tage hintereinander wenig geschlafen hat, weiß, wie schlecht man sich dann fühlt.

Im Alltag machen uns oft kleine „Wehwehchen" zu schaffen. Es gibt die verschiedensten Beschwerden oder Erkrankungen, an denen jeder Mensch mehr oder weniger oft leidet bzw. erkrankt, z. B. Schnupfen, Husten, Heiserkeit, Muskelkater, Muskelverspannungen, Prellungen, Verstauchungen, Knochenbrüche, Knochenschwund, hoher oder niedriger Blutdruck, Unruhe, Schlaflosigkeit, Durchfall, Verstopfung, Blähungen, Blasenentzündung, Inkontinenz, Zahnschmerzen, Zahnfleischbluten, Blasen an den Füßen, Hornhaut, Hühneraugen, Schnitt- und Brandverletzungen.
Ausgehend von den anatomischen und physiologischen Grundlagen der Organe und Organsysteme werden die Beschwerden und Erkrankungen behandelt. Passend zu diesen werden ausführlich die in der Drogerie erhältlichen Produkte, deren Wirkstoffe und Wirkungsweisen erläutert.

In diesem Sinne „Gesundheit"!

1 Zellen

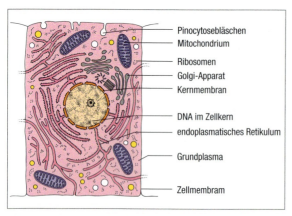

Tierische Zelle (vereinfachte Darstellung)

Zurzeit sind über 1,5 Millionen Tier- sowie ca. 400000 Pflanzenarten bekannt. Betrachtet man die verschiedenen Lebensformen in einem Mikroskop, so erkennt man eine Grundstruktur, die bei allen gleich ist. Alle lebenden Organismen haben eines gemeinsam, sie bestehen aus Zellen.

Die Zelle stellt den **Grundbaustein** jedes Lebewesens dar. Dabei unterscheidet man tierische und pflanzliche Zellen. Obwohl diese Zellen unterschiedliche Formen aufweisen, ähneln sie sich in ihren Zellbestandteilen. Der menschliche Körper besteht aus sehr unterschiedlichen Arten von Zellen, die zwar die gleiche Grundstruktur aufweisen, aber verschiedene Funktion erfüllen, z. B.:

Zelltyp	Aufgaben
Drüsenzellen	• Produktion und Abgabe von Sekreten, z. B. Schweiß, Tränen, Speichel
Knochenzellen	• Aufbau der Knochensubstanz
Muskelzellen	• Erzeugung einer Bewegung durch Kontraktion
Nervenzellen	• Verarbeitung und Weiterleitung von Sinneseindrücken • Leitung von Befehlen an die Muskeln • Denken
Oberhautzellen	• Produktion von Hornhaut, Haaren und Nägeln
Weiße Blutkörperchen, z. B. Lymphozyten	• Schutz vor Infektionen

Die Pflanzenzelle besitzt im Gegensatz zur Tierzelle eine Zellwand, eine große Vakuole und Chloroplasten. Centriolen hingegen besitzen Pflanzenzellen nicht.

Zellbestandteil	Funktion
Zellwand	umgibt die Pflanzenzelle, sorgt für die Stabilität der Pflanze
Zellmembran	umgibt die Tier- und Pflanzenzelle, grenzt sie nach außen ab und ermöglicht kontrolliert ablaufende Stoffwechselprozesse
Zellkern	ist die „Steuerzentrale" jeder Zelle, da sie die Erbinformationen (**DNS**) enthält. Deshalb werden von hier aus alle Wachstums-, Stoffwechsel- und Entwicklungsprozesse gesteuert.
Mitochondrium	„Kraftwerk" der Zelle; mithilfe von Sauerstoff werden Nährstoffe (z. B. Traubenzucker oder Fettsäuren) verbrannt und Wärme und Energie erzeugt.
Endoplasmatisches Retikulum	röhrenförmiges Transportsystem in der Zelle
Ribosomen	Ort der Proteinbiosynthese (Eiweißsynthese)
Chloroplasten	Ort der Fotosynthese bei Pflanzen $H_2O + CO_2 +$ Lichtenergie $\rightarrow$ Traubenzucker $+ O_2$
große Vakuole	Speicher für Wasser, Kohlenhydrate, Proteine und Lipide, sorgt über den Innendruck der Zelle (Tugor) zusammen mit der Zellwand für die Stabilität der Pflanze

1.1 Gewebearten

In unserem Körper sind viele einzelne Zellen, die sich in Funktion und Struktur gleichen, miteinander zu einem Gewebe verbunden. Alle Gewebearten setzen sich aus den vier Grundgewebetypen zusammen:
- Epithelgewebe (Deckgewebe)
- Binde- und Stützgewebe
- Muskelgewebe
- Nervengewebe

Epithelgewebe sind flächenhafte Zellverbände. Je nach Funktion und Ort des Vorkommens unterscheidet man
- Oberflächenepithelien, z. B. äußere Haut (Epidermis), Schleimhaut (kleidet Körperhöhlen aus) oder Serosa (bilden die Oberfläche von inneren Organen)
- Drüsenepithelien, z. B. Talgdrüse
- Sinnesepithelien, z. B. in der Nase, im Auge

Epithelgewebe zeichnen sich durch ein dichtes Beisammensein der Zellen aus, sodass kaum Zellzwischenräume erkennbar sind. Dabei gibt es einschichtige bis mehrschichtige Epithelien im Körper. In den Atemwegen findet man z. B. ein mehrschichtiges Epithel mit Flimmerhärchen.

Binde- und Stützgewebe weisen weite Zellzwischenräume auf, in denen die sogenannte Matrix liegt. Diese besteht aus einer Grundsubstanz und Fasern, die sehr elastisch und widerstandsfähig sind. Bindegewebe unterfüttert Deckgewebe und umhüllt Organe. Knochen- und Knorpelgewebe bestimmen maßgeblich unsere äußere Gestalt, und das Blut dient hauptsächlich dem Stofftransport.

Muskelgewebe besteht aus länglichen Zellen, die zusammenziehbare Fasern enthalten. Durch diese Kontraktion (Zusammenziehen) und anschließende Relaxion (Rückverlängerung) wird eine Bewegung ermöglicht.

Nervengewebe dient der Reizleitung zwischen dem Zentralnervensystem und einem Körperteil oder einem Körperorgan. Es besteht aus parallel verlaufenden Nervenfasern (Neuronen). Ein Nervenstrang wird aus den Neuronen gebildet, der von einer schützenden Bindegewebshülle umhüllt ist.

Je nach dem, welche Funktion die Gewebe erfüllen, findet man z. B.
- Binde- und Stützgewebe,
- Muskelgewebe oder
- Nervengewebe.

Binde- und Stützgewebe

Lockeres Bindegewebe

Straffes Bindegewebe (Sehnen)

Knochengewebe

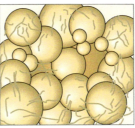
Fettgewebe

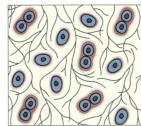
Knorpelgewebe

Muskelgewebe

Quergestreifte Skelettmuskulatur

Glatte Muskulatur

Quergestreifte Herzmuskulatur

Epithelgewebe

Oberflächenepithel

Exokrine Drüse

Nervengewebe

Nervenzellen

Bindegewebe
http://flexikon.doccheck.com/Bindegewebe

Muskelgewebe
www.medizinfo.de/ruecken/muskulatur/aufbau.shtml

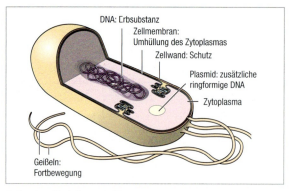

Bakterienzelle (schematisch)

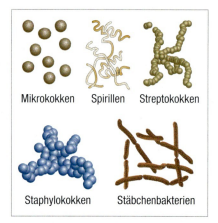

Bakterienformen Auswahl

> Wenn man den Bakterien die Nährstoffe entzieht, indem man sauber macht, oder den pH-Wert für die Bakterien ungünstig beeinflusst, wie beim Sauer-Einlegen von Gurken, oder die Temperatur senkt, wie beim Aufbewahren von Lebensmitteln im Kühlschrank, dann schränkt man damit die Vermehrung der Bakterien ein.

Desinfektionsmittel
→ Kapitel VIII / 2.2.3

1.2 Bakterienzellen

Bakterien sind Einzeller, die im Gegensatz zu den Pflanzen- und Tierzellen keinen Zellkern haben. Die Erbinformation liegt bei den Bakterien frei im Zellplasma. Auf unserer Erde finden wir sehr viele Formen von Bakterien. Einige davon sind für uns lebensnotwendig, z. B. für die Verdauung. Auf unserer Haut leben viele Millionen Bakterien, die uns teilweise vor äußeren Einflüssen schützen oder uns zumindest nicht schaden. Andere Bakterien können uns in größerer Anzahl schädigen, z. B. Blasen-, Lungen- oder Wundentzündungen auslösen.

Alle Bakterien haben einen gemeinsamen Grundaufbau, dennoch können sie verschiedene Formen haben. Man unterscheidet u. a.:
- **Kokken** (kugelförmig), je nach ihrer charakteristischen Anordnung unterscheidet man
  – Staphylokokken (trauben- oder haufenförmig angeordnet)
  – Streptokokken (kettengliedartig aneinandergeordnet)
- **Stäbchen** (mit und ohne Geißel)
- **Spirochäten** oder **Spirillen** (schraubenartige Bakterien)

Bakterien sind ca. 7 µm groß, sind oft beweglich und haben bestimmte Ansprüche an ihre Lebensbedingungen. Sie benötigen genügend Nährstoffe, wie z. B. Eiweiß, Zucker und Wasser. Man findet sowohl Bakterien, die Sauerstoff benötigen (Aerobier), als auch solche, die keinen benötigen (Anaerobier). Finden Bakterien optimale Bedingungen vor, mit ausreichend Nährstoffen sowie dem richtigen Sauerstoffgehalt und **pH-Wert**, so vermehren sie sich schnell.

Infektionen mit Bakterien können im menschlichen Körper Krankheiten auslösen, z. B. Borrelien (Borreliose), Tuberkelbakterien (Tuberkulose), Salmonellen (Magen-Darm-Erkrankungen), Staphylokokkus aureus (Magen-Darm-Erkrankungen). Infizieren kann sich der Mensch je nach Bakterium durch verdorbene Lebensmittel, Tröpfcheninfektion, Schmierinfektion, Kontakt mit Blut oder Speichel. Die meisten Bakterien sind in kleiner Anzahl aber harmlos.

Es gibt allerdings auch viele Bakterien, die dem Menschen helfen oder die Substanzen produzieren, die dem Menschen helfen können, z. B. Milchsäurebakterien (Produktion von Joghurt), Kolibakterien (Herstellung von Hepatitis-B-Impfstoff), Clostridium botulinum (Produktion von Botox).

 Viren

Viren sind im Gegensatz zu Bakterien keine Zellen und zählen daher auch nicht zu den Lebewesen. Viren besitzen lediglich das Programm zur Vermehrung, haben aber selber keinen Stoffwechsel. Daher benötigen sie Zellen als Wirt. Befallen Viren eine Zelle, infizieren sie diese und fügen ihre eigene Erbinformation ein. Nun produzieren die befallenen Zellen Viren. Ist die Zelle voll mit Viren, platzt sie und entlässt Viren, die wiederum in neue Zellen eindringen. Da Viren keine Zellen sind, können sie durch **Antibiotika** nicht vermindert werden. Es gibt im drogistischen Sortiment allerdings Drogenzubereitungen, die **antiviral** wirken: z. B. Hamamelisblätter und -rinde, Melissenblätter, Ringelblumenblüten und Rosmarinblätter.

2 Knochen und Bandapparat

2.1 Das Skelett

Das Skelettsystem bildet zusammen mit der Skelettmuskulatur den **Bewegungsapparat**. Dabei wird das Skelett aus dem Knochen- und Knorpelgewebe gebildet.
Die Bewegungen unseres Körpers werden erst durch das Zusammenspiel der Knochen mit der Muskulatur ermöglicht. Die Muskeln sind über Sehnen und Bänder mit den Knochen verbunden und können auf diese Weise das Skelett bewegen. Das Skelett ermöglicht aber nicht nur Bewegungen, sondern schützt auch die inneren Organe und speichert Mineralien.

Aufbau des Skeletts

Das Skelett besteht aus drei Hauptabschnitten:
- Kopfskelett (gelb)
- Rumpfskelett (violett, orange, rot)
- Gliedmaßenskelett (blau)
  – Armskelett
  – Beinskelett

Das menschliche Skelett wird aus ca. 220 Knochen gebildet.

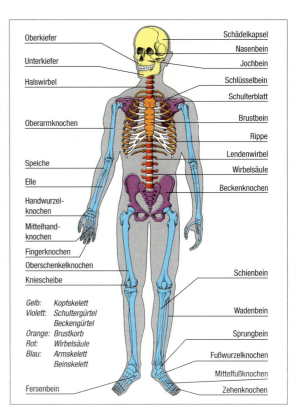

Das menschliche Skelett

Aufbau des Knochens

Knochen müssen sehr **stabil**, gleichzeitig **flexibel** und **leicht** sein. Diese drei Eigenschaften sind notwendig, damit eine Fortbewegung möglich ist. Der Aufbau des Knochens selbst stellt diese Eigenschaften sicher. Die äußeren Teile des Knochens, die aus sehr dichtem Knochengewebe bestehen – die Kompakta –, zeichnen sich durch eine hohe Stabilität aus. Diese ist nötig, weil hier die größten Kräfte (Druck) auftreten. Im Inneren der Knochen findet sich die Spongiosa, eine aus Knochenbälkchen gebildete schwammartige Struktur. Dieser Aufbau des Knochens ermöglicht hohe Stabilität bei gleichzeitig geringem Gewicht.

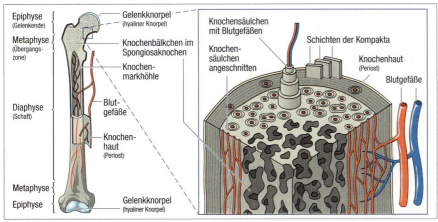

Aufbau des Knochens

Die **Knochensubstanz** besteht zu 10 % aus Wasser, zu 20 % aus organischen Materialien (wie z. B. Kollagen) und zu 70 % aus anorganischen Stoffen, hauptsächlich aus Kalziumkarbonat, Kalziumphosphat. Dieser hohe Anteil an Kalzium muss über die Nahrung zugeführt werden.

Rachitis

Rachitis wird oft synonym gebraucht für Knochenerweichung oder „Englische Krankheit". Die Rachitis ist eine Vitamin-D-Mangel-Krankheit. Es fehlen Kalzium und Vitamin-D im Blut. Die Knochen haben zu wenig Stabilität, und es kommt zu Verformungen. Rachitis war im 19. Jh. unter Arbeiterkindern sehr verbreitet. Ursachen waren Mangelernährung und zu wenig Sonnenlicht in den Wohnvierteln. Auch heute bekommen Säuglinge im ersten Lebensjahr nach Rücksprache mit dem Kinderarzt oftmals noch zusätzlich Vitamin D.

Allein die Zufuhr von kalziumreicher Nahrung ist allerdings nicht ausreichend, da Kalzium nur mithilfe von **Vitamin D** aus dem Darm aufgenommen und in die Knochen eingebaut werden kann.

Vitamin D wird einerseits über die Nahrung aufgenommen, andererseits wird der Vitamin-D-Bedarf über die Produktion von Vitamin D in der Haut abgedeckt. Dazu muss die Haut „nur" den UV-Strahlen des Sonnenlichts ausgesetzt werden, denn die UV-Strahlen der Sonne regen die Umwandlung von Vitamin-D-Vorstufen zu Vitamin D an. Damit genügend Vitamin D produziert werden kann, sollte jeder Mensch eine längere Zeit am Tag im Freien verbringen.

Gelenke

Die Knochen unseres Skeletts sind durch verschiedene Gelenke miteinander verbunden. Man unterscheidet dabei echte und unechte Gelenke. Letztere findet man z. B. in den Rippen. Die echten Gelenke ermöglichen es uns, die verschiedenen Bewegungen auszuführen. Folgende Gelenktypen kommen im menschlichen Körper vor:

- Kugelgelenke (z. B. Hüftgelenk)
- Eigelenke (Handgelenk)
- Sattelgelenke (Daumenwurzelgelenk)
- Scharniergelenk (Ellenbogengelenk)
- Radgelenk (oberes Speichen-Ellen-Gelenk)
- platte Gelenke (Wirbelgelenke)

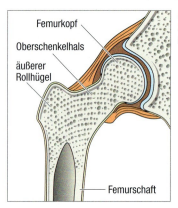
Hüftgelenk als Beispiel für ein echtes Gelenk

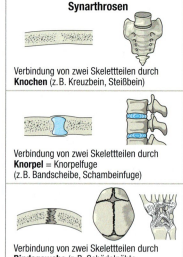
Unechte Gelenke (Synarthrosen)

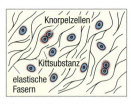
Knorpelzellen

Synovia
Gelenkschmiere; enthält Wasser, Eiweiße, Hyaluronsäure usw.

Hyaluronsäure
Bestandteil des Knorpels und der Synovia, ermöglicht die Reparatur kleinerer Knorpeldefekte

Knorpel

Überall dort, wo zwei Knochen in einem Gelenk zusammenstoßen, entsteht hoher Druck und Reibung. Diese würden den Knochen auf Dauer zerstören. Daher findet man auf den Gelenkflächen Knorpelgewebe.

Der Knorpel besteht aus Knorpelzellen, die von einer gallertartigen Substanz mit eingeschlossenen Kollagenfasern umgeben werden. Dieses Gewebe nimmt den Druck auf und schützt so den Knochen.

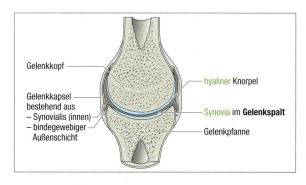
Kugelgelenk mit Gelenkspalt und Gelenkknorpel

Im Gelenkspalt befindet sich die Gelenkschmiere (Synovia), eine zähe, aber elastische, gelartige Flüssigkeit. Sie soll verhindern, dass die Knorpelflächen bei Belastung zu stark aneinanderreiben, und unterstützt damit die „Stoßdämpferfunktion" des Knorpels. Da der Knorpel nicht mit Blutgefäßen versorgt wird, hat die Gelenkschmiere zusätzlich die Funktion, den Knorpel zu ernähren.

Die Gelenkschmiere enthält einen hohen Anteil an **Hyaluronsäure** und **Glukosamin**. Die Hyaluronsäure kann zusammen mit Wasser große Moleküle bilden, die die Dämpfungseigenschaften verbessern.

> Knochen unterliegen ständigen Auf-, Ab- und Umbauprozessen. Diese Prozesse werden hormonell gesteuert. Bewegung und eine ausreichende Nährstoffzufuhr unterstützen den Knochenaufbau.

2.2 Krankheiten und Beschwerden des Knochen- und Bandapparates

2.2.1 Osteoporose

Osteoporose (poröser Knochen) wird auch als **Knochenschwund** bezeichnet. Bei dieser Krankheit wird die Knochensubstanz beschleunigt abgebaut. Die Knochen werden brüchig und schmerzen.

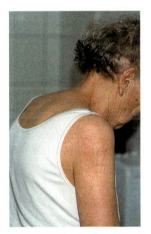

Osteoporotischer Rücken

Ursachen für Osteoporose können ein Mangel an Kalzium oder/und Vitamin D sein. Zudem können sich u. a. hormonelle Störungen des Stoffwechsels und entzündliche Erkrankungen des Körpers negativ auf die Knochendichte auswirken. Die häufigste Ursache ist allerdings der normale altersabhängige Abbauprozess.

Osteoporose ist nicht heilbar, der Verlauf kann möglicherweise durch die Einnahme von Kalzium verlangsamt werden. Besonders für Frauen ist Kalzium wichtig, denn sie sind häufiger von Osteoporose betroffen. Schon für junge Frauen ist deshalb eine kalziumreiche Ernährung und viel Bewegung wichtig, denn etwa ab dem 30. Lebensjahr haben unsere Knochen ihre maximale Stabilität erreicht. Danach gilt es, die Erneuerung zu unterstützen und den Abbau zu begrenzen.

 Osteoporose und Ernährung

In Griechenland und der Türkei erkranken weniger Menschen an Osteoporose als in Nordeuropa. Grund sind die unterschiedlichen nationalen Ernährungsgewohnheiten. Käse, Joghurt und Quark liefern Kalzium und beugen somit der Osteoporose vor.

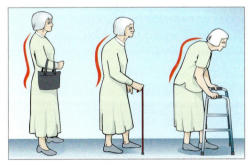

Veränderung des Körperbaus durch Osteoporose

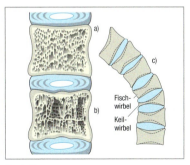

Wirbelkörper
a) normale Knochenstruktur,
b) Osteoporose, c) deformierte Wirbelkörper

Eine Hormon-Ersatz-Therapie mit Östrogen bei der Frau und Testosteron beim Mann kann der Osteoporose entgegenwirken.

www.eesom.com
→ Bewegungsapparat
→ Osteoporose

Möglichkeiten der Vorbeugung von Knochenabbau:
- regelmässige körperliche Belastung bis ins hohe Alter
- Kalziumzufuhr ca. 1500 mg/Tag und evtl. Vitamin-D-Zufuhr
- ausgewogene, d. h. kalziumreiche und Vitamin-D-reiche Ernährung
- genügend Sonnenlicht, damit ausreichend Vitamin D gebildet werden kann
- möglichst auf Alkohol und Nikotin verzichten

 Bewegung und Osteoporose

Bewegung hat einen positiven Effekt auf die Knochendichte. Die Muskulatur des Körpers setzt an den Knochen an und zieht an ihnen. Diese ständigen Züge an den Knochen dienen als Signal, mehr Kalzium in den Knochen einzulagern bzw. das Kalzium im Knochen festzuhalten. Fehlen solche Bewegungsimpulse, so verliert der Knochen Kalzium, was die Osteoporose begünstigt.
Besonders milde Bewegungsarten wirken sich gut auf die Knochenstruktur aus. Dazu gehören Fahrradfahren, Schwimmen, Walken oder Wandern. Gut ist es auch, die Treppe zu nehmen statt des Fahrstuhls.

Mittel gegen Osteoporose (Beispiele)

Produkte aus dem drogistischen Sortiment	Wirksamkeitsbestimmend sind u. a.	Wirkungsweise
Kalzium-Tabletten oder -Pulver	Kalzium	Kalzium wird in Knochen eingebaut und festigt die Struktur.
Vitamin-D3-Kapseln + Kalzium	Vitamin-D3-Kapseln + Kalzium	notwendig, damit Kalzium in die Knochen eingebaut werden kann
Sojakapseln, z. B. Menopause-Sojakapseln	Soja-Isoflavone, Phyto-Östrogene, Rotölkonzentrat	Phyto-Östrogene sind den weiblichen Östrogenen sehr ähnlich, die die Knochendichte regulieren.

2.2.2 Arthritis und Arthrose

Arthritis bezeichnet eine **entzündliche, rheumatische Erkrankung** der Gelenke. Sie kann u. a. durch eine Überlastung hervorgerufen werden. Durch Überlastung kann der Gelenkknorpel nicht richtig mit Blut versorgt werden, was zu starken Schmerzen führen kann. Im Verlauf der Erkrankung degeneriert der Knorpel langsam, was zu einer **Arthrose** (Gelenkverschleiß) führen kann.

Bei einer **Arthrose** sind die Knorpel stark degeneriert, und die Knochen selbst sind bereits geschädigt, was starke Schmerzen und Bewegungseinschränkungen verursachen kann. Eine Arthrose ist nicht heilbar. Linderung können verschiedene Produkte verschaffen, die auf unterschiedliche Weise die Durchblutung anregen, um so die Versorgung des Knorpels mit Nährstoffen und Sauerstoff zu verbessern. Andere Produkte wirken außerdem schmerz- und entzündungshemmend.

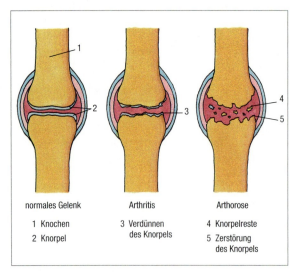

Entwicklung einer Arthrose

Mittel zur Linderung von Arthritis (Beispiele)

Produkte aus dem drogistischen Sortiment	Wirksamkeitsbestimmend sind u.a.	Wirkungsweise
Rheumapflaster, z.B. ABC-Pflaster	**Capsaicin**	durchblutungssteigernd
Einreibemittel, z.B. Rheumasalbe, Arnikasalbe	Kampfer, Menthol, Latschenkieferöl, Eukalyptusöl	durchblutungssteigernd, entzündungshemmend
Medizinische Bäder, z.B. Latschenkieferbad	ätherische Öle	durchblutungssteigernd, auch durch die Wärme des Wassers
Wärmekissen, z.B. Kirschkernkissen, Gel-Pack oder Wickel	Wärme	durchblutungssteigernd
Brennnesselkraut, z.B. Brennnesselextrakt, -tinktur	u.a. Flavonoide, Aminosäuren	entzündungshemmend
Teufelskrallenwurzel, z.B. Tabletten, Kapsel	Extrakt aus der Teufelskrallenwurzel	entzündungs- und schmerzhemmend
Weidenrinde, z.B. Dragees, Kapseln	Glykoside der Salizylsäure	entzündungs- und schmerzhemmend
Gelenkkapseln	Glucosaminsulfat, Chondoritinsulfat Vitamine	unterstützen die Gelenkfunktion sowie die Bildung der Synovia
Gelatine-Pulver	Eiweiß	Aufbau und Regeneration von Bindegewebe, Knochen und Knorpel

> Arnikatinktur muss immer verdünnt werden, da es sonst zu Hautrötungen und damit verbundenen Schmerzen kommen kann. Alkoholhaltige Einreibemittel dürfen nicht auf offene Wunden aufgetragen werden.

Capsaicin
→ Kapitel VI/5
Wirkstoffgruppen bei Pflanzen/Scharfstoffe

ABC-Pflaster

Das ABC Pflaster wurde bereits 1928 von Professor Raubenheimer entwickelt. Es enthielt Extrakte der drei namengebenden Heilpflanzen ARNIKA, BELLADONNA und CAPSICUM. Heute wird auf Arnika und Belladonna verzichtet, sodass das Pflaster nur Capsaicin enthält. Für sensitive Haut kommt in einigen Pflastern die synthetische Form des Capsaicin (Nonivamid) vor. Die Wirkung des Pflasters beruht darauf, dass die Wärme- und Schmerzrezeptoren der Haut gereizt werden. Die Durchblutung wird gesteigert. Capsaicin unterbindet auch die Weiterleitung des Schmerzreizes, wodurch eine Schmerzlinderung eintritt.

Heute ist das ABC-Pflaster auch in Drogerien erhältlich

2.2.3 Sehnenscheidenentzündung

Die Sehne ist durch ein Gewebe, die **Sehnenscheide**, geschützt. Die Sehne gleitet bei Bewegung durch die Sehnenscheide. Eine Überlastung der Sehne, z.B. durch eine häufig wiederholte Bewegung („Mouseklick") kann zu einer Entzündung führen. Diese Entzündung tritt oft an den Handgelenken auf. Das kann helfen:
- Ruhigstellung des betroffenen Körperteils, z.B. mit einer Bandage,
- Kühlung, z.B. mit einem Cool-Pack
- entzündungshemmende Salbenverbände, z.B. Arnikasalbe

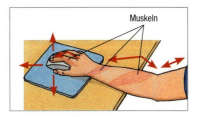

Belastung beim „Mouseklick"

Mittel zur Linderung bei einer Sehnenscheidenentzündung (Beispiele)

Produkte aus dem drogistischen Sortiment	Wirksamkeitsbestimmend sind u.a.	Wirkungsweise
Bandagen, z.B. elastische Binde	Fixierung des betroffenen Bereichs	Ruhigstellung
Cool-Pack	Kühlung	Kälte gegen Entzündung
Einreibemittel, z.B. Arnikatinktur	ätherisches Öl der Arnikablüten	entzündungshemmend, durchblutungssteigernd

2.2.4 Verstauchung

Wird durch eine starke Bewegung der Gelenkkopf kurzzeitig aus der Gelenkpfanne gedrückt, so spricht man von einer Verstauchung. Dabei können Bänder und Sehnen gedehnt oder zerrissen werden.

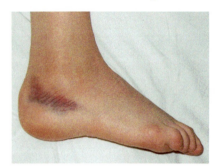

Verstauchung des Sprunggelenks (nach 2 Tagen)

Verbleibt der Gelenkkopf außerhalb der Gelenkpfanne, so liegt eine Verrenkung vor. Bei einer Verstauchung kommt es meist zu einer Schwellung durch Einblutungen in das umliegende Gewebe. Die betroffene Stelle schmerzt.

Bei einer akuten Verstauchung sollte die **PECH-Regel** befolgt werden.
P = Pause, **E** = Eis, **C** = Compression, **H** = Hochlegen

Die betroffene Stelle sollte möglichst sofort, z.B. mit einem **Cool-Pack** (Kühlgelkissen) gekühlt und mit einer Bandage fixiert werden, um den Bluterguss möglichst klein zu halten und so die Regenerationszeit zu verkürzen.

Später können z.B. Salbenverbände mit Arnika, Beinwell, Johanniskraut oder Kampfer zur Linderung der Beschwerden beitragen.

Kühlgelkissen

2.2.5 Prellung

Die Prellung entsteht beim Reißen eines Blutgefäßes durch eine meist stumpfe Krafteinwirkung. Als Folge entstehen eine Schwellung und ein Bluterguss („blauer Fleck"). Die Behandlung erfolgt wie bei einer Verstauchung.

Mittel bei Verstauchungen und Prellungen (Beispiele)

Produkte aus dem drogistischen Sortiment	Wirksamkeitsbestimmend sind u.a.	Wirkungsweise
Bandagen	Fixierung	Ruhigstellung
Cool-Pack, Kühlgelkissen	Kühlung	Minderung des Blutergusses, der Schwellung und der Schmerzen
Kühlende Salben, Sportsalben, z.B. Arnika-Kühl- und Schmerzgel	Kühlung	

3 Muskulatur

Die Muskulatur des menschlichen Körpers ermöglicht zusammen mit dem Skelett die Bewegung. Diese beruht auf fadenförmigen Eiweißstrukturen, den Myofibrillen, die sich unter Energieverbrauch zusammenziehen (kontrahieren) können. Die Myofibrillen bestehen aus Zellen, den Muskelzellen. Sie bilden das Muskelgewebe. Es werden drei Arten von Muskulatur unterschieden:
- Skelettmuskulatur (quergestreifte Muskulatur)
- Herzmuskulatur und
- glatte Muskulatur

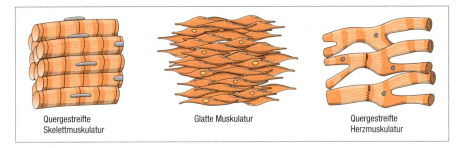

3.1 Skelettmuskulatur (quergestreifte Muskulatur)

Die Skelettmuskulatur steuert die aktive Bewegung des Körpers und ermöglicht dem Menschen eine aufrechte Körperhaltung. Sie ist **willentlich** beeinflussbar.
Für die Muskelarbeit wird Energie benötigt. Dabei wird etwa die Hälfte der benötigten Energie in Bewegung umgesetzt, der Rest wird in Wärme umgewandelt, die zur Aufrechterhaltung der Körperwärme dient.

3.1.1 Aufbau des Skelettmuskels

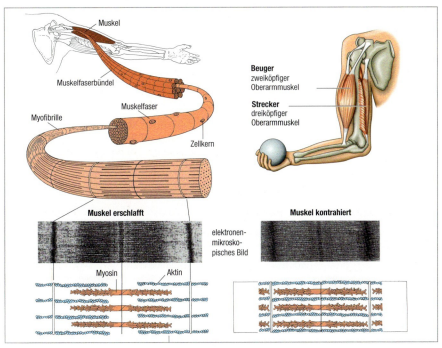

Aufbau und Funktion (Kontraktion) des Skelettmuskels am Beispiel des Oberarmbeugers

Willentlich bedeutet, dass die Bewegungen der quergestreiften Muskulatur bewusst zu steuern sind, z. B. den Arm heben oder den Kopf bewegen.

Muskeln
www.iatrum.de/muskeln-des-menschen.html

Glukose
→ Kapitel III / 8

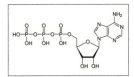

Adenosintriphosphat (ATP)

Nervenzellen
→ Kapitel I / 5
Nervensystem

Transmitter
Überträgersubstanz, -stoff

 Steuerung und Energieversorgung der Muskulatur

Damit ein Muskel sich kontrahieren kann, benötigt er einen **neuronalen Reiz** (vom Nervensystem ausgehend) und Energie. Die Energie erhält der Muskel aus den energieliefernden Nahrungsmitteln, z. B. aus den Kohlenhydraten. Diese werden in Mund, Magen und Darm in ihre kleinsten Bausteine, z. B. Glukose, aufgespalten. Die Glukosemoleküle gelangen über das Blut bis in die Muskelzellen.
In jeder Zelle verarbeiten die „Kraftwerke" der Zelle, die Mitochondrien, die Kohlenhydrate zu **ATP** (Adenosintriphosphat). ATP ist die für den Muskel nutzbare Energieeinheit.
Ohne ATP findet keine Muskelkontraktion statt.
Der neuronale Reiz wird über Nervenzellen (**Neuronen**) bis hin zur motorischen Endplatte am Muskel fortgeleitet. Dort erfolgt die Reizübertragung auf den Muskel. Dazu ist ein chemischer Transmitter (**Acetylcholin**) notwendig. Damit dieser in den synaptischen Spalt ausgeschüttet wird, ist die Anwesenheit von **Kalzium** notwendig. Wird der Transmitter ausgeschüttet, so wird in den Muskelzellen wiederum Kalzium (Ca^{2+}) ausgeschüttet.
Dies ermöglicht dann die Verbindung von Actinfilamenten und Myosinfilamenten.

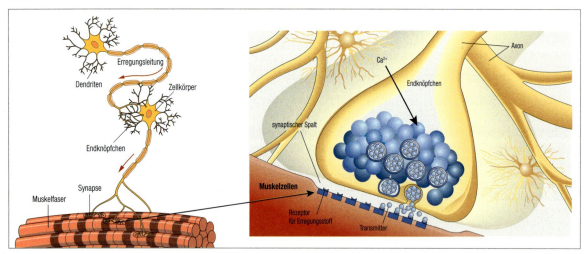

Erregungsleitung im Muskel

Sind die Myosinfilamente mit den Aktinfilamenten verbunden, so führen die Myosinfilamentköpfchen eine Nickbewegung aus. Dadurch werden die verbundenen Aktin- und Myosinfilamente ineinandergeschoben, der Muskel kontrahiert. Um ihn vollständig zu kontrahieren, sind viele solcher Greif-Loslass-Zyklen notwendig. Dafür müssen die Myosinköpfchen zunächst aber wieder aus ihrer Verbindung mit dem Aktin gelöst werden. Dieser Prozess benötigt Energie, die das ATP liefert.

Greif-Loslass-Zyklen bei der Kontraktion der Muskulatur
Ca^{2+} führt zur Kopplung von Myosin und Aktin. ATP liefert Energie und löst nach Kontraktion das Myosin vom Aktin. Magnesium beendet die Kontraktion.

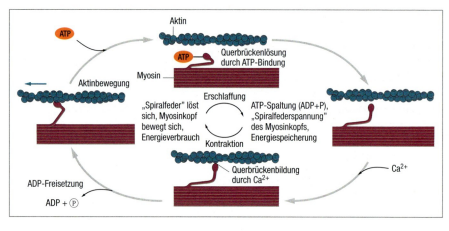

Der **Kalziumeinstrom** in die Muskelzelle führt zur Kontraktion des Muskels. Die Kontraktion wird wieder beendet, wenn **Magnesium** einströmt.
Im Umkehrschluss heißt das, wenn Magnesium fehlt, kommt es zu einer **Dauerkontraktion** des Muskels (Krampf). Magnesium ist außerdem notwendig bei der Bildung von ATP. Fehlt Magnesium bei der ATP-Synthese, so wird kein ATP gebildet. Ohne ATP wird die Bindung der Myosin- und Aktinfilamente nicht gelöst, der Muskel krampft.

> Die Einnahme von Magnesium, z. B. bei nächtlichen Wadenkrämpfen, kann die Beschwerden lindern.

3.1.2 Skelettmuskeln in der Übersicht

Die Skelettmuskulatur des Menschen bildet sein äußeres Erscheinungsbild und ermöglicht es, den Körper zu bewegen. Man unterscheidet in **Flexoren** (Beuger), **Extensoren** (Strecker), **Rotatoren** (Drehmuskeln), **Adduktoren** (Heranzieher) und **Abduktoren** (Abspreizer). Muskeln arbeiten dabei agonistisch (miteinander) oder antagonistisch (gegeneinander).

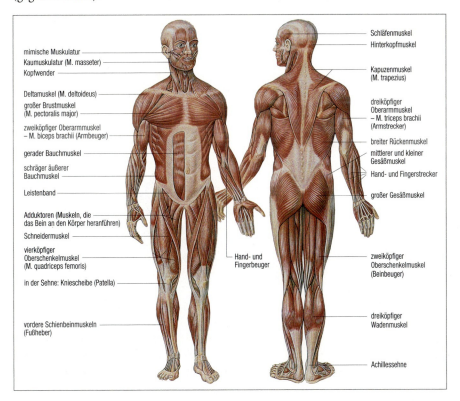

Die Skelettmuskulatur des Menschen

3.2 Glatte Muskulatur

Die glatte Muskulatur findet man in den Eingeweiden, z. B. an den Wänden des Magen-Darm-Traktes und an den Blutgefäßen, den Haarbälgen und an den Organen, die an der Bildung und Ausscheidung von Urin beteiligt sind sowie der geschlechtlichen Fortpflanzung nützen.
Die glatte Muskulatur wird vom vegetativen Nervensystem kontrolliert und ist nicht willentlich steuerbar.

 Peristaltik

Die nicht willentlich steuerbare, wellenförmige Bewegung der Darmmuskulatur nennt man Peristaltik.

3.3 Herzmuskulatur

Die Herzmuskelzellen unterscheiden sich nur geringfügig von der Skelettmuskulatur; sie sind ebenfalls quergestreift. Sie werden ebenfalls vom autonomen Nervensystem gesteuert. Die Zellen hier sind verzweigt und bilden ein Netzwerk aus.

Nervensystem
→ Kapitel I/5
Nervensystem

3.4 Produkte bei Krankheiten und Beschwerden der Muskulatur

3.4.1 Muskelkater

Muskelkater tritt oft nach einem sportlichen Training, nach einer ungewohnten Tätigkeit oder zu starken Belastung auf. Die schmerzhafte Wirkung beginnt meist am Tag danach und klingt nach einigen Tagen wieder ab.

Als Folge der Überlastung entstehen feinste Risse in den Muskelfasern. Durch die damit einhergehende Entzündung dringt Wasser in das Muskelgewebe. Es bildet sich ein **Ödem**. Diese Ansammlung von Körperflüssigkeiten in den Zellzwischenräumen dehnen die Muskelfasern. Der wahrgenommene **Dehnungsschmerz** ist der **Muskelkater**.

Da eine Entzündung vorliegt, sollte sofort nach Auftreten der Schmerzen die betroffene Stelle gekühlt und geschont werden, um die Schmerzen und Schwellungen zu vermindern. Später hilft **Wärme**, die von außen zugeführt werden kann, z. B. in Form eines Bades, einer Wärmflasche oder durch Einreibemittel und Salben, die die Durchblutung anregen. Dies fördert den Abtransport von Wasseransammlungen im Gewebe und unterstützt damit die Regeneration.

Muskelkater und Milchsäure

Muskelkater hat nichts mit der bei Überanstrengung entstehenden Milchsäure (Laktat) zu tun, obwohl sich diese Behauptung hartnäckig hält.

Einreibemittel mit Alkohol dürfen nicht auf offene Wunden gegeben werden.

Mittel gegen Muskelkater (Beispiele)

Produkte aus dem drogistischen Sortiment	Wirksamkeitsbestimmend sind u. a.	Wirkungsweise
medizinische Bäder, z. B. Entspannungsbäder mit Auszügen aus Johanniskraut, Latschenkiefer, Arnikablüten	Wärme, ätherische Öle	durchblutungsfördernd
Einreibemittel und Salben, z. B. Arnikasalbe, Franzbranntwein, Tiger Balm, Rheumasalbe	ätherische Öle, z. B. Kampferöl, Minzöl, Menthol, Cajeputöl, Latschenkieferöl	
Sportgel	ätherische Öle, z. B. Kamille, Menthol, Hamamelis	kühlend, desinfizierend, antiseptisch, entspannend, krampflösend

Franzbranntwein

Franzbranntwein setzt sich hauptsächlich aus Alkohol, Kampfer, Menthol und unterschiedlichen Duftstoffen wie z. B. Latschenkieferöl und Fichtennadelöl zusammen.
Anwendung:
Franzbranntwein wird zwar hauptsächlich äußerlich als Einreibemittel angewendet, kann aber auch oral eingenommen oder zur Inhalation genutzt werden. Häufig wird Franzbranntwein bei rheumatischen Beschwerden, Muskelverspannungen oder schweren müden Beinen eingesetzt.
Wirkung:
Franzbranntwein wirkt äußerlich kühlend, fördert durch die ätherischen Öle die Durchblutung und hat lokal eine leicht schmerzlindernde Wirkung. Der hohe Alkoholgehalt kann bei längerfristiger Anwendung zur Austrocknung der Haut führen.

Tiger-Balsam

Tiger-Balm ist bereits seit mehr als 100 Jahren bekannt. Der Chinese *Aw Chu Kin* mischte die Basisrezeptur des Tiger-Balsams und verkaufte sie zur Linderung verschiedener Beschwerden. Tiger-Balm enthält keine Inhaltsstoffe eines Tigers. Der Name des Produktes beruht vielmehr auf den Vornamen der beiden Söhne des Erfinders, deren Namen *AW Boon Haw* und *AW Boon Par* lauteten. Haw und Par bedeuten Tiger und Leopard.
Tiger Balm gibt es in der Drogerie in der weißen und der roten Form. Der weiße Tiger-Balsam wird bei Erkältungserkrankungen angewendet, die rote Variante wird bei Muskel- und Gelenkbeschwerden eingesetzt.

3.4.2 Muskelzerrung

Bei der ruckartigen Überdehnung eines Muskels können einzelne Muskelfasern zerreißen. Die Folge sind Einblutungen ins Gewebe, die als „Blauer Fleck" sichtbar werden. Außer einer direkten Kühlung können zur Minderung des Blutergusses Salben angewendet werden, die z. B. Wirkstoffauszüge aus Arnikablüten, Beinwell oder Johanniskraut enthalten.

Mittel gegen Muskelzerrungen (Beispiele)

Produkte aus dem drogistischen Sortiment	Wirksamkeitsbestimmend sind u.a.	Wirkungsweise
Einreibemittel, Salben, z.B. Arnikasalbe, Rheumasalbe, Tiger Balm rot, Franzbranntwein	ätherische Öle, z.B. Kampferöl, Minzöl, Menthol, Cajeputöl, Latschenkieferöl, Rotöl aus Johanniskraut	durchblutungsfördernd, abschwellend

3.4.3 Muskelhartspann

Muskelhartspann wird häufig auch als **Muskelverspannung**, **Muskelverhärtung** oder als **Nackensteife** bezeichnet. Diese ertastbaren Verspannungen der Muskulatur sind die Folge einseitiger oder unzureichender Bewegung oder einer Fehlhaltung. Oft tritt die Nackensteife auf, nachdem man sich „einen Zug geholt hat".
Muskelverhärtungen beruhen auf einer neuronalen Fehlsteuerung und/oder örtlichen Durchblutungs- bzw. Stoffwechselstörungen. Kälte kann die Entstehung der Beschwerden begünstigen. Um diese oft hartnäckigen und schmerzhaften Verspannungen zu lösen, können außer Massagen auch warme medizinische Bäder und Einreibemittel angewendet werden, die die Durchblutung verbessern.

Schmerzhafte Muskelverspannung im Nackenbereich

 Peloidbäder

Peloidbäder (gr. Pelos Schlamm) umfassen Fango-, Torf-, Moor- und Heilerdebäder. Die Peloide werden mit Wasser vermischt und dann als Bäder, Packungen oder Wickel angewendet (→ Gebrauchsanleitung). Die heilende Wirkung beruht auf der Wärmeleitung bzw. Wärmeerhaltung im Gewebe, wodurch viele Stoffwechselprozesse beschleunigt werden.
Peloidbäder können bei unterschiedlichen Beschwerden eingesetzt werden, z. B. bei Verkrampfungen, rheumatischen Beschwerden oder Erschöpfungszuständen.

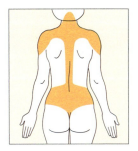

Häufig von Muskelhartspann betroffene Regionen des Körpers

Mittel gegen Muskelhartspann (Beispiele)

Produkte aus dem drogistischen Sortiment	Wirksamkeitsbestimmend sind u. a.	Wirkungsweise
Medizinische Bäder: Pflanzenextraktbäder	Mischungen aus ätherischen Ölen, z. B. Fichtennadel-, Latschenkiefer-, Rosmarin-, Heublumenöl	Die Verbindung aus der Wärme des Bades und der teilweise durchblutungsfördernden Wirkung der Inhaltsstoffe lindert die Schmerzen und löst die Verspannungen.
Peloidbäder	Moor-, Fango- oder Heilerdebäder	
Einreibemittel, z. B. Franzbranntwein, Rheumasalbe, Arnikasalbe	ätherisches Öl, Latschenkieferöl, Menthol, Kampfer	durchblutungsfördernd
Wärmepflaster, z. B. Rheumapflaster	Capsaicin, Kampfer, Menthol	
Rotlichtlampe	Wärme der Infrarotstrahlung	durchblutungsfördernd, Tiefenwärme

3.4.4 Muskelrheumatismus

Der Muskelrheumatismus ist eine Form des **Weichteilrheumatismus**. Dabei handelt es sich um eine Entzündung des Binde- sowie des Muskelgewebes. Diese Entzündung kann z. B. durch Infekte oder mechanische Verletzungen entstehen. Typisch für Muskelrheumatismus sind
- der sich verstärkende Schmerz bei Bewegung,
- ein Steifigkeitsgefühl,
- Knoten und Verhärtungen der Muskulatur.

Die Halsmuskulatur, die Schultermuskulatur, die Zwischenrippenmuskulatur und besonders die Lendenwirbelsäulenmuskulatur sind häufig betroffen.
Zur Linderung der Beschwerden können Wärme, durchblutungssteigernde Einreibemittel oder medizinische Bäder beitragen.

Mittel gegen Muskelrheumatismus (Beispiele)

Produkte aus dem drogistischen Sortiment	Wirksamkeitsbestimmend ist	Wirkungsweise
Kirschkernkissen	Wärme	durchblutungsfördernd
Rheumapflaster, z. B. Rheumaplast	Capsaicin	
Einreibemittel, z. B. Franzbranntwein, Arnikasalbe, Rheumasalbe, Tiger Balm rot	ätherische Öle, z. B. Kampfer, Menthol, Arnika, Latschenkieferöl	
Medizinische Bäder, z. B. mit Auszügen aus Fichtennadeln, Latschenkiefern, Rosmarin	ätherische Öle, z. B. Fichtennadelöl, Laschenkieferöl	
Teufelskrallenwurzel-Kapseln	Extrakt aus der Teufelskrallenwurzel	entzündungshemmend, schmerzlindernd

3 Muskulatur

3.4.5 Muskelkrämpfe

Ein Muskelkrampf beschreibt eine starke **unwillkürliche Muskelspannung**, die mit mehr oder weniger starken Schmerzen einhergehen kann. Häufig treten Krämpfe plötzlich während oder nach sportlicher Bewegung, größeren Anstrengungen oder bei Störungen des Elektrolythaushaltes auf. Ursache ist häufig ein **Magnesium- und/oder Kalziummangel**.

Jeder Muskel kann mit einem Krampf reagieren, oft ergeben sich Krämpfe in den Waden oder den Füßen. Treten Krämpfe auf, so kann die Einnahme von Magnesium und Kalzium zu einer schnellen Besserung beitragen.

Mittel gegen Muskelkrämpfe (Beispiele)

Produkte aus dem drogistischen Sortiment	Wirksamkeitsbestimmend sind u. a.	Wirkungsweise
Magnesiumtabletten, -kapseln, -pulver	Magnesium	krampflösend durch die Wiederherstellung des Elektrolythaushaltes
Kalziumtabletten, -kapseln, -pulver	Kalzium	
Isotonische Mineralgetränke	Elektrolyte	

3.4.6 Prellung

Durch das Reißen eines Blutgefäßes, z. B. durch eine stumpfe Verletzung, entsteht an der betroffenen Stelle ein **Bluterguss**. Dies führt je nach Größe zu starken Schmerzen des Gewebes oder des Gelenkes.

Akut sollte die Stelle gekühlt und hochgelagert werden, um die Bildung eines Blutergusses zu vermindern. Später können Salben zur Beschleunigung des Abbaus des Blutergusses, z. B. mit Arnikablüten und Beinwell, genutzt werden. Diese wirken durchblutungssteigernd.

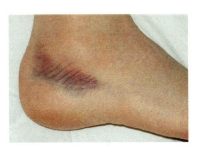

Bluterguss als Folge einer Prellung

Mittel gegen Prellungen (Beispiele)

Produkte aus dem drogistischen Sortiment	Wirksamkeitsbestimmend ist	Wirkungsweise
Salben, z. B. Arnikasalbe, Rheumasalbe, Franzbranntwein	ätherisches Öl	Verminderung des Blutergusses, durchblutungsfördernd
Einreibemittel, z. B. Franzbranntwein	ätherisches Öl, z. B. Menthol, Kampfer, Latschenkieferöl	durchblutungsfördernd

4 Herz-Kreislauf-System (HKS)

Das Herz bildet zusammen mit den Blutgefäßen das Herz-Kreislauf-System (HKS). Die Hauptaufgabe des HKS besteht im Transport. Es versorgt den Körper über das Blut mit Sauerstoff und Nährstoffen, transportiert aber auch Stoffwechselendprodukte ab. Einer dieser „Abfallstoffe" ist das Kohlenstoffdioxid, das im Gewebe anfällt und zur Ausatmung zu den Lungen transportiert wird.

Die Gefäße des HKS sind unterteilt in
- **Arterien**, die das Blut vom Herzen wegleiten,
- **Kapillaren**, in denen der Stoffaustausch stattfindet,
- **Venen**, die das Blut zum Herzen zurückführen und
- **Lymphgefäße** für den Transport von Flüssigkeit und Abwehrzellen.

> **Arterien und Venen**
>
> Arterien sind die Blutgefäße, die vom Herzen wegführen; Venen sind die Blutgefäße, die zum Herzen hinführen. Diese Bezeichnung ist unabhängig vom Sauerstoffgehalt des Blutes.
> Die Kapillaren sind die kleinsten Blutgefäße.

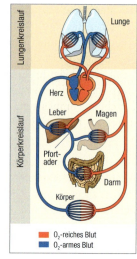

Körperkreislauf und Lungenkreislauf

4.1 Herz

Das Herz ist ein muskuläres Hohlorgan von ca. 300 g Gewicht. Es funktioniert wie eine **Druck-Saug-Pumpe**, die das Blut im Gefäßkreislauf in Bewegung hält und somit den Körper bzw. die Organe u. a. mit Sauerstoff und Nährstoffen versorgt.

Das Herz besteht aus der linken und der rechten Herzhälfte, diese sind durch die Herzscheidewand voneinander getrennt.

Die **linke Herzhälfte** befördert das in der Lunge mit Sauerstoff angereicherte, also sauerstoffreiche Blut zu den Organen.

Die **rechte Herzhälfte** sorgt dafür, dass das sauerstoffarme, aber kohlenstoffdioxidreiche Blut aus dem Körperkreislauf zur Lunge transportiert wird. Dort wird das Blut wieder mit Sauerstoff angereichert, und Kohlenstoffdioxid wird ausgeatmet.

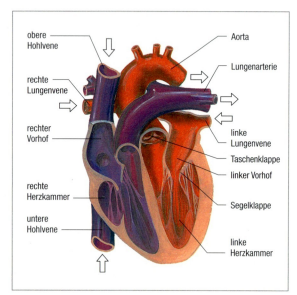

Das Herz (Schnitt)

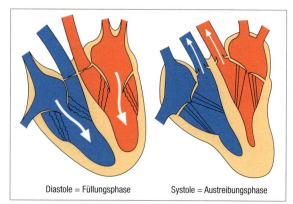

Arbeitsphasen des Herzens

4 Herz-Kreislauf-System (HKS)

Jede der beiden Herzhälften besteht aus einem **Vorhof** und einer **Herzkammer**. Die Vorhöfe sammeln das Blut und die Herzkammern pumpen das Blut in den Körper- bzw. Lungenkreislauf.

Das Herz schlägt in Ruhe ca. 70-mal pro Minute. Das entspricht 5,6 Litern Pump-Saug-Leistung pro Minute. Durch die Pumpleistung des Herzens entsteht der Blutdruck im Körper. Ein **Blutdruck von 120 zu 80** ist ideal.

Das Herz leistet tagtäglich viel Arbeit, daher ist es notwendig, den Herzmuskel gut mit Sauerstoff und Nährstoffen zu versorgen. Diese Aufgabe übernehmen die **Herzkranzgefäße**, auch Koronargefäße genannt. Die Koronargefäße umschließen das Herz und versorgen es mit Blut bzw. führen das sauerstoff- und nährstoffarme Blut auch wieder ab. Die Koronargefäße sind häufig bei Männern von **Arteriosklerose** betroffen.

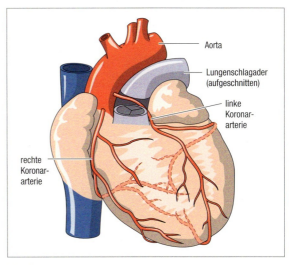
Herzkranzgefäße

 Systolisch und diastolisch

Der Blutdruck wird gemessen und durch zwei Werte (systolisch und diastolisch) definiert, z. B. 120/78. Bei der Blutdruckmessung in der Arztpraxis wird eine Manschette, die mit einem Druckmesser verbunden ist, um den Oberarm gelegt und aufgepumpt. Die aufgepumpte Manschette drückt die Blutgefäße des Armes ab, sodass kein Blut mehr fließen kann. Mit einem Stethoskop werden nun die Fließgeräusche in der Ellenbeuge abgehört. Der Druck der Manschette wird langsam gemindert.
Beim ersten Geräusch, das im Stethoskop hörbar ist, wird der systolische (obere) Wert auf dem Druckmesser abgelesen. Das Geräusch entsteht, wenn das Herz das Blut in die Gefäße pumpt. Man spürt dies auch als Puls, z. B. im Handgelenk oder am Hals. Wird der Druck der Manschette weiter gemindert, kann das Blut wieder frei fließen, das Geräusch hört auf und der diastolische (untere) Wert kann am Manometer abgelesen werden. Ist der Blutdruck zu hoch oder zu niedrig, hat dies negative Auswirkungen auf unseren Körper.

Blutdruckmessgerät aus dem drogistischen Sortiment

4.2 Blut

In unserem Körper fließen, bewegt duch das Herz, vier bis sechs Liter Blut durch Venen und Arterien. Die Blutmenge macht ungefähr 6–8 % unseres Körpergewichtes aus. Das Blut wird im roten Knochenmark gebildet und hat u. a. folgende Funktionen:

- **Transport** von Wasser, Mineralien, Nährstoffen, Vitaminen, Spurenelementen, Stoffwechselprodukten, Hormonen, Medikamenten und Gasen (O_2, CO_2)
- **Wärmeregulation** durch die Blutzirkulation im Körper
- **Abwehrfunktion** durch die Abwehrzellen
- **Gerinnungsfunktion** bei Verletzungen

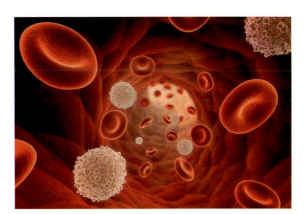
Blutzellen (stark vergrößert)

Das Blut besteht zu 44 % aus zellulären Bestandteilen (Hämatokrit) und zu 55 % aus Plasma (90 % Wasser, Proteine, Salze, usw.).

 Hämoglobine

sind eisenreiche, sauerstofftransportierende Proteine. Der Sauerstoff wird an Eisenkomplexe gebunden und so im Körper transportiert. Die Hämgruppe ist für die rote Farbe des Blutes verantwortlich.

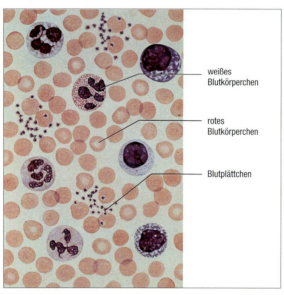

Blutzellen unter dem Mikroskop

Wundheilung
→ Kapitel III / 12

Man unterscheidet bei den zellulären Bestandteilen verschiedene **Blutzellen**:

- **Rote Blutkörperchen** (Erythrozyten): Sie machen ca. 99 % der Gesamtzellzahl aus. Die Erythrozyten sind beidseits eingedellt und haben einen Durchmesser von 7,5 µm. Sie beinhalten den roten Blutfarbstoff Hämoglobin.

- **Weiße Blutkörperchen** (Leukozyten): Die Leukozyten sind größer als die Erythrozyten. Sie sind beweglich, das heißt, sie können den Blutstrom verlassen und in das umliegende Gewebe gelangen. Dort sind sie für die **Abwehr von Krankheitserregern** und **Fremdstoffen** verantwortlich. Man unterscheidet nach den jeweiligen Funktionen weiter in **Granulozyten** (unspezifische Abwehr gegen Bakterien und Pilze), **Monozyten** (Fresszellen) und **Lymphozyten** (Erkennung von Fremdstoffen).

- **Blutplättchen** (Thrombozyten): Die Thrombozyten sind beidseits gewölbt. In einem Mikroliter Blut findet man ca. 250000 von ihnen. Sie haben die Aufgabe, bei Verletzungen der Gefäßwände einen Blutpfropf zu bilden, um so die Blutung zu stoppen und die Wunde zu verschließen.

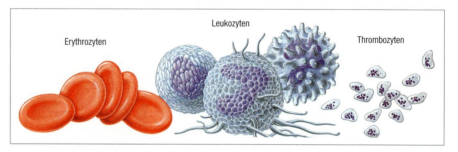

Blutzellen des Körpers

Das **Blutplasma** besteht zu 90 % aus Wasser, enthält aber auch Blutproteine und anorganische Elektrolyte (Natrium, Chlorid, Kalium, Magnesium, Phosphat, Kalzium). Weiterhin ist es Transportmedium für Sauerstoff, Kohlenstoffdioxid, Proteine, Lipide, Kohlenhydrate und Hormone.

4 Herz-Kreislauf-System (HKS)

4.3 Produkte bei Beschwerden des Herz-Kreislauf- und Blut-Systems

4.3.1 Bluthochdruck

Der normale Blutdruck liegt in etwa bei 120 zu 80. Steigt er auf Werte von 150 zu 95, so spricht man von **Bluthochdruck**.

Der deutlich höhere Druck, mit dem das Blut durch die Gefäße fließt, führt dazu, dass die Elastizität der Gefäße sinkt und die dadurch unelastischen, steifen Gefäßwände kleine Risse bekommen können. Diese Risse führen zu einer rauen Innenwand der Gefäße, was die Entstehung von Arteriosklerose begünstigt.

Ziel ist es, den Bluthochdruck zu senken. Auch eine Entwässerung kann zur Senkung des Blutdrucks beitragen, da das Blutvolumen vermindert wird. Sportliche Bewegung wirkt sich ebenfalls positiv auf den Blutdruck aus.

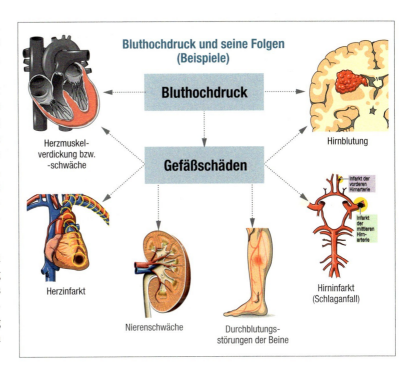

Mittel zur Vorbeugung von Bluthochdruck (Beispiele)

Produkte aus dem drogistischen Sortiment	Wirksamkeitsbestimmend sind u. a.	Wirkungsweise
Omega-3-Lachsölkapseln,	Lachsöl, Omega-3-Fettsäuren	blutfettsenkend/ cholesterinspiegelsenkend
Leinölkapseln	Leinöl	
Knoblauchkapseln	Allicin	blutdrucksenkend, vorbeugend gegen Arteriosklerose
Mistelkapseln	Lektine, Schleimstoffe, Flavonoide, Triterpene	kreislaufregulierend
Weißdornkapseln	Flavonoide, Triterpene,	gefäßerweiternd
Hopfendragees	Bitterstoffe, ätherisches Öl, Flavonoide, Gerbstoffe	entwässernd
Birkendragees	Flavonoide, Triterpene, Saponine, Bitterstoffe, Gerbstoffe, ätherisches Öl	
Schachtelhalmtee, -presssaft	Flavonoide, Kieselsäure	
Hauhecheltee	Flavonoide, Triterpene, Lekitine, ätherisches Öl	

§ Nach Anlage 3 b der Arzneimittelverordnung dürfen Herzkreislauferkrankungen nicht mit drogistischen Mitteln behandelt werden. Daher sind die folgenden Produkte im Wesentlichen zur Vorbeugung vor Erkrankungen gedacht.

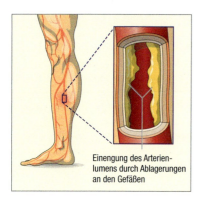

Arteriosklerose in einer Beinarterie

Ernährung
→ Kapitel V / 1.2.2

Wundheilung
→ Kapitel VI / 5

4.3.2 Arteriosklerose

Arteriosklerose ist eine **Erkrankung der Arterien**. Dabei kommt es zu einer Verdickung und Verhärtung der Arterienwände als Folge der Ablagerung von Blutfetten (z. B. Cholesterin), Stoffwechselprodukten und Kalk.

Bedingt durch die Anlagerung werden die Gefäße enger und unflexibler. Dies kann zu Blutgerinnseln (Thromben) führen, die die Gefäße verstopfen. Eine Folge kann ein Infarkt sein (z. B. Herzinfarkt).

Bei einer Arteriosklerose sollte der Anteil des Blutfetts gesenkt werden. Auch die Stärkung der Gefäße hat positive Effekte. Insgesamt sollte der Blutfluss verbessert werden.

> Cholesterin ist ein wichtiger Naturstoff, der auch im menschlichen Körper vorkommt und dort an vielen Stoffwechselprozessen beteiligt ist, z. B. an der Vitamin-D Herstellung mit UV-Licht oder der Bildung von **herzwirksamen Glykosiden**. Dass ein erhöhter Cholesterinspiegel die Entstehung einer Arteriosklerose begünstigt, ist umstritten. Die Senkung des Cholesterinspiegels durch eine Ernährungsumstellung ist nur selten erfolgreich, da viele andere Faktoren, z. B. genetische Faktoren, an der Bildung von Cholesterin beteiligt sind. Dennoch sollte auf eine cholesterinbewusste Ernährung geachtet werden.

Mittel gegen Arteriosklerose (Beispiele)

- Rosskastaniencreme oder -tinktur kann die Blutgefäße stärken.
- Omega-3-Fettsäuren können vom Körper selbst nicht hergestellt werden (sind essenziell) und müssen daher über die Nahrung aufgenommen werden.

Produkte aus dem drogistischen Sortiment		Wirksamkeitsbestimmend sind u. a.	Wirkungsweise
Knoblauch	Kapseln	Allicin	blutfettsenkend
Mistel		Lektine, Schleimstoffe, Flavonoide, Triterpene	kreislaufregulierend
Weißdorn		Flavonoide, Triterpene	gefäßerweiternd
Omega-3-Lachsölkapseln oder Leinölkapseln		Lachsöl, Leinöl (3-fach ungesättigte Fettsäuren)	blutfettsenkend
Buchweizen		Flavonoide, Gerbstoffe	stärkt die Venen durch die Abdichtung von Kapillaren

4.3.3 Niedriger Blutdruck

Im Gegensatz zum hohen Blutdruck, sinken bei einem niedrigen Blutdruck die Werte unter 100. Dieser Blutdruckabfall geht häufig mit Schwindel, Übelkeit, Kopfschmerzen, kalten Händen, Müdigkeit, Leistungsschwäche und fehlender Ausdauer einher. Gründe für einen niedrigen Blutdruck können sein:
- Stress
- hohe Temperaturen
- langes Stehen
- schnelle Lageänderung des Körpers

Außer Medikamenten kann Bewegung, wie z. B. Wandern, Walken, Radfahren usw. den Kreislauf anregen und so den Blutdruck anheben. Außerdem sollte viel Flüssigkeit zugeführt werden, da dadurch das Blutvolumen erhöht und damit auch der Blutdruck angehoben werden kann. Zu niedriger Blutdruck ist nicht lebensbedrohend.

Mittel gegen niedrigen Blutdruck (Beispiele)

Produkte aus dem drogistischen Sortiment	Wirksamkeitsbestimmend sind u. a.	Wirkungsweise
Kampfer	ätherisches Öl	herzkreislaufanregend
Herz-Kreislauf-Tonikum	Rosmarinextrakt, Weißdornblätter	herzkreislaufanregend, herzkreislaufstärkend, erhöht die Kontraktionskraft des Herzmuskels
Mistel	Lektine, Flavonoide	kreislaufregulierend

Herz-Kreislauf-Tonikum (Beispiel)

4.3.4 Herzinsuffizienz, Herzschwäche oder Altersherz

Bei einer **Herzinsuffizienz** ist das Herz, häufig aufgrund von Alterserscheinungen, nicht oder nicht mehr in der Lage, genügend Blut durch den Körper zu pumpen. Die Folge ist ein unzureichender Nährstoff- und Sauerstofftransport, Abbauprodukte werden schlechter beseitigt. Dies kann zu Flüssigkeitsansammlungen in der Lunge, den Beinen oder dem Bauchraum führen. Weitere Symptome können Kurzatmigkeit, Herzrasen, Gewichtszunahme, geschwollene Knöchel, Müdigkeit, Schwindel, Appetitlosigkeit und nächtlicher Harndrang sein.

Häufig sind Vorerkrankungen des Herz-Kreislauf-Systems Auslöser einer Herzschwäche. Eine ungleichmäßige Überlastung, ein hoher Blutdruck, Entzündungen durch Viren und Bakterien, aber auch der übermäßige Konsum von Alkohol und Nikotin können zu einer Herzschwächung beitragen.

Bei einer **Herzschwäche** versucht der Körper zunächst, die Minderleistung zu kompensieren. Die Herzfrequenz erhöht sich und das Herz vergrößert sich, um mehr Blut pumpen zu können. Durch die ständige Überbelastung verdickt sich der Herzmuskel und über eine gewisse Zeit kann die Herzinsuffizienz ausgeglichen werden. Als Spätfolge führt dies jedoch zu einer noch größeren Schwächung.

Herzschwäche
www.internisten-im-netz.de/

Mittel zur Stärkung des Herzens (Beispiele)

Produkte aus dem drogistischen Sortiment		Wirksamkeitsbestimmend sind u. a.	Wirkungsweise
Weißdorn	Kapseln	Flavonoide, Triterpene	herzkreislaufstärkend, erhöht die Kontraktionskraft des Herzmuskels
Mistel		Lektine, Schleimstoffe, Flavonoide, Triterpene	kreislaufregulierend
Knoblauch		Allicin	blutfettsenkend
Omega-3-Lachsölkapseln		Lachsöl (mehrfach ungesättigte Fettsäuren)	cholesterinspiegelsenkend
Rosskastanienkapseln		Aescin, Rutin, Rosskastanienextrakt	verbessert die Elastizität der Gefäße, entwässert, lindert Blutstauungen
Rosmarinbad, -salbe, -öl		ätherisches Öl, Flavonoide	herzkreislaufanregend
Ginseng-Tonikum		Saponine, Triterpene, Ginsenoside	herzkreislaufregulierend

> Die Behandlung der Erkrankung gehört in ärztliche Hände. Dennoch gibt es einige Mittel im drogistischen Sortiment, die das Herz stärken oder auch gegen die Symptome einer Herzinsuffizienz wirken.

4.3.5 Venenleiden

Viele Verkäuferinnen kennen das Problem: Die Beine sind abends geschwollen. Durch langes Stehen oder Sitzen, vor allem mit übereinandergeschlagenen Beinen, aber auch durch eine erblich bedingte Venenschwäche werden die Beine zu wenig durchblutet. Dies führt zu müden, oft geschwollenen und schmerzenden Beinen.

Abhilfe kann zunächst Bewegung verschaffen. Dazu sollte man die Beinmuskulatur während des Stehens oder Sitzens bewegen bzw. anspannen und entspannen. Dadurch wird die **Muskelpumpe** verstärkt und der venöse Rückstrom gesteigert. Weiterhin können Produkte mit **Rosskastanienextrakt** und Rutin positiv wirken.

Venenprobleme
www.venenliga.de
www.venenratgeber.de

Entstehung von Venenproblemen

Der Blutkreislauf versorgt unseren Körper über die Arterien ständig mit Sauerstoff und Nährstoffen. Die Venen übernehmen den Rücktransport des sauerstoffarmen Blutes zum Herzen. Venenklappen in den Venen verhindern ein Zurückfließen in Richtung Fuß.

Bein- und Wadenmuskeln unterstützen den Transport des Blutes in den Venen. Die angespannten Muskeln drücken die zwischen ihnen verlaufende Vene zusammen, das Blut wird herzwärts gepresst. Der abfallende Druck in der Vene bei Entspannung der Muskulatur „saugt" nun wieder Blut an, das auf die gleiche Weise weiter nach oben transportiert wird. Dies macht deutlich, wie wichtig **regelmäßige Bewegung** ist.

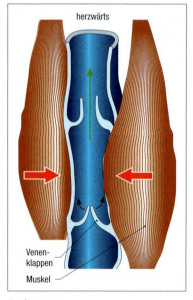

Funktionsweise der Muskelpumpe

Die Wirkstoffe der **Rosskastanie** verbessern die Elastizität der Venen und mindern so ihre Brüchigkeit. **Rutin** ist ein pflanzlicher Stoff, der die Durchlässigkeit der Venenwände vermindert. Dadurch kann nicht so viel Flüssigkeit in das Bindegewebe abgegeben werden, wodurch die Symptome der geschwollenen und müden Beine vermindert werden.

Mittel bei Venenproblemen (Beispiele)

Produkte aus dem drogistischen Sortiment	Wirksamkeitsbestimmend sind u. a.	Wirkungsweise
Venen-Aktiv-Kapseln, Venen-Gel	Rosskastaniensamen Trockenextrakt, Rutin (Rutosid), Mäusedornwurzeln, Buchweizenkraut	verbessert die Elastizität der Venen und vermindert die Durchlässigkeit der Venen, Durchblutungssteigerung

4.3.6 Eisenmangelanämie

Eine Anämie oder auch eine Blutarmut liegt vor bei
- einer verminderten Konzentration des Blutfarbstoffes **Hämoglobin**,
- einem verminderten Anteil des **Hämatokrits** oder/und
- einer verminderten Anzahl an Erythrozyten im Blut.

Hämoglobin ist ein großes, ringförmig aufgebautes Molekül, in dessen Mitte Eisen eingebunden ist. Die Aufgabe des in den roten Blutkörperchen befindlichen Hämoglobins ist es, **Sauerstoff zu binden** und bei Bedarf an die Zellen des Körpers abzugeben. Hämoglobin ist sozusagen der Sauerstofftransporter im menschlichen Blut. Ohne Eisen kann das Hämoglobin seine Aufgabe nicht erfüllen.

Die häufigste Form der Anämie ist die Eisenmangelanämie, die **zumeist bei Frauen** auftritt. Eisen ist ein sehr wichtiges Mineral, das u. a. für den Aufbau von Muskulatur und bei der Blutbildung benötigt wird. Daher benötigen Jugendliche im Wachstum besonders viel Eisen für ihre Entwicklung. Bei Mädchen und Frauen kommt dazu, dass durch die Monatsblutungen die Eisenmenge im Blut verringert wird. Weiterhin essen viele junge Frauen wenig Fleisch, wodurch sie häufig nicht genügend Eisen zu sich nehmen, obwohl der Bedarf besonders hoch ist. Diese Zusammenhänge können zur Ausbildung einer Eisenmangelanämie beitragen.

Vorbeugend können helfen:
- Eisenreiche Ernährung (rotes Fleisch, Haferflocken, Nüsse, Kürbiskerne usw.)
- **Substituierung** von Eisen in Form von Dragees, Tabletten etc.
- Tonikum mit Eisen-Kräuterblut

Mittel gegen Eisenmangelanämie (Beispiele)

Produkte aus dem drogistischen Sortiment	Wirksamkeitsbestimmend sind u. a.	Wirkungsweise
Eisentabletten, Eisen-Folsäure-Dragees	Eisen-(II)-Glukonat, Folsäure	wird für den Aufbau des Hämoglobins und des **Myoglobins** benötigt und wirkt so bei der Blutbildung
Eisen + Vitamin-C-Brausetabletten und -kapseln	Eisen-(II)-Sulfat, Vitamin C	
Eisen-Kräuterblut	Eisen-(II)-Glukonat	

Hämoglobin
ist der für den Sauerstofftransport verantwortliche Bestandteil roter Blutkörperchen. Niedrige Werte können in erster Linie Hinweise auf Eisenmangel geben.

Hämatokrit
gibt den Anteil der zellulären Bestandteile des Blutvolumens an.

Die Diagnose und Behandlung einer Eisenmangelanämie gehört in ärztliche Hände, da ein Eisenmangel im Blut auch auf innere Blutungen zurückzuführen sein kann.

Myoglobin
Eiweiß im Muskel zur Speicherung von Sauerstoff

5 Nervensystem

Das Nervensystem hat die Aufgabe, alle Körperfunktionen zu steuern und äußere Reize (wie z. B. das Licht, das von den Augen wahrgenommen wird), die auf den Körper treffen, aufzunehmen, weiterzuleiten und zu verarbeiten. Dazu ist das Nervensystem unterteilt in
- willkürliches Nervensystem und
- unwillkürliches (vegetatives oder autonomes) Nervensystem.

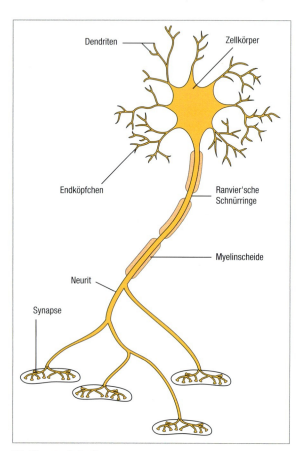

Die Nervenzelle ist die Grundeinheit des Nervensystems. Über sie werden alle Reize weitergeleitet.

5.1 Willkürliches Nervensystem

Das willkürliche Nervensystem steuert alle bewussten, willentlich beeinflussbaren Vorgänge im Körper. Es umfasst die Wahrnehmung sowie alle willkürlich steuerbaren Bewegungen des Körpers. Das willkürliche Nervensystem setzt sich zusammen aus dem
- zentralen Nervensystem (ZNS), welches das Gehirn und das Rückenmark umfasst und für die Verarbeitung und Beantwortung von Reizen zuständig ist, und dem
- peripheren Nervensystem, welches die Reize des ZNS zu den jeweiligen Organen weiterleitet (z. B. zum Muskel), aber auch eingehende Reize zum ZNS weiterleitet (Sinneswahrnehmung, z. B. Geruch, Geschmack, Druck, Schmerz, Kälte, Wärme, Töne, usw.).

5.2 Unwillkürliches Nervensystem

Das unwillkürliche Nervensystem wird auch als autonomes oder vegetatives Nervensystem bezeichnet. Es steuert lebenswichtige Organe, wie z. B. das Herz, die Verdauungsorgane und die Lunge.
Beim unwillkürlichen Nervensystem unterscheidet man zwei Teile, die eine gegensätzliche Wirkung auf den Organismus haben:
- den Sympathikus und
- den Parasympathikus.

Der Sympathikus aktiviert den Körper. Er beschleunigt den Herzschlag und damit das Herz-Kreislauf-System. Er steigert den Energieumsatz, sodass dem Körper mehr Energie für Aktivität, aber auch Flucht zur Verfügung steht. Gleichzeitig wird aber auch die Darmtätigkeit herabgesetzt. Der Sympathikus ist das Alarmsystem des Körpers, damit dieser auf Gefahren- bzw. Stresssituationen reagieren kann.

Der Parasysmpathikus ist der Gegenspieler des Sympathikus. Er senkt den Blutdruck, indem er die Gefäße erweitert und die Herztätigkeit verlangsamt. Die Darmbewegungen und damit die Verdauung werden gefördert, während der Energieumsatz vermindert wird.

Das Zusammenspiel des Sympathikus und Parasympathikus machen daher auch deutlich, warum man nach einem reichhaltigen Essen nicht besonders aktiv ist, sondern eher in eine Müdigkeit fällt. Die Verdauung wird über den Parasympathikus angeregt und gleichzeitig wird die Kreislaufaktivität abgesenkt. Das Blut wird zur Verdauung genutzt.

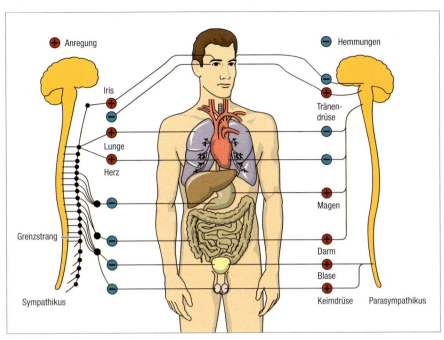

Zusammenhänge des Sympathikus und des Parasympathikus

Eng mit dem Nervensystem verbunden ist das **Hormonsystem**. Hormone sind komplexe Stoffe, die im Körper die unterschiedlichsten Aufgaben erfüllen bzw. Prozesse in Gang setzen oder stoppen. Viele Hormone stehen dabei in einem Abhängigkeitsverhältnis zueinander. Sie steuern z. B. den Stoffwechsel, den Schlaf, den Hunger und den Durst, die Fortpflanzung und Entwicklung usw.

Einige wichtige Hormone sind Adrenalin, Noradrenalin, Testosteron, Östrogen, Gestagen, Progesteron, Serotonin, Insulin und Glukagon.

Wenn das Hormongleichgewicht gestört ist, kann es zu verschiedenen Erkrankungen kommen, u. a. zu Depressionen.

Ein Hormonungleichgewicht kann weitere Beschwerden bewirken, z. B.:
- nervöse Unruhe, Stress
- Angstzustände, Einschlafstörungen
- Lern- und Konzentrationsstörungen
- Kopfschmerzen

 Hormone
www.internisten-im-netz.de/de
→ homone & Stoffwechsel
www.planet-wissen.de/natur_technik/anatomie_mensch/hormone/index.jsp

5.3 Mittel zur Behandlung von nervösen Zuständen (Beruhigungsmittel)

> Wer kennt das nicht? Es sind viele Dinge gleichzeitig zu tun und nur wenig Zeit! Es werden von vielen Seiten Forderungen gestellt! Die Prüfung rückt immer näher, und der Stoff will nicht in den Kopf. Man macht sich Sorgen um sich selbst oder seine lieben Menschen.

Alle diese Situationen führen zu **Stress**. Dieser Stress äußert sich in viellerlei Arten, z. B. Unruhe, Schlafstörungen, Magen- und Darmstörungen oder Konzentrationsschwäche. Für die Behandlung dieser Probleme gibt es einige pflanzliche Produkte in der Drogerie.

Die in der Drogerie **frei verkäuflichen Beruhigungsmittel** enthalten pflanzliche Wirkstoffe mit einer milden beruhigenden Wirkung. Sie haben eine dämpfende Wirkung auf das Nervensystem, wodurch nervöse Erregungszustände vermindert werden können. Sie sind keine Schlafmittel. Diese Arzneimittel führen bei einer bestimmungsgemäßen Einnahme nicht zu einer Abhängigkeit, wie es bei vielen verschreibungspflichtigen Arzneimitteln der Fall sein kann.

Baldrianwurzel
Baldrianprodukte können bei Unruhezuständen und nervös bedingten Einschlafstörungen angewendet werden. Baldrian wirkt beruhigend, angst- und spannungslösend und fördert das Einschlafen, Unruhezustände werden gedämpft, muskelentspannende Eigenschaften sind ebenfalls nachgewiesen.
Baldrian wird entweder in Form von Tee oder Dragees als Einzeldroge oder auch in Kombination mit Melisse (nervöse Magenbeschwerden) oder mit Hopfen (Schlafstörungen) genutzt.

Hopfen
Die Bitterstoffe des Hopfen wirken beruhigend (auch auf den Magen) und schlaffördernd.

Johanniskraut
Die Wirkstoffe Hyperforin, Hypericine und Flavonoide wirken antidepressiv. Sie hemmen die Aufnahme des Botenstoffs Serotonin und Noradrenalin. Somit können die Symptome von Depressions-, Angst- und Erschöpfungszuständen gebessert werden. Bei regelmäßiger Einnahme über einen Zeitraum von mehreren Wochen wirkt Johanniskraut leicht stimmungsaufhellend, zusammen mit Baldrian wirkt es einschlaffördernd. Johanniskraut kann möglicherweise die Wirkung oraler **Kontrazeptiva** wie der Antibabypille negativ beeinflussen. Daher sollte vor der Einnahme von Johanniskrautpräparaten ärztlicher Rat eingeholt und ggf. ein zusätzliches Verhütungsmittel genutzt werden. Weiterhin kann der Körper empfindlich auf Sonne reagieren. Daher sollten Sonnenbäder vermieden werden.

> Die Wirkung der Antibabypille wird negativ beeinflusst! Der Körper reagiert empfindlich auf Sonnenlicht.

Beschreibung der Drogen
→ Kapitel VI / 7

Melissenblätter
Die in der Melisse enthaltenen ätherischen Öle wirken krampflösend, verdauungsfördernd und beruhigend. Die Melisse eignet sich besonders gut bei Magen-Darm-Beschwerden. Bei einer Kombination mit Hopfen, Pfefferminze oder Baldrian wird die beruhigende Wirkung verstärkt.

Beruhigungsmittel aus dem drogistischen Sortiment (Beispiele)

Produkte aus dem drogistischen Sortiment	Wirksamkeitsbestimmend sind z.B.	Wirkungsweise
Baldriandragees, -tropfen, -tee, -tinktur	ätherisches Öl, Valepotriate, Alkaloide	beruhigend, angst- und spannungslösend, einschlaffördernd
Hopfendragees	ätherisches Öl, Bitterstoffe (Humulon, Lupulon)	beruhigend, einschlaffördernd
Johanniskrautölkapseln, -tee, -dragees	Hypericin, Flavonoide	Hemmung der Aufnahme der Botenstoffe Serotonin und Noradrenalin, gut gegen depressive Verstimmungszustände, schlaffördernd und stimmungsaufhellend
Melissengeist, -tee, -tropfen	ätherisches Öl (mit Zitral, Zitronellal)	krampflösend, verdauungsfördernd, beruhigend

6 Lymphgefäßsystem

Außer dem Blutgefäßsystem durchzieht den Körper ein weiteres Gefäßsystem, das Lymphgefäßsystem. Dieses Gefäßsystem ist mit einer farblosen Flüssigkeit, der **Lymphe**, gefüllt.
Im Bereich der Blutkapillaren verlässt der flüssige Teil der Blutflüssigkeit die Blutgefäße, sickert in die Spalten und Lücken der Gewebe ein und umspült die Zellen. Man bezeichnet diese farblose Flüssigkeit als Lymphe.

Lymphe
gr. lymphe Wasser

Aufbau und Funktion des Lymphsystems

Neben dem Blut vermittelt die Lymphe den Stoffaustausch: sie transportiert gelöste Abfallstoffe wie Harnstoff, Giftstoffe, eingedrungene Bakterien sowie geschädigte und absterbende Zellen aus dem Gewebe ab. Gleichzeitig transportiert die aus der Darmschleimhaut zurückströmende Lymphe einen Großteil der **resorbierten** Nahrungsfette zu den Zellen hin.

Überschüssige Gewebsflüssigkeit, die nicht in die Kapillaren zurückkehrt, wird durch die **Lymphgefäße** wieder in das Blut zurückgeführt. Sie beginnen „blind" mit Lymphkapillaren, die allmählich in immer größer werdende Lymphbahnen übergehen und schließlich in die obere Hohlvene eintreten.

Lymphe sammelt sich z. B. nach Verbrennungen in den Hautblasen an. Die Gewebsflüssigkeit ist ähnlich zusammengesetzt wie das Blut.

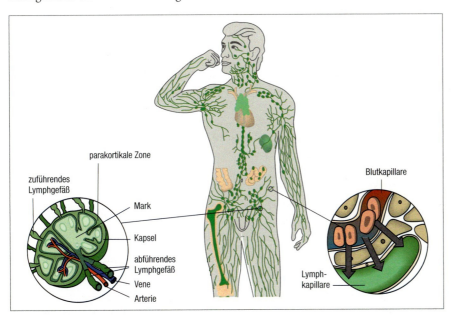

Lymphgefäßsystem mit Lymphkapillaren und Lymphknoten

Vergleich der Zusammensetzung von Blut und Lymphe

Blut	Lymphe
rote Blutkörperchen	keine roten Blutkörperchen
viele Proteine (7–8 %)	wenig Proteine (1–5 %)
wenig Harnstoff	viel Harnstoff
wenig Lipide (<1 %)	viele Lipide (2,5–6 %)

Die Lymphbahnen fließen in **Lymphknoten** zusammen. Diese befinden sich in großer Zahl an der Beugeseite der großen Gelenke, z. B. in der Achselhöhle, der Leistenbeuge, aber auch am Hals, in der Brust- und Bauchhöhle, in den Wänden von Magen, Darm und Luftwegen. Auch die Mandeln sind Lymphknoten.

Lymphknoten haben wichtige **Aufgaben** in unserem Körper:
- Sie bilden einen Teil der weißen Blutkörperchen, die Lymphozyten. Die Lymphozyten können körperfremde Stoffe erkennen und beseitigen.
- Sie sind Filterstationen, die die Lymphe reinigen. Lymphozyten und Makrophagen (Fresszellen) beseitigen abgestorbene Zellen, Fremdkörper und Krankheitserreger aus der Lymphe und tragen so zur Leistung unseres Immunsystems bei.
- Sie verringern die Lymphmenge, d. h., in den Lymphknoten wird der Lymphe ca. 50 % des Wassers entzogen. So wird überflüssige Flüssigkeit aus den Zellzwischenräumen entfernt. Das Wasser wird wieder in den Blutkreislauf zurücktransportiert oder über die Niere und den Harn ausgeschieden.

Lymphknoten können bei einer Entzündung im Körper stark anschwellen und druckschmerzhaft sein. Sind sie größer als 2 cm, nehmen sie eine kugelförmige Gestalt an und sind schmerzempfindlich, dann sind sie aktiviert und mit der Abwehr von Krankheiten beschäftigt.

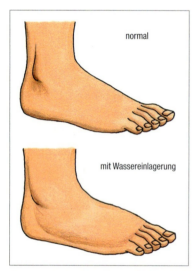

Wassereinlagerungen am Fuß

Diuretika
→ Kapitel III / 9.5.1

Wenn z. B. das Herz im Alter schwächer wird und der Fluss des Blutes sich verlangsamt, tritt vermehrt Plasma aus dem Blut aus. So kann es besonders in den Beinen zu einer übermäßigen Durchtränkung der Gewebe mit Lymphe kommen. Die Haut schwillt an, wird weich und teigig.
Man nennt dieses Symptom **Ödem** oder Gewebewassersucht. Ödeme können auch eine Folge von Eiweißmangel oder Entzündungen sein.

 Bei geschwollenen Lymphknoten ist unverzüglich ein Arzt aufzusuchen. Auch bei geschwollenen Beinen sollte eine Behandlung und Einnahme von Präparaten stets erst nach Rücksprache mit dem Arzt erfolgen.

Beschwerden des Lymphsystems
Heilmittel gegen Beschwerden des Lymphsystems gibt es im Drogeriesortiment nicht. Wenn die Lymphknoten anschwellen, dann ist das das Symptom einer Krankheit, z. B. einer Entzündung. Hier muss die Grunderkrankung ärztlich behandelt werden.

Wenn sich Wasser in den Beinen absetzt, sich also Ödeme bilden, können Produkte zur Entwässerung unterstützend helfen. Das überflüssige Wasser kann durch die Niere und die Blase abgegeben werden.

7 Atmungsorgane

7.1 Aufbau und Funktion des Atmungssystems

Über das **Atmungssystem** des Menschen wird der gesamte Organismus mit **Sauerstoff** versorgt. Sauerstoff ist für die meisten Stoffwechselprozesse von zentraler Bedeutung. Der Sauerstoff wird in den Mitochondrien benötigt, um die aus der Nahrung aufgenommenen Nährstoffe in Energie umzuwandeln, die für den Körper nutzbar ist. Das Atmungssystem unterteilt sich in obere Atemwege und untere Atemwege.

Zellen und Gewebe
→ Kapitel III / 1

Die oberen Atemwege

Als obere Atemwege werden die Nase mit ihren Nebenhöhlen und der Rachenraum bezeichnet. Diese Bereiche sind dicht mit Flimmerhärchen ausgekleidet. Sie dienen dem Transport der Atemluft, deren Reinigung, Anfeuchtung und Erwärmung.

Eingeatmete Luft gelangt durch die Nasenlöcher und den Nasenvorhof in die eigentliche **Nasenhöhle** und anschließend in den **Rachenraum**. Die Nasenhöhle ist mit **Schleimhaut** (Nasenschleimhaut) ausgekleidet, die dicht mit **Flimmerhaaren** besetzt ist, diese transportieren durch Bewegung Schleim und Schmutzpartikel nach außen. (Die Luftröhre besitzt eine ähnlich aufgebaute Schleimhaut.) Im darunterliegenden Bindegewebe befindet sich ein ausgedehntes Drüsengewebe, das den Nasenschleim absondert, der die Atemluft anfeuchtet. Die stark durchblutete Schleimhaut gibt die Wärme an die vorbeiströmende Luft ab und erwärmt diese.

Schleimhaut

In der Schleimhaut der oberen und unteren Luftwege liegen Rezeptoren, die bei einer Reizung den Hustenreflex auslösen.

Der **Rachen** verbindet den Nasenraum, Mundraum und den sich anschließenden Luft- und Speiseweg. In den oberen Rachenraum mündet beiderseits die Ohrtrompete ein. Sie verbindet als ein schlauchförmiger Gang Rachen und Paukenhöhle des Mittelohrs. Entzündungen im Bereich des Rachens können daher auf das Mittelohr übergreifen. Am Rachendach befindet sich die **Rachenmandel**, eine Anhäufung von lymphatischem Gewebe.

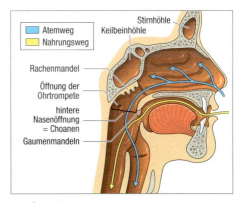

Die oberen Atemwege

Die unteren Atemwege

Kehlkopf, Luftröhre, Bronchien und die Lungenbläschen (Alveolen) bilden die unteren Atemwege.
Der **Kehlkopf** stellt einen Durchgangsweg für die Atemluft dar und ist ein stimmbildendes Organ.
Die **Luftröhre** und **Bronchien** dienen der Zufuhr der Atemluft.
In den **Lungenbläschen** findet der **Gasaustausch** statt. Dabei gelangt der Sauerstoff über die Lungenbläschen aus der Lunge ins Blut (sauerstoffreiches Blut).
Gleichzeitig wird das vom Blut herantransportierte Kohlenstoffdioxid (CO_2) in die Lungenbläschen abgegeben (sauerstoffarmes Blut). Das Kohlenstoffdioxid ist ein Zellgift und wird daher über die Lunge und die Luftwege nach außen abgeatmet.

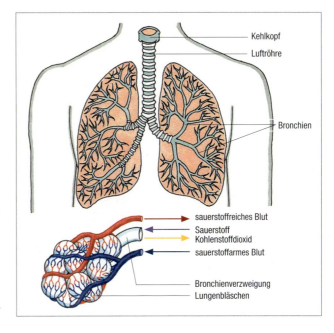

Die unteren Atemwege, Detail Lungenbläschen

**ATP =
Adenosintriphosphat**
ist die für den Körper direkt nutzbare Energie.

Der Atmungsprozess

Unsere Körperzellen brauchen ständigen Sauerstoffnachschub. Das **Atemzentrum** im Gehirn sorgt dafür, dass einem die Luft nicht ausgeht. Für die nötige Dynamik sind eine Reihe von Muskeln, z. B. das **Zwerchfell**, erforderlich. Beim **Einatmen** dehnen diese Muskeln den Brustkorb und mit ihm die Lunge. In der Lunge entsteht ein Unterdruck, der Luft in die Atemwege einströmen lässt.

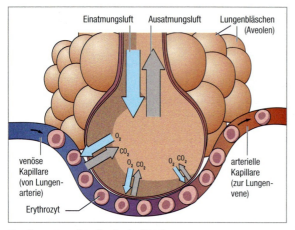

Der Gasaustausch in den Lungenbläschen

Was passiert in der Lunge?

In den winzigen Lungenbläschen geht der in der Atemluft enthaltene Sauerstoff durch **Diffusion** in das Blut über. Gleichzeitig geht aus dem Blut Kohlenstoffdioxid in die Luft über. Es ist das Produkt der Zellatmung. Dabei entsteht in den Mitochondrien, den „Kraftwerken" einer Zelle, aus Kohlenhydraten und Fett unter Verbrauch von Sauerstoff die nötige Betriebsenergie (ATP, Adenosintriphosphat) für die Körperfunktionen. Beim Ausatmen wird Kohlenstoffdioxid aus dem Körper entsorgt. Alle beteiligten Muskeln entspannen sich wieder, der Brustkorb fällt zusammen und drückt die Luft aus den Lungen.

Schnupfen, Kopfschmerzen …

7.2 Beschwerden der Atmungsorgane – Erkältung

Eine Erkältung (grippaler Infekt) ist eine akute entzündliche Erkrankung (**Katarr**) der oberen Luftwege, hauptsächlich hervorgerufen durch **Viren**, manchmal aber auch zusätzlich durch Bakterien. Symptome sind u. a. Rötung und Schwellung der Nasenschleimhaut, vermehrter Ausfluss zunächst wässrig, später dickflüssig, Niesen, belegte Stimme, Kratzen im Hals, erschwertes Atmen, Kopf- und Gliederschmerzen, Halsschmerzen, leichter Husten, Appetitlosigkeit, Abgeschlagenheit und Unwohlsein, Fieber und Frieren und manchmal auch Magen-, Darm- oder Blasenentzündungen.

Die Haut als äußerer Schutzwall gegen Infektionen
→ Kapitel IV / 1.1

Die Luftfeuchte eines Raumes sollte mindestens 50 % betragen. Wenn man oft Erkältungen hat, kann ein nasses Handtuch auf der Heizung und Bewegung an frischer und feuchter Luft helfen.

Warum erkältet man sich?

Frieren führt nicht zwangsläufig zu einer Erkältung oder macht für eine Virusinfektion der Atemwege anfällig. Allerdings sind in einem unterkühlten Körper die Schleimhäute weniger durchblutet. Damit ist der äußere Schutzwall des Abwehrsystems des Körpers leichter durchlässig.
Übermüdete, gestresste Menschen und Frauen in der Zyklusmitte sind infektionsanfälliger, das Immunsystem ist weniger leistungsstark. Mit zunehmendem Lebensalter wird die Widerstandsfähigkeit gegen Infektionen allgemein geringer. Außerdem verengen sich oft auch die peripheren (äußeren) Blutgefäße, und die dadurch hervorgerufene Minderdurchblutung vereinfacht den Viren und Bakterien eine Ansiedlung auf der Schleimhaut.
Beim Einatmen kalter Luft kommt es zudem zur Reduzierung der Tätigkeit des Flimmerepithels. Damit ist die Selbstreinigung deutlich vermindert, und die Viren können nahezu ungehindert eindringen. Auch die geringe Luftfeuchte von Heizungsluft im Winter kann zu einer Erkältung führen. Die Schleimhäute sind rauer, und Krankheitserreger können leichter eindringen.

7 Atmungsorgane

Da die Atemwege vom Rachenraum bis zu den Bronchien mehrere Barrieren von Abwehrzellen haben, können die Viren das Immunsystem nur durch eine schnelle Vermehrung sowie mittels verschiedener Varianten von Viren überwinden.
Niesen, Husten und eine erhöhte Schleimproduktion ermöglichen den Viren eine Verbreitung zu anderen Menschen. Oft geschieht dies auch beim Händedruck, daher sollten die Hände häufig gewaschen werden, oder man verzichtet auf das Hand-Geben.

> Um eine Verbreitung der Bakterien und Viren an andere Menschen zu reduzieren, sollte in die Ellenbeuge geniest werden.

Der „typische" Verlauf einer Erkältung

„3 Tage kommt sie, 3 Tage bleibt sie, 3 Tage geht sie."
Ein bis zwei Tage nach der Infektion beginnt die Erkältung häufig mit Halsschmerzen und Schluckbeschwerden. Fast zeitgleich setzt auch der Schnupfen ein. Dazu kommen dann über vier bis fünf Tage Kopf- und Gliederschmerzen. Viele Menschen leiden außerdem unter Müdigkeit und Unwohlsein sowie leichtem Fieber. Husten tritt oft erst im späteren Verlauf der Erkrankung auf, während die anderen Symptome bereits wieder abklingen.

H1N1

H1N1 ist ein Subtyp des Influenzavirus, er verursacht die Schweinegrippe. Symptome sind: Halsschmerzen, Schnupfen, Husten, hohes Fieber, Müdigkeit, Appetitlosigkeit, Übelkeit, Erbrechen, Durchfall

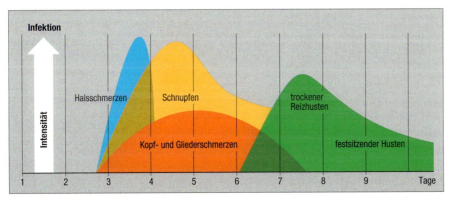

Verlauf einer Erkältung

Grippaler Infekt oder „echte Grippe"

Ein grippaler Infekt als auch eine echte Grippe ähneln sich in ihren Symptomen. Daher fällt die Entscheidung oft nicht leicht, ob es sich um einen grippalen Infekt oder eine echte Grippe handelt.
Erkältung und Grippe werden von unterschiedlichen Viren hervorgerufen und können ganz anders, aber auch sehr ähnlich verlaufen. Die Erkältung wird oft durch verschiedene Rhino-Viren oder Bakterien ausgelöst, während die Grippe in vielen Fällen auf Influenzaviren zurückzuführen ist. Ärztlicher Rat sollte daher eingeholt werden, wenn
- die Erkältungsbeschwerden länger als eine Woche anhalten oder stärker werden,
- schnell hohes Fieber über 39 °C auftritt,
- die Atmung stark erschwert ist,
- ungewöhnliche oder sehr starke Beschwerden und
- Kreislaufbeschwerden auftreten.

Heiserkeit und Halsschmerzen

Heiserkeit und Halsschmerzen sind meist ein durch eine Erkältung oder Überbeanspruchung hervorgerufener Katarr. Dieser Entzündung und/oder Schwellung der Stimmbänder kann beispielsweise entgegnet werden durch

- Schonen der Stimme,
- reichlich **Flüssigkeitszufuhr**, z. B. Kamillentee (entzündungshemmend),
- Aufstellen von **Luftbefeuchtern**. Durch das Verdampfen von Wasser ist die Atemluft deutlich feuchter, und die Schleimhäute trocknen nicht so schnell aus.
- **Inhalation** von heißem Wasser mit Zusätzen (Warminhalation):
  - Kopfdampfbad: In eine Schüssel mit heißem Wasser werden z. B. Kamillenblüten (auch Extrakte), Salbeiblätter, Salz oder aufgelöste Einreibemittel gegeben.
  - Inhalator (elektrisch): Die Temperatur und die Dauer können eingestellt werden.
- **Halsschmerztabletten**, sie wirken direkt beim Lutschen, indem sie ihre Substanzen langsam direkt an die Schleimhaut abgeben.
- desinfizierende, **antiseptische Gurgellösungen** zur täglichen Mundhygiene z. B. mit Arnikaauszügen und Menthol
- **Halssprays**, die sehr unterschiedlich wirken, z. B.:
  - Schmerzstillende Sprays enthalten Inhaltsstoffe, die sehr schnell wirken. Sie können in akuten Phasen benutzt werden. Die Wirkung hält je nach Schwere der Infektion nur wenige Stunden an.
  - Desinfizierende Sprays enthalten Substanzen, die antiseptisch bzw. **antibiotisch** wirken und so die Schleimhaut schneller heilen lassen.
  - Feuchtigkeitssprays sind in ihrer Zusammensetzung dem Speichel ähnlich. Sie sollen den Hals befeuchten, damit die Schleimhäute nicht austrocknen.
  - Sprays mit Extrakten aus Kamillenblüten, Isländisch Moos mit Dexpanthenol und Holunderblütenextrakt beruhigen und befeuchten den Hals und lindern somit auch die Schmerzen.
- **Einreibemittel** (z. B. OLBAS-Tropfen, Eukalyptusöl, japanisches Heilpflanzenöl) werden z. B. auf die Brust aufgetragen, sodass ihre heilwirksamen ätherischen Öle eingeatmet werden und die Atemwege befreien.

Kopfdampfbad
→ Kapitel VI / 4

> Durch die Inhalation werden die Wirksubstanzen besser zum Entzündungsherd gebracht als durch das Trinken von Tee.

OLBAS-Tropfen

– hochkonzentriertes Destillat aus Pfefferminz, Eukalyptus-, Wacholderbeer-, Kajeput- und Wintergrünöl, das schon seit mehr als 70 Jahren bekannt ist. Basierend auf den OLBAS-Tropfen wurden verschiedene andere Produkte entwickelt, wie z. B. Lutschtabletten, Salben oder Gurgelmittel.
Anwendung finden die OLBAS-Tropfen bei oraler Aufnahme z. B. bei Übelkeit, und Völlegefühl, als Gurgelmittel bei Erkältungen und bei äußerlicher Anwendung bei Muskelbeschwerden oder Kopfschmerzen.

Schnupfen

Ein Schnupfen (Rhinitis) ist eine akute oder chronische Entzündung der Nasenschleimhaut, die durch eine Infektion oder eine Allergie ausgelöst wird. Schnupfen ist im Allgemeinen durch eine Schwellung der Nasenschleimhäute mit vermehrter Sekretbildung und häufigem Niesreiz gekennzeichnet.
Die Nase ist mit den Nebenhöhlen (Kiefer-, Stirnhöhle) eng verbunden, daher sind diese bei einem Schnupfen meist direkt mit betroffen. Über die Tube (eustachische Röhre) ist die Nase auch mit dem Mittelohr verbunden, sodass auch das Ohr mit infiziert werden kann.

Vorteile der Nasenatmung

- Atemluft wird durch die Flimmerhärchen der Nase besser von Staub und Schmutz gereinigt.
- Atemluft wird besser erwärmt.
- Atemluft wird angefeuchtet.

7 Atmungsorgane

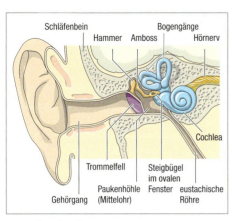

Der Aufbau des Ohres

Der akute Schnupfen ist meist die Folge einer Infektion durch Rhino-Viren im Rahmen einer Erkältung z. B. durch Tröpfcheninfektion (Übertragung über die Luft, z. B. beim Niesen, Husten oder Sprechen).

Die virusgeschädigte Schleimhaut ist ein ausgezeichneter **Nährboden für Bakterien**. Auf das anfänglich wässrig-schleimige, meist klare Sekret folgt bei Bakterieneinwirkung gelblich-grüner Eiter. Von der Nase greift die Infektion meist auf die Nebenhöhlen, den Rachen und die Bronchien über.

> Ist das Schnupfensekret klarwässrig, sind Viren die Auslöser des Schnupfens. Ist das Sekret gelb-grünlich dickflüssig, so liegt meist eine bakterielle Infektion zugrunde.

Der allergische Schnupfen ist eine Reaktion der Nasenschleimhaut auf Fremdkörper, wie z. B. Staub oder Blütenpollen. Er zeichnet sich oft durch einen starken Juckreiz der Nasen- und Augenschleimhäute aus. Die betroffenen Personen müssen häufig niesen und klagen über eine laufende und verstopfte Nase. Das Sekret ist dünnflüssig und klar.

Der chronische Schnupfen entsteht aus einem nicht abgeheilten akuten Schnupfen. Hierbei sind häufig auch die unteren Gewebeschichten und nicht nur die Schleimhäute beteiligt.

Das hilft bei Schnupfen:
- viel **trinken**, um den Schleim zu verflüssigen
- **Inhalation/Dampfbad** mit Meersalz, Kamillenextrakt oder mit anderen ätherischen Ölen wie Eukalyptusöl
- **Apothekenpflichtige Nasensprays/Nasentropfen** wirken adstringierend (gefäßzusammenziehend). Dadurch kommt es zu einer schnellen Abschwellung der Schleimhäute und damit zu einer freien Nase.
- **Freiverkäufliche Nasensprays** wirken durch Inhaltsstoffe wie Kochsalz oder Pflanzenextrakte abschwellend, entzündungshemmend und antiseptisch.

> Apothekenpflichtige Nasensprays sollten nicht länger als eine Woche angewendet werden, da sie die Schleimhäute austrocknen und damit zerstören. Häufiger und längerer Gebrauch kann zu einem verstärkten Anschwellen der Schleimhäute führen. Dies kann zu einer Abhängigkeit vom Nasenspray führen, die nur schwer wieder aufzuheben ist.
> Einige Sprays enthalten auch Dexpanthenol, was heilend auf die Nasenschleimhaut wirkt. Es ist darauf zu achten, dass Nasensprays keine Konservierungsmittel enthalten.

- **Nasenöl** enthält häufig Erdnuss- und Zitrusöle sowie Dexpanthenol. Dieses Nasenöl befeuchtet die Schleimhäute bis hin in die Nebenhöhlen, wirkt antibakteriell und damit heilend.
- **Nasensalbe** wird angewendet, damit der vordere Bereich der Nase nicht austrocknet. Sie wirkt ebenfalls heilend auf die Schleimhäute und lindert die Beschwerden, die durch häufiges Naseputzen auftreten (z. B. trockene, rissige Hautpartien).
- Bei einer **Nasendusche/Nasenspülung** wird die Nase mit Salzwasser bzw. einer Mineralsalzmischung gespült. Die Spülung sollte mit handwarmem Wasser erfolgen. Die Nasendusche führt den Nasenschleimhäuten Feuchtigkeit zu, reinigt die Nase von Schleim, Bakterien und Viren und ermöglicht so eine schnellere Heilung der gereizten Schleimhäute der Nase.

> Hausstauballergie: allergische Reaktion auf die Ausscheidungsprodukte der Milbe
>
> Abhilfe durch:
> - milbendichte Bezüge für die Matratze und fürs Bettzeug (Encasings)
> - morgendliches Lüften der Bettdecke
> - häufiges Waschen des Bettzeugs bei >60 °C
> - wenig bzw. keine Teppiche auf den Böden
> - häufiges Saugen und Wischen der Böden

Nasendusche/Nasenspülung
→ Kapitel VI / 4

III Gesundheit

Hustenphasen

Husten
Der Husten selbst ist **keine Erkrankung**, sondern ein normaler Schutzreflex des Körpers. Der Reflex wird durch die Reizung der Schleimhäute hervorgerufen und soll Fremdkörper aus den Atemwegen heraustransportieren.

Die kleinen Muskeln an den feinen Bronchien, die Zwischenrippenmuskulatur, das Zwerchfell und die Bauchmuskulatur kontrahieren (ziehen sich zusammen) kurzzeitig. Die Folge ist ein explosionsartiger Atemstoß, der die Fremdkörper (z. B. Schleim) nach außen befördern soll.

Der Husten an sich ist daher im Normalfall nicht zu behandeln. Hält ein vermehrter **Hustenreiz** an, sollte ärztlicher Rat eingeholt werden.

Schleimproduzierender Husten: Die häufigsten Ursachen für den schleimproduzierenden Husten sind Erkältungen, eine Lungenentzündung oder/und eine chronische Bronchitis. Der Schleim ist meist gelblich oder grün.

Hilfreich sind **auswurffördernde Arzneimittel (Expektoranzien)**, die den zähen Schleim lockern und verflüssigen, um ihn so besser abhusten zu können. Wichtig ist eine genügend große Aufnahme von Flüssigkeit, um den Schleim zu verflüssigen.

Schleimdrogen
→ Kapitel VI / 5

Reizhusten: Bei einem trockenen Reizhusten genügt bereits ein geringer Reiz, um den Hustenreflex auszulösen. Die Schleimhäute sind entzündet und reagieren daher sehr empfindlich. Hier werden **hustenreizmindernde**, **schleimstoffhaltige Drogen** eingesetzt. Die Schleimhäute werden mit einer Schutzschicht überzogen, wodurch diese beruhigt werden.

Weitere Therapiemöglichkeiten bei Husten:
- Inhalation (→ Heiserkeit)
- Tee (beruhigend, reizlindernd, schleimlösend)
- Einreibemittel (auswurffördernd, antiseptisch, entzündungshemmend)
- Erkältungsbäder mit ätherischen Ölen, z. B. Eykalyptusöl)

> Echinacea-Tropfen wirken auf das Immunsystem stimulierend. Daher sollten sie bei einer Autoimmunerkrankung nur in Absprache mit dem Arzt angewendet werden.

Vorbeugende Maßnahmen gegen Erkältungen
Die Stärkung des Immunsystems ist wichtig, um sich vor Erkältungen zu schützen. Dazu ist es wichtig,
- den Körper abzuhärten (Sport, gesunde Ernährung, angemessene Kleidung),
- Räume gut zu lüften, ausreichende Luftfeuchtigkeit zu schaffen,
- Menschenansammlungen zu meiden,
- Mittel zur Stärkung der Abwehrkräfte (z. B. Echinacea-Tropfen gewonnen aus dem Sonnenhut) einzunehmen,
- milde Gurgelmittel zur täglichen Mundhygiene anzuwenden,
- nach dem Händewaschen die Hänten mit einem milden Handdesinfektionsmittel (zur Verminderung der Bakterien-/Virenzahl) zu behandeln.

Händedesinfektion

7 Atmungsorgane

Produkte bei Krankheiten und Beschwerden der Atmungsorgane

Beschwerden	Produkte aus dem drogistischen Sortiment	Wirksamkeitsbestimmend sind z. B.	Wirkungsweise
Heiserkeit	Tee, z. B. Salbeitee, Pfefferminztee, Eukalyptustee	ätherische Öle	entzündungshemmend
	Gurgelmittel	Arnikablüten, Menthol	beruhigend, antimikrobiell antiseptisch
	Rachenspray	Kamillenblüten, Isländisch Moos, Dexpanthenol	antiseptisch, desinfizierend, feuchtigkeitsspendend, schmerzstillend
	Inhalation, z. B. mit Meersalz, Salbeitropfen	ätherische Öle, Meersalz	entzündungshemmend, befeuchtend
	Lutschmittel, Pastillen, z. B. Emser Pastillen	Salbeiblätter, Menthol, Salze	beruhigend, feuchtigkeitsspendend, schleimverflüssigend, auswurffördernd
		Propolis	antimikrobiell
Schnupfen	Meersalznasenspray, Kamillennasenspray mit Dexpanthenol	Meersalz, Kamillenblütenextrakt, Dexpanthenol	leicht abschwellend, schleimhautheilend, befeuchtend
	Nasentropfen	Natriumhydrogenkarbonat, Kaliumsulfat, Salze	mykolytisch, schleimhautabschwellend (auch für Babys und Kleinkinder erhältlich)
	Inhalation	→ Heiserkeit	
	Nasenöl, Nasensalbe	Dexpanthenol, Erdnussöl usw.	schleimhautheilend, feuchtigkeitsspendend
	Nasendusche inkl. Nasenspülsalz	Natriumhydrogenkarbonat, Kaliumsulfat, Salze	leicht schleimhautabschwellend, heilend, mykolytisch, reinigend
Husten	Hustensaft, Hustensirup, z. B. Spitzwegerich-Hustensaft	Spitzwegerichkraut, Primelwurzel, Wollblumen	mykolytisch (schleimlösend), reizlindernd
	Hustensaft, z. B. Isländisch-Moos- oder Fenchelhonig-Hustensaft	Isländisch Moos, Thymianblätter, Fenchelfrüchte Eibischwurzel, Huflattichblätter, Spitzwegerichkraut	reizlindernd, entzündungshemmend, antiseptisch
	Bronchialtropfen, Bronchialsirup	Auszüge aus Thymianblättern, Anis-, Fenchelfrüchten, Eukalyptusblättern, Salbeiblättern	schleimlösend, antibakteriell, hustenlindernd
	Erkältungsbäder	Eukalyptusöl, Thymian	Linderung von Entzündungen der oberen Luftwege

Beschwerden	Produkte aus dem drogistischen Sortiment	Wirksamkeitsbestimmend sind z. B.	Wirkungsweise
Weitere Produkte bei Erkältung	OLBAS-Tropfen, -Lutschtabletten	Minzöl, Eukalyptusöl, Teebaumöl, Wacholderbeeröl, Wintergrünöl	beruhigend, desinfizierend, kühlend, schleimlösend, schmerzlindernd
	Tiger Balm weiß	Kampfer, Menthol, Nelkenöl, Cajeputöl, Pfefferminzöl	auswurffördernd, abschwellend
	Echinacea-Holunderkapseln	ätherische Öle, Polysaccharide, Echinacosid	abwehrsteigernd, bakterizid, antiviral

 Aufgaben zur Selbstüberprüfung des Lerninhalts:

1. Wie verläuft eine Erkältung?
2. Geben Sie zu jedem Erkältungssymtom die passenden Produkte an, die die Beschwerden lindern können. Notieren Sie jeweils die Inhaltsstoffe. Fertigen Sie dazu ein Flipchart an.
3. Stellen Sie die in den Erkältungsprodukten vorkommenden Heilpflanzen mit deutschem und lateinischen Namen in einer Tabelle zusammen.
4. Informieren Sie sich darüber, wie eine Nasendusche angewendet wird.
5. Führen Sie ein Dampfbad nach der Handtuchmethode durch und beschreiben Sie ihre Eindrücke.
6. Informieren Sie sich über die korrekte Durchführung eines Erkältungsbades.
7. Warum sollte apothekenpflichtiges Nasenspray nicht länger als 1 Woche angewendet werden?
8. Wie wirkt Meersalznasenspray?
9. Erstellen Sie in der Gruppe Beratungssituationen zum Thema: Husten, Schnupfen und Halsschmerzen. Erläutern Sie dem Kunden das jeweilige Krankheitssymptom, verkaufen Sie dem Kunden begründet die notwendigen Produkte.

8 Verdauungssystem

Es gibt viele Redewendungen wie z. B. „Sorgen schlagen einem auf den Magen", „ein gutes Bauchgefühl haben", „Gift und Galle spucken", „Die Galle läuft mir über" oder „Liebe geht durch den Magen", die zeigen, dass die Organe des Verdauungssystems auch auf Stress, Belastungen und Gemütsverfassungen reagieren können. Um die verschiedenen Beschwerden des Verdauungssystems besser verstehen zu können, sind Kenntnisse über die einzelnen Verdauungsschritte hilfreich.

8.1 Bestandteile des Verdauungssystem

Unser Körper benötigt ständig Energie für alle Lebensprozesse. Diese Energie erhalten wir aus unserer Nahrung, die sich zum großen Teil aus Kohlenhydraten, Fetten, Eiweißen, Ballaststoffen, Mineralien, Vitaminen und Wasser zusammensetzt.
Kohlenhydrate, Fette und Eiweiße sind unsere **Energielieferanten**. Sie werden im Verdauungssystem mithilfe von **Enzymen** zerlegt und können so in den Blutkreislauf gelangen. Dieses angereicherte Blut versorgt dann unseren Körper mit Energie und ermöglicht auch den Aufbau körpereigener Abwehrstoffe.
Wichtige Bestandteile des Verdauungssystems sind
- Mund,
- Speiseröhre,
- Magen,
- Dünndarm und
- Dickdarm.

Enzyme
Enzyme sind Proteine (Eiweiße), die chemische Reaktionen beschleunigen bzw. steuern können. Enzyme haben wichtige Funktionen im Stoffwechsel aller lebenden Organismen.

Weitere Aufgaben bei der Verdauung haben aber auch die Bauchspeicheldrüse, die Leber und die Galle.

Das Verdauungssystem des Menschen

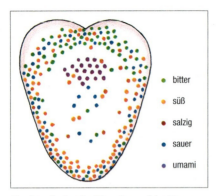

Geschmackssinn des Menschen auf der Zunge

- bitter
- süß
- salzig
- sauer
- umami

Umami
Umami ist ein Geschmackssinn, der besonders proteinreiche Produkte anzeigt. Diese Geschmacksempfindung beruht auf der Glutaminsäure, deren Salze als Glutamate bezeichnet werden.
Neueste Forschungen haben auch einen Geschmackssinn für Fett nachgewiesen.

Bitterstoffe, ätherische Öle
→ Kapitel VI / 5

8.1.1 Der Mund

4000 bis 9000 **Geschmacksknospen auf der Zunge** prüfen die Qualität der Nahrung. Sie leiten die Informationen über Nerven an das Gehirn weiter. So signalisiert z. B. ein süßer Geschmack, dass die Nahrung nährstoffreich ist und daher weiter gegessen werden kann. Ein unterwartet bitterer Geschmack dagegen deutet auf Giftstoffe, ein fauliger Geschmack auf Verdorbenes hin. Hier reagiert das Gehirn nicht selten mit dem Befehl „Ausspucken".
Wird die Nahrung vom Gehirn für gut befunden, beginnt bereits im Mund die Verdauung. Hier wird die Nahrung durch die Zähne mechanisch zerkleinert, die Speicheldrüsen sorgen dafür, dass der abgegebene Speichel die Nahrung gleitfähiger macht.

> **Feststellen der Vorverdauung**
> Kauen Sie ein Stück Roggenmischbrot sehr gut und lange. Was schmecken Sie? Schmeckt es süß, ist dies ein Zeichen dafür, dass bereits im Mund eine Vorverdauung von Stärke durch das Enzym Amylase stattfindet.

Der Speichel enthält zusätzlich das **Enzym Amylase**. Es spaltet die Stärke in kleinere Kohlenhydrateinheiten (Maltose). Durch Bitterstoffe oder ätherische Öle in verschiedenen Gewürzen und Kräutern unserer Nahrung (z. B. Pfeffer, Chili, Curry, Paprika, Senf, Kümmel, Fenchel, Anis) wird die Speichelproduktion und die Aktivität der Amylase erhöht. Bereits im Mund findet so eine Vorverdauung der Nahrung statt.
Der Speisebrei wird dann beim Schluckvorgang mithilfe der Zunge über die Speiseröhre zum Magen transportiert.

8.1.2 Der Magen

Der Magen ist ein muskuläres Hohlorgan, das den Speisebrei aufnimmt, knetet und mit Magensaft vermischt. Der Magensaft, von dem täglich 1,5 bis 3 Liter gebildet werden, wird von den Drüsenzellen des Magens ausgeschüttet. Magensaft
- enthält Proteasen (eiweißspaltende Enzyme)
- enthält 0,5 %ige Salzsäure (pH-Wert 1 bis 2)
- tötet Bakterien (Desinfektion)
- lässt Eiweiße gerinnen
- aktiviert die Proteasen

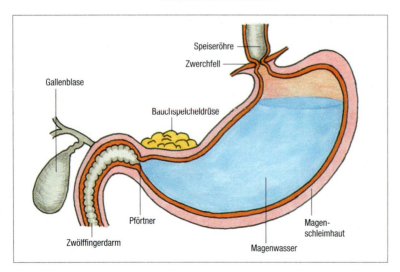

Die Drüsenzellen produzieren Schleim, der den gesamten Magen auskleidet und ihn so vor einem Angriff der Salzsäure schützt. Der vom Magen bearbeitete **Nahrungsbrei** wird je nach Konsistenz, Fettanteil, Temperatur und Teilchengröße unterschiedlich lange im Magen behalten.
Der Speisebrei verlässt dann in kleineren Portionen den Magen und wird in den Dünndarm weitergeleitet.

Querschnitt durch den Magen (schematische Darstellung)

8 Verdauungssystem

8.1.3 Der Dünndarm

Der Dünndarm ist ein etwa drei bis fünf Meter langer Schlauch mit ca. 2,5 cm Durchmesser. Dennoch hat er eine Oberfläche von fast 100 m². Diese enorme Oberflächenvergrößerung bewirken tausende von **Darmzotten**.

Der Dünndarm wird in den Zwölffingerdarm, den Leerdarm und den Krummdarm unterteilt. Im Dünndarm befinden sich Drüsenzellen, die u. a. die folgenden Substanzen bilden:
- Proteasen, die Proteine (Eiweiß) in die kleinsten Bestandteile, die Aminosäuren, zerlegen
- Bikarbonat, zur Neutralisierung des sauren Speisebreis

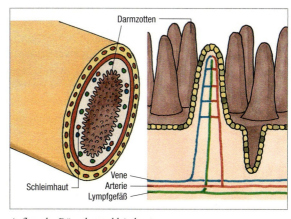

Aufbau der Dünndarmschleimhaut

In den Zwölffingerdarm münden der Ausführgang der Bauchspeicheldrüse und der Gallengang.

Der Bauchspeichel enthält die Gallenflüssigkeit sowie **Enzyme zur Spaltung der Nährstoffe**:
- Lipasen spalten Fett in seine Bestandteile (Glycerin und Fettsäuren).
- Trypsin spaltet Proteine in Peptide (kurze Proteinstücke).
- Maltase und Saccharase spalten Malzzucker (Maltose) und Haushaltszucker (Saccharose) in Traubenzucker (Glukose) und Fruchtzucker (Fruktose).
- Peptidasen spalten kurze Proteinstücke in einzelne Aminosäuren.
- Laktase spaltet Laktose (Milchzucker) in Glukose und Galaktose (Schleimzucker).

Die **Gallenflüssigkeit** wird von der Leber gebildet und in der Gallenblase gespeichert. Sie ist wichtig, um die Fette zu *emulgieren*, sie können dann von den Lipasen besser gespalten werden.

Im Dünndarm werden also die Nahrungsbestandteile durch Enzyme in ihre kleinsten Bausteine zerlegt. Diese werden dann über die Darmwände ins Blut aufgenommen (resorbiert) und zu den Organen und Zellen transportiert. Hier werden sie zur Energiegewinnung oder zum Aufbau körpereigener Stoffe genutzt.

Der noch verbleibende Nahrungsbrei gelangt nach dem Durchlaufen des Dünndarms in den Dickdarm.

> Wer ein bitteres Getränk, z. B. einen Magenbitter oder einen Wermuttee, etwa eine halbe Stunde vor dem Essen zu sich nimmt, regt die Bildung der Gallenflüssigkeit an.
> Er unterstützt damit die Verdauung fetthaltiger Speisen!
> → Kapitel IV/7 Bitterstoffdrogen

Leber, Galle, Bauchspeicheldrüse

Die **Leber** ist das wichtigste Stoffwechselorgan (z. B. zur Entgiftung, Speicherung) unseres Körpers. Die Leber bildet pro Tag ca. 0,5 bis 1 Liter Gallenflüssigkeit. Diese wird in der Gallenblase gespeichert. Werden fetthaltige Speisen aufgenommen, zieht sich die Gallenblase zusammen und gibt die Gallenflüssigkeit in den Zwölffingerdarm ab.

Die **Galle** enthält kaum Enzyme, sondern besteht hauptsächlich aus Gallensäure. Diese emulgiert die Fette, d. h. spaltet die großen Fetttropfen in viele kleine Fetttröpfchen auf und macht sie somit für die Lipasen besser zugänglich.

Über die **Galle** werden auch Stoffwechselprodukte, die schlecht wasserlöslich sind und somit nicht über die Niere abgegeben werden können, ausgeschieden.

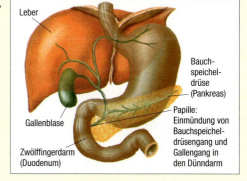

Die **Bauchspeicheldrüse** (Pankreas) ist die zweitgrößte Drüse des menschlichen Körpers. Sie gibt verschiedene Hormone zur Blutzuckerregulation (→ Kapitel V/2.7.2) in den Körper als auch Verdauungssäfte in den Zwölffingerdarm ab. Der Bauchspeichel enthält verschiedene Verdauungsenzyme:

8.1.4 Der Dickdarm

Im Dickdarm werden dem verbliebenen Nahrungsbrei fast alle Nährstoffe, das Wasser und die im Wasser gelösten Mineralien entzogen, die dann über die Darmwand resorbiert werden. Der so eingedickte Darminhalt wird dann über den After ausgeschieden. Der Mensch scheidet täglich im Durchschnitt ca. 500 Gramm Kot aus. Dieser enthält zu einem geringen Teil unverdauliche Stoffe, z. B. Ballaststoffe, aus der Nahrung. Hauptsächlich befinden sich in ihm unangenehm riechende **Stoffwechselendprodukte**, **Enzymrückstände**, **lebende und abgestorbene Darmbakterien**.

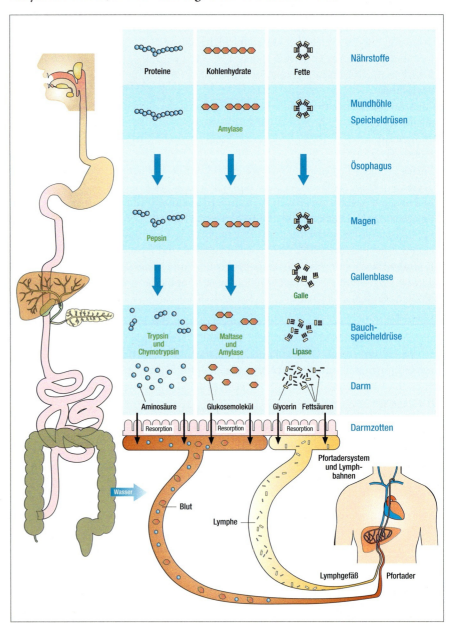

Verdauung der Nährstoffe aus der Nahrung

Die Verdauung der Fette, der Proteine und der Kohlenhydrate

Galle:
Die Galle erleichtert die Fettverdauung, indem sie die Fette in kleine Fetttröpfchen emulgiert und sie so leichter für Enzyme angreifbar macht.

Mund:
Zunächst findet hier die mechanische Zerkleinerung der Nahrung durch die Zähne statt. Zudem werden durch den Speichel Bakterien abgetötet und Stärke in kleinere Stücke gespalten. Die entstehenden Moleküle sind Einfach- und Zweifachzucker.

Dünndarm:
Hier wird noch einmal zerkleinert. Es wirken:
- Gallensaft
- Enzyme der Bauchspeicheldrüse
- Enzyme der Darmdrüsen

Die kurzen Peptide werden zu einzelnen Aminosäuren abgebaut. Aus den Disacchariden werden Monosaccharide. Die Fette werden von Lipasen zu Glycerin und Fettsäuren gespalten. Alle Bausteine werden aus dem Darm ins Blut resorbiert.

Magen:
über die Speiseröhre gelangt der Speisebrei in den Magen. Hier werden vor allem die Proteine zerlegt. Durch die abgesonderte Salzsäure werden die Bakterien und Nahrungsteile weiter zerlegt. Eiweißspaltende Enzyme spalten die Eiweiße in kurze Peptide und Aminosäuren. Kohlenhydrate und Fette werden im Magen nicht zerlegt.

Dickdarm:
Der Dickdarm entzieht dem Nahrungsbrei Wasser und Mineralien. Nur „unverdauliche" Nahrungsreste werden über den Dickdarm und den After ausgeschieden.

Bauchspeicheldrüse:
Die von der Bauchspeicheldrüse abgegebenen Verdauungsenzyme zerkleinern die Kohlenhydrate, Lipide und Proteine in ihre kleinsten Bestandteile und machen so eine Resorption durch die Dünndarmwand ins Blut möglich.

Mit dem Blutstrom werden die kleinsten Bausteine der **Eiweiße** und **Kohlenhydrate** zur Leber transportiert. Hier werden die Einfachzucker zu **Glykogen** (Speicherform) zusammengebaut. Von hier aus wird der Blutzuckergehalt reguliert. Das Blut transportiert die Glukose zu den jeweiligen Orten, wo sie zur Energiegewinnung benötigt wird. **Aminosäuren** werden in der Leber zum Aufbau körpereigener Stoffe umgebaut. Produkte der Fettverdauung werden im Unterhautfettgewebe gespeichert, wenn sie über den zur Energiegewinnung benötigten Bedarf hinaus aufgenommen wurden.

8.2 Produkte bei Beschwerden des Magen-Darm-Traktes

Die Ursachen für die Entstehung von **Verdauungsstörungen** können im Bereich der Ernährung liegen, z. B. durch unregelmäßige Nahrungsaufnahme, Überernährung, zu viel Fett, starke Gewürze, Alkohol oder Nikotin. Die Verdauung reagiert aber auch sensibel auf Stress oder Kummer, Infektionen oder Vergiftungen. Die häufige bzw. unsachgemäße Einnahme von Medikamenten sowie Störungen der Verdauungsdrüsen können ebenfalls Ursachen von Erkrankungen und Leiden sein. Nicht zuletzt kann Bewegungsmangel einen negativen Einfluss auf die Verdauung haben.

Befindlichkeitsstörungen des Magen-Darm-Traktes

Befindlichkeitsstörungen	Mittel zur Linderung
Appetitlosigkeit	appetitfördernde Mittel/sekretionsfördernde Mittel (Stomachia, Digestiva, Amara)
Völlegefühl	verdauungsanregende Mittel (Digestiva, Amara)
Sodbrennen	Magensäure neutralisierende Mittel (Antacida)
Magenkrämpfe	krampflösende Mittel (Spasmolytika)
Blähungen, Magendrücken	blähungstreibende Mittel (Carminativa)
Durchfall	Mittel gegen Durchfall (Antidiarrhoika)
Verstopfung	Mittel gegen Verstopfung, milde Abführmittel (Laxantien)

 Warum knurrt der Magen?

Etwa alle 100 Minuten zieht sich die Magenmuskulatur zusammen. Durch diese rhythmischen Kontraktionen werden unverdauliche Speisereste, die der Magensäure widerstanden haben, in den Zwölffingerdarm weitergeschoben. Die wellenartigen Kontraktionen erfolgen auch, wenn sich keine Nahrung im Magen befindet. In diesem Fall werden lediglich Magensaft und Gase im Magen umherbewegt, wodurch das Magenknurren (Borborygmus) entsteht.

8.2.1 Appetitlosigkeit

Gegen Appetitlosigkeit hilft es bereits oftmals, die Speisen aromatisch zu würzen.

Jeder kennt das Gefühl der Appetitlosigkeit. Sie kann z. B. Begleiterscheinung von Krankheiten sein oder durch Einnahme von Medikamenten hervorgerufen werden. Auch ältere Menschen sind häufig von mangelndem Appetit und Durst betroffen. Die Appetitlosigkeit beruht dabei meist auf einer ungenügenden Produktion von Magensaft. Weiterhin kann auch eine nachlassende Geschmacksempfindung zu Appetitlosigkeit führen.

Sekretionsfördernde Mittel regen die Verdauungsnerven an. Von der Mundhöhle aus wird **reflektorisch** die erhöhte Magensaft- und Gallensekretion ausgelöst. Dadurch wird bewirkt, dass
- die Magenschleimhaut besser durchblutet wird,
- die Magensaftproduktion zunimmt,
- die **Peristaltik** des Magens verstärkt und
- die Aufnahmefähigkeit des Dünndarms deutlich verbessert wird.

Peristaltik
gr.: peristaltikos ringsum zusammendrücken
hier: wellenförmig fortschreitendes Zusammenziehen des Magens

Sekretionsfördernde Mittel sind z. B.:
- bitterstoffhaltige Heilpflanzen
 (Enzianwurzel, Wermutkraut, Tausendgüldenkraut, Hopfenblüten)
- ätherische Öle enthaltende Heilpflanzen
 (Angelikawurzel, Pfefferminze, Kümmel, Anis)
- scharf schmeckende Gewürze

Sekretionsfördernde Mittel
→ Kapitel VI / 7, z. B. Anisfrüchte

Mittel gegen Appetitlosigkeit (Beispiele)

Produkte aus dem drogistischen Sortiment	Wirksamkeitsbestimmend sind z. B.	Wirkungsweise
Bitterelixier aus Enzianwurzel und Wermutkraut	Bitterstoffe, ätherische Öle	regt die Produktion von Speichel und Magensäure an
Kümmel-, Anis-, Fencheltee	ätherische Öle	regen die Produktion von Speichel und Magensäure an, wirken blähungstreibend
Wermuttee	ätherische Öle, Bitterstoffe	regen die Produktion von Speichel und Magensäure an
Pepsinwein	Pepsin, Alkohol	

Bei Schwangerschaft darf Wermuttee nicht verwendet werden, da er Frühgeburten auslösen kann.

8.2.2 Sodbrennen

Der Magen produziert beim Sodbrennen **zu viel Magensäure**. Diese kann in der Speiseröhre nach oben steigen und zu dem brennenden, schmerzenden Gefühl führen. Häufig empfindet man Sodbrennen nach üppigem, fettreichem Essen, süßen Speisen, Kaffee, schwarzem Tee, kohlensäurehaltigen Getränken oder Alkohol- und Nikotingenuss. Sodbrennen entsteht auch häufig im Alter. Dabei ist fast immer eine verringerte Verschlussfähigkeit des Pförtners die Ursache. Sie kann durch eine Erschlaffung des Muskels hervorgerufen werden.

Woher kommt eigentlich der Begriff Sodbrennen?

Der Begriff „Sodbrennen" kommt aus dem Althochdeutschen. Das Wort „Sot" bedeutet „sieden", und wo „gesotten" wird, dort ist es heiß und es brennt.

Vorsicht! Bei der Neutralisation der Magensalzsäure durch Natriumhydrogenkarbonat („Natron", „Bullrichsalz", „Speisesoda") können rasch große Mengen von Kohlendioxid freigesetzt werden. Dies kann unter anderem erhebliche, als unangenehm empfundene Blähungen verursachen.

Bei Sodbrennen kommen Mittel zum Einsatz, die die Magensäure neutralisieren, z. B.:
- Natron (Natriumhydrogenkarbonat), Magnesia, Aluminiumhydroxid, Magnesiumtrisilikate

Treten die Beschwerden häufiger auf oder halten längere Zeit an, so ist ärztlicher Rat einzuholen. Durch die dauerhaft erhöhte Säureproduktion kann es zu einem Angriff auf die Speiseröhre und die Magenschleimhaut kommen. Das kann zu einer Magenschleimhautentzündung (Gastritis) führen.

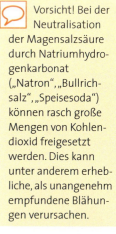

Bullrichsalz und Kaiser-Natron

Bullrichsalz: Der Apotheker August Wilhelm Bullrich entdeckt Mitte des 19. Jahrhunderts die heilende Wirkung von Natriumkarbonat bei Sodbrennen.
Kaiser-Natron: Die Firma Holste begann um 1900 die Produktion des Kaiser-Natron. Die Einsatzgebiete des Kaiser-Natron werden im „Kaiser-Natron ABC" auch heute noch beschrieben. Die Verwendungsmöglichkeiten von Kaiser-Natron reichen laut Hersteller von „A" wie Ameisen vertreiben bis „Z" wie Zahnpflege.

Mittel gegen Sodbrennen (Beispiele)

Produkte aus dem drogistischen Sortiment	Wirksamkeitsbestimmend sind z. B.	Wirkungsweise
Magensäure neutralisierende Mittel (Antacida), z. B. Bullrichsalz, Kaiser-Natron	Natriumhydrogenkarbonat (Natron) Kalciumkarbonat Magnesiumtrisilikat, Aluminiumhydroxid	neutralisiert die Magensäure
Heilerde, z. B. Luvos Heilerde	Naturreiner Löss aus Gestein	bindet durch die große Oberfläche Magen- und Gallsäure, Stoffwechselendprodukte und schädliche Darmbakterien

8.2.3 Völlegefühl

Völlegefühl ist die Bezeichnung für ein unangenehmes Gefühl, das durch einen übervollen Magen und Darm ausgelöst wird. Dieses Gefühl kann u. a. durch verschluckte Luft, **übermäßige Gasbildung** oder durch eine **mangelhafte Gasabfuhr** im Darm entstehen. Der Bauch ist dabei meist stark angespannt und aufgebläht. Auch Stress, Angst, Alkohol und Nikotinkonsum können zu diesem Gefühl beitragen.
Tritt ein Völlegefühl nach normalen Essensportionen auf, kann eine Störung der Produktion von Verdauungssäften der Grund sein.

Die Behandlung des Völlegefühls ist individuell abhängig von seiner Ursache. Die meisten Produkte wirken jedoch auf Magen und Darm krampflösend, blähungstreibend, und sie regen zur besseren Verdauung die Produktion der Verdauungssäfte an.

Mittel gegen Völlegefühl (Beipiele)

Produkte aus dem drogistischen Sortiment	Wirksamkeitsbestimmend sind z. B.	Wirkungsweise
Magen-Darm-Tee, Verdauungstee	Pfefferminzblätter, häufig zusammen mit Melissenblättern, Kümmel-, Fenchel- oder Anisfrüchten	krampflösend, antimikrobiell, blähungstreibend
Verdauungskapseln	Simeticon	entschäumend, vermindert so die Blähungen
	Artischocken-Extrakt	Bitterstoffe und Cynarin regen die Gallenproduktion und den Gallenfluss an.
	Mariendistel-Extrakt	Silymarin regt die Gallenproduktion an.
Kräuterbitter	Artischocken-Extrakt	Bitterstoffe und Cynarin regen die Gallenproduktion und den Gallenfluss an.
Pepsinwein	Pepsin	Unterstützung der Magenfunktion

8.2.4 Durchfall (Diarrhoe)

Als Durchfall wird ein mehrmals täglicher dünnflüssiger bis breiiger Stuhl bezeichnet. Durch eine verstärkte Darmperistaltik werden vermehrt Wasser und Mineralstoffe ausgeschieden, was den Körper stark schwächt.

Ursachen für einen Durchfall können sein:
- ungewohntes Essen (z. B. im Urlaub)
- Gifte
- bakterielle Infektionen
- nervöse Störungen

> Hält der Durchfall mehr als zwei Tage an, so sollte ein ärztlicher Rat eingeholt werden, da die Gefahr einer lebensbedrohlichen Dehydrierung (Flüssigkeitsverlust) besteht. Säuglinge und ältere Menschen sind besonders gefährdet.

Mittel gegen Durchfall (Antidiarrhoica) – Beispiele

Produkte aus dem drogistischen Sortiment	Wirksamkeitsbestimmend sind z. B.	Wirkungsweise
gerbstoffhaltige Heilpflanzen, z. B. getrocknete Heidelbeerfrüchte	Gerbstoffe	entquellende, wasserentziehende, **adstringierende** Wirkung auf die Darmschleimhaut
Pflanzenschleime, z. B. Reisschleim, Pektin	Schleimstoffe	überziehen die Darmschleimhaut mit einem Schutzfilm und lindern so den Reiz, binden Flüssigkeit, Giftstoffe und Bakterien
aufsaugende Stoffe, z. B. Luvos-Heilerde	Kohle, medizinische	bindet durch eine große Oberfläche andere Stoffe (**Adsorptionsmittel**)
	100 % Heilerde	bindet aufgrund der großen Oberfläche andere Stoffe

> Aktivkohle zur schnellen Hilfe, auch unterwegs.

Adsorption
lat. sorbere schlürfen, etwas Flüssiges zu sich nehmen; hier: Binden von Stoffen

➤ Luvos-Heilerde

Luvos-Heilerde wird bereits seit 1918 von der Firma Adolf Justs Luvos-Heilerde produziert und vertrieben. Luvos-Heilerde wird sowohl für den inneren Gebrauch als auch für die äußerliche Anwendung hergestellt. Luvos Heilerde besteht zu 100 % aus reinem Löss. Innerlich eingenommen, bindet die Heilerde aufgrund der großen Oberfläche viel Wasser und wirkt so Durchfall entgegen.

8.2.5 Blähungen (Meteorismus)

Etwas Luft im Darm zu haben und sie über den After zu entlassen, ist völlig normal. Auch der Geruch, der dabei vorkommen kann, ist nicht ungewöhnlich. Er wird durch Darmbakterien verursacht, die schwefelhaltige Gase produzieren.
Bei Blähungen kann der Bauch vorgewölbt sein, und er fühlt sich gespannt – aufgebläht – an. Blähungen, die ohne weitere begleitende Beschwerden auftreten, haben keinen Krankheitswert und verschwinden häufig von ganz allein.
Es gibt allerdings Menschen, die auf eine **Gasansammlung im Magen und Darm** empfindlich reagieren. Oft kommt es zu Krämpfen und kolikartigen Beschwerden. Säuglinge können in den ersten Wochen unter Blähungen, sog. Dreimonatskoliken, leiden.

Reizdarm

Eine gestörte Verdauung mit Blähungen kann zu Magendrücken und Völlegefühl führen. Oft treten gleichzeitig Verstopfung, oder plötzliche, meist krampfartige Durchfälle auf. Treten diese Beschwerden zusammen und über Monate oder Jahre auf, ohne dass eine organische Erkrankung nachweisbar ist, spricht man von einem Reizdarm.

Auch bei Laktoseintoleranz kann es zu Blähungen kommen.
→ Kapitel VI / 2.8.2

Die **Ursachen für Blähungen** sind sehr unterschiedlich:
- organisch bedingt, z. B. durch Störungen in der Menge und der Zusammensetzung der Verdauungssäfte (zu wenig Magenenzyme, zu wenig Gallensäure, zu wenig Sekret aus der Bauchspeicheldrüse) oder durch eine gestörte Darmflora (Pilzinfektion, Antibiotikabehandlung)
- nervöse Zustände, z. B. Stress, Angst oder Depressionen
- beim Essen verschluckte Luft

In den meisten Fällen werden die Blähungen aber durch Nahrungs- und Genussmittel hervorgerufen. Beispielsweise durch
- lufthaltige Nahrungsmittel wie Softeis, Sahne, kohlensäurehaltige Getränke
- ballaststoffreiche Lebensmittel, wie z. B. unreife Früchte, Pflaumen, Rosinen, Kohl, Bohnen, Linsen, Zwiebeln, frisches Brot, Vollkornbrot
- scharfe Gewürze
- übermäßiger Genuss von Alkohol, Nikotin und Koffein
- Sorbit

Mögliche Abhilfen bei Blähungen können sein:
- Ernährung überprüfen
- angemessene Portionen von Ballaststoffen, Gemüse und Obst auf mehrere Mahlzeiten über den Tag verteilt einnehmen
- Gemüse vorher andünsten, dann ist es bekömmlicher
- Nahrung gut und langsam kauen; das erleichtert die Verdauung, und es wird deutlich weniger Luft geschluckt
- Wärmflasche auf den Bauch legen
- leichte Bewegung nach dem Essen
- Bauchmassage (mit Kümmelöl bei Babys)
- Produkte zur Minderung von Blähungen (Carminativa, Spasmolytika) einnehmen

Mittel gegen Blähungen (Beispiele)

Produkte aus dem drogistischen Sortiment	Wirksamkeitsbestimmend sind z. B.	Wirkungsweise
Kümmelfrüchte zum Kauen	ätherisches Öl Kümmelöl	krampflösend, blähungstreibend
Kümmel-Anis-Fenchel-Tee	Ätherisches Öl	krampflösend, blähungstreibend, verdauungsfördernd
Kamillentee, Kamillenextrakt	ätherisches Öl, Azulen, Chamazulen, Gerbstoffe	beruhigend, wundheilend, krampflösend, schmerzlindernd
Pfefferminz	ätherisches Öl	beruhigend, blähungstreibend
Windsalbe	Kümmelöl	blähungstreibend, krampflösend
Windsaft	Kümmelöl	blähungstreibend, krampflösend
Magen-Darm-Relax-Kapseln	Simeticon	entschäumend

8.2.6 Verstopfung (Obstipation)

Eine Verstopfung ist eine der häufigsten gesundheitlichen Beschwerden in westlichen Ländern. Die normale Stuhlfrequenz eines Menschen variiert extrem, von dreimal täglich bis dreimal wöchentlich.

Hat ein Mensch weniger als dreimal pro Woche Stuhlgang und muss er stark pressen, um Kot auszuscheiden, sprechen Mediziner von Verstopfung. Der Stuhl ist aufgrund des hohen Wasserentzugs oft sehr trocken und hart. Die Darmentleerung ist häufig schmerzhaft und kann bei chronischem Auftreten zu Entzündungen und Hämorrhoiden führen.

> **Hämorrhoiden**
>
> Hämorrhoiden sind kleine knotenförmige Veränderungen der Venen und Arterien im Bereich des Enddarms. Sie entstehen z. B. durch zu starkes Pressen beim Stuhlgang. Sie können jucken, brennen und schmerzen. Weiterhin kann es zu Blutungen bei der Darmentleerung kommen.

Ballaststoffreiche Ernährung
→ Kapitel V / 1.2.1

Ursachen von Verstopfung können sein:
- falsche, ballaststoffarme Ernährung
- zu wenig Flüssigkeitsaufnahme
- Bewegungsmangel
- Erkrankungen des Darms
- Stress
- veränderte Lebensumstände (Schwangerschaft, Reisen, Ernährungsumstellungen, Hygiene, fremde Toiletten)

Die Verstopfung ist sehr weit verbreitet. Die Häufigkeit nimmt aufgrund verlangsamter Darmperistaltik im Alter zu. Frauen sind dabei etwa doppelt so oft betroffen wie Männer.

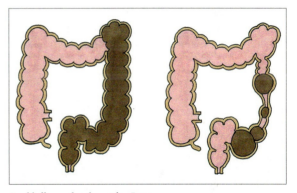

Erschlaffter und verkrampfter Darm

> Abführmittel sollten unbedingt erst dann eingenommen werden, wenn eine Lebens- sowie Ernährungsumstellung ohne Erfolg geblieben sind. Eine ballaststoffreiche Ernährung, viel Flüssigkeit und Bewegung können eine Verstopfung bereits lösen.

Mittel gegen Verstopfung sind Abführmittel (Laxantien). Sie beschleunigen auf verschiedene Weise die Stuhlentleerung. Man unterscheidet nach ihrer Wirkung unterschiedliche Abführmittel.
- **Volumensteigernde Mittel:** Ihre Wirkungsweise beruht auf einer Vergrößerung des Stuhl-Volumens im Darm. Durch den erhöhten Druck wird die Darmperistaltik angeregt und der Darminhalt weitertransportiert. Solche Mittel sind z. B. Füll- und Quellstoffe wie Leinsamen und Flohsamenschalen (Ballaststoffe) oder **osmotisch** wirkende Abführmittel wie salinische Abführmittel (Salze), Zucker (Milchzucker), Macrogole und gasbildende Abführmittel.
- **Mittel, die die Darmperistaltik aktivieren:** sie steigern die Darmbewegung und bewirken durch den schnelleren Transport einen geringeren Wasserentzug aus dem Darminhalt. Man unterscheidet pflanzliche und chemische Abführmittel sowie Gleitmittel.
- **Pflanzliche Abführmittel:** Aloe, Sennapflanze, Faulbaum, Rizinusöl
- **Chemische Abführmittel:** Gleitmittel, z. B. Glycerol, Paraffin

Osmose
Diffusion durch eine halbdurchlässige Membran. Die Diffusion beschreibt eine Teilchenbewegung von Orten höherer zu Orten niedrigerer Konzentration. Sie endet mit dem Konzentrationsausgleich.

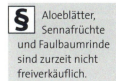

Aloeblätter, Sennfrüchte und Faulbaumrinde sind zurzeit nicht freiverkäuflich.

Mittel gegen Verstopfung (Beispiele)

Ballaststoffe
→ Kapitel VI / 1.2.1

Produkte aus dem drogistischen Sortiment	Wirksamkeitsbestimmend sind z. B.	Wirkungsweise
Leinsamen	Schleimstoffe, Ballaststoffe	quellend, schleimbildend
Flohsamenschalen	Schleimstoffe, Ballaststoffe	
Sauerkrautsaft	Fruchtsäuren, Ballaststoffe	quellend, blähungsfreie Verdauung, Entgiftung und Entschlackung, Reinigung des Darms
Macrogol	Macrogole	sie binden Wasser; der Darm kann dem Kot nicht so viel Wasser entziehen und bleibt somit weicher
Rizinusöl	Samen des Wunderbaumes, ca. 85 % Ricinolsäure	hemmt die Aufnahme von Natrium und Wasser aus dem Darm → Stuhlmenge wird vergrößert
Glycerol/Glycerin	Glycerol	weicht durch die eigene Konsistenz den Stuhl auf
Paraffin	Paraffin	durchsetzt den Darminhalt und lockert ihn auf
Pflaumensaft, getrocknete Pflaumen	Pektine, Fruchtsäuren	quellend, lockert den Darminhalt auf
Milchzucker	Milchzucker	durch Zurückhaltung von Wasser im Darm wird das Volumen erhöht

💬 Milchzucker kann auch bei Säuglingen aufgrund seiner mild abführenden Wirkung angewendet werden.

8.2.7 Leberbeschwerden

Freiverkäufliche Arzneimittel zur Behandlung von Lebererkrankungen sind verboten. Daher liegt der Fokus der freiverkäuflichen Lebermittel im Bereich der Vorbeugung und Verbesserung der Funktion der Leber. Zur Anwendung kommen hier z. B. Löwenzahnwurzeln, Mariendistelfrüchte, Artischocken-Extrakt und verschiedene ätherische Öle. Diese sollen den Gallenfluss anregen und die Leber in ihrer Funktion unterstützen.

Mittel bei Leber- und Gallenbeschwerden

Produkte aus dem drogistischen Sortiment	Wirksamkeitsbestimmend sind z. B.	Wirkungsweise
Gallen-und Lebertee	Löwenzahnwurzel, Gelbwurz, Schafgarbenkraut	gallensaftanregend
Frischpflanzensaft Artischocke	Artischockenpresssaft	
Leberdragees	Trockenextrakt aus Mariendistelfrüchten	
Anis-Fenchel-Kümmel-Tee	ätherische Öle	

9 Nieren und Harnblase

9.1 Aufgaben der Niere

Jeder Mensch besitzt zwei Nieren. Die Nieren und die Blase gehören zu den ableitenden Organen, den Harnorganen. Diese haben die Aufgabe, das Blut von Stoffwechselabfallstoffen, Giften, aber auch Medikamenten zu reinigen. Bei der Filterung des Blutes durch die Niere entsteht der Harn (Urin), der in der Blase gesammelt und dann bei Bedarf ausgeschieden wird.

Die Nieren haben verschiedene wichtige Aufgaben in unserem Körper.
- **Harnbildung:** Die Nieren filtern schädliche Substanzen und Stoffwechselendprodukte aus dem Blut, um dieses zu reinigen. Dazu fließen bis zu 1800 Liter Blut pro Tag durch die Nieren. Dabei entstehen ca. 1,5 Liter Urin.
- **Regulierung des Wasser- und Salzhaushaltes:** Steht dem Körper wenig Wasser zur Verfügung, so müssen mit wenig Urin viele Stoffe ausgeschieden werden. Steht dem Körper viel Wasser zur Verfügung, kann viel Urin gebildet werden, was allerdings zu einer größeren Minaralstoff-(Salz)abgabe führt.
- **Regulierung des pH-Wertes im Blut:** Der pH-Wert des Blutes muss konstant bei 7,35 bis 7,45 gehalten werden, damit der Stoffwechsel gut funktioniert, z. B. ist die Funktion der Enzyme vom pH-Wert abhängig. Der pH-Wert des Urins ändert sich mit der jeweiligen Nahrung und variiert zwischen 5,5 und 7,0. Die Niere ist in der Lage, Säure aus dem Körper über den Urin direkt abzugeben, und reguliert so zusammen mit anderen Organen (z. B. Lunge) den pH-Wert des Blutes.
- **Hormon- und Vitaminhaushalt:** In der Niere sowie der Nebenniere werden Hormone gebildet bzw. aktiviert, die im Stoffwechsel die unterschiedlichsten Aufgaben erfüllen, z. B. hier wird das Hormon Renin gebildet, welches bei der Blutdruckregulation eine entscheidende Rolle spielt. Auch Vitamin D wird in der Niere aktiviert. Vitamin D ist für den Einbau von Kalzium in die Knochen notwendig. Liegt eine Nierenstörung vor, so ist dadurch auch der Hormonhaushalt und Vitaminhaushalt gestört.

Knochen
→ Kapitel III / 2.1.2

- **Blutdruckregulation:** Wenn die Nierentätigkeit eingeschränkt wird, erhöht sich der Blutdruck. Ein hoher Blutdruck wirkt sich wiederum negativ auf die Nierenfunktion aus. Die Regulation erfolgt gesteuert vom Gehirn.

Blutdruck
→ Kapitel III / 4.2

9.2 Aufbau und Lage der Nieren

Die Nieren liegen im Bereich des tiefen Rückens (obere Lendenwirbelsäule) unterhalb des Zwerchfells.

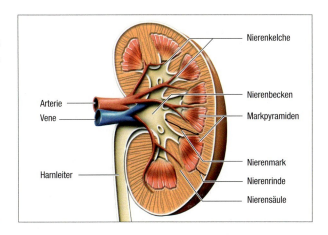

Aufbau der Niere

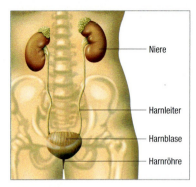

Ableitende Harnwege bei der Frau

Jede Niere hat ein Gewicht von ca. 160 g, ist 12 cm lang, 6 cm breit und 4 cm dick.

Die Niere wird in die Nierenrinde und das Nierenmark aufgeteilt. In der **Nierenrinde** liegen ca. 1 Million Nierenkörperchen, die das Blut filtern und so den Primärharn erzeugen. Das **Nierenmark** hat die Aufgabe, den von den Nierenkörperchen erzeugten Primärharn in den Endharn umzuwandeln. Dazu werden Wasser und andere herausgefilterte Stoffe wieder entzogen. Diese werden dann wieder in den Stoffwechsel integriert. So wird die Harnmenge reduziert, und die noch brauchbaren Stoffe werden genutzt. Das Ergebnis ist der Endharn, also der Urin, der in der Blase gesammelt und bei Bedarf ausgeschieden wird.

9.3 Funktion der Niere

Um genauer zu verstehen, wie die Niere das Blut filtert, muss das **Nierenkörperchen** näher betrachtet werden. Es besteht aus einem arteriellen Gefäßknäuel mit einer umliegenden Kapsel. Eine Arteriole leitet das Blut in die Kapsel. Dort wird aus dem Blut der Primärharn ausgefiltert, der dann über die angeschlossenen **Harnkanälchen** und den **Harnleiter** in die Harnblase abgegeben wird.

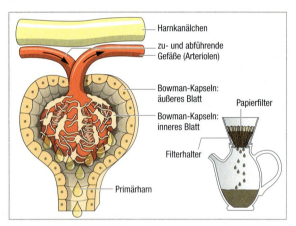

Nierenkörperchen; sie funktionieren ähnlich wie ein Papierfilter beim Kaffeebrühen

Bei der Filtration des Blutes werden die Blutkörperchen sowie die Plasmaeiweiße zurückgehalten. Bei der Entstehung des **Primärharns** wird dem Blut nur so viel Wasser entzogen, dass das Blut flüssig genug bleibt und seine Fließeigenschaften nicht beeinträchtig werden. Durch den Filter gelangen alle Stoffe hindurch, die eine bestimmte Größe haben. Dabei wird nicht in nützliche oder schädliche Stoffe unterschieden. Pro Tag werden 150 Liter Primärharn gebildet.

Wenn dieser komplett ausgeschieden würde, müssten wir im Umkehrschluss 150 Liter am Tag trinken. Da dies nicht möglich ist, werden dem Primärharn auf dem Weg zur Blase Wasser, aber auch viele andere wertvolle Stoffe wieder entzogen, z. B. Glukose und Mineralstoffe.

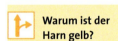 **Warum ist der Harn gelb?**

Beim Abbauprozess des roten Blutfarbstoffes Hämoglobin entstehen Stoffe, die den Harn gelb färben.

Dies geschieht in den ableitenden Harnkanälchen, die mit kleinen Blutgefäßen umgeben sind. Hier werden die genannten Stoffe wieder zurück ins Blut überführt. Durch diese Recyclingmaßnahme wird die Harnmenge von 150 Liter Primärharn auf 1,5 Liter **Endharn** pro Tag reduziert.

Wie viel Wasser recycelt wird, hängt von dem jeweiligen Wasserbedarf des Körpers ab. Bestimmte „Messfühler" messen den Salzgehalt im Blut. Ist dieser hoch, so müssen die Nieren viel Wasser einsparen (recyceln), ist dagegen der Salzgehalt im Blut niedrig, so müssen die Nieren weniger Wasser resorbieren.

9.4 Harnblase

Die Harnblase sammelt den Urin. Ein Erwachsener kann zwischen 500–1000 ml Urin halten, bis die Blasenentleerung erfolgen muss. In der Blasenwand befinden sich Rezeptoren, die den Füllstand der Blase messen und so den Harndrang auslösen. Da die Blase von Muskeln eng umschlossen wird, wird der Inhalt bei Kontraktion der Muskulatur über den Harnleiter ausgeschieden. Der Vorgang kann zwar willentlich gestartet und unterbrochen werden, wird aber insgesamt unwillkürlich vom vegetativen Nervensystem gesteuert.

Nervensystem
→ Kapitel III / 5

9.5 Harnwegsinfektionen

Harnwegsinfektionen treten beim Menschen häufig auf. Frauen sind dabei deutlich öfter betroffen als Männer. Frauen haben eine kurze Harnröhre (s. Abb. ableitende Harnwege), daher können Darmkeime schnell bis in die Blase und von dort auch bis zu den Nieren gelangen. Harnwegsinfektionen werden durch geringe Trinkmengen, seltenes Harnlassen und Geschlechtsverkehr begünstigt. Besonders ältere Menschen, deren Schleimhäute dünner sind, leiden häufiger an Harnwegsinfektionen.
Je nach dem, welcher Teil des Harnwegs von der Infektion betroffen ist, unterscheidet man eine Harnröhrenentzündung oder eine Blasenentzündung.

Blasenentzündungen entstehen nicht durch Fremdkeime von fremden Toiletten, sondern meist durch die Ansteckung mit eigenen Darmkeimen.

9.5.1 Harnröhrenentzündung – unterer Harnwegsinfekt

Eine Harnröhrenentzündung entsteht durch eigene Darmbakterien, die in der Harnröhre aufsteigen. Werden die Bakterien z. B. durch seltenes Harnlassen nicht entfernt, so können sie sich vermehren und so eine Entzündung des Gewebes hervorrufen. Ein Hinweis auf eine Harnröhren- bzw. Harnwegsinfektion kann ein Brennen beim Wasserlassen sein.

Vorbeugend sollte man
- viel trinken, um die Blase durchzuspülen und Bakterien zu entfernen,
- häufig Harn lassen,
- Harn lassen nach Geschlechtsverkehr,
- warme Schuhe, Socken und Unterwäsche tragen, da eine Unterkühlung das Eindringen von Bakterien erleichtert (die Immunabwehr wird bei Unterkühlung geschwächt).

Hat sich bereits eine Harnröhreninfektion ausgebildet, so hilft
- viel zu trinken und häufiges Harnlassen, um die Bakterien auszuspülen,
- Blasentee, z. B. mit Auszügen aus Goldrutenkraut, Birkenblättern, Schachtelhalmkraut, Orthosiphonblättern oder Brennnesselkraut. Diese Drogen haben nicht nur eine diuretische (harntreibende) Wirkung, sondern sie wirken gleichzeitig zum Teil leicht antibakteriell und spasmolytisch. Auch Cranberrys können bei Harnwegsinfektionen helfen.

Verbessern sich die Symptome nicht, so muss ärztlicher Rat eingeholt werden, damit die Entzündung eventuell mit verschreibungspflichtigen Antibiotika behandelt werden kann. Wird dies nicht getan, so kann sich schnell aus einer Harnröhreninfektion eine Blasenentzündung entwickeln.

Bei einer Harnröhren- oder Blasenentzündung sollte ärztlicher Rat eingeholt werden, da durch eine versäumte oder unsachgemäße Behandlung erhebliche Verschlimmerungen auftreten können. Die genannten Produkte können zur Linderung zusätzlich beitragen.

9.5.2 Blasenentzündung

Bei einer Blasenentzündung ist oft die Blasenschleimhaut entzündet. Steigen eigene Darmbakterien durch die Harnröhre auf in die Blase, z. B. durch eine verschleppte Harnröhreninfektion, so kann sich die Blase entzünden. Symptome einer Blasenentzündung sind:
- starker Harndrang bis hin zur Inkontinenz
- Schmerzen im Unterbauch
- schmerzhafte Krämpfe der Blasenmuskulatur
- Blut im Urin

Liegt eine Blasenentzündung vor, so sollte man:
- viel trinken, damit die Bakterien ausgeschwemmt werden
- den Unterbauch wärmen, um den Körper bei der Bekämpfung zu unterstützen (verbesserte Durchblutung) und die Schmerzen zu mindern (krampflösend)
- Blasentee trinken, der antibakteriell, spasmolytisch und diuretisch wirkt

Verbessern sich die Symptome nicht, so muss unbedingt **ärztlicher Rat** eingeholt werden, sonst können die Bakterien weiter aufsteigen und eine Nierenbeckenentzündung hervorrufen.

9.6 Blasenschwäche (Harninkontinenz)

Blasenschwäche oder auch Harninkontinenz beschreibt die Unfähigkeit, den Urin sicher in der Hanrblase zu halten und ihn zu einem selbstgewählten Zeitpunkt zu entleeren. Bereits einen Tropfen Urinverlust bezeichnet man als Harninkontinenz.

Ursachen für eine Harninkontinenz sind z. B.:
- Blasenentzündung
- Nervenstörungen der Blasenmuskulatur
- Belastung/Stress (z. B. Niesen, Husten, starke Körperbewegungen)
- Frauen, die sich in bzw. nach den Wechseljahren (Klimakterium) befinden

Zur Verminderung der Blasenschwäche können pflanzliche, blasenstärkende Mittel beitragen, z. B. der Arzneikürbis oder Sägepalmenfrüchte. Die Blase ist ein Muskel bzw. von Muskeln umschlossen, daher kann auch ein **Beckenbodentraining** die Harninkontinenz vermindern.

Liegt eine Harninkontinenz vor, so können verschiedene Hygieneeinlagen den Harn auffangen und geruchsneutral speichern. Die Inkontinenzprodukte sind den Harnmengen und Lebenssituationen angepasst.

9.7 Prostatabeschwerden

Die Prostata ist die Vorsteherdrüse beim Mann. Sie umschließt die Harnröhre vollständig. Bedingt durch die hormonelle Veränderung bereits ab dem 30. Lebensjahr, kommt es durch Testosteronmangel zu einer Vergrößerung der Prostata. Diese kann sowohl gutartig wie auch bösartig (Tumor) sein.

Durch die Vergrößerung der Prostata kann die Harnröhre verengt werden.

Diese Verengung äußert sich z. B. in:
- einem verzögerten und verlängerten Harnlassen
- einem schwächeren oder tröpfelnden Harnstrahl
- einem Nachtröpfeln nach dem Harnlassen

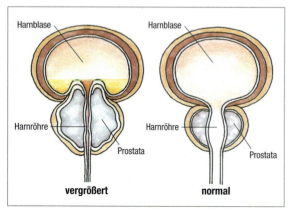

Harnblase und Prostata beim Mann

9 Nieren und Harnblase

Mittel bei Nieren- und Blasenschwäche

Produkte aus dem drogistischen Sortiment	Wirksamkeitsbestimmend sind z. B.	Wirkungsweise
Sabal-Kürbisdragees, Granufink	Auszüge aus Kürbissamen und Sägepalmenfrüchten, Phytosterole, Flavonoide	stärken die Blasenfunktion, wirken entspannend
Cranberryfrüchte	Flavonoide, Tannine	antibakteriell, verhindern das Anhaften der Bakterien an der Blasenwand
Birkenblättertee, auch in Kombination mit Orthosiphonblättern und Wacholderfrüchten	Flavonoide, Gerbstoffe, ätherisches Öl	harntreibend und somit desinfizierend, indem die Blase und die Harnwege durchgespült werden
Bärentraubenblättertee	Glykoside, Gerbstoffe, Flavonoide	
Schachtelhalmkrauttee	Flavonoide	
Orthosiphonblättertee	ätherisches Öl, Saponine, Flavonoide	
Brennnesselkrauttee	Flavonoide, Amine	
Blasen- und Nierentee	Auszüge aus Birkenblättern, Bärentraubenblättern, Orthosiphonblättern, Echte Goldrute, Hauhechelwurzel	
Echte Goldrute-Extrakt	Glykoside, Flavonoide	harntreibend, durchspülend, entzündungshemmend, krampflösend, schmerzlindernd, keimtötend
Inkontinenzeinlagen	absorbierende Stoffe	saugen Harn auf und schließen ihn geruchsneutral ein

10 Zähne und Zahnhalteapparat

Gesundes Gebiss eines Erwachsenen

Die Zähne bilden das Gebiss in der Mundhöhle. Mithilfe der Zähne können wir die Nahrung ergreifen und zerkleinern, sodass sie geschluckt werden kann. Außerdem sind die Zähne an der Lautbildung (z. B. S-Laute) beteiligt. Gesunde Zähne sind zu dem auch Ausdruck von Schönheit und guter Pflege.

10.1 Mundhöhle

In der Mundhöhle beginnt die Verdauung der Nahrung. Nach oben wird die Mundhöhle vom Gaumen, nach unten von der Zunge und dem Mundboden, zur Seite von den Zähnen und der Mundschleimhaut und nach hinten vom Rachen begrenzt. Zahlreiche Speicheldrüsen, die über die gesamte Mundhöhle verteilt sind, halten die Schleimhäute feucht.

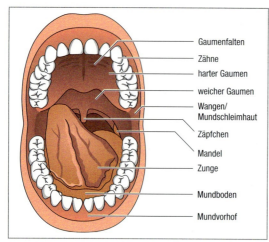

Die Mundhöhle

Die befeuchteten Schleimhäute haben die Aufgabe, den Körper vor dem Eindringen von Bakterien und Viren zu schützen.

Der **Speichel** benetzt die Zähne und trägt zum Schutz vor Karies bei. Je mehr Speichel vorhanden ist, desto weniger sind die Zähne anfällig für Karies.

Der Speichel hat allerdings nicht nur eine Schutzfunktion, er ist gleichzeitig die Grundlage für die **Bildung der Zahnbeläge**.

In der Mundhöhle leben ca. 200–400 Bakterienarten, Pilze und Einzeller in einem natürlichen Gleichgewicht. Die Anzahl und Art der Mikroorganismen ist abhängig von dem Alter der Person, dem gesundheitlichen Zustand, dem Flüssigkeithaushalt und der Einnahme von Medikamenten.

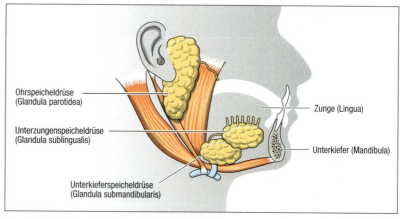

Mundspeicheldrüsen in der Mundhöhle

10.2 Gebiss und Zähne

Das Gebiss besteht aus der Gesamtheit aller Zähne (Dens = Zahn) und dem **Zahnhalteapparat** (Paradontium).

Das Milchgebiss besteht aus 20 Zähnen. Das Gebiss eines Erwachsenen besteht aus 28 bis 32 Zähnen, wenn die Weisheitszähne angelegt sind.

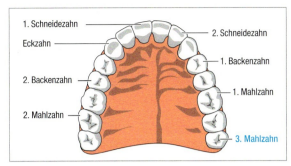

Aufbau eines Zahns

Der Zahn gliedert sich in
- Zahnkrone,
- Zahnhals und
- Zahnwurzel.

Die Zähne werden tagtäglich stark belastet. Sie müssen sowohl mechanischen als auch chemischen Belastungen widerstehen können. Daher sind sie mehrschichtig aus mehr oder weniger harten Substanzen aufgebaut.

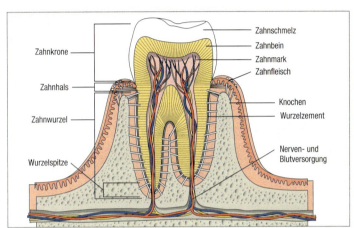

 Zahnbestandteile

Der Zahnschmelz (Enamelum) ist die härteste Substanz in unserem Körper. Er ist transparent, sodass die gelbliche Färbung des Zahnbeins durchscheint. Der Zahnschmelz besteht zu 95 % aus Tricalciumphosphat, Wasser, Mineralien und Spurenelementen. Schmerzen werden hier nicht wahrgemommen.
Im Bereich der Backenzähne haben die Zähne Zahnfurchen (Fissuren). Diese unterstützen das „Zermahlen" der Nahrung beim Kauvorgang. Sie sind für Karies besonders anfällig.
Das Zahnbein (Dentin) ist der Hauptbestandteil des Zahns. Es liegt im Inneren, ist gelblich und wird im oberen Teil vom Zahnschmelz, im unteren Teil vom Zahnzement umschlossen. Das Zahnbein umschließt das **Zahnmark** (Pulpa), welches wiederum Nerven und Blutgefäße beinhaltet.
Da hier die Nerven verlaufen, ist das Zahnbein im Gegensatz zum Zahnschmelz und Zahnzement schmerzempfindlich. Durch chemische Einwirkungen, mechanischen Abrieb und zunehmendes Alter kann das Dentin freigelegt werden.
Der Zahn- oder auch Wurzelzement (Cementum) umgibt den Zahn vom Zahnhals bis hin zur Wurzelspitze. Er verankert den Zahn im Kiefer und gehört daher zum Zahnhalteapparat. Der Zement kann schnell durch Mikroorganismen (Bakterien, Pilze) infiziert werden.
Der Zahnhalteapparat (Parodontium) fixiert die Zähne im Kiefer. Hierzu gehören:
- Zahnwurzelzement
- Zahnfortsätze
- Zahnfleisch (Gingiva) und Bindegewebe

Das Zahnfleisch ist beim gesunden Menschen hellrosa und wird von Blutgefäßen und Nerven versorgt.

10.3 Erkrankungen und Beschwerden der Zähne und des Zahnhalteapparates

Karies (Zahnfäule) und Erkrankungen des Zahnhalteapparates wie **Gingivitis** (Zahnfleischentzündung), **Parodontitis** (Entzündung des Zahnhalteapparates) und **Parodontose** (entzündungsfreier Zahnbettschwund) sind die am häufigsten auftretenden Erkrankungen. Nahezu 90 % der Bevölkerung leiden an einer oder mehrerer dieser Krankheiten.

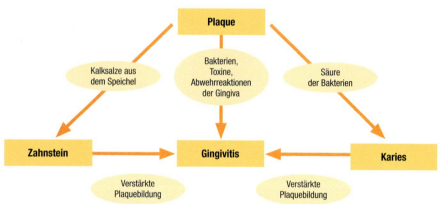

10.3.1 Karies

> Der häufige Genuss von gesüßten Getränken, z.B. Cola und Softdrinks, hinterlässt viele Kohlenhydrate an den Zähnen. Diese dienen den Bakterien hervorragend als Nahrung. Dies begünstigt und beschleunigt die Bildung von Karies. Daher sollten diese Getränke nur in Maßen zu sich genommen werden, und nach dem Genuss sollte der Mund zumindest gründlich mit Wasser ausgespült werden.

Karies ist eine lokale Infektionserkrankung. Sie beschreibt die Zerstörung des Zahnschmelzes und des Zahnbeins durch den Entzug von Mineralien (Demineralisierung). Karies wird durch Bakterien hervorgerufen. Faktoren, die die Bildung von Karies begünstigen, sind:
- Plaque (Zahnbelag)
- Kohlenhydrate aus der Nahrung
- Kariesbakterien
- Zeit

Die **Plaque** ist ein sehr zäher Zahnbelag, der aus Speichel, Nahrungsresten, Bakterien und deren Stoffwechselprodukten besteht. Die Bakterien setzen sich an der Plaque fest und ernähren sich von den Kohlenhydraten in den Nahrungsresten. Dabei verstoffwechseln sie die Kohlenhydrate zu Milchsäure. Diese Säure greift dann wiederum den Zahnschmelz und das Zahnbein an. Dem Zahn werden durch die Säure Mineralien entzogen, es entsteht Karies.

Entscheidend für die Kariesentstehung ist dabei die Länge des Zeitraums, in dem die Säure einwirken kann. Weiterhin gilt, je mehr Plaque an den Zähnen vorhanden ist, desto länger fällt der pH-Wert in den kritischen Bereich.

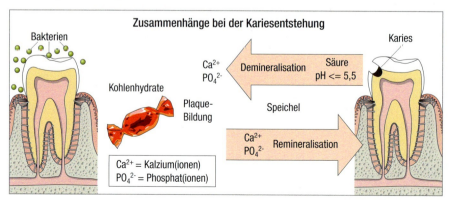

Faktoren, die das individuelle Kariesrisiko bedingen

Fördernde Faktoren:
- häufiger Verzehr von Kohlenhydraten
- große Plaqueanzahl, bedingt durch falsche Mundhygiene
- hohe Anzahl an Plaquebakterien
- Zahnfehlstellungen, z. B. durch enge Zahnzwischenräume
- Mundatmung (wenig Speichel)
- geringer Speichelfluss
- zu seltene oder gar keine Kontrolle durch den Zahnarzt

Hemmende Faktoren:
- kariesbewusste Ernährung, vor allem wenig weißer Zucker oder weißes Mehl
- richtige Mundhygiene
- geringe Anzahl an Kariesbakterien
- hoher Speichelfluss
- regelmäßige Kontrolle durch den Zahnarzt
- Zuführung von Fluoriden
- halbjährliche professionelle Zahnreinigung und Kontrolle durch den Zahnarzt

10.3.2 Gingivitis

Die **Gingivitis** ist eine Entzündung des Zahnfleisches. Das Zahnfleisch ist zwar ein Teil der Mundschleimhaut, zählt aber zum Halteapparat des Zahns.
Eine Zahnfleischentzündung kann verschiedene Ursachen haben:
- mechanische (Plaque, Zahnstein, Kronen)
- Bakterien
- Schwermetallvergiftungen
- als Folge anderer Erkankungen (z. B. Diabetes)

Im Gegensatz zum gesunden Zahnfleisch ist bei einer Gingivitis das Zahnfleisch geschwollen, gerötet und neigt zu Blutungen. Schmerzen im Bereich des Mundes und Mundgeruch können auf eine Gingivitis hinweisen. Wird ihr nicht entgegengewirkt, z. B. durch Mundspülungen (Salbeiblätter, Kamillenblüten) oder eine gute Mund- und Zahnhygiene, so kann eine Gingivitis zu einer Parodontitis fortschreiten.

Gingiva
lat. Zahnfleisch

10.3.3 Parodontitis

Wird eine Gingivitis nicht gründlich behandelt, kann eine **Parodontitis** entstehen.
Der Körper reagiert auf eine Gingivitis mit einer Entzündungsreaktion. Es werden dadurch auch die Fasern des Zahnfleisches und später auch der Kieferknochen angegriffen.
Das Zahnfleisch löst sich vom Zahn ab, wodurch Bakterien in die Tiefe des Zahnfleisches eindringen können. Es bilden sich nach und nach tiefe Zahnfleischtaschen, die mit Bakterien besiedelt werden. Diese greifen dann zuletzt den Knochen an, was zu einer Lockerung und zum Ausfall der Zähne führen kann.
Die Schäden sind irreversibel.

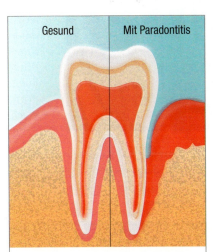

Links: gesunder Zahn, das Zahnfleisch umschließt den Zahnhalteapparat vollständig und schützt ihn so wirksam

Rechts: typisches Erscheinungsbild einer Parodontitis mit Zahnfleischrückgang und dem Abbau des Kieferknochens

10.3.4 Sensitive Zähne

Bedingt durch eine Gingivitis oder als Folge einer Parodontitis weicht das Zahnfleisch zurück. Die freiliegenden Zahnhälse sind ungeschützt, da sie nicht mit Zahnschmelz bedeckt sind. Kälte, Wärme, Süßes oder Saures gelangen über die Dentinkanälchen bis zu den Zahnnerven. Als Folge reagieren die Zähne mit Schmerzen.

10.3.5 Zahnstein

Der Speichel enthält Mineralsalze. Wenn sich diese in die auf den Zähnen vorliegende Plaque einlagern, entsteht Zahnstein. Dieser bildet wiederum eine Angriffsfläche für Kariesbakterien, und es kommt zur Vermehrung von Plaque.
Zahnstein kann an jedem Zahn entstehen, besonders betroffen sind die gut umspeichelten Zähne des Unterkiefers und die Zahnzwischenräume.

10.4 Produkte zur Vorbeugung und bei Erkrankungen der Zähne und des Zahnhalteapparates

Die oben genannten Erkrankungen der Zähne, des Zahnhalteapparates und der Mundhöhle können durch eine gute Zahn- und Mundhygiene verhindert oder zumindest gemildert werden. Um die **Zahn- und Mundhygiene** zu gewährleisten, gibt es verschiedene Hilfsmittel.

10.4.1 Die Zahnbürste

Im drogistischen Sortiment gibt es die verschiedensten Zahnbürsten. Grundsätzlich kann man Handzahnbürsten sowie elektrische Zahnbürsten unterscheiden.

Die Handzahnbürste
Mit der Handzahnbürste werden die Zähne mechanisch, mit der eigenen Muskelkraft, gereinigt. Die Vielfalt der Handzahnbürsten ist groß, z. B.:

- weiche, mittelharte und harte Bürsten
- mit Natur-oder Kunststoffborsten
- Kurzkopf- oder Langkopfbürsten
- Kinder- und Lernzahnbürsten
- Bürsten mit verschiedenen Borstenarten, -formen und -anordnungen
- Wechselkopfzahnbürsten
- Zahnbürsten mit Zungenreiniger

> Welche Handzahnbürste ist die richtige? Die Entscheidung ist sehr individuell. Experten raten zu einer Zahnbürste mit kurzem Kopf und mittelharten abgerundeten Kunststoffborsten.

Die Kurzkopfbürste hat ein kurzes Borstenfeld. Der kurze Borstenkopf ermöglicht es, sehr gut die verschiedenen Zahnflächen zu reinigen. Er kommt überall gut hin und ist flexibel. Jeder einzelne Zahn kann besser gereinigt werden als mit einer Langkopfbürste.

Bei Wechselkopfzahnbürsten können die Borstenköpfe ausgetauscht werden, wenn die Borsten abgenutzt sind, ohne dass die gesamte Bürste entsorgt werden muss. Das ermöglicht im Sinne der Nachhaltigkeit eine deutlich bessere Ökobilanz, da der Stiel mehrfach benutzt werden kann.

Kinderzahnbürsten sind deutlich kleiner als Erwachsenenzahnbürsten, sodass der Bürstenkopf besser an die kleinen Zähne herankommt. Die Bürsten haben einen kurzen und dicken Stiel, der von Kinderhänden gut gehalten werden kann. Die Borsten sind weich, um das empfindliche Zahnfleisch zu schützen. Oft haben die Zahnbürsten kindgerechte Motive, um eine zusätzliche Motivation zu schaffen.

Zahnputztechniken mit einer Handzahnbürste

Über die Art, sich richtig die Zähne zu putzen, gibt es unterschiedliche Ansichten. In Fachkreisen findet man die verschiedensten Beschreibungen. Die Methoden variieren je nach Alter der Person, z. B. die Vibrationstechnik (>17 Jahre), die Rotationstechnik (12–17 Jahre) oder die KAI-Regel (<12 Jahre).

Die KAI-Regel
KAI steht für Kauflächen, Außen-, Innenflächen. Die Reinigung der Zähne nach der KAI-Regel ist sehr einfach und daher für Kinder gut geeignet.

K = Kauflächen: Zu Beginn werden die Kauflächen mit Hin-und-her-Bewegungen gereinigt. Begonnen wird z. B. auf der rechten Seite erst unten und dann oben. Danach kommt die linke Seite nach demselben Prinzip dran. Auf den Kauflächen ist das Hin-und-her-Bürsten erlaubt, um die Fissuren der Backenzähne reinigen zu können.

A = Außenfläche: Nach den Kauflächen werden mit kreisenden Bewegungen die Außenflächen der geschlossenen Zähne gereinigt. Begonnen wird z. B. an der rechten Seite von hinten nach vorne, dann folgt die linke Seite auf die gleiche Weise. Zum Schluss werden die Schneidezähne geputzt.

I = Innenflächen: Am Ende kommen alle Innenflächen unten und oben dran. Man beginnt hinten und bürstet immer von Rot nach Weiß, also vom Zahnfleisch weg hin zum Zahn. Die Zahnbürste sollte die Innenflächen mit kleinen Kreisen oder mit Drehbewegungen reinigen.

Bei der Zahn- und Mundhygiene ist zu beachten:
- Beim Putzen sollte eine Systematik bzw. Reihenfolge eingehalten werden, damit keine Stelle ausgelassen wird.
- nur mit mäßig starkem Druck bürsten, genug, um die Plaque zu lösen, aber nicht zu stark, damit das Zahnfleisch nicht geschädigt wird
- mindestens 2–3 Mal am Tag für mindestens 2–3 Minuten die Zähne putzen
- die Bürste nach dem Zähneputzen gut reinigen und trocknen, damit sich keine Bakterien bilden
- Die Zahnbürste sollte nach maximal 3 Monaten oder bei sichtbaren Abnutzungserscheinungen ausgetauscht werden.
- Direkt nach dem Verzehr saurer Nahrungsmittel sollten die Zähne nicht geputzt werden, da die Säure den Zahnschmelz kurzzeitig aufweicht und er so durch das Bürsten geschädigt werden könnte.

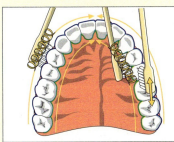

Reihenfolge: **A**ußenfläche, **K**aufläche, **I**nnenseite

Außenflächen von hinten zur Mitte hin reinigen, dann Seitenwechsel

Innenseiten reinigen

Kauflächen reinigen

Das immer noch häufig angewendete Schrubben der Zähne verursacht zum Teil starke Schäden am Zahnfleisch. Dies führt zum Zurückweichen des Zahnfleisches und damit zum Freilegen der Zahnhälse. Die Zahnhälse sind dann ungeschützt, und sie reagieren empfindlich. Außerdem besteht Karies-Gefahr.

www.onmeda.de/ratgeber/zahnmedizin
→ Zähne richtig pflegen

Zahnputzsystematik

Die elektrische Zahnbürste
Jeder dritte Haushalt hat heute eine elektrische Zahnbürste. Die Bürsten rotieren und oszillieren (schwingen) zusätzlich. Die Bürsten erreichen über 40000 Schwingungen pro Minute. Der Bürstenkopf ist klein und rund und erreicht so deutlich mehr Bereiche des Gebisses.
Die Borsten gibt es weich (sensitiv), mittel oder hart. Weiterhin gibt es verschiedenste zusätzliche Aufsätze zum Polieren der Zähne, zum Reinigen der Zahnzwischenräume oder zur Reinigung der Zunge.
Die Reinigung und Pflege der Bürsten erfolgt wie bei der Handzahnbürste.

Bürstenkopf einer elektrischen Zahnbürste

10.4.2 Zahncreme (Zahnpasta oder -paste)

Zahncremes sollen mit ihren Inhaltsstoffen die mechanische Putzleistung der Zahnbürste unterstützen und damit zur Zahnreinigung beitragen. Je nach zusätzlichen Inhaltsstoffen soll Zahncreme
- Karies vorbeugen,
- den Zahnschmelz härten und
- Entzündungen vorbeugen bzw. mildern.

Weiterhin sorgen sie für einen angenehmen Geschmack im Mund und vermindern den Mundgeruch.

Inhaltsstoffe und deren Wirkung

Inhaltsstoff	Wirkung
Putzkörper/Schleifkörper (Abrasiva), z. B. Silikatverbindungen wie Siliziumdioxid, Karbonate wie Kalziumkarbonat, Akrylate und Polyethylenkügelchen	– dienen zusammen mit der Zahnbürste der mechanischen Entfernung der Zahnbeläge
Feuchthaltemittel, z. B. Glycerin und Sorbitol	– verhindern die Austrocknung der Zahnpasta
Tenside und **Schaumbildner** (Natriumlaurysulfat)	– bewirken die Bildung von Schaum, verbessern die gleichmäßige Verteilung der Zahncreme und lockern Essensreste sowie Zahnbeläge
Bindemittel, z. B. Alginat, Hydroxyetylcellulose	– verhindern die Trennung der einzelnen Bestandteile
Farbstoffe, z. B. Titandioxid = weiß, Chlorophyllin = grün	– geben der Zahnpasta ein angenehmes Aussehen
Geschmacksstoffe/Aromastoffe, z. B. (Menthol, Pfefferminzöl)	– verleihen der Zahnpasta einen guten Geschmack
Konservierungsstoffe (Methylparaben)	– verlängern die Haltbarkeit der Zahncreme
Süßstoffe, z. B. Xylit	– verbessern den Geschmack und hemmen die Plaquebildung
Medikamentöse Zusätze: • pflanzliche Wirkstoffe wie z. B. Kamille • Chlorhexidin • Triclosan • Fluoride (z. B. Aminfluorid, Natriumfluorid)	– wirken karieshemmend und antibakteriell – Fluoride erhöhen lokal die Widerstandskraft der Zähne vor den Angriffen der Stoffwechselprodukte der Bakterien.
Netzmittel	– binden die abgelöste Plaque, damit sie am Ende leichter ausgespült werden kann
Pyrophosphat	– wirkt der Mineralisation entgegen und vermindert die Bildung von Zahnstein
Lösungsmittel (Wasser)	– hält die Inhaltsstoffe der Zahncreme gelöst

Welche Zahnpasta ist die richtige?

Die Wahl der passenden Zahnpasta hängt von der jeweiligen Situation ab. Ein Kriterium ist der Anteil an Putzkörpern. Diese Putzkörper (z. B. Silikatverbindungen, Schlämmkreide, Marmor) sollen den Zahn von der Plaque reinigen. Zu viele Schleifkörper können dem Zahn aber auch schaden, indem sie zu stark **abrasiv** wirken. Wie stark abrasiv eine Zahncreme ist, zeigt der **RDA**-Wert (**R**adioactive **D**entin **A**brasion) an.

Wirkstoffe von Zahnpasten
www.zahnpastainfo.de

RDA – Wert	Wirkung	Art der Zahncreme	Empfehlung
> 100	hoch abrasiv	Weißmacher-Zahnpasta	nicht für den Dauergebrauch zu empfehlen, da das Dentin zu stark abgetragen wird
60–100	mittel abrasiv	„normale" Zahnpasta	gut für parodontal gesunde Menschen
< 60	gering abrasiv	Sensitiv-Zahnpasta, Kinderzahnpasta	bei sensitiven Zähnen, Zahnhalsüberempfindlichkeit, Abrasionen und Zahnfleischrückgang

> Am Anfang müssen Eltern den Kindern beim Zähneputzen helfen und gegebenenfalls nachputzen.

Spezialzahncremes

Kinderzahncreme: Kinder sollten generell eine Kinderzahncreme benutzen, da diese in ihrem Fluoridgehalt dem Alter angepasst ist:

- bis 3 Jahre:
  Zahnpasta ohne Fluoride und Tenside, da noch viel Schaum verschluckt wird
- ab 3 Jahre:
  Zahncremes mit einem geringen Fluoridgehalt (500 **ppm** F$^-$) speziell für Milchzähne
- ab 6 Jahre:
  Zahncremes mit einem Fluoridgehalt von 1000–1500 ppm F$^-$

ppm
parts per million = Teilchen pro Million

> Säuglinge und Kleinkinder verschlucken einen Großteil der Zahnpasta. Daher sollte, solange die Kinder nicht zuverlässig ausspucken können, wie folgt verfahren werden:
> - für Kinder bis 6 Jahre nur eine erbsengroße Menge Zahnpasta benutzen
> - zur Vermeidung übermäßigen Verschluckens Zähneputzen nur unter Aufsicht
> - bei zusätzlicher Aufnahme von Fluorid den Arzt befragen (s. Kosmetikverordnung)

Zahnweiß-Zahncreme (Bleaching-Zahncreme): Raucher oder Tee- bzw. Kaffeetrinker, die Probleme mit Verfärbungen der Zähne haben, können spezielle Bleaching-Zahncremes benutzen. Diese Zahncremes zeichnen sich durch einen hohen RDA-Wert aus, sind also stark abrasiv. Daher ist von einer dauerhaften, zu häufigen Verwendung abzuraten, da die Zähne starken Schaden nehmen.
Es gibt weitere Bleaching-Produkte, die mit oxidativen Verfahren (Wasserstoffperoxid) die Zähne bleichen, um sie weißer werden zu lassen, z. B. Kunststoffschienen oder Belaching-Streifen.

Achtung: Bleachingprodukte greifen bei zu häufigem Gebrauch den Zahnschmelz an.

Sole-Zahncreme: Sie besteht aus Wasser, Meersalzen, Pfefferminzöl, Kieselsäure, diversen Ölen usw. Sie fördert den Heilungsprozess kleiner Wunden im Mundraum (Aphthen) und steigert den Speichelfluss.

Fluoridfreie Zahncreme: Sie findet sowohl bei Kindern bis 3 Jahren als auch bei fluoridsensiblen oder allergischen Personen Anwendung. Die Diskussionen um Fluoride in der Zahnpasta gehen weit auseinander. Fluoride härten die Zähne, sind in größeren Mengen allerdings giftig. Es gibt verschiedene fluoridfreie Zahncremes, z. B. Calendula-Zahncreme oder Rathania-Zahncreme.

Sensitiv-Zahncreme: Bei empfindlichen Zähnen oder Allergien kann eine Sensitivzahncreme genutzt werden. Sie enthält einen geringeren Anteil an Putzkörpern, keine Konservierungsmittel oder andere Allergene sowie einen hohen Anteil an Aminofluoriden zum Schutz freiliegender Zahnhälse.

Produkte aus dem drogistischen Sortiment	Wirksamkeitsbestimmend sind z. B.	Wirkungsweise
Zahncreme	Putzkörper, Tenside, Fluoride,	reinigt Zähne chemisch und mechanisch, stärkt den Zahnschmelz
Bleaching-Produkte	Sauerstoffperoxid, Wasserstoffperoxid	Aufhellung der Zähne durch Sauerstoffbleiche
Sole-Zahncreme	Salze, Öle, Kieselsäure	steigert Speichelfluss, fördert Heilung von kleinen Wunden im Mund
Sensitiv-Zahncreme	Ohne Konservierungsmittel und andere Allergene, wenig Putzkörper	schonende Zahnreinigung, ohne Allergien auszulösen

10.4.3 Zahnseide und andere Zahnreinigungshilfsmittel

Die Zahnbürste reinigt zusammen mit der Zahncreme die meisten Zahnflächen. Schwierig wird es allerdings bei den engen Zahnzwischenräumen, wo die Bürste oft nur unzulänglich hinkommt. Genau an diesen Stellen verbleibt die Plaque und verursacht dort Karies oder Parodontose. Um die Zahnzwischenräume zu säubern, gibt es verschiedene Möglichkeiten:
• Zahnseide, Zahnband, Superfloss, Interdentalbürstchen, medizinische Zahnhölzer.

Zahnseide und Superfloss

Die Reinigung der Zähne mit **Zahnseide** sollte mindestens alle zwei Tage vor dem Zähneputzen erfolgen, damit die gelöste Plaque beim Zähneputzen entfernt werden kann. Die Zahnseide ist ein aus mehreren Fasern bestehender Nylonfaden. Verkauft wird Zahnseide entweder lose, in einer Kapsel oder in eine Halterung eingespannt. Man unterscheidet:
• gewachste und ungewachste Zahnseide
• Zahnseide mit und ohne Fluorid

Die **ungewachste Zahnseide** spaltet sich bei der Benutzung auf und erhöht somit die Reinigungswirkung. Die **gewachste Zahnseide** gleitet besser durch die Zahnzwischenräume, hinterlässt allerdings Wachsreste. **Fluoridisierte Zahnseide** bekämpft gleichzeitig Karies.

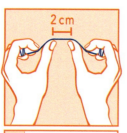
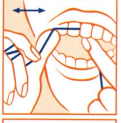
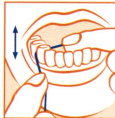

Gebrauch der Zahnseide

 Die Benutzung von Zahnseide

Dazu wird ein ca. 40 cm langer Faden Zahnseide um beide Mittelfinger gewickelt. Die Führung des Fadens übernehmen die Daumen und die Zeigefinger. Sie führen den Faden unter Spannung mit sägenden Bewegungen in die Zahnzwischenräume. Dann wird die Zahnseide eng an den Zähnen auf und ab geführt und so die Plaque entfernt. Alle zwei bis drei Zähne sollte ein neues Stück Faden genutzt werden, dazu wird der Faden von dem einen Finger ab und auf den anderen Finger aufgewickelt.

10 Zähne und Zahnhalteapparat

Superfloss ermöglicht durch seine flauschige Form eine Reinigung von größeren Flächen. Aufgrund seiner gehärteten Enden eignet es sich auch für die Reinigung von Brücken und Zahnklammern. Superfloss ist einfach in der Anwendung, eignet sich aber weniger gut für enge Zahnzwischenräume.

Zahnband

Das Zahnband wird meist zum Reinigen sehr enger Zahnabstände benutzt, weil die Zahnseide oft nicht gut dazwischenkommt.
Das Zahnband ist dünner und lässt sich auch durch enge Stellen bewegen. Allerdings ist das Zahnband nicht so reißfest wie die Zahnseide.

Interdentalbürsten

Interdentalbürsten sind meist sehr feine, oft nur einseitig mit Borsten bestückte, kegelförmige Bürsten. Sie eignen sich zum Reinigen von nicht zu engen Zahnzwischenräumen. Sie sind in verschiedenen Durchmessern, als Hand-version bzw. Aufsatz für elektrische Zahnbürsten erhältlich.
Bei der Reinigung von großen Zahnzwischenräumen, Brücken, Teilprothesen oder Zahnklammern können sie gut eingesetzt werden.

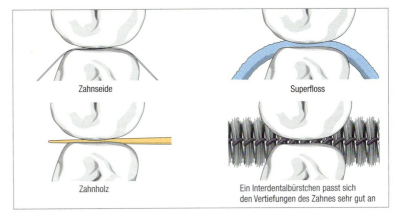

Mechanische Reinigung der Zahnzwischenräume

Medizinische Zahnhölzer

Medizinische Zahnhölzer ersetzen den normalen Zahnstocher. Vor der Benutzung sollten die Hölzer mit Speichel angefeuchtet werden. Es ist bei der Verwendung darauf zu achten, dass das Zahnfleisch nicht verletzt wird.

10.4.4 Mundspüllösungen, Mundwässer und Mundsprays

Mundspüllösungen, Mundwässer und Mundsprays unterstützen die Mundhygiene, sie sind aber **kein Ersatz für die Zahnbürste**.

Mundspüllösungen

Man unterscheidet nach ihrer primären Wirkung in:
- Mundspüllösungen zur Fluoridierung der Zähne oder zur Verbesserung des Frischegefühls im Mund. Sie enthalten Aminofluoride sowie ätherische Öle und können zur täglichen Kariesprophylaxe eingesetzt werden.
- Mundspüllösungen, die eine starke Wirkung auf die Plaqueverringerung und die Gingivitis-Prophylaxe haben. Sie enthalten oft eine Kombination von Amin- und Zinnfluoriden. Anwendung finden sie bei Personen mit hohem Kariesrisiko, mit Klammern oder einer Neigung zu Gingivitis.
- Mundspüllösungen mit Chlorhexidin. Sie zählen zu den Antiseptika und wirken daher gegen Bakterien. Chlorhexidin ist nicht zur täglichen Pflege geeignet und bei Zahnärzten umstritten, weil es bei zu häufiger Anwendung die natürliche Mundflora zerstören kann.

Mundwässer

Sie enthalten sehr ähnliche Inhaltsstoffe wie Mundspüllösungen. Sie tragen ebenso zur allgemeinen Mundhygiene bei und schützen so vor Karies, Parodontitis und Gingivitis. Mundwässer sind allerdings eher zur Erfrischung des Mundraumes geeignet. Sie sind hochkonzentriert und müssen vor der Benutzung mit Wasser verdünnt werden. Mundspüllösungen sind bereits verdünnt und können direkt verwendet werden.

 Odol-Mundwasser

Odol-Mundwasser-Konzentrat ist bereits seit 1895 auf dem deutschen Markt erhältlich. Entwickelt wurde dieses Mundwasser von Prof. Richard Seifert. Odol-Mundwasser enthält Propandiol, Ethanol, Wasser, ätherische Öle und Aromen. Heute gibt es Odol-Mundwasser zusätzlich mit Bisabolol (Inhaltsstoff der Kamille), Salbeiöl oder Zinkchlorid.

Mundsprays

Die Verwendung von einem Mundspray trägt unterstützend zur Mundhygiene bei, es kann aber auch „nur" für einen frischen Atem sorgen.

Produkte aus dem drogistischen Sortiment	Wirksamkeitsbestimmend sind z. B.	Wirkungsweise
Mundspüllösung	Fluoride, Tenside, Chlorhexidin, ätherische Öle	chemische Reinigung der Zähne und des Mundraumes, Karies- und Gingivitis-Prophylaxe, verbesserter Atem
Mundwasser, z. B. Odol	siehe Mundspüllösung	
Mundspray	ätherische Öle	erfrischt den Atem

10.4.5 Zusätzliche Produkte zur Reinigung der Zähne

Munddusche

Sie erzeugt einen dünnen Wasserstrahl, mit dessen Hilfe man lockere Speisereste aus den Zahnzwischenräumen entfernen kann. Festsitzende Plaque wird durch sie nicht entfernt. Der Wasserstrahl massiert das Zahnfleisch, wodurch dieses besser durchblutet wird und somit Entzündungen des Zahnfleisches vermindert werden.

Zungenreiniger

Die Zunge hat eine sehr raue Oberfläche. In dieser rauen Zungenschleimhaut können sich Bakterien und Essensreste festsetzen. Der so entstandene Zungenbelag führt zu Mundgeruch. Hier kann ein Zungenreiniger zum Reinigen der Zungenoberfläche genutzt werden.

Zungenreiniger

Zahnpflegekaugummi

Er wirkt der Produktion von Säuren entgegen, indem er den Speichelfluss anregt. Speichel ist alkalisch und neutralisiert die Milchsäuren in der Mundflora. Ein positiver, also karieshemmender Effekt tritt allerdings erst nach mind. 20 Minuten Kaugummikauen auf. Zusätzlich hat der Kaugummi eine schwache mechanische Reinigungswirkung.

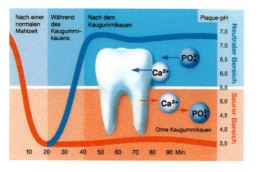

Positive Wirkung von Zahnkaugummis
(Quelle: Wrigley Oral Healthcare Programms)

10.4.6 Zahnaufheller

Zähne können sich durch äußere Einflüsse, wie dem häufigen Konsum von Tee, Kaffee oder Nikotin, aber auch als Altersfolge verfärben. Um dies zu mildern, gibt es unterschiedliche Produkte, die zu Hause genutzt werden können, z. B. Bleaching-Gel, Bleaching-Stick, Bleaching-Stripes oder Bleaching-Zahncreme. Diese Produkte enthalten Peroxide oder Aktivsauerstoff, die die Verfärbungen auf den Zähnen entfernen.

Produkte aus dem drogistischen Sortiment	Wirksamkeitsbestimmend sind z. B.	Wirkungsweise
Bleaching-Gel	Peroxide, Aktivsauerstoff	bleichen die Zähne durch Peroxide oder Aktivsauerstoff
Bleaching-Stick		
Bleaching-Stripes		
Bleaching-Zahncreme	Peroxide, Putzkörper	bleicht die Zähne durch Peroxide oder Aktivsauerstoff, entfernt abrasiv die Verfärbungen

> Zahnaufhellungsprodukte können bei unsachgemäßem und zu häufigem Gebrauch die Zähne schädigen. Bleaching-Gels enthalten Carbamidperoxid oder Wasserstoffperoxid, welches die Zähne aufhellt. Dabei werden unstabile freie Radikale gebildet, die die Pigmentmoleküle der organischen Bestandteile des Zahnschmelzes angreifen. Durch das Abbauen der Pigmente reflektieren die Moleküle kein Licht mehr, und dies lässt die Zähne weißer erscheinen.

10.4.7 Pflege der „3. Zähne"

Zahnprothesenreinigungsmittel

Genauso wie die echten Zähne müssen auch Prothesen oder Teilprothesen täglich gründlich gereinigt werden. Dabei unterscheidet man grundsätzlich zwei Methoden:
- **mechanische Reinigung** mit einer Zahn- oder speziellen weichen Prothesenbürste unter Wasser. Zur Unterstützung der Reinigung kann Zahnpasta mit einem geringen Putzkörperanteil benutzt werden.
- **chemische Reinigung** mit Tabletten oder Pulvern auf Peroxidbasis. Diese Mittel reinigen und desinfizieren die Zähne und hinterlassen einen feinen Silikonfilm, der die Plaque blockiert. Die Reinigungswirkung setzt je nach Produkt bereits nach 3 Minuten (Expressreiniger) ein. Da die Peroxide Bleichmittel sind, sollten sie nicht länger als 1 Stunde auf die Prothese einwirken, da sonst die Kunststoffteile ausbleichen könnten. Die Reinigungswirkung beruht einerseits auf dem Sprudeleffekt, der die Entfernung von lose anhaftenden Partikeln unterstützt, andererseits auf der Wirkung von Alkalien (z. B. Soda) und den Tensiden.

Eine Kombination aus beiden Reinigungsmethoden erreicht den besten Erfolg. Die chemische Reinigung sollte allerdings nur einmal am Tag, am besten vor dem Schlafengehen, angewendet werden.

Prothesenhaftmittel

Grundsätzlich sollten Prothesen so angepasst sein, dass sie auch ohne zusätzliche Haftmittel fest im Mund sitzen. Ist ein optimaler Halt nicht gegeben, können Haftmittel
- einen höheren Tragekomfort bieten,
- die Schleimhaut vor Druckstellen schützen und
- die Prothesenbänder versiegeln, damit sich keine Fremdkörper zwischen Gaumen und Prothese schieben und dort Reizungen und Mundgeruch verursachen.

Haftcreme wird auf die Innenseite der gereinigten und trockenen Prothese aufgetragen. Das bestrichene Teil der Prothese wird einige Sekunden lang in den Mund gedrückt und haftet dann dort. Die Wirkungsweise beruht nicht darauf, dass sie die Prothese „festkleben", sondern dass sie die erforderliche Haftung zwischen Schleimhaut und Prothese nach dem Saugnapfprinzip herstellen. Als Wirkstoffe werden hauptsächlich synthetische und natürliche Quellstoffe eingesetzt (Zelluloseverbindungen).

Haftpulver besteht häufig aus 100 % Natriumalginat. Es wird dünn und gleichmäßig auf die gesäuberte und leicht angefeuchtet Prothese gestreut. Nach kurzer Einwirkzeit wird die Prothese in den Mund gedrückt und kurz gehalten. Auch hier haftet die Prothese nach dem Saugnapfprinzip am Gaumen.

Sowohl Haftcreme als auch Haftpulver müssen bei der Reinigung von der Prothese und aus dem Mund entfernt werden.

Tenside
→ Kapitel VII

Produkte aus dem drogistischen Sortiment	Wirksamkeitsbestimmend sind z. B.	Wirkungsweise
Zahnprothesenreiniger, z. B. Kukident	aktiver Sauerstoff, Tenside	Reinigung der Zähne
Prothesenhaftmittel, z. B. Protefix-Haftcreme	Haftcreme	Prothese hält durch Haftcreme sicher im Mund.

11 Fuß und Fußpflege

11.1 Aufbau des Fußes

Was unsere Füße aushalten müssen

Die Füße sind täglich sehr hohen Belastungen ausgesetzt, da sie unser gesamtes Körpergewicht tragen müssen. Der Mensch legt in seinem Leben mehr als 120000 Kilometer zu Fuß zurück. Pro Tag bewältigen die Füße eines etwa 70 kg schweren Menschen rund 2500 Tonnen Gewicht. Beim Gehen wirkt bei jedem Schritt das mehr als 4-Fache unseres Körpergewichtes auf unsere Füße ein. Beim Joggen sind es sogar mehr als das 9-Fache.

Zusätzlich zu diesen Belastungen strapazieren schlecht passende Schuhe unsere Füße. Es entstehen krankhafte Verformungen der Zehen und des Fußes, es bilden sich Druckstellen, Hornhaut, Hühneraugen und Blasen.

Der Fuß unterteilt sich grob in den **Vorfuß** (mit 5 Zehen), den **Mittelfuß** und den **Hinterfuß**. Die 26 Knochen des Fußes werden durch 27 Gelenke, 32 Muskeln und Sehnen sowie mehr als 100 Bänder verbunden.

Der Fuß weist ein **Längsgewölbe** und ein **Quergewölbe** auf. Die Fußgewölbe werden durch Muskulatur verspannt und durch Bänder aufrecht gehalten. Dadurch wird das Körpergewicht hauptsächlich über die drei Punkte Ferse, Großzehengrundgelenk (Großzehenballen) und Kleinzehengrundgelenk (Kleinzehenballen) getragen.

Kommt es hier, z. B. durch unpassende Schuhe oder hohe Belastungen, zu Veränderungen, können sich Fehlstellungen des Fußes ausbilden. Verschiedene Studien geben an, dass bei ca. 60 % der Bevölkerung mindestens an einem Fuß eine Fehlstellung festzustellen ist.

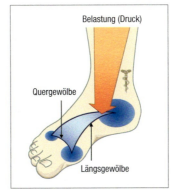
Längs- und Quergewölbe des Fußes

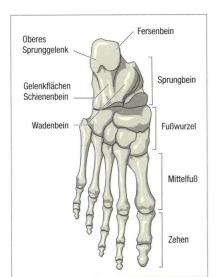
Aufbau des Fußes

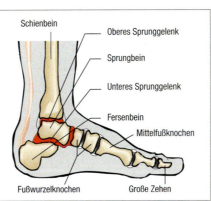

11.2 Fehlbildungen und Fehlstellungen der Füße

Da die Füße unser Körpergewicht tragen müssen und sie zum Teil sehr großen Belastungen ausgesetzt sind, können sich verschiedenste Fehlbildungen und Fehlstellungen entwickeln.

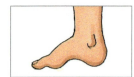
Hohlfuß

Hohlfuß
Der Hohlfuß ist gekennzeichnet durch eine Überhöhung der Längswölbung. Das bewirkt eine Verringerung der Auftrittsfläche des Fußes. Dadurch wird der Vorfuß besonders belastet.

Senk- bzw. Plattfuß

Senkfuß
Bedingt durch ein schwaches Bindegewebe, langes Stehen und Gehen sowie ein hohes Körpergewicht kommt es zu einer Abflachung des Fußgewölbes. Beim Senkfuß ist das Längsgewölbe schwach.

Plattfuß
Beim Plattfuß sind sowohl das Längs- als auch das Quergewölbe geschwächt. Verletzungen der Knochen und Bänder können zur Ausprägung eines Plattfußes beitragen. Da der Fuß so seiner Dämpfungsfunktion nicht nachkommen kann, kommt es möglicherweise zu Folgeschäden, z. B. Arthrosen.

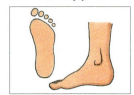
Spreizfuß

Spreizfuß
Die normale Gewichtsverteilung liegt beim Fuß außer auf der Verse auf dem 1. und 5. Mittelfußknochen. Bei einem Spreizfuß werden alle Mittelfußknochen belastet. Durch diese Form der Belastung kann es zu Schwielen und Schmerzen kommen. Der Spreizfuß kann einen Hallux valgus begünstigen.

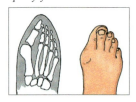
Hallux valgus

Hallux valgus
Als Hallux valgus wird eine gekrümmte Großzehe bezeichnet, die durch langjährige Belastung, z. B. durch falsches, spitzes, hohes oder enges Schuhwerk, entsteht.

11.3 Produkte bei Beschwerden an den Füßen

Die Füße sind permanent starken Belastungen ausgesetzt. Enge Schuhe, luftundurchlässiges Schuh- und Strumpfmaterial, Schweißbildung, Stauchungen, Druck, Bakterien und Pilze wirken auf die Füße ein. Diese Belastungen führen zu den unterschiedlichsten Beschwerden der Füße, was wiederum eine besondere Pflege der Füße nötig macht.

Die Füße sollten täglich gereinigt und die Strümpfe bzw. Socken täglich gewechselt werden, um den Fußgeruch, den Schweiß, die Bakterien und den Schmutz zu entfernen. Generell können alle Produkte, die der normalen Körperpflege dienen, auch für die Füße genutzt werden. Es gibt allerdings auch weitere spezielle Fußreinigungs- und Pflegeprodukte.

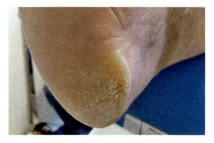
Sehr stark ausgebildete Hornschicht

11.3.1 Übermäßige Hornhaut

Durch ständige Druckbelastung, Reibung oder enges Schuhwerk kann die **Hornschicht** übermäßig dick werden. Man spricht dann von einer Verhornungsstörung oder auch Hyperkeratose. Es bilden sich **Schwielen**. Sie verursachen in den meisten Fällen keine Beschwerden, können aber einreißen und auch optisch als störend empfunden werden. Wenn der Druck auf eine bestimmte Körperstelle erhalten bleibt, können sich schmerzhafte Druckstellen bilden, und daraus können Hühneraugen entstehen.

Gegenmaßnahmen und Produkte

Zunächst sollte auf passendes Schuhwerk, welches genügend Platz bietet und keine Druckstellen erzeugt, geachtet werden. Hirschtalg und Schrundensalbe kann Hornhautbildung vorbeugen. Ist die Hornhaut bereits entstanden, kann sie mechanisch oder chemisch entfernt werden.

Chemische Hornhautentfernungsmittel enthalten z. B. Salizylsäure (auch Salicylsäure), Fruchtsäuren, Essigsäure, Milchsäure oder Dihydroxybenzoesäure und Allantoin. Diese Inhaltsstoffe erweichen die Hornhaut und lösen sanft die Hautschüppchen auf, ohne die Haut zu reizen. Sie wirken keratolytisch (hornschichtauflösend).

Peelingcreme
Eine Peelingcreme enthält neben den waschaktiven Substanzen wie z. B. Tensiden auch Peelingkörper (z. B. Salze, Zucker, Quarze, synthetische Substanzen). Oft wird das Peeling mit ätherischen Ölen versetzt, die die Füße kühlen und erfrischen sollen (z. B. Latschenkieferöl). Das Peeling entfernt mechanisch die oberen abgestorbenen Hornschichten der Haut. Damit werden auch die Bakterien und Gerüche entfernt, die in die Hornschicht eingelagert sind. Die Dosierung von **keratolytischen** Substanzen in der Peelingcreme ist gering.

Hornhautcreme
Die Hornhautcreme wird auf die betroffene Hautstelle aufgetragen und leicht einmassiert. Die Cremes enthalten u. a. Fruchtsäuren, Öle, Aloe, Allantoin und Salizylsäure. Die Dosierung der keratolytischen Substanzen ist höher als bei den Peelingcremes.

Hornhautringe und Hornhautpflaster
Hornhautringe und Hornhautpflaster werden auf die betroffene Stelle geklebt. Bedingt durch die Form vermindern sie den Druck auf die Hornhaut. Sie enthalten auch die oben genannten Inhaltsstoffe der chemischen Hornhautentfernungsmittel und wirken damit lokal auf die verdickte Hornhaut ein.

Zu den **mechanischen Verfahren** zählt die Anwendung folgender Hilfsmittel, u. a.:
- Bimsstein, Bimsschwamm
- Hornhautfeile (Keramik, Edelstahl)
- Hornhautraspel
- Hornhauthobel

Diese Produkte vermindern mechanisch die Hornhautmenge. Je nach Hornhautdicke kann das passende Hilfsmittel gewählt werden.

> Achtung: Beim diabetischen Fuß dürfen mechanische Produkte zur Hornschichtreduzierung nicht angewendet werden. Es besteht erhöhte Verletzungsgefahr.

Bimsstein und Bimsschwamm
Bims besteht aus feinpoorigem Vulkangestein. Mit dem Bimsstein kann man übermäßige Hornhaut durch Abreiben entfernen. Dazu muss die Haut allerdings gut eingeweicht werden. Geeignet dafür ist ein vorher durchgeführtes Fußbad oder eine Anwendung während oder direkt nach dem Duschen. Nach der Behandlung sollten die Füße mit einer fetthaltigen Creme eingerieben werden, um die Haut nach dieser Belastung wieder zu pflegen.

Wie wirkt Salizylsäure?

Salizylsäure weicht die Hornhaut auf, indem sie die Kittsubstanz zwischen den Hautzellen löst (keratolytisch). Salizylsäure darf nicht auf gesunde Haut aufgetragen werden.

Keratolyse
Auflösung der Hornzellen aus der obersten Hornschicht

Bimsstein

Hornhautfeile

Hornhautfeile

Hornhautfeilen bestehen meist aus Holz oder Plastik und sind beidseitig mit Sandpapier beschichtet. Die Anwendung erfolgt an der trockenen Haut. Häufig haben Feilen zwei unterschiedliche Körnungen, eine grobe und eine feine. Die Hornhaut wird zunächst mit der groben Feile entfernt, die feine Feile glättet die Haut. Nach der Behandlung kann ein Fußbad gemacht werden, und die Füße sollten mit einer fetthaltigen Creme eingerieben werden.

Hornhauthobel

Hornhautraspel, Hornhauthobel

Hornhautraspel und Hornhauthobel sollten bei trockener Haut angewendet werden. Mit diesen beiden Produkten können auch dickere Hornhautschichten entfernt werden. Der Hobel wird über die betroffene Stelle geführt, dabei gleitet er über die Haut und entfernt nur die übermäßige Hornhaut. Zwischen den Anwendungen sollten allerdings mehrere Tage liegen, damit sich die Haut von der starken Belastung erholt. Nach jeder Anwendung sollten die Füße mit einer fetthaltigen Creme eingerieben werden. Ein Fußbad kann nach der Behandlung ebenfalls durchgeführt werden.

> Vorsicht bei der Benutzung der Hornhautraspel und des Hornhauthobels. Es besteht Verletzungsgefahr! Nur verwenden bei sehr starker Hornhautbildung und wenn alle anderen Möglichkeiten der Entfernung nicht ausreichen.

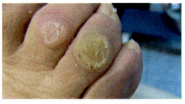

Aus Druckstellen haben sich Hühneraugen entwickelt.

11.3.2 Hühneraugen

Hühneraugen sind Verhornunggsstörungen, die häufig an den Zehen oder am Fußballen auftreten. Gründe für die Entstehung sind langanhaltender Druck auf einzelne Stellen, oft durch zu enge Schuhe oder starke Reibung. In der Mitte des Hühnerauges bildet sich ein dornartiger Zapfen. Dieser drückt auf die Knochenhaut, sodass bereits ein geringer Druck zu starken Schmerzen führen kann.

> Bei der Anwendung von Hühneraugentinktur muss die gesunde Haut, z.B. mit Vaseline, abgedeckt werden, damit diese nicht geschädigt wird.

Gegenmaßnahmen und Produkte

Um gegen die Hühneraugen vorzugehen, muss zunächst der punktuelle Druck beseitigt werden. Dann können keratolytisch wirkende Produkte (Hühneraugenpflaster, Hühneraugentinktur, Druckstellenpflaster) angewendet werden. Hühneraugenpflaster enthalten keratolytische Substanzen, meist Salizylsäure.

Druckpflaster (Hühneraugenringe) enthalten meist keine Wirkstoffe, sondern reduzieren „nur" den Druck auf die betroffene Stelle.

11.3.3 Schrunden

Schrunden bzw. Rhagaden sind Risse in der verdickten Hornhaut aufgrund extrem trockener Haut. Bakterien können hier eindringen und dann zu schmerzhaften Entzündungen der Haut führen. Reizungen der Haut (falsches Schuhwerk), Pilze, Übergewicht oder Stoffwechselerkrankungen (verminderte Versorgung) können dazu führen, dass die Hyperkeratosen, z. B. an den Versen, aufreißen.

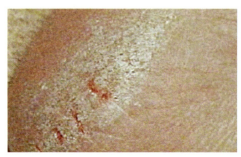

Eingerissene Hornhaut an der Ferse

Gegenmaßnahmen und Produkte

Die regelmäßige Anwendung von Feuchtigkeitscremes oder Schrundensalbe mit **Urea (Harnstoff)** hält die Haut geschmeidig, da der Harnstoff sehr gut Wasser binden kann. **Schrundensalbe** enthält neben Harnstoff (Urea), Panthenol, Allantoin sowie verschiedene weitere feuchtigkeitsspendende Substanzen.
Die Zellregeneration wird unterstützt, sodass die harte, trockene Haut wieder geschmeidig und geheilt wird. Empfehlenswert ist auch Hirschtalg.

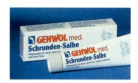

> **Hirschtalg**
>
> Hirschtalg besteht aus dem geschmolzenen Talg (Fett) von Hirschen. Er ist ein graues, zähes Fett, welches auf der Haut gut haftet, nicht einzieht und deshalb lange auf der Hautoberfläche verbleibt. Hirschtalg kann den Druck und die Reibung vermindern und gleichzeitig die Haut geschmeidig halten.

11.3.4 Blasen

Blasen entstehen durch länger anhaltenden Druck oder Reibung. Dabei löst sich die oberste Hautschicht von der darunterliegenden. Der dadurch entstandene Hohlraum füllt sich mit Flüssigkeit (Lymphe oder Blut), und die betroffene Stelle schmerzt. Je nach Größe und Art der Blase sollte sie entweder geschlossen bleiben und langsam austrocknen oder aber steril geöffnet werden, damit die Flüssigkeit austreten kann.

Gegenmaßnahmen und Produkte

Zur Behandlung von Blasen gibt es verschiedene **Blasenpflaster**. Einige werden um die Blase gelegt und nehmen so den Druck von der Blase. Andere Pflaster enthalten ein Gel sowie entzündungshemmende und schmerzstillende Substanzen. Das Gel verringert den Druck, und der Schmerz wird gelindert.

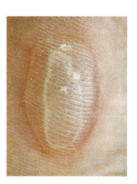

Noch geschlossene Blase auf der Fußsohle.

11.3.5 Fußpilz

Fußpilz ist eine der häufigsten **Mykosen** (Pilzerkrankungen) des Körpers. Fußpilz erhält man durch Übertragung bzw. Ansteckung z. B. in Schwimmbädern.
Die Füße stecken täglich in geschlossenem Schuhwerk. Dieses warme und feuchte Klima begünstigt die Vermehrung der Pilze, die sich von der Hornsubstanz bzw. den Eiweißen der menschlichen Haut ernähren. Besonders die Zehenzwischenräume sind betroffen. Die befallene Haut juckt, ist rötlich oder weißlich geschwollen, aufgeweicht und weist kleine schmerzhafte Risse auf.

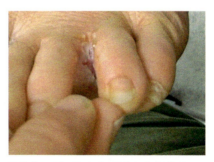

Fußpilz tritt häufig in den Zehenschwischenräumen auf.

Gegenmaßnahmen und Produkte

Um sich vor Fußpilz zu schützen, sollte man an pilzbelasteten Orten nicht barfuß laufen. Außerdem ist darauf zuachten, dass die Füße gut gereinigt und getrocknet werden. Besonders zwischen den Zehen muss gut abgetrocknet werden.
Produkte mit Triclosan oder Ethylhexylglycerin vermindern das Wachstum der Pilze. Fußpilzcreme oder Fußpilzspray enthalten Inhaltsstoffe, die den Geruch vermindern, antibakteriell wirken und den Schweiß absorbieren.

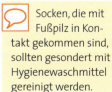 Socken, die mit Fußpilz in Kontakt gekommen sind, sollten gesondert mit Hygienewaschmittel gereinigt werden.

11.3.6 Kalte Füße

Kalte Füße sind häufig die Folge von mangelnder Durchblutung bzw. einer Kreislaufstörung. Die Extremitäten werden im Fall einer Kreislaufstörung am wenigsten durchblutet, da das Blut im Bereich des Rumpfes, zur Aufrechterhaltung der Lebensfunktionen, wichtiger ist. Da so nur wenig warmes Blut in die Füße strömt, entstehen kalte Füße.

Gegenmaßnahmen und Produkte

Wechselduschen und **Fußbäder** unterstützen die Durchblutung der Füße. Den Fußbädern können ätherische Öle (z. B. aus Kampfer, Rosmarinblättern, Thymiankraut, Lavendelblüten, Arnikablüten) hinzugefügt werden, die die Durchblutung zusätzlich unterstützen.
Insgesamt sollte der Kreislauf angeregt werden, z. B. durch Sport, Massage usw. Dicke Socken erhalten nach einem Fußbad die Wärme.

11.3.7 Müde, geschwollene Füße

Bedingt durch oft zu hohes, zu enges Schuhwerk, langes Stehen und wenig Bewegung, können die Füße anschwellen und zu schmerzen beginnen. Das Blut sackt in die Füße und wird nur ungenügend in den Kreislauf zurücktransportiert. Der Druck der Schuhe und die Schwellung führen zu den wahrgenommenen müden und schmerzenden Füßen. Eine Folgeerkrankung kann die Bildung von Krampfadern sein.

> **Krampfadern**
>
> Krampfadern: sind knotige Erweiterungen der oberflächlichen Venen. Sie entstehen durch langes Stehen oder Sitzen. Daher sind Berufsgruppen wie Einzelhändler oder Büroberufe häufig betroffen.
>
> **Kompression, komprimieren**
> zusammendrücken, verdichten

Gegenmaßnahmen und Produkte

Um gegen diese Symptome vorzugehen, eignen sich außer **durchblutungsfördernden Fußbädern** oder **Entspannungsbädern** auch **Gelpolster**, die als Einlagen die strapazierten Füße und auch die Wirbelsäule entlasten sollen. Die Gelpolster gibt es in verschiedenen Ausführungen für nahezu alle Bereiche des Fußes und alle Arten von Schuhen.
Auch **Fußmassagen** können zur Linderung beitragen. **Stützstrümpfe komprimieren** das Gewebe der Beine und Füße und verbessern dadurch die Durchblutung. Es kommt weniger zu Blutstauungen in den Beinen und Füßen, wodurch sie weniger schnell müde werden und anschwellen. Auch das Hochlegen der Füße kann die Symptome deutlich verbessern.

11.3.8 Starker Fußschweiß

Da die Füße viele Schweißdrüsen besitzen und zudem oft in geschlossenem Schuhwerk stecken, produzieren die Drüsen viel Schweiß, um die Temperatur zu regulieren. Der Schweiß wird von Bakterien auf der Haut zersetzt, was zu starkem Fußgeruch führen kann.

> Bei Fußgeruch sollten Strümpfe bzw. Socken einen möglichst hohen Baumwollanteil (luftdurchlässig, Schweiß aufnehmend) und einen möglichst geringen Synthetikanteil haben.

Gegenmaßnahmen und Produkte

Um dem Geruch vorzubeugen, gibt es mehrere Möglichkeiten. Zunächst sollte auf atmungsaktives Schuhwerk und ebensolche Socken geachtet werden. Dadurch wird das Fußklima verbessert, und die Füße bilden weniger Schweiß.
Fußdeodorant wirkt desodorierend und antibakteriell sowie je nach Zusammensetzung (Eichenrinde, Teebaumöl) fungizid (pilztötend).
Das **Schuhspray** wird in den Schuh gesprüht und sorgt dort für einen angenehmeren Geruch, es reduziert die Keimzahl. **Einlegesohlen** mit Zink-Pyrithionen wirken antibakteriell und antimykotisch. **Kalte Fußbäder** wirken erfrischend und belebend, kappilarverengend und sie reduzieren bei regelmäßiger Anwendung ebenfalls die Fußschweißbildung (schweißhemmend).

Fußbäder

Kalte Fußbäder: Bei einer Wassertemperatur 15–30° C verengen sich die Blutgefäße, was den Körper zu einer gesteigerten Durchblutung anregt. Obwohl die Füße in kaltem Wasser gebadet werden, stellt sich nach dem Bad ein Wärmegefühl ein.
• Anwendung: bei chronisch kalten, aber auch müden, geschwollenen Füßen
• Dauer: 1–2 Minuten
• Füße (außer Zehenzwischenräume) nicht abtrocknen, Wasser nur abstreifen
• Füße viel und kräftig bewegen
• Nicht bei Blasen- oder Nierenentzündungen sowie Arterienerkrankungen anwenden.

Warme ansteigende Fußbäder: Ein warmes (36–37° C) oder sehr warmes Fußbad (37–40° C) wirkt stark durchblutungsfördernd, anregend und schweißtreibend.
• Anwendung: bei chronisch kalten Füßen oder Durchblutungsstörungen
• Wanne bis zur Wade befüllen und mit einer Temperatur von 35° C beginnen und langsam steigern bis etwa 40°C
• Dauer max. 3–5 Minuten

Wechselfußbad: Beim Wechsel von kalten und warmen Fußbädern wird der Kreislauf angeregt und Erkältungen vorgebeugt. Man benötigt zwei Wannen, eine mit 18–20 °C kaltem Wasser und eine mit 37–40°C warmem Wasser.
• Anwendung: Start mit 5 min Warmbad, dann 10–15 Sekunden Kaltbad
• Vorgang wiederholen
Das Wechselbad sollte nur zwei Mal gewechselt werden und maximal zwei Mal pro Woche angewendet werden. Eine Anwendung abends ist zu bevorzugen, da man nach dem Bad etwas ruhen sollte und es auf den Körper schlaffördernd wirkt.

Heilwirksame Zusätze für Fußbäder

Heilwirksamer Zusatz aus	Anwendung/Wirkung
Eichenrinde	bei Fußpilz, Schrunden, Fußschweiß, wirkt adstingierend
Fichtennadel	bei kalten Füßen, wirkt durchblutungsfördernd
Rosmarinblättern	bei Fußschweiß, wirkt durchblutungsfördernd
Rosskastaniensamen	durchblutungsfördernd, bei Schrunden und Fußschweiß
Teebaumöl	bei Fußpilz und Wunden
Zinnkraut	bei Entzündungen, entzündungshemmend
Kamillenblüten	bei Entzündungen und Schrunden, entzündungshemmend und pflegend

 Der diabetische Fuß

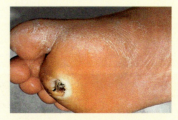

Als Folge eines länger bestehenden Diabetes kommt es zu Veränderungen an den Nerven und Gefäßen der Füße. Da die Sinnesempfindung eingeschränkt ist, werden z.B. zu enge Schuhe, Temperaturunterschiede oder Verletzungen nicht mehr richtig wahrgenommen. Diese Wahrnehmungsstörungen führen z.B. zu übermäßiger Hornhaut oder sehr trockener und rissiger Haut. Unter der Hornhaut kann es oft unbemerkt zu Verletzungen kommen. Die verminderte Durchblutung des Fußes begünstigt die Entstehung von Entzündungen, die zu Geschwüren führen können.
Da der diabetische Fuß sehr empfindlich ist, muss er besonders sorgfältig gepflegt und gründlich, aber schonend gereinigt werden. Cremes mit Urea können der trockenen Haut entgegenwirken. Übermäßige Hornhaut sollte mit einem Bimsstein, während oder nach dem Baden, vorsichtig entfernt werden. Hobel, Raspeln oder Scheren dürfen bei dieser Erkrankung nicht angewendet werden, da die Verletzungsgefahr groß ist.
Wichtig ist eine tägliche gründliche Kontrolle der Füße um unbemerkte Verletzungen zu erkennen. Die Behandlung des diabetischen Fußes gehört in die Behandlung des Arztes und die Versorgung durch eine medizinische Fußpflege.

Produkte zur Fußpflege aus dem drogistischen Sortiment (Beispiele)

Produkte aus dem drogistischen Sortiment	Wirksamkeitsbestimmend sind z. B.	Wirkungsweise
Hornhautfeilen	Sandpapier	mechanisches Abfeilen der Hornhaut
Hornhautraspel	Edelstahlraspel	mechanisches Abraspeln der Hornhaut
Hornhauthobel	Edelstahlhobel	mechanisches Abhobeln der Hornhaut
Bimsstein	Bims	mechanisches Abschleifen der Hornhaut
Anti-Hornhautcreme	Salizylsäure, Essigsäure, Milchsäure, Fruchtsäure, Dihydroxybenzoesäure, Harnstoff (Urea)	weicht die Hornhaut auf und löst so die überflüssigen Hautschüppchen ab (keratolytisch)
Fußpeeling, Peelingcreme	Bimssteingranulat, Fruchtsäuren, äth. Öle	beugt Hautverhärtungen und Hornhaut vor
Hornhautpflaster	→ Anti-Hornhautcreme	weicht die Hornhaut auf und vermindert den Druck auf die betroffene Stelle
Hühneraugenpflaster	Fruchtsäuren, Salizylsäure	weicht das Hühnerauge auf
Hühneraugentinktur	Salizylsäure, Milchsäure	weicht das Hühnerauge auf
Druckpflaster, Ringpflaster		Druckentlastung der betroffenen Stelle
Schrundensalbe	Urea, Panthenol, Allantoin	regt die Neubildung von Zellen an, fördert die Regeneration, bindet Feuchtigkeit
Hirschtalg	Fett aus dem Hirschtalg	schützt die Haut über eine lange Zeit vor Reibung, hält die Haut geschmeidig
Blasenpflaster	Hydrokolloide	Wunde wird feucht gehalten (Prinzip der feuchten Wundheilung), Schorfbildung wird verhindert, Schmerzen werden gelindert, Heilungsprozess wird beschleunigt
Fußcreme, Fußlotionen, Fußschaum	öl- bzw. fettreich, Antitranspirante, Deodorante, Bakterizide, Pflegestoffe	Vorbeugung vor Hornhautbildung, Behandlung von Schrunden, Reduzierung von Bakterien, Schweiß und schlechten Gerüchen
Fußbutter	reich an Fett und Feuchtigkeit	gibt der Haut Fett und Feuchtigkeit zurück
Fußspray/-deo	Fungizide, Deodorante, Antitranspirante, Bakterizide	Verminderung der Bakterien und Pilze, Verbesserung des Geruchs
Fußpuder	Talkum, Zinkoxide, keimhemmende Substanzen	binden Geruch und Schweiß, hemmen das Bakterienwachstum
Fußbad • kalt	Wasser-Alkohol-Gemisch, Bakterizide	erfrischt und belebt
• warm	Wasser, ätherische Öle	beruhigt und wärmt
Einlegesohlen	Pyrithione	antibakteriell

12 Wundheilung

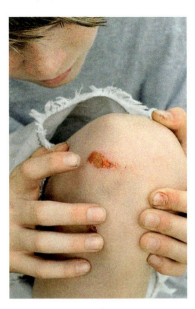

Die Wundheilung ist ein biologischer Regenerationsprozess des Körpers als Reaktion auf eine Wunde. Dabei soll das beschädigte Körpergewebe möglichst vollständig wiederhergestellt werden. Dieser Prozess läuft in unserem Körper ganz automatisch ab, kann aber von außen unterstützt werden.

Die Ursachen für die Entstehung einer Wunde können sein
- mechanisch (z. B. Schnitt- oder Stichwunde, Prellung, Quetschung)
- thermisch (z. B. Verbrennung oder Erfrierung)
- chemisch (z. B. Verätzung) oder
- strahlenbedingt (z. B. UV-Strahlung)

Der Regenerationsprozess

Fügen wir uns eine Wunde zu, z. B. durch einen Schnitt oder Stich in die Haut, so tritt Blut aus den beschädigten Gefäßen aus, man blutet. Damit man bei einer solchen Wunde nicht zu viel Blut verliert, verfügt der Körper über ein komplexes **Blutgerinnungssystem**.

Wenn Blut gerinnt, d. h. vom flüssigen in den festen Zustand übergeht, entsteht ein Thrombus (Blutpfropf). Wie schon in dem Wort Thrombus enthalten, spielen die Thrombozyten bei der Gerinnung eine entscheidende Rolle.

Sofort nach der Verletzung eines Gefäßes, zieht sich die Gefäßmuskulatur zusammen (Gefäßkontraktion) und verschließt so die Wunde zu einem großen Teil. Nun folgt die Aktivierung der Thrombozyten. Diese legen sich wie eine Dichtmasse auf die betroffene Stelle der Gefäßwand. So wird die Wunde noch weiter verschlossen. Durch die Abgabe von gerinnungsfördernden Substanzen (Gerinnungsfaktoren) werden Fibrinfäden gebildet, die sich zu einem Netz verbinden und so die Thrombozyten und andere Blutzellen fixieren. Das Fibrinnetz zieht sich zusammen, das Gefäß ist abgedichtet.

Einige Tage nach der Verletzung wird der Blutpfropf langsam aufgelöst und die ursprüngliche Verletzung heilt aus. Dazu werden neue Zellen gebildet. Je nach Schwere der Verletzung verheilt die Wunde mehr oder weniger schnell.

Größere Wunden können **Narben** hinterlassen, die erst nach mehreren Jahren verblassen oder sogar das gesamte Leben lang sichtbar sind.

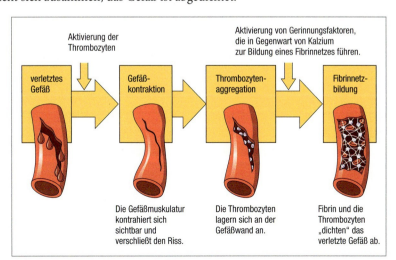

Regenerationsprozess einer Wunde

Maßnahmen bei kleineren und größeren Wunden

Die Wundheilung ist ein natürlicher Prozess des Körpers zur Regeneration von Verletzungen. Dennoch müssen von außen Maßnahmen ergriffen werden, um die Wundheilung zu unterstützen bzw. Komplikationen zu vermeiden.

Bei einer Wunde muss zunächst die Blutung gestillt werden, zudem soll sich die Wunde nicht mit Keimen infizieren, was zu einer Entzündung führen würde. Daher ist eine Desinfektion, sowie eine keimarme bzw. keimfreie (sterile) Abdeckung notwendig.

Bei kleinen Wunden, z. B. Schürfwunden, kleinen Schnitt- oder Stichverletzungen, die nicht stark bluten, sollten zunächst die Wundränder mit einem sauberen Tuch oder einer Mullkompresse gesäubert werden. Weiterhin kann zusätzlich ein alkoholfreies Desinfektionsspray verwendet werden. Danach sollte die Wunde abgedeckt werden, häufig reichen hier saubere Wundpflaster. Diese Wundverbände sollten anfänglich häufiger am Tag gewechselt werden. Die handelsüblichen Wundpflaster sind zwar sauber, aber nicht keimfrei/steril. Großflächige Wunden können besser mit sterilen Verbandpäckchen versorgt werden.

Bei großen Wunden, die stark bluten, ist es wichtig, zunächst den Blutfluss zu stoppen. Dazu legt man am besten einen Druckverband an. Die Wunde wird dabei möglichst steril abgedeckt und danach z. B. mit einer Kompresse und einem Verbandpäckchen ein Druckverband angelegt.

Bei großen, stark blutenden Wunden ist nach der Erstversorgung der Arzt aufzusuchen.

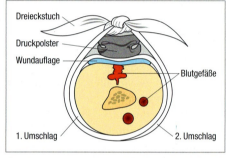

Druckverband

Produkte zur Unterstützung der Wundheilung und Wundversorgung

Produkte aus dem drogistischen Sortiment	Anwendungsbereiche/Wirkstoffe
Wundspray	reinigt die Wunde, spendet Feuchtigkeit, regt die Wundheilung an
Wundpflaster	
• classic	bei kleineren Verletzungen, kann individuell zugeschnitten werden
• elastisch	längs- und querelastisches Pflaster auch für schwierige Hautpartien wie Gelenke
• sensitiv	für empfindliche Haut
• wasserabweisend	wasserabweisend, so dass es bei Kontakt mit Wasser nicht direkt durchweicht und die Wunde besser geschützt ist, auch bei Nässe gute Klebeeigenschaften, atmungsaktiv
• für Kinder	mit kindgerechten Motiven
Pflasterstrips	
• classic	bereits zugeschnittene Pflasterstreifen in verschiedenen Größen und Formen

12 Wundheilung

Produkte aus dem drogistischen Sortiment	Anwendungsbereiche/Wirkstoffe
• elastisch	längs- und querelastisches Pflaster auch für schwierige Hautpartien wie Gelenke
• sensitiv	für empfindliche Haut
• wasserabweisend	wasserabweisend, sodass es bei Kontakt mit Wasser nicht direkt durchweicht und die Wunde besser geschützt ist, auch bei Nässe gute Klebeeigenschaften, atmungsaktiv
• für Kinder	mit kindgerechten Motiven
• antibakteriell	die Wundauflage enthält Silberionen, die das Risiko einer Infektion vermindern
• Fingerpflaster	besonders zur Anwendung bei Verletzungen an den Fingern oder Zehen. Der Klebestreifen ist verlängert und ermöglicht eine bessere Fixierung.
• Wundheilcremepflaster	Pflaster mit Wundheilcreme
Hydrogelpflaster	kühlt und spendet Feuchtigkeit
Sprühpflaster	gut anwendbar bei kleineren Verletzungen und Hautabschürfungen, die Wunde wird durch einen dünnen Film vor Infektionen geschützt.
Heftpflaster	dünnes transparentes Heftpflaster ohne Wundauflage zur Fixierung von Verbänden
elastische Mullbinde	zur Fixierung von Verbänden, luftdurchlässig, nicht steril, gut als Hilfe für die Anfertigung eines Druckverbandes
sterile Kompresse	zur sterilen Abdeckung von kleineren und größeren Verletzungen, Fixierung erfolgt über Heftpflaster oder Mullbinde
Panthenolsalbe	spendet Feuchtigkeit, fördert die Wundheilung
Kamillenextrakt	enthält die Wirkstoffe aus Kamillenblüten (Bisabolol, Chamazulen), wirkt entzündungshemmend, fördert die Wundheilung
Zinksalbe	wirksam bei nässenden und juckenden Wunden, fördert die Wundheilung (granulationsfördernd), wirkt trocknend und adstringierend
Silbersalbe, Pflaster mit Silberauflage	Silberionen zerstören die Zellmembran der Bakterien und deaktivieren ihren Stoffwechsel, hemmen deren Enzyme und stören die Zellteilung der Bakterien.
Kühlgel	zur direkten Kühlung bei Prellungen oder Verbrennungen (z.B. Sonnenbrand), nicht auf offene Wunden geben
Kalt-Warm-Kompresse	Anwendung bei Schmerzen und Schwellungen zur Linderung der Symptome
elastische Bandage	dient nicht der Wundheilung, sondern der Vorbeugung von Verletzungen oder Überlastungen, kann als Fixierung von Verbänden genutzt werden
Beinwellsalbe	beschleunigt die Wundheilung und wirkt entzündungshemmend (wirksamkeitsbestimmende Substanz ist Allantoin)

III Gesundheit – Grundwissen, Produkte

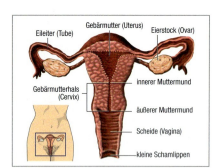

Innere Geschlechtsorgane der Frau

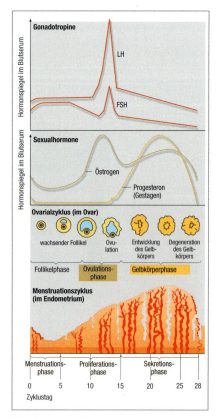

Menstruationszyklus

13 Monatshygiene und Verhütungsmittel

Als Monatshygiene werden die Maßnahmen bezeichnet, die eine Frau während ihrer Menstruationsphase unternimmt. Diese Maßnahmen dienen vorrangig dem Wohlbefinden der Frau, verbunden mit dem Gefühl der Sauberkeit. Verbleiben Reste der Monatsblutung im Genitalbereich, kann dies Entzündungen begünstigen.

 Menstruation und Menstruationszyklus

Die Menstruation ist ein natürlicher Vorgang. Meistens dauert sie zwischen drei und sieben Tagen. Sie ist ein Zeichen dafür, dass im vorangegangenen Zyklus keine Befruchtung stattgefunden hat. Im Durchschnitt werden während dieses Zeitraums 65 ml Menstruationsflüssigkeit ausgeschieden. Neben **Blut** handelt es sich hierbei um **Gewebereste der Gebärmutterschleimhaut**. Insbesondere während der ersten drei Tage ist die Menstruation stärker (sog. starke Tage); rund zwei Drittel der Menstruationsflüssigkeit werden in diesem Zeitraum abgesondert.
An den darauffolgenden Tagen wird die Blutung langsam schwächer (sog. schwache Tage) und endet schließlich ganz. Während der Menstruation erneuert sich die Gebärmutterschleimhaut, wodurch sich die Gebärmutter selbst reinigt.
Der **Menstruationszyklus** dauert durchschnittlich 28 Tage (+/-7 Tage) und wird von mehreren Hormonen gesteuert. Beteilig sind das follikelstimulierende Hormon (**FSH**), das luteinisierende Hormon (**LH**) sowie **Östrogen** und **Progesteron**.
Jeder Zyklus beginnt mit der Monatsblutung. Während der Menstruation beginnt im Eierstock erneut eine Eizelle zu reifen. Diese befindet sich in einer Hülle, dem Follikel. Der Follikel bildet das Geschlechtshormon Östrogen, das immer mehr gebildet wird, je reifer die Eizelle wird.
Das Östrogen wird über das Blut an die Gebärmutter abgegeben und baut dort die abgestoßene Gebärmutterschleimhaut wieder auf (**Östrogenphase**). Diese Östrogenphase endet mit dem Eisprung (Ovulation).
Wird die Eizelle nicht befruchtet, so schließt sich die **Progesteronphase** (Sekretionsphase) an, in der die Gebärmutterschleimhaut abgelöst und ausgeschieden (Menstruationsblutung) wird.

Oft treten während der Menstruation mehr oder weniger starke krampfartige und schmerzhafte Beschwerden auf. Diese können durch Bewegung, Wärme (Wärmflasche auflegen), Magnesium, Schmerzmittel und die Einnahme der „Pille" gemindert werden.

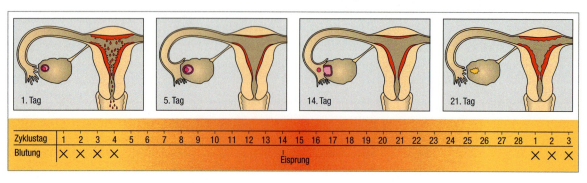

13 Monatshygiene und Verhütungsmittel

13.1 Produkte zur Monatshygiene

Produkte zur Monatshygiene gibt es erst seit dem Ende des 19. Jahrhunderts. Zuvor nutzten die Frauen Tuchstreifen, Moos, Baumrinde und Felle für die Monatshygiene oder wechselten mehrmals täglich die Unterwäsche.
Die ersten Damenbinden bestanden aus einer Gummihose mit einer Einlage aus Wolle oder Watte. Die erste Einwegbinde wurde 1926 von Camelia aus Zellstoff-Watte produziert. Ende der 1930er Jahre wurden in den USA die ersten Tampons verkauft. 1950 wurde der erste „o. B." von der Dr. Carl Hahn KG produziert.

Um die während der Menstruation austretende Flüssigkeit hygienisch und geruchsneutral aufzunehmen, gibt es heute verschiedene Produkte im drogistischen Sortiment: Man unterscheidet u. a. Binden und Tampons.

o. B.

steht für „ohne Binde". Man wollte den Kunden die Peinlichkeit ersparen, das Wort Tampon zu benutzen.

Binden

Binden nehmen die austretende Flüssigkeit außerhalb des Körpers auf, im Vaginalbereich.
Die Binden bestehen aus mehreren Schichten, wobei es immer eine **Oberschicht** (körperzugewandte Seite) und eine **Unterschicht** (körperabgewandte Seite, Wäscheschutzschicht mit Haftstreifen) gibt. Im Innern der Binde befindet sich meist der **Saugkern**, der die Aufnahmefähigkeit maßgeblich bestimmt.
Er besteht aus Zellstoff- bzw. Zellulosefasern oder aus Kunststofffasern und kann zusätzlich hochmolekulare Polyacrylate (Superabsorber) enthalten. Zwischen dem weichen Oberflächenmaterial (Vlies oder Folie) und dem Saugkern liegt meist eine Schicht, die die Flüssigkeit schnell ins Innere weiterleitet und deshalb als **Transferschicht** bezeichnet wird.

Binden
www.always.de
www.ob-online.de

Saugfähigkeit von Binden		Bindenformen
• leicht	♦	• normal
• leicht bis mäßig	♦♦	• normal plus
• mäßig	♦♦♦	• long
• mäßig bis stark	♦♦♦♦	• long plus
• stark bis sehr stark	♦♦♦♦♦	• night

Tampons

Tampons nehmen die Feuchtigkeit im Innern des Körpers auf. Sie bestehen aus einem saugfähigen Material, meist aus einer besonders gereinigten **Zellwollwatte**. In speziellen Formgebungsverfahren wird die Watte verdichtet, geformt und mit einem Rückholfaden versehen. Um die Tampons besser in die Scheide einführen zu können, sind sie an der Oberfläche mit einer Filmschicht versehen. Außerdem sind Tampons mit einer Einführhilfe (Applikator) im Angebot.

Der Tampon wirkt wie ein Schwamm und kann nur so lange Flüssigkeit aufnehmen, bis er voll gesogen ist. An den sog. starken Tagen sollte er deshalb etwa alle 3–4 Stunden gewechselt werden.

Je nach Saugfähigkeit unterscheidet man Tampons in:
- mini (für Mädchen bzw. bei leichter Blutung)   ♦♦
- normal (bei normaler Blutung)   ♦♦♦
- super (bei stärkerer Blutung, aber auch für die Nacht)   ♦♦♦♦
- superplus (bei sehr starker Blutung oder nach der Geburt)   ♦♦♦♦♦

 Toxisches Schocksyndrom (TSS)
www.camelia.com/faqs/toxicshocksyndrome/

Weitere Produkte zur Intimhygiene

Slipeinlagen

Slipeinlagen sind dünne Binden, die zusätzlich zu einem Tampon oder bei abklingender Menstruation in den Slip eingelegt werden können, um die Sicherheit zu erhöhen. Slipeinlagen werden von vielen Frauen aber auch außerhalb der Menstruation getragen, da sie sich so sauberer und sicher fühlen. Slipeinlagen gibt es in unterschiedlichen Formen für die unterschiedlichen Arten der Unterwäsche.

> 💬 Unterwäsche aus Kunstfasern können nicht gekocht werden, daher können Slipeinlagen benutzt werden, um die Textilien zu schützen.

Intimwaschlotion

Intimwaschlotionen sind nur zur Reinigung des äußeren Genitalbereiches geeignet. Sie sind **pH-neutral**, **seifenfrei** und enthalten keimhemmende Inhaltsstoffe.

Intimpflegetücher

Intimpflegetücher sind ebenso wie die Intimwaschlotion für den äußeren Intimbereich geeignet. Die Tücher können gut für unterwegs genutzt werden. Sie enthalten keinen Alkohol und sollten die leicht saure Scheidenflora nicht beeinträchtigen.

13.2 Ovulations- und Schwangerschaftstests

Ovulationstest

Ein Ovulationstest zeigt den Eisprung einer Frau an. Dazu misst er die Konzentration des Hormons LH, welche unmittelbar vor dem Eisprung stark ansteigt. Ist die Menge an LH hoch genug, so reagiert der Test auf das Hormon. Dies bedeutet, dass der Eisprung sehr sicher in den nächsten 24–36 Stunden erfolgt.

Der **Ovulationstest ist kein Verhütungsmittel**, sondern eine Möglichkeit, eine gewollte Schwangerschaft einzuleiten. Das Hormon wird im Urin nachgewiesen.

Schwangerschaftstest

Schwangerschaftstest weisen das Hormon HCG (schwangerschaftserhaltendes Hormon) im Urin nach. Dieses wird in der Plazenta oder dem Fetus gebildet und kann daher bei einer Schwangerschaft nachgewiesen werden.

Der selbst durchgeführte Schwangerschaftstest besteht aus einem Teststreifen, der ebenso wie ein Ovulationstest kurz in den Morgenurin getaucht wird. Im Morgenurin befindet sich bei einer Schwangerschaft besonders viel HCG. Nach einigen Minuten kann das Ergebnis direkt abgelesen werden, da sich der Teststreifen entsprechend verfärbt.

> 💬 Ein Schwangerschaftstest aus der Drogerie kann allerdings nur ein erster Hinweis auf eine Schwangerschaft sein und ersetzt keinesfalls weitere und genauere ärztliche Blutuntersuchungen. In den ersten 5 Wochen nach der Befruchtung ist der HCG-Wert oft noch so niedrig, dass er mit den Tests aus der Drogerie nicht sicher nachweisbar ist.

Schwangerschaftstest

13.3 Verhütungsmittel und Gleitgele

Es gibt zahlreiche Verhütungsmittel, die eine Empfängnis verhüten sollen. Das drogistische Sortiment bietet vor allem Kondome in den unterschiedlichsten Ausstattungen an.

Kondome

Kondome bestehen aus Naturkautschuk-Latex, Polyethylen (PE), Polyurethan (PUR) oder Polyisopren (anwendbar bei einer Latexallergie) und werden vor dem Geschlechtsverkehr vorsichtig über das erigierte männliche Glied gestreift. So werden die Samen aufgefangen und können die Eizelle in der Gebärmutter nicht befruchten.

> Achtung: bei der Öffnung und beim Anziehen von Kondomen auf die Fingernägel achten, um Beschädigungen zu vermeiden.

Nur das Kondom schützt vor der Übertragung verschiedener Geschlechtskrankheiten, wie HIV, Tripper, Chlamydien, Herpes genitalis, Syphilis, Hepatitis oder Feigwarzen.

Es gibt verschiedene Formen von Kondomen, z. B. verschiedene Größen, genoppte, gerippte, mit und ohne Reservoir, mit und ohne Geschmack, besonders gefühlsechte, besonders dickwandige (erhöhte Sicherheit) und besonders reißfeste.
Meist sind die Kondome mit einem Gleitmittel überzogen. Gleitmittel sind auch in Form von Gelen separat erhältlich. Die Benutzung der Kondome und Gleitgele sollte nach Packungsbeilage und Anleitung erfolgen.

Gleitgel

Gleitgele werden auf den Penis oder die Vagina aufgetragen. Sie vermindern beim Geschlechtsverkehr die Reibung und verhindern somit Schmerzen bei trockener Schleimhaut.
Es sollte darauf geachtet werden, dass das Gleitgel Latexkondome nicht angreift und schädigt. Hier sollte der Beipackzettel gelesen werden, falls Latexkondome zusammen mit Gleitgel verwendet werden. Gleitgele sind häufig Wasser-Slikon-Verbindungen.

> Keine ölhaltigen Gleitgele bei Latexkondomen verwenden.

 Aufgaben zur Selbstüberprüfung des Lerninhalts:

1. Unterscheiden Sie Tierzellen, Pflanzenzellen, Bakterien und Viren.
2. Was ist Osteoporose und warum sind hierbei Calcium und Vitamin D wichtig? Erläutern Sie genau.
3. Wie funktioniert ein ABC-Plaste (Anwendung, Wirkstoffe, Wirkung)?
4. Was ist eine Arthritis?
5. Was muss man bei Arnikatinktur beachten?
6. Erstellen Sie eine Kollage zu Produkten ihres Sortiments im Bereich Muskeln und Knochen.
7. Beraten Sie eine Kundin sachkundig, die unter Wadenkrämpfen leidet.
8. Wie wird ein Entspannungsbad korrekt angewendet? Erläutern Sie.
9. Was ist Muskelkater und wie gehen sie gegen die Beschwerden vor?
10. Beraten Sie einen Kunden der über Hartspann im Lendenwirbelbereich klagt.
11. Wie wirken Lach-Öl-Omega-3-Fettsäuren auf das Herz-Kreislauf-System?
12. Wann empfehlen Sie Knoblauch-Mistel-Weißdornkapseln?
13. Erstellen Sie ein Flipchart, auf dem sie alle genannten Herzkreislauferkrankungen mit den dazu passenden Produkten und deren Wirkung angeben.
14. Welche Funktion hat das Blut? Erläutern Sie.
15. Wie entsteht Arteriosklerose und welche Produkte können vorbeugend hilfreich sein?
16. Erläutern Sie den Begriff „Eisenmangelanämie".

Aufgaben zur Selbstüberprüfung des Lerninhalts:

17. Muss man bei der Einnahme von Johanniskrautkapseln etwas beachten?
18. Unterscheiden Sie die Wirkungsweise von Baldrian, Johannsikraut, Hopfen und Melisse. Geben Sie die Lat. Namen und deren Hauptwirkstoffe an.
19. Wie wirken Diuretika?
20. Schildern Sie den Verlauf einer „klassischen Erkältung".
21. Wie wird eine Nasendusche angewendet?
22. Was bewirkt Merrsalz Nasenspray. Erläutern Sie die Zusammenhänge.
23. Erstellen Sie eine Tabelle, in der sie zu jedem Erkältungssymptom die passenden Produkte aus ihrem Sortiment angeben. Notieren sie jeweils die Hauptwirkstoffe und erläutern Sie die Anwendung der Produkte.
24. Führen Sie ein Dampfbad nach der Handtuchmethode durch und schildern Sie ihre Eindrücke.
25. Was ist Heilerde und wir wirkt sie?
26. Beraten Sie fachkundig bei Sodbrennen. Was ist Natriumhydrogencarbonat?
27. Erstellen Sie Beratungssituationen (Partnerarbeit) zu den im Kapitel genannten Verdauungsbeschwerden (Kundengespräch). gehen Sie dabei auf die Beschwerden sowie auf die Produkte, deren Wirkung und Anwendung ein.
28. Was ist ein: a. Amarum, Antacidum, Spasmolytikum, Carminativum, Antidiarrhoikum? Definieren Sie.
29. Wie wirken getrocknete Heidelbeerfrüchte? Was ist Aktivkohle?
30. Skizzieren und Beschriften Sie einen Zahn.
31. Ist es bedenklich wenn Kinder Zahncreme verschlucken? Erläutern Sie.
32. Welche Zahnseide ist die Beste? Gewachst oder ungewachst. Diskutieren Sie.
33. Nennen Sie vor und Nachteile einer elektirschen Zahnbürste.
34. Nennen Sie die typischen Inhaltsstoffe einer Zahncreme und geben Sie die Wirkung der Inhaltsstoffe an.
35. „Meine Zähne reagieren bei kalten Speisen empfindlich. Was kann ich dagegen tun?"
36. Wie entsteht Karies? Erläutern Sie anhand einer Skizze.
37. Ich bin gegen Fluoride allergisch. Empfehlen Sie ein passendes alternativ Produkt aus dem Sortiment.
38. Erstellen Sie selbst weitere typische Kundenfragen zum Thema Zahn.
39. Unterscheiden Sie Gingivitis und Parodontitis.
40. Erläutern sie die Begriffe: Bleeching, Abrasiv, Tensid.
41. Nennen und Erläutern Sie 4 Verfahren zur bekämpfung von übermäßiger Hornhaut.
42. Erläutern sie die Begriffe: Zink-Pyrithion, Urea, Salizylsäure, Schrunden.
43. Was ist ein Hühnerauge und was können Sie einem Kunden anbieten.
44. Was müssen Diabetiker bei der Fußpflege beachten. Erläuten Sie.
45. Erstellen Sie ein Flipchart mit den häufigsten Fußbeschwerden und geben Sie die dazu passenden Produkte an.
46. Wie kann man sich gegen Fußpilz schützen? Nennen Sie mind. 4 Maßnahmen.
47. Beraten Sie einen Kunden mit starker Fußschweißbildung.
48. Führen Sie ein kaltens und ein Warmes Fußbad durch. Beschreiben Sie die Wirkungen auf ihre Füße.
49. Unterscheiden Sie die verschiedenen Arten von Tampons.
50. Erläutern Sie die Anwendung eines Schwangerschaftstests. Erläutern Sie die hormonellen Zusammenhänge.

IV Kosmetische Produkte für Haut, Haare, Nägel

Unter Kosmetik versteht man im heutigen Sprachgebrauch die Pflege und Verschönerung des menschlichen Gesichts und des Körpers. Der Begriff stammt von dem altgriechischen Wort kosmein (anordnen, schmücken) und ist mit dem Wort Kosmos (Ordnung) verwandt.

Man kann davon ausgehen, dass die Menschen sich schon seit frühester Zeit auf die eine oder andere Art pflegten und schmückten – teils aus religiösen Gründen, teils um anziehend auf das andere Geschlecht zu wirken. Die Büste der altägyptischen Königin Nofretete ist ungefähr 3300 Jahre alt. Sie zeigt, dass damals schon Schminktechniken angewendet wurden, die dem Make-up der Gegenwart erstaunlich ähnlich sind.

Büste der ägyptischen Königin Nofretete mit geschminkten Augen und Lippen

 Zur Geschichte der Kosmetik

Die Geschichte der Körperpflege und Kosmetik enthält viele interessante Tatsachen und Anekdoten. Die Bäder der ägyptischen Königin Kleopatra in Eselsmilch sind ebenso legendär wie die völlige Ablehnung der Körperhygiene in der höfischen Gesellschaft des 17. und 18. Jahrhunderts. Flohfallen aus Porzellan, Schönheitspflästerchen aus Seide und kunstvolle Parfümflakons machen deutlich, wie die Menschen Ungeziefer, Hautunreinheiten und Körpergeruch zu vertuschen verstanden.

Übertriebene Eitelkeit konnte auch schon in früheren Zeiten gesundheitsschädlich sein. Dies sieht man am Beispiel der Königin Elisabeth I. von England, die im 16. Jahrhundert lebte. Schönheitsideal ihrer Zeit war ein schneeweißes Gesicht. Um dieses zu erreichen, benutzte sie Schminke, die stark deckendes, aber giftiges Bleiweiß enthielt. Die Schminke verätzte ihre Gesichtshaut, und sie verwendete immer mehr davon, um die Zerstörungen zu verbergen.

Elisabeth I. von England mit gebleichtem Gesicht

Flohfalle aus dem 18. Jh. Im Inneren des kleinen Gefäßes befand sich ein Köder für Flöhe. Vor dem Ankleiden strich man sich mit dem Gefäß über den Körper.

Während in der Vergangenheit Kosmetik ein Privileg der Reichen war, sind heute infolge der industriellen Produktion Schönheitspflegeprodukte für alle Gesellschaftsschichten bezahlbar geworden. Hierdurch hat Schönheit für die Menschen unserer Gesellschaft einen anderen Stellenwert bekommen. Ein gutes und gepflegtes Erscheinungsbild gehört heute zum aktiven Leben in der Gesellschaft. Die Kosmetikindustrie verzeichnet aus diesem Grund auch in Krisenzeiten stabile bis steigende Umsätze.

In jedem Jahr gelangt eine Vielzahl von neuen Produkten in den Handel, zum Teil mit neu entwickelten Wirkstoffen. In den Kosmetikabteilungen des Einzelhandels wird das Angebot zunehmend unübersichtlich. Um eine kompetente Beratung anbieten zu können, muss sich das Verkaufspersonal ständig über neue Produkte und Trends auf dem Laufenden halten. Das ist aber nicht nur eine berufliche Pflicht – es macht auch Spaß!

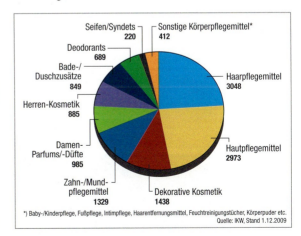

Körperpflegemittelmarkt 2009 (12.829 Mio. Euro zu Endverbraucherpreisen)

1 Haut und Hautanhangsgebilde

Die Haut
Die Pflege und Verschönerung der Haut (**Cutis**) und ihrer Anhangebilde Haar und Nägel stehen im Mittelpunkt der Kosmetik. Beim Umgang mit ihrer Haut vergessen viele Menschen, dass diese keine leblose Schutzhülle ist, sondern ein lebendes Organ. Die Haut ist mit ca. 2 m² das größte Organ unseres Körpers und erfüllt eine Vielzahl von Aufgaben. Sie ist zwar – auch an den stärksten Stellen, den Handballen und Fußsohlen – nur wenige Millimeter dick, doch sie stellt eine lebenswichtige Schnittstelle zwischen dem menschlichen Organismus und der Außenwelt dar.

Die Haut bestimmt aber auch entscheidend über das äußere Erscheinungsbild eines Menschen. Eine makellose Haut signalisiert Jugend und Gesundheit und ist ein zeitloses Schönheitsideal. Daher betreiben vor allem Frauen schon seit vielen Jahrhunderten einen großen Aufwand, um diesem Ideal nahe zu kommen. In den letzten Jahrzehnten haben aber auch immer mehr Männer die Bedeutung der Hautpflege für sich entdeckt.

Cutis
lat. Haut; bestehend aus Oberhaut (Epidermis), Lederhaut (Corium, Dermis) und Unterhaut (Subcutis)

Das Aussehen unserer Haut wird nicht nur durch kosmetische Mittel geprägt, sondern hängt auch von der Lebensweise und dem Lebensalter ab. Bestimmte Faktoren können wichtige Funktionen der Haut einschränken oder sie sogar schädigen.

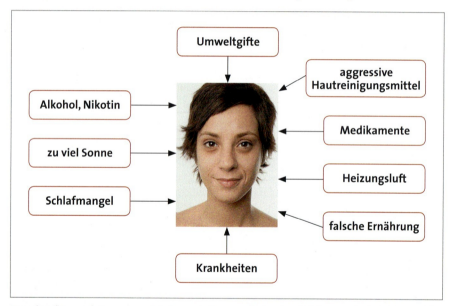

Umwelteinflüsse und eine ungesunde Lebensweise lassen auch eine eigentlich junge und schöne Haut auf die Dauer krank und müde aussehen.

Stark vergrößerte Ansicht der Haut

Die professionelle Beratung zur Hautpflege erfordert einen guten Kenntnisstand über Aufbau, Funktionen und Zustände der Haut.
Die Drogeriekunden haben meist nur vage Vorstellungen vom Pflegebedarf ihrer Haut. Sie erwarten Aufklärung über die Inhaltsstoffe, deren Wirkung und Anwendung. Professionelle Produktempfehlungen schaffen Vertrauen zum Fachgeschäft und dienen der Kundenbindung.

1 Haut und Hautanhangsgebilde

1.1 Funktionen der Haut

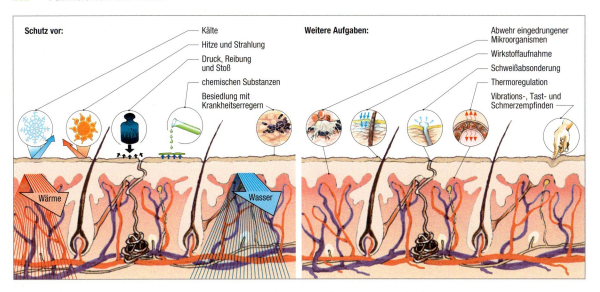

Schutz vor Hitze und Kälte: Das Unterhautfettgewebe isoliert den Körper und schützt ihn dadurch vor Temperatureinflüssen. Extreme Wärme wird durch die Schweißdrüsen ausgeglichen. Schweiß kühlt den Körper ab, indem er auf der Haut verdunstet.

Schutz vor Stoß, Druck und Reibung: Die festen Hornzellen der oberen Hautschicht und das weiche Fettgewebe der Unterhaut federn Stöße und Druck ab und mildern Reibung. Hierdurch werden tiefer liegende Gewebeschichten, das Skelett und die inneren Organe geschützt. Bei dauernder Reibung, z. B. durch falsches Schuhwerk, verdickt sich die äußere Hornschicht und bildet als Schutzschicht die sogenannte „Hornhaut".

Schutz vor UV-Strahlen: In der Oberhaut befinden sich die **Melanozyten**, die den dunklen Hautfarbstoff **Melanin** produzieren. Das Melanin bestimmt die Hautfarbe und schützt die Haut vor Schäden durch Sonnenbestrahlung. Darüber hinaus verdickt sich die Oberhaut bei dauernder UV-Bestrahlung und bildet die sogenannte **Lichtschwiele**. Diese stellt einen zusätzlichen körpereigenen Sonnenschutz dar.

Sonnenschutz
→ Kapitel IV / 4

Schutz vor Krankheitserregern: In der Haut befinden sich Drüsen, die ständig Schweiß und Talg ausscheiden. Beides vermischt sich auf der Haut und bildet einen feuchten Film, den **Hydrolipidfilm**, der die Haut geschmeidig hält. Da dieser leicht sauer ist (pH-Wert ca. 5,5), verhindert er die Vermehrung und Ausbreitung säureempfindlicher Bakterien und Krankheitserreger. Er wird daher auch „Säureschutzmantel" der Haut genannt.

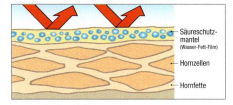

Schädigende Einflüsse, z. B. Wasser, Schmutz oder Gefahrstoffe, werden durch einen intakten Säureschutzmantel abgewehrt.

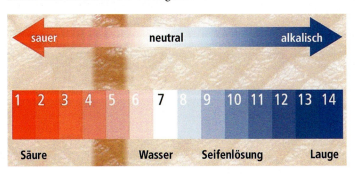

pH-Wertskala der Haut

Schutz vor Chemikalien: Im Schweiß sind Aminosäuren gelöst, die schwache Säuren oder Laugen neutralisieren können. Außerdem dient die Hornschicht der Oberhaut als „Puffer" gegen Chemikalien, die dem Körper schaden könnten.

Nervensystem
→ Kapitel III / 5

Funktion als Speicherorgan: Im Gewebe der Unterhaut können große Mengen an Fett gespeichert werden. Diese – zumeist ungeliebten – „Reservedepots" befinden sich bei Frauen häufig im Bereich des Pos und der Oberschenkel, bei Männern eher am Bauch. Sie sollen eigentlich in nahrungsarmen Zeiten der Energiegewinnung dienen und abgebaut werden.

Die kurzfristige Unterbrechung der Hautatmung allein kann nicht lebensgefährlich werden. Die berühmte Szene aus dem Film „James Bond – Goldfinger" ist daher – zum Glück – reine Fantasie der Drehbuchautoren!

Funktion als Sinnesorgan: In der Oberhaut befinden sich verschiedene Zellen, die äußere Reize wahrnehmen. Sie erkennen und unterscheiden Berührungen und Druckreize ebenso wie Veränderungen der Außentemperatur. Die Reize werden über das Nervensystem zum Gehirn weitergeleitet und dort verarbeitet.

Funktion als Resorptionsorgan: Fettlösliche Substanzen können durch die Hornschicht in die tieferen Hautschichten und dadurch in den Blutkreislauf gelangen. Bei bestimmten Arzneimitteln, wie Heilpflanzenöl und Tigerbalsam, nutzt man diesen Effekt. In einem sehr geringen Maß (ca. 1 %) nimmt die Haut auch Sauerstoff auf und gibt Kohlenstoff ab (ca. 4–5 %). Die Haut deswegen als Atmungsorgan zu bezeichnen wäre jedoch übertrieben.

Funktion als Ausscheidungsorgan: Der menschliche Körper scheidet täglich 0,5 bis 2 Liter Schweiß aus. Bei körperlicher Anstrengung kann es auch sehr viel mehr sein. Der **Schweiß** besteht aus Wasser, in dem Eiweiße, Fette und Harnstoff gelöst sind.
In geringem Maße werden aber auch andere Stoffe, die der Körper ausscheiden will, über den Schweiß abgegeben. Daher ist es möglich, Alkohol- und Drogenkonsum über den Schweiß nachzuweisen.

Deodorants
→ Kapitel IV / 8

Funktion als Immunorgan: In der Oberhaut und der Lederhaut befinden sich Zellen, die schädliche Fremdstoffe und Fremdkörper, insbesondere Bakterien, erkennen und vernichten, bevor sie in tiefere Schichten des Körpers oder in den Blutkreislauf gelangen können.

Funktionen der Haut

Schutzfunktionen – passiv
- Schutz vor Stoß, Druck und Reibung
- Schutz vor Kälte und Hitze
- Schutz vor UV-Strahlen
- Schutz vor Krankheitserregern
- Schutz vor Chemikalien

Weitere Funktionen – aktiv
- Speicherorgan
- Sinnesorgan
- Resorptionsorgan
- Ausscheidungsorgan
- Immunorgan
- Produktion des Hydrolipidfilms

1 Haut und Hautanhangsgebilde

1.2 Aufbau der Haut

Die Haut besteht im Wesentlichen aus drei fest miteinander verbundenen Schichten, die unterschiedlich aufgebaut sind und verschiedene Aufgaben erfüllen.

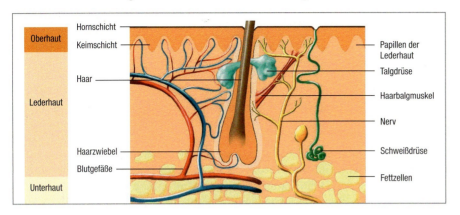

Hautaufbau (schematisch)

Diese Schichten bezeichnet man von außen nach innen als

- **Oberhaut** (*Epidermis*), bestehend aus Epithelgewebe
- **Lederhaut** (*Dermis, Corium*) bestehend aus Bindegewebe
- **Unterhaut** (*Subcutis*), bestehend aus Bindegewebe mit Fettzellen

1.2.1 Die Oberhaut (Epidermis)

Die Oberhaut schließt die Haut nach außen hin ab und spielt eine wichtige Rolle bei allen Schutzfunktionen der Haut. Sie besteht zum größten Teil aus **Keratin** (Hornstoff). Gebildet wird das Keratin durch die Keratinozyten, die damit die wichtigsten Zellen der Oberhaut sind.
Darüber hinaus befinden sich in der Oberhaut auch die **Melanin** bildenden Zellen **Melanozyten** und Zellen des Immunsystems.
An der Grenze zur Lederhaut enthält die Oberhaut Sinneszellen und Nervenenden, die wichtig für den Tastsinn sind. Die Abgrenzung zur darunterliegenden Lederhaut bildet die **Basalmembran**.
Die Oberhaut besteht von außen nach innen aus fünf Schichten:
- Hornschicht (*Stratum corneum*)
- Leucht- bzw. Glanzschicht (*Stratum lucidum*) ⎤
- Körnerzellenschicht (*Stratum granulosum*) ⎬ Hornbildungsschicht
- Stachelzellenschicht (*Stratum spinosum*) ⎦
- Basalzellenschicht (*Stratum basale*), auch Keimschicht genannt

Keratin
Hornstoff; schwefelhaltige Eiweißkörper, die die Widerstandsfähigkeit der Hornschicht, der Haare und der Nägel bewirken

Melanin
gr. melas schwarz; brauner bis schwarzer Farbstoff (Pigment)

Die Hornbildung in der Oberhaut - Keratinisierung

Der Hornbildungsprozess beginnt in der untersten Schicht der Oberhaut, der **Basalzellenschicht**. Hier befinden sich die **Keratinozyten**, die für die Bildung der Hornschicht verantwortlich sind. Diese lebenden und teilungsaktiven Zellen werden durch kleine Blutgefäße in der Lederhaut mit Wasser und Nährstoffen versorgt.
Da sie sich ständig teilen und wachsen, werden die neuen Hautzellen immer weiter nach außen, in die darüber liegende **Stachelzellenschicht**, abgedrängt. Hier ist die Versorgung mit Nährstoffen schlechter, die Zellen beginnen abzusterben und werden langsam flacher. In der **Körnerzellenschicht** verlieren sie ihre Zellkerne und das Zellplasma füllt sich mit Keratinfasern. Die Zellmembran wird abgebaut und durch eine Hornhülle ersetzt.

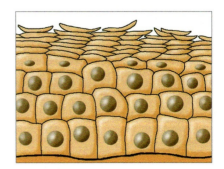

Schnitt durch die Oberhaut – stark vereinfachte Darstellung; die lebenden Keratinozyten sind durch einen Zellkern angedeutet

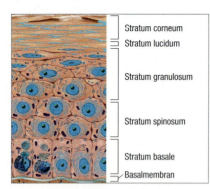

Schichten der Oberhaut

In den beiden äußeren Hautschichten, **Leuchtschicht** und **Hornschicht**, haben sich die lebenden Zellen in totes, aber sehr stabiles Material umgewandelt, in die Hornzellen oder auch **Korneozyten**.

 Leuchtschicht

Die Leuchtschicht trägt ihren Namen, weil sie Licht reflektiert und dadurch glänzt. Sie ist besonders stark ausgeprägt an den Fußsohlen und den Handinnenflächen. Man erkennt sie, wenn man den Handrücken der einen und die Innenfläche der anderen Hand ins Licht hält – die Innenfläche glänzt, der Handrücken bleibt matt.

Prinzip des Aufbaus der Hornschicht

Die **Hornschicht** besteht aus 15 bis 20 Lagen ziegelsteinartig versetzter, dicht aufeinandergepackter, flacher Hornzellen. Sie sind im unteren Bereich über Eiweißbrücken (**Desmosomen**) zunächst fest mit den Nachbarzellen verbunden. Die engen Zwischenräume sind mit Hornfett angefüllt, das von den absterbenden Zellen produziert wird.

Wichtige Baustoffe des Hornfettes sind **Ceramide**. Durch das Hornfett wird die Hornschicht wasserabweisend und abweisend gegen Fremdstoffe. Nur fettlösliche Substanzen können durch die Zellzwischenräume in tiefere Hautschichten gelangen.

Desmosomen
Eiweißbrücken, welche die Hornzellen in der Oberhaut wie „Haftplatten" miteinander verbinden.

 Ceramide – Baustoffe des Hornfetts

Ceramide sind Hautlipide, d. h. organische Substanzen, die nicht in Wasser, jedoch gut in Fetten löslich sind. Sie verstärken das Feuchtigkeitsbindevermögen, stärken die Zellstruktur und unterstützen die Schutzfunktionen der Haut. Häufig sind sie Bestandteil von Hautpflegemitteln.

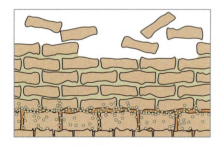

Backsteinmodell der Hornschichtbarriere

Die äußerste Zellschicht der Hornschicht ist jedoch nicht mehr fest mit der darunterliegenden verbunden. Sie wird abgestreift und „schuppt ab", um Platz für die sich ständig erneuernden darunterliegenden Schichten zu schaffen. Ein Mensch verliert täglich ca. 10 g Hornschüppchen.

Der Vorgang von der Bildung einer Keratinzelle bis zu ihrer Abstreifung dauert etwa 4 bis 5 Wochen. Er lässt sich gut bei gebräunter Haut nach dem Sommerurlaub beobachten. Nach einigen Wochen ohne Sonnenbestrahlung hat die Haut wieder ihren gewohnten Farbton, weil die oberste Hautschicht sich erneuert hat.

 Sind Korneozyten Zellen?

Die Endung „zyten" (Zellen) in der Bezeichnung ist aus biologischer Sicht nicht ganz korrekt, da es sich bei den Korneozyten nicht um lebende Zellen, sondern um abgestorbenes Material handelt.

1 Haut und Hautanhangsgebilde

Weitere Elemente der Oberhaut

Die Oberhaut besteht zu 90 % aus Keratinozyten, die in der Hornschicht Korneozyten genannt werden. Sie enthält aber noch weitere Zellarten, die wichtige Aufgaben übernehmen.

www.hautstadt.de/basiswissen/haut
www.hautstadt.de

Die Melanozyten

Melanozyten befinden sich in der Basalzellenschicht der Oberhaut und in den Haarfollikeln. Sie produzieren den Farbstoff Melanin, der die unterschiedlichen Farben, Rot, Gelb, Braun oder Schwarz haben kann. Melanozyten haben lange fingerförmige Zellausläufer, die bis in die höheren Schichten der Oberhaut reichen. Hierüber geben sie das Melanin an die Keratinozyten ab. Ein Melanozyt versorgt etwa 36 Keranozyten mit Farbstoff.

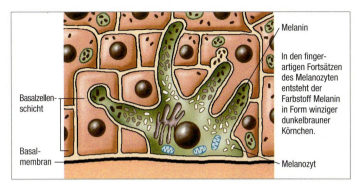

Neben der Festlegung der individuellen Haut- und Haarfarbe haben die Melanozyten eine wichtige Funktion beim körpereigenen **Sonnenschutz**. Die Melanozyten werden durch Bestrahlung mit UV-Licht (Sonnenlicht oder Solarium) zu verstärkter Melaninproduktion angeregt, und die Haut wird braun. Das Melanin absorbiert die Strahlung und schützt so die Zellkerne und die **DNS** der Basalzellenschicht vor Strahlenschäden (→ Kapitel II/Sonnenpflege).

Strahlenschäden
→ Kapitel IV / 4

Die Merkel-Zellen

In der Oberhaut gibt es fast keine Nerven. Jedoch reichen die freien Nervenenden aus der Lederhaut bis in den Grenzbereich zur Oberhaut. Diese stehen in Kontakt zu den **Merkel-Tastkörperchen** in der Oberhaut, die Tastempfindungen aufnehmen. Diese werden über das Nervensystem an das Gehirn weitergeleitet. Weitere Rezeptoren liegen in der Lederhaut.

Die Langerhans-Zellen

Wenn Bakterien in die Haut eindringen, kommen sie zuerst mit den Zellen der Oberhaut in Kontakt. Die Keratinozyten erkennen Bakterien an ihren Zellwänden und reagieren. Sie schütten einen Stoff aus, der das Immunsystem aktiviert. Die Langerhans-Zellen in der Oberhaut leiten zusammen mit anderen Immunzellen aus der Lederhaut und dem Blut die Immunabwehr durch die Lymphozyten ein.

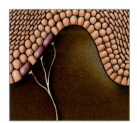

Die Merkel-Zellen sind Tastorgane an der Grenze zwischen Oberhaut und Lederhaut.

Immunabwehr, Blut, Lymphe
→ Kapitel III / 4 und 6

1.2.2 Die Lederhaut (Dermis, Corium)

Die Lederhaut ist durch die **Basalmembran** von der Oberhaut abgetrennt. Diese Grenze verläuft in Form von zapfenartigen Einstülpungen, die **Papillen** genannt werden. In jeder Papille befindet sich ein winziges Blutgefäß (Kapillargefäß), das die Oberhaut mit Nährstoffen versorgt.

In der Lederhaut befinden sich neben Blutgefäßen auch noch Muskeln, Nervenenden mit Rezeptoren, Lymphgefäße, Schweiß- und Talgdrüsen und die Haarfollikel. Die Lederhaut ist zwischen 0,3 und 2,4 mm dick – je nach Körperregion und Beanspruchung.

Papille
zapfenartige Einstülpung der Basalmembran zwischen Oberhaut und Lederhaut

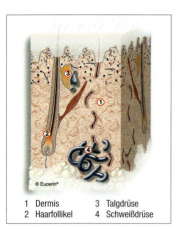

1 Dermis
2 Haarfollikel
3 Talgdrüse
4 Schweißdrüse

Aufbau der Lederhaut
Die Lederhaut besteht von außen nach innen aus zwei Schichten:
- der Papillar- **oder Zapfenschicht** (stratum papillare) und
- der Netzschicht (stratum reticulare).

Beide Schichten bestehen aus einem Netzwerk von leblosen **Bindegewebsfasern**, welche die Festigkeit, aber auch die Elastizität der Haut bewirken.

Das Grundgerüst der Lederhaut wird von den **Fibrioblasten** (Bindegewebe bildenden Zellen) gebildet. Es besteht zum größten Teil aus Kollagenfasern und Elastinfasern.

Die **Kollagen**fasern bilden, gebündelt und miteinander verbunden, ein netzartiges Gewebe. Sie gewährleisten die Festigkeit und Dehnbarkeit der Haut. Die **Elastin**fasern umgeben die Kollagenfasern und sorgen – wie ihr Name schon sagt – für die Dehnbarkeit und Flexibilität der Haut.

Fasernetz der Lederhaut (Quelle: eucerin.de)

Kollagen
gr. Leim produzierend; sehr stabiles, wasserunlösliches Eiweiß, aus dem die Bindegewebsfasern aufgebaut sind. Hauptbestandteil der Lederhaut

Elastin
gr. Gerüsteiweiß der elastischen Fasern in den Bindegeweben

Hyaluronsäure
wichtigster Aufbaustoff der Flüssigkeit zwischen Bindegewebsfasern der Lederhaut. Sie ist in der Lage, ein Vielfaches ihres eigenen Gewichts an Wasser zu binden.

> **Funktion der Fibrioblasten**
>
> Zu den Aufgaben der Fibrioblasten zählt auch die Reparatur von Schäden an der Lederhaut durch Verletzungen. Zumeist gelingt die Wiederherstellung nicht ganz – bei größeren Verletzungen bleibt eine Narbe zurück.

Die Papillarschicht besteht aus lockerem Bindegewebe, das sich zapfenartig in die Oberhaut einstülpt. Hier sind auch die Blutkapillaren und Nervenendorgane (Rezeptoren), aber auch viele Abwehrzellen (Leukozyten, Plasmazellen) enthalten.

Die Netzschicht ist mit festeren Bindegewebsfasern durchzogen als die Papillarschicht. Diese sind enger miteinander verknüpft und geben der Haut Festigkeit.

In den Zwischenräumen des gesamten Bindegewebsnetzes der Lederhaut befindet sich eine gelartige Substanz aus Zuckermolekülen, die ein Vielfaches ihres eigenen Gewichtes an Wasser speichern kann. Ihr Hauptbestandteil ist die **Hyaluronsäure**. Sie sorgt dafür, dass die Haut glatt und jugendlich wirkt. Mit zunehmendem Alter lässt die Wasserbindungsfähigkeit jedoch nach, die Haut erschlafft und bildet Falten.

> **Hyaluronsäure in kosmetischen Produkten**
>
> Hyaluronsäure und Kollagen sind häufig Bestandteile von Anti-Falten-Cremes. Sie werden aber auch in der ästhetischen Medizin für Lippenmodellagen und Faltenunterspritzungen verwendet. Da es sich bei beiden Stoffen um Substanzen handelt, die auch im menschlichen Körper vorkommen, werden sie im Allgemeinen besser vertragen als z. B. Silikon. Das Problem ist jedoch: Sie werden vom Körper nach und nach abgebaut. Eine Faltenunterspritzung mit Hyaluronsäure muss daher nach vier bis sechs Monaten wiederholt werden, wenn das Ergebnis erhalten bleiben soll.

Weitere Zellen in der Lederhaut
Mastzellen und Histiozyten: Dabei handelt es sich um Zellen, die, ebenso wie die Langerhans-Zellen aus der Oberhaut, eine wichtige Rolle bei der Immunabwehr spielen. Mastzellen produzieren Histamin, das bei Entzündungen freigesetzt wird. Die Histiozyten sind bewegliche, „wandernde" Bindegewebszellen. Sie nehmen Fremdstoffe in sich auf und zerstören, „fressen" sie.

1 Haut und Hautanhangsgebilde

Nervenzellen bzw. Nervenendigungen: Diese sind, genau wie die Merkel-Zellen in der Oberhaut, für die Wahrnehmung und Übermittlung von Sinnesreizen wie Druck-, Temperatur- und Schmerzreizen zuständig.

Besonders wichtig für die Funktion der Haut als Sinnesorgan sind die **Meißner-Tastkörperchen** und die Druckreize aufnehmenden **Pacini-Lamellenkörperchen**. Sie kommen besonders häufig an den Handinnenflächen und den Fußsohlen vor.

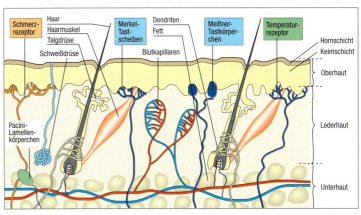

Tastorgane in der Haut (schematische Darstellung)

Muskelzellen: In der Lederhaut befinden sich die **Haaraufrichtungsmuskeln (Haarbalgmuskeln)**, die sich am Haarfollikel jedes einzelnen Haares befinden. Sie gehören zur glatten oder unwillkürlichen Muskulatur. Der Mensch kann sie nicht durch seinen Willen beeinflussen. Sie bewirken, dass sich die Haare bei Kälte oder Angst aufrichten. Wir bekommen eine „Gänsehaut".

Beim Aufrichten des Haares wird Druck auf die Talgdrüsen ausgeübt und dadurch mehr Talg abgesondert. Die auf diese Weise eingefettete Haut ist besser vor Kälte geschützt. Außerdem schafft das Aufrichten der Haare ein Luftpolster, das zusätzlich vor Kälte schützen soll. Dieser Effekt ist aber aufgrund der sehr dünnen Körperbehaarung des Menschen mittlerweile nutzlos geworden.

Haarfollikel
→ Kapitel IV / 1

Muskeln
→ Kapitel III / 3

1.2.3 Die Unterhaut (Unterhaut-Fettgewebe, Subcutis)

Lederhaut und Unterhaut sind nicht klar voneinander abgegrenzt. Die Subcutis enthält wie die Lederhaut Blutgefäße und Nerven. Sie besteht ebenfalls aus einem kollagenen Fasernetz, jedoch sind in dieses Netz **Fettzellen (Lipozyten)** fest einschlossen. Diese sind mit Öl gefüllt und können sich elastisch verformen. Sie sorgen dafür, dass das Fettgewebe sich weich anfühlt und bei Druck nachgibt.

Auf diese Weise ist die Unterhaut in der Lage, ihre wichtigsten Funktionen zu erfüllen:
- sie federt Stöße ab,
- schützt vor Wärmeverlust und
- dient als Energiespeicher.

Das Fettgewebe der Unterhaut ist bei Männern und Frauen unterschiedlich angelegt: Während normalgewichtige Männer nur 12 bis 14 % Fettgewebe haben, beträgt der Anteil bei normalgewichtigen Frauen 24 bis 28 %. Der weibliche Körper ist so besser auf die Belastungen durch Schwangerschaften und Stillzeiten vorbereitet.

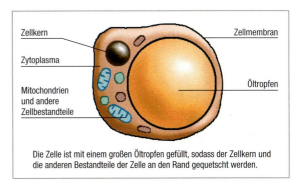

Die Zelle ist mit einem großen Öltropfen gefüllt, sodass der Zellkern und die anderen Bestandteile der Zelle an den Rand gequetscht werden.

Einzelne Zelle des Fettgewebes

Das weibliche Sexualhormon Östrogen bewirkt, dass sich das Fettgewebe besonders im Bereich von Oberschenkeln, Po und Brüsten ansammelt – so entstehen die „weiblichen Rundungen". Die weibliche Unterhaut ist nicht so fest wie die männliche. Sie verfügt über mehr und größere Fettzellen und weniger Kollagenfasern.

Cellulite (Orangenhaut)

Cellulite – Erhebungen und Dellen in der Haut, vorwiegend an Gesäß und Oberschenkeln – ist ein Problem, das fast ausschließlich Frauen trifft. Bei der Cellulite drücken sich große Fettzellen aus dem Fasernetz des Bindegewebes heraus in die Lederhaut und verursachen eine noppige Struktur. Ursache ist der besondere Aufbau der weiblichen Unterhaut. Während die Kollagenfasern im Bindegewebe der Unterhaut bei Männern netzartig verbunden sind, liegen sie bei den Frauen parallel nebeneinander. So soll die Haut auf die extreme Dehnung durch eine Schwangerschaft vorbereitet sein. Außerdem haben Frauen mehr und größere Fettzellen.
Aufgeblähte Fettzellen behindern den Abfluss von Lymphe und Blut. Hierdurch lagert sich Wasser im Gewebe ab und die Haut schwillt noch zusätzlich an. Rauchen verstärkt diesen Effekt, weil Nikotin die Gefäße verengt und der Flüssigkeitsabfluss dadurch noch mehr behindert wird.
Neben genetischen Ursachen – ein schwaches Bindegewebe ist erblich – spielen auch Übergewicht, Bewegungsmangel und Rauchen eine Rolle bei der Entstehung von Cellulite. Sport, Massagen mit hautstraffenden Pflegeprodukten und der Verzicht auf Alkohol und Nikotin und wirken ihr entgegen.

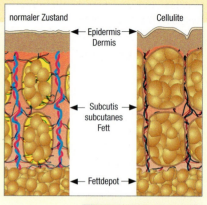

Cellulite am Oberschenkel

1.3 Die Hautanhangsgebilde

Die Anhangsgebilde der Haut – Drüsen, Haare und Nägel – sind zwar tief in die Lederhaut eingebettet (→ Abb. Aufbau der Haut), gehören aber aufgrund ihrer Gewebestruktur zur Epidermis.

1.3.1 Drüsen

Zwei Arten von Drüsen in der Haut spielen eine entscheidende Rolle bei der Aufrechterhaltung der Hautfunktionen: die Schweißdrüsen und die Talgdrüsen.

Schweißdrüsen

Über die gesamte Haut verteilt sind Schweißdrüsen zu finden. In bestimmten Körperregionen (Achselhöhlen, Hand- und Fußinnenflächen) kommen sie jedoch in besonders großer Zahl vor.
Sie haben ein schlauchartiges Aussehen und befinden sich zum Teil frei in der Haut (**freie oder ekkrine Schweißdrüsen**), zum Teil in den Haarfollikeln (**Duftdrüsen oder apokrine Schweißdrüsen**). Sie sondern den Schweiß an die Hautoberfläche ab, ein wässriges **Sekret**, in dem Salze und organische Stoffe gelöst sind. Ihre wichtigsten Funktionen sind die Wärmeregulierung, die Aufrechterhaltung des Säureschutzmantels und der Schutz der Haut vor Austrocknung.

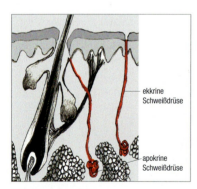

Ekkrine und apokrine Schweißdrüsen in der Haut

Sekret
lat. *secernere* absondern; vom Drüsenepithel produzierter und abgesonderter Stoff (hier Schweiß)

 Schweiß

Durch die Absonderung von Schweiß und die daraus resultierende Kühlung wird ein Anstieg der Körpertemperatur über 37 °C verhindert. Dies ist sehr wichtig, denn eine dauerhafte Überhitzung des Körpers kann lebensgefährlich werden.
Schweiß bewirkt eine Abkühlung der Haut, indem er auf der Haut verdunstet, also vom flüssigen in den gasförmigen Zustand übergeht. Die für diesen Prozess benötigte Energie (Wärme) entzieht er dem menschlichen Körper. Diese Verdunstungskälte spüren wir besonders, wenn wir uns nach einem Bad nicht abtrocknen: Wir beginnen auch bei hohen Außentemperaturen zu frieren.

1 Haut und Hautanhangsgebilde

Die Sekrete beider Schweißdrüsenarten sind beim Austritt zunächst geruchlos. Die im Schweiß gelösten organischen Stoffe (z. B. Eiweiße und Fettsäuren) bilden jedoch einen guten Nährboden für Bakterien. Diese produzieren den unangenehmen Schweißgeruch, der besonders an Stellen auftritt, wo viel Schweiß abgesondert wird, z. B. Achselhöhlen, Fußsohlen.

Deodorants
→ Kapitel IV / 8

Schweißgeruch

Beim Zersetzungsprozess von Schweiß durch Bakterien wird die in konzentrierter Form sehr unangenehm riechende Buttersäure frei, die auch den Geruch von Käse prägt. Die „Käsefüße" tragen ihren Namen also zu Recht.

Der körpereigene Geruch jedes Menschen, entsteht durch die Duftdrüsen. Sie scheiden eine milchig-trübe Substanz aus, die zusammen mit den Hautbakterien den individuellen Geruch ausmacht. Diese Duftdrüsen haben beim Menschen allerdings ihre natürliche Funktion weitgehend verloren.
Apokrine Schweißdrüsen befinden sich nur in bestimmten Körperregionen: an den Achselhöhlen, im Genital- und Anusbereich und im Bereich der Brustwarzen.

Unterschiede zwischen ekkrinen und apokrinen Schweißdrüsen

	ekkrine oder freie Schweißdrüsen	apokrine Schweißdrüsen oder Duftdrüsen
Ausgang der Drüse	endet frei in der Haut	endet immer in Haarfollikeln
Verteilung auf der Haut	über die ganze Haut verteilt, besonders häufig an Fußsohlen, Handflächen und Stirn	begrenzt auf Achseln, Brustwarzen, Genitalregion, Analregion
Funktion	Schweißproduktion zum Temperaturausgleich	Schweißproduktion als emotionale Reaktion (Wut, Ärger, Angst, Schmerz, Stress)
Zusammensetzung des Schweißes	klar, farblos, dünnflüssig 99 % Wasser	trüb, milchig reich an Fettkomponenten
Geruch	geruchlos nach Zersetzung durch Bakterien entsteht typischer Schweißgeruch	geruchlos nach Zersetzung durch Bakterien intensiv riechend

 www.stark-gegen-schwitzen.de/schwitzen-ursache-anatomie-des-schwitzens

Talgdrüsen

Die Talgdrüsen sind über den gesamten Körper verteilt. Sie sitzen seitlich an den Haarfollikeln. Meistens befinden sich mehrere Talgdrüsen an einem Haar. Freie Talgdrüsen, die nicht mit Haaren verbunden sind, gibt es zum Beispiel an den Lippen und im Genitalbereich. An den Fußsohlen und den Innenflächen der Hände hat der Mensch keine Talgdrüsen.

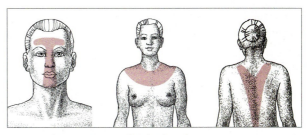
T-Zone, v-förmiger Brust- und Rückenbereich

In bestimmten Bereichen des Körpers befinden sich besonders viele, sie sind größer und sondern mehr Talg ab. Hierzu gehören vor allem die **T-Zone** des Gesichts (Stirn, Nase und Mund), der **V-förmige Brust- und Rückenbereich** einschließlich der Schultern und die Ohrmuscheln.

Die Talgdrüsen haben ein beutelähnliches Aussehen und sind leicht verzweigt. Sie sondern ein fettiges, weißliches Stoffgemisch ab, das als **Hauttalg** oder **Sebum** bezeichnet wird. Es besteht unter anderem aus Fettsäuren und Wachsen. Hauttalg entsteht durch die **Sebumzellen**, die an der Innenwand der Talgdrüse sitzen. Diese sind sehr teilungsaktiv und bilden ständig neue Talgzellen, die wegen Platzmangels in den Innenraum der Drüse gedrückt werden. Hier zerplatzen sie schließlich und setzen den breiartigen Hauttalg frei, der dann über den Haarfollikelkanal an die Hautoberfläche gelangt.

Sebumzellen produzieren den Hauttalg (Sebum) in der Talgdrüse.

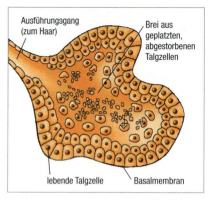
Schnitt durch eine Talgdrüse (schematische Darstellung)

Aufgabe des Hauttalgs ist in erster Linie, Haut und Haare geschmeidig zu halten. Die Talgabsonderung eines Menschen variiert nach Veranlagung und Lebensalter. Sie wird über Geschlechtshormone gesteuert. Daher ist sie in der Pubertät besonders hoch und geht in den Jahren danach wieder zurück. Besonders niedrig ist sie bei Säuglingen und bei alten Menschen.

 Der Hydrolipidfilm der Haut

Schweiß und Hauttalg vermischen sich auf der Haut zu einer **Emulsion**, die den ganzen Körper bedeckt und die Haut feucht und geschmeidig hält. Diese Substanz wird als Hydrolipidfilm bezeichnet.
Der Hydrolipidfilm enthält neben Schweiß und Talg auch abgestorbene Hornzellen und Substanzen aus dem Verhornungsprozess. Im Schweiß sind Milchsäure und verschiedene Aminosäuren gelöst, im Hauttalg befinden sich unterschiedliche Fettsäuren. Hierdurch bedingt, beträgt bei einer gesunden Haut der **pH-Wert** des Hydrolipidfilms zwischen 5,4 und 5,9. Er liegt also im sauren Bereich. In diesem Bereich wird die Haut von nützlichen, säureliebenden Bakterien besiedelt, welche die gesunde Hautflora bilden. Diese Bakterien hindern schädliche, alkalische Keime an der Ausbreitung.
Alkalische Reinigungsmittel, wie zum Beispiel Seife oder Duschgel, zerstören kurzfristig den Hydrolipidfilm und vermindern so auch die Zahl der gutartigen Bakterien.
Sie fügen aber einer gesunden Haut keinen Schaden zu, weil sich Hydrolipidfilm und Hautflora in kurzer Zeit wieder regenerieren. Umgangssprachlich wird der Hydrolipidfilm auch „Säureschutzmantel" der Haut genannt.

Emulsion
altgr. Wasser-Fett-Film; Mischung von zwei oder mehreren Stoffen, bei der sich wässrige und fettige Komponenten miteinander verbinden

1.3.2 Haare

Die Gesamtzahl der Haare beträgt beim Menschen 300.000 bis 500.000. Sie bedecken fast den gesamten Körper. Komplett unbehaart sind nur bestimmte Zonen, z. B. die Lippen, die Fußsohlen und die Handinnenflächen. Viele Haare sind so fein, dass sie fast unsichtbar sind.
Die Körperbehaarung des Menschen erfüllt heute kaum noch wichtige biologische Funktionen. Für den Menschen der Urzeit war sie jedoch der einzige Schutz vor Kälte und Sonnenbestrahlung. Nach und nach begannen die Menschen, Kleidung anzufertigen und Häuser zu bauen. Durch diese veränderten Lebensbedingungen hat sich das Haarkleid allmählich zurückentwickelt.
Heutzutage werden Körperhaare zumeist als unschön und lästig empfunden. Die Kopfhaare dagegen gelten, besonders bei Frauen, schon seit Jahrtausenden als Symbol der Schönheit und Erotik.

Nach ihrem Aufbau werden drei **Haararten** unterschieden:
- **Flaumhaar (Lanugohaar):** Körperbehaarung des Fötus im Mutterleib und des Neugeborenen; farblos und sehr weich und fein.
- **Wollhaar (Vellushaar):** feine Körperbehaarung vor der Geschlechtsreife und z. T. darüber hinaus; dünn, kurz und kaum sichtbar (unpigmentiert).
- **Endhaar (Terminalhaar):** fest, dick, lang und pigmentiert. Zu den Terminalhaaren zählen Kopfbehaarung, Schambehaarung, Augenbrauen, Wimpern und Barthaare. Die Augenbrauen, Wimpern und Barthaare werden auch Borstenhaare genannt.

Aufbau des Haares

Das Haar setzt sich aus der **Haarwurzel** (Teil des Haares, der in der Haut liegt) und dem **Haarschaft** (Teil des Haares, der aus der Haut herausschaut) zusammen. Der Haarschaft endet in der sehr feinen und dünnen **Haarspitze**.

Die Haarwurzel befindet sich im Haarfollikel (Haarbalg), einer Einstülpung der Oberhaut, die bis in die Unterhaut reicht. Die gesamte Haarwurzel wird durch zwei Gewebeschichten (Wurzelscheiden) von der umgebenden Lederhaut abgegrenzt.

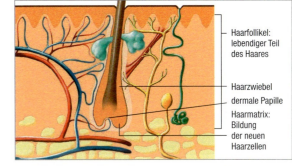

Aufbau des Haares

Den unteren Teil der Haarwurzel nennt man Haarzwiebel. In ihrem unteren Teil befindet sich eine kleine Einstülpung aus Lederhautgewebe, die **Haarpapille** (dermale Papille). Darin befinden sich Blutgefäße, die das Haar mit Sauerstoff und Nährstoffen versorgen. In der **Haarzwiebel** produzieren spezielle Stammzellen (**Matrixzellen**), schwefelhaltige Keratinozyten, ähnlich dem Baumaterial der Hornschicht. Durch die ständige Teilung der Matrixzellen entsteht ein dünner Hornfaden, der nach und nach aus dem Haarfollikel herauswächst und als Haar an der Hautoberfläche sichtbar wird. Reißt man das Haar aus, verbleibt ein Teil der Matrixzellen in der Haarzwiebel. Diese produzieren im Lauf von ca. 14 Tagen ein neues Haar.

Matrixzellen

(Trichozyten) sind Stammzellen in der Haarwurzel, in denen sich das Haar bildet

Hornschicht
→ Kapitel IV / 1
Aufbau der Haut

Der Wachstumszyklus des Haars

Die Haare wachsen täglich ca. 0,02 bis 0,05 mm. Jedes einzelne Haar durchläuft dabei von der Entstehung bis zum Ausfall einen Zyklus aus vier Wachstumsphasen. Dieser Zyklus verläuft asynchron, das heißt, die Haare einer bestimmten Körperregion wachsen und sterben zeitversetzt. Auf diese Weise werden kahle Stellen verhindert.

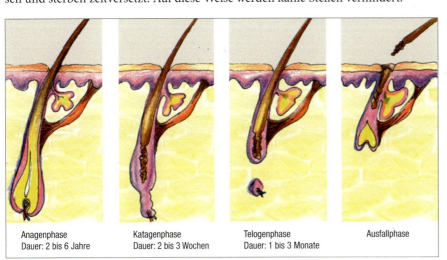

Wachstumsphasen eines Haares
a) Wachstumsphase
b) Übergangsphase
c) Ruhephase
d) Ausfallphase

Der Haarzyklus beginnt mit der Wachstumsphase (**Anagenphase**). Diese dauert zwei bis sechs Jahre, manchmal auch länger. In dieser Phase bilden die Matrixzellen ununterbrochen neues Keratin und bewirken dadurch eine ständige Verlängerung des Haares. 85 bis 90 % der menschlichen Behaarung befinden sich in dieser Phase. In einer sechsjährigen Wachstumsphase kann ein Haar bis zu 75 cm lang werden. Die Dauer der Wachstumsphasen und damit die erreichbare Haarlänge lassen sich durch kosmetische Produkte oder Nährstoffe kaum beeinflussen, weil sie erblich bedingt sind.

Am Ende der Wachstumsphase verändert sich die Haarwurzel. Die Matrix bildet sich langsam zurück und produziert keine neuen Zellen mehr. Das Haar hört auf zu wachsen und beginnt sich aus der Haarwurzel zu lösen. Diese Phase wird Übergangsphase oder **Katagenphase** genannt. Sie dauert zwei bis drei Wochen. Ungefähr ein Prozent unserer Haare befinden sich in der Übergangsphase.

An die Übergangsphase schließt sich die Ruhephase (**Telogenphase**) an, die ca. zwei bis vier Monate dauert. Das Haar löst sich nun endgültig aus der Verankerung im Haarfollikel und wird langsam in Richtung Hautoberfläche geschoben. Es kann nun leicht durch mechanische Einflüsse wie Waschen oder Kämmen aus der Kopfhaut herausgelöst werden. Manchmal wird es auch durch ein neu nachwachsendes Haar aus dem Haarfollikel gedrückt. Am Ende der Ruhephase fällt das Haar aus.

Jeder Haarfollikel hat eine begrenzte Zahl von Lebenszyklen. Diese ist ebenso wie die Länge der Wachstumszyklen genetisch vorgegeben. Am Ende der Ruhephase wächst daher nur in einigen Haarfollikeln ein neues Haar nach, die anderen bilden sich zurück. Im Normalfall halten sich die Zahl der ausgefallenen und die der neu entstehenden Haare die Waage, sodass ein täglicher Verlust von bis zu 50 Haaren unbedenklich ist. Der früher angenommene Richtwert von 100 Haaren pro Tag wird nach neueren wissenschaftlichen Untersuchungen als zu hoch angesehen. Ursachen für einen vermehrten Haarausfall können Nährstoffmangel, Erkrankungen oder Nebenwirkungen von Medikamenten sein. Bei Männern ist der Ausfall der Kopfhaare ab einem bestimmten Alter genetisch und hormonell bedingt.

1.3.3 Nägel

Die Nägel schützen die blut- und nervenreichen Enden der Finger und Zehen. Außerdem unterstützen sie die Feinmotorik der Hand. Mithilfe der Nägel können auch sehr kleine Gegenstände gegriffen werden, wenn man die Nagelspitzen von Daumen und Zeigefinger wie eine Pinzette gegeneinanderhält. Die Finger- und Fußnägel des Menschen bestehen, wie die Hornschicht der Oberhaut und die Haare, aus **Keratin**. Dieses ist jedoch stärker verhornt und enthält mehr Schwefel, wodurch die Nägel so hart und fest sind.

Wie die Haare wachsen auch die Nägel ständig nach. Dabei verlängern sich die Fingernägel mit 5 bis 7 mm pro Monat wesentlich schneller als die Fußnägel (ca. 1 mm im Monat). Bei älteren Menschen wachsen die Nägel jedoch langsamer und ihre Struktur verändert sich.

1 Haut und Hautanhangsgebilde

Aufbau eines Nagels

Der Nagel besteht aus der Nagelbildungsstätte (**Nagelmatrix**), der **Nagelplatte**, dem **Nagelbett** und dem **Nagelwall**, der die Nagelplatte seitlich und hinten begrenzt, sowie dem **Nagelhäutchen**, das die Nagelplatte hinten begrenzt.

Der weiße, halbmondförmige Bereich des Nagels wird als **Lunula oder Nagelmond** (Möndchen) bezeichnet. Er erscheint weiß, weil das durchscheinende Nagelbett von der Nagelmatrix verdeckt wird. Das Nagelhäutchen (Cuticula) hat keine physiologische Aufgabe.

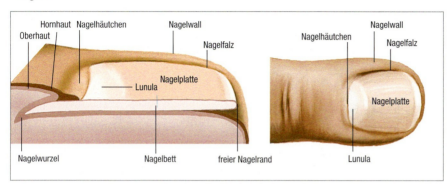

Aufbau eines Fingernagels (Längsschnitt und Aufsicht)

Nagelwurzel mit Nagelmatrix: Die Nagelwurzel ist fest mit der Haut verankert. Sie ist in die Haut eingebettet und damit unsichtbar. Weil sich die oberen Zellen der Nagelmatrix ständig in verhornte Nagelzellen umwandeln, wächst der Nagel täglich. Dabei schiebt sich der Nagel vom Möndchen aus vorwärts zum freien Rand, der die Fingerkuppe überragt.

Das Nagelwachstum beträgt etwa 0,5 bis 1 mm pro Woche und ist bei Durchblutungsstörungen oder im Alter stark verlangsamt.

Nagelplatte: Die Nagelplatte ist der sichtbare Teil des Nagels, der fest mit dem Finger verwachsen ist. Sie ist transparent und zeigt im gesunden Zustand eine zarte rosa Farbe, weil die Blutkapillaren des darunterliegenden Nagelbetts durchscheinen.

An beiden Seiten ist sie umgeben von den Nagelwällen und an ihrem unteren Ende von dem Nagelhäutchen.

Die Nagelplatte ruht auf dem Nagelbett, das wie die normale Haut aufgebaut ist.

Freies Nagelende: Das freie Ende der Nägel ragt in der Regel über die Fingerspitze hinaus.

1.4 Hautveränderungen und Hauterkrankungen

Veränderungen der Haut (**Effloreszenzen**) können genetisch bedingt, aber auch durch zum Teil gefährliche Krankheiten verursacht sein.

Effloreszenzen
lat.: efflorescere erblühen

> Produkte aus dem Drogeriesortiment sind nicht dazu geeignet, Hautkrankheiten wirksam zu heilen. Kunden, die um Beratung oder Hilfe bei auffälligen Hautveränderungen bitten, sollten daher vom Verkaufspersonal zunächst angehalten werden, ärztlichen Rat einzuholen. Produkte zur Abdeckung von Auffälligkeiten oder zur Unterstützung des Heilungsprozesses einer Hautkrankheit sollten nur in Absprache mit dem Facharzt angewendet werden.

Hautveränderungen werden auch Hautblüten oder Effloreszenzen genannt. Zu ihnen zählen Flecken, Blasen, Pusteln, Quaddeln und Knoten.

Häufig vorkommende Effloreszenzen

Bezeichnung	Beschreibung
Fleck (Makula)	• Veränderung der Hautfarbe, die durch Gefäßerweiterung unter der Haut oder durch verstärkte Pigmenteinlagerung entsteht
Knötchen (Papula)	• Vorwölbung der Haut durch Ablagerung von Stoffwechselprodukten oder vermehrter Gewebebildung
Pustel (Pustula)	• mit Eiter gefüllter Hohlraum innerhalb oder unterhalb der Oberhaut
Blase (Bulla)	• mit Gewebsflüssigkeit gefüllter Hohlraum innerhalb oder unterhalb der Oberhaut
Quaddel, Nessel (Urtica)	• Zunahme von Volumen in der Lederhaut • erscheint rot • juckt oder brennt
Schuppe (Squama)	• lose oder feste Auflagerung von Hornhautzellen
Schrunde, Hauteinriss (Rhagade)	• spaltförmiger Einriss in stark verhornten oder sehr trockenen Hautpartien • kommt besonders häufig an den Füßen vor
Mitesser (Komedo)	• Mischung aus Horn und Talg, die einen Haarfollikel verstopft
Grießkorn (Millie)	• kleine weiße Hülle aus Bindegewebe in der Oberhaut, die mit Keratin gefüllt ist • Millien lassen sich nicht ausdrücken, können aber von der Kosmetikerin durch Anritzen entfernt werden.

1.4.1 Wichtige Hautveränderungen und -erkrankungen

Leberfleck (*Lentigo simplex*) oder Muttermal (*Nävus*)

Leberflecke sind linsenförmige Pigmentflecke, die durch Vermehrung der Melanozyten entstehen.

Ein Nävus ist ein Hautmal, d. h. eine abgegrenzte Hautveränderung, die andersfarbig als die normale Haut ist. Nävi hat fast jeder Mensch; sie können angeboren sein (daher der Ausdruck „Muttermal") oder später entstehen. Es gibt eine Vielzahl von Arten, die nur der Dermatologe exakt unterscheiden und beurteilen kann.

Sowohl Leberflecke als auch Nävi sind grundsätzlich gutartig, sollten aber ständig beobachtet werden. Veränderungen oder Verletzungen müssen fachärztlich untersucht werden, da sie zu Hautkrebs führen könnten. Die Drogerie bietet gut deckendes Make-up oder **Camouflage** zur Abdeckung an.

Linsenfleck, Leberfleck

Camouflage
→ Kapitel IV / 12.3.3

> Jede Veränderung eines Nävus, vor allem Wachstum und Blutung, sollten umgehend dem Hautarzt vorgestellt werden.
>
> Die Selbstuntersuchung von Hautverfärbungen sollte nach der **ABCDE-Regel** erfolgen:
> **A**symmetry (Asymmetrie) Ist der Fleck auffällig asymmetrisch aufgebaut?
> **B**order (Grenze) Ist der Fleck unklar abgegrenzt?
> **C**olour (Farbe) Ist die Farbe des Flecks uneinheitlich oder sehr dunkel?
> **D**iameter (Durchmesser) Hat der Fleck einen Durchmesser von mehr als 5 mm?
> **E**levation (Erhabenheit) Lässt der Fleck sich ertasten, weil er hervorsteht?
> Wenn Sie eine Frage mit ja beantworten, sollte der Fleck sicherheitshalber ärztlich untersucht werden.

Sommersprossen (*Epheliden*)

Sommersprossen werden durch Sonnenlicht hervorgerufen bzw. verstärkt. Es handelt sich um kleine Überpigmentierungen der Haut. Diese entstehen, weil bei Sonnenbestrahlung überschüssiges Melanin in der Oberhaut angelagert wird. Besonders häufig kommen Sommersprossen bei Hauttyp I (keltischer Hauttyp) in Verbindung mit roten Haaren und einer sehr hellen, sonnenempfindlichen Haut vor.

Unerwünschte Sommersprossen können durch ein gut deckendes Make-up überschminkt oder durch Selbstbräuner kaschiert werden.

Sommersprossen

Altersflecken (*Lentigo senilis*)

Altersflecke werden durch UV-Bestrahlung ausgelöst. Man findet sie daher nur an Körperstellen, die über viele Jahre der Sonne ausgesetzt waren, zumeist Gesicht, Hände und Dekolleté. Es handelt sich um linsengroße, scharf abgegrenzte braune Pigmentflecke. Sie entstehen ähnlich wie Sommersprossen, wenn überschüssige Pigmente aus den Melanozyten in der Basalzellenschicht der Oberhaut eingelagert werden. Altersflecke sind medizinisch harmlos, für die Betroffenen aber oft störend. Sie können bei Bedarf wie Sommersprossen kaschiert werden.

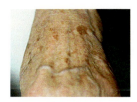

Altersflecken

Weißfleckenkrankheit (*Vitiligo*)

Die Weißfleckenkrankheit ist eine ungefährliche Krankheit, bei der die Melanozyten in der Oberhaut absterben. So entstehen pigmentlose, also weiße Flecke. Diese sind unterschiedlich groß und häufig sehr auffällig geformt. In extremen Fällen kann die gesamte Haut betroffen sein. Die unpigmentierten Flecke sind extrem lichtempfindlich und müssen besonders geschützt werden. Eine große Ausbreitung der Krankheit an den Extremitäten und im Gesicht kann bei den Betroffenen zu erheblichen psychischen Problemen führen. Durch Selbstbräuner oder Camouflage können die Flecke abgemildert werden. Betroffenen sollte darüber hinaus immer ein Sonnenschutz mit dem höchsten LSF empfohlen werden.

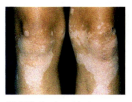

Weißfleckenkrankheit

Leichte Form von Couperose

Fortgeschrittene Rosacea

Feuermal

Typische Hautstreifen

Hautzustände
→ Kapitel IV / 3.7

Akne
gr. Akme Blüte, Spitze
vulgaris
lat. gewöhnlich

Androgene
gr. andro männlich und
gen erzeugend

Haarfollikel
→ Kapitel IV / 1
Hautanhangsgebilde

Komedo,
Mz. Komedonen
lat. comedo Fresser,
Schlemmer, Mitesser

Couperose und Rosacea

Als Couperose wird die Erweiterung der winzigen **Arterien** im Gesicht, insbesondere an Nase und Wangen, bezeichnet. Die betroffenen Hautstellen färben sich unnatürlich rot, und die Äderchen schimmern sichtbar durch die Haut. Dieser Effekt verstärkt sich bei Temperaturwechseln. Auch hier ist Abdeckung durch Camouflage möglich.

Couperose kann eine Vorstufe zu der Erkrankung Rosacea sein (lat.: rosaceus rosenartig). Diese tritt bei den meisten Betroffenen erst in der zweiten Lebenshälfte auf, vorwiegend an Stirn, Wangen und Nase. Neben erweiterten Äderchen kommt es bei der Rosacea (auch Altersakne genannt) zu einem deutlich erhöhten Talgfluss und zur Bildung von Pusteln und Knötchen. Bei Männern treten in seltenen Fällen unförmige Bindegewebsveränderungen wie das **Rhinophym**, die rote Knollennase, auf. Die Ursachen von Couperose und Rosacea sind noch weitgehend ungeklärt. Man geht von einer erblichen Veranlagung aus, die durch hohen Blutdruck, häufige Temperaturwechsel und übermäßigen Alkoholkonsum verstärkt wird.

Feuermal (Naevus flammeus)

Das Feuermal ist ein dunkelroter Fleck auf der Haut, der bevorzugt im Bereich von Gesicht, Hals oder Nacken auftritt. Feuermale können unterschiedlich groß sein. In Einzelfällen bedecken sie eine ganze Gesichtshälfte. Ursache ist eine angeborene Erkrankung der Arterien, die nur schwer behandelbar ist. Eine Abdeckung durch Camouflage ist möglich und medizinisch unbedenklich.

Hautstreifen, auch Dehnungsstreifen oder Schwangerschaftsstreifen (Striae)

Hautstreifen entstehen durch eine lang andauernde, extreme Überdehnung der Haut, bei der die kollagenen und elastischen Fasern der Lederhaut reißen. Sie sind häufig die Folge einer Schwangerschaft, können aber auch durch Übergewicht oder extremes Muskelaufbautraining entstehen. Dehnungsstreifen sind zuerst rot und erhaben, dann weiß und flach. Wenn sie einmal entstanden sind, verschwinden sie auch bei ärztlicher Behandlung nicht gänzlich. Zur Vorbeugung können Massagen mit speziellen Körperölen oder -lotionen erfolgen. Diese erhalten die Elastizität der Haut und stärken das Bindegewebe.

Akne vulgaris

Akne vulgaris ist eine Hauterkrankung, die vor allem junge Menschen im Alter von 14 bis 30 Jahren betrifft. Ursache ist eine Überfunktion der Talgdrüsen (Seborrhö), die zumeist hormonell bedingt ist. Daher tritt Akne vulgaris insbesondere in Verbindung mit der verstärkten Hormonproduktion während der Pubertät auf. Ursache für die Entstehung von Akne sind die männlichen Geschlechtshormone (**Androgene**). Da der weibliche Körper diese Hormone ebenfalls produziert, sind auch junge Frauen von der Krankheit betroffen.

Die Androgene bewirken eine verstärkte Tätigkeit der Talgdrüsen. Hinzu kommt eine Verhornungsstörung am Ausgang der Haarfollikel. Da Hornzellen nicht abgestoßen werden, verbinden sie sich mit dem vermehrt gebildeten Talg. So bildet sich ein Pfropf, der den Ausgang der Pore verklebt. Im Follikel staut sich Hauttalg an, wodurch die kleinste Einheit der Akne, der Mitesser (**Komedo**), entsteht.

Offener Komedo:
An der Oberfläche der Haut erscheint ein dunkel verfärbter Pfropf aus Horn und Talg

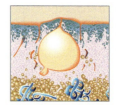
Geschlossener Komedo:
Hautfarbene oder weißlich schimmernde Erhebung der Haut

Man unterscheidet zwischen offenen und geschlossenen Komedonen. Verstopft der Haarfollikel im unteren Bereich, entsteht ein weißer, **geschlossener Komedo** (whitehead-comedo). Beim **offenen Komedo** wandert der Talgpfropf bis zum Ausgang der Talgdrüse und färbt sich durch Oxidation mit dem Sauerstoff in der Luft schwarz (black-head-comedo).

Geschlossene Komedonen neigen verstärkt zur Entzündung, weil der zurückgestaute Talg nicht abfließen kann. Hierdurch kommt es zu einer übermäßigen Vermehrung von Bakterien, die sich von Talg ernähren und ihn in freie Fettsäuren zersetzen. Sowohl die Bakterien als auch die Fettsäuren sind immer auf der Oberfläche gesunder Haut vorhanden. Sie verursachen aber Entzündungen, wenn sie überhandnehmen und in tiefere Hautschichten gelangen.

Wenn der Mitesser dem Druck nicht mehr standhalten kann, platzt er und gibt seinen, mit entzündlichen Substanzen gefüllten Inhalt an das umliegende Gewebe ab. Hierdurch entstehen **eitrige Pusteln** (Pickel). In schweren Fällen reichen die Entzündungen bis in die Lederhaut und haben Vernarbungen zur Folge, die ein Leben lang zu sehen sind.

Der vermehrte Talgrückstau führt zu einem erhöhten Druck auf die Follikelwand.

Der gestaute, mit Bakterien und freien Fettsäuren durchsetzte Talg gelangt in das umliegende Gewebe und führt dort zu Entzündungen. (Quelle:www2.eucerin.com)

Akne vulgaris wird nach der Anzahl der Entzündungen in die leichte, die mittelschwere und die schwere Form der Erkrankung eingeteilt.

Reinigungs- und Pflegeprodukte aus dem Drogeriesortiment sollten vor allem bei mittelschwerer und schwerer Akne mit dem fachärztlichen Behandlungsplan abgestimmt werden. Einem Kunden oder einer Kundin mit mehreren eitrigen Pusteln im Gesicht sollte daher zu einem Arztbesuch geraten werden.

Akneformen	Bezeichnung/Merkmale
	Leichte Akne/Komedonen: • nicht entzündliche Mitesser Die Talgdrüse verstopft, es kommt zum Talgstau und zur Verhärtung. Diese Verhärtungen nennt man Mitesser oder Komedonen.
	Mittelschwere Akne: • entzündliche Mitesser und Knötchen, Eiterbildung Der Talg der verstopften Drüsen gelangt in umliegendes Gewebe. Dies löst eine Entzündung aus. Es bilden sich Gewebeknötchen. Gelangen Bakterien in das entzündete Gewebe, entsteht zusätzlich Eiter.
	Schwere Akne/Aknenarben: • entzündete Knoten, Narbenbildung Die Entzündung breitet sich aus. Tiefere Gewebeschichten werden befallen. Nach dem Abheilen der Erkrankung bilden sich typische Narben.

> Bei Akne sollte man Mitesser durch geschulte Fachkräfte entfernen lassen und nicht selbst ausdrücken. Zu groß ist die Gefahr, dass der Talg in das umliegende Gewebe gedrückt wird und neue Entzündungen entstehen. Pusteln dürfen gar nicht ausgedrückt werden, weil sich Narben bilden könnten.

1.4.2 Überempfindlichkeitsreaktionen

Das Immunsystem hat die Aufgabe, schädliche Stoffe und Organismen (Krankheitskeime, Gifte usw.) unschädlich zu machen. Harmlose Substanzen sollen vom Immunsystem hingegen nicht bekämpft werden.

Im Normalfall funktioniert dieses System einwandfrei. So werden natürlicherweise vorkommende Bakterien auf der Haut vom Immunsystem nicht angegriffen. Ebenso reagiert die Haut in der Regel nicht, wenn beispielsweise hautpflegende Substanzen auf die Haut aufgetragen werden.

Manchmal können aber auch die sogenannten harmlosen Stoffe schädlich für die Haut sein. Man spricht in solchen Fällen von Überempfindlichkeitsreaktionen. Sie treten besonders häufig bei Personen auf, die eine empfindliche (sensible) Haut haben.

Man kann grundsätzlich zwei Arten von Überempfindlichkeitsreaktionen unterscheiden:
- nichtallergische Unverträglichkeitsreaktionen
- (echte) allergische Reaktionen

Das Ergebnis beider Reaktionen ist im Prinzip dasselbe: Die Haut reagiert auf fremde Stoffe oder Reize mit einer Rötung. Manchmal kommt es auch zur Schuppenbildung, Quaddelbildung oder zum Hautausschlag.

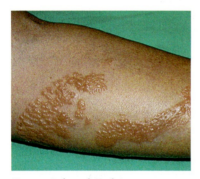

Hautentzündung als Reaktion auf eine giftige Chemikalie

Allergie
griech. allos anders, *ergon* Werk, Reaktion, Fehlreaktion des Immunsystems

Nichtallergische Unverträglichkeitsreaktionen (Intoleranzen)

Nicht jede Reaktion auf eine „harmlose" Substanz ist gleich eine Allergie. Manche Überempfindlichkeitsreaktionen sind schlicht Unverträglichkeiten, auch Intoleranzen genannt.

Im Gegensatz zur Allergie ist die Intoleranz keine Immunreaktion. Die Haut reagiert als Folge auf die Berührung mit einer bestimmten Substanz oder auf Hautschädigungen durch physikalische Reize mit Entzündungen. Diese klingen zumeist nach einiger Zeit wieder ab, wenn der Kontakt zur auslösenden Substanz vermieden bzw. die Haut vor der physikalischen Reizung geschützt wird.

Allergische Reaktionen

Allergische Reaktionen sind Hautreaktionen, die durch das Immunsystem ausgelöst werden. Eine Substanz, die eine Immunreaktion verursacht, nennt man **Allergen**. Allergene sind zumeist harmlose Stoffe, die vom Immunsystem fälschlicherweise als schädlich erkannt werden. Grundsätzlich kann jeder Stoff zum Allergen werden. Gegen bestimmte Substanzen sind aber besonders viele Menschen allergisch. Dazu zählen Hausstaub, Tierhaare und bestimmte Nahrungsmittel.

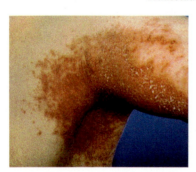

Allergische Hautreaktion

Gelangt ein Allergen auf bzw. in die Haut, kommt es zur Abwehrreaktion des Immunsystems. Diese Immunreaktion verursacht eine Schädigung der Haut. Die Haut reagiert und bekommt die typischen Anzeichen einer Allergie, z. B. Rötung, Schwellung, Bildung von Schuppen, Quaddeln oder Bläschen. Bei einer Allergie sollte ebenso wie bei einer Intoleranz der Kontakt mit dem Allergen nach Möglichkeit vermieden werden. Dies kann bei vielen Betroffenen jedoch nur durch erhebliche Veränderungen bzw. Einschränkungen der Lebensführung erreicht werden (z. B. Verzicht auf Haustiere bei Tierhaarallergie). Die Konfrontation mit einer besonders großen oder hochkonzentrierten Menge eines Allergens kann zu einer Schockreaktion mit Symptomen wie Übelkeit, Erbrechen und Herz-Kreislauf-Problemen bis hin zur Bewusstlosigkeit führen.

> 💬 Auch Inhaltsstoffe von Kosmetika oder Wasch- und Putzmitteln können Intoleranzen oder allergische Reaktionen auslösen. Aus diesem Grund müssen auf der Verpackung sämtliche Inhaltsstoffe aufgelistet sein. Ist der Kundin oder dem Kunden die auslösende Substanz bekannt, kann sie leicht in der Liste gefunden werden.
> Bei Unsicherheiten kann man sich mit dem Hersteller in Verbindung setzen. Dieser ist zur Auskunft verpflichtet. Eine Rücknahmepflicht des Einzelhändlers oder Herstellers für Produkte, die Allergien auslösen, besteht nicht. Wenn sie umgetauscht werden, geschieht das aus Kulanz.

Inhaltsstoffe in Kosmetika
→ Kapitel IV / 2

Neurodermitis (*Atopie*)

Die Neurodermitis ist eine nicht ansteckende Hauterkrankung, bei der die Haut trocken und schuppig wird und extrem juckt. Am ganzen Körper können Entzündungen mit teilweise eitriger Krustenbildung entstehen. Diese allergischen Hautreaktionen treten bei vielen Patienten plötzlich und scheinbar ohne äußeren Anlass auf. Man spricht dann von einem **neurodermitischen Schub**.

Auslöser können eine Vielzahl von Faktoren sein: Allergene wie Tierhaare oder Lebensmittel, Hautreizungen wie Bürstenmassagen, Infektionen, chemische Stoffe wie Putzmittel, aber auch psychische Faktoren wie Stress. Alle Patienten reagieren individuell auf unterschiedliche Auslöser.

Ursache für Neurodermitis ist ein zumeist angeborener Mangel an Fetten in der Hornschicht. Dadurch ist die Barrierefunktion Haut gestört. Die Haut trocknet aus und wird durchlässiger für eindringende Schadorganismen. Sie reagiert mit Irritationen und Entzündungen.

Neurodermitis tritt bei ca. 10 % der neu geborenen Kinder auf. Sie verschwindet aber bei den meisten während der Pubertät wieder, sodass nur noch ca. 3 % der Erwachsenen an dieser Krankheit leiden. Wenn ein Elternteil oder beide an der Krankheit leiden, ist das Risiko einer Erkrankung sehr hoch.

Atopie
gr. *atopos* verrückt, seltsam, hier: unberechenbar

Funktionen der Haut
→ Kapitel IV / 1.1

2 Inhaltsstoffe und Wirkstoffe von Kosmetika

Als **Inhaltsstoffe** kosmetischer Mittel werden Stoffe bezeichnet, aus denen Reinigungs- oder Pflegeprodukte aufgebaut sind, also Trägerstoffe wie z. B. Wasser, Fette und Emulgatoren. Zu den Inhaltsstoffen zählen auch Zusatzstoffe wie z. B. Duft- oder Konservierungsstoffe, die dafür sorgen, dass das Produkt gleichbleibend angenehm anwendbar ist.

Zu den **Wirkstoffen** werden die Stoffe gezählt, die eine bestimmte kosmetische Wirkung erzielen sollen, wie z. B. eine Verbesserung der Hautfeuchtigkeit oder Schutz vor UV-Strahlen.

Eine klare Abgrenzung zwischen Inhalts- und Wirkstoffen ist jedoch nicht möglich, denn viele Bestandteile von Kosmetika haben beide Funktionen: So wirkt z. B. Glycerin in Seifen als Feuchthaltemittel, das ein Austrocknen und Rissigwerden der Seife verhindert. Gleichzeitig mindert es aber auch die durch das Waschen hervorgerufene Entfettung der Haut.

Ein kosmetisches Produkt besteht aus

Trägerstoffen	Wirkstoffen	Zusatzstoffen
z. B. Öl, Wachs, Wasser, Emulgator	z. B. Stoffe, die Wasser binden, Horn erweichen, Peeling bewirken, Falten glätten	z. B. Duftstoffe, Konservierungsstoffe, Antioxidanzien

Rohstoffe für Kosmetika

Deklaration nach INCI

Nach § 5 der Kosmetikverordnung müssen alle Bestandteile (Inhalts- und Wirkstoffe) eines Kosmetikproduktes auf der äußeren Verpackung angegeben werden. Hierdurch ist es möglich, bei Unverträglichkeiten oder Allergien bedenkliche Inhaltsstoffe schon vor dem Kauf zu erkennen.

Für eine sprachliche Vereinheitlichung der Bezeichnungen innerhalb der EU sorgt seit 1997 die **INCI**-Liste. Sie legt für alle Inhaltsstoffe von Kosmetika eine Bezeichnung fest, die für die Hersteller aus EU-Ländern verbindlich ist. Bezeichnungen nach INCI werden mittlerweile aber auch von vielen Herstellern verwendet, die nicht aus EU-Ländern kommen. In den USA werden die Inhaltsstoffe nach der **CTFA** angegeben, die in großen Teilen mit der INCI übereinstimmt.

Die INCI-Bezeichnungen von pflanzlichen Inhaltsstoffen weichen von den englischsprachigen Bezeichnungen der CTFA ab. Sie basieren auf dem System des schwedischen Naturforschers *Carl von Linné* aus dem 18. Jahrhundert. Dieses legt für alle Pflanzen einen lateinischen Namen fest. Bei der INCI-Bezeichnung wird dem lateinischen Pflanzennamen nach Linné die Bezeichnung des Pflanzenteils und eventuell die Zubereitungsform in englischer Sprache hinzugefügt.

Beispiel: Aprikosenkernöl *INCI: Prunus Armenicia Kernel Oil*
Pflanzenbezeichnung nach Linné: Prunus Armenica (Aprikose)
Verwendeter Pflanzenteil: Kernel (engl. Kern)
Zubereitung: Oil (*engl.,* Öl)

INCI
International Nomenclature Cosmetic Ingredients; Internationales Namensverzeichnis kosmetischer Inhaltsstoffe

CTFA
Cosmetic Toiletry Fragance Association

Produzenten von kosmetischen Mitteln genügen ihrer Deklarationspflicht nur dann, wenn sie alle Bestandteile ihres Produktes mit der INCI-Bezeichnung angeben. Eine Ausnahme von dieser Regel stellen die **Duftstoffe** dar. Sie werden allgemein als „perfume" oder „aroma" deklariert. Nur 26 Duftstoffe müssen gesondert mit der INCI-Bezeichnung angegeben werden, da sie häufig Allergien auslösen. Farbstoffe werden nach C.I.-Nummern deklariert. Diese sind im Anhang der INCI-Liste aufgeführt.

Die Bestandteile von Kosmetika müssen auf der Außenverpackung in absteigender Reihenfolge nach ihrem Anteil am Gesamtgewicht des Produktes genannt werden. Die Zutat mit dem höchsten Anteil wird also zuerst genannt. Inhaltsstoffe, die weniger als ein Prozent des Gesamtgewichts ausmachen, können in ungeordneter Reihenfolge am Ende genannt werden. Vor der Aufzählung steht das Wort „Ingredients" oder in Deutschland „Bestandteile". Wenn die Außenverpackung eines Produktes zu klein ist, werden die Angaben auf einer Packungsbeilage aufgeführt. Auf der Außenverpackung befindet sich dann als Hinweis das Symbol einer offenen Hand, die in einem Buch blättert. Die INCI-Liste wird infolge der vielen neuen Produktentwicklungen auf dem Kosmetikmarkt ständig aktualisiert und erweitert.

Duftstoffe
→ Kapitel IV / 9

C.I.
Colour Index, Standard-Nachschlagewerk aller gebräuchlichen Farben

 Die INCI-Kennzeichnung am Beispiel einer typischen Feuchtigkeitscreme

Ingredients: Aqua, Polymethyl Methacrylate, Propylene Glycol, Triisostearin, Quaternium-18, Citrus Aurantium Dulcis Extract, PCA, Cera Alba, Ethylene/Propylene Copolymer, Methylparaben, Ethylparaben, Butylparaben, Propylparaben, Isobutylparaben, Parfum, CI 75120.

(Wasser) Aqua	Lösungsmittel
Polymethyl Methacrylate	Viskositätsregler (erhöht oder verringert die Zähflüssigkeit des Produktes)
Propylene Glycol	Feuchthaltemittel
Triisostearin	Lösungsmittel (Fettkomponente)
Quaternium-18	Tensid (macht die Creme besser verteilbar)
Citrus Aurantium Dulcis Extract	Pflegestoff (Orangenextrakt)
PCA	NMF, Feuchtigkeitsspender
(Bienenwachs) Cera Alba	Filmbildner
Ethylene/Propylene Copolymer	Quellstoff/Verdickungsmittel
(Paraben-Gemisch) Methylparaben, Ethylparaben, Butylparaben, Propylparaben, Isobutylparaben	Konservierungsmittel
Parfum	Parfümöl
CI 75120	Farbstoff

2.1 Wichtige Inhaltsstoffe von Kosmetika

2.1.1 Wasser

Wasser (INCI-Bezeichnung: Aqua) ist bei vielen im Handel befindlichen Kosmetika der Bestandteil mit dem größten Anteil am Gesamtgewicht. Das liegt daran, dass Wasser das am häufigsten verwendete Lösungsmittel ist. Viele Kosmetika, z. B. Mundwässer oder Haarwässer, beruhen auf wässrigen Lösungen. Dabei handelt es sich zumeist um Gemische aus Wasser und Alkohol, in denen bestimmte Wirkstoffe gelöst sind.

Durch das Hinzufügen von Wasser erhalten viele kosmetische Produkte eine angenehmere Konsistenz. Reinigungsprodukte werden dünnflüssiger und lassen sich besser verteilen. Cremes und Lotionen werden geschmeidig und fetten nicht so stark auf der Haut.

Das Problem bei stark wasserhaltigen Hautpflegeprodukten besteht jedoch darin, dass Wasser auf der Haut schnell verdunstet. Daher werden Cremes, Lotionen und Gelen mit einem hohen Wassergehalt besonders viele feuchtigkeitsbindende Wirkstoffe hinzugefügt.

Präparatetyp Grundlage	Wasser	Verdickungs-mittel	Fette/Öle/ Wachse	Emulgatoren	Wirkstoffe
Creme (O/W-Emulsion)	50–75 %	0–5 %	15–40 %	5–20 %	2–25 %
Creme (W/O-Emulsion)	40–60 %	–	40–55 %	5–20 %	0–20 %
Hydrogel	85–95 %	4–8 %	–	–	1–10 %
Öl	–	–	95–100 %	–	0–5 %
milchige Lotion	70–90 %	0–1 %	5–20 %	3–0 %	1–10 %

2.1.2 Alkohole

Chemisch werden Alkohole nach der Zahl der Hydroxylgruppen (OH-Gruppen) in **einwertige und mehrwertige Alkohole** unterschieden. Beide Arten spielen bei der Produktion von kosmetischen Mitteln eine wichtige Rolle.

Während einwertige Alkohole vorwiegend als Lösungsmittel, Desinfektionsmittel und Emulgatoren Verwendung finden, werden mehrwertige Alkohole aufgrund ihrer großen Wasserbindungsfähigkeit als Feuchthaltemittel und Weichmacher in Reinigungs- und Pflegeprodukten verwendet.

In alkoholischen Getränken befindet sich der einwertige Alkohol Ethanol. Infolge der in Deutschland sehr hohen Besteuerung von Alkohol als Genussmittel wird Kosmetika häufig vergällter Alkohol zugefügt. Das Vergällungsmittel macht alkoholische Lösungen ungenießbar, schadet aber der Haut nicht. Aufgrund seines unangenehmen Geruchs kann vergällter Alkohol nicht in allen Kosmetika verwendet werden.

Wichtige einwertige Alkohole in kosmetischen Mitteln

Einwertiger Alkohol	INCI-Bezeichnung	Eigenschaften und Beispiele für die Verwendung
Ethanol Ethanol, vergällt	Alcohol Alcohol denatured	• Ethanol verdunstet schnell auf der Haut und sorgt für ein angenehm kühles Gefühl. Daher wird er z.B. in Gesichts- und Rasierwässern und in Körpersprays verwendet. • Ethanol wirkt desinfizierend und fettlösend. In Gesichtswässern desinfiziert er die Haut bei der Anwendung und mindert gleichzeitig den Keimbefall des Produktes, so dass keine zusätzlichen Konservierungsstoffe zugefügt werden müssen. • Ethanol ist neben Wasser das wichtigste Lösungsmittel in Duftwässern.
Butanol	n-Butylalcohol	• Butanol ist nur bedingt wasserlöslich, löst sich aber gut in Fett. Daher wird es als Lösungsmittel in Lacken und Farben, in der Kosmetik in Nagellacken, verwendet.
Isopropanol	Isopropyl Alcohol	• Isopropanol hat einen aufdringlichen „medizinischen" Geruch, wirkt stark desinfizierend und löst Fett noch besser als Ethanol. • Isopropanol wird unter anderem in Desinfektionsmitteln, medizinischen Hautpflegemitteln und Haarfestigern verwendet.

Wichtige mehrwertige Alkohole in kosmetischen Mitteln

Mehrwertiger Alkohol	INCI-Bezeichnung	Eigenschaften und Beispiele für die Verwendung
Glycerin (Glycerol)	Glycerin	• Glycerin wirkt konservierend und schützt Produkte wie z.B. Seife, Zahnpasta und Hautcreme als Feuchthaltemittel vor dem Austrocknen. • Glycerin kann aber bei zu hoher Konzentration hautreizend wirken.
Propylenglycol	Propylene Glycol	• Propylenglycol hat wie Glycerin ein hohes Wasserbindungsvermögen und wird ebenfalls als Feuchthaltemittel und Weichmacher z.B. in Hautcremes und Milchen verwendet. • Propylenglycol kann wie Glycerin bei zu hoher Konzentration hautreizend wirken.
Sorbit	Sorbitol	• Sorbit ist ein dickflüssiger Alkohol, der süß schmeckt. Daher wird er in zuckerfreien und zuckerreduzierten Produkten wie z.B. Kaugummi als Süßstoff eingesetzt. • Sorbit hat eine festere Konsistenz als Glycerin und wird daher häufig als Verdickungsmittel verwendet.

2.1.3 Emulgatoren

Emulgatoren werden zur Herstellung von Emulsionen benötigt. Diese Mischungen aus Fett und Wasser sind Grundlage vieler kosmetischer Mittel wie z.B. Cremes, Lotionen und Milchen. Fett und Wasser sind jedoch nicht ohne weiteres mischbar. Das ist einfach nachzuweisen, in dem man ein Öl in ein Glas mit Wasser gibt. Die beiden Flüssigkeiten mischen sich aufgrund der hohen Oberflächenspannung nicht, das Öl schwimmt auf der Oberfläche, es bildet sich eine Grenzfläche aus.

Wenn Öle mit Wasser gemischt werden sollen, ist ein Emulgator notwendig. Emulgatoren sind „Vermittler" zwischen Wasser und Öl. Sie haben einen **fettliebenden (lipophilen) und einen wasserliebenden (hydrophilen)** Anteil. Der Emulgator besetzt die Grenzschicht zwischen den beiden Flüssigkeiten und vermittelt zwischen Fett und Wasser.

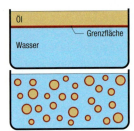

Tenside
→ Kapitel IV / 2.1.4

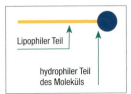

Symbol für ein Molekül eines amphiphilen Stoffes

Füllen Sie ein kleines Glas bis zur Hälfte mit Wasser. Geben Sie einen Esslöffel Speiseöl hinzu. Die beiden Flüssigkeiten setzen sich voneinander ab und die Grenzschicht ist klar erkennbar. Vermischen Sie nun die beiden Flüssigkeiten durch Rühren oder Schütteln und stellen Sie das Glas wieder hin. Schildern Sie, was passiert.
Geben Sie nun einige Tropfen Spülmittel in das Glas und rühren oder schütteln Sie erneut. Stellen Sie das Glas wieder ab. Beschreiben Sie die Veränderung.
Die Tenside im Spülmittel wirken als Emulgatoren. Sie verändern die Grenzschichten zwischen den beiden Flüssigkeiten so, dass die Fetttröpfchen nicht wieder zusammenfließen können. Eine Emulsion ist entstanden.

Grundsätzlich unterscheidet man zwei Typen von Emulsionen:
Öl-in-Wasser-Emulsionen (O/W-Emulsionen) bei denen das Öl in kleinen Tröpfchen im Wasser verteilt ist:
- Sie sind dünnflüssig (Milch), manchmal aber auch zähflüssig oder fest, z. B. in Hautcremes.
- Sie fühlen sich weich an, fließen aber nicht von alleine weg, z. B. bei Sonnenschutzmitteln.
- Sie sind mit Wasser abwaschbar.

Wasser-in-Öl-Emulsionen (W/O-Emulsionen) bei denen Wassertröpfchen im Öl verteilt sind:
- Sie fühlen sich fettiger an als O/W-Emulsionen.
- Sie sind reichhaltiger.
- Sie finden Verwendung bei Cremes, die eine schützende oder wasserabweisende Schicht auf der Haut bilden sollen, auch als Massagecreme.
- Sie sind nur schlecht mit Wasser abwaschbar

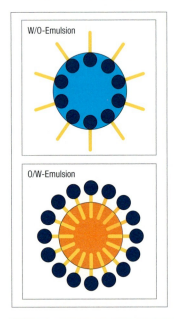
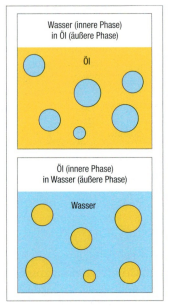

 Der erste W/O-Emulgator

Im Dezember 1911 wurde im Unternehmen Beiersdorf der erste W/O-Emulgator aus Schafwollfett entwickelt. Er wurde unter dem Namen Eucerit patentiert und bildete die Basis für die NIVEA-Creme. Diese kam im selben Jahr zum ersten Mal auf den Markt.

Bei der Herstellung von Kosmetika werden darüber hinaus auch multiple Emulsionen verwendet. Hierbei sind in einer äußeren Phase aus Wasser oder Öl tröpfchenweise Emulsionen gelöst. Es handelt sich also um **W/O/W-** oder **O/W/O- Emulsionen**. Multiple Emulsionen verbinden die Vorteile der beiden Emulsionstypen miteinander. Sie lassen sich leicht verteilen und sorgen schnell für ein angenehmes Feuchtigkeitsgefühl auf der Haut wie ein O/W-Produkt. Gleichzeitig sind sie reichhaltig und wirken langanhaltend wie eine W/O-Emulsion.

Die äußere Phase einer Emulsion hängt vom verwendeten Emulgator ab. Wenn der wasserliebende Anteil überwiegt, entsteht eine O/W-Emulsion, überwiegt der fettliebende Anteil, bildet sich eine W/O-Emulsion.

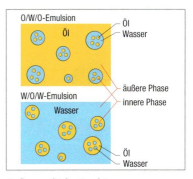

Aufbau multipler Emulsionen

Als Emulgatoren werden bei der Herstellung von Kosmetika eine Vielzahl von chemischen Substanzen verwendet. Um ein optimales Ergebnis zu erzielen und einen vorzeitigen Zerfall der Emulsion zu verhindern, wird in vielen Fällen eine große Menge Emulgatoren zugefügt und es werden mehrere Emulgatoren gemischt. Dadurch können bei sensibler Haut Hautreizungen und Überempfindlichkeiten ausgelöst werden.

2.1.4 Tenside

Zur gründlichen Reinigung der Haut reicht Wasser allein nicht aus, weil es keine fettlösenden Eigenschaften besitzt. Beim Waschen mit Wasser bleibt also Schmutz zurück, der sich mit Schweiß und Talg der Haut vermischt hat. Dieser lässt sich nur durch fettlösende Stoffe (**Detergenzien**) in Verbindung mit Wasser beseitigen.
Detergenzien sind natürliche oder synthetische Tenside. Sie setzen die Oberflächenspannung des Wassers herab und lösen und entfernen fettigen Schmutz.
Tenside sind aufgrund dieser Eigenschaften Grundbestandteil aller Hautreinigungs- sowie Haushaltsputzmittel.

Tenside bestehen aus einem hydrophoben (wasserabweisenden) und einem hydrophilen (wasserliebenden) Teil. Der hydrophobe Teil ist bei allen Tensiden sehr ähnlich, sie unterscheiden sich allerdings im hydrophilen Teil.

- Die **anionischen Tenside** haben einen negativ geladenen „Molekülkopf" und kommen häufig vor. Zu ihnen gehören u. a. die Seifen. Sie sind gute Schaumbildner und haben stark reinigende und emulgierende Eigenschaften. Sie sind gut hautverträglich.
- Die **kationischen Tenside** haben einen positiv geladenen „Molekülkopf" und kommen häufig in Haarpflegeprodukten vor. Bei der Hautreinigung spielen sie nur eine untergeordnete Bedeutung.
- Die **amphoteren Tenside** besitzen eine negative und eine positive Ladung . Sie werden häufig in Badeprodukten verwendet und sind gute Schaumbildner.
- Die **nichtionischen Tenside** haben keine Ladung. Sie sind die hautverträglichsten Tenside, haben aber die geringste Schaumbildung.

In vielen Reinigungsprodukten findet man Kombinationen mehrerer Tenside.

Beim Waschvorgang sorgen die im Wasser gelösten Tenside zunächst dafür, dass sich das Wasser besser auf der Haut verteilt, weil die Oberflächenspannung herabgesetzt ist. Sie wirken als **Netzmittel**.

Die Tenside lagern sich an fettigen Schmutzpartikeln an und sorgen dafür, dass diese sich von der Haut lösen. Anschließend verbinden sie Fettschmutz und Wasser miteinander zu winzigen Kugeln, die mit dem bloßen Auge nicht zu erkennen sind. Diese „Fettschmutz-Wasser-Kugeln" werden Mizellen genannt. Wenn sie mit Wasser abgespült werden, ist die Haut von Fettschmutz befreit.

> Um festzustellen, ob es sich bei einem kosmetischen Mittel um eine W/O- oder eine O/W-Emulsion handelt, muss man nur einen Tropfen davon auf ein Stück Löschpapier geben. Ein Wasser-in-Öl-Produkt hinterlässt einen öligen Fleck, eine Öl-in-Wasser-Emulsion einen Wasserfleck.

Detergenzien
lat. detegere, abwischen, hier: waschaktive Substanzen (WAS)

2.1.5 Fette, Öle, Wachse

Fette spielen bei der Herstellung von fast allen Kosmetika eine wichtige Rolle. Sie bilden die lipophile Phase von Emulsionen. Sie dienen als Weichmacher (Emolliens) und als Rückfetter in Reinigungs- und Pflegeprodukten. Als Wirkstoffe in Hautcremes erhalten sie die Geschmeidigkeit der Haut und verhindern Feuchtigkeitsverlust.

In der Kosmetikherstellung werden heute vorwiegend pflanzliche, mineralische und synthetische Fette verwendet. Tierische Fette, die bis ins 20. Jahrhundert Basis vieler Kosmetika waren, spielen heute bis auf Wachse (Wollwachs und Bienenwachs) keine Rolle mehr. Rindertalg und Schweineschmalz wurden früher häufig als Grundstoff für Theaterschminke verwendet. Sie dienen heute nur noch zur Herstellung von Seife. Tierische Fette besitzen im Gegensatz zu Pflanzenfetten keine natürlichen **Antioxidanzien** und werden daher schneller ranzig.

Sheabutter wird aus den Nüssen der in Westafrika beheimateten Shea-Nussbäume gewonnen.

Antioxidanzien
chemische Verbindungen, die Fette und Öle vor dem Verderb schützen, der durch Kontakt mit Sauerstoff ausgelöst wird

Fette in Kosmetika

Arten von Fetten	INCI-Bezeichnung	Beispiele für die Verwendung
Pflanzenöle, z. B. Jojobaöl Rizinusöl Olivenöl Avocadoöl Mandelöl (süß) Sojaöl	Bruxus Chinensis Ricinus Communis Olea Europaea Persea Gratissima Prunus Dulcis Glycine Soja	• Gesichts- und Körperöle • ölige Zubereitungen • Cremes • Lippenstifte
Feste Pflanzenfette, z. B. Kokosfett Palmöl Kakaobutter Sheabutter	Cocos Nucifera Elaeis Guineensis Teobroma Cacao Butyrospermum parkii	• Kokosfett und Palmöl werden zur Verseifung bei der Herstellung von Seife verwendet. • Feste Pflanzenfette geben Cremes und Lotionen eine festere Konsistenz.
Chemisch gehärtete Fette z. B. hydriertes Erdnussöl	Hydrogenated Peanut Oil	wie feste Pflanzenfette
Natürliche Wachse, z. B. Bienenwachs Wollwachs	Cera Flava Lanolin	• Konsistenzgeber vor allem in Lippenstiften und anderen Produkten der dekorativen Kosmetik. • Wollwachs wird auch als hautpflegender Wirkstoff eingesetzt.
Mineralische Fette und Öle, z. B. Paraffin Paraffinöl Ceresin Vaselin	Paraffinum Paraffinum Oil Ceresin Petrolatum	• Mineralöle werden als Körperöle und für ölige Zubereitungen verwendet. • Mineralische Fette können sich in allen Arten von kosmetischen Produkten befinden
Synthetische Öle, z. B. Silikon	In der Kosmetik werden viele verschiedene Silikone verwendet, z. B. Dimenthicone, erkennbar an INCI-Bezeichnung „-cone".	wie Mineralöle

Pflanzliche, mineralische und synthetische Fette haben eine unterschiedliche Wirkung auf die Haut. **Pflanzenfette** werden von der Haut nicht als Fremdkörper wahrgenommen. Sie integrieren sich in das Stoffgefüge der Haut und ziehen daher nach kurzer Zeit komplett ein. Dadurch schließen sie die Haut nicht nach außen ab und lassen sie weiter „atmen". **Pflanzenöle** enthalten außerdem eine große Zahl von pflegenden und schützenden Wirkstoffen. Ihre Nachteile: Sie verderben leichter als mineralische Fette, sie können Allergien auslösen, und sie sind teurer als mineralische und synthetische Fette.

Mineralische und synthetische Fette werden von der Haut nicht resorbiert. Sie schließen die Haut nach außen ab und bilden einen langanhaltenden feuchten Film und verhindern damit Wasserverlust. Hierdurch verschaffen sie ein angenehmeres Hautgefühl als Präparate mit ausschließlich pflanzlichen Fetten.
Auf die Dauer behindern sie jedoch die natürlichen hauteigenen Regenerationsprozesse. Daher schätzen Verwenderinnen hoch mineralölhaltiger Cremes ihre Haut trotz intensiver Pflege häufig als trocken ein. In der Naturkosmetik wird daher auf die Verwendung von mineralischen und synthetischen Fetten verzichtet.

Naturkosmetik
→ Kapitel IV / 6

Mineralische und synthetische Fette haben jedoch auch Vorteile: Der anhaltende feuchte Film schützt die Haut bei mechanischen Belastungen, wie Reibung, aber auch vor Wind und Kälte. Sie sind in Produkten zur Säuglingspflege enthalten, um ein Wundwerden durch die Windel zu verhindern.
Auch in Lippenstiften sorgen mineralische und synthetische Öle für langanhaltende Feuchtigkeit. Sie sind sehr haltbar und lösen nur selten Allergien aus.

Säuglingspflege
→ Kapitel IV / 7

2.1.6 Gelbildner

Gele, werden besonders zur Hautreinigung und -pflege oder als Haarstylingprodukte angeboten. Sie bestehen aus einem Lösungsmittel (Wasser oder Öl) und einem Gelbildner, der dem Lösungsmittel eine feste, aber weiche Struktur verleiht. Bei Druck und Reibung löst diese sich schnell auf, und das Gel lässt sich gut auf der Haut verteilen.

Wird als Lösungsmittel Wasser verwendet, spricht man von einem **Hydrogel**, bei Verwendung Fett von einem **Lipogel**. Lipogele werden bei der Herstellung von Kosmetika nur selten verwendet. Sie bilden häufig die Grundlage medizinischer Salben.

Als Gelbildner werden natürliche, z. B. Hyaluronsäure oder Kartoffelstärke, oder synthetische Substanzen, z. B. Polyacrylate, verwendet. Gelbildner sind im Allgemeinen hautverträglicher als Emulgatoren. Hydrogele sind fettfrei. Daher eignen sie sich besonders zur Reinigung und Pflege sensibler und unreiner Haut.

Waschgel

Reinigungsprodukte für die Haut
→ Kapitel IV / 3.1.1

2.1.7 Konservierungsmittel

Die meisten wasserhaltigen Präparate enthalten Konservierungsmittel. Dies ist nötig, da Mikroorganismen in wässrigen Zubereitungen gedeihen und die **organischen Stoffe** des Präparats als Nahrungsquelle nutzen können. Die **Konservierungsstoffe** verhindern, dass sich Bakterien und andere Mikroorganismen im Präparat vermehren und dieses dadurch verderben.
Der Zusatz von Konservierungsstoffen wird so bemessen, dass sich das Präparat im geschlossenen Gefäß für längere Zeit hält. Wenn jedoch das Gefäß geöffnet wird und das Präparat mit den Mikroorganismen aus der Umwelt in Kontakt kommt, reicht der Schutz durch die Konservierungsstoffe nicht mehr aus. Deshalb muss eine angebrochene Packung innerhalb weniger Wochen verbraucht werden.

Konservierungsstoffe sind in geringer Menge einem Präparat zugesetzte Stoffe, welche die Haltbarkeit verlängern sollen. Im engeren Sinne sind Konservierungsstoffe Stoffe, die gegen die Vermehrung von Mikroorganismen wirken.

> 💬 Kosmetika halten sich länger, wenn sie kühl und dunkel aufbewahrt werden. Sie sollten so wenig wie möglich mit den Händen in Kontakt kommen, weil hierdurch Keime übertragen werden. Daher halten sich Pflegeprodukte in Tuben länger als in Tiegeln. Aus einem Tiegel sollte Hautcreme am besten mit einem gereinigten Spatel entnommen werden.

*Symbol „offener Cremetopf"
6 M = 6 Monate nach Öffnen haltbar.*

Antioxidanzien
sind in geringer Menge einem Präparat zugesetzte Stoffe, welche gegen den von Sauerstoff aus der Luft bewirkten Verderb schützen. Im weiteren Sinne zählen Antioxidanzien zu den Konservierungsstoffen.

Sauerstoff
Oxygenium

Duftstoffe
sind chemische Stoffe mit intensivem und angenehmem Geruch.

Parfümöle
sind ölige Mischungen von Duftstoffen oder konzentrierte Lösungen von Duftstoffen in einem Öl.

Kosmetikverordnung
→ Band Fachrecht

Konservierungsstoffe behindern das Wachstum und die Vermehrung von Zellen. Deshalb sind sie nicht nur für Mikroorganismen gefährlich, sondern im Prinzip auch für die Zellen unseres Körpers, und nicht jedes Desinfektionsmittel darf zur Konservierung von Kosmetika eingesetzt werden. Die in der EU zugelassenen Stoffe sind unter strengen Kriterien toxikologisch geprüft.

Viele der zugelassenen Konservierungsstoffe sind identisch mit denen, die auch zur Konservierung von Lebensmitteln verwendet werden dürfen. Man kann deshalb davon ausgehen, dass die Konservierung von Kosmetika unbedenklich ist. Auch Allergien gegen Konservierungsstoffe treten nur selten auf. Einer schon bestehenden Allergie gegen einen solchen Stoff kann man leicht ausweichen, weil die Konservierungsmittel eindeutig auf den Packungen deklariert werden.

> **§ 5 KVO**
> Zu den Kennzeichnungspflichten der Hersteller zählt nach der KVO auch die Angabe eines Mindesthaltbarkeitsdatums. Dieses muss bei allen Produkten mit einer Haltbarkeit von 30 Monaten oder weniger unverschlüsselt (Monat, Jahr, Tag oder Tag, Monat, Jahr) mit den Worten „mindestens haltbar bis ..." angegeben werden. Hat das Produkt eine Mindesthaltbarkeit von mehr als 30 Tagen, muss die Verwendungsdauer nach dem Öffnen in Monaten oder Jahren angegeben und durch das nebenstehende Hinweissymbol verdeutlicht werden. Ist die Mindesthaltbarkeitsdauer von bestimmten Aufbewahrungsbedingungen abhängig, so sind diese anzugeben. Die Angaben müssen unverwischbar, deutlich sichtbar, leicht lesbar und in deutscher Sprache erfolgen.

2.1.8 Antioxidanzien

Zur Stabilisierung eines kosmetischen Präparats gehört auch, dass man es vor dem verderblichen Einfluss von Luftsauerstoff und Licht schützt. Der in der Luft enthaltene **Sauerstoff** ist ein relativ aggressives Gas, welches viele organische Stoffe durch chemische Reaktionen verändern und verderben kann. Besonders wenn Sauerstoff und Licht gleichzeitig auf organische Stoffe einwirken, ist die Gefahr des Verderbs (Ranzigwerden) groß. Um den Einfluss von Sauerstoff zu verringern, setzt man kosmetischen Präparaten gern so genannte Antioxidanzien zu. Bewährt haben sich
- das fettlösliche Vitamin E (Tocopherol) und
- das wasserlösliche Vitamin C (Ascorbinsäure).

Diese Stoffe sind für die Haut völlig unbedenklich, weil der Organismus sie als Vitamine sowieso braucht.

2.1.9 Duftstoffe

Größtenteils werden den Präparaten **Duftstoffe** beigemischt, weil der Geruch die Kaufentscheidung des Kunden wesentlich beeinflusst. Die zugesetzten Duftstoffe sollen meist einen Eindruck von Frische vermitteln. Meist mischt man den Präparaten die Duftstoffe als Parfümöle zu. Dies sind konzentrierte Mischungen aus sehr vielen verschiedenen Duftstoffen. **Parfümöle** werden überwiegend aus Pflanzen gewonnen, aber auch synthetische Stoffe werden verwendet.

Die Parfümöle enthalten stets eine große Anzahl verschiedener Duftstoffe, manchmal mehr als 100. Deshalb hat der Gesetzgeber auf eine vollständige Deklaration der Inhaltsstoffe verzichtet. Parfüms sind kosmetische Präparate, die Duftstoffe und Parfümöle als wirksame Hauptbestandteile enthalten.

Einige Duftstoffe sind dafür bekannt, dass sie besonders häufig **Allergien** auslösen. Um die Verwendung dieser Stoffe für die Kunden transparent zu machen, müssen sie laut § 5a der Kosmetikverordnung auf der Verpackung angegeben werden. Es handelt sich um die folgenden 26 natürlichen und synthetischen Duftstoffe:

Liste der deklarationspflichtigen Duftstoffe mit INCI-Bezeichnung; Einstufung des Allergierisikos nach dem Informationsverbund dermatologischer Kliniken (IVDK)

www.gesundheitstipp.ch
www.dermaviduals.de
www.gesetze-im-internet.de

Kategorie A: Sehr hohes Allergierisiko	Kategorie B: Hohes Allergierisiko	Kategorie C: Geringes Allergierisiko	Kategorie D: Sehr geringes Allergierisiko
Baummoos (Evernia Furfuracea)	Cinnamylalkohol (Cinnamyl Alcohol)	Amylcinnamal (Amyl Cinnamal)	Anisylalkohol (Anise Alcohol)
Eichenmoos (Evernia Prunastri)	Hydroxycitronellal (Hydroxycitronellal)	Citral (Citral)	Linalool (Linalool)
Isoeugenol (Isoeugenol)	HMPCC (Lyral)	Eugenol (Eugenol)	Benzylbenzoat (Benzyl benzoate)
Cinnamal (Cinnamal)		Farnesol (Farnesol)	Citronellol (Citronellol)
		Lilial (Butylphenyl Methylpropional)	Hexyl-cinnamaldehyd (Hexyl Cinnamal)
		Methylheptincarbonat (Methylheptincarbonat)	d-Limonen (Limonane)
			Alpha-Isomethylionone (Alpha-Isomethylionone)
			Benzylalkohol (Benzyl Alkohol)
			Amylcinnamalalkohol (Amylcinnamalalkohol)
			Benzylsalicilat (Benzyl Salicilate)
			Cumarin (Coumarin)
			Geraniol (Geraniol)
			Benzylcinnamat (Benzyl Cinnamate)

2.1.10 Farbstoffe

Farbstoffe machen Reinigungs- und Pflegeprodukte attraktiver und verleihen ihnen ein unverwechselbares Aussehen. Für die dekorative Kosmetik sind Farbstoffe die wichtigsten Wirkstoffe. Sie werden meist als sehr fein gemahlene, unlösliche Pulver in die Präparate eingearbeitet. Derartige unlösliche Farbstoffe nennt man **Pigmente**. Der Vorteil der Pigmente ist, dass sie wegen ihrer Unlöslichkeit nicht in die Haut eindringen und dort Schaden anrichten können. Pigmente können sich auch nicht in Tränen, Schweiß oder Regentropfen auflösen.

Pigmente
fein pulverisierter, unlöslicher Farbstoff

In Kosmetika häufig verwendete Pigmente

Name	Farbe	Präparate
Titandioxid	weiß	Make-up, Puder, Sonnenschutz
Talkum	weiß	Make-up, Puder
Zinkoxid	weiß	Make-up, Sonnenschutz
Eisenhydroxid	ocker, braun oder rötlich	Make-up, Puder
Silber	schwarz	Mascara, Eyeliner, Augenbrauenstifte
Graphit (Ruß)	schwarz	Tätowiertinte
organische Pigmente	rot	Lippenstift, Make-up (Rouge)

Pigmente haben eine starke Deckkraft.

Wenn ein Pigment völlig unlöslich ist, kann es auch im Organismus kaum Schaden anrichten, es ist also ungiftig. Allerdings gibt es Pigmente, die sich in Körperflüssigkeiten langsam lösen, z. B. Eisenhydroxid, metallisches Blei oder die roten organischen Pigmente in Lippenstiften. Deshalb dürfen in kosmetischen Präparaten nur Pigmente (und andere Farbstoffe) verwendet werden, deren toxische Unbedenklichkeit nachgewiesen ist.

Lösliche Farbstoffe werden in Präparaten der dekorativen Kosmetik nur dann verwendet, wenn sie durch einen Lack (z. B. beim Nagellack) oder durch lipophile Trägerstoffe (z. B. beim Lippenstift) fixiert werden. Dagegen werden vielen kosmetischen Präparaten kleine Mengen löslicher Farbstoffe zugesetzt, um dem Präparat selbst eine interessante Färbung zu geben. Ohne diese Zusätze würden die meisten Präparate leicht grau oder schwach gelblich aussehen.

2.2 Wichtige Wirkstoffe in Kosmetika

Die Zahl der Wirkstoffe in Hautpflegemitteln ist sehr groß. Die Hersteller bringen immer wieder Produktinnovationen auf den Markt, die werbewirksam angepriesen werden. Kundinnen fühlen sich häufig von der Vielfalt des Angebotes überfordert. Die Werbeversprechen der Hersteller wecken manchmal überzogene Erwartungen, provozieren aber andererseits auch Misstrauen. Daher ist es für das Verkaufspersonal wichtig, im Beratungsgespräch realistisch über Nutzen und Wirkweise von Pflegemitteln Auskunft geben zu können. Bei Bedarf sollte aber auch darauf hingewiesen werden, dass die Wirkung von Kosmetika Grenzen hat.

Die angestrebten – und erreichbaren – kosmetischen Effekte von Hautpflegemitteln lassen sich wie folgt beschreiben:

Funktionen der Haut
→ Kapitel IV / 1.1

- **Versorgung der Haut mit Lipiden (Fetten)**
  Lipide unterstützen die Fettphase des Hydro-Lipid-Films auf der Haut und sorgen dafür, dass die Hornschicht der Oberhaut geschmeidig bleibt. So kann sie ihre Barrierefunktion optimal erfüllen.
- **Bindung von Feuchtigkeit in der Haut**
  Wasserbindende Substanzen wie **Hyaluronsäure** und **Harnstoff** (Urea) sorgen für pralles und gut durchfeuchtetes Aussehen der Haut und lassen kleinere Knitterfältchen verschwinden.

- **Schutz vor äußeren Einflussfaktoren**
Zu den äußeren Einflussfaktoren, welche die Haut altern lassen, gehören UV-Licht, Umwelteinflüsse wie Wind, Hitze und Kälte und die so genannten „freien Radikale". **Freie Radikale** sind stark reaktive Sauerstoffverbindungen, die durch UV-Bestrahlung und Umweltgifte entstehen können. Sie können die Haut schädigen und den Hautalterungsprozess beschleunigen. Als „Radikalfänger" werden Hautcremes insbesondere die antioxidativ wirkenden **Vitamine E und C** und **Beta-Carotin** zugefügt.

Freie Radikale

Ozon, Sonnenstrahlung, Nikotin, Stress, Umweltverschmutzung und andere **Noxen** entfalten ihren schädigenden Einfluss über die Bildung von freien Radikalen.
Die freien Radikale verursachen den so genannten „oxidativen Stress": Sie greifen an Fetten, Nukleinsäuren und Proteinen der Haut an und beschleunigen damit die vorzeitige Alterung der Haut.
Freie Radikale werden durch Radikalfänger inaktiviert.

Noxen
lat. Schaden, hier: Stoff oder Umstand, der eine schädigende Wirkung auf den Organismus ausübt

- **Milderung von Folgen der Hautalterung**
Mit dem Alterungsprozess sinkt die Regenerationsfähigkeit der Haut. Die Geschwindigkeit der Zellerneuerung in der Oberhaut sinkt, die Produktion von Talg und feuchtigkeitsbindenden Substanzen geht zurück. Hinzu kommen altersbedingte Schäden durch UV-Bestrahlung (z. B. Altersflecke).
Neuere Wirkstoffe in Hautpflegemitteln, z. B. **Vitamine** und **Peptide**, beschränken sich nicht mehr auf eine reine Versorgung der Altershaut mit Lipiden, sondern fördern darüber hinaus die Zellerneuerung in Epidermis und Dermis und vermindern lichtbedingte Hautschäden.
Hautstraffende Substanzen, wie **Algenextrakte** oder **Coffein**, geben der Haut ein jugendlicheres Aussehen.
- **Ablösung abgestorbener Hornzellen**
Abgestorbene Hornschüppchen lassen die Haut grau und stumpf aussehen. Sie verschließen mitunter die Poren und behindern bei fettiger Haut den Talgabfluss. Wirkstoffe in Kosmetika, insbesondere in Peeling-Produkten lösen die Hornschüppchen und lassen die Haut feiner und klarer aussehen.
- **Optische Verbesserung des Hautbildes**
Viele Gesichtscremes enthalten Substanzen, die das Gesicht optisch jünger wirken lassen. **Zinkoxid** und **Titanoxid** reflektieren das Licht und mildern dadurch Fältchen ab.
Silikone setzen sich in den Fältchen und Falten fest und wirken wie eine Kittsubstanz, die Haut erscheint jünger, obwohl die eigentliche Faltentiefe unverändert ist.
Talkum in Pflegecremes für die fettige Haut nimmt der Haut den Glanz und lässt sie ebenmäßiger erscheinen. Eine weitaus effektivere Wirkung bei der optischen Verschönerung haben allerdings die Produkte der dekorativen Kosmetik.

Inwieweit die Wirkstoffe ihre angestrebten Ziele erreichen, hängt von unterschiedlichen Faktoren ab. Eine wichtige Rolle spielt die Konzentration. Auch ein hochwertiger Stoff zeigt keine Wirkung, wenn er nur in Spuren enthalten ist. Andererseits kann eine zu hohe Konzentration mancher Substanzen hautschädigend sein.

Dekorative Kosmetik
→ Kapitel IV / 12

Hautpflegemittel aus dem Drogeriesortiment können fortgeschrittene altersbedingte Hautveränderungen wie tiefere Falten oder Hautschäden wie Aknenarben nicht rückgängig machen oder heilen.

Eine Creme aus dem Drogeriesortiment kann nie die gleiche Wirkung haben wie eine Lasertherapie, operative Faltenunterspritzung oder eine Injektion von Nervengiften (z. B. Botox). Erfreulicherweise entfallen bei der Anwendung von Hautpflegemitteln aber auch die Risiken und Nebenwirkungen solcher Eingriffe.

Im Folgenden werden einzelne wichtige Wirkstoffe und Wirkstoffgruppen näher beschrieben, die in fast allen Hautpflegemitteln enthalten sind.

2.2.1 Pflanzliche Wirkstoffe

Pflanzenöle

Fette Pflanzenöle sind häufig Emulsionsgrundlage in Hautcremes. Bestimmte hochwertige und teure Pflanzenöle wie Nachtkerzenöl, Arganöl oder Olivenöl werden Kosmetika in geringer Konzentration zusätzlich als Wirkstoffe zugefügt. Neben der Versorgung der Hornschicht mit Lipiden haben diese Öle vielfältige weitere Pflegewirkungen. So wirkt z. B. Olivenöl antioxidativ gegen freie Radikale, Nachtkerzenöl wirkt hautberuhigend und fördert die Zellregeneration.

phyton
gr. die Pflanze

Phytosterole aus der Avocado helfen, entzündete Haut als Folge intensiver UVB-Strahlen zu beruhigen.

Hormone
→ Kapitel III / 13

Phytosterole

Sterole (auch: Sterine) sind Bestandteile des Zellplasmas in pflanzlichen, tierischen und menschlichen Zellen. Das bekannteste menschliche und tierische Sterol ist das Cholesterin.

Pflanzliche Sterole, die Phytosterole, sind in vielen fetten Pflanzenölen enthalten. Ihr Anteil ist jedoch so gering, dass sie für den Einsatz als Wirkstoffe in Kosmetika konzentriert werden müssen.

Phytosterole haben vielfältige hautpflegende Wirkungen und werden daher in der Kosmetik immer beliebter. Sie binden Feuchtigkeit, wirken juckreizlindernd und in höherer Konzentration entzündungshemmend. Da Phytosterole auch mit der Nahrung aufgenommen und über den Blutkreislauf transportiert werden, befinden sie sich auch als natürlicher Bestandteil in der menschlichen Haut. Sie werden daher sehr gut vertragen.

Phytohormone

Hormone wie Östrogen und Gestagen steuern die Körperfunktionen über die ganze Lebenszeit des Menschen.. Die weibliche Haut altert mit Eintritt der Wechseljahre bedingt durch ein rapides Absinken des Östrogenspiegels. Daher gab es bei Herstellern von Kosmetika schon früh die Idee, Hautcremes mit Östrogenen anzureichern, um die Folgen der Hautalterung zu vermindern. Nach der Kosmetikverordnung sind Hormone in Hautpflegemitteln jedoch aus gutem Grund verboten: Sie greifen in das gesamte Körpersystem ein und können daher unerwünschte Auswirkungen haben. Als Ersatz werden mittlerweile vielen Pflegemitteln Hormone aus Pflanzen (Phytohormone) beigefügt, die **Isoflavone**. Sie ähneln in ihrem Aufbau dem menschlichen Östrogen und kommen z. B. in Soja oder Rotklee vor.

 Isoflavone im Klimakterium

Der hohe Verbrauch sojahaltiger Nahrungsmittel wird von einigen Forschern als Ursache dafür angesehen, dass Japanerinnen in den Wechseljahren weniger Gesundheitsprobleme haben als Europäerinnen und Amerikanerinnen.

Isoflavone sind vom Verbot von Hormonen in Kosmetika nicht betroffen. Sie werden in Hautpflegemitteln so niedrig dosiert, dass bisher keine Nebenwirkungen bekannt sind. Sie wirken als Antioxidanzien gegen freie Radikale und fördern die Zellerneuerung in der Haut.

Natürliche Feuchthaltefaktoren (NMF) und Hyaluronsäure

Eine gesunde Epidermis besitzt einen Wassergehalt von ca. 20 Prozent. Sinkt dieser ab, wird die Haut trocken und stumpf und kann ihre Barrierefunktionen nicht mehr erfüllen. Die Wasserbindungsfähigkeit der Haut (**Turgor**) wird durch hauteigene Substanzen aufrechterhalten, die im Hydro-Lipid-Film gelöst sind. Diese **NMF** genannten Stoffe sind entscheidend für den Feuchtigkeitsgehalt der Hornhaut. Zu den NMF gehören Harnstoff, Milchsäure und verschiedene Aminosäuren. Werden sie durch Wasser und zu viel Reinigungsmittel aus der Oberhaut herausgelöst, trocknet die Haut schnell aus.

NMF lassen sich leicht künstlich herstellen und werden als Gemisch den meisten Pflegeprodukten für trockene Haut hinzugefügt. Da sie auch im natürlichen Hydro-Lipid-Film der Haut vorkommen, sind sie gut verträglich und lösen niedrig konzentriert keine Unverträglichkeiten aus. Der wichtigste und am häufigsten auf Produktverpackungen angegebene NMF ist **Harnstoff (Urea)**. In niedriger Konzentration (unter 10 %) bewirkt Urea eine deutlich spürbare Erhöhung des Wassergehaltes in der Hornhaut und somit eine sichtbare Hautglättung, die über mehrere Stunden anhält. Harnstoff wirkt darüber hinaus antibakteriell und entzündungshemmend. Daher ist er auch häufig in Pflegeprodukten für unreine und zu Allergien neigende Haut enthalten. Eine Harnstoffkonzentration von 10 % wird häufig in Fußpflegeprodukten verwendet. Sie wirkt pflegend und feuchtigkeitsbindend, aber auch leicht **keratolytisch**, wodurch Hornhaut an den Füßen vermindert wird.

Turgor
lat. Flüssigkeitsdruck in einem Gewebe; bezeichnet in der Kosmetik die Wasserbindung in der Oberhaut

NMF
Natural Moisturing Factors, natürliche Feuchthaltefaktoren

> **Wie wirkt Harnstoff in der Kosmetik?**
>
> Harnstoff spaltet die Wasserstoffbrücken in den Eiweißketten des Keratins und erleichtert, in niedriger Konzentration, die Bindung des Wassers durch Keratin. Das macht die Haut glatt und geschmeidig. In höherer Konzentration wirkt Harnstoff hornlösend und erleichtert die Abschuppung der Oberhaut. Außerdem verstärkt er die Durchlässigkeit der Hornschicht. Harnstoff hat in höherer Konzentration (ab 40 %) eine stark keratolytische Wirkung. In der Medizin wird er zum Beispiel zur Auflösung von pilzbefallenen Finger- und Fußnägeln eingesetzt. Kosmetischen Mitteln darf Urea deshalb nur bis zu einer Konzentration von 10 % zugefügt werden.

Wichtige NMF:

Bezeichnung	INCI
Natriumlactat	sodium lactate
Harnstoff	urea
Histidin	histidine
Milchsäure	lactic acid
Pyrrolidoncarbonsäure (Pidolinsäure)	PCA

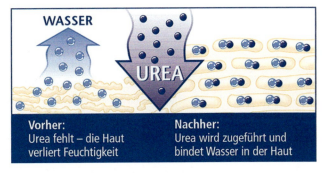

Urea bindet nachhaltig Feuchtigkeit, unterstützt die Abschuppung der Haut und lindert Juckreiz. Quelle: eucerin.de

Hyaluronsäure wird nicht zu den NMF gezählt, weil sie nicht natürlicher Bestandteil der Epidermis ist, sondern in der Lederhaut vorkommt. Sie hat aber aufgrund ihrer besonderen Wasserbindungsfähigkeit in Hautcremes eine ähnliche Wirkung wie NMF. Nach dem Auftragen lässt sie die Haut glatt und gepflegt erscheinen, dringt aber nicht in tiefere Hautschichten ein. Der positive Effekt für die Haut hält jedoch nicht an und die Anwendung muss täglich neu erfolgen.

Hyaluronsäure ist auch in höheren Dosierungen nicht keratolytisch. Sie wird gut vertragen und löst keine Allergien aus. Dennoch wird sie Hautpflegemitteln nur in sehr niedrigen Dosierungen zugefügt. Grund dafür ist der hohe Preis, da die Gewinnung von Hyaluronsäure aus Hahnenkämmen oder Pilzkulturen aufwendig und teuer ist.

Alphahydroxysäuren (AHA, Fruchtsäuren)

Als Alphahydroxysäuren, kurz **AHA** genannt, wird eine Gruppe von feuchtigkeitsbindenden, aber auch keratolytisch wirkenden Säuren bezeichnet. Da sie häufig aus Pflanzen und Früchten gewonnen werden, bezeichnet man sie als Fruchtsäuren. Zu den AHA werden aber auch Milchsäure und Glykolsäure gezählt. Mit den AHA verwandt ist die Salicylsäure, die Kosmetika vor allem wegen ihrer keratolytischen und ihrer desinfizierenden Wirkung beigefügt wird.

Nutzen und Risiken von AHA in Kosmetika sind umstritten, denn in höherer Konzentration wirken AHA stark keratolytisch. Sie können dann Hautreizungen oder sogar Hautschäden verursachen. Gleichzeitig haben sie aber auch positive Wirkungen: Fruchtsäuren erhöhen die Feuchtigkeitsbindung in der Oberhaut und verbessern die Bildung hauteigener Hyaluronsäure in der Lederhaut. Sie wirken straffend und regen das Zellwachstum in der Oberhaut an.

In Pflegeprodukten aus dem Drogeriesortiment dürfen Fruchtsäuren nur in einer geringen Konzentration von bis zu 5 % enthalten sein. Sie werden vor allem Peelings und Pflegeprodukten gegen unreine Haut beigefügt, weil sie abgestorbene Hornschüppchen von der äußeren Hornschicht lösen und dadurch den Talgabfluss verbessern.
AHAs befinden sich aufgrund ihrer straffenden, zellerneuernden und feuchtigkeitsbindenden Eigenschaften auch in Pflegeprodukten für die trockene Haut und die Altershaut.

Kollagen, Elastin

Bei Kollagen und Elastin handelt es sich um Proteine (Eiweiße), die Hauptbestandteile des Bindegewebes der Lederhaut und der Unterhaut sind. Sie sorgen für die Festigkeit und die Elastizität der Haut. Beide Proteine sind – aus Tierhäuten gewonnen – in vielen Hautpflegemitteln enthalten.

Die Werbung suggeriert manchmal, dass diese beiden Baustoffe von außen zugeführt die Struktur der Haut verbessern, weil sie sich mit dem hauteigenen Kollagen und Elastin verbinden. Eine solche Wirkung wird jedoch bei äußerlicher Anwendung nicht erreicht, da aufgrund ihrer Molekülgröße kein Eindringen in die Dermis erfolgen kann.

Kollagen und Elastin haben jedoch durch ihre **hohe Wasserbindungsfähigkeit** einen positiven Einfluss auf die Hornschicht der Oberhaut. Sie bilden einen Film, der das Wasser in der oberen Hautschicht festhält, und verleihen der Haut ein glattes und geschmeidiges Aussehen.

In Haarpflegemitteln bilden sie einen Film, der das Haar umschließt und es leichter kämmbar macht. Darüber hinaus verwendet man sie bei der Herstellung von Kosmetika als Gelbildner und Verdickungsmittel.

Aufbau der Haut
→ Kapitel IV / 1.2

AHA
alpha-hydroxy-acids, Alphahydroxysäuren, auch Fruchtsäuren genannt, wirken in konzentrierter Form hautschälend.

Chemische Peelings
→ Kapitel IV / 3.5.1

> Bei der Anwendung von Kosmetika, insbesondere Peelings, die Fruchtsäuren enthalten, sollte man vorsichtig vorgehen. Die vorgeschriebene Einwirkzeit ist genau einzuhalten und Augen und Mund sollten beim Auftragen großzügig ausgespart werden.

Aufbau der Haut
→ Kapitel IV / 1.2

Ceramide

Bei Ceramiden handelt es sich um körpereigene Lipide, die den Hauptbestandteil der „Kittsubstanz" zwischen den Hornzellen der Oberhaut ausmachen. Bei Ceramidmangel verliert die Haut ihre Barrierefunktion und wird trocken und rau. Synthetische oder natürlich gewonnene Ceramide sind häufig Bestandteile von Pflegemitteln gegen trockene und sensible Haut. Sie werden gut vertragen, weil sie in ihrer chemischen Struktur den hauteigenen Ceramiden gleichen.

Ceramidhaltige Produkte werden auch in der Hautmedizin bei Neurodermitis eingesetzt. Neuerdings werden in der Hautpflege auch Substanzen eingesetzt, welche die Produktion von körpereigenen Ceramiden fördern sollen.

Aufbau der Haut
→ Kapitel IV / 1.2

Liposome und Nanopartikel

Wirkstoffe in Kosmetika erreichen normalerweise die tieferen Hautschichten nicht, weil die dicht zusammenstehenden Hornzellen der äußeren Oberhautschichten eine unüberwindliche Barriere darstellen. Seit dem Ende der achtziger Jahre werden Pflegemittel angeboten, die Liposome und Nanopartikel enthalten. Diese sind in der Lage, Wirkstoffe in die unteren Schichten der Oberhaut zu transportieren.

Liposome sind mikroskopisch kleine Hohlkügelchen, die von einer oder mehreren Doppelschichten aus Molekülen umgeben sind, die einen wasserabweisenden und einen wasserliebenden Teil besitzen. Sie ordnen sich so an, dass in der Mitte ein Hohlraum entsteht. Die äußeren Schichten ähneln dem Aufbau von Membranen der Zelle. Daher werden sie von der Haut nicht als Fremdkörper wahrgenommen und sie können durch die Zellzwischenräume der Hornschicht Wirkstoffe bis in die Körnerzellenschicht der Oberhaut abgeben. Im Inneren von Liposomen befindet sich eine wässrige Phase, in der wasserlösliche Wirkstoffe wie z. B. Vitamin C oder NMF gelöst werden können. Die Hülle von Liposomen wird von der Haut vollständig aufgenommen. Sie enthält zumeist fettlösliche Wirkstoffe, z. B. Ceramide, welche die Barrierefunktion der Haut unterstützen.

Bau eines Liposoms (Modell)

Nanopartikel (auch Nanoparts) haben die gleiche Funktion wie Liposome, sind aber anders aufgebaut. In ihrem Inneren befindet sich eine lipophile Phase. Nanopartikel eignen sich daher zum Transport von fettlöslichen Wirkstoffen wie z. B. Vitamin A und E.

 Nanoparts in Sonnenpflegemitteln

Nanopartikel werden in Sonnenschutzmitteln verwendet, um physikalische Filter wie Zinkoxid oder Titanoxid in tiefere Hautschichten zu transportieren und damit die unangenehme Weißfärbung der Haut zu vermeiden. (→ Sonnenpflege).

Die Wirksamkeit von Liposomen und Nanoparts hängt von ihrer Größe ab: Um in tiefere Hautschichten vordringen zu können, müssen sie kleiner als 200 nm sein – ein Nanometer entspricht 0,000001 mm.

Entscheidend ist weiterhin, wie die Haut auf die eingeschleusten Wirkstoffe reagiert. Es kann vorkommen, dass die Wirkstoffe durch vermehrte Wasserabsonderung wieder ausgeschwemmt werden – was zu einem Feuchtigkeitsverlust und einem Austrocknen der Haut führt. Die Haut wird außerdem bei der Verwendung von Pflegeprodukten, die Liposome oder Nanopartikel enthalten, durchlässiger. Dadurch können auch hautreizende Bestandteile des Pflegeproduktes wie Duft- und Konservierungsstoffe tiefer eindringen. Daher verzichten viele Hersteller von Pflegemitteln mit Liposomen oder Nanopartikeln auf aggressive und allergene Hilfsstoffe.

Liposomen und Nanopartikel erkennt man an Wirkstoffnamen, die z. B. auf -somen, -spheren, -parts oder -pearls enden.

Peptide

Bei Peptiden handelt es sich um kurzkettige Eiweiße. Im menschlichen und tierischen Körper kommen sie zum Beispiel als Botenstoffe und Hormone vor. In Kosmetika wird der Wirkstoff **Argireline** eingesetzt, ein Peptid, das eine muskelentspannende Wirkung hat und eine Glättung von Mimikfalten bewirken soll.

Künstlich hergestellte Peptide wie **Matrixil** werden in Hautcremes eingesetzt, um die Gewebebildung in der Lederhaut anzuregen.

Natürliche Peptide werden aus Soja oder Milcheiweiß gewonnen. Sie wirken als Feuchthaltesubstanzen auf der Hautoberfläche.

Vitamine

Ernährung
→ Kapitel V / 1.2.4

Der menschliche Körper braucht zur Aufrechterhaltung seiner Funktionen Vitamine, die mit der Nahrung aufgenommen werden. Vitaminmangel kann schwere Folgen für die Gesundheit haben. Diverse Vitamine haben aber auch eine positive Wirkung, wenn sie auf die Haut aufgetragen werden.

In Kosmetika findet man unter anderem die **wasserlöslichen Vitamine C** (Ascorbinsäure), **Vitamin B_3** (Niacinamid, Niacin) und **Provitamin B_5** (Panthenol) und die **fettlöslichen Vitamine A** (Retinol) und **Vitamin E** (Tocopherol).

Die Vitamine C und E wirken als Antioxidanzien und schützen vor freien Radikalen und den Folgen von UV-Bestrahlung.

Diese Wirkung hat auch Vitamin B_3 (Niacin). Darüber hinaus wird es wegen seiner entzündungshemmenden Eigenschaft in Kosmetika gegen Akne eingesetzt.

Provitamin B_5 (Panthenol) wandelt sich in der Epidermis in Vitamin B_5 um und wirkt hautberuhigend und feuchtigkeitsspendend.

Vitamin A (Retinol) wird besonders häufig Anti-Aging-Produkten zugefügt, weil es die Zellerneuerung aktiviert und den Kollagenabbau in der Lederhaut hemmt. Zudem hat es eine hautglättende Wirkung und hilft gegen Verhornungsstörungen, z. B. bei Akne.

Coenzym Q 10

Der fettlösliche Vitalstoff Coenzym Q 10 (eigentlich Ubichinon 10) wird durch die Nahrung aufgenommen, zum Teil aber auch vom Körper selbst produziert.

Coenzym Q 10 wirkt antioxidativ gegen freie Radikale, schützend und stabilisierend auf die Struktur von Körperzellen, in Cremes vor allem auf die Zellen der Epidermis. Da die Aufnahme von Coenzym Q 10 im Alter zurückgeht, wird es auch als Nahrungsergänzungsmittel angeboten.

3 Produkte zur Reinigung und Pflege der Haut

Um die Haut gesund zu erhalten und vor schädigenden Umwelteinflüssen zu schützen, sollte die tägliche Hautpflege in vier Schritten stattfinden:

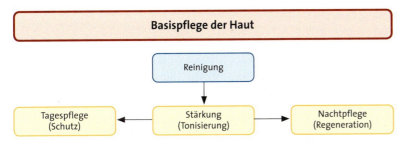

Die Wahl geeigneter Reinigungs- und Pflegeprodukte sollte dabei abhängig vom jeweiligen Hautzustand erfolgen.

Hautzustand
→ Kapitel IV / 3.6

3.1 Tägliche Reinigung der Haut

Im Laufe eines Tages lagern sich auf der Haut, insbesondere auf Gesicht und Dekolleté, Schmutz- und Staubpartikel an. Die Haut selbst produziert ständig Schweiß, und Talg, hinzu kommen abgestorbene Hautschüppchen. Auch das aufgetragene Make-up muss vor dem Auftragen von Pflegeprodukten entfernt werden. Daher sollte die **Gesichtshaut** zweimal täglich mit geeigneten Produkten gereinigt werden.

Schweißdrüsen
→ Kapitel IV / 1.3.1

Hydro-Lipid-Film
→ Kapitel IV / 1.1

Bei der Reinigung der **Körperhaut** steht die Vermeidung von Körpergeruch im Vordergrund. Daher müssen besonders die Regionen des Körpers, in denen sich besonders viele apokrine Schweißdrüsen befinden, täglich – bei starkem Schwitzen sogar mehrmals täglich – gereinigt werden.
Gleichzeitig sollte aber beachtet werden, dass die Haut nicht zu stark durch Reinigungsmittel belastet wird, da diese kurzfristig den Hydro-Lipid-Film der Haut zerstören und die Haut austrocknen können.
Vom täglichen **Duschen** raten Hautärzte daher eher ab. Wer darauf nicht verzichten will, sollte sparsam mit Reinigungsprodukten umgehen und diese nur für die geruchsintensiven Hautbereiche wie Achselhöhlen, Intimbereich und Füße verwenden.

Wannenbäder sind zur täglichen Körperhygiene nicht geeignet, da sie die Haut noch stärker austrocknen als das Duschen. Außerdem wird beim Baden weit mehr Wasser verbraucht. Ein Vollbad sollte nicht mehr als einmal, höchstens zweimal pro Woche, zum Beispiel zur Entspannung oder zu medizinischen Zwecken, genommen werden.

Bei einem Wannenbad in einer durchschnittlich großen Badewanne werden 150 bis 180 Liter Wasser verbraucht. Für ein zehnminütiges Duschbad benötigt man ca. 60 Liter. Wer sich am Waschbecken mit dem Waschlappen wäscht, verbraucht kaum mehr als 6 Liter Wasser.

Detergenzien
lat. detegere abwischen

Tenside
→ Kapitel VII

Glycerin
→ Kapitel VII

Schmierseife
→ Kapitel VII

Die Schaumbildung sagt nichts über die Reinigungskraft eines Produktes aus!

Seife hat gegenüber anderen Reinigungsmitteln nicht nur Nachteile: Sie ist problemlos biologisch abbaubar und daher sehr umweltverträglich.

3.1.1 Produkte zur Reinigung der Haut

Seifen

Zur gründlichen Reinigung der Haut reicht Wasser allein nicht aus, weil es keine fettlösenden Eigenschaften besitzt. Beim Waschen muss Schmutz, der sich mit Schweiß und Talg der Haut vermischt hat, durch fettlösende Stoffe (**Detergenzien**) in Verbindung mit Wasser beseitigt werden.

Das älteste und bekannteste Detergens ist Seife. Erste „seifige" Waschpasten wurden schon vor 2500 Jahren hergestellt. Bis zur Mitte des 20. Jahrhunderts war die Seife das einzige Mittel zur Körperreinigung und wurde auch für die Haarwäsche verwendet. Seife entsteht durch das Kochen von pflanzlichen oder tierischen Fetten wie Olivenöl oder Rindertalg mit starken Laugen wie Natronlauge oder Kalilauge. Dabei reagieren die Fettsäuren mit der Lauge zu Alkalisalzen. Diese Salze sind die Seifen.
Als „Abfallprodukt" bei der Verseifung entsteht **Glycerin**, das aufgrund seiner stark wasserbindenden Eigenschaft in vielen Kosmetika enthalten ist.

Die Konsistenz der Seife hängt unter anderem auch von den verwendeten Rohstoffen ab. Wird Natronlauge verwendet, bilden sich feste Seifen. Bei der Verseifung mit Kalilauge entstehen weiche Pasten, die als Schmierseife verwendet werden. Kokosöl oder Palmkernöl sorgen für eine besonders starke Schaumbildung.

Die Bedeutung der Seife für die Körperhygiene ist in den letzten Jahrzehnten aufgrund ihrer Nachteile zurückgegangen:
- Seife reagiert auf der Haut stark alkalisch (pH-Wert der eingeschäumten Haut etwa 9), der Hydro-Lipid-Film der Haut wird angegriffen. Bei empfindlicher Haut kann es dadurch zu Irritationen kommen.
- Seifen bilden in Verbindung mit kalkhaltigem (hartem) Wasser, wasserunlösliche Kalkseife, die sich als grauer Film ablagert und die Seife zum Teil unbrauchbar macht.
- Beim Zerfall der Seife in Wasser bilden sich freie Fettsäuren, welche die Bildung von Hautunreinheiten begünstigen. Seife ist daher als Mittel zur Gesichtsreinigung eher ungeeignet.
- Seifenstücke sind vor allem beim Duschen unhandlich, sie werden in Verbindung mit Wasser glitschig.
- Seifenstücke sind unhygienisch, wenn mehrere Personen sie benutzen. Auf öffentlichen Toiletten dürfen sie daher nicht mehr verwendet werden.

Inhaltsstoffe von Seifen aus dem drogistischen Sortiment

Seifenstücke, die im Drogeriesortiment angeboten werden, enthalten zumeist Glycerin und Kochsalz als **Feuchthaltemittel**. Dadurch soll das Austrocknen und Rissigwerden des Seifenstücks aufgehalten werden.
Antioxidanzien verhindern das Ranzigwerden der Fettsäuren. Säuren wirken als **Komplexbildner**, die die Bildung von Kalkseife in Verbindung mit hartem Wasser vermindern. Pflanzliche und tierische Fette wirken als **Rückfetter** und verringern die Austrocknung der Haut.
Auch Glycerin hat eine rückfettende Wirkung. Daher wird es entweder nach der Verseifung in der Seife belassen oder nachträglich hinzugefügt.
Duft- und Farbstoffe verleihen der Seife den gewünschten Wiedererkennungswert und machen sie attraktiv für die Kunden.

Aus dem drogistischen Sortiment: Seifen

Produkte	Wirksamkeitsbestimmend sind u. a.	Wirkungsweise
Toilettenseife	• wird mit einem Anteil von 20 bis 50 Prozent aus Pflanzenfetten hergestellt • Rückfetter • dezente Duftstoffe	• Seife für den täglichen Gebrauch • hat den höchsten Marktanteil am gesamten Seifenverbrauch
Kernseife (Haushaltsseife)	• einfache, preiswerte Seife aus vorwiegend tierischen Fetten • und preisgünstigen Pflanzenfetten • nur wenige Farb-, Pflege- und Duftstoffe	• eignet sich aufgrund des günstigen Preises bei einem großen Seifenverbrauch • sollte nur zur Handreinigung genommen werden, weil sie stark entfettet • wird aufgrund ihrer stark alkalischen Wirkung zur Verfilzung z.B. von „dreadlocks" verwendet
Arztseife	• sehr reichhaltige Rückfetter, z.B. Lanolin • Desinfektionsmittel	• Rückfetter schonen die Haut bei häufigem Händewaschen • Desinfektionsmittel hemmen das Keimwachstum. • *Hinweis: Die Verwendung von Arztseife ersetzt nicht die Desinfektion der Hände!*
Cremeseife	• reichhaltige Fette, die die Haut eincremen, z.B. Paraffinöl oder Pflanzenöle	• trocknet die Haut weniger aus • hinterlässt ein angenehmes Gefühl auf der Haut • eignet sich nicht für die Reinigung stark verschmutzter Haut
Luxusseife	• exklusive und hochwertige Duftstoffe in hoher Konzentration • aufwendige Verpackung • Rezeptur zumeist ähnlich wie bei Toilettenseife	• sorgt für einen dezenten Duft der Haut • kann anstelle eines Duftwassers verwendet werden
Deoseife	• desinfizierende und deodorierende Wirkstoffe	• vermindert die Ausbreitung von schweißzersetzenden Bakterien • unterstützt Deodoranzien
Naturseife	• Verseifung ausschließlich von Pflanzenölen, häufig aus biologischem Anbau • Parfümierung vorwiegend oder ausschließlich durch natürliche Duftstoffe	• milde, wenig belastende Reinigung der Haut
Babyseife	• milde synthetische Tenside • wenige oder gar keine Duftstoffe • hoher Anteil an Rückfettern und pflegenden Wirkstoffen	• schont und pflegt die empfindliche Babyhaut • auch zur Reinigung sensibler Haut geeignet
Flüssigseife	• vorwiegend synthetische Tenside • im chemischen Aufbau eher dem Duschgel und Haarshampoo ähnlich.	• in der Benutzung hygienischer als Stückseife • weniger alkalisch und bildet keine Kalkseife
Rasierseife	• Mischung von Kalium- und Natriumseife in Verbindung mit Kokosfett • hoher Anteil an Fetten und hautpflegenden Substanzen • Stearinöl als Schaumstabilisator	• weicht die Barthaare ein und schützt die Haut während der Rasur • Fette verhindern das Austrocknen, wodurch die Haut weniger anfällig für Verletzungen wird. • hat eine weiche Konsistenz und ergibt einen feinen und festen Schaum
Peelingseife	• vorwiegend natürliche **Abrasiva** wie Mandelkleie oder Aprikosenkernmehl	• entfernt abgestorbene Hautzellen • sorgt für eine gute Durchblutung der Haut

Syndets

Diese Bezeichnung wurde gebildet aus „synthetisch" und „Detergens" und bedeutet „künstliches Reinigungsmittel".

Syndets schäumen weniger, die Reinigungswirkung ist bei normal verschmutzter Haut ähnlich der der Seife.

Schonende Reinigungsmilch

Syndets

Als Alternative zur klassischen Seife gibt es seit einigen Jahrzehnten Syndets. Syndets enthalten keine natürlichen Tenside wie Seifen, sondern künstlich hergestellte Tenside. Diese lösen Fettschmutz aber nach dem gleichen Prinzip. Syndets haben den Vorteil, dass sie auch in Verbindung mit hartem Wasser keine Kalkseifen bilden. Außerdem lässt sich ihr pH-Wert durch Zugabe von Säuren beliebig einstellen. Dies ist bei natürlichen Seifen nicht möglich. Zumeist wird er auf den natürlichen, leicht sauren pH-Wert der Haut, 5,5, eingestellt. Dadurch sind Syndets hautverträglicher als Seifen und für die Reinigung empfindlicher Haut besser geeignet. Die Waschleistung ist bei normal verschmutzter Haut gleich gut.

Die meisten Hautreinigungsprodukte im Drogeriesortiment enthalten mittlerweile vorwiegend synthetische Tenside. Als Syndets werden aber im allgemeinen Sprachgebrauch Reinigungsmittel für empfindliche Haut bezeichnet, die auf einen hautneutralen pH-Wert eingestellt sind und darüber hinaus ganz oder teilweise frei von hautreizenden Zusatzstoffen wie Parfum oder Konservierungsmittel sind. Zumeist werden sie noch mit hautberuhigenden Wirkstoffen angereichert.

 Syndets als Stückseife müssen nach Gebrauch trocken aufbewahrt werden. In der Seifenschale der Dusche „versumpfen" sie schneller als andere Seifen!

Milchen

Reinigungsmilchen (Cleansing Milk) werden ausschließlich zur Gesichtsreinigung verwendet. Es handelt sich um dünnflüssige Öl-in-Wasser-Emulsionen, die pur oder mit Wasser auf Gesicht und Hals aufgetragen und danach mit einem feuchten Wattepad wieder abgenommen werden. Bei manchen Produkten wird das Gesicht danach mit Wasser abgespült, bei anderen werden die Reste mit einem Kosmetiktuch entfernt. Wenn die Reinigungsmilch nicht abgespült wird, bleibt auf der Haut ein leichter Fettfilm zurück, der meist als angenehm empfunden wird.

Milchen reinigen die Haut besonders schonend und trocknen sie nicht aus, weil sie nur sehr milde oder gar keine Tenside enthalten. Ihnen werden reichhaltige Fette und Öle hinzugefügt, welche die Pflegewirkung verbessern. Dadurch sind sie besonders für die Reinigung der trockenen Gesichtshaut und der Altershaut geeignet.

Gele

Reinigungsgele (Cleansing jelly) ermöglichen eine schonende Gesichtsreinigung. Sie bestehen zum größten Teil aus **Wasser (95 %)**, dem durch **Gelbildner** eine dickflüssige Struktur verliehen wird. Um eine Austrocknung zu verhindern, werden Gelen **Feuchthaltemittel** wie Glycerin hinzugefügt.

Reinigungsgele für das Gesicht sind zumeist fettfrei und enthalten milde Tenside, die ein Aufschäumen in Verbindung mit Wasser bewirken. Sie werden auf das feuchte Gesicht aufgetragen und anschließend abgespült.

Dadurch dass sie keine Fette enthalten, sind sie besonders für die Reinigung unreiner, und fettiger Haut geeignet. Auch Pflegeserien für sensible Haut enthalten oft ein Gel zur Gesichtsreinigung. Gele sind **frei von Emulgatoren**, welche die empfindliche Haut reizen könnten.

Duschzusätze

Produkte für das Duschbad sind **Flüssigseifen** auf der Basis von Gelen oder Öl-in-Wasser-Emulsionen, die sich durch einen angenehmen Duft, eine schnelle Schaumbildung und eine attraktive Farbgebung auszeichnen.

Sie enthalten **synthetische Tenside**, jedoch eine größere Menge Wasser als Flüssigseifen oder Syndets. Dadurch lassen sie sich leichter auf der nassen Haut verteilen. Die meisten Duschzusätze haben einen milden, leicht basischen pH-Wert, um die Körperhaut auch bei täglichem Duschen nicht zu schädigen. Zusätzlich enthalten sie pflegende und rückfettende Wirkstoffe.

> Bei der Auswahl des Duschzusatzes stehen Duft und Farbe im Vordergrund. Daher bieten die Hersteller immer mehr ungewöhnliche Farb- und Duftkreationen an. Der Kauf eines Duschgels wird dadurch zu einem Kauferlebnis zum kleinen Preis – das Verkaufspersonal sollte das unterstützen und die Kunden nach Belieben an den Produkten schnuppern lassen.

Wohlriechende und pflegende Duschzusätze

Aus dem drogistischen Sortiment: Duschzusätze

Produkte	Wirksamkeitsbestimmend sind u. a.	Wirkungsweise/Eigenschaften
Duschgel	• synthetische Tenside, Wasser • Verdickungsmittel • Farb- und Duftstoffe	• gute Reinigungswirkung und Verteilbarkeit bei mittlerer bis geringer Belastung der Haut
Cremedusche, Ölperlendusche	• höherer Fettanteil als Duschgel	• schützt die Haut vor Austrocknung
Duschöl	• sehr hoher Fettanteil durch Zugabe von Ölen, z. B. Sonnenblumenöl, Rizinusöl	• mittlere Reinigungswirkung (sollte nur bei normal verschmutzter Haut angewendet werden) • sehr guter Schutz vor Entfettung • hinterlässt einen leicht öligen Film auf der Haut
Duschpeeling	• Duschgel, das natürliche oder synthetische **Abrasiva** enthält	• befreit die Haut zusätzlich zur Reinigung von abgestorbenen Hautschüppchen

Badezusätze

Wannenbäder haben eine wohltuende Wirkung, denn sie reinigen und wärmen den Körper. Durch die scheinbare Schwerelosigkeit im Wasser entspannt sich die Muskulatur und der Kreislauf wird stimuliert. Ein warmes Bad öffnet die Poren und macht die Haut aufnahmefähig für Pflegeprodukte.

> Bei einem Vollbad sollte darauf geachtet werden, dass die Wassertemperatur nicht zu hoch und die Verweildauer nicht zu lang ist. Das Wasser sollte Körpertemperatur (etwa 37 °C) haben. Wer anschließend schlafen will, kann auch etwas wärmer baden. Nach einer Badezeit von mehr als zwanzig Minuten „schrumpelt" die Haut. Bei niedrigem Blutdruck verhindert kaltes Abduschen nach dem Bad Kreislaufbeschwerden.

Die Zusammensetzung von Badeprodukten gleicht im Wesentlichen der von Duschprodukten. Da das Produkt aber in einer sehr großen Wassermenge gelöst wird, sind die Inhaltsstoffe, vor allem die Tenside und Duftstoffe, höher konzentriert. Daher sollten Badeprodukte nicht als Dusch- oder Handwaschmittel verwendet werden. Durch die hohe Tensidkonzentration könnte es zu Hautreizungen kommen.

Aus dem drogistischen Sortiment: Badezusätze

Produkte	Wirksamkeitsbestimmend sind u.a.	Wirkungsweise/Eigenschaften
Schaumbad	• besonders stark schaumbildende Tenside, die sich im Badewasser schnell lösen • Farb- und Duftstoffe	• gute Reinigungswirkung und angenehmer Duft
Cremebad	• gleicht vom Aufbau her dem Schaumbad • enthält aber einen größeren Fettanteil Dadurch ist die Schaumbildung geringer.	• Die enthaltenen Fette vermindern die Austrocknung der Haut.
Badeöl	• sehr hoher Fettanteil, dadurch ist die Schaumbildung wesentlich geringer als bei Schaum- und Cremebädern	• sehr guter Schutz vor Entfettung • hinterlässt einen leicht öligen Film auf der Haut. Daher sollte die Haut nach der Verwendung nicht mit einem Handtuch abgerubbelt werden.
Badesalze, lose, als Tabs oder Kugeln, auch als Sprudelbäder	• Salze, z.B. Meersalz oder Steinsalz, die mit Farb- und Duftstoffen versetzt sind • Sprudelbäder: **Natriumhydrogencarbonat** und **Zitronensäure** • ätherische Öle als Duft- und Wirkstoffe in Naturkosmetikprodukten	• pflegend und entspannend • keine Schaumbildung • geringe Reinigungskraft, weil keine Tenside enthalten sind
Badeperlen (Badekugeln)	• Flüssigkeit aus Ölen, Duftstoffen und Emulgatoren in einer wasserlöslichen Hülle aus Gelantine und Glycerin	• sind vor allem ein originelles Geschenk • verhindern eine Belastung der Haut durch die Überdosierung von Badezusätzen • Die Hülle löst sich im Wasser auf.
Badebeutel	• trocknes Pulver, zumeist aus Kräutern, Fetten, Duft- und Farbstoffen in einem Vliesbeutel • hochwertige Inhaltsstoffe • keine Tenside	• Alternative zu den üblichen Badezusätzen • verhindern eine Überdosierung • hautschonend • Die Vliesbeutel mit dem Badezusatz geben im Wasser ihre Inhaltsstoffe ab (wie Teebeutel).
Medizinische Bäder	• medizinisch wirksame Stoffe (Arznei), die beim Baden über Haut und Atemwege **resorbiert** werden und in den Blutkreislauf gelangen	→ Kapitel III Gesundheit

> 💬 Auch nach der Verwendung von Ölbädern und Duschölen sollte die Haut mit einem Pflegepräparat eingecremt werden. Der ölige Film, den solche Produkte auf der Haut hinterlassen, reicht allein nicht aus, um die Regeneration des Hydro-Lipid-Films optimal zu unterstützen.

3.1.2 Zusatzartikel für Dusche und Bad

Das Drogeriesortiment enthält eine Vielzahl von Produkten rund um Dusche und Bad, die Reinigung und Pflege unterstützen. Diese können als sinnvolle Ergänzung beim Kauf eines Bade- oder Duschzusatzes angeboten werden.

Badeschwämme

Badeschwämme reinigen die Haut besonders sanft und erzeugen ein angenehmes Gefühl auf der Haut. Sie bewirken durch ihre porige Struktur ein sehr sanftes Peeling. Im Drogeriesortiment werden Kunststoffschwämme und Naturschwämme angeboten.

Naturschwämme sind besonders gut in der Lage, ein Vielfaches ihres Gewichts und Volumens an Wasser aufzunehmen. Als Badeschwämme werden die Skelette des Hornkieselschwammes, eines vielzelligen Meerestieres, angeboten. Die Schwämme werden aus dem Meer gefischt und sterben an der Luft. Durch ständiges Durchspülen, Auswringen und Trocknen werden ihre weichen Körperteile entfernt. Zurück bleibt das Skelett, ein Gerüst aus Hornfäden, das aus einem ähnlichen biologischen Material aufgebaut ist wie Naturseide.

Besondere Arten von Naturschwämmen

Naturschwamm	Eigenschaften
Pferdeschwamm	• große, grobe Poren, eine feste Konsistenz und eine hohe Wasseraufnahmefähigkeit • kommt aus dem Mittelmeer • wurde früher vor allem zur Tierpflege verwendet
Bahamasschwamm	• dunkler als der Pferdeschwamm und noch grobporiger • hat eine lockere Konsistenz und massiert die Körperhaut besonders sanft • stammt aus der Karibik
Levantiner Schwamm	• feinster und edelster Naturschwamm • für die Gesichtspflege geeignet • sehr feine, leicht trichterförmige Poren • sehr weiche, aber feste Konsistenz • stammt von der syrischen und türkischen Küste
Luffaschwamm	• kein Schwamm im engeren Sinne, sondern der getrocknete faserige Kern einer Kürbisfrucht, der Luffa • hat eine harte und feste Struktur. Daher ist die Peelingwirkung ungleich stärker als die des Badeschwammes. • gehört zu den ältesten Massage- und Peelingprodukten und wurde schon im alten Ägypten verwendet

Hornkieselschwämme, die Meerestiere, aus denen alle Badeschwämme gewonnen werden, haben keine natürlichen Feinde. Sie sind für Fische und andere Meeresbewohner ungenießbar. Ihr einziger Feind ist der Mensch. Es ist weniger die Schwammfischerei, die sie gefährdet, denn Schwämme sind sehr vermehrungsfreudig, und abgefischte Bestände regenerieren sich schnell. Sie sind vielmehr durch die Verschmutzung der Ozeane bedroht. Schwämme lassen sich von Meerwasser durchspülen und ernähren sich von den Mikroorganismen, die sie dabei aus dem Wasser herausfiltern. In verschmutztem Wasser nehmen sie dadurch Schadstoffe in sich auf und sterben nach und nach daran.

Lebender Hornkieselschwamm

Kunststoffschwämme (Synthetikschwämme) werden zumeist aus Polyester hergestellt. Sie sind preisgünstiger als Naturschwämme und werden in vielen Farben und Formen angeboten, was sie zu einem beliebten Geschenkartikel macht. Sie haben nicht das hohe Wasserbindungsvermögen von Naturschwämmen und erzeugen ein anderes Gefühl auf der Haut. Viele Kunststoffschwämme sind weicher als Naturschwämme und werden daher als angenehmer empfunden.

Schwämme pflegen

Nasse Schwämme – Naturschwämme und Synthetikschwämme – bilden eine ideale Brutstätte für gesundheitsschädliche Keime. Sie sollten daher nach jeder Benutzung gründlich ausgespült, ausgedrückt und so getrocknet werden, dass das Wasser nach unten abfließen kann. Man kann Schwämme mit Salz- oder Essigwasser spülen, um sie zu desinfizieren. Sie können auch von Zeit zu Zeit in der Waschmaschine gereinigt werden. Viele Kunststoffschwämme enthalten antimikrobielle Wirkstoffe, die zwar das Keimwachstum hemmen, aber auch die Haut reizen können.

Badebürsten sind heute eher ein Wellness- als ein Reinigungsprodukt

Bürsten und Massageartikel

Neben Schwämmen werden für Bad und Dusche im Drogeriesortiment Badebürsten und Massagehandschuhe angeboten. Als Baden früher noch in erster Linie zur Körperreinigung diente, wurden sie verwendet, um festsitzenden Schmutz zu lösen. In der heutigen Zeit ist die Badebürste eher ein Wellnessprodukt geworden und wird zumeist mit weicheren Borsten angeboten als früher. Eine sanfte Bürstenmassage fördert die Durchblutung und entfernt abgestorbene Hautschüppchen. Kunden die eine Bürstenmassage als unangenehm empfinden, kann man als Alternative Massagehandschuhe anbieten. Diese sind aus Sisal oder aus Stoff mit Aufsätzen aus Luffa. Für eine besonders schonende Massage werden Handschuhe aus Kunststoff mit Gumminoppen angeboten.

 Alle Massageprodukte sollten vorsichtig und mit nur ganz leichtem Druck verwendet werden. Es besteht sonst die Gefahr, dass die Haut nicht gepflegt, sondern verletzt wird.

3.2 Produkte zur Stärkung (Tonisierung) der Haut

Produkte zur **Tonisierung der Gesichtshaut**, Gesichtswässer oder Gesichtstonics, werden zum Abschluss der Gesichtsreinigung angewendet, um die noch verbliebenen Reste des Reinigungsmittels zu entfernen. Zusätzlich erfrischen sie die Haut und fördern die Durchblutung.

Sie basieren auf wässrigen Lösungen, denen je nach Hauttyp unterschiedliche Wirkstoffe hinzugefügt werden. Manche enthalten Alkohol zur Desinfektion der Haut oder Adstringentien wie z. B. Aluminiumsalze oder Hamamelisextrakte, um Hautunreinheiten vorzubeugen und die Poren zu verkleinern.

Hamamelisextrakte
→ Kapitel IV / 8.2.3

Für die **Tonisierung der Körperhaut** werden im Drogeriesortiment Body-Splashs und Körperwässer angeboten. Diese sind aber für die tägliche Körperhygiene nicht notwendig. Ihr Zweck ist vor allem die Erfrischung der Körperhaut. Daher werden sie, versehen mit frischen Duftnoten und pflegenden Wirkstoffen, vorwiegend im Sommer angeboten.

3.3 Produkte zum Schutz und zur Pflege der Haut

Nach Reinigung und Stärkung wird je nach Tageszeit ein Schutz- oder ein Pflegeprodukt auf die Haut aufgetragen. Die Haut ist tagsüber Umwelteinflüssen wie Sonnenbestrahlung, Wind, Kälte und Heizungsluft ausgesetzt. Freie Radikale verursachen oxidativen Stress (→ Wirkstoffe). Hinzu kommen Schadstoffe aus der Luft, aber auch Krankheitserreger wie Bakterien und Pilze. Daher enthält die **Tagespflege** Wirkstoffe, welche die natürlichen Schutzfunktionen der Haut unterstützen oder verstärken, z. B. UV-Filter. Bei der **Nachtpflege** kann darauf verzichtet werden. Produkte für die Nacht sind in der Regel fettreicher, weil sie auf Wasser-in-Öl-Emulsionen basieren und mit pflegenden Ölen und Feuchthaltern angereichert sind. Sie enthalten Wirkstoffe, welche die Regeneration der Haut unterstützen.

Aus dem drogistischen Sortiment: Gesichtspflegeprodukte

Produkte	Wirksamkeitsbestimmend sind u. a.	Wirkungsweise
Tagescreme	• basiert zumeist auf O/W-Emulsionen, Produkte für trockene Hautzustände manchmal auch auf W/O-Emulsionen. • enthalten meist Wachse oder wachsähnliche Substanzen • chemische Lichtschutzfilter • Lipide	• versorgen die Haut besonders intensiv mit Lipiden • O/W-Produkte fetten die Haut nicht so stark, sind leichter zu verteilen • mattierend wirkende Wachse • Wirkstoffe sind nach dem Hautzustand auszuwählen • vorwiegend hautschützend • Make-up-Grundlage
Getönte Tagescreme	• aufgebaut wie eine Tagescreme • zusätzlich mit hautfarbenen Pigmenten	• bewirkt eine leichte Tönung der Haut, jedoch nicht so stark wie ein Make-up
Nachtcreme	• basiert zumeist auf W/O-Emulsionen • mit Wirkstoffen, die die Regeneration der Haut unterstützen, z. B. Vitaminen oder pflegenden Pflanzenölen	• unterstützt den Prozess der Zellneubildung in der Haut, der während der Nachtruhe besonders intensiv abläuft • sehr reichhaltig und deshalb als Tagespflege nicht geeignet (glänzende Haut)
Feuchtigkeitscreme	• basiert auf O/W-Emulsionen • hoher Wasseranteil • vorwiegend feuchtigkeitsspendende und -bindende Wirkstoffe • geringerer Fettanteil als eine Tagescreme	• kann bei unkomplizierter Haut sowohl zur Tages- als auch zur Nachtpflege angewendet werden • Manche Hersteller empfehlen auch die Verwendung des Produktes als Unterlage einer Tagescreme bei extrem feuchtigkeitsarmer Haut.
Repair-Creme (Intensivcreme)	• sehr fetthaltige Creme auf W/O-Basis • Wirkstoffe insbesondere für die trockene Haut oder die Altershaut	• sorgt für eine umfassende Versorgung der Haut mit Fett, Wasser und Pflegestoffen • kann besonders bei Kälte und trockener Luft ein Austrocknen der Haut verhindern
Emulsion	• meist eine dünnflüssige O/W-Emulsion, die ähnlich aufgebaut ist wie eine Lotion in der Körperpflege	• Unterlage für die Tages- oder Nachtcreme oder Ersatz für diese • Aufgrund des hohen Wassergehaltes lässt sie sich gut verteilen und zieht schnell ein. Sie ist wegen dieser Eigenschaften besonders beliebt in der Herrenkosmetik.
Fluid	• kann eine sehr dünnflüssige O/W-Emulsion oder auch eine wässrige Lösung sein • enthält zumeist konzentrierte, pflegende Wirkstoffe	• meist als Unterlage für die Tages- oder Nachtcreme • Die enthaltenen Wirkstoffe können sich unter der Pflegecreme besonders gut entfalten.
Gel	• fettfreies Hydrogel (keine Lipide) • enthält zumeist feuchtigkeitsspendende und -bindende Wirkstoffe	• Alternative zur Hautcreme besonders bei öligem oder sensiblem Hautzustand • zieht schnell ein, erfrischt und versorgt die Haut mit Feuchtigkeit • Die Pflegewirkung ist geringer als bei Cremes, weil Gele kein Fett enthalten.
Gesichtsöl/ -balsam	• fette Pflanzenöle, wie Avocadoöl oder Mandelöl	• versorgt die Haut besonders gut mit Lipiden • ist wegen des hohen Ölanteils eher zur Nachtpflege geeignet • bei kaltem Wetter auch gut geeignet als Unterlage für die Tagescreme • Reine fette Öle bilden einen deutlich sichtbaren Fettfilm auf der Haut. Daher sind Gesichtsöle häufig Emulsionen mit einem hohen Ölanteil, denen zum Teil Wirkstoffe gegen trockene Haut zugefügt werden.

Für die Körperhaut sind unterschiedliche Pflegeprodukte für Tag und Nacht nicht nötig, weil der Körper tagsüber durch die Kleidung geschützt wird. Die Körperhaut ist insgesamt robuster und reagiert weniger empfindlich als die Gesichtshaut.

Körperpflegeprodukte sollten vor allem nach dem Duschen oder Baden aufgetragen werden, um Austrocknung zu verhindern und die Wiederherstellung des Hydro-Lipid-Films zu unterstützen.

Aus dem drogistischen Sortiment: Körperpflegeprodukte

Produkte	Wirksamkeitsbestimmend sind u.a.	Wirkungsweise
Körperlotion	• basiert auf dünnflüssigen O/W-Emulsionen	• lässt sich gut auf der Haut verteilen und zieht schnell ein • Sie hinterlässt keinen Fettfilm auf der Haut, ist daher auch zur Anwendung nach dem morgendlichen Duschen geeignet.
Körpergel	• Hydrogel, das wenig oder kein Fett enthält	• kühlt und erfrischt die Haut im Sommer
Körpercreme (Allzweckcreme)	• basiert zumeist auf W/O-Emulsion, • ist dickflüssiger und fettreicher als Lotion • enthält zumeist vorwiegend mineralische oder synthetische Fette	• hat eine größere Pflegewirkung als eine Lotion, ist daher besonders zur Pflege nach einem abendlichen Vollbad oder zur Anwendung auf trockenen Hautpartien geeignet • Allzweckcreme, sollte nur bei sehr gesunder und unempfindlicher Haut auch für das Gesicht verwendet werden
Körperbutter	• ist sehr fettreich und wird in Form von sehr festen Cremes oder als Stück angeboten.	• pflegt die trockene Haut und hinterlässt einen langanhaltenden Fettfilm • besonders empfehlenswert nach einem abendlichen Vollbad oder einem Körperpeeling • „schmilzt" beim Verreiben auf der Haut und lässt sich dann gut verteilen
Körperöl	• enthält kein Wasser, sondern nur Fette und Zusatzstoffe wie z.B. Duft- und Konservierungsstoffe	• zieht nur sehr langsam in die Haut ein • sollte in die feuchte Haut einmassiert werden, dadurch lässt es sich leichter verteilen und ist sparsamer im Verbrauch

3.4 Spezialpflege

Die unterschiedlichen Hautareale haben spezielle Pflegeansprüche. Diesen Bedürfnissen kann mit ausgewählten Pflegeprodukten entsprochen werden.

3.4.1 Augen

Gebrauchsfertige Gelatine-Pads mit pflegenden Wirkstoffen

Die Haut der Augenpartie hat nur ein dünnes Unterhaut-Fettgewebe und wenige Talgdrüsen. Sie wird ständig durch die Gesichtsmimik beansprucht und ist deshalb besonders empfindlich, sie neigt zu Fältchenbildung. Bei Überanstrengung zeigen sich oft Schwellungen und dunkle Schatten.

Augencremes, -gele oder -pads enthalten daher besonders viele pflegende und feuchtigkeitsspendende Wirkstoffe. Sie können bei jedem Hautzustand angewendet werden. Gegen müde und geschwollene Augen werden spezielle Produkte, z.B. Roller und Kompressen, angeboten, die beruhigende und abschwellende Wirkstoffe enthalten. Wasserfestes Augen-Make-up muss mit speziellen **ölhaltigen Lösungen** entfernt werden.

Bei allen Produkten zur Reinigung und Pflege der Augenpartie ist besonders wichtig, dass sie das Auge nicht reizen, wenn sie versehentlich hineingelangen. Augen-Make-up-Entferner sind wässrige Lösungen, die Öl enthalten. Bei vielen Produkten werden diese beiden Bestandteile nicht emulgiert, um eine Reizung der Augen durch Emulgatoren zu vermeiden. Wässrige und ölige Phase werden vor Gebrauch durch Schütteln vermischt.

> Augencremes werden nicht in die Haut eingerieben, weil das zu unnötigen Reizungen führen würde. Man sollte sie vorsichtig einklopfen. Dazu nimmt man am besten den Ringfinger – das ist der schwächste unserer fünf Finger. Auch bei der Entfernung von Augen-Make-up sollten Druck und Reibung vermieden werden.

Einarbeiten der Augenpflege rund um das Auge

3.4.2 Lippen

Die Haut auf den Lippen hat eine sehr dünne Hornschicht. Sie enthält nur wenig **Melanin** und in ihr befinden sich keine Schweiß- und Talgdrüsen. Daher benötigt sie besonders viel Schutz und Pflege.
Lippenpflegeprodukte gibt es vorwiegend in Form von Stiften, aber auch als Cremes, Balms und Salben. Sie können unabhängig vom Hautzustand je nach Bedarf angewendet werden.

Die Grundsubstanzen sind Wachse, z. B. Wollwachs oder Bienenwachs, Paraffine und Pflanzenfette. Als Wirkstoffe werden schützende und pflegende Substanzen wie z. B. Panthenol oder Vitamin A und E hinzugefügt. Die meisten Lippenpflegeprodukte enthalten UV-Filter mit hohem Lichtschutzfaktor.

3.5 Intensivreinigung und -pflege

Die Basispflege der Haut wird durch Produkte zur Intensivreinigung und -pflege unterstützt und ergänzt. Diese wirken stärker und nachhaltiger als die Basispflegeprodukte und sollten daher nicht täglich angewendet werden.

Lippenpflegestift und Lippenbalm

3.5.1 Peelings

Unter Peelings versteht man verschiedene Verfahren zur intensiven Reinigung der Haut. Ziel von Peelings ist in erster Linie die Entfernung abgestorbener Hornzellen, wodurch der Haut ein klar und fein wirkendes Aussehen verliehen werden soll. Zudem wird durch eine Intensivreinigung die Aufnahmefähigkeit der Haut für nachfolgende Pflegeprodukte verbessert.

Zur Intensivreinigung stehen verschiedene Verfahren zur Verfügung:

Physikalische Peelings	adsorptive Verfahren	Hautfett und abgestorbene Hornschüppchen lagern sich an Stoffe mit einer großen Oberfläche an.
	abrasive Verfahren	Hautfett und Hornschüppchen werden mithilfe von Schleifpartikeln abgerubbelt.
Biologische Peelings		Die äußere Hornschicht wird mithilfe von Enzymen abgeschält.
Chemische Peelings		Die äußere Hornschicht wird meist mithilfe von Säuren abgetragen.

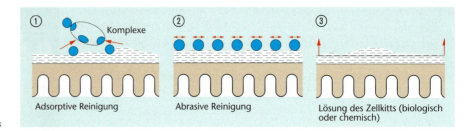

Abb. zu Peelings

Physikalische Peelings

Adsorptiv
lat. durch Anhaftung

Adsorptive Peelingprodukte enthalten Stoffe mit einer großen Oberfläche, an die sich Hautfette und abgestorbene Zellreste binden, zum Beispiel Tonerde (Kaolin) oder Talkum (Talc). Das Peeling wird wie eine Maske in einer dünnen Schicht auf die Haut aufgetragen und nach vollständiger Antrocknung abgewaschen. Diese Methode der Intensivreinigung ist besonders schonend.

 Adsorptive Peelings werden im Drogeriesortiment nicht als Peelings, sondern als Reinigungsmasken, z. B. mit Tonerde, angeboten.

Abrasie
lat. durch Schleifmittel

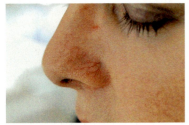

Erweiterte Kapillargefäße: Hier dürfen keine abrasiven Peelings angewendet werden.

Abrasive Peelings (Rubbelpeelings) sind Gele oder Emulsionen, die Körner oder Granulat enthalten. Sie werden in die Haut einmassiert. Dabei lösen sich abgestorbene Hornschüppchen und werden abgerubbelt. Zusätzlich regt die Massage mit dem Peelingprodukt die Durchblutung der Haut an, wodurch diese ein frisches und rosiges Aussehen erhält.

Kundinnen, die unter erweiterten Blutgefäßen leiden, z. B. Couperose oder Rosacea, sollten keine abrasiven Peelings anwenden, da diese die Durchblutung anregen und das Problem noch verschlimmern.

Entscheidend für die Wirkung eines abrasiven Peelings ist die Menge, Größe und Form der verwendeten Schleifpartikel. Je mehr Granulat ein Peeling enthält und je größer und grober die Körner, desto intensiver wirkt es. Natürliche Substanzen wie Seesand, Mandelkleie oder gemahlene Pfirsichkerne haben eine unregelmäßige Oberfläche und können bei empfindlicher Haut Reizungen und kleine Verletzungen bewirken. Hautschonender sind synthetische Kunststoff- oder Wachspartikel mit abgerundeten Kanten.

Häufig verwendete Abrasiva:

Deutsche Bezeichnung	INCI-Bezeichnung
Aluminiumsilicat	Aluminium Silicate
Aprikosenkernmehl	Prunus Armeniaca
Kieselerde	Hydrated Silica
Mandelkleie	Prunus dulcis
Polyethylengranulat	Polyethylene
Walnussschalenmehl	Juglans regia

Bei einem Rubbelpeeling muss besonders auf die gründliche Entfernung aller Reste geachtet werden. Anderenfalls könnten winzige Schleifpartikel die Poren verstopfen. Bei einem Peeling mit Salz- oder Zuckerkristallen lösen sich die Schleifpartikel beim Abspülen von selbst auf.

Für die Intensivreinigung der Körperhaut bietet die Drogerie ausschließlich abrasive Peelingprodukte, zumeist in Form von reinigenden **Peeling-Duschgels** mit wenigen Schleifpartikeln an. Nach der Verwendung sollte auf jeden Fall ein reichhaltiges Pflegeprodukt aufgetragen werden. Eine Alternative zu Peelingprodukten stellen für die Körperhaut Massagebürsten, -schwämme oder -handschuhe dar.

Chemische Peelings

Chemische Peelings aus dem Drogeriesortiment wirken über AHA oder Salicylsäure, die abgestorbene Hautschüppchen aus dem Zellverbund lösen und, ähnlich wie abrasive Peelings, die Durchblutung der Haut anregen.

Die Fruchtsäuren werden in wässrige Lösungen (Gesichtswasser), Emulsionen (Peelingcreme) oder Gelgrundlagen (Peeling-Gel) eingearbeitet.
Bei Produkten, die in der Drogerie angeboten werden, liegt die Fruchtsäurekonzentration bei 5 bis 10 % und der pH-Wert weicht nicht zu stark vom hauteigenen pH-Wert (ca. 5,5) ab.
Die **Schälwirkung** dieser Produkte ist dadurch nicht sehr hoch, und die Fruchtsäuren haben eher eine feuchtigkeitsspendende und pflegende Wirkung. Trotzdem sollten sie, ebenso wie abrasive Peelings, nicht mehr als ein- bis zweimal in der Woche angewendet werden. Zu häufige chemische Peelings können die Haut reizen und eine verstärkte Verhornung bewirken.

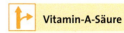

Vitamin-A-Säure

Vitamin-A-Säure, die bei Akne vulgaris eingesetzt wird, ist keine Fruchtsäure, wirkt aber ähnlich. Da sie eine weit ausgeprägtere Schälwirkung hat und schwere Hautreizungen verursachen kann, wird sie nur noch in der fachärztlichen Therapie verwendet.

> Peelings gegen unreine Haut aus dem Drogeriesortiment enthalten oft Schleifpartikel, kombiniert mit Fruchtsäuren oder Salicylsäure. Sie werden auf der Verpackung nicht als chemische Peelings bezeichnet. Ein Blick in die Rezeptur verschafft Klarheit: Enthält das Produkt Fruchtsäuren oder Salicylsäure, wirkt es auch chemisch. Im Verkaufsgespräch sollte man dann zu besonderer Vorsicht beim Auftragen raten. Säurehaltige Produkte dürfen nicht in Mund oder Augen gelangen.

Häufig verwendete Säuren in chemischen Peelings:

Deutsche Bezeichnung	INCI-Bezeichnung
Zitronensäure	Citric acid
Salicylsäure	Salicy acid
Milchsäure	Latic acid
Gluconsäure	Glucuronic acid
Weinsäure	Tartaric acid
Apfelsäure	Malic acid

 Intensivpeeling im Kosmetikstudio

In Kosmetikstudios werden chemische Intensivpeelings durchgeführt, bei denen die Haut bis in tiefere Hautschichten abgeschält und dadurch zur Neubildung angeregt wird. Hierdurch kommt es zu einer Reduktion von Falten und Aufhellung von Pigmentflecken. Diese Intensivpeelings sollten nicht zu häufig ausgeführt werden, weil sie zwar zunächst eine optische Verbesserung bewirken, aber die Haut auf die Dauer schwer belasten. Chemische Peelings mit einer Säurekonzentration über 40 % dürfen nur in der Facharztpraxis zur Therapie von Hauterkrankungen durchgeführt werden.

Biologische Peelings (Enzympeelings)

Biologische Peelingverfahren beruhen auf der Wirkung von Enzymen. Die in der Kosmetik verwendeten Enzyme werden zumeist aus Früchten wie Ananas oder Papaya gewonnen.

Enzym
altgriech. Kunstwort aus *en* in und *zyme* Sauerteig

 Enzyme

Enzyme (veraltet Fermente) sind kompliziert aufgebaute Eiweiße, die bestimmte biochemische Stoffwechselvorgänge beschleunigen oder überhaupt erst ermöglichen. Sie werden daher auch Biokatalysatoren genannt. Sie wandeln Stoffe um oder bauen sie ab, ohne sich dabei selbst zu verändern. Enzyme spielen eine wichtige Rolle, nicht nur in der Biologie und der Medizin, sondern auch im Alltag. Die meisten Waschmittel enthalten Enzyme, die ihre Wirkung verstärken oder den Waschvorgang beschleunigen. Ohne Enzyme wäre weder das Brotbacken noch die Herstellung von Käse möglich.

Keratinzellen
Baustoff der Epidermis, besteht aus Eiweißen

Biologische Peelings enthalten in der Regel das Enzym Protease, das Eiweiße aufspaltet. Auf die Gesichtshaut aufgetragen, löst es die abgestorbenen Keratinzellen der Hornschicht aus ihrem Verbund.

Anrühren eines Enzympeelings

Enzympeelings werden immer in Form von Pulver angeboten und erst kurz vor der Behandlung mit Wasser angerührt. Sie müssen während der Einwirkzeit ständig feucht und warm gehalten werden. Über die Intensität der Wirkung entscheidet vor allem die Einwirkzeit und die Temperatur.
Hinweis: Wird die **Einwirkzeit** überschritten, besteht die Gefahr, dass die Haut geschädigt wird.

Der Vorteil von biologischen Peelings besteht darin, dass sie eine Tiefenreinigung ohne die Hautbelastung physikalischer und chemischer Verfahren ermöglichen. Daher sind sie besonders für sensible Haut, reife Haut und Aknehaut geeignet. Unsachgemäß angewendet können Enzympeelings aber zu einer Abschälung der Haut und damit zu Schädigungen führen. Es ist sicherer, sie von der Kosmetikerin ausführen zu lassen.
Im Drogeriesortiment werden zurzeit noch keine biologischen Peelings für die Heimpflege angeboten.

3.5.2 Masken und Packungen

In der Fachsprache der Kosmetikerin unterscheidet man zwischen einer Maske und einer Packung.
Eine **Maske** wird nach dem Auftragen hart und schließt die Haut luftdicht ab, damit die enthaltenen Pflegestoffe optimal aufgenommen werden können.
Eine **Packung** ist dagegen beim Auftragen weich und bleibt auch nach der Einwirkzeit weich und luftdurchlässig.
Nach dieser Definition wäre eine Peel-off-Maske zur Hautreinigung eine Maske, eine pflegende Intensiv-Feuchtigkeitsmaske jedoch eine Packung. Im Einzelhandel mit Kosmetika wird dieser Unterschied nicht gemacht. Die Hersteller bezeichnen alle **Kurbehandlungen**, die auf die Haut aufgetragen und dann wieder entfernt werden, als Masken.

Masken geben der Anwenderin das Gefühl, mit wenig Aufwand „etwas besonders Gutes" für ihre Schönheit zu tun. Pflegemasken basieren zumeist auf dickflüssigen Emulsionen, denen konzentrierte Wirkstoffe zugefügt werden. Daher verleihen sie der Haut schnell ein pralles und gut durchfeuchtetes Aussehen. Die Beliebtheit von Masken zur Gesichtspflege hat daher in den letzten Jahren deutlich zugenommen.

Im Drogeriesortiment gibt es ein ständig wachsendes Angebot von Produkten mit unterschiedlichsten Wirkstoffen und verschiedenen kosmetischen Zielsetzungen. Gemeinsam ist ihnen allen, dass sie großzügig aufgetragen werden, für einige Zeit auf der Haut verbleiben und die Reste dann wieder entfernt werden.
Bei allen Masken sollte darauf geachtet werden, dass beim Auftragen die Augen- und die Mundpartie ausgespart bleiben.

Infolge der zunehmenden Beliebtheit von Masken zur Gesichtspflege werden auch vermehrt **Körpermasken** angeboten. Sie bieten neben der Hautpflegewirkung einen angenehmen Entspannungseffekt.

> Eine Pflegemaske ist die ideale Ergänzung zu einem vorangegangenen Peeling und somit auch ein ideales Ergänzungsangebot im Verkaufsgespräch!

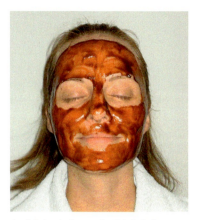
Auch beim Auftragen der Schokoladen-Maske wird die Augenpartie ausgespart.

Sera und Konzentrate

Sera und Konzentrate sind hochkonzentrierte Wirkstoffe, die meistens in Kapseln aus Kunststoff oder Ampullen aus Glas angeboten werden. Jede Ampulle enthält eine Tagesdosis, die nach dem Reinigen und Klären der Haut aufgetragen wird. Im Anschluss verwendet man die übliche Tages- oder Nachtpflege.

Sera und Konzentrate werden häufig als Kur über einen längeren Zeitraum – zumeist eine oder zwei Wochen – täglich angewendet, um die Haut zu regenerieren und gegen die Folgen der Hautalterung zu wirken. Viele Ampullenkuren enthalten hochwertige und teure Inhaltsstoffe. Die Glasampullen bzw. Gel-Kapseln schließen die Substanzen luftdicht ab und ermöglichen einen Verzicht auf Konservierungsstoffe.

Die Kapsel enthält eine Tagesdosis der Kurbehandlung.

3.6 Systempflege

Die meisten Kosmetikhersteller bieten komplette Produktlinien zur Gesichts- und Körperpflege, aber auch zur Pflege der Haare und Fingernägel an. **Pflegeserien** zur Gesichtspflege bestehen zumeist aus je einem Reinigungs- und einem Tonisierungsprodukt, einer Tages- und einer Nachtpflege. Ergänzt werden sie häufig durch ein Peeling und ein Augenpflegeprodukt. Bei manchen Serien gehören auch noch Konzentrate, Masken und Lippenpflegestifte dazu.

System
gr. systema, organisierte Gesamtheit von aufeinander bezogenen Elementen

Im Mittelpunkt von Produktlinien steht zumeist entweder ein bestimmter Hautzustand (z. B. für die reife Haut) oder ein besonderer Wirkstoff (z. B. mit Meeresalge), manchmal auch eine Jahreszeit (z. B. für den Sommer).

Der Vorteil von Pflegeserien besteht darin, dass die Produkte aufeinander abgestimmt sind und ihre Wirkstoffe sich sinnvoll ergänzen. Neben einer verbesserten Wirksamkeit wird dadurch die Gefahr von Unverträglichkeiten durch die Mischung von unterschiedlichen Produkten verschiedener Hersteller vermindert.

Ein komplettes Systempflegeangebot für den Mann

> Die Anwendung sämtlicher Produkte eines Pflegesystems kann jedoch problematisch werden, wenn es dadurch zu einer Überversorgung der Haut mit bestimmten Inhalts- oder Wirkstoffen kommt. Wenn zum Beispiel alle Elemente einer Pflegeserie gegen fettige und unreine Haut austrocknende Wirkstoffe enthalten, kann dadurch ein trocken-fettiger Hautzustand bewirkt werden. Eine Serie für die reife Haut, bei der jedes Produkt pflegende Öle enthält, kann einen fettigen Film auf der Haut verursachen.

3.7 Reinigung und Pflege von typischen Hautzuständen

Im Allgemeinen wird die Gesichtshaut in drei Grundtypen eingeteilt:
- normale Haut
- fettige (ölige) Haut
- trockene Haut

Bei dieser Einteilung stehen die Versorgung der Haut mit Hauttalg und die Wasserbindungsfähigkeit der Hornschicht im Vordergrund. Diese können jedoch bei einer Person je nach Lebensalter, Lebensumständen und Körperregion unterschiedlich sein. Daher ist es richtiger, von **Hautzuständen** zu sprechen, die sich ändern können und die besondere Anforderungen an die Reinigungs- und Pflegeprodukte stellen.

Einflussfaktoren auf den Hautzustand

Innere Faktoren
- Vererbung
- Alter
- Psyche, z. B. Stress
- Hormoneller Zustand, z. B. Pubertät, Wechseljahre, Schwangerschaft
- Erkrankungen, z. B. Diabetes

Äußere Faktoren
- Hautpflege
- Lebensstil (z. B. Ernährungsweise, Nikotin- und Alkoholkonsum)
- Klima (z. B. Sonne, Wind, Luftfeuchtigkeit)
- Raumklima (z. B. Heizungsluft, Klimaanlage)

Diese Haut einer starken Raucherin ist frühzeitig gealtert und bedarf einer intensiven Pflege, z. B. mit Vitamin-C-Konzentraten.

Rauchen beeinflusst den Hautzustand

Rauchen beschleunigt die Hautalterung rapide. Beim Konsum von durchschnittlich zwanzig Zigaretten am Tag muss eine Frau damit rechnen, im Alter von vierzig Jahren ihren Altersgenossinnen bezüglich der Faltentiefe um zehn Jahre voraus zu sein.

Durch das Rauchen verengen sich die Blutgefäße, und die Haut wird schlechter mit Sauerstoff und Nährstoffen versorgt. Beim Rauchen entsteht vermehrt oxidativer Stress durch freie Radikale, die Zellschäden verursachen können. Im Blut sinkt der Anteil an Vitamin A, das freie Radikale unschädlich macht. In Kombination mit UV-Bestrahlung fördert Rauchen den Kollagenabbau in der Lederhaut, wodurch die Haut früher als bei Nichtraucherinnen dünn und unelastisch wird.

Das Drogeriesortiment bietet in erster Linie spezielle Produkte für die folgenden Hautzustände an:
- normaler Hautzustand
- fettiger (öliger Hautzustand)
- trocken-fettarmer Hautzustand
- sensibler Hautzustand
- reife Haut und Altershaut

3.7.1 Normaler Hautzustand

Normale Haut sieht glatt, frisch und rosig aus, sie hat feine Poren und keinen öligen Glanz. Da bei normaler Haut eine ausgeglichene Versorgung mit Hauttalg vorliegt, sieht man weder Hautunreinheiten noch trockene Hautschüppchen. Knitterfältchen und tiefere Falten bilden sich erst im fortgeschrittenen Alter.

> Im Drogeriesortiment werden nur noch wenige Produkte für normale Haut angeboten. Einerseits kommt dieser Hautzustand tatsächlich relativ selten vor, denn die menschliche Gesichtshaut ist so vielen inneren und äußeren Einflüssen ausgesetzt, dass sich Hautprobleme auch bei einer gesunden Lebensweise kaum vermeiden lassen. Andererseits schätzen viele Kundinnen ihre normale Haut selbst nur selten als „normal" ein. Sie sind eher bereit, Geld für Kosmetika auszugeben, wenn sie damit ein Hautproblem behandeln können. Außerdem setzen viele Kundinnen das Wort „normal" mit „gewöhnlich" oder „uninteressant" gleich. Aus diesem Grund bieten die meisten Hersteller Produkte „für normale Haut und Mischhaut" an.

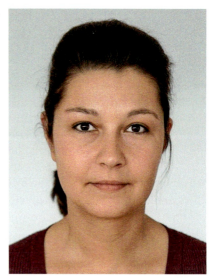

Gesunde Ausstrahlung einer normalen Haut

Normale Haut neigt dazu, mit fortschreitendem Alter oder durch äußere Einflüsse in einen trockenen Zustand überzugehen. Ziel der Hautpflege bei normaler Haut ist es, dies möglichst lange zu verhindern und den normalen Hautzustand zu erhalten. Daher sollten die Reinigungs- und Pflegeprodukte so ausgewählt werden, dass unnötige Störungen des Hydro-Lipid-Films und Hautreizungen vermieden werden.

Reinigungs- und Pflegeprodukte bei normalem Hautzustand

	Produkte	wichtige Inhalts- oder Wirkstoffe	angestrebte Wirkung
Reinigen	• mildes Waschgel • leicht fetthaltige Reinigungsmilch	• Waschgel mit milden Tensiden und einem leicht sauren pH-Wert • O/W-Reinigungsmilch	• kein starkes Entfetten • keine Reizung, sondern milde Reinigung
Tonisieren	• leicht alkoholhaltiges Gesichtswasser, das beruhigende Wirkstoffe enthält	• hautberuhigende Wirkstoffe, wie Ringelblume oder Bisabolol	• erfrischend und desinfizierend • hautberuhigend
Tagespflege	• Cremes, die auf O/W-Emulsionen basieren • leichte Emulsionen	• unkomplizierte feuchtigkeitsspendende Wirkstoffe, z. B. Glycerin oder Pflanzenöle • hautschützende Vitamine und UV-Filter	• bei ausgeglichener Talgproduktion keine Zuführung von Lipiden • Schutz und Feuchtigkeitspflege
Nachtpflege	• Cremes auf O/W oder W/O-Basis	• feuchtigkeitsspendende Wirkstoffe, z. B. Jojoba oder andere Pflanzenöle und NMF	• Versorgung der Haut mit Feuchtigkeit • Im Winter kann ein reichhaltigeres Produkt verwendet werden.
Spezialpflege und Intensivpflege	• abrasive oder adsorptive Peelingprodukte • Pflegemasken	• abrasive Peelings mit sanften Schleifpartikeln • Pflegemasken und Ampullen mit feuchtigkeitsspendenden und beruhigenden Wirkstoffen, aber wenig Fett	• abrasive Peelings für ein klares und frisches Hautbild nur einmal in der Woche, um Hautreizungen zu vermeiden • Bei leicht empfindlicher Haut sind adsorptive Produkte (Reinigungsmasken) vorzuziehen.

3.7.2 Fettiger (öliger) Hautzustand

Fettige Haut ist durch einen **öligen Glanz** und **große Poren** gekennzeichnet. Wenn bei fettiger Haut eine verstärkte Hornschicht gebildet wird, können Mitesser und vereinzelt auch eitrige Pusteln auftreten.

Fettige Haut entsteht durch eine **Überfunktion der Talgdrüsen (Seborrhoea)**. Vermischt sich der Talg mit dem Hydro-Lipid-Film auf der Haut und verursacht den charakteristischen fettigen Glanz, spricht man von **Seborrhoea oleosa**.

Besonders Jugendliche in der Pubertät neigen zu diesem Hautzustand, weil die Talgdrüsen durch die vermehrt gebildeten Sexualhormone eine verstärkte Tätigkeit der Talgdrüsen anregen.

Im Laufe der Zeit bildet sich der fettig-feuchte Hautzustand zurück und ist nach dem vierzigsten Lebensjahr nur noch selten anzutreffen.

Wenn dagegen bei hoher Talgproduktion die Hornschicht nur wenig Wasser bindet, ist der Hydro-Lipid-Film gestört. Die Haut ist dadurch trocken, und der Talg kann nicht abfließen. Er bleibt in Form von fettigen Schuppen auf der Haut liegen und lässt die Haut stumpf und teigig aussehen. Die Talgschuppen verstopfen die Poren und begünstigen so Entzündungen. In diesem Fall spricht man von **Seborrhoea sicca**.

> **Seborrhoea**
> lat. *Sebum*, Talg, gr. *rhoea*, Fluss; hier: Talgfluss, übermäßige Hauttalgproduktion
>
> **Seborrhoea oleosa**
> fettig-feuchter Hautzustand
>
> **Seborrhoea sicca**
> fettig-trockener Hautzustand

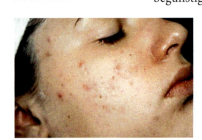

Akne vulgaris als Folge einer Seborrhoea

Aus beiden Seborrhoea-Formen kann Akne vulgaris entstehen, wenn vermehrt Hautunreinheiten entstehen und sich entzünden.

Eine Seborrhoea sicca kann aus einer Seborrhoea oleosa entstehen, wenn die Betroffenen zu stark austrocknende Reinigungs- und Pflegemittel verwenden. Daher sollten bei Seborrhoea oleosa neben **fettabsorbierenden Produkten** auch genügend **feuchtigkeitsspendende Pflegemittel** verwendet werden.

Auch die Arbeit in trockener Luft, z. B. in stark klimatisierten Räumen, kann Ursache für einen trocken-fettigen Hautzustand sein.

Ziel der Hautpflege bei fettiger Haut ist, den überschüssigen Talgfluss zu bremsen und das Hautfett zu binden. Pflegeprodukte gegen fettige und unreine Haut sollten daher frei von Fetten und Ölen sein. Darüber hinaus soll die Entstehung von Mitessern und Entzündungen verhindert werden.

Der Vorteil fettiger Haut besteht darin, dass sie zumeist recht unempfindlich gegen äußere Reize wie Wind, Kälte und Sonnenbestrahlung ist.

Reinigungs- und Pflegeprodukte bei fettigem Hautzustand

	Produkte	wichtige Inhalts- oder Wirkstoffe	angestrebte Wirkung
Reinigen	• ölfreies Reinigungsgel oder Syndet	• Reinigungsprodukte mit einem leicht sauren pH-Wert • talgregulierende Substanzen, z. B. Hamamelis oder Hibiskusblüte	Der saure pH-Wert wirkt leicht antibakteriell. Talgregulierende Substanzen befreien die Haut vor dem Auftragen der Pflegemittel von überschüssigem Hautfett.
Tonisieren	• Gesichtswasser mit einem hohen Alkoholanteil	• Alkohol • antibakterielle Wirkstoffe (z. B. Teebaumöl, Schwefel, Zinkoxid) • keratolytische Wirkstoffe (z. B. AHA-Säuren, Salicylsäure) • adstringierende Wirkstoffe (z. B. Hamamelis, Salbei, Aluminiumsalze) • talgregulierende Wirkstoffe	Die Haut wird bei der Tonisierung desinfiziert, keratolytische Wirkstoffe lösen Verhornungen, adstringierende Wirkstoffe verkleinern die Poren und vermindern den Talgfluss.

	Produkte	wichtige Inhalts- oder Wirkstoffe	angestrebte Wirkung
Tagespflege	• ölfreies Hydrogel • leichte fettfreie Pflegecreme oder -emulsion auf O/W-Basis • wässrige Fluids mit einem hohen Wirkstoffgehalt (als Unterlage für die Tagespflege)	• Natural Moisturizing Factors (NMF), insbesondere Urea • Schwefel • Zinkoxid • AHA • adstringierende Wirkstoffe (s.o.) • mattierende Wirkstoffe (z.B. Kleie, **Talkum**, Tonerden) • entzündungshemmende Wirkstoffe (z.B. **Allantonin**, **Bisabolol**)	• Urea hat eine feuchtigkeitsspendende, aber auch eine desinfizierende Wirkung. • Mattierende Wirkstoffe nehmen der Haut den fettigen Glanz. • Entzündungshemmende Wirkstoffe beugen Hautunreinheiten vor.
Nachtpflege	• fettfreies Hydrogel oder leichte fettfreie Nachtcreme oder -emulsion auf O/W-Basis	• sollte ähnliche Substanzen enthalten wie die Tagespflege • Auf mattierende Wirkstoffe kann verzichtet werden. • Bei junger Haut kann auch auf eine spezielle Nachtcreme verzichtet und das Produkt für die Tagespflege verwendet werden.	
Spezialpflege und Intensivpflege	• adsobtive oder abrasive Peelings • chemische Peelings • *Hinweis:* Peelings können mehrmals in der Woche durchgeführt werden, sofern dadurch die Haut nicht gereizt wird. Bei unreiner Haut oder Akne besser biologische Peelings nur durch die Kosmetikerin ausführen lassen. • ölfreie Masken (z.B. Gelmasken) anwenden	• Tonerde, Heilerde • sanfte Abrasiva (z.B. aus Kunststoff oder Wachs) • AHA • Salycilsäuren • Enzyme	• zum Entfernen überschüssiger Verhornungen • zum Öffnen der Poren, damit der Hauttalg besser abfließen kann • Ölfreie Feuchtigkeitsmasken versorgen die Haut mit Feuchtigkeit, ohne sie einzufetten.

3.7.3 Trocken-fettarmer Hautzustand

Bei trockener Haut liegt eine **Unterfunktion der Tagdrüsen** vor (Sebostase). Daher kann kein vollständiger Hydro-Lipid-Film gebildet werden, und die Barrierefunktion der Epidermis ist gestört. Hinzu kommt in den meisten Fällen eine verminderte Bildung von körpereigenen wasserbindenden Substanzen (NMF).
Die Folge ist ein ständiger Verlust von Hautfeuchtigkeit, der zu krankhaften Hautveränderungen führen kann, wenn keine entsprechende Hautpflege stattfindet.

Sebostase
trocken-fettarmer Hautzustand

NMF
Natural Moisturizing Factor

Die Veranlagung zu trockener Haut ist erblich. Äußere Faktoren, wie eine übermäßige Verwendung stark alkalischer Waschmittel oder austrocknender Pflegeprodukte, können einen vorübergehenden trockenen Hautzustand verursachen. Kalte Luft und Heizungsluft können im Winter auch normale Haut sebostatisch werden lassen.

Erscheinungsbild der trocken-fettarmen Haut unter dem Mikroskop

Trockene Haut ist durch kleine Fältchen und trockene Hornschüppchen gekennzeichnet. Sie wirkt sehr fein und dünn, fast transparent. Sebostatische Haut ist frei von Unreinheiten wie Komedonen oder Pusteln. Besonders trockene Stellen verursachen mitunter Rötungen und Juckreiz.

Ziel der Reinigung und Pflege bei trockener Haut ist es, fehlendes Hautfett und Feuchthaltefaktoren von außen zuzuführen. Außerdem muss die trockene Haut besonders vor schädigenden Umwelteinflüssen geschützt werden, da die Barrierefunktion der Oberhaut nicht intakt ist. Der Übergang in einen sensiblen Hautzustand soll so verhindert werden.

Wenn die Gesichtshaut trockene und fettige Hautpartien aufweist, spricht man von Mischhaut. In den meisten Fällen ist die Haut in der T-Zone (Stirn, Nase, Mund, Kinn) fettig, die übrigen Regionen dagegen sind trocken.

Wenn dieser Gegensatz stark ausgeprägt ist, sollten unterschiedliche Reinigungs- und Pflegeprodukte für fettige und trockene Haut verwendet werden.

Bei geringerer Ausprägung kann man spezielle Reinigungs- und Pflegeprodukte für Mischhaut oder Produkte für normale Haut empfehlen.

> Bei trocken-fettarmem Hautzustand ist darauf zu achten, dass auch zur Reinigung der Körperhaut ausschließlich Produkte mit synthetischen Tensiden und einem hautneutralen pH-Wert verwendet werden. Seife – auch Naturseife – trocknet die Haut zu stark aus. Nach dem Baden oder Duschen sollte immer ein Pflegeprodukt verwendet werden.

Reinigungs- und Pflegeprodukte bei trockenem Hautzustand

	Produkte	wichtige Inhalts- oder Wirkstoffe	angestrebte Wirkung
Reinigen	milde Reinigungsmilch	• geringer Anteil an Tensiden	• Die Haut wird durch die Reinigung nicht entfettet.
Tonisieren	alkoholfreies Gesichtswasser	• hautberuhigende und entzündungshemmende Wirkstoffe, z. B. Kamille, Rose, Ringelblume • keine entfettenden Wirkstoffe	• Hautberuhigende Wirkstoffe wirken einem Übergang in einen sensiblen Hautzustand entgegen.
Tagespflege	Creme auf W/O-Basis oder eine O/W-Creme, der Lipide zugefügt wurden	• NMF • Hyaluronsäure • Glycerin • fette Pflanzenöle • Ceramide • Vitamine • Q 10	• Versorgung mit Feuchtigkeit (NMF, Hyaluronsäure, Glycerin) und Fett (Ceramide, fette Öle) zur Erhaltung der Barrierefunktion • Vitamine und Q 10 schützen vor freien Radikalen.
Nachtpflege	Creme auf W/O-Basis	• Fette und Öle • Feuchtigkeitsspendende und -bindende Substanzen	• besonders reichhaltig, weil ein Fettglanz auf der Haut über Nacht nicht als störend empfunden wird • sehr gute Pflegeeigenschaften
Spezialpflege	• sanfte abrasive Cremepeelings • adsorptive Reinigungsmasken • sehr reichhaltige Crememasken • Ampullen mit feuchtigkeitsspendenden Wirkstoffen	• feine, synthetische Peelingkörper • Tonerde • natürliche Fette • feuchtigkeitsspendende und -bindende Substanzen	• abrasive Peelings: sehr hautschonend und reichhaltig, max. 1-mal in der Woche • adsorptive Peelings: bei Neigung zu Rötungen oder Juckreiz

3 Produkte zur Reinigung und Pflege der Haut

3.7.4 Sensibler (empfindlicher) Hautzustand

Sensible Haut reagiert auf äußere Reizungen mit Rötung, Spannungsgefühl, Jucken, manchmal auch mit Pustel- oder Quaddelbildung. Schon eine Berührung mit leichtem Druck kann bei manchen Betroffenen eine Hautrötung hervorrufen. Beim Auftragen eines kosmetischen Produktes empfinden Betroffene oft ein leichtes Brennen, selbst wenn es sich um ein Spezialprodukt für die sensible Haut handelt.

Da diese Reaktionen viele unterschiedliche Ursachen haben können, gibt es für die Bezeichnung „empfindliche" oder „sensible Haut" keine einheitlich festgelegte Definition.

Sensible Haut ist in der Mehrzahl der Fälle sebostatisch (trocken-fettarm), da bei diesem Hautzustand die Barrierefunktion der Hornschicht gestört ist. So können reizauslösende Stoffe leichter tief in die Haut eindringen. Hier verursachen sie die oben genannten Empfindlichkeitsreaktionen. Wenn keine Sebostase vorliegt, kann die Ursache darin liegen, dass die Nervenenden oder Rezeptoren bei einigen Betroffenen besonders nah an der Hautoberfläche liegen und die Haut äußere Reize stärker wahrnimmt. Bei anderen Betroffenen weist die Haut eine besonders hohe Durchlässigkeit für reizauslösende Substanzen auf.

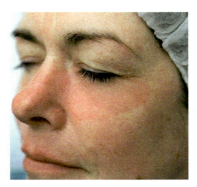

Diese Reizung wurde durch Duftstoffe verursacht.

Bei allen Reinigungs- und Pflegeprodukten für die sensible Haut wird so weit wie möglich verzichtet auf:
- Farbstoffe
- Duftstoffe
- Konservierungsstoffe
- Emulgatoren
- natürliche Tenside (Seifen)
- Rohstoffe, die Allergien auslösen könnten

Reinigungs- und Pflegeprodukte bei sensiblem Hautzustand

	Produkte	wichtige Inhalts- oder Wirkstoffe	angestrebte Wirkung
Reinigen	• milde Reinigungsmilch • seifen- und fettfreies Reinigungsgel	• Milchen enthalten nur wenig Tenside. • Alle Reinigungsprodukte sollten einen hautneutralen pH-Wert haben.	• Die Haut wird nicht durch Tenside ausgetrocknet. • Hautreizungen durch Fette oder Emulgatoren werden vermieden.
Tonisieren	• alkoholfreies Gesichtswasser	• hautberuhigende und entzündungshemmende Wirkstoffe, wie Kamille (Bisabolol), Allantonin, Panthenol, Rose, Ringelblume, Vitamin E, Aloe Vera	• alle entfettenden und möglicherweise hautreizenden Wirkstoffe sind zu vermeiden, z. B. Alkohol, Duftstoffe • Hautberuhigende Wirkstoffe sorgen für eine gute Verträglichkeit.
Tagespflege	• O/W-Emulsionen • pflegendes Hydrogel	• NMF • Hyaluronsäure • Glycerin • Vitamine • Q 10	• Versorgung mit Feuchtigkeit (Erhaltung der Barrierefunktion) • Vitamine und Q 10 schützen vor freien Radikalen.

	Produkte	wichtige Inhalts- oder Wirkstoffe	angestrebte Wirkung
Nachtpflege	• Creme auf W/O-Basis	• Hautberuhigende Wirkstoffe (s. o.) • NMF, wie Urea, Ceramide • Fette, die nur selten Hautreizungen verursachen, wie z. B. Nachtkerzenöl, Mandelöl, Olivenöl • hautverträgliche Emulgatoren wie z. B. Sterole, Cholesterin	• Lipide und feuchtigkeitsspendende und -bindende Wirkstoffe regenerieren und verstärken die Barrierefunktion der Haut.
Spezialpflege	• adsorptive Peelings • biologische Peelings • Feuchtigkeitsmasken • Ampullen	• Tonerde, Heilerde • Enzyme • feuchtigkeitsspendende und -bindende Wirkstoffe (s.o.) • hautberuhigende Wirkstoffe (s.o.)	• Absorbtive Peelings sind weniger hautreizend als abrasive Produkte. • Bei sehr sensibler Haut sind biologische Peelings vorzuziehen, die von einer Kosmetikerin durchgeführt werden.

3.7.5 Reife Haut und Altershaut

Mit fortschreitendem Alter findet eine Vielzahl von Veränderungsprozessen im menschlichen Körper statt. Diese beeinflussen auch Aufbau und Aussehen der Haut.
- Die Produktivität der Talgdrüsen geht zurück, und die Hornschicht wird insgesamt dünner, weil sich das Zellwachstum verlangsamt.
- Die **Wasserbindungsfähigkeit** der Haut (Turgor) verschlechtert sich, weil die Produktion von NMF zurückgeht.
- In der Lederhaut werden weniger Kollagen und Elastin gebildet, und die **Spannkraft** der Haut (Tonus) verringert sich dadurch.
- Die Durchblutung lässt im Allgemeinen nach, wodurch die Haut nicht mehr so gut mit Nährstoffen versorgt wird.

Zu einer schlechteren Versorgung mit Nährstoffen trägt auch die Rückbildung der Berührungsfläche zwischen Epidermis und Lederhaut bei. Dadurch sieht die Haut dünn und pergamentartig aus, und sie ist trocken. Es zeigen sich Fältchen und tiefere Falten, manchmal infolge vieler Jahre UV-Bestrahlung auch Altersflecke.

> Bei Neurodermitis ist die Haut auch in symptomfreien Phasen sehr sensibel. Daher sollten Betroffenen immer Pflegeprodukte für die empfindliche Haut empfohlen werden.

Turgor
lat. Flüssigkeitsdruck in einem Gewebe, hier: die Wasserbindung in der Oberhaut

Altersveränderungen der Haut

abnehmend	zunehmend
• Größe der Zellen • Qualität der Hautzellen • Dicke der Hautschichten • Viskoelastizität • Stoffwechsel • Talgsekretion • Schweißsekretion • Wasserbindefähigkeit	• Falten • Verhornung • Dehnbarkeit • Fehlpigmentierung • Hauttrockenheit • Behaarung • Gefäßveränderungen • transepidermaler Wasserverlust

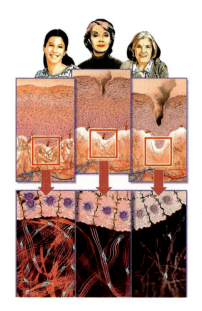

Altersveränderungen der Haut

3 Produkte zur Reinigung und Pflege der Haut

Ziel der Hautpflege bei der Altershaut ist die Versorgung mit Fett und Feuchtigkeit und die Vermeidung von Hautreizungen, da auch die Abwehrkräfte der Haut im Alter gemindert sind. Daher sind auch antioxidative Wirkstoffe zum Schutz vor freien Radikalen wichtig für die Altershaut. Spezielle Anti-Aging-Wirkstoffe wie z. B. Peptide, Sterole und Vitamine können zwar die Hautalterung nicht verhindern, aber die Neubildung von tieferen Falten zumindest eine Zeit lang aufhalten. Bei Bedarf können auch Produkte empfohlen werden, welche die Hautfalten optisch vermindern, z. B. durch Silikone oder Titanoxid.

> Kundinnen im weiter fortgeschrittenen Alter neigen manchmal dazu, die Reinigungs- und Pflegemittel aus früheren Jahren weiter zu verwenden. Seife wird zur Gesichtsreinigung und Allzweckcreme zur Gesichtspflege verwendet. Massagen mit harten Bürsten ersetzen ein Körperpeeling. Für das Verkaufspersonal ist es wichtig, behutsam darauf hinzuweisen, dass diese Produkte gerade für die dünne, empfindliche Altershaut wenig geeignet und zum Teil sogar schädlich sind.

Reinigungs- und Pflegeprodukte bei reifer Haut und Altershaut

	Produkte	wichtige Inhalts- oder Wirkstoffe	angestrebte Wirkung
Reinigen	• milde Reinigungsmilch oder -creme	• Milchen enthalten nur wenig Tenside.	• kein Austrocknen durch Tenside • Reinigungscremes versorgen die Haut zusätzlich mit Fett und Feuchtigkeit.
Tonisieren	• alkoholfreies Gesichtswasser	• hautberuhigende Wirkstoffe wie Kamille (Bisabolol), Rose, Wildrose, Ringelblume	• Vermeidung von Hautreizungen durch Alkohol
Tagespflege	• reichhaltige O/W-Creme • Fluide mit konzentrierten Wirkstoffen als Unterlage für die Tagespflege	• NMF • Hyaluronsäure • Glycerin • fette Pflanzenöle • Ceramide • Vitamine • Q 10 • Peptide • Phytosterole • Kollagen, Elastin • Lichtschutzfilter	• Versorgung der Haut mit Fett und Feuchtigkeit • Spezielle Anti-Aging-Wirkstoffe vermindern eine Vertiefung der Falten. • Antioxidanzien schützen vor freien Radikalen. • Hohe Lichtschutzfilter vermindern die Neubildung von Altersflecken.
Nachtpflege	• reichhaltige O/W-Creme • Fluide, mit konzentrierten Wirkstoffen als Unterlage für die Nachtpflege	• wie Tagespflege, jedoch enthalten Nachtcremes in der Regel mehr Fette und Öle	• besonders reichhaltig und dadurch pflegend
Spezialpflege	• sanfte abrasive Cremepeelings • adsorptive Reinigungsmasken • milde biologische Peelings • reichhaltige Crememasken • Ampullen und Sera • Antifaltencreme für die Augen	• feine, synthetische Peelingkörper • Tonerde • Enzyme • Fette • konzentrierte feuchtigkeitsspendende und -bindende Wirkstoffe • spezielle Anti-Falten-Wirkstoffe	• abrasive Peelings: hautschonend und reichhaltig • Enzympeelings/biologische Peelings: nur von einer Kosmetikerin anwenden lassen • Anti-Falten-Creme: bei starker Faltenbildung unter den Augen

3.8 Hautbeurteilung im Kundengespräch

Eine Kosmetikerin führt, bevor sie die Kundin berät und behandelt, eine umfassende Hautanalyse durch. Die gereinigte Gesichtshaut wird visuell, aber auch mithilfe von unterschiedlichen Instrumenten und Apparaten untersucht, bevor Reinigungs- und Pflegemittel individuell ausgewählt werden. In einem Drogeriebetrieb ist eine solche Hautanalyse natürlich nicht möglich. Dem Verkaufspersonal stehen nur zwei Möglichkeiten zur Verfügung, um den Hautzustand einer Kundin zu beurteilen:
- **Visuelle Hautbeurteilung:** Der Hautzustand wird anhand von äußerlich sichtbaren Merkmalen eingestuft.
- **Hautbeurteilung durch Befragen:** Durch systematisch gestellte Fragen werden andere Hautzustände ausgeschlossen, um den aktuellen Hautzustand der Kundin herauszufinden.

Im Verkaufsgespräch werden beide Methoden miteinander kombiniert. Wichtig ist es dabei, die Kundinnen dabei weder durch aufdringliche Blicke noch durch indiskrete Fragen in Verlegenheit zu bringen.

Visuelle Hautbeurteilung

Hautzustand	Hautmerkmale
normale Haut	rosig, prall, matt, feinporig, keine Unreinheiten
Mischhaut	fett-feucht glänzende T-Zone mit großen Poren, evtl. mit Unreinheiten, Seitenpartien matt
fettig-feucht	große Poren, starker Fettglanz, dick, evtl. Komedone und Pusteln
fettig-trocken	große Poren, stumpfes Aussehen, Fettschüppchen, dick, evtl. Komedone und Pusteln
trocken-fettarm	dünn und feinporig, rau, trockene Hautschuppen, Rötungen, keine Hautunreinheiten
sensibel	wie trocken-fettarme Haut, aber mit mehr Rötungen und rauen Stellen, evtl. Entzündungen mit Pusteln oder Quaddeln
reife Haut, Altershaut	wie trocken-fettarme Haut, aber mit geringerer Elastizität und Bildung von Fältchen und tieferen Falten

Jeder Hautzustand wirkt sich auf das äußere Erscheinungsbild der Haut aus und lässt sich anhand von bestimmten Merkmalen erkennen. Das Problem bei der visuellen Hautbeurteilung im Verkaufsgespräch besteht darin, dass die Haut der Kundinnen nicht gereinigt ist und daher Make-up und verwendete Pflegemittel den äußeren Eindruck verfälschen. Darüber hinaus ist die Beleuchtung in den Verkaufsräumen nur selten optimal.

Hautbeurteilung durch Befragen

Die Hautbeurteilung kann mithilfe der folgenden Leitfragen durchgeführt werden:
1. Frage: An welchen Stellen spannt Ihre Gesichtshaut im Laufe eines Tages und fühlt sich trocken an?

Wenn die Haut der Kundin im Laufe des Tages überall spannt, kann man auf einen **trockenen Hautzustand** schließen. Ob es sich dabei um eine fettig-trockene oder eine trocken-fettarme Haut handelt, lässt sich zumeist leicht an der Größe der Poren und dem Vorhandensein von Hautunreinheiten erkennen.

Liegt ein trocken-fettarmer Hautzustand vor, kann man durch eine weitere Frage herausfinden, ob es sich dabei um eine sensible Haut handelt:

2. Frage: Empfinden Sie manchmal ein unangenehmes Brennen oder einen Juckreiz, wenn Sie Kosmetika verwenden?

Der trocken-fettarme Hautzustand kann natürlich auch altersbedingt sein. Sie sollten aber eine Kundin niemals nach ihrem Alter fragen oder ihr sagen, wie alt Sie sie schätzen! So können für beide Seiten peinliche Situationen vermieden werden. Nur die wenigsten Kundinnen werden erfreut reagieren, wenn Sie ihnen von sich aus etwas gegen ihre Falten anbieten. Spezielle Produkte für die reife Haut und die Altershaut sollten daher nur auf Anfrage der Kundin empfohlen werden.

Die Drogistin schaut die Kundin freundlich und interessiert an und fragt nach den besonderen Befindlichkeiten.

Antwortet die Kundin auf Frage 1, dass die Haut nur an den seitlichen Partien spannt, kann man von einer **Mischhaut** ausgehen und entsprechende Produkte empfehlen. Neigt die T-Zone dabei zu starkem Fettglanz und Hautunreinheiten, kann man für diesen Bereich zur Verwendung von Reinigungs- und Pflegeprodukten für **fettige Haut** raten.

Verspürt die Kundin gar keine Spannung, liegt aller Wahrscheinlichkeit nach ein **fettig-feuchter oder** ein **normaler Hautzustand** vor.

Fettige Haut lässt sich wiederum an großen Poren und Hautunreinheiten erkennen, normale Haut an ihrem klaren, feinporigen Aussehen.

Bei einem fettig-feuchten Zustand kann man aus dem Alter der Kundin schließen, ob es sich um die typische jugendliche Problemhaut des Teenagers handelt und spezielle Reinigungs- und Pflegeprodukte anbieten. Kundinnen zwischen dem zwölften und dem sechzehnten Lebensjahr kann man auch noch problemlos nach ihrem Alter fragen!

Großporige Haut

4 Sonnenschutz

Die Sonnenstrahlung und die damit einhergehende Energie trifft nach ca. 8 Minuten Weg auf die Erde und hat hier positive (z. B. Photosynthese der Pflanzen) wie auch negative Auswirkungen auf unser Leben. Gegen die negativen Auswirkungen wie z. B. einem Sonnenbrand müssen wir uns schützen.

Einflüsse der Sonnenstrahlung auf die Haut und den Körper

Positive Einflüsse	Negative Einflüsse
Vitamin-D-Produktion in der Haut	Hautalterung, Fältchenbildung
Psyche (Lichttherapie)	Sonnenbrand
Wärmegefühl (zusammen mit IR-Strahlung)	Hautkrebs
Hautbräunung	Sonnenallergie, „Mallorca-Akne"
antiseptisch	Altersflecken
Verdickung der Epidermis (Lichtschwiele)	Sommersprossen werden vermehrt sichtbar.

4.1 Zusammensetzung des Sonnenlichtes

Die Sonne gibt verschiedene Strahlungstypen ab, die auf unsere Atmosphäre treffen. Man unterscheidet u. a. Röntgenstrahlung (γ-Strahlung), Ultraviolette Strahung (UV-A, UV-B, UV-C), sichtbares Licht, Infrarotstrahlung (IR) und Radiowellen.
50 % des Sonnenlichtes besteht aus sichtbarem Licht, 45 % aus Infrarotlicht und 5 % aus UV-Strahlung, die für die Haut schädlich sein kann.

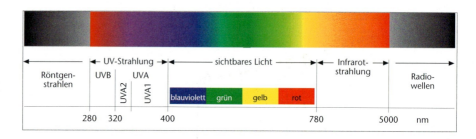

Spektrum des Sonnenlichts. Je kurzwelliger die Strahlung ist, desto energiereicher und damit gefährlicher ist sie für die Haut.

Die UV-Strahlung (UV)

Die ultraviolette Strahlung unterteilt man in UV-A-, UV-B- und UV-C-Strahlung. Die UV-C-Strahlung wird nahezu vollkommen von der Erdatmosphäre (intakte Ozonschicht) reflektiert sowie absorbiert und gelangt so nicht bis zur Erdoberfläche. Die auf die Erdoberfläche treffende UV-Strahlung ist zu 95 % UV-A- und nur zu 5 % UV-B-Strahlung.

Die Intensität der UV-Strahlung hängt ab von
- der geografischen Lage; in der Äquatorregion ist die Strahlung am höchsten
- der geografischen Höhe; je höher man ist, desto größer ist der Anteil der UV-B-Strahlung (15 % pro 1000 m Höhe)
- der Jahreszeit; im Sommer ist die Stahlungsintensität höher als im Winter
- der Oberfläche; Wasser, Schnee, heller Sand, glatter Beton oder Glas (Spiegel) reflektieren das Licht und potenzieren somit die Strahlungsintensität.

Regionen, in denen die Ozonschicht zerstört ist („Ozonloch" z. B. in Australien) sind dabei von einer hohen Einstrahlung an UV-C-Strahlung betroffen.

Das sichtbare Licht

Das für uns sichtbare Licht ermöglicht es uns, aufgrund der unterschiedlichen Wellenlängen, Farben zu sehen. Von Pflanzen wird das sichtbare Licht zur Fotosynthese genutzt. Dabei produzieren sie aus Kohlenstoffdioxid und Wasser unter der Ausnutzung der Energie der Sonnenstrahlung Traubenzucker und Sauerstoff.

$$6 CO_2 + 6 H_2O \xrightarrow{\text{Licht}} C_6H_{12}O_6 + 6 O_2$$

Die Infrarotstrahlung

Die Infrarotstrahlung ist langwellig und für unser Auge nicht sichtbar. Sie wird umgangssprachlich der Wärmestrahlung gleichgesetzt, d. h., die Infrarotstrahlung erwärmt unseren Körper. Das nutzen wir z. B. bei der Bestrahlung mit einer sogenannten „Rotlichtlampe" aus.

4.2 Auswirkungen der Sonnenstrahlung auf die Haut

Die verschiedenen Strahlungstypen dringen z. T. tief in die Haut ein bis hin zur Subkutis. Die IR-Strahlung erwärmt dabei die Haut. Das sichtbare Licht hat auf die Haut direkt keinen Effekt, kann sich aber positiv auf die Psyche auswirken. Die UV-A- und UV-B-Strahlen dringen unterschiedlich tief in die Haut ein und haben verschiedene Wirkungen auf diese.

Subkutis
→ Kapitel IV / 1.2

UV-A-Strahlung
Sie dringt bis in die Lederhaut vor und führt dort zu
- einer direkten Bräunung der Haut, die allerdings nicht dauerhaft ist und die Haut nur unzureichend vor UV-Strahlen schützt
- einer Zerstörung des Bindegewebes (Kollagenfasern), wodurch die Elastizität der Haut abnimmt und die Haut vorzeitig altert
- der Bildung von freien Radikalen
- einer geschwächten Immunabwehr, was wiederum die Bildung von Hautkrebs begünstigt

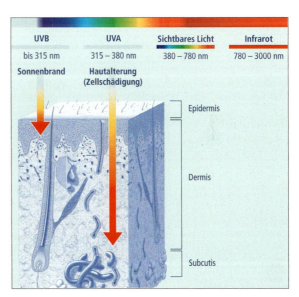

UV-B-Strahlung
Sie dringt bis in die Oberhaut vor und führt zu
- der Ausbildung von Lichtschwielen auf der Haut (Verdickung der Hornschicht)
- Vitamin-D-Produktion
- einer indirekten Bräunung, die sich zwar erst nach einigen Tagen bildet, aber dafür lang anhaltend bleibt und so die Haut vor UV-Strahlen schützt
- Pigmentflecken
- einer Hautrötung und damit im Folgenden zu einem Sonnenbrand
- zu Zell- und DNS-Schäden und damit möglicherweise zu Hautkrebs

DNS
Desoxyribonukleinsäure; Erbgut in jeder Zelle des Körpers

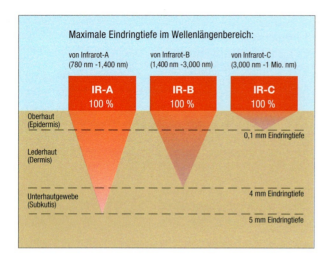

Infrarot-Strahlung

Neuere wissenschaftliche Studien legen den Schluss nahe, dass IR-Strahlen, die bis in die Unterhaut vordringen, die Hautalterung beschleunigen und möglicherweise auch zu Hautkrebs führen können. Bedingt durch die IR-Strahlung entsteht, so wie bei UV-Strahlung, oxidativer Stress, d. h., es bilden sich vermehrt freie Radikale. Dies setzt eine biologische Reaktion in Gang, bei der in der Haut ein Enzym gebildet wird, welches das Kollagen in der Haut zerstört. Kollagen bindet sehr gut Feuchtigkeit und ist für die Elastizität der Haut wichtig. Werden die Kollagenfasern zerstört, so kann nur wenig Feuchtigkeit gespeichert werden. Die Elastizität der Haut lässt nach, die Haut wird trocken und bildet Falten.

> Sonnenschutzprodukte, die vor IR-Strahlung schützen, sollten nach bisherigen wissenschaftlichen Erkenntnissen eine Kombination von bestimmten Antioxidanzien bieten, wie Karotinoide, Flavonoide, Vitamine (→ z. B. Traubenkernextrakt, Vitamin C, Vitamin E und Q 10).

4.3 Der Eigenschutz der Haut

Die Haut wird durch die UV-Strahlung zum Teil stark geschädigt. Daher hat sich die Haut im Verlauf der Evoltion an diese Gefährdung angepasst, in dem sie Schutzmechanismen entwickelt hat.

Hautbräunung/Pigmentierung durch Melanin

Melanozyten
→ Kapitel IV / 1.2.1

In der Haut und den Haaren ist das Pigment **Melanin** eingelagert. Das Melanin wird in den Melanozyten in der Epidermis gebildet und wird dann in die Keratinozyten der oberen Hautschichten abgegeben und dort eingelagert. Das Melanin hat mehrere Funktionen:
- Hitzeschutz: nimmt die Wärmestrahlung des Sonnenlichts auf, wandelt sie fotochemisch um und strahlt diese Wärme wieder ab
- Strahlungsfilter: Schutz der Zellkerne der Hautzellen und damit auch Schutz der DNS vor UV-Strahlung
- Radikalfänger: Freie Radikale entstehen als Folge der UV-Bestrahlung im Hautgewebe und schädigen dort Zellmembran und Zellkern.

 www.haut.de
→ Sonnenschutz

Man kann zwei Typen des Melanin unterscheiden: Das braune bis schwarze **Eumelanin** und das eher rötliche **Phaeomelanin**. Das Eumelanin absorbiert das gesamte UV-Spektrum, während das Phaeomelanin mehrheitlich die UV-B-Strahlung filtert. Je nachdem wie viel Eu- bzw. Phaeomelanin in der Haut eingelagert bzw. gebildet wird, unterscheidet man innerhalb Europas vier Pigmentierungstypen.

4 Sonnenschutz

Pigmentierungstyp (Hauttyp)	I	II	III	IV
Beispiel Typ	keltisch	hellhäutig europäisch	dunkelhäutig europäisch	mediterran
Haut	sehr hell	hell	hellbraun	braun, oliv
Haare	hellblond oder rötlich	blond bis braun	dunkelblond bis braun	dunkelbraun bis schwarz
Sommersprossen	viele	oft	ohne	ohne
Rötung	immer schwer, schmerzhaft	oft schwer, schmerzhaft	selten, mäßig	kaum
Bräunung	kaum	gering	mäßig	stark
Eigenschutzzeit	< 10 Min.	10–20 Min.	20–30 Min.	> 30–45 Min.

Eigenschutzzeit ist der Zeitraum, in dem die Haut ohne Risiko eines Sonnebrandes bzw. einer Rötung ungeschützt der Sonne ausgesetzt werden kann. (Angaben in der nebenstehenden Tabelle nach Fitzpatrick)

Die **Eigenschutzzeit** hängt ab vom
- Alter, ältere Menschen (> 60 Jahre) und Kinder (< 7 Jahre) sind sonnenempfindlicher
- Hauttyp (→ Tabelle)
- Haartyp (→ Tabelle)
- Aufenthaltsort, z. B. Gebirge, Wasser, Äquator

Sommersprossen

Sommersprossen sind Stellen, an denen Melanin gehäuft vorkommt. Sie bilden sich häufig an sonnenexponierten Hautstellen wie dem Gesicht, dem Dekolletee und den Unterarmen.
Zur Vermeidung von Sommersprossen sollte man die Sonne meiden bzw. Sonnenschutzmittel mit einem hohen LSF verwenden (Sun-Blocker).

Lichtschwiele

Wenn die Haut von UV-B-Strahlen getroffen wird, beschleunigt sich die Zellteilung, so dass mehr Zellen an die Hautoberfläche wandern und so die Hornschicht dicker wird. Nach 2–3 Wochen ist die maximale Dicke der Lichtschwiele erreicht. Die verdickte Hornschicht schützt die unteren Hautschichten vor dem Eindringen der UV-B-Strahlen.

Aufbau der Haut
→ Kapitel IV / 1.2

Urocaninsäure

Beim Schwitzen wird mit dem Schweiß die Urocaninsäure auf die Haut gelegt. Diese filtert die UV-Strahlen der Sonne bis zu einer Wellenlänge von ca. 300 nm und bildet so, zusammen mit der Lichtschwiele und der Pigmentierung (Bräunung) der Haut durch Melanin, den wirksamen Eigenschutz der Haut.

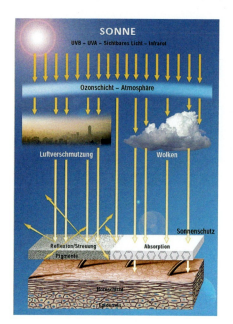

4.4 Lichtschutzfilter

Der Eigenschutz der Haut ist nur eine begrenzte Zeit wirksam, sodass nach Ablauf der individuellen Eigenschutzzeit zusätzlicher Schutz erforderlich ist. Zu diesem Zweck gibt es Sonnenschutzprodukte mit Lichtschutzfiltern, die auf die Haut aufgetragen werden. Man unterscheidet chemische und physikalische Lichtschutzfilter.

Chemische Lichtschutzfilter
Chemische Lichtschutzfilter **absorbieren** die UV-Strahlen und **wandeln die Energie um in Wärme**, die dann abgestrahlt wird. Solche chemischen Filter sind z. B. Benzophenon, Benzon, Trisiloxan.

Physikalische Lichtschutzfilter
Physikalische Lichtschutzfilter sind z. B. mineralische Mikropigmente wie Titandioxid oder Zinkoxid, die auf die Haut aufgetragen werden. Diese **reflektieren oder zerstreuen** die auftreffenden UV-Strahlen, sodass erst gar keine oder nur deutlich weniger UV-Strahlen in die Haut eindringen können.
Kleidung und Sonnenbrille zählen auch zu den physikalischen Lichtschutzfiltern.

> In Naturkosmetika sind oft nur physikalische Lichtschutzfilter enthalten, da diese nicht in die Haut einziehen und so keine Allergien auslösen.

LSF = SPF
engl. Sun Protection Factor

Es gibt mittlerweile viele Lichtschutzfilter, die beide Methoden kombinieren und sowohl die Strahlung reflektieren als auch chemisch in Wärme umwandeln. Weiterhin gibt es Filter, die speziell UV-A- oder UV-B-Strahlen filtern, sowie solche Breitbandfilter, die UV-A- und UV-B-Strahlen filtern.

4.5 Lichtschutzfaktor (LSF)

Der Lichtschutzfaktor ist ein Maß für die Schutzwirkung vor UV-B-Strahlung. Dabei gibt der Lichtschutzfaktor in Verbindung mit der Eigenschutzzeit den Zeitraum an, den die Haut der Sonne (besonders UV-B-Strahlen) ausgesetzt werden kann, ohne dass es zu einer Hautrötung kommt. International unterscheidet man folgende Lichtschutzfaktoren bzw. Lichtschutzklassen.

Hautkrebs (Melanom)

Durch die Bestrahlung der Haut mit UV-Strahlen kann es zu Entartungen von Zellen kommen. Jährlich erkranken ca. 22000 Menschen in Deutschland neu am bösartigen schwarzen Hautkrebs (malignes Melanom), ca. 3000 Menschen sterben jedes Jahr daran. Eine regelmäßige ärztliche Kontrolle der Haut (Hautkrebs-Screening) ist daher sehr wichtig.

Lichtschutzfaktor	Lichtschutzklasse	Absorbtion
2 / 4 / 6	Basisschutz	-
8 / 10 / 12	mittlerer Schutz	- -
15 / 20 / 25	hoher Schutz	- - -
30 / 40 / 50	sehr hoher Schutz	- - - -
50 +	ultra hoher Schutz	- - - -

Da die UV-A-Strahlung auf lange Sicht auch zu Hautschäden und Hautkrebs führen kann, wird heute nicht nur viel Wert auf einen hohen LSF, sondern auch auf einen hohen UV-A-Schutz gelegt. Da es für den UV-A-Schutz keinen Faktor gibt, wird hier meist mit dem besonders hohen **Australischen Standard** geworben. Produkte, die nach dem Australischen Standard 2604 getestet sind, bieten einen guten UV-A-Schutz.

Produkte, die die DIN-Norm 67502 tragen, weisen zusätzlich ein vernünftiges Verhältnis zwischen UV-A- und UV-B-Filtern auf.

Wie wählt man den richtigen LSF?

Die Wahl des LSF hängt ab von:
- dem Hauttyp
- der Strahlungsintensität (Ort, Zeit)
- dem Grad der Vorbräunung (Lichtschwiele, Pigmentierung)
- der Bestrahlungszeit (Aufenthalt in der Sonne)

4.6 Gesamtschutzzeit

Die Gesamtschutzzeit errechnet sich aus der Eigenschutzzeit multipliziert mit dem Lichtschutzfaktor. Sie gibt damit die Zeit an, die die Haut der UV-Strahlung insgesamt ausgesetzt werden darf.

$$\text{Gesamtschutzzeit} = \text{Eigenschutzzeit} \times \text{LSF}$$

Beispiel: Eine Person mit dem Hauttyp II hat eine Eigenschutzzeit von 10 bis 20 Minuten. Bei der Verwendung einer Sonnenschutzcreme mit dem LSF 15 könnte die Person 150 bis 300 Minuten in der Sonne bleiben.

4.7 Sonnenbrand

Wer über die Gesamtschutzzeit hinaus in der Sonne verweilt, läuft Gefahr, einen Sonnenbrand (Dermatitis Solaris oder UV-Erythem) zu bekommen. Er ist eine entzündliche Rötung der Haut, bedingt durch UV-Strahlung. Er wird erst nach 4–6 Stunden sichtbar.

Je nach Stärke des Sonnenbrandes kommt es zu mehr oder weniger starker Druckempfindlichkeit, Spannungsschmerzen, Wärmegefühl bis hin zu Verbrennungsanzeichen wie Blasenbildung. Ein Sonnenbrand schädigt bzw. zerstört Millionen von Hautzellen, die sich nachher abschuppen. Exponierte Stellen des Körpers sind besonders schnell von einem Sonnenbrand betroffen. Hautkrebs kann langfristige Folge von Sonnenbränden sein.

Um einem Sonnenbrand vorzubeugen, sollten mehrere Aspekte beachtet werden:
- die Haut immer mit dem passenden Sonnenschutzmittel einreiben und von Zeit zu Zeit nachcremen
- angemessene Kleidung, z. B. T-Shirt mit UV-Schutzfaser, eine Kopfbedeckung und eine Sonnenbrille tragen
- die Mittagssonne meiden

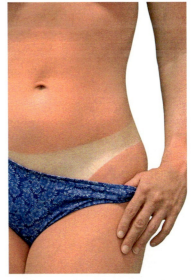

Die Haut vergisst keinen Sonnenbrand.

> Das Nachcremen verlängert die Gesamtschutzzeit nicht, erhält aber für die Zeit einen guten Schutz. Ist die Gesamtschutzzeit abgelaufen, hilft es nur noch, die Sonne zu meiden. Achtung: Ein Sonnenschirm vermindert lediglich die direkte Strahlung. Reflektierte Strahlung, z. B. vom Boden, erreicht den Körper trotzdem.

Hat man sich dennoch einen Sonnenbrand zugezogen, so helfen bei leichten Sonnenbränden kühlende, feuchtigkeitsspendende und hautberuhigende Lotionen. Bei stärkeren, großflächigen Sonnenbränden mit starker Blasenbildung und/oder Herz-Kreislauf-Beschwerden ist ärztlicher Rat einzuholen.

Kinder müssen besonders gut vor Sonne geschützt werden, da ihre Haut empfindlicher ist! Die Haut ist noch sehr dünn, kann noch nicht ausreichend bräunen, und die schützende Hornhaut ist ebenfalls noch nicht entwickelt. Daher sollten immer Sonnenschutzmittel mit hohen LSF verwendet werden. Weiterhin sollten Kinder in der Sonne immer eine Kopfbedeckung, Sonnenbrille und sonnendichte Kleidung tragen.

4.8 Sonnenallergie

Unter dem Begriff Sonnenallergie werden verschiedene Erkrankungen zusammengefasst, die aber nicht immer tatsächlich eine allergische Reaktion als Ursache haben.

Polymorphe Lichtdermatose (PLD)

Die polymorphe Lichtdermatose tritt oft bei hellhäutigen Personen auf. Sie zeigt sich durch juckende Flecken, Quaddeln oder Bläschen auf der Haut.
Hauptsächlich sind Hautstellen betroffen, die sonnenentwöhnt sind. Die Symptome lassen oft nach 2–3 Wochen Sonnengewöhnung nach. Die Ursachen sind noch unklar, möglicherweise hängt die PLD mit den bei Sonneneinstrahlung in der Haut entstehenden freien Radikalen zusammen, auf die der Körper mit einer erhöhten Immunreaktion antwortet. Bei einer PLD sollen Sonnenschutzmittel mit hohem UV-A-Filter und Antioxidanzien (wie Vitamin E, C) nützlich sein.

„Mallorca-Akne"

Durch die Reaktion der durch die UV-Strahlen gebildeten freien Radikalen in der Haut mit fetthaltigen Inhaltsstoffen kosmetischer Produkte kommt es zu einer Entzündung in den Haarfollikeln. Betroffen sind häufig Menschen mit fettiger, unreiner Haut. Die wirksamste Möglichkeit, der „Mallorca-Akne" vorzubeugen, ist die Verwendung von fettfreien Kosmetika, z. B. von Sonnengelen mit einem hohen UV-A-Schutz.

4.9 Sonnenschutzmittel

Es gibt viele unterschiedliche Sonnenschutzprodukte auf dem Markt. Alle sollten folgende Kriterien erfüllen:
- ausgewogener UV-A- und UV-B-Schutz, möglichst inklusive IR-A-Schutz
- schweißfest, wasserfest
- gut haftend, nicht klebend

> Sonnenschutzmittel können auch noch in der nächsten Saison genutzt werden und verlieren dabei nicht ihren UV-Schutz. Dennoch sollte auf das Haltbarkeitsdatum geachtet werden.

4.9.1 Sonnenschutzmilch, Sonnenschutzcreme, Sonnenschutzlotion

Milchen und Lotionen sind leicht auf der Haut zu verteilen (O/W-Emulsionen), Cremes sind halbfest, aber dennoch streichfähig (W/O-Emulsionen).
O/W-Emulsionen sind insgesamt gut auf der Haut zu verteilen, ziehen schnell ein und hinterlassen keinen Fettfilm. Sie sind meist abwaschbar, allerdings gibt es auch wasserfeste Produkte. Hier ist der UV-Filter in Liposome verpackt.
Der Fettanteil liegt meist zwischen 20 % und 30 %. Diesen Emulsionen ist Glycerin als Feuchthaltemittel beigefügt sowie Verdickungsmittel und Polymere, die die Haftung des Produkts auf der Haut verbessern. Zudem sind O/W-Emulsionen Konservierungsmittel und Stabilisatoren (Antioxidanzien, Komplexbildner) zum Schutz zugefügt, da sie oft Temperaturen von mehr als 50 °C ausgesetzt sind. Parfümöle fügen dem Produkt einen angenehmen Geruch hinzu.
W/O-Emulsionen enthalten die gleichen Fettbesandteile wie O/W-Emulsionen, allerdings sind hier Wachse hinzugefügt, die die Viskosität erhöhen. Ansonsten sind die Inhaltsstoffe denen der O/W-Emulsionen sehr ähnlich. W/O-Emulsionen sind meist wasserfeste Produkte.

Liposom

> **Wasserfeste und wasserbeständige Sonnenschutzprodukte**
> Wasserbeständig (water-resistant) dürfen sich Sonnenschutzprodukte nur dann nennen, wenn nach zweimaligem 20-minütigem Baden im Abstand von 20 Minuten sich noch mindestens 50 % der angegebenen Schutzleistung nachweisen lassen. Wasserfest (water-proof) sind Sonnenschutzprodukte erst dann, wenn nach viermaligem Baden in jeweils 20-minütigem Abstand noch 50 % der Schutzleistung nachweisbar sind.

Bei W/O-Emulsionen sollten nur geringe Dosen von Paraffinen und Vaselinen zugegeben sein, da sie die Schweißabgabe vermindern und es so zu einem Wärmestau kommen kann.

Sonnenschutzmilchen und Sonnenschutzlotionen sind gut geeignet für große Körperflächen, während sich die Sonnencreme für das Gesicht eignet, da sie oft fester und reichaltiger ist und nicht so schnell in die Augen läuft.

> **Sonnenbrille**
> Die Augen reagieren ebenso empfindlich auf UV-Strahlung wie die Haut, daher ist es wichtig, sie vor zu viel UV-Strahlung zu schützen. Gute Sonnenbrillen filtern alle UV-Strahlen < 400 nm heraus und reduzieren die Helligkeit des Lichtes, um es für die Augen angenehmer zu machen. Dabei sind nicht nur die Gläser wichtig, sondern auch die enganliegende Passform des Gestells.

4.9.2 Sonnenschutzgele

Sonnenschutzgele werden auf der Basis einer wässrigen oder wässrigalkoholischen Lösung hergestellt. Ihnen sind Hydrogelbildner beigefügt, die die gelartige Konsistenz erzeugen. Zudem sind ihnen Feuchthaltemittel zugesetzt. Sie enthalten keine Emulgatoren und Fettkomponenten.

Sonnenschutzgele werden aufgrund ihrer Zusammensetzung von Personen verwendet, deren Haut empfindlich auf Emulgatoren, Konservierungsmittel und Fette reagieren, wie z. B. bei der „Mallorca-Akne". Die Gele führen im Gegensatz zu den Cremes und Lotionen der Haut nur wenig Feuchtigkeit zu, daher sind Gele eher bei fettiger Haut zu empfehlen. Für Sportler sind aus demselben Grund Gele eine gute Wahl, da sie nicht fetten.

4.9.3 Sonnenschutzöle

Sonnenschutzöle bestehen oft aus einer Mischung verschiedener Mineralöle (Paraffinöl) und Fettsäuretriglyceride (oft Pflanzenöle, z. B. Erdnuss-, Sesam, Avocadoöl). Zudem enthalten Sonnenschutzöle Silikonöle, die die Verteilbarkeit verbessern, das Öl schneller in die Haut einziehen lassen und den Ölfilm für Luft und Wasserdampf (Schweiß) durchlässig machen. Da die Sonnenschutzöle kein Wasser enthalten, sind keine Konservierungsmittel notwendig. Öle aus ungesättigten Fettsäuren können allerdings ranzig werden, daher sind ihnen Antioxidanzien hinzugefügt.

Sonnenschutzöle verleihen beim Auftragen ein angenehmes Gefühl, sind jedoch oft nur mit geringen Lichtschutzfaktoren ausgestattet.

4.9.4 Sonnenschutzstift für Lippen, Nase und Ohren

Da die Lippen eine weniger dicke Hornschicht haben und sich nicht durch eine verstärkte Pigmentierung (Melaninproduktion) schützen können, müssen sie besonders gut gegen UV-Strahlung abgeschirmt werden. Hierzu ist der Sonnenschutzstift besonders geeeignet. Er kann zielgenau auf die Lippen, aber auch auf Nase und Ohren aufgetragen werden.

4.9.5 Sonnenschutzspray

Sonnenschutzsprays lassen sich leicht auf größeren Flächen verteilen. Sie sind besonders gut für Sportler geeignet, da sie nicht fetten. Das Gesicht darf mit Sprays nicht eingesprüht werden, da die Augen geschädigt werden könnten.

4.10 After-sun-Produkte

💬 After-sun-Produkte sollten immer möglichst direkt nach dem Sonnenbad aufgetragen werden, um ihre Wirkung zu verbessern. Mehrmals wiederholen!

Nach einem Sonnenbad benötig die Haut 12–14 Stunden Regenerationspause. Bedingt durch die Sonneneinstrahlung, wird der Haut Feuchtigkeit entzogen und sie ist gereizt.

Die Aufgabe der After-sun-Produkte ist es
- die verlorene Feuchtigkeit zurückzugeben (**rehydrieren**),
- die Haut zu erfrischen, zu kühlen und
- Hautreizungen entgegenzuwirken (Beschleunigung der Regeneration), um so der vorzeitigen Hautalterung vorzubeugen.

After-sun-Produkte bestehen aus flüssigen O/W-Emulsionen (Milchen/Lotionen), die nur einen geringen Fettgehalt, aber einen hohen Feuchtigkeitsgehalt aufweisen. Um die Feuchtigkeit zu binden, sind in diesen Produkten oft Glycerine und Aloe-vera-Extrakt enthalten. Allantoin, Bisabolol, Hamamelisextrakte und Panthenol beruhigen die Haut und wirken entzündungshemmend. Alkohol unterstützt den Kühleffekt auf der Haut. Vitamin A und E wirken antioxidativ.

4.11 Selbstbräunungsmittel

Die Funktionsweise der Selbstbräunungsmittel beruhen auf der **Maillard-Reaktion**. Herr Maillard entdeckte, dass sich bei hohen Temperaturen Zucker- und Eiweißmoleküle zu braunen Farbpigmenten verbinden. In Selbstbräunungsmitteln ist der Stoff **Dihydroxyaceton (DHA)** enthalten. Wird dieser auf die Haut aufgebracht, reagiert sie mit den Eiweißen der Hautoberfläche (Hornschicht), und es bilden sich sogenannte Melanoide. Diese Farbstoffe sind dem Melanin ähnlich.

💬 Achtung: DHA färbt unterschiedlich dicke Hornschichten unterschiedlich stark. Narben werden ebenfalls anders gefärbt. Es kann ein uneinheitliches Bräunungsergebnis entstehen.

Da die Reaktion nur bei 37 °C Körpertemperatur abläuft, dauert der Bräunungsprozess mehrere Stunden. Je nach Hornhautdicke, Hautbeschaffenheit und Anwendungsweise verfärbt sich die Haut unterschiedlich bräunlich bis gelblich. Die Verfärbung der Haut hält ca. drei bis vier Tage, danach verschwindet die Bräunung wieder.

Außer DHA sollten die Selbstbräunungsprodukte Feuchtigkeit enthalten, da DHA die Austrocknung der Haut beschleunigt.

Selbstbräuner sollten vor der großflächigen Anwendung an einer nicht sichtbaren Stelle getestet werden, um eine allergische Reaktion auszuschließen.

Ein Peeling vorher kann das Selbstbräunungsergebniss verbessern, da eine gleichmäßigere Bräunung entsteht, wenn die abgestorbenen Hornschüppchen vorher abgetragen werden.

Vorteile:
- Anwendung zu jeder gewünschten Zeit, auch ohne Sonne

Nachteile:
- ungleichmäßiges Bräunungsergebnis bei schuppiger Haut, Komedonen
- Färbung der Handinnenflächen, wenn man sich nicht sofort nach dem Auftragen die Hände gewaschen hat
- haben meist keine LSF und ersetzen daher keinen Sonnenschutz

 Solarium

Solarien produzieren mithilfe von Leuchtstoffröhren künstlich UV- und Infrarot-Strahlung. Die erzeugte UV-Strahlung unterscheidet sich nicht von der UV-Strahlung der Sonne und hat damit die gleiche schädigende Wirkung auf unseren Körper. Seit 2008 ist die Gesamtstrahlungsstärke eines Solariums auf maximal 0,3 Watt pro m² beschränkt worden, diese Strahlendosis entspricht aber immer noch der Sonnenstrahlung an einem wolkenfreien Tag im Sommer um 12 Uhr Mittag am Äquator.

> **Solarium (Fortsetzung)**
>
> Die IARC (Internationale Agentur für Krebsforschung) ordnet die künstliche UV-Strahlung von 100–400 nm in die höchste Krebsrisikostufe ein. Somit sind die Solarien als stark gefährdend eingestuft. Solarien geben sowohl UV-A- als auch UV-B-Strahlen ab. Oft sind die UV-B-Strahlen zum Teil herausgefiltert. Aber auch die UV-A-Strahlen erhöhen das Krebsrisiko und beschleunigen die Hautalterung. Zudem hält die Bräune nur wenige Tage.
> **Vor dem Solariumbesuch sollte man sich hautärztlichen Rat einholen und sich vom Fachpersonal des Solariums gründlich beraten lassen.**

Sonnenschutzprodukte aus dem drogistischen Sortiment

Produkte aus dem drogistischen Sortiment	Wirksamkeitsbestimmend sind z. B.	Wirkungsweise/Verwendung
Sonnenmilch (O/W-Emulsion)	• Lichtschutzfilter von LSF 2 bis 50+ (Sunblocker) als UV-A-, UV-B- oder Breitbandfilter	• leicht zu verteilen • gut für größere Körperpartien • zieht schnell ein • oft wasser- und schweißfest
Sonnenlotion (O/W-Emulsion)		
Sonnencreme (W/O Emulsion)		• gut für das Gesicht (kriecht nicht) • oft wasser- und schweißfest
Sonnengel	• LSF von 2 bis 50+ (Sunblocker) als UV-A-, UV-B- oder Breitbandfilter	• gut für Allergiker und bei „Mallorca-Akne"
Sonnenöl	• ohne Fette, auf einer Wasser- oder Wasser-Alkohol-Basis • meist ohne Emulgatoren und Konservierungsmittel	• gut verteilbar • geringer Schutzeffekt • Nur bei gut vorgebräunter Haut anwenden!
Sonnenstift	• LSF von 2 bis 50+ (Sunblocker) als UV-A-, UV-B- oder Breitbandfilter	• gut für Lippen, Nase und Ohren • z. B. für den Skiurlaub
Sonnenspray	• LSF von 2 bis 50+ (Sunblocker) als UV-A-, UV-B- oder Breitbandfilter	• Sprühnebel verteilt sich gut auf größeren Körperoberflächen • nicht für das Gesicht geeignet
Kindersonnenschutz-produkte, z. B. Milchen, Cremes, Lotionen, Sprays, Gele	• LSF im hohen Bereich (besonders viele Pigmente) als UV-A-, UV-B- oder Breitbandfilter • enthalten auf die Kinderhaut abgestimmte Inhaltsstoffe (reichhaltig)	• leicht zu verteilen • immer wasserfest
After-sun-Lotion (O/W-Emulsion)	• geringer Fettgehalt, viel Feuchtigkeit • enthält u. a. Allantoin, Bisabolol, Hamamelis, Panthenol, Glycerin, Vitamin A und E	• feuchtigkeitsspendend • regenerationsfördernd • entzündungshemmend • beruhigend • kühlend • antioxidativ • zeitnah nach dem Sonnenbad, wiederholt, auftragen
Selbstbräuner	DHA (Dihydroxyaceton)	• bräunt chemisch die obere Hornschicht
Beta-Carotin-Tabletten	Beta-Carotin	• setzen sich in der Haut ab und reflektieren dort die Strahlung • wirken als Antioxidationsmittel

5 Herrenkosmetik

Bis vor wenigen Jahrzehnten war die kosmetische „Standardausrüstung" eines Mannes auf wenige Artikel beschränkt: Seife, Deodorant, Haarshampoo und für besondere Anlässe ein After Shave. Inzwischen hat sich das Körperbewusstsein und die Einstellung zu Körperpflegemitteln bei den Männern stark verändert. Auch Männer haben zunehmend das Bestreben nach einem attraktiven und gepflegten Aussehen, im Beruf wie im Privatleben. Auch überwiegt in den Medien seit den neunziger Jahren ein Männerbild, das sich sehr gepflegt und körperbewusst darstellt. Dieser neue, wachsende Markt wird von den Kosmetikherstellern mit den unterschiedlichsten speziell entwickelten Produkten bedient.

Dennoch zeigen viele Männer noch immer eine große Verunsicherung und manche bedienen sich lieber aus den Cremetiegeln ihrer Partnerinnen, als eigene Kosmetika zu kaufen. Eine Hautcreme, die bei einer Frau eine positive Wirkung erzielt, muss aber nicht unbedingt auch gut für die Männerhaut sein. Zwischen der Männer- und der Frauenhaut gibt es einige erhebliche Unterschiede. Diese sind durch die Wirkung der Sexualhormone bedingt.

Wichtige Unterschiede zwischen Männerhaut und Frauenhaut

weibliche Haut	Männerhaut
• feinporigeres Hautbild	• große, gröbere Poren
• niedrigere Talgproduktion, daher trockener	• weniger trockene Haut, weil die Talgdrüsen hormonbedingt aktiver sind
• dünnere Epidermis	• dickere Epidermis mit mehr Zellschichten, dadurch bilden sich auch leichter Verhornungen der Haarfollikel
• weniger ekkrine Schweißdrüsen, daher geringere Schweißproduktion	• stärkeres Schwitzen
• dünnere Lederhaut	• dickere Lederhaut
• mehr elastische Fasern in der Lederhaut bei insgesamt lockerem Bindegewebe	• festeres Bindegewebe in Lederhaut und Subkutis, deshalb keine Cellulite
• frühe Bildung von Fältchen und flachen Falten	• spätere Bildung von vielen tiefen Falten
• weniger und weichere Körperbehaarung	• stärkere Körperbehaarung und Bartwuchs
• Haarausfall kommt nur selten vor	• Haarausfall kommt bedingt durch die Sexualhormone (Androgene) häufig vor

5 Herrenkosmetik

Gesichts- und Körperpflege

Ziel der Gesichtspflege für Männer ist es, die Funktion der Talgdrüsen zu regulieren und eventuelle übermäßige Verhornungen abzubauen. Dadurch werden Hautunreinheiten verhindert. Hautpflegemittel für die normale Männerhaut sollten daher frei von Fetten und Ölen sein. Die hauteigene Talgproduktion reicht normalerweise aus, um den Hydro-Lipid-Film aufrechtzuerhalten. Darüber hinaus wird die Belastung der Haut durch die tägliche Rasur durch Pflegemittel ausgeglichen und Entzündungen werden verhindert.

Pflegesystem für den Herrn mit Produkten für die Gesichtspflege und die Rasur.

Reinigungs- und Pflegeprodukte für die Männerhaut

	Produkte	wichtige Inhalts- oder Wirkstoffe	angestrebte Wirkung
Reinigen	• fettfreies Waschgel	• AHA • adstringierende und talgregulierende Substanzen, z. B. Hamamelis oder Salbei	• Verhornungen werden gelöst • talgregulierende Substanzen befreien die Haut von überschüssigem Hautfett
Tonisieren	• Gesichtswasser mit einem hohen Alkoholanteil	• entzündungshemmende und desinfizierende Wirkstoffe wie z. B. Allantoin, Bisabolol	• Wirkstoffe beugen Hautunreinheiten vor
Tagespflege	• leichtes Hydrogel oder Fluid • O/W-Feuchtigkeitscreme mit hohem Wasseranteil • Antifaltencreme auf O/W-Basis für reifere Männerhaut	• AHA • adstringierende und talgreduzierende Wirkstoffe • NMF • Urea • mattierende Substanzen, z. B. Kleie, Talkum, Tonerden • entzündungshemmend, z. B. Allantoin, Bisabolol • Coenzym Q 10 • Vitamine C und E	• Haut durchfeuchtend, jedoch nicht fettend • Feuchtigkeit spendend • desinfizierend • schnell einziehend • gegen oxidativen Stress
Nachtpflege	• ölfreies Gel oder Fluid mit Wirkstoffen, die Feuchtigkeit spenden oder gegen Falten wirken	siehe oben	siehe oben
Spezialpflege und Intensivpflege	• abrasive Peelings • chemische Peelings • biologische Peelings • Gelmasken		• abrasive oder chemische Peelingprodukte bei allen Hauttypen außer bei sensibler Haut oder Akne • biologische Peelings bei Akne oder sehr unreiner Haut (Behandlung durch die Kosmetikerin)

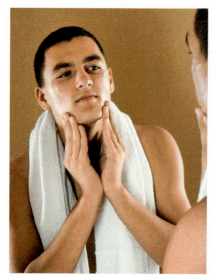

Produkte für die männliche Haut sollten nicht fetten, sondern schnell einziehen und frisch duften

Bei der Auswahl der Dusch- und Badeprodukte sollte auf die bessere Versorgung der Männerhaut mit Talg geachtet werden. Öl- oder Cremeprodukte sind weniger geeignet als fettfreie Gele. Bei sensiblerem Hautzustand ist es besser, Syndets zu verwenden.

Für die Hautpflege nach dem Duschen eignen sich Lotionen oder erfrischende Gele, die sich leicht verteilen lassen und schnell einziehen. Duschpeelings sind gerade bei Männern beliebt, weil sie wenig Zeit kosten.

Produkte der dekorativen Kosmetik werden von Männern bislang eher selten nachgefragt. Jedoch werden bei sichtbaren Hautveränderungen, z. B. Akne oder Vernarbungen, Kosmetika zum Kaschieren angewendet. Oftmals besteht hier Beratungsbedarf.

Männer ziehen bei Produkten zur Gesichts- und Körperpflege generell spritzig-frische oder holzige Duftnoten vor (→ Parfüm). Auch bei den Produktverpackungen wird Wert auf klare Formen und gedecktere Farben gelegt.

> Für die meisten Frauen ist der Einkauf von Kosmetika ein reines Vergnügen. Sie nehmen sich Zeit, lassen sich gern eine Vielzahl von Produkten erklären und sind sehr wählerisch. Die meisten Männer fühlen sich jedoch unsicher und haben das Gefühl, sich nicht auszukennen. Hier ist eine freundliche, sachliche Beratung mit Fingerspitzengefühl gefragt. Verkaufsargumente wie „Dadurch wird Ihre Haut zart und weich", sind wenig angebracht. Argumente wie „Die Lotion gibt Ihnen nach dem Duschen ein wirklich angenehmes Körpergefühl", sind bei der Beratung von Männern besser geeignet.

„Dreitagebart"

Rasur

Die Rasur ist ein wichtiger Bestandteil der täglichen Pflege für den Mann. Der Bartwuchs ist hormonell gesteuert. Barthaare sind Kolbenhaare und daher dicker als die Kopfhaare. Die Barttracht, z. B. Vollbart, Schnäuzer oder „Dreitagebart" unterliegt häufig wechselnden modischen Strömungen. Ganz ohne Rasur kommen aber auch Bartträger nicht aus, wenn sie gepflegt aussehen wollen. Männer können sich zwischen Nass- und Trockenrasur (Elektrorasur) entscheiden – etwa 52 % rasieren sich nass. Die Nassrasur ist zwar zeitaufwendiger, dafür aber gründlicher.

Produkte für die Nassrasur

Rasurprodukte aus dem Drogeriesortiment machen die Rasur gründlicher und angenehmer. Für die Nassrasur bietet das Drogeriesortiment Rasierer, Rasierpinsel, Rasiermittel und Produkte zur Nachbehandlung an:

Nassrasierer

Rasierer

Rasierer werden in allen Preislagen angeboten, vom Einwegrasierer bis zum Luxusprodukt. Wichtig für eine schonende und gründliche Rasur ist, dass der Rasierer eine Mehrfachklinge hat und dass die Klinge bzw. der Einwegrasierer regelmäßig ausgewechselt wird.

Stumpfe Rasierklingen bewirken nicht nur ein schlechteres Ergebnis, sondern erhöhen auch das Verletzungsrisiko.

Rasierpinsel

Ein Rasierpinsel ist zwar für die Nassrasur nicht zwingend notwendig, aber doch empfehlenswert, vor allem für Kunden mit fettiger Haut.

Wird das Rasiermittel durch kreisende Bewegungen mit einem Pinsel aufgetragen, hat das eine ähnliche Wirkung wie ein Peeling. Die Haut wird leicht massiert und dadurch besser durchblutet. Die Poren werden von abgestorbenen Hornschüppchen befreit und das Problem einwachsender Barthaare wird im Vorfeld verhindert.

Die im Drogeriesortiment angebotenen Rasierpinsel unterscheiden sich vor allem durch das Material des Pinselgriffs und die Qualität der verwendeten Borsten. Hochpreisige Pinsel haben Borsten aus Dachshaar. Bei den Luxusprodukten kommen diese vom Rücken des Dachses und werden wegen ihrer Farbe „Silberspitze" genannt. Bei diesen Produkten werden die Borsten von Hand im Pinselgriff verankert. Auch dadurch erklärt sich der hohe Preis, der leicht bis zu 400 € betragen kann.

①

②

③

	Griff	Borsten	Befestigung
① preisgünstige Rasierpinsel	z. B. Kunststoff oder preisgünstiges Holz	Kunststoff- oder Schweineborsten	einfach geleimt
② mittlere Preislage	z. B. Metall oder Holz	Dachshaar minderer bis mittlerer Qualität	speziell gehärteter (vulkanisierter) Klebstoff
③ hochpreisige Rasierpinsel/ Luxusprodukte	z. B. Edelmetall, exotische Hölzer, Plexiglas	Dachshaar „Silberspitze"	vulkanisierter Klebstoff oder Verankerung von Hand

> Rasierpinsel dürfen nicht stehend getrocknet werden, weil die Befestigung der Borsten aufweichen könnte. Man sollte sie nach der Benutzung mit ein wenig Haarshampoo auswaschen und möglichst hängend trocknen.

Dachshaare für die Produktion von Rasierpinseln werden zum größten Teil aus China importiert. Dort werden Dachse gezüchtet, weil ihr Fleisch als Delikatesse gilt.

Seifen
→ Kapitel IV / 3.1.1

Rasiermittel

Rasiermittel bestehen aus Natrium- oder Kaliumseife, denen zumeist reichhaltige Rückfetter zugesetzt sind. Die alkalische Seife weicht die Barthaare auf und lässt sie aufquellen. So können sie vom Rasierer besser erfasst werden. Außerdem erzeugen Rasiermittel einen Film, auf dem die Rasierklinge über die Haut gleitet und der die Haut vor Verletzungen schützt. Dieser Effekt wird durch die Rückfetter noch verstärkt.

Die Nassrasur

Vor dem Auftragen des Rasurproduktes sollte die Haut mit warmem Wasser angefeuchtet werden, um die Barthaare zusätzlich zu erweichen. Das Rasiermittel muss eine kurze Zeit lang einwirken, bevor die Rasur beginnt. Man beginnt am besten an den Wangen, weil die Barthaare dort am weichsten sind. So können Wasser und Rasiermittel noch länger auf die härteren Haare an Kinn und Oberlippe wirken. Beim Rasiervorgang sollte die Haut immer mit der freien Hand gestrafft werden. Eine Entfernung der Haare „mit dem Strich" ist hautschonender, „gegen den Strich" ist die Rasur aber gründlicher. Die Reste des Rasiermittels müssen nach der Rasur gründlich abgewaschen werden.

> Rasiermittel sind alkalisch und stören den Hydro-Lipid-Film der Haut. Bei empfindlicher Haut kann das zu Reizungen führen. Da sie zum größten Teil aus Seife bestehen, begünstigen sie außerdem Hautunreinheiten. Kunden mit sehr sensibler Haut oder Akne sollten sich daher lieber trocken rasieren.

Aus dem drogistischen Sortiment: Rasiermittel

Produkte	wichtige Eigenschaften	angestrebte Wirkung
Rasierseife	• wird mit dem Pinsel zu einem feinporigen Schaum aufgeschlagen • weniger Pflegemittel • reagiert stark alkalisch	• geeignet bei sehr kräftigen und harten Barthaaren
Rasierschaum	• kommt durch Treibgase als fertiger Schaum aus der Sprühdose • mit der Hand verteilbar • Schaum ist weniger feinporig als bei anderen Produkten, Barthaare werden nicht so intensiv aufgeweicht • pflegende und entzündungshemmende Wirkstoffe	• ermöglicht eine zeitsparende und schonende Nassrasur • geeignet für Kunden mit weniger kräftigem Bartwuchs
Rasiercreme	• als aufschäumendes oder nicht aufschäumendes Produkt angeboten • hoher Anteil an Rückfettern • kann mit der Hand oder mit dem Rasierpinsel auftragen werden	• geeignet für Kunden mit trockener Haut
Rasiergel	• klares Gel, das beim Auftragen zu einem feinporigen Schaum wird • wird mit der Hand aufgetragen • enthält besonders viele feuchtigkeitsspendende und hautberuhigende Inhaltsstoffe	• besonders geeignet für Kunden mit empfindlicher Haut • sehr beliebt auch zur Haarentfernung bei Frauen

Rasierseife und -creme sind umweltfreundlicher, weil sie keine Treibgase enthalten.

Zur Vorbereitung der **Trockenrasur** bietet die Drogerie Pre-Shave-Produkte an. Dieses sind wässrige Lösungen mit Alkohol und entzündungshemmenden Substanzen. Sie reinigen und desinfizieren die Haut vor der Rasur. Pre-Shaves enthalten außerdem Wirkstoffe, die das Haarkeratin der Barthaare verhärten. Infolgedessen richten diese sich auf und können von den Klingen des Elektrorasierers schonender und gründlicher entfernt werden.

Produkte zur Nachbehandlung

Die Haut wird durch die Rasur stark strapaziert. Die Klingen verursachen winzige, kaum sichtbare Risse und die alkalischen Rasiermittel stören den natürlichen Hydro-Lipid-Film der Haut. Daher muss sie nach der Rasur desinfiziert, neutralisiert und gepflegt werden. Hierfür werden in der Drogerie viele verschiedene **After Shaves** mit Alkohol zur Desinfektion und angenehmen Duftnoten angeboten.

Für Kunden mit empfindlicher Haut sind alkoholfreie **After-Shave-Balsame** besser geeignet. Sie basieren auf O/W-Emulsionen und enthalten entzündungshemmende und hautberuhigende Wirkstoffe. Nach dem After Shave sollte ein feuchtigkeitsspendendes Pflegeprodukt aufgetragen werden.

Manchmal kommt es bei der Nassrasur zu kleineren blutenden Schnittwunden, die mit einem Blutstillstift aus **Alaun** behandelt werden können. Alaun ist ein Salz, das eine sehr stark adstringierende Wirkung besitzt. Es bewirkt, dass sich die Blutgefäße an den Wundrändern zusammenziehen und der Blutfluss zum Stillstand kommt. Diese Behandlung kann aber einen unangenehmen brennenden Schmerz verursachen.

6 Naturkosmetik

Die Nachfrage nach Naturkosmetika ist in den letzten Jahren mit Zuwachsraten im zweistelligen Bereich deutlich angestiegen. Ein Grund hierfür besteht darin, dass ökologisches Bewusstsein mittlerweile nicht mehr nur Sache einer kleinen Randgruppe ist, sondern große Teile der Bevölkerung erreicht hat. Die Auswirkungen ökologischer Missstände, zum Beispiel Klimawandel und Waldsterben, sind intensiver in das Bewusstsein der Menschen gedrungen. Durch den Konsum von Bio-Produkten möchte man ohne großen Aufwand zum Umweltschutz beitragen.

Nachhaltigkeit
→ Kapitel II

Ein anderer Grund ist aber auch in den Emotionen zu sehen, die Worte wie „Natur" oder „Naturkosmetik" auslösen. Viele Verbraucherinnen haben bei diesen Begriffen Blumenwiesen und Waldspaziergänge vor Augen. Pflanzliche Inhaltsstoffe werden im Allgemeinen als sanft und nicht hautschädlich betrachtet, während Substanzen mit „chemisch" klingenden Bezeichnungen eher Misstrauen wecken. Hinzu kommt, dass man bei Wirkstoffnamen wie „Mandelöl" oder „Grüner Tee" auch ohne Vorkenntnisse weiß, worum es sich handelt. Die Kosmetikindustrie trägt diesen Emotionen Rechnung, indem sie auf Produktverpackungen aller Arten von Kosmetika durch Wort, Bild und Farbgestaltung einen „naturnahen" Eindruck entstehen lässt.

Der Begriff „Naturkosmetik" ist in Deutschland nicht geschützt – ebenso wenig Hinweise wie „mit natürlichen Inhaltsstoffen" oder „natürlich hergestellt" auf Produktverpackungen. Befindet sich nur ein Minimum an Inhaltsstoffen natürlichen Ursprungs in diesem Produkt, sind solche Aufschriften nach dem Gesetz erlaubt. In der EU definiert jedes Land den Begriff „Naturkosmetik" unterschiedlich. Eine europaweite Vereinheitlichung steht noch aus.

Um das Angebot transparenter und übersichtlicher zu machen, vergeben verschiedene Institutionen Siegel, die auf der Verpackung von Kosmetikprodukten zu sehen sind und die auf eine nachhaltige Herstellung hinweisen:

1. **Das europäische Siegel NaTrue**
   Die Organisation NaTrue vergibt auf ihrem Siegel bis zu drei Sterne.
   - **Ein Stern:** Die Kosmetika enthalten natürliche Inhaltsstoffe.
   - **Zwei Sterne:** Die Inhaltsstoffe der Kosmetika stammen zu mindestens 70 Prozent aus kontrollierter biologischer Erzeugung.
   - **Drei Sterne:** Die Inhaltsstoffe stammen zu 95 Prozent aus kontrollierter biologischer Erzeugung. Diese Produkte werden von NaTrue als „Bio-Kosmetik" bezeichnet.

www.natrue-label.de

2. **Das Ecocert-Siegel**
   Die Organisation Ecocert vergibt ihr Siegel an Kosmetika, die mindestens zu 90 Prozent natürliche Rohstoffe enthalten, die wiederum zu mindestens 50 Prozent aus biologischem Anbau stammen.

www.ecocert.com

www.kontrollierte-
naturkosmetik.de

ethoxilierte Wirkstoffe
Verbindungen, an die Ethylenoxid angelagert wurde; dieser Stoff ist giftig und kann beim Einatmen krebserregend sein.

www.ihtk.de

www.öko-test.de

3. Das deutsche BDIH-Siegel
Dieses Siegel wird vom Bundesverband Deutscher Industrie und Handelsunternehmen (BDIH) herausgegeben. Es wird an Kosmetikprodukte vergeben, welche die folgenden Kriterien erfüllen:
- Bei der Herstellung wurden ausschließlich pflanzliche Rohstoffe verwendet, die aus zertifiziertem ökologischem Anbau stammen.
- Die Produkte enthalten keine Inhaltsstoffe, die von toten Tieren stammen, z. B. Nerzöl, Murmeltierfett. Stoffe, die von lebenden Tieren stammen, z. B. Milch, Wollwachs, sind zulässig.
- Weder bei der Herstellung noch bei der Entwicklung oder Prüfung wurden Tierversuche durchgeführt oder in Auftrag gegeben.
- Die Produkte enthalten keine
  - organisch-synthetischen Farbstoffe
  - synthetischen Duftstoffe
  - **ethoxilierten Rohstoffe**
  - Silikone
  - Paraffine oder andere Erdölprodukte
  - Die Rohstoffe und die fertigen Kosmetika wurden nicht radioaktiv bestrahlt.

4. Das Siegel „ohne Tierversuche" des IHTK
Das Siegel des Internationalen Herstellerverbandes gegen Tierversuche in der Kosmetik sagt ausschließlich aus, dass bei der Herstellung, Entwicklung und Prüfung dieses Produktes und seiner Inhaltsstoffe keine Tierversuche durchgeführt oder in Auftrag gegeben wurden. Ökologisch produzierte Inhaltsstoffe sind keine Kriterien für die Vergabe dieses Siegels.

5. Die Einstufung der Zeitschrift Öko-Test
Die Zeitschrift Öko-Test bewertet neben vielen anderen Produkten des täglichen Gebrauchs auch Kosmetika. Im Mittelpunkt stehen dabei die Hautverträglichkeit und der Verzicht auf problematische Inhaltsstoffe, die gesundheitsschädlich sind oder sein könnten. Auch die Umweltverträglichkeit der Verpackung fließt mit in die Wertung ein.
Nachhaltig produzierte Naturkosmetik und konventionelle Produkte werden dabei getrennt bewertet. Dadurch können auch konventionelle Produkte zu guten oder sehr guten Ergebnissen kommen. Die Zeitschrift Öko-Test vergibt Noten von „sehr gut" bis „ungenügend". Ein positives Testergebnis gilt für die Hersteller von Kosmetika als wichtiger Werbefaktor und wird deutlich sichtbar auf die Verpackung aufgedruckt.

> Viele Kundinnen gehen davon aus, dass Naturkosmetika besser verträglich für Haut und Haare sind als konventionelle Produkte. Dies ist aber nur zum Teil richtig. Der Verzicht auf synthetische Konservierungsstoffe und problematische Duftstoffe macht viele Produkte tatsächlich besser verträglich. Jedoch können manche Inhaltsstoffe von Naturkosmetika, insbesondere Pflanzenextrakte, Allergien auslösen. Auch unterliegen natürliche Inhaltsstoffe stärkeren Qualitätsschwankungen als synthetische Substanzen. Die Verträglichkeit von Kosmetika hängt letztendlich von den individuellen Empfindlichkeiten und Bedürfnissen der Haut ab.

Die wachsende Nachfrage nach Naturkosmetik hat dazu geführt, dass das Angebot enorm angestiegen ist. Auch Hersteller konventioneller Kosmetika bieten mittlerweile Produktlinien an, welche die Kriterien des BDIH erfüllen. Davon profitieren die Verbraucher. Die Entscheidung für nachhaltig produzierte Kosmetika ist schon längst keine Frage des Geldbeutels mehr.

7 Hautpflegeprodukte für die Schwangerschaft und Babypflege

Hautpflege während der Schwangerschaft

Infolge des erhöhten Östrogenspiegels verändert sich der Hautzustand bei vielen Frauen während der Schwangerschaft. Aus einem ursprünglich fettigen kann ein normaler oder trockener Hautzustand werden – auch der umgekehrte Fall ist möglich. Die Hautpflege sollte in dieser Phase entsprechend umgestellt werden.

Besonders zu beachten ist die erhöhte Lichtempfindlichkeit der Haut. Auf Sonnenbäder und Solariumbesuche sollte in der Schwangerschaft verzichtet werden. Im Sommer ist auch bei dunkleren Hauttypen ein höherer Lichtschutzfaktor zu empfehlen.

Besondere Anforderungen stellt die Schwangerschaft an die **Pflege der Körperhaut**. Die extreme Dehnung der Haut an Bauch, Hüften und Busen führt bei vielen Frauen zu Dehnungsstreifen.
Zur Vorbeugung sollte man einer Kundin schon im frühen Stadium der Schwangerschaft die tägliche Massage mit speziellen Cremes oder Hautölen empfehlen. Diese enthalten neben pflegenden und hautberuhigenden Wirkstoffen zumeist hochdosiertes Vitamin E, das die Dehnungsbereitschaft der Haut heraufsetzt. Vor der Anwendung des Pflegeproduktes sollte die Haut kalt abgeduscht werden, um die Durchblutung anzuregen.

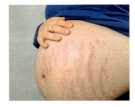

Spezielle Produkte zur Dammpflege und zur Pflege des Busens bereiten die Haut schon während der Schwangerschaft auf die Belastung durch die Entbindung und die Stillzeit vor.

Zur Vorbeugung von Dehnungsstreifen sollte eine tägliche Massage mit speziellen Pflegeprodukten erfolgen.

Hautpflege für das Baby

Die Babyhaut zeigt einige wesentliche Unterschiede zur Haut von Erwachsenen:
- Babyhaut ist wesentlich dünner. Sie schützt noch nicht so gut vor äußeren Einflüssen wie Wind und Kälte.
- Die Kollagenschicht in Lederhaut und Subkutis ist noch nicht komplett ausgebildet. Dadurch ist die Babyhaut weicher.
- Die Hornschicht ist noch nicht so fest wie bei einem Erwachsenen. Dadurch ist die Babyhaut durchlässiger.
- Die Talgdrüsen und die Schweißdrüsen sind noch nicht voll funktionstüchtig. Daher kann kein intakter Hydro-Lipid-Film gebildet werden.
- Die Babyhaut reagiert wesentlich empfindlicher auf UV-Bestrahlung, weil die hauteigenen Schutzmechanismen Melaninbildung und Lichtschwiele noch nicht funktionieren.
- Die Immunabwehr der Haut ist noch nicht ausgebildet.

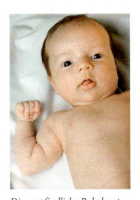

Daher enthalten gute Babypflegeprodukte keine Inhaltsstoffe, welche die Haut reizen oder austrocknen könnten. Dazu gehören:
- bestimmte Tenside (z. B. INCI Sodium Lauryl Sulfate, Sodium Tallowate, Sodium Cocoate, Sodium Stearate)
- mineralische und synthetische Fette, außer im Windelbereich
- synthetische Konservierungsstoffe
- Farb- und Duftstoffe
- Pflanzenextrakte, die Allergien auslösen könnten
- ätherische Öle, die hautreizend wirken könnten

Die empfindliche Babyhaut braucht besonders viel Pflege.

Inhaltsstoffe Kosmetika
→ Kapitel IV / 2

Sonnenpflege
→ Kapitel IV / 4

Sonnenpflegeprodukte müssen einen hohen Lichtschutzfaktor haben. Auch bei Verwendung eines Sonnenschutzmittels sollte die Babyhaut nur so wenig wie möglich der Sonne ausgesetzt werden.

Zeigt sich die Haut des Kindes durch die Reinigungs- und Pflegemittel irritiert oder gereizt, stehen hypoallergene Produkte zur Verfügung, bei denen noch konsequenter auf die oben genannten Inhaltsstoffe verzichtet wird.

Produkte zur Babypflege

Die **Hautreinigung und -pflege** für das Baby muss sich wesentlich von der eines Erwachsenen unterscheiden. Da die Talg- und Schweißdrüsen noch nicht voll funktionieren und Säuglinge kaum mit Schmutz in Berührung kommen, ist ein tägliches Bad nicht nötig.

Kleinere Verschmutzungen können mit einem feuchten Tuch oder einem Öltuch entfernt werden. Es reicht aus, wenn der Säugling ein- bis zweimal in der Woche gebadet wird. Auf keinen Fall sollten dem Badewasser alkalische Reinigungsmittel für Erwachsene wie Duschgel oder Schaumbad zugefügt werden. Diese würden die Babyhaut zu sehr reizen und austrocknen. Wenn kein spezielles Badeprodukt zur Verfügung steht, kann man den Säuglingen auch in Wasser mit einem oder zwei Esslöffel Öl (z. B. Mandelöl) oder nur in Wasser baden.

Auch die Hautcremes der Eltern sind nicht für die Babyhaut geeignet, weil sie hautreizende Inhaltsstoffe wie Parfüm, Konservierungsstoffe oder Emulgatoren enthalten.

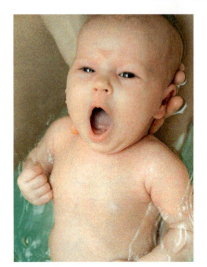

Babyhaut verträgt kein Schaumbad

Im **Windelbereich** ist die Gefahr des Wundwerdens besonders groß. Zur Vorbeugung werden nasse Windeln so schnell wie möglich gewechselt, um zu verhindern, dass die angestaute Nässe die Babyhaut aufweicht. Soweit möglich, lässt man das Baby ohne Windel strampeln, damit die Haut im Pobereich sich wieder erholen kann.

Wundschutzsalbe und Puder halten die Babyhaut geschmeidig und mindern die Reibung der Windel. Wundschutzsalben enthalten Fette, die sich wie ein Film auf die Haut legen. Außerdem werden ihnen entzündungshemmende und hautberuhigende Wirkstoffe beigefügt.

 Im Drogeriesortiment wird eine große Auswahl an Einwegwindeln angeboten. Da diese den Müllberg vergrößern, ziehen manche Eltern die Verwendung von Stoffwindeln vor. Aus ökologischer Sicht ist das aber nicht unbedingt zu begrüßen. Der Verminderung des anfallenden Mülls steht ein erheblicher Verbrauch von Wasser, Waschmitteln und Energie gegenüber. Aus diesem Grund sind Stoffwindeln auch nicht wesentlich kostengünstiger als Einwegprodukte.

Wasch- und Badeprodukte zur Babypflege

Produkte	wichtige Inhalts- oder Wirkstoffe	angestrebte Wirkung
Waschgel Reinigungsschaum Babyseife Badeöl	• sehr milde synthetische Tenside • Pflanzenöle als Rückfetter • hautberuhigende Pflanzenextrakte, wie Kamille oder Ringelblume	Die Haut des Säuglings wird nicht ausgetrocknet. Hautreizungen und allergische Reaktionen werden vermieden.

Vorsicht! Pflanzenextrakte, auch Kamille und Ringelblume, können in seltenen Fällen Empfindlichkeitsreaktionen und Allergien hervorrufen. Wenn sich Hautirritationen zeigen, sollte man umgehend zu einem Produkt ohne Pflanzenextrakte wechseln.

Hautpflegeprodukte für Säuglings- und Kleinkindhaut

Produkte	wichtige Inhalts- oder Wirkstoffe	angestrebte Wirkung
Babycreme	• Pflegecreme auf O/W- oder W/O-Basis • fette Pflanzenöle (Mandelöl, Jojobaöl, Weizenkeimöl) • hautberuhigende Wirkstoffe, wie Allantonin oder Panthenol • hautberuhigende Pflanzenextrakte, wie Kamille oder Ringelblume	• kann für Gesicht und Körper verwendet werden, die Bildung eines Hydro-Lipid-Films wird unterstützt • Die Hornschicht wird durch die enthaltenen Fette undurchlässiger.
Babylotion	• dünnflüssiges Produkt auf O/W-Basis mit ähnlichen Wirkstoffen wie Babycreme	• zieht schneller in die Haut ein und erleichtert das anschließende Anziehen
Gesichtscreme	• besonders reichhaltige Creme auf W/O-Basis mit einem hohen Lichtschutzfilter und ähnlichen Wirkstoffen wie Babycreme	• Schutz der Baby-Gesichtshaut vor Kälte und Sonnenbestrahlung, z. B. bei Ausfahrten im Kinderwagen

Produkte für den Windelbereich

Produkte	wichtige Inhalts- oder Wirkstoffe	angestrebte Wirkung
ölfreie Reinigungstücher	• Wasser • milde Tenside • hautberuhigende Pflanzenextrakte	• schnelle und unkomplizierte Reinigung leichter Verschmutzungen
ölhaltige Reinigungstücher	• synthetische, mineralische oder pflanzliche Öle, z. B. Sonnenblumenöl, Mandelöl	• schnelle und unkomplizierte Reinigung auch hartnäckiger Verschmutzungen
Reinigungsöl	wie ölhaltige Tücher	• wie Öltücher • in der Anwendung kostengünstiger
Babypuder	• Talkum • Zink	• verhindert Wundwerden im Windelbereich oder in den Hautfalten an Hals oder Armen • Zink wirkt wundheilend.
Wundschutzsalbe	• synthetische, mineralische oder pflanzliche Öle • Talkum • Zink • hautberuhigende Pflanzenextrakte	• verhindert Wundwerden im Windelbereich • bildet einen feuchten Film auf der Haut, der die Reibung durch die Windel vermindert

> Mineralische und synthetische Öle bilden einen besonders guten Film, weil sie nicht in die Haut einziehen (→ Inhaltsstoffe; Fette)

Vorsicht! Bei der Verwendung von Babypuder sollte man darauf achten, dass der Säugling keinen Puder einatmet.

8 Deodorants und Antitranspirants

8.1 Schwitzen

Hautaufbau
→ Kapitel IV / 2

Unsere Körpertemperatur beträgt im Normalfall ca. 36 °C. Um sich vor einer Überhitzung z. B. durch sportliche Bewegung, Arbeit oder hohe Außentemperaturen zu schützen, bildet der Körper Schweiß. Dieser wird von Drüsen an die Oberfläche der Haut abgesondert und verdunstet dort. Die so entstehende Verdunstungskälte kühlt den Körper. Das Schwitzen kann in bestimmten Situationen aber auch zum Problem werden. Wenn sich z. B. bedingt durch Nervosität unter den Achseln Schweißränder an der Kleidung bilden oder man nach dem Sport oder der Arbeit nassgeschwitzt ist und unangenehm riecht.

Pro Tag können zwischen 0,5 bis 2 l Schweiß gebildet werden. Dabei kann man das thermale (bei hohen Temperaturen), das emotionale (bei Stress, Angst, Nervosität) und das kulinarische Schwitzen (bei scharfem Essen) unterscheiden.

Der Schweiß wird von zwei verschiedenen Drüsen produziert. Man unterscheidet die **ekkrinen** und die **apokrinen Drüsen**. Die ca. 2 Millionen ekkrinen Schweißdrüsen sind fast über den gesamten Körper verteilt. Sie liegen einzeln in der Lederhaut und besitzen eine eigene direkte Verbindung zur Hautoberfläche. Das von den ekkrinen Drüsen ausgeschiedene farblose, wässrige Sekret besteht hauptsächlich aus
- Wasser,
- Mineralsalzen,
- Säuren (Milchsäure, Aminosäuren usw.) und
- wasserliebenden Stoffen, wie Harnstoff, Ammoniak oder Proteinen.

Die apokrinen Drüsen kommen deutlich seltener und nur an speziellen Orten vor, z. B. in den Achselhöhlen, dem Intimbereich oder der Leistenregion. Das milchig und zähflüssige Sekret der apokrinen Drüsen besteht hauptsächlich aus
- Wasser,
- Salzen,
- Säuren,
- wasserliebenden Stoffen, aber auch
- fettliebenden Bestandteilen wie Fetten, Zellteilen, Cholesterin und Hormonen.

Wie kommt es zum unangenehmen Schweißgeruch?

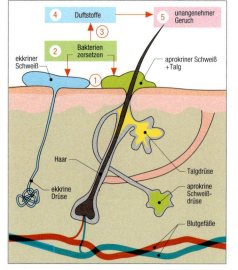

Maßnahmen zur Verminderung der Geruchsbildung
① *Verminderung der Schweißbildung*
② *Hemmung des Bakterienwachstums*
③ *Hemmung der Bakterienenzyme (Lipasen)*
④ *Bindung der Duftstoffe*
⑤ *Kaschierung/Überlagerung des unangenehmen Geruchs durch Parfümstoffe*
Die Maßnahmen ② bis ⑤ gehören zu den Deodorants,
① *zählt zu den Antitranspirants.*

Die von den Drüsen abgegebenen Schweißsekrete riechen an sich nicht. Erst durch die Zersetzung der Inhaltsstoffe durch Bakterien entstehen unangenehme Gerüche. Die Bakterien vermehren sich besonders gut, wenn es feucht und warm ist und genügend Nahrung zur Verfügung (z. B. abgestorbene Hautschüppchen, Fette und Kohlenhydrate aus dem Schweiß) steht. Dies ist beim Schwitzen der Fall. Die Bakterien zerlegen mithilfe ihrer Enzyme die Fette und Eiweiße in unangenehm riechende Substanzen, z. B. schwefelhaltige Verbindungen.

8.2 Produkte zur Hemmung des unangenehmen Geruchs durch die apokrinen Drüsen

Das drogistische Sortiment umfasst eine Vielzahl von kosmetischen Mitteln, mit denen der unangenehme Schweißgeruch und auch die Schweißflecken vermindert werden können.

8.2.1 Deodorants (Deo)

Deodorants enthalten Bakterizide/Bakteriostatika, Enzyminhibitoren, Geruchsbinder sowie geruchsüberdeckende Stoffe. Diese wirken auf unterschiedliche Weise auf die Geruchsbildung ein.

- **Bakterizide bzw. Bakteriostatika** vermindern bzw. töten die schweißzersetzenden Bakterien. Dadurch werden die natürlichen Inhaltsstoffe des Schweißes nicht in unangenehm riechende Substanzen zersetzt. Bakterizid wirkende Stoffe sind z. B. Triclosan oder Zinkglukonate. Nelkenöl, Salbei und Thymianöl sind natürliche Stoffe, die antiseptisch wirken.
- **Enzyminhibitoren** hemmen die lipidspaltenden Enzyme der Bakterien, wodurch ebenfalls keine schlechten Gerüche entstehen. Enzyminhibitor ist z. B. Triethylcitrat.
- **Geruchsbinder**, z. B. Talkum oder Kieselsäure, binden die unangenehmen Gerüche, die bei der bakteriellen Zersetzung des Schweißes entstehen.
- **Geruchsmaskierende bzw. -überdeckende Stoffe** sind Parfümöle oder ätherische Öle.

Zudem enthalten Deodorants oft Hautpflegestoffe, z. B. Glyzerin, Öle, Wachse.

Deodorant
lat. de weg
odor Geruch

8.2.2 Antitranspirants (Antiperspirants)

Antitranspirants enthalten **schweißflusshemmende Substanzen**, die eine adstringierende (zusammenziehende) Wirkung auf die Schweißdrüsengänge haben. Dadurch wird die Schweißproduktion bis zu 60 % reduziert.

 Aluminiumsalze in Antitranspirants

Antitranspirants enthalten oft Aluminiumsalze (Aluminiumchlorhydrate = ACH). Diese haben zusätzlich zu ihrer adstringierenden Wirkung auch eine bakteriostatische Wirkung: Aluminiumsalze senken in wässrigen Lösungen auf der Haut den pH-Wert auf 4–4,5 ab. Sie hemmen damit das Bakterienwachstum und die Bakterienenzyme.

Außer den Aluminiumsalzen enthalten Antitranspirants häufig Alkohol, Duftstoffe und hautpflegende Substanzen, z. B. Glyzerin, Öle und Wachse.
Die Anwendung von Antitranspirants ist bei sehr starker Schweißbildung empfohlen. Jedoch sollten sie nicht bei empfindlicher oder gereizter Haut und nur einmal täglich angewendet werden.

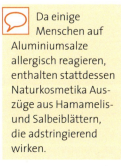

Da einige Menschen auf Aluminiumsalze allergisch reagieren, enthalten stattdessen Naturkosmetika Auszüge aus Hamamelis- und Salbeiblättern, die adstringierend wirken.

💬 Antitranspirants vor Gebrauch schütteln, da sich die Aluminiumsalze nach einiger Zeit absetzen.

🌐 Aus Gründen der Nachhaltigkeit sollten Produkte ohne Treibgas verwendet werden, z. B. Roller, Sticks, Pumpsprays.

Häufig ist eine klare Unterscheidung von Deodorant und Antitranspirant im Handel nicht möglich, da die meisten Deodorants auch Wirkstoffe der Antitranspirants enthalten. Meistens wird der Begriff „Deo" synonym für Deodorant und Antitranspirant genutzt.

💬 Viele Deos enthalten Konservierungsstoffe, Emulgatoren und Duftstoffe, auf die die Haut empfindlich reagieren kann. Ebendies gilt auch für Aluminiumsalze. Daher sollten sie möglichst sparsam und immer auf sauberer, trockener Haut angewendet werden. Insgesamt ist eine tägliche Körperreinigung ausreichend, um die Geruchsbildung zu unterbinden. Wer empfindlich auf obengenannte Stoffe reagiert, sollte aufmerksam die Deklaration der Inhaltsstoffe auf der Verpackung durchlesen.

8.2.3 Darreichungsformen

Die Deos werden in den unterschiedlichsten Darreichungsformen in den Handel gebracht. Man unterscheidet:
- **Aerosole**, z. B. Deo-Sprays, hier werden die Wirkstoffe unter Druck zusammen mit Treibmitteln wie Propan oder Butan abgefüllt. Deo-Sprays verteilen sich ganz fein und erreichen ein trockenes Gefühl auf der Haut.
- **Pumpsprays** enthalten die Wirkstoffe in wässrigen Lösungen, zum Teil mit Alkohol. Der Sprühnebel ist im Gegensatz zu den Aerosolen nicht so fein, sodass ein feuchtes Gefühl auf der Haut entsteht.
- **Deo-Roll-ons**, werden als Gel oder Emulsion verkauft. Die Rollkugel verteilt das Deo gleichmäßig auf der Haut und hinterlässt ein frisches Gefühl.
- **Deo-Stifte**, sind in ihrer Konsistenz fest und formbeständig. Sie werden auf die Haut aufgestrichen.
- **Creme-Deos** bestehen aus einer Öl-in-Wasser-Emulsion mit cremiger Konsistenz und enthalten meist keinen Alkohol. Sie sind auch bei empfindlicher Haut gut verträglich, ziehen schnell ein und kleben nicht.
- **Deo-Tücher** können gut unterwegs verwendet werden, sind aber nur zur Einmalbenutzung geeignet.
- **Deo-Puder** wird meist nur als Fußpuder bei erhöhter Fußschweißproduktion angewendet.
- **Deo-Kristalle** oder Deo-Steine sind sehr ergiebig. Sie müssen vor der Benutzung mit Wasser angefeuchtet und nach dem Gebrauch gereinigt werden. Als Hauptinhaltsstoff enthalten sie Aluminiumsulfat (Alaun), das adstringierend wirkt.

Deo-Stift

Deo-Kristall

Aus dem drogistischen Sortiment: Deodorants und Antitranspirants (Beispiele)

Produkte	wichtige Inhalts- oder Wirkstoffe	angestrebte Wirkung
Deodorants, z. B. in Form von: • Aerosolen • Pumpsprays • Deo-Roll-ons • Deo-Stiften • Creme-Deos • Deo-Tüchern • Achselpads	Alkohol Triclosan Zinkglukonate Triethylcitrat	bakterizid, bakteriostatisch, Hemmung von Bakterienenzymen
	Talkum Kieselsäure	geruchsbindend
	Parfümöle ätherische Öle	geruchsmaskierend

Produkte	wichtige Inhalts- oder Wirkstoffe	angestrebte Wirkung
Antitranspirants, z.B. in Form von: • Aerosolen • Pumpsprays • Deo-Roll-ons • Deo-Stiften • Creme-Deos • Deo-Tüchern • Deo-Kristallen	Aluminiumchlorhydrat Aluminiumsalze, z.B. Kaliumaluminiumsulfat (Alaun) Gerbstoffe, z.B. Tannin oder Auszüge aus Hamamelis- und Salbeiblättern	adstringierend

9 Parfüm

Der Mensch besitzt fünf Sinne, über die er seine Umwelt wahrnimmt. Er kann sehen, hören, fühlen, schmecken und riechen. Dabei ist er grundsätzlich in der Lage, mehr als 10 000 Düfte wahrzunehmen und zu unterscheiden.

In der Nase liegen die Riechschleimhäute. Sie bestehen aus bis zu 10 Millionen Riechzellen auf einer Fläche von 5 cm^2. Beim Einatmen gelangen Moleküle duftender Stoffe bis zu den Riechzellen der Nase. Diese nehmen dabei kleinste Mengen eines Duftes wahr und senden die jeweilige Information über den Geruchsnerv an das Gehirn, wo dann aus verschiedenen Duftmolekülen eine **Duftempfindung** entsteht.

Einen wohlriechenden Duft wahrzunehmen, ist sehr angenehm und wirkt sich positiv auf die Stimmung aus.

 Geschichtliches

Bereits vor 9 000 Jahren stellten Priester in Mesopotamien und Ägypten Düfte und wohlriechende Salben her, die sie zur Einbalsamierung der Toten nutzten. In Tempeln wurden gut duftende Stoffe verbrannt, damit der Rauch zu den Gottheiten aufstieg, um diese zu ehren. Hierauf geht auch der Stamm des Wortes Parfüm zurück: „Per Fumum" ist lateinisch und heißt „durch den Rauch".

Im Mittelalter starben viele Millionen Menschen an der Pest. Aus Angst, sich anzustecken, mieden die Menschen die üblichen Badehäuser, wodurch es an Hygiene mangelte. Es entstanden unangenehme Gerüche, die durch angenehme Düfte überdeckt wurden. Parfüme galten als Luxusgüter, und nur besonders wohlhabende Menschen konnten sich diese Düfte leisten. Heute gehören die Parfüme zu unserem Alltag, sind aber immer noch Luxusgüter. Parfüme dienen unserem persönlichen Wohlbefinden und sind Zeichen unserer Individualität.

9.1 Duftstoffe

Ein Parfüm besteht aus natürlichen oder synthetischen Duftstoffen. Zurzeit stehen dem Parfümeur (Dufthersteller) etwa 6 000 Duftgrundstoffe zur Verfügung.

Pflanzliche Duftstoffe

Pflanzliche Duftstoffe werden aus Pflanzen bzw. Pflanzenteilen gewonnen. Duftstoffe können u. a. aus Blumen, Früchten, Blättern, Hölzern, Wurzeln, Moosen oder aus Gewürzen hergestellt werden. *Beispiele:*

Pflanzen	verwendete Pflanzenteile	Name des Parfümöls
Bitterorange	Fruchtschalen	Bergamottöl
Gräser der Cymbopogonarten	Blätter	Citronellaöl
Irisarten	Wurzeln	Irisöl
Jasminum grandiflora	Blüten	Jasmin-Absolue
Lavendel	Blüten, Blätter	Lavendelöl
Commiphora myrrha	Harz der Zweige	Myrrheöl
Citrusarten	Blätter	Petitgrainöl
Pogostemon patchouli	Blätter	Patchouliöl
Rosen	Blüten	Rosenöl
Zedern	Holz	Zedernholz

Tierische Duftstoffe

Tierische Duftstoffe wurden ursprünglich direkt von den Tieren gewonnen. Heute werden sie aus Tierschutzgründen synthetisch im Labor hergestellt.
- Moschus, früher gewonnen aus den Drüsen des Moschustieres, hat einen holzig-süßlich-animalischen Geruch. Moschus dient als Fixateur (→ Duftherstellung) in orientalischen Düften.
- Bibergeil oder Castoreum wurde aus dem Geschlechtssekret des Bibers gewonnen, duftet fruchtig, lederartig.
- Zibet, das Drüsensekret, wurde von der Zibetkatze gewonnen, hat einen stark animalischen Geruch und wird häufig in Herrendüften verwendet.
- Ambra, früher gewonnen aus dem Sekret des Potwals (wurde von der Wasseroberfläche abgeschöpft und getrocknet), duftet nach Tabak und Waldboden.

Synthetische Duftstoffe

Synthetisch hergestellte Duftstoffe kennt man schon seit 1876. 1903 wurden die für Chanel No. 5 charakteristischen Duftstoffe erstmals chemisch hergestellt.

 Chanel No. 5

Das Parfüm Chanel No. 5 wurde 1921 entwickelt – zunächst als Werbegeschenk der Modeschöpferin Coco Chanel für ihre Stammkundinnen. Aufgrund der großen Nachfrage kam es 1922 auf den Markt. Der Duft war so erfolgreich, weil die darin enthaltenen Aldehyde die Blütendüfte verfremdeten und dem Parfüm eine in dieser Zeit einmalige Leichtigkeit verliehen. Der Duft ist immer noch aktuell; zudem wird heute Chanel No. 5 Primeur hergestellt. Dieser Duft ist leicht verändert und an die Wünsche der Kunden angepasst.

Obwohl pflanzliche Duftstoffe für luxuriöse Parfüms immer noch natürlich gewonnen werden, werden alle tierischen und viele pflanzliche Düfte heute auch synthetisch hergestellt.

Die synthetische Herstellung ist weniger kostenintensiv als die natürliche Gewinnung der Duftrohstoffe. Dabei kann man im Labor natürliche Duftstoffe kopieren, man spricht dann von „natur-identisch" oder es werden chemisch neue Duftkompositionen hergestellt, dann spricht man von „rein synthetischen" Duftstoffen.

9.2 Duftgewinnungsverfahren

Zur Gewinnung natürlicher, pflanzlicher Duftrohstoffe kann man fünf verschiedene Verfahren unterscheiden.

Enfleurage (Kaltauszug aus Blüten)
Dieses Verfahren ist eines der ältesten Verfahren und wurde bereits bei den Ägyptern benutzt. Die Enfleurage ist ein relativ aufwändiges und langwieriges Verfahren. Hierbei werden Glasplatten mit Rindertalg oder Schweinefett bestrichen. Frisch geerntete Blütenblätter werden zwischen diesen Platten verteilt. Die Duftstoffe gehen in das Fett über. Die Blüten werden, sobald sie ausgelaugt sind, mehrmals durch neue, frische ersetzt. Dies wird über 3 Monate täglich wiederholt, bis das Fett gesättigt ist. Danach werden die Duftrohstoffe mithilfe von Alkohol von dem Fett getrennt. Das Ergebnis ist die sogenannte Essence Absolu. Das Verfahren ist sehr kostspielig und wird heute kaum noch angewendet.

Beim Parfümeur

Mazeration (Warmauszug aus Blüten und Pflanzenteilen)
Die Mazeration ist der Enfleurage ähnlich, mit dem Unterschied, dass hier Blüten in 70–80 °C heißem Fett eingeweicht werden. Mit Alkohol wird aus dem erkalteten Fett-Duftöl-Gemisch das Fett ausgelöst. Zurück bleibt das reine Duftöl, welches mit einem Vakuumverfahren gewonnen wird. Auch dieses Verfahren hat heute kaum noch eine Bedeutung.

> Mazeration, Expression, Destillation
> → Kapitel VI

Expression (Kaltauszug aus Citrusfrüchten)
Die Expression ist ein relativ einfaches Verfahren, bei dem die Schalen von Citrusfrüchten mechanisch ausgepresst werden. Die Duftöle werden aufgefangen.

Destillation (Heißauszug aus getrockneten Pflanzen, Pflanzenteilen, Samen und Hölzern)
Die Destillation ist ein häufig angewendetes Verfahren. Hierbei wird in einer Destillationsanlage heißer Wasserdampf durch zerkleinerte Pflanzenteile geleitet. Der Wasserdampf entzieht den Pflanzenteilen die ätherischen Öle. Der mit den Aromastoffen durchsetzte Wasserdampf durchläuft mehrere gekühlte Röhren, kühlt sich so ab, und der Wasserdampf geht wieder in den flüssigen Zustand über. Die so wieder flüssigen Duftöle werden in einem Gefäß aufgefangen.

Extraktion (Warmauszug aus Pflanzenteilen)
Die Extraktion ist heute das am häufigsten angewendete Verfahren zur Gewinnung von Duftölen. Es ist ein kostengünstiges, schonendes (niedrige Temperaturen nötig) und schnelles Verfahren. Hierbei werden in einem Extraktionsgefäß flüchtige Lösungsmittel (oft Petrolether) zu den Pflanzenteilen gegeben. Die ausgelaugten Pflanzenteile werden immer wieder durch frische ersetzt, bis das Lösungsmittel gesättigt ist. Das Lösungsmittel verflüchtigt sich mit der Zeit und hinterlässt eine stark duftende wachsartige, fettartige Masse, das *Concrète*. Die Fette werden aus dem *Concrète* mit Alkohol ausgelöst, und zurück bleibt das reine Duftöl, das *Absolu*.

> Eau de Cologne wurde bereits 1709 von *Johann Maria Farina* kreiert. Er eignete sich in Italien die Kenntnisse an, wie man den Alkohol des Weins rein destillieren kann und brachte diese Ideen mit nach Köln. Dies ermöglichte die Herstellung von Duftwässern. Er schrieb: „Mein Duft ist wie ein italienischer Frühlingsmorgen nach dem Regen, Orangen, Pampelmusen, Citronen, Bergamotte, Cedrat, Limette und die Blüten und Kräuter meiner Heimat. Er erfrischt mich, stärkt meine Sinne und Phantasie."
> Das Eau der Cologne von Farina ist von der Konzentration der Duftbestandteile her ein Parfüm, welches immer noch aktuell ist und zu den Unisexdüften zählt.
> Unisexdüfte können sowohl Damen als auch Herren verwenden.

www.Farina-Haus.de

9.3 Inhaltsstoffe von Parfüms

Bestandteile von Parfüms und Duftwässern sind:
- Duftstoffe/ätherische Öle
- Alkohol (Verdünnungs- und Lösungsmittel)
- destilliertes Wasser
- Farbstoffe
- Konservierungsmittel
- Antioxidanzien
- Fixateure (verlangsamen die Verdunstungsgeschwindigkeit), z. B. Moschus, Zibet, Ambra, Castoreum und Harze

Da die Duftöle mit Alkohol verdünnt werden, entstehen je nach Verdünnung verschiedene Konzentrationen. Danach unterteilt man u. a.:

Art	Parfümölkonzentration
Parfum	20–30 %
Eau de Parfum (EdP)	10–25 %
Eau de Toilette (EdT)	10–15 %
Eau de Cologne (EdC)	3–8 %
Eau (de Toilette) fraiche	3–5 %
After Shave	2–6 %
Eau de Solide/Splash (EdS)	1–3 %

Je nach Konzentration der Parfümöle und der Fixateure hält sich der Duft unterschiedlich lange auf der Haut. Parfüm kann sparsam auf die Handgelenke, in die Ellenbeuge oder das Dekolletee aufgetragen werden, während ein Eau de Solide auf größere Körperflächen aufgetragen werden kann. In Parfüms sind eher schwere Duftstoffe enthalten, während ein Eau de Solide leichte und frische Duftnoten enthält.

9.4 Duftaufbau und Duftfamilien

Ein Duft entfaltet sich in drei Phasen:
- Die **Kopfnote** beschreibt den Angeruch. Er wird als Erstes wahrgenommen und vermittelt einen ersten Eindruck von dem Duft. Er soll den Alkoholgeruch des Parfüms überdecken. Meist sind frische, leichte Düfte wie Citrusdüfte, Lavendel oder feine Blütendüfte in der Kopfnote enthalten. Die Kopfnote ist nur einige Minuten wahrnehmbar.
- Die **Herznote** kann erst nach einigen Minuten wahrgenommen werden, wenn der Angeruch verflogen ist. Dieser eigentliche Duft des Parfüms ist bis zu vier Stunden wahrnehmbar und bestimmt den Charakter des Duftes.
- Die **Basisnote** tritt erst deutlich später in den Vordergrund und hält dafür lange an. Die Basisnote wird auch als Nachgeruch bezeichnet. Sie wird oft durch die Fixateure und weitere schwere Duftöle bestimmt. Der Geruch kann sogar tagelang wahrgenommen werden.

Das zeitliche Zusammenspiel der drei Noten ergibt den Gesamteindruck des Dufts.

Die verschiedenen Düfte können in **Duftfamilien** unterteilt werden, die den Charakter des Parfüms deutlich machen. Man unterscheidet zunächst in Unisex-, Damen- und Herrendüfte. Jedoch können auch Herrendüfte Duftfamilien enthalten, die eher den Damendüften zugeordnet werden und umgekehrt. Häufig sind die Duftanteile dann dezent.

> Parfüms sollten auf Körperstellen aufgetragen werden, unter denen das Blut pulsiert. Dies trifft z. B. auf die Handgelenke, die Ellenbeugen und das Dekolletee zu. Durch das pulsierende Blut erwärmt sich die Haut, und der Duft entfaltet sich besonders gut.
> Beim Auftragen des Parfüms sollte es nicht verrieben werden, da sonst das Herz des Parfüms gebrochen wird.

Duftfamilien (Beispiele):
- **Blumige Düfte/florale Düfte**, z. B. aus Rosen, Veilchen, Jasmin oder Maiglöckchen
- **Grüne Düfte**, sehr lebendige Düfte, z. B. Kräuter, Blätter, Hölzer, Wurzeln
- **Citrusdüfte**/Hesperidol, sehr frische Düfte, z. B. Zitrone, Limone, Bergamotte, Mandarine, Orange, Grapefruit
- **Fougères**, sehr frische Düfte, Mischung z. B. aus Bergamotte-, Eichenmoos-, Holz- und Lavendelnoten
- **Chypre**, herb-frisch bis schwer-sinnlich-warm, aus Eichenmoos und frischer Citrusnote
- **Orientalische Düfte**, schwer, süß, oft mit Vanille, intensiver Geruch
- **Holzige Düfte**, eher frisch, citrusartig, aus Sandelholz, Zedernholz oder Patchouli
- **Fruchtige Düfte**, aus verschiedenen Früchten, z. B. Erdbeer, Pfirsich, Apfel, Birne

9.5 Duftberatung

Die Kundenberatung zur Auswahl eines passenden Duftes ist sehr schwierig, da die Kunden oftmals selbst nicht wissen, was sie bevorzugen bzw. ihnen angenehm ist. Ein Parfüm sollte die Persönlichkeit unterstreichen und deshalb sorgfältig ausgewählt werden.

In die Kundenberatung können verschiedene Kriterien einfließen:
- gewünschte Duftrichtung erfragen
- die Duftfamilien beschreiben
- aktuell getragenes Parfüm erfragen bzw. nach konkretem Wunschprodukt fragen
- Kundentyp feststellen, z. B. sportlich, elegant, jung
- Kunden mit Duftangebot nicht überfordern, max. drei bis vier ausprobieren lassen, Probestreifen benutzen
- den Duft, wenn er für den Kunden selbst ist, auf die Haut auftragen, um ein realistisches Bild zu bekommen
- nach dem Auftragen des Parfüms einige Sekunden warten, bevor gerochen wird, da dann erst der Alkoholgeruch verflogen ist
- die Qualitäts- und Preismerkmale erläutern: z. B. die Unterschiede in der Parfümölkonzentration, dem Flakon oder der Verpackung

 Das Parfüm nicht auf die Kleidung auftragen, da sonst Flecken entstehen könnten. Bevorzugt wird die gut durchblutete Stelle am Handgelenk.

 Passend zu dem Duft können weitere Produkte, z. B. Duschgel, Deodorants oder Pflegeprodukte aus derselben Produktlinie angeboten werden.

9.6 Duftherstellung

Es gibt weltweit ca. 2000 Parfümeurinnen und Parfümeure, die Düfte kreieren. Meist werden neue Parfüms im Auftrag von Firmen hergestellt. Am Beginn einer neuen Krea-tion steht eine Idee. Hierzu passend werden die jeweiligen Duftöle ausgewählt und gemischt. Die so entstandene Mischung wird mithilfe von Fixateuren fixiert, nur so bleibt der Duft lange erhalten. Fixateure sind oft schwere Duftstoffe wie Ambra, Moschus oder Zibet. Diese Duftölmischung wird in Alkohol gelöst, da
- das Duftöl alleine zu intensiv riechen würde,
- Duftöle in Alkohol gelöst werden können und so nach dem Auftragen auf die Haut der Alkohol schnell verdunstet und das Duftöl auf der Haut zurückbleibt.

Eine geringe Menge Wasser wird ebenfalls beigegeben, um den Alkoholgeruch zu mindern. Das fertige Parfüm wird nun mehrere Monate speziell gelagert und kann in dieser Zeit reifen. Die nicht löslichen Bestandteile setzen sich ab und werden ausgefiltert. Zum Schluss wird das Parfüm in Flakons abgefüllt und gelangt so in die Drogerie.

Wie entsteht der hohe Preis?

Der weitaus größte Teil der Entwicklungskosten entfällt auf die Gestaltung des Flakons und auf die Namensgebung. Erst der Duft, der Name und der Flakon zusammen bilden das Gesamtprodukt. Die Einführungswerbung bezieht sich vorwiegend auf den Namen eines neuen Duftes. Prominente, die einem Duft ihren Namen geben, z. B. Christina Aguilera, haben ihn nur in den seltensten Fällen selbst mitentwickelt.

10 Produkte zur Pflege und Gestaltung der Nägel

Hautanhangsgebilde
→ Kapitel IV / 1.3

Finger und Fußnägel zählen ebenso wie die Haare zu den Hautanhangsgebilden. Die Nägel schützen die Nerven in Fingern und Zehen und unterstützen die Greiffunktion. Gesunde und gepflegte Nägel sind, wie die Zähne, die Haut oder die Haare, ein Aushängeschild.

10.1 Aufbau und Funktion der Nägel

Der Nagel besteht aus einer ca. 0,5 mm dicken **Nagelplatte**. Diese besteht aus 100 bis 150 Schichten von Hornzellen. Die Nagelplatte wird in dem darunter liegenden **Nagelbett** und der **Nagelwurzel** gebildet. Die Nagelplatte ist an den Seiten nach unten gebogen, sodass die Seitenränder des Nagels im **Nagelfalz** stecken.

Die Fingernägel wachsen ca. 3 mm pro Monat, sodass nach ca. 5 bis 6 Monaten die Nagelplatte vollständig erneuert ist. Die Zehennägel wachsen mit 1 mm pro Monat deutlich langsamer.

Die Nageloberfläche ist bei einem gesunden Menschen glatt. Die Nagelformen sind von Mensch zu Mensch sehr unterschiedlich.

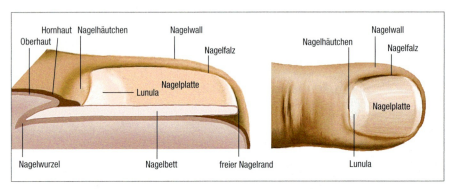

Die verschiedenen Zonen des Fingernagels

10 Produkte zur Pflege und Gestaltung der Nägel

10.2 Veränderungen und Erkrankungen der Nägel

Bei einem gesunden Nagel ist die Oberfläche glatt. Allerdings ist das Wachstum und die Beschaffenheit stark abhängig von der Ernährung oder äußeren Einflüssen. Ein Mangel an Mineralien kann sich z. B. auf das Wachstum und die Elastizität negativ auswirken.

Nagelveränderung/ Nagelerkrankungen	Erscheinungsbild	mögliche Ursache
weiche biegsame Nägel		• Fehlernährung • einseitige Diät • Einwirkung von Wasser und Seife
brüchige Nägel		• unsachgemäße Maniküre • mechanische Belastungen durch Umwelteinflüsse • Eiweißmangel, Eisenmangel, Vitaminmangel • Einwirkung von **Aceton** • Durchblutungsstörungen
trockene, eingerissene Nagelhaut		• zu wenig Feuchtigkeit • schlechte Pflege • Nagelhautwucherung
weiße Flecken		• hoher Druck • unsachgemäße Maniküre • Herz-Kreislauf-Beschwerden
Längsrillen		• unsachgemäße Maniküre • Verletzung der Nagelwurzel • Nahrungsmittelvergiftungen
Querrillen		• unsachgemäße Maniküre • Verletzung der Nagelwurzel • Nahrungsmittelvergiftung
eingewachsener Nagel	ohne Abbildung	• Der Nagelrand drückt sich aufgrund von engen Schuhen oder/und falscher Maniküre in den Nagelfalz. Folge: Entzündungsreaktion, Schmerz
Nagelpilz (weißliche, gelbe oder braune Flecken, verdickte glanzlose Nagelplatte)	ohne Abbildung	• Infektion der Nägel mit Pilzen Folge: vermehrte Hornbildung, Verfärbung des Nagels
dünne Nägel (Nagelschwund)	ohne Abbildung	• Verhornungs- und Stoffwechselstörungen

Aceton
Lösungsmittel, z. B. in Nagellackentfernern, das die Nägel austrocknet

10.3 Pflege und Verschönerung der Nägel – Arbeitsschritte

Maniküre
lat. manus die Hand;
lat. cura Sorge, Pflege
Maniküre, Handpflege, insbesondere Nagelpflege

Die Pflege und Gestaltung von Händen und Nägeln wird auch **Maniküre** genannt. Dazu gehören die Hautpflege der Hände, das Kürzen und Formen der Fingernägel und die dekorative Gestaltung z. B. durch Nagellack. Im weiteren Sinne kann man auch noch die Nail-Art und die Nagelmodellage dazuzählen.

Unter Nagelmodellage versteht man die Erstellung künstlicher Nägel unter Anwendung verschiedener Materialien und unterschiedlicher Härtungsverfahren.
Als **Nail Art** wird das Verzieren des Nagels mittels unterschiedlicher Methoden und Materialien, z. B. Strasssteinchen, Aufkleber u. Ä. bezeichnet.

Nail Art
engl. nail Nagel;
engl. art Kunst

Um Hände und Nägel schonend zu behandeln und Schädigungen zu vermeiden, sollte die Maniküre zu Hause in ähnlich aufeinander aufbauenden Schritten durchgeführt werden wie im Kosmetikstudio.

1. Schritt: Vorbereitung der Nägel
Hilfsmittel: Nagellackentferner, Wattepads, Wattestäbchen

Zur Vorbereitung der Maniküre wird der vorhandene Nagellack entfernt. Dazu wird ein wenig Nagellackentferner auf ein Wattepad oder ein Wattestäbchen gegeben. Danach wird Pad oder Stäbchen leicht auf den Nagel gedrückt, zur Nagelspitze gezogen und dabei leicht hin und her bewegt.

Gründliches Entfernen des Nagellacks mit einem getränkten Wattepad

Nagelhaut und Nagelwall sollten dabei möglichst nicht mit Nagellackentferner benetzt werden. Wenn der Lack von den Nägeln beider Hände entfernt wurde, untersucht man diese noch einmal auf Lackreste. Diese kann man dann vorsichtig mit einem Wattestäbchen entfernen.

 Vorzugsweise sollten Zellstoffpads aus festem, fusselfreiem Material verwendet werden. Wattestäbchen erlauben eine genauere Applikation. Acetonfreier Nagellackentferner ist bei trockenen und brüchigen Nägeln ratsam, um eine übermäßige Austrocknung der Nagelplatte zu vermeiden.

Auf das Entfernen des Lacks folgt eine kurze Selbstuntersuchung der Nägel auf Veränderungen, denn sie können Anzeichen von Schädigungen oder Krankheiten sein.
Bei auffälligen Veränderungen, insbesondere bei Anzeichen für einen Pilzbefall, sollten die Nägel nicht weiter manikürt werden, bevor fachärztlicher Rat eingeholt wurde. Ein „Verdecken" des erkrankten Nagels mit Farblack löst das Problem nicht und kann nur zu einer Verschlimmerung führen.

Bei diesem, mit einem Pilz befallenen Nagel sollte keine Maniküre erfolgen.

2. Schritt: Kürzen und Formen der Nägel
Hilfsmittel: Nagelfeilen aus unterschiedlichen Materialien mit unterschiedlichem Körnungsgrad, Nagelschere, Nagelknipser, Papiertücher

Die Nägel von den Seiten zur Mitte hin in einem Winkel von 45 Grad in Form feilen. Die Seiten nicht ausfeilen, da ansonsten die Naturnägel schneller einreißen. Die Form richtet sich dabei nach der Form der Hände.

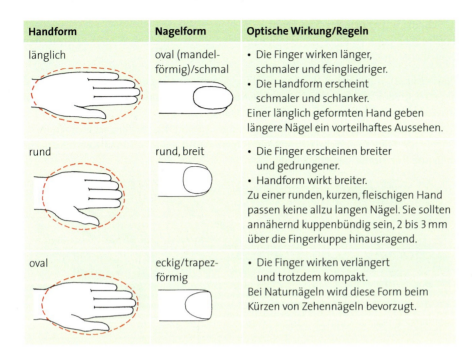

Handform	Nagelform	Optische Wirkung/Regeln
länglich	oval (mandelförmig)/schmal	• Die Finger wirken länger, schmaler und feingliedriger. • Die Handform erscheint schmaler und schlanker. Einer länglich geformten Hand geben längere Nägel ein vorteilhaftes Aussehen.
rund	rund, breit	• Die Finger erscheinen breiter und gedrungener. • Handform wirkt breiter. Zu einer runden, kurzen, fleischigen Hand passen keine allzu langen Nägel. Sie sollten annähernd kuppenbündig sein, 2 bis 3 mm über die Fingerkuppe hinausragend.
oval	eckig/trapezförmig	• Die Finger wirken verlängert und trotzdem kompakt. Bei Naturnägeln wird diese Form beim Kürzen von Zehennägeln bevorzugt.

> Bei der Auswahl der Feile ist die Körnung entscheidend. Je niedriger sie ist, desto gröber die Feile. Zum Pflegen der natürlichen Nägel werden Feilen mit einer hohen Körnung empfohlen.

Kundinnen mit wenig Erfahrung bei der Maniküre sollte grundsätzlich eher zur Verwendung von feinen Sandpapier- oder Glaskeramikfeilen geraten werden. Edelstahlfeilen, Scheren und Knipser können bei unsachgemäßer Anwendung zu Schädigungen führen.

Das Kürzen der Fingernägel mithilfe einer Schere oder eines Knipsers ist nur bei sehr langen und kräftigen Nägeln zu empfehlen. Es kann bei weichen oder brüchigen Fingernägeln zum Abbrechen oder Ausfransen führen.

> Die Verwendung von Einwegfeilen aus Sandpapier ist besonders wichtig bei einer Nagelpilzerkrankung. Die Instrumente, die für die befallenen Nägel verwendet wurden, dürfen nicht für die gesunden Nägel verwendet werden. Nur so kann eine Übertragung des Pilzes verhindert werden.

3. Schritt: Reinigen und Einweichen der Nägel
Hilfsmittel: Flüssigseife, Syndet oder Handbad, Papiertücher

Zum Säubern der Nägel und zum Erweichen der Nagelhaut erfolgt ein Nagelbad. Dazu wird körperwarmes Wasser mit einer milden Seifenlösung und evtl. etwas Öl als Rückfetter verwendet. Spezielle Manikür-Handbäder sind besonders schonend und verhindern zusätzliches Austrocknen.

> Hartnäckige Nikotinflecken an den Fingern können mit ein wenig Zitronensaft entfernt werden.

Einweichendes Fingerbad mit milder Tensidlösung

4. Schritt: Entfernen der Nagelhaut
Hilfsmittel: Papiertücher, Holzstäbchen oder Pferdefüßchen, Nagelhautentferner, Nagelhautzupfzange

Nach kurzer Einwirkzeit werden die Finger aus dem Wasserbad genommen und abgetrocknet. Die erweichte Nagelhaut wird vorsichtig und ohne Druck mit einem Rosenholzstäbchen oder Pferdefüßchen zurückgeschoben.

Mit einer Hautschere oder Nagelhautzupfzange entfernt man bei Bedarf überschüssige Nagelhaut. Dies sollte sehr vorsichtig erfolgen, damit keine Verletzungen und nachfolgende Entzündungen entstehen.

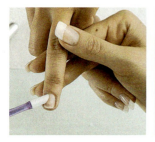
Zurückschieben der Nagelhaut

Gebrauch der Nagelhautzupfzange

Arbeiten mit dem Spezialfräse

Nachfeilen der Nägel

> Bei besonders hartnäckiger Nagelhaut kann vorher zusätzlich ein Nagelhautentferner aufgetragen werden. Dieser ist stark alkalisch. Er quillt die Nagelhaut auf und erweicht sie. Nagelhautentferner dürfen nur lokal, d. h. sehr gezielt appliziert werden. Die Umgebung der Nagelhaut nicht benetzen!

5. Schritt: Pflegen der Nägel und der Hände:
Hilfsmittel: Polierfeile, Nagelöl, Nagelcreme, Handpflegemittel

Polieren der Nägel mit einem Polierblock

Wird im Anschluss kein Nagellack aufgetragen, kann man den Nägeln mit einer speziellen Polierfeile (sehr fein) oder einem Polierkissen einen leichten Glanz verleihen. Eine zu intensive Anwendung der Polierfeile ist allerdings zu vermeiden. Sie kann die Nagelplatte zu dünn und damit anfälliger für Entzündungen und Krankheitserreger machen.

Ein Nagelpflegeprodukt wie Öl oder Creme erhält die umliegende Haut geschmeidig und schützt die Nägel vor dem Austrocknen. Es wird in sanft kreisenden Bewegungen in Richtung Nagelwall aufgetragen und leicht einmassiert. Bei dieser Gelegenheit kann man auch ein Handpflegeprodukt auftragen.

6. Schritt: Vorbereitung der Nageldekoration
Hilfsmittel: Wattepad mit Alkohol oder Nagellackentferner

Lösungsmittel
sind Flüssigkeiten, die Feststoffe oder andere Flüssigkeiten lösen (z. B. Wasser, Alkohol). Nicht jedes Lösungsmittel kann jeden Stoff lösen.

Vor dem Lackieren müssen die Nägel entfettet werden, damit der Lack besser haftet. Hierzu verwendet man ein **Lösungsmittel** wie Alkohol oder Nagellackentferner.

7. Schritt: Nageldekoration

Hilfsmittel: Unterlack (Base Coat), Rillenfüller, Nagelhärter, Farblack, Überlack (Top Coat)

- Auf die fettfreien Nägel den **Unterlack** (sogenannten **Base Coat**) auftragen, damit nachfolgend der Decklack nicht in die Nagelplatte eindringt und den Nagel verfärbt. Außerdem haftet damit der Farblack besser.
- Bei sehr weichen Nägeln wird ein **Nagelhärter** aufgetragen.
- Bei Unebenheiten der Nageloberfläche wird ein transparenter **Rillenfüller** aufgetragen.
- Anschließend den Decklack auftragen. Um die Farbe des Lackes richtig zur Geltung zu bringen, zweimal auftragen, wobei die erste Schicht schon vollkommen getrocknet sein muss.
- Für noch bessere Haltbarkeit und stärkeren Glanz kann ein **Überlack** (**Top Coat**) nach dem vollständigen Trocknen des Decklacks aufgetragen werden.
- Ergebniskontrolle: Übergemalten Lack mit Korrekturstift entfernen, alternativ: ein in Nagellackentferner getauchtes Wattestäbchen oder einen mit Watte umwickelten Zahnstocher verwenden.

Auftragen des Unterlacks

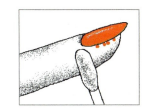
Korrektur von Auftragsfehlern

10.4 Produkte zur Pflege und Gestaltung der Nägel

Im Drogeriesortiment wird eine Vielzahl von Produkten zur Maniküre angeboten. Auch hier gibt es Pflegesysteme, bei denen die einzelnen Elemente in ihren Wirkstoffen und ihrer Wirkung aufeinander abgestimmt sind. Nur selten werden alle Produkte einer Serie benötigt, so sind z. B. Rillenfüller oder Nagelhautentferner nur bei Bedarf zu empfehlen.

Aus dem drogistischen Sortiment: Hand- und Nagelpflegeprodukte

Produkte	wichtige Inhalts- oder Wirkstoffe	angestrebte Wirkung
Nagellackentferner • acetonhaltig • acetonfrei	wässrige Lösungen mit den Lösungsmitteln • Aceton • Ethyl-, Butyl- oder Amylacetat	• Organische Lösungsmittel lösen den Lack auf. • Aceton hat zwar eine gute Lösungswirkung, trocknet die Nägel aber sehr stark aus.
Nagelbad	• Rückfetter • milde Tenside • hautpflegende Wirkstoffe	• Reinigung der Finger und Nägel • Aufweichen der Nagelhaut
Nagelhautentferner	wässrige Lösung mit stark basischen Substanzen, z. B. • Natriumhydroxid • Kaliumkarbonat	• weicht die Nagelhaut auf, sodass sie sich leichter zurückschieben lässt • nur bei sehr fester Nagelhaut anzuwenden • Umliegende Hautareale dürfen bei der Anwendung nicht benetzt werden.
Nagelhautpeeling	• **abrasives** Peeling auf Creme- oder Gelbasis • enthält sehr harte Putzkörper	• entfernt überschüssige Nagelhaut • entfernt hartnäckige Verschmutzungen

> 💬 Geschirrspülmittel, das ein klassischer Werbespot der 1960er-Jahre als Zusatz für ein Nagelbad empfiehlt, ist ungeeignet. Die darin enthaltenen aggressiven Tenside würden Haut und Nägel zu stark entfetten.

IV Kosmetische Produkte für Haut, Haare, Nägel

Produkte	wichtige Inhalts- oder Wirkstoffe	angestrebte Wirkung
Nagelpflegeöl	• natürliche Öle, z. B. Oliven- oder Mandelöl • pflegende Wirkstoffe, z. B. Vitamin E	• führt ausgetrockneten Nägeln Fett zu • verhindert Brüchigwerden • pflegt auch das umliegende Nagelbett
Nagelpflegecreme	• Basis ist zumeist O/W-Emulsion • Kalium- oder Ammoniumalaun	• hält trockene oder rissige Nägel geschmeidig • Alaun härtet die Nägel.
Nagelhärter	• farbloser Lack, der auch als Unterlack verwendet werden kann • Alaun, Polyamide oder Polyester • trockene Öle	• weiche und biegsame Nägel werden gehärtet, aber nicht brüchig • Öle sorgen für Elastizität.
Handcreme	• Basis ist zumeist O/W-Emulsion • feuchtigkeitsbindende Stoffe, z. B. Glycerin • hautberuhigende Stoffe z. B. Allantoin	• zieht schnell ein • verhindert Rauheit und Rissigwerden • besonders geeignet für trockene Hände
Handgel	• ist fettfrei oder sehr fettarm • feuchtigkeitsbindende Stoffe	• zieht besonders gut ein • hinterlässt einen Film auf der Haut, der Wasser bindet • geeignet für sensible Haut, die aber nicht zu trocken sein darf
Handmaske	• pflanzliche, synthetische oder mineralische Fette • feuchtigkeitsbindende Stoffe • Vitamin A • Brunnenkresse	• ähnlich wie eine pflegende Gesichtsmaske, aber mit mehr Fett • Vitamin A und Brunnenkresse wirken gegen Altersflecke. • kann über Nacht angewendet werden, um eine besonders intensive Wirkung zu erreichen

Maniküzubehör und -hilfsmittel

Die Instrumente für die Nagelpflege werden auch **Stahlwaren** genannt. Sie werden einzeln oder kombiniert in Maniküre-Sets angeboten. Diese sind beliebte Geschenkartikel und können im Preis stark variieren.

Um gute Ergebnisse zu erzielen und Verletzungen zu vermeiden, sollten hochwertige Produkte empfohlen werden. Diese bestehen aus rostfreiem gehärtetem Stahl. Sie verbiegen sich kaum und können nachgeschliffen werden.

Gute Nagelscheren sind zusammengeschraubt (nicht genietet) und sie lassen sich weich und gleichmäßig öffnen und schließen.

Produkt	Eigenschaften
Nagelschere	• zum Kürzen und Formen von sehr langen oder kräftigen Fingernägeln oder Fußnägeln
Nagelknipser	• wie Nagelschere • für Finger- und Fußnägel in unterschiedlichen Größen angeboten
Nagelfeilen • Edelstahlfeilen (Saphir- und Diamantfeilen) • Glas- oder Keramikfeilen • Sandpapierfeilen	• **Edelstahlfeilen** bewirken eine schnelle Kürzung und Formung, können aber zu Rissen oder zum Ausfransen der Nägel führen, wenn sie unsachgemäß gehandhabt werden. **Vorsicht!** Nur in einer Richtung – vom Rand zur Mitte feilen. • **Glas- und Keramikfeilen** sind schonender als Edelstahlfeilen und verhindern das Ausfransen des Nagels, weil sie den Nagelrand versiegeln. • **Sandpapierfeilen** ermöglichen eine schonende und hygienische Kürzung und Formung der Nägel.
Hautschere	• entfernt überschüssige Nagelhaut nach dem Zurückschieben **Vorsicht!** Sehr vorsichtig arbeiten, um Verletzungen und Entzündungen des Nagelbettes zu vermeiden.
Pferdefüßchen (auch Hufstäbchen)	• zum Zurückschieben der Nagelhaut nach dem Handbad
Holzstäbchen	• Verwendung wie Pferdefüßchen • aus Rosen- oder Orangenholz oder aus Weichholz hergestellt

10.5 Produkte zur Nageldekoration

Nagellacke sind Lacklösungen, die neben **Farbstoffen filmbildende Substanzen** enthalten, die das Verstreichen auf dem Nagel erst möglich machen. Darüber hinaus enthalten sie **Kunstharze**, **Weichmacher** und **Lösungsmittel**. Die Lösungsmittel, z. B. **Toluol**, **Butyl-**, **Amyl- oder Ethylacetat**, verursachen den starken Eigengeruch, der nach dem Auftragen noch lange wahrzunehmen ist.

Farblacken werden anorganische Pigmente, z. B. Eisenoxid, Titanoxid, zugefügt. Ein hochwertiger Nagellack ist hautverträglich, gut haftend und beständig gegen Wasser und Seife.

Aus dem drogistischen Sortiment: Produkte zur Nageldekoration

Produkt	wichtige Eigenschaften
Klarlack	• gibt den Nägeln Glanz und schützt sie vor äußeren Einflüssen • kann auch als Unterlack verwendet werden
Unterlack (Base Coat)	• gleicht kleinere Unebenheiten der Nagelplatte aus • schützt den Nagel vor Verfärbungen durch den Farblack
Rillenfüller	• anzuwenden bei Längs- oder Querrillen auf der Nagelplatte • wirkt stärker ausgleichend als normaler Unterlack
Decklack	• enthält Pigmente, die sich vom enthaltenen Lösungsmittel nicht auflösen lassen • für Perlglanz werden Weißfischschuppen oder synthetische Glanzpigmente zugefügt
Schutzlack (Top Coat)	• versiegelt den Nagellack • bewirkt längere Haltbarkeit
Schnelltrockner	• als Spray oder Öl erhältlich • bewirkt eine schnellere Verdunstung der Lösungsmittel im Lack
Nagelweißstift	• ähnelt in seiner Konsistenz dem Augenbrauenstift • wird an der Unterseite des freien Nagelrandes aufgetragen • verleiht Nägeln ohne Farblack ein gepflegtes Aussehen
Nagellackverdünner	• verleiht getrocknetem oder verdicktem Lack wieder eine streichfähige Konsistenz • enthält die gleichen Lösungsmittel wie Nagellackentferner, jedoch kein Wasser • verhindert Ausflocken der Pigmente im Farblack

10.6 Die Pflege und Dekoration der Fußnägel (Pediküre)

Fußpflege
→ Kapitel III / 11.3

Die Pediküre erfolgt zumeist zusammen mit der Fußpflege, bei der auch Hornhaut, Schrunden und evtl. Hühneraugen behandelt werden. Die Fußnägel müssen nicht so oft gekürzt und geformt werden wie die Fingernägel, weil sie langsamer nachwachsen. Sie sind im Allgemeinen dicker und robuster, werden aber auch stärker belastet. Besonders stabil ist der Nagel des großen Zehs. Die Nägel der anderen Zehen sind weicher und sehen manchmal etwas verkrüppelt aus, ohne dass eine krankhafte Veränderung vorliegt.

Zum Kürzen der Zehennägel kann normalerweise eine Nagelzange oder bei sehr kräftigen Nägeln ein Knipser verwendet werden.

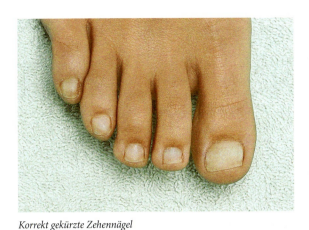

Zu weit in den Nagelpfalz hinein gekürzter Zehennagel

Die stehengebliebene Nagelspitze übt Druck auf den Nagelpfalz aus.

Korrekt gekürzte Zehennägel

> Es muss dabei aber besonders darauf geachtet werden, dass die Fußnägel gerade und nicht in den Nagelfalz hinein gekürzt und geformt werden. In Verbindung mit engem Schuhwerk können falsch gekürzte Zehennägel einwachsen und zu sehr schmerzhaften Entzündungen führen.

10.7 Produkte für die Nagelmodellage und Nail-Art

Die Dekoration der Fingernägel beschränkt sich schon lange nicht mehr auf die Anwendung von Farblack. Nagelmodellage und Nail-Art liegen seit einigen Jahren voll im Trend. Nagelstudios bieten vielfältige Nageldekorationen an.

Auch das Drogeriesortiment hat sich auf diese Entwicklung eingestellt und hat vermehrt Artikel zur dekorativen Gestaltung der Fingernägel im Angebot, z. B. Nail-Art-Klebefolien, Strasssteine zur Verzierung des Nagellacks oder Schablonen für den mehrfarbigen Lackauftrag.

Wenn einer Kundin die eigenen Fingernägel nicht mehr gefallen, kann sie Kunstnägel (**Tips**) aus dem Drogeriesortiment verwenden. Diese werden mit einem Spezialkleber auf die zuvor dünngefeilte Nagelplatte geklebt und anschließend wie echte Nägel in Form gebracht und gestaltet. Vor einem zu häufigen Auswechseln der Tips ist jedoch abzuraten, weil der Nagel durch das ständige Dünnfeilen brüchig werden kann. Auf keinen Fall dürfen Kunstnägel bei Nagelpilzbefall angewendet werden.

Selbstklebende Nail-Art-Folien

Tips
engl. auf jemanden, etwas setzen

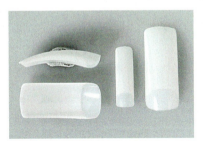

Classic Tips zum eigenen Gestalten

Paint Tips

11 Haare und Haarpflege

Genau wie die Haut, die Nägel und die Zähne prägen die Haare das äußere Erscheinungsbild des Menschen. Die Haare auf dem Kopf sind uns Menschen sehr wichtig. Mit unterschiedlichen Frisuren, Haarfarben und Formen unterstreichen wir unseren Typ oder verändern ihn durch eine neue Haargestaltung.

Da die Haare für uns so wichtig sind, werden sie oft stark strapaziert, z. B. durch Färbung, Tönung, Dauerwelle oder Glättung. Deshalb muss das Haar besonders gut gepflegt werden. Kunden sind für Pflegetipps sehr dankbar und lassen sich in der Drogerie gern beraten.

11.1 Grundwissen Haare

Haaraufbau

Hautanhangsgebilde, Haare
→ Kapitel IV / 1.2.3

Wie die Finger- und Fußnägel bestehen die Haare (lat. Pili) aus abgestorbenen Hornzellen. Haare enthalten keine Nerven und werden auch nicht durch Blutgefäße versorgt. Sie gehören ebenso wie die Nägel zu den Hautanhangsgebilden.

Das Haar wird in die Haarzwiebel/Haarwurzel und den Haarschaft unterteilt. Die Haarwurzel liegt in der Haut, während der Haarschaft das eigentliche Haar bildet. Der Haarschaft erscheint als ein durchgehender Keratinfaden, besteht aber aus vielen kleinen Hornfasern (Mikrofibrillen). Diese bilden gebündelt die Makrofibrillen, welche dann wiederum zum Kortex zusammengelagert werden.

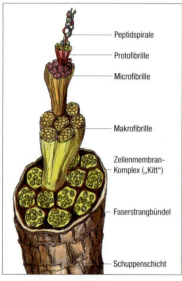

Molekularstruktur des Haarschafts

> Im Keratin ist eine sehr wichtige Aminosäure, das Cystein, enthalten. Sie wird über das Eiweiß aus unserer Nahrung aufgenommen und in die Haare eingebaut. Daher sind vielen Pflegeprodukten für Haare Cysteine zugesetzt.

Saure und alkalische Pflegemittel

Alkalische Substanzen öffnen die Schuppenschicht, während saure Substanzen die Schuppen flach anlegen. Dies spielt bei Färbungen und Haarkuren eine entscheidende Rolle.

Der Kortex (Rindenzellen) macht ca. 80 % des Haares aus. Die äußere Hülle ist die Kutikula (Schuppenschicht), sie besteht aus flachen überlappenden Zellen, die in Richtung der Haarspitze ausgerichtet sind, wie bei einem Tannenzapfen. Beim gesunden Haar liegt die Schuppenschicht flach an. Dadurch sieht das Haar glatt aus und glänzt. Das Haar ist hauptsächlich aus Proteinen, den Keratinen, aufgebaut.

Gesunde Schuppenschicht

Nach der Dicke der Haare kann man feines, normales und dickes Haar unterscheiden.

Haarfarbe

Die Haarfarbe eines Menschen hängt von dem Verhältnis und der Menge der Pigmente Eumelanin und Phäomelanin ab. Diese Pigmente sind in der Faserschicht des Haares eingelagert. Diese Melanine werden von den Melanozyten produziert. Diese wandeln die körpereigenen Aminosäuren in die unterschiedlichen Melanine um.

- Eumelanin ist ein Schwarz-Braun-Pigment, welches hauptsächlich in dunklem Haar vorkommt.
- Phäomelanin ist ein Rot-Pigment, welches vor allem bei blondem und rotem Haar vorkommt.

Je nach Mischungsverhältnis der Pigmenttypen ergeben sich die unterschiedlichen Haarfarben von Blond und Rot über Braun bis Schwarz.

Haarausfall

Jedem Menschen fallen täglich ca. 30 bis 40 Kopfhaare aus. Bei insgesamt ca. 100000 Kopfhaaren fällt dies allerdings nicht ins Gewicht. Erst wenn die Anzahl an Haaren, die pro Tag ausfallen, dauerhaft auf mehr als 50 steigt, besteht Grund zur Sorge. In Deutschland leiden ca. 15 % der Bevölkerung an Haarausfall. Man kann Haarausfall unterscheiden in den

- **genetisch bedingten Haarausfall** *(Alopecia androgenetica)*, erblich bedingt durch hormonelle Veränderungen,
- **kreisrunden Haarausfall** *(Alopecia areata)*, u. a. bedingt durch Allergien oder Autoimmunerkrankungen,
- **diffusen Haarausfall** *(Alopecia diffusa)*, bedingt durch Eisen-, Zink-, oder Biotinmangel, hormonelle Störungen, Infekte oder Nebenwirkungen von Medikamenten.

diffus
lat. undurchsichtig, nebelhaft, mit nicht erkennbaren Umrissen

> **Genetisch bedingter Haarausfall**
>
> Der genetisch bedingte Haarausfall wird durch die männlichen Geschlechtshormone verursacht und tritt daher bei Frauen nur selten auf. Die Terminalhaarfollikel bilden sich dabei zu Vellushaarfollikeln zurück. Anstelle der kräftigen, pigmentierten Kopfhaare bleiben nur feine, kaum sichtbare Härchen auf dem Kopf zurück – es kommt zur Glatzenbildung. Die Veranlagung zur Glatze ist erblich. Diese Form des Haarausfalls lässt sich weder durch Drogerieprodukte noch durch Medikamente dauerhaft aufhalten.

Diffuser Haarausfall bei einer Frau

Geheimratsecken

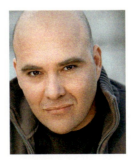
Genetisch bedingter Haarausfall

Haartypen/Haarzustand

Ähnlich wie bei der Haut werden auch in der Haarreinigung und -pflege unterschiedliche Typen nach dem Haarzustand unterschieden. Der Haarzustand hängt in erster Linie von der Produktivität der Talgdrüsen in der Kopfhaut ab. Darüber hinaus können äußere Einflüsse, wie mechanische oder chemische Belastungen durch Umformungen oder Färbungen, den Zustand der Kopfhaare beeinflussen.

Für die verschiedenen Haarzustände werden im Drogeriesortiment spezielle Reinigungs- und Pflegeprodukte angeboten.

Haartyp	Besonderheiten
normales Haar	• gesundes Aussehen • natürlicher Glanz, der nicht fettig wirkt
fettiges Haar	• entsteht durch eine Überproduktion der Talgdrüsen in der Kopfhaut • kommt, in Verbindung mit fettiger Haut, besonders häufig in der Pubertät vor
trockenes Haar	• kommt häufig in Verbindung mit sebostatischer Haut vor • Unterfunktion der Talgdrüsen: die Haare werden nicht genügend mit Fett versorgt • wirkt stumpf, rau und glanzlos
feines Haar	• Durchmesser eines einzelnen Haares ist kleiner als 0,05 mm • neigt besonders zu elektrostatischer Aufladung • dünnes, kraftloses Aussehen • Frisuren halten nur schlecht
splissanfälliges Haar (Spliss ist eine unregelmäßige, pinselartige Aufsplitterung der Haarspitzen.)	• durch chemische Einwirkung, wenn falsche Reinigungs- oder Pflegeprodukte verwendet werden • Durch zu starkes und häufiges Kämmen mit ungeeigneten Kämmen und Bürsten wird die Kutikula geschädigt, und es bildet sich Spliss. • entsteht bei längeren Haaren, wenn sich die Haarspitzen auf der Kleidung reiben
gefärbtes Haar	• Chemische Colorationen verursachen leichte Schäden der Haarstruktur. • Durch Auswaschen und Ausbleichen entsteht manchmal ein Farbverlust.
schuppende Kopfhaut	• kleine weiße Hautschüppchen, die im Haar kleben (fettige Schuppen bei fettigem Haar) oder auf die Kleidung rieseln (trockene Schuppen bei trockenem Haar) • Als Ursache wird die vermehrte Ausbreitung eines Hefepilzes angenommen, der sich auch auf gesunder Kopfhaut befindet.
graues Haar (Altershaar)	• hervorgerufen durch einen alters- oder krankheitsbedingten Mangel an der Aminosäure Tyrosin (essenziell für die Produktion der Farbpigmente Eu- und Phäomelanin) • Anstelle von Melanin werden Luftbläschen in den Haarschaft eingelagert. Diese verleihen den Haaren zusammen mit den noch verbliebenen Pigmenten ein graues Aussehen. • Altershaar ist meistens trocken, weil die Talgdrüsen im Alter ihre Produktion reduzieren. • Vor allem bei Männern kommt es im Alter zu vermehrtem Haarausfall.

11.2 Reinigungsprodukte für das Haar

Moderne Haarshampoos enthalten im Wesentlichen die gleichen Inhaltsstoffe wie Präparate zur Körperreinigung. Jedoch finden für die Haarreinigung nicht alle Arten von Tensiden Verwendung. Stark alkalische Detergenzien greifen die Schuppenschicht des Haares (Kutikula) an. Diese ist nicht wie die Epidermis der Haut durch einen stabilen Hydro-Lipid-Film geschützt, der sich von selbst regeneriert.

Wird das Haar über längere Zeit mit alkalischen Reinigungsmitteln wie z. B. Toilettenseife gewaschen, wird es stumpf und glanzlos und verfilzt schließlich.

Am häufigsten werden in Haarshampoos **anionische Tenside** eingesetzt, die eine hohe Waschleistung zeigen. Sie werden meist mit **amphoteren Tensiden** kombiniert. Diese sind besonders hautverträglich und führen zu einem feinen Schaumbild. **Nichtionische Tenside** gelten als besonders mild und werden daher oft in Kindershampoos eingesetzt.

Tenside
→ Kapitel IV / 2.1

 Eigenschutz der Haare

Da sich in den Haaren keine Drüsen befinden, werden die Haarschäfte durch die Sekrete aus den Talgdrüsen in der Kopfhaut eingefettet. Das Haarfett bildet einen wasserabweisenden, fest mit der Schuppenschicht verbundenen Film, der das Haar vor äußeren Einflüssen schützt und geschmeidig hält. Der Film wird aber bei jeder Haarwäsche herausgewaschen. Dadurch sind die Haare besonders im Bereich der Haarspitzen anfällig für Schäden.

Nach dem Waschvorgang sollte das Shampoo gründlich ausgespült werden, damit keine Tenside auf der Kopfhaut zurückbleiben. Diese könnten einen Juckreiz verursachen.

Haarshampoos enthalten neben Tensiden **Rückfetter**, die dem Haar und der Kopfhaut das durch den Waschvorgang entzogene Fett zurückgeben. Als Rückfetter werden Fette, Öle und Wachse eingesetzt, die sich bei der Anwendung aus dem Shampoo abscheiden und dann auf dem Haar und der Kopfhaut verbleiben.

Konditionierungsmittel schützen und pflegen die Haaroberfläche dort, wo der natürliche Schutzmantel des Haares beschädigt ist. Sie sind zumeist positiv geladen und lagern sich an die negativ geladenen Schadstellen der Haaroberfläche an. Die negativen Ladungen werden neutralisiert und das elektrostatische Aufladen der Haare verhindert. Die Haarfläche wird geglättet, die Haare lassen sich besser kämmen und frisieren. Als Konditionierungsmittel werden z. B. **kationische Tenside** oder auch **Silikone** eingesetzt.

Der Schaum, der während des Shampoonierens entsteht, bildet sich aus „freien Tensiden" (Tensiden, die sich nicht an Fettschmutz angelagert haben), Wasser und Luft. Sind die Haare stark fettig, stehen oft nicht ausreichend „freie Tenside" zur Verfügung. Dann tritt die gewohnte Schaumbildung erst bei einer zweiten Haarwäsche ein.

Reinigungsprodukte für die unterschiedlichen Haartypen

Im Drogeriesortiment gibt es eine Vielzahl von unterschiedlichen Shampoos, die auf die speziellen Bedürfnisse der verschiedenen Haartypen abgestimmt sind. So benötigt zum Beispiel fettiges Haar eine höhere Waschleistung, während bei trockenem oder geschädigtem Haar mehr Rückfetter und Konditionierungsmittel zugefügt werden müssen.

Haartyp	Shampoos (Zusammensetzung)
normales Haar	• ausgewogenes Verhältnis aus Tensiden, Rückfettern und Konditionierungsmitteln
fettiges Haar	• Tenside mit großer Waschleistung • weniger Rückfetter • Wirkstoffe zur Reduktion der Sebumproduktion • Wirkstoffe, die das Aufziehen des Fettes von der Kopfhaut auf das Haar verzögern
feines Haar	• weniger Rückfetter, da diese das Haar beschweren können • Wirkstoffe für mehr Volumen (Polymere, Extrakte)
trockenes Haar	• milde Tenside, um eine zu starke Entfettung auszuschließen • Rückfetter zum Pflegen von Haar und Kopfhaut • höherer Anteil an Konditionierungsmitteln zum Schutz vor Spliss und Haarbruch
langes und splissanfälliges Haar	• Tenside mit normaler Waschleistung • Rückfetter zur Pflege von Haar und Kopfhaut • höherer Anteil an Konditionierungsmitteln zum Schutz vor Spliss und Haarbruch • Proteine zum Aufbau und Erhalt der Haarsubstanz
gefärbtes Haar	• milde Tenside, um ein Auswaschen der Farbe zu verhindern • Rückfetter und Konditionierungsmittel zur Pflege der Haarstruktur und der Kopfhaut • spezielle Formulierungen zur Fixierung der Farbstoffe im Haar • UV-Filter gegen das Ausbleichen der Farbe
schuppende Kopfhaut	• Keratolytische Wirkstoffe wie Schwefel oder Salicylsäure lösen die Schuppen. • Antimykotische (pilzhemmende) Wirkstoffe vermindern die Ausbreitung von Hefepilzen.
graues Haar (Altershaar)	• Pigmente, die dem grauen Haar einen leichten Silberglanz verleihen • Coffein und Biotin gegen den hormonell bedingten Haarausfall • Wirkstoffe, die das Haar kräftigen, z. B. Proteine

> Babyshampoos sind etwa ab dem zweiten Lebensjahr des Kindes empfehlenswert. Sie enthalten, wie alle Artikel zur Säuglingspflege, milde Tenside und hautpflegende oder -beruhigende Inhaltsstoffe. In den ersten Lebensjahren können Babys einfach mit Wasser gereinigt werden.

Trockenshampoos sind Pudersprays oder Puder, die das überschüssige Haarfett aufsaugen. Sie wirken eine kurze Zeit ein und werden dann ausgebürstet. Besonders gut sind sie geeignet, wenn nur der Haaransatz fettig ist. Da sie keine Reinigung bewirken, zählen sie nicht zu den Haarshampoos.

→ Haartönung und -coloration

> Es werden auch Haarreinigungs- und Pflegeprodukte für die verschiedenen Haarfarben – insbesondere Blond und Brünett – angeboten. Diese enthalten zumeist natürliche Farbstoffe, wie Kamille (Blond) oder Walnuss (Brünett) oder synthetische Pigmente, die sich am Haar anlagern. Sie sollen die natürliche Haarfarbe auffrischen und intensivieren.
> Sie haben keine große Farbwirkung, weil der Pigmentanteil geringer ist und die Reinigungs- und Pflegeprodukte nur sehr kurz auf dem Haar verbleiben.

11.3 Pflegeprodukte für das Haar

Pflegeprodukte, die nach dem Waschen angewendet werden, sollen die Entfernung der Tenside aus dem Haarshampoo unterstützen. Außerdem verbessern sie die Kämmbarkeit des Haares, indem sie die gespreizten Haarschuppen wieder anlegen. Sie enthalten daher einen hohen Anteil an **Konditionierungsmitteln**.

Natürliche und synthetische Öle wirken als **Rückfetter** und verleihen dem Haar einen schönen Glanz. **Fruchtsäuren** neutralisieren alkalische Rückstände des Haarshampoos. Manche Produkte enthalten zusätzlich **Silikonöle**. Diese legen sich fest an das Haar an und verleihen ihm mehr Volumen und ein glattes, seidiges Aussehen.

Wirkstoffklassen	Wirkstoffe	Wirkung
„haarverwandte" Stoffe	Aminosäuren, Peptide, Proteine	• Aufbau der Haarstruktur, da Proteine eine hohe Affinität zum Haarprotein (Keratin) zeigen
	Fette (Lipide), Öle, Wachse	• Schutz und Rückfettung von Haar und Kopfhaut • Steigerung des Haarglanzes • Verbesserung der Geschmeidigkeit
Nährstoffe	Vitamine, Vitaminvorstufen	• Antioxidant (Vitamin E) • Feuchtigkeitsgeber (Panthenol) • Restrukturant (Viatmin B3/Niacinamid)
	Biotin, Coffein, Carnitin, Taurin	• aktivieren und stimulieren die Wachstumsprozesse in der Haarwurzel
	Fruchtsäuren	• neutralisieren Alkalienrückstände und wirken adstringierend
	Zucker (Glukose)	• Restrukturierung der Haarstruktur
synthetische Pflegestoffe	Pflegepolymere	• verhindern elektrostatische Aufladung • verbessern die Kämmbarkeit und den Griff • schützen die Haaroberfläche
	Silikone	• geben dem Haar einen weichen Griff • steigern den Glanz • versiegeln die Haaroberfläche
	Paraffine	• Rückfettung von Haar und Kopfhaut • steigern den Glanz • verbessern die Kämmbarkeit
	UV-Filter	• schützen vor UV-Strahlung
Extrakte	Pflanzenextrakte	• Kamillenextrakte wirken z. B. beruhigend auf die Kopfhaut, Aloe Vera spendet Feuchtigkeit

Two-in-one-Produkte sind Shampoo und Spülung in einem. Einem Haarshampoo wird dabei ein besonders hoher Anteil an Konditionierungsmitteln zugefügt, sodass die Haare nach dem Waschen leichter kämmbar werden und die Verwendung einer Spülung nicht mehr nötig ist.

Two-in-one
engl. zwei-in-einem

> Manche Silikone lagern sich so fest am Haar an, dass sie bei der Haarwäsche nicht ausgespült werden. Wenn zu viele silikonhaltige Reinigungs- und Pflegeprodukte verwendet werden, bildet sich ein luftundurchlässiger Film auf den Haaren. Dieser behindert die natürliche Wasseraufnahme des Haares aus der Luft, und das Haar trocknet aus, obwohl es zunächst noch glatt und gepflegt wirkt.
> Die Wirkung von Dauerwellmitteln und Haarfärbungen kann geschwächt werden.

Bei den **Haarkuren** unterscheidet man zwischen denen,
- die im Haar verbleiben (leave-on)
- die nach dem Einwirken wieder ausgespült (rinse-off) werden.

Leave-on-Kuren sind meist **alkoholische Gele**, die die Haare nicht beschweren und aufgrund des Alkoholanteils besonders schnell trocknen. Sie lassen sich leicht im Haar verteilen und sind gut dosierbar.

Rinse-off-Produkte sind reichhaltige **Emulsionen** und ähneln den Spülungen.

Präparate	Anwendungsgebiet	Art der Anwendung	Wirkung
Spülungen (rinse-off) *Emulsionen*	• chemisch behandeltes Haar • langes, splissanfälliges Haar • trockenes Haar • längeres Haar, das unmittelbar nach der Haarwäsche schlecht kämmbar ist	• nach einer chemischen Behandlung bzw. nach dem Shampoonieren • 2 bis 3 Minuten einwirken lassen, dann ausspülen!	• Verbesserung von Kämmbarkeit, Griff und Glanz • Reduzierung von elektrostatischer Aufladung • Pflege der Kopfhaut • Neutralisierung von Alkalienresten
Intensivkuren/ Aufbaukuren/ Haarmasken (rinse-off) *Emulsionen*	• strapaziertes und trockenes Haar • chemisch behandeltes Haar • störrisches, trockenes oder dickes, krauses Haar	• nach einer chemischen Behandlung bzw. nach dem Shampoonieren • 5 bis 20 Min. einwirken lassen, dann ausspülen! *Hinweis:* Bei verlängerter Einwirkzeit können Wirkstoffe intensiver in das Haar eindringen!	• Verbesserung von Kämmbarkeit, Griff und Glanz • Reduzierung von elektrostatischer Aufladung • Aufbau der Haarstruktur mit Proteinen • Pflege der Kopfhaut • Neutralisierung von Alkalienresten
Intensive Schnellkuren (leave-on) *Gele Sprays Schäume*	• strapaziertes und trockenes Haar • chemisch behandeltes Haar	• Nach dem Shampoonieren gleichmäßig im Haar verteilen und nicht ausspülen. *Hinweis:* Vorsichtig dosieren!	• Verbesserung von Kämmbarkeit, Griff und Glanz • Reduzierung von elektrostatischer Aufladung • Pflege der Kopfhaut • Neutralisierung von Alkalienresten
Leichte Schnellkuren (leave-on) *Gele Sprays Schäume*	• feines Haar ohne Volumen	• Nach dem Shampoonieren gleichmäßig im Haar verteilen und nicht ausspülen. *Hinweis:* Vorsichtig dosieren!	• leichte Verbesserung der Kämmbarkeit und des Griffs • Steigerung des Glanzes • Reduzierung von elektrostatischer Aufladung • gibt dem Haar Volumen und der Frisur Halt
Haaröle (leave-on) *Öle*	• trockenes, sprödes Haar	• nach dem Shampoonieren • Nicht ausspülen!	• Verbesserung von Griff und Glanz • schützt das Haar vor dem Austrocknen
Haarspitzenserum (leave-on) *Emulsionen Gele*	• splissanfälliges und gesplisstes Haar • sehr gut auch bei störrischen, trockenen oder dicken und krausen Haaren *Hinweis:* Sehr gezielt und partiell auftragen, sparsam dosieren.	• nach dem Shampoonieren in den Haarspitzen gleichmäßig verteilen • Nicht ausspülen!	• schützt und versiegelt empfindliche Haarspitzen • glättet und beruhigt abstehende Haare • strukturgebend • schützt und beugt Haarspliss vor • verbessert auffallend den Glanz • reduziert das Haarvolumen

Präparate	Anwendungsgebiet	Art der Anwendung	Wirkung
Haar- und Kopfhautwässer (leave-on) *alkoholische Wässer*	• empfindliche und beanspruchte Kopfhaut • nur bei fettigen, nicht bei trockenen Schuppen anzuwenden	• nach dem Shampoonieren bzw. nach dem letzten Ausspülen der Haare • verbleibt auf der Kopfhaut	abhängig von spezifischen Wirkstoffen: • Beruhigung der Kopfhaut • Anregung des Haarwuchses • Reduktion von Haarausfall • Reduktion von fettigen Schuppen • Reduktion des Nachfettens

11.4 Produkte zur Haarumformung

11.4.1 Umformung durch Feuchtigkeit und Wärme

Für die tägliche Gestaltung der Frisur nach dem Haarwaschen wird heute zumeist der Fön verwendet. Stylingprodukte aus dem Drogeriesortiment festigen die durch Feuchtigkeit und Wärme umgeformte Frisur und ermöglichen eine individuelle Gestaltung. Wenn die Stylingprodukte herausgewaschen werden, nehmen die Haare wieder ihre natürliche Form an. Eine dauerhafte Umformung kann nur durch alkalische Wellmittel (Dauerwellprodukte) erreicht werden.

Warum lassen sich Haare mit Feuchtigkeit und Wärme umformen?

Die Möglichkeit, Haare mit Feuchtigkeit und Wärme umzuformen, resultiert aus dem Aufbau und der Zusammensetzung des Haares. Die Keratinmoleküle, aus denen das Haar besteht, sind schraubenförmig gedreht und werden daher auch als Proteinspiralen bezeichnet. Das Keratin besteht aus den Grundstoffen Schwefel (S), Kohlenstoff (C), Wasserstoff (H), Sauerstoff (O) und Stickstoff. Diese werden durch drei Typen von chemischen Brücken fixiert:

- **Wasserstoffbrücken** entstehen durch Wechselwirkungen zwischen Wasserstoffatomen und Sauerstoffatomen.
- **Salzbrücken** werden durch die Anziehungskraft zwischen positiv und negativ geladenen Ladungen gebildet (Ionenbindungen). Salzbrücken sind teilweise wasserlöslich, werden jedoch besonders gut durch Laugen und Säuren gelockert.
- **Disulfidbrücken** (Doppelschwefelbrücken) stellen sehr stabile Verbindungen her. Sie werden zwischen den Schwefelatomen zweier Cysteine (Aminosäure) gebildet. Disulfidbrücken sind maßgeblich für die Widerstandsfähigkeit des Haarkeratins verantwortlich. Um sie zu lockern, ist ein Reduktionsmittel (z. B. bei einer Dauerwelle Thioglykolsäure) nötig.

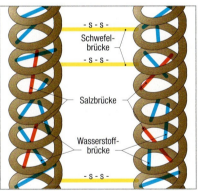

Proteinspiralen mit ihren Bindungen

Wenn das Haar nass gemacht wird, schieben sich Wasserstoffmoleküle zwischen die Wasserstoffbrücken, das Haar quillt auf, und die Wasserstoffbrücken im Haarkeratin werden gelöst. Das Haar verliert kurzfristig seine Festigkeit und Elastizität und kann nun neu geformt werden, z. B. durch das Aufdrehen auf Wickler. Beim Trocknen verdunstet das zugeführte Wasser wieder, und es bilden sich die Wasserstoffbrücken an anderer Stelle neu. Das Haar wird wieder fest, jedoch in einer neuen Form. Wärme, z. B. durch einen Fön oder eine Trockenhaube, beschleunigt diesen Prozess, weil sie das Wasser schneller verdunsten lässt.

Hygroskopizität
Fähigkeit mancher Stoffe, Wasser aus der Umgebungsluft aufzunehmen und zu binden

> Das Haar lässt sich auch im trockenen Zustand durch Wärme umformen, weil es einen natürlichen Wasseranteil besitzt. Dieser entsteht durch die wasseranziehende Eigenschaft der Haare (**Hygroskopizität**). Bei der trockenen Umformung mit dem Lockenstab oder dem Kreppeisen verdunstet dieser natürliche Wasseranteil und das Haar formt sich um. Wird diese Art der Umformung häufig angewendet, kann das Haar austrocknen.

Präparate zur physikalischen Umformung und zum Finish (Haarstylingprodukte)

Styling
engl. Gestaltung
Finish
engl. Abschluss

Haarstylingprodukte sollen das Haar formbar und modellierbar machen. Sie werden zumeist im handtuchtrockenen Haar angewendet. Manche Produkte lassen sich aber auch im trockenen Haar verwenden und ermöglichen ein schnelles und unkompliziertes Umstylen, z. B. zum Ausgehen. Finishprodukte dienen zur Fixierung der fertigen Frisur. Manche Produkte, z. B. Haarwachs, erfüllen beide Funktionen.

Schaum
(frz. mousse) heterogenes Stoffgemisch, bei dem winzige Gasblasen in einer Flüssigkeit verteilt sind; Schaum wird durch Emulgatoren stabil

Stylingprodukte werden häufig in Form von **Schaum** oder als Aerosole angeboten. Sie enthalten Luft oder andere **Gase als Treibmittel**. Diese werden erst unmittelbar vor der Anwendung zugemischt. Schäume werden aus flüssigen Emulsionen hergestellt. Durch einen speziellen (Schaum-)Sprühkopf erscheint das Produkt als stabiler Schaum, der sich gut auf dem Haar verteilen lässt, ohne wegzufließen.

Treibgas
Gas, das unter Druck zu einer Flüssigkeit verdichtet ist; es verdampft, wenn der Druck aufgehoben wird

Bei **Aerosolen** sind winzige Tropfen einer Flüssigkeit in einem Gas verteilt. Auf diese Weise bildet sich ein feiner Nebel, der die Wirkstoffe auf dem Haar verteilt. Die in einem Spray verteilte Flüssigkeit kann eine alkoholische oder wässrige Wirkstofflösung oder auch eine milchige Lotion sein.

Polymere
griech. polys viele, *meros* das Teilchen, Verbindung aus langkettigen Molekülen, hier: Standardrohstoff für Haarstylingprodukte

Die wichtigsten Inhaltsstoffe in Stylingprodukten sind unterschiedliche synthetische oder halbsynthetische **Polymere**, die in einer leicht flüchtigen Basis wie Ethanol oder Isopropanol gelöst sind. Sie wirken als **Filmbildner**, d. h., sie legen sich wie ein sehr feiner und fester Film um jedes einzelne Haar. Wenn das Lösungsmittel aus dem Produkt verdunstet ist, verleihen sie dem trockenen Haar Festigkeit und Stand.
Manchen Produkten werden zu diesem Zweck auch organische **Gelbildner** zugefügt. Die unterschiedliche Wirkung von haarfestigenden Präparaten (z. B. Haarfestiger von leicht bis ultrastark) wird durch den Gehalt an Filmbildnern bestimmt. Daneben enthalten Stylingprodukte **kationische Polymere**, die das Haar besser kämmbar machen und die statische Aufladung vermindern. Sie werden im Gegensatz zu Silikonen bei der Haarwäsche vollständig ausgespült.

> Stark festigende Stylingprodukte wie Haargel sollten vor dem Schlafengehen ausgebürstet oder ausgespült werden. Ansonsten besteht die Gefahr, dass die Haare brechen könnten.

Haarstylingprodukte und Finishprodukte

Produkte	wichtige Inhalts- oder Wirkstoffe
Schaumfestiger/ Styling-Mousse	• Treibmittel, z. B. Propan, Butan • Polymere als Filmbildner • kationische Polymere • Lösungsmittel Wasser oder Alkohol, pflegende Wirkstoffe z. B. Panthenol, mineralische oder pflanzliche Fette und Öle • UV-Filter zum Schutz vor Sonnenbestrahlung

Produkte	wichtige Inhalts- oder Wirkstoffe
flüssige Festiger	• gleiche Inhalts- und Wirkstoffe wie Schaumfestiger, jedoch kein Treibgas • vorwiegend Alkohol als Lösungsmittel
Styling-Gel	• Polymere als Filmbildner • kationische Polymere • Alkohol als Lösungsmittel • pflegende Wirkstoffe, z. B. Vitamin B_3 oder Panthenol • Feuchtigkeitsspender, z. B. Glycerin • UV-Filter zum Schutz vor Sonnenbestrahlung
Haarwachs	• Wachse, z. B. Mineralwachs oder Bienenwachs • mineralische oder pflanzliche Öle • Feuchtigkeitsspender, z. B. Glycerin, Fettalkohole
Haarspray	• Treibmittel, z. B. Propan, Butan • Hoher Anteil an Alkohol als Lösungsmittel gewährleistet eine schnelle Trocknung. • Polymere, die die Haare an den Berührungspunkten miteinander fixieren und so die Frisur stabilisieren. Aufgrund ihrer wasserabweisenden Eigenschaft verhindern sie die Zerstörung der Frisur durch Luftfeuchtigkeit. • Silikonöle geben zusätzlichen Feuchtigkeitsschutz und Glanz. • pflegende Wirkstoffe, z. B. Vitamin B3 oder Panthenol • UV-Filter zum Schutz vor Sonnenbestrahlung
Haarlack	• gleiche Inhalts- und Wirkstoffe wie Haarspray, jedoch ein höherer Anteil an Polymeren, die eine stärkere Fixierung der Frisur und mehr Glanz bewirken • Höherer Anteil an Silikonöl verleiht den Haaren bei manchen Produkten zusätzlichen Glanz.
Pumpspray	• gleiche Inhalts- und Wirkstoffe wie Haarspray, jedoch keine Treibgase. Dadurch sind Pumpsprays umweltfreundlicher, weil sie die Athmosphäre weniger belasten.

> Druckbehälter wie Haarspraydosen dürfen nicht der unmittelbaren Sonneneinstrahlung ausgesetzt werden. Es besteht Explosionsgefahr. Auch darf nicht in offene Flammen gesprüht werden.
> Beim Aufsprühen eines Haarsprays sollte nicht eingeatmet werden, damit möglichst wenige Inhaltsstoffe in die Lunge geraten.

11.4.2 Umformung durch Wellmittel (Dauerwelle)

Eine dauerhafte Umformung, die auch nach der Haarwäsche nicht verschwindet, ist nur mithilfe von chemischen Wellmitteln (Dauerwellprodukten) möglich. Diese sind in der Lage, die sehr festen Disulfidbrücken zu lösen, die dem Haar seine natürliche Form geben.
In der Drogerie werden Dauerwellprodukte für die Anwendung zu Hause angeboten. Zu ihrer Verwendung sollte nur geraten werden, wenn die Kundin die Wickeltechnik gut beherrscht. Falsches Wickeln kann zu Haarbruch führen, der sich in „Knickstellen" im Haar oder in kahlen Stellen äußert.

Vorbereitung auf die Dauerwelle – richtiges Wickeln der Haare

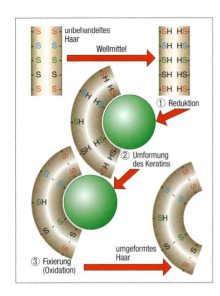

Chemischer Verlauf einer Dauerwelle

1. **Quellen und Erweichen des Haarkeratins (Reduktion)**
Das Wellmittel spaltet Wasserstoffatome ab, die zuvor mit den Schwefelatomen zwischen den Peptidspiralen Disulfidbrücken gebildet haben. Das Haar wird plastisch und damit verformbar.

2. **Umformung des Haarkeratins**
Die nicht mehr miteinander verbundenen Spiralen werden gegeneinander verschoben. Die äußeren werden gedreht, die inneren gestaucht.

3. **Fixierung der Umformung (Oxidation)**
Neue Disulfidbrücken bilden sich durch das Abtrennen der zwei Wasserstoffatome von den Schwefelatomen.

4. **Neutralisierung**
Die Reste des Alkalisierungsmittels werden neutralisiert und die Quellung des Haares wird überwiegend rückgängig gemacht. Eine Aufhellung der Haare durch das Oxidationsmittel (Wasserstoffperoxid) wird verhindert.

Inhaltsstoffe von Well- und Fixiermitteln

Reduktionsmittel Thioglykolsäure oder Verbindungen der Thioglykolsäure, z. B. *Thioglycolic Acid, Ethanolamin Thioglycat, Ammonium Thioglycate* u. a.	• trennt die Disulfidbrücken des Haares durch Anlagern von Wasserstoff • erweicht das Haarkeratin
Alkalisierungsmittel **Ammoniak** oder seine Salze, z. B. *Ammonium Hydroxide, Ammonium Hydrogenkarbonat*, seltener *Ethanolamine*	• quillt das Haar auf und unterstützt die erweichende Funktion des Reduktionsmittels • erhöht den pH-Wert des Haares
Oxidationsmittel **Wasserstoffperoxid** *Hydrogen Peroxide*	• stellt die Schwefelbrücken wieder her • festigt das Haar in der neuen Form
Neutralisierungsmittel Säuren, häufig verwendet werden: Phosphorsäure (*Phosphoric Acid*) oder Zitronensäure (*Citric Acid*)	• neutralisiert die Alkalisierungsmittel im Haar • macht die Quellung des Haares weitgehend rückgängig • vermeidet eine Aufhellung des Haares durch das Wasserstoffperoxid
Nachbehandlungsmittel Sie sind häufig in Dauerwellprodukten mit enthalten. Sie enthalten Konditionierungsmittel und pflegende Wirkstoffe.	• festigt das Haarkeratin • verbessert die Elastizität und Kämmbarkeit

> Die Chemikalien in einer Dauerwelle können bei unsachgemäßer Anwendung Vergiftungen oder Verätzungen verursachen. Daher muss man sie mit äußerster Vorsicht anwenden und die Gebrauchsanleitung genau einhalten. Bei Verletzungen der Kopfhaut, auch wenn sie nur geringfügig sind, darf kein Dauerwellpräparat angewendet werden. Vor dem Auftragen der Dauerwellflüssigkeit sollte man die Haare nicht waschen, da das natürliche Haarfett hilft, Reizungen der Kopfhaut und Haarbruch zu verhindern.

11.5 Kämme und Bürsten

Kämme und Bürsten gibt es in unterschiedlichen Formen und Qualitäten. Um Haar und Kopfhaut nicht zu verletzen, sollten Kämme gehobener Qualität empfohlen werden.

Gute **Kämme** haben eine glatte Oberfläche und abgerundete Zähne. Kämme dürfen keine rauen oder scharfen Grate aufweisen, damit die die Schuppenschicht des Haares nicht aufrauen. Antistatische Materialien verhindern eine Aufladung des Haars.

Herrenkamm:
in verschiedenen Größen lieferbar

Frisierkamm:
zum Entwirren und Ordnen der Haare

Stielkamm/Toupierkamm:
zum Abteilen der Haare,
zum Ausfrisieren und Toupieren

Lockenheber und Stylingkamm:
für Finishtechniken und zur Linienführung der Frisur

Hochwertige **Bürsten** haben abgrundete Borsten, welche die Kopfhaut nicht verletzen oder reizen. Sie bestehen aus hitzebeständigen Materialien, damit sie auch zum Fönen verwendet werden können, und sie sind leicht zu reinigen.

Rundbürste:
zum Fönen von Volumen und Formen
von Locken, unterschiedliche Formen
und Materialien im Angebot

Fönbürsten:
zum Formen von Wellen und Locken mit
dem Fön mit Natur- oder Kunststoffborsten

Paddelbürste:
besonders zum Bürsten von
langem Haar, zum Glattfönen
mit Natur- und Kunststoffborsten

> Bürsten muss man besonders sorgfältig reinigen, da sich Reste von Finishpräparaten, Haarfett und Kopfschuppen an den Borsten und am Bürstenkörper ablagern. Nach jedem Gebrauch sollten sie daher mit einem groben Kamm ausgekämmt werden. Einmal in der Woche sollte man sie in einer Lösung aus Wasser und Haarshampoo auswaschen und anschließend mit klarem Wasser spülen. Danach werden sie mit dem Bürstenkopf nach unten getrocknet.

11.6 Haarcoloration

Schon seit über 5000 Jahren versuchen Menschen die natürliche Farbe ihrer Haare zu verändern. Sie verwendeten dazu früher vorwiegend Pflanzenfarben aus Henna, Walnuss oder Kamille. Auch giftige Metallsalze wie Nickel oder Blei waren als Färbemittel beliebt. Haarfärbemittel, die auf **Wasserstoffperoxid** basieren, gibt es seit der Mitte des 19. Jahrhunderts.

Kunden, die ihre Haarfarbe verändern wollen, haben dafür unterschiedliche Motive. Im Vordergrund steht immer der Wunsch, jünger und attraktiver auszusehen. Von einem vollständigen Wechsel der Haarfarbe erhoffen sich viele eine Veränderung der Persönlichkeit und damit den Beginn einer neuen und besseren Lebensphase.

In der Drogerie werden viele unterschiedliche Produkte zur Veränderung der Haarfarbe angeboten. Man teilt sie nach der Beständigkeit ein in
- temporäre und semipermanente Haarfärbungen (Haltbarkeitsstufe I)
- oxidative Haarfärbungen
  – demipermanent (Haltbarkeitsstufe II) Intensivtönungen, Tönungswäschen
  – permanent (Haltbarkeitsstufe III) Colorationen, Blondierungen

11.6.1 Temporäre und semipermanente (direktziehende) Farben

Temporäre und semipermanente Haarfarben gehören zu den direktziehenden oder nichtoxidativen Haarfarben. Bei ihrer Anwendung erfolgt keine chemische Reaktion im Haar und sie wirken **ohne Oxidationsmittel**.

Temporäre Farben

Die künstlichen Pigmente lagern sich außen am Haar an. Nur wenige gelangen in die oberen Schichten des Haares. Temporäre Farben enthalten relativ große **positiv geladene Farbstoffmoleküle** (kationische Pigmente), die basisch sind. Durch die unterschiedlichen Ladungen der Pigmente und der sauren Molekülketten im Haar wird der Farbstoff auf der Haaroberfläche festgehalten und gebunden. Zusätzlich enthalten direktziehende Tönungen noch kleinere **nichtionische Pigmente**, die aufgrund ihrer geringen Größe in die Schuppenschicht (Kutikula) eindringen können. Sie lagern sich dort ab und verstärken das Farbergebnis.

Temporäre Farben lassen sich leicht mit Haarshampoo auswaschen und halten höchstens ein bis zwei Haarwäschen.

Kationische Farbstoffe – Anziehungskraft unterschiedlicher Ladungen

Semipermanente Farben

Sie wirken im Prinzip wie temporäre Farben. Bei ihnen dringen jedoch die **nichtionischen Pigmente** durch die Kutikula hindurch und lagern sich auch im Kortex ein. Dadurch wird die Färbung dauerhafter und übersteht bis zu 15 Haarwäschen.

Die Intensität und Deckkraft der Farbveränderung wird beeinflusst von
- der Größe der Farbstoffmoleküle,
- der Menge an Farbstoffen,
- der Einwirkzeit und der Porösität des Haares.

Temporäre und semipermanente Tönungen wirken farbaddierend, d. h., das Farbergebnis ist immer dunkler als die Ausgangsfarbe.

Nichtionische Farbstoffe – keine Wechselwirkung durch Ladung vorhanden

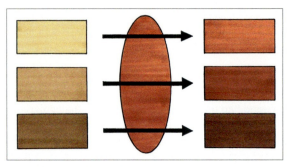

Beispiel für Farbergebnisse bei temporären und semipermanenten Produkten

Inhaltsstoffe in direktziehenden Farben (Beispiel)

11 Haare und Haarpflege

Temporäre und semipermanente Tönungsprodukte aus dem Drogeriesortiment

temporäre Tönungen (0 bis 2 Haarwäschen)	semipermanente Tönungen (bis zu 15 Haarwäschen)
Farbshampoo	Schaumtönung
Farbpflegespülung	Cremetönung
Farbfestiger	Geltönung
Farbfönlotion	
Farbspray	
Haarmascara	

11.6.2 Pflanzenhaarfarben

Alternativ zu den synthetischen Haarfarben bietet das Drogeriesortiment auch Pflanzenhaarfarben an. Sie wirken ohne Oxidationsmittel, halten aber häufig länger als temporäre und semipermanente Produkte. Eine intensive Färbung mit Henna kann dreißig Haarwäschen oder mehr überstehen. Pflanzenhaarfarben nutzen die farbgebende Wirkung bestimmter Pflanzenextrakte in Verbindung mit Feuchtigkeit und Wärme. Die pflanzlichen Farbstoffe dringen in die Kutikula ein und lagern sich dort an.

Wichtige pflanzliche Farbstoffe sind **Henna** (Rot), **Indigo** (Schwarz), **Walnuss** (Braun) und **Kamille** (Blond). Weitere Bestandteile wie z. B. Kaffee, Rote Bete oder Kurkuma können bestimmte Farbnuancen verstärken oder verändern.

Die Palette der durch Pflanzenhaarfarben erzielbaren Farbtöne ist begrenzt. Manche Hersteller mischen ihren Produkten daher zusätzlich chemische Farbpigmente bei. Mit den in Deutschland zugelassenen Pflanzenfarben können nur rote, schwarze und braune Tönungen erreicht werden. Naturblonde Haare können leicht aufgehellt werden, aber die Blondierung einer dunkleren Ausgangsfarbe ist nicht zu erreichen. Eine Grauabdeckung in einer einheitlichen Farbe ist ebenfalls nicht möglich.

Das Farbergebnis hängt immer stark von der Naturfarbe ab. Werden z. B. blonde Haare mit Henna gefärbt, ergibt sich ein auffälliger orangeroter Farbton. Pflanzenfarben haben jedoch den Vorteil, sehr schonend und pflegend für das Haar zu sein.

Pflanzenfarben

> **§** Die Pflanzenfarben unterliegen strengen Kontrollen, in den geprüft wird, ob die festgelegten Grenzwerte für Pestizide und Herbizide eingehalten worden sind. Diese Farben werden ähnlich wie Tee-Erzeugnisse behandelt. Die Anforderungen an den Reinheitsgrad beziehen sich auf Verunreinigungen, z. B. durch Pestizide, Herbizide oder einfachen Schmutz.

Pflanzenhaarfarben werden häufig als Fertigprodukte angeboten, bei denen sich die Pflanzenteile zu Pulver zermahlen in einer dickflüssigen Emulsion befinden. Sie entfalten ihre Farbwirkung, wenn sie auf die Haare aufgetragen und warm gehalten werden. Viele Hersteller bieten aber auch das reine Farbpulver an, das vor der Anwendung mit warmem Wasser angerührt wird. Der Farbbrei muss während der Einwirkzeit feucht und warm gehalten werden. Die Intensität des Ergebnisses hängt von der Einwirkzeit ab, die bis zu zwei Stunden dauern kann. Wer die Haare zum ersten Mal mit Naturfarbe tönt, sollte die Einwirkzeit kurz halten oder das Produkt zunächst an einer einzelnen Haarsträhne verwenden, um die Wirkung zu testen. Produkte, die Henna enthalten, können eine sehr intensive Rottönung hervorrufen.

11.6.3 Oxidative Farben

Zu den oxidativen Haarfarben gehören **Intensivtönungen**, **Blondierungen** und **Colorationen**. Bei diesen Farbbehandlungen wird **Wasserstoffperoxid** eingesetzt. Dieses zersetzt die natürlichen Pigmente im Haar und aktiviert bei Intensivtönungen oder Colorationen die Farbvorstufen, die sich dann als neue Pigmente im Haar anlagern.

Durch oxidative Farben kann eine komplett neue Haarfarbe erreicht werden. Auch eine vollständige Grauabdeckung ist möglich.

Blondierungen und Colorationen sind **permanente Färbungen**. Sie werden nicht aus dem Haar herausgewaschen, sondern verschwinden erst wieder, wenn sie herauswachsen. **Intensivtönungen** sind weniger dauerhaft. Sie verbleiben ca. 25 Haarwäschen im Haar.

> Um festzustellen, ob es sich bei einem Produkt um eine oxidative Farbe handelt, genügt ein Blick in die Gebrauchsanleitung. Oxidative Färbungen bestehen immer aus mindestens zwei Komponenten. Die eine enthält die Farbvorstufen, die andere – zumeist „Entwickler" genannt – das Wasserstoffperoxid.

Permanente Colorationen

Mit permanenten oxidativen Colorationen können sich Kunden und Kundinnen alle Wünsche bezüglich einer Haarfarbveränderung erfüllen. Eine Rotfärbung brauner Haare ist ebenso wie eine Schwarzfärbung blonder Haare problemlos möglich. Farbverändernde Produkte aus dem Drogeriesortiment:
- Färbungen
- Aufhellungen
- Strähnenfärbungen
- Ansatzfärbungen

Qualitätsbestimmende Eigenschaften von oxidativen Haarfarben

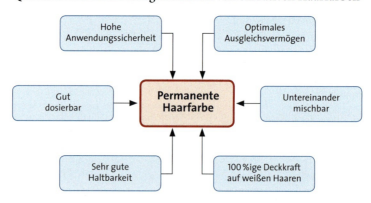

- Der **Farbton (Buntton)** kennzeichnet den Grad der Buntheit, unabhängig von deren Helligkeit.
- Die **Farbtiefe** drückt die Farbintensität (Hell-dunkel-Abstufung) einer Haarfarbe aus.

- Die **Deckkraft** auf stark ergrautem Haar ist dann gut, wenn eine Haarfarbe weißanteilig-meliertes Haar gleichmäßig färbt, ohne von der natürlichen Farbtiefe abzuweichen.
- Die **Brillanz**, das heißt die Leuchtkraft, ist abhängig von der Farbrezeptur der Coloration, aber auch von der Haarbeschaffenheit der Anwenderin. Bei intaktem und gesundem Haar wird eine Coloration immer eine größere Brillanz entwickeln als bei kraftlosem und geschädigtem Haar.

Den Vorteilen von permanenten Färbungen stehen aber auch einige mögliche Probleme gegenüber. Diese lassen sich durch Vermeidung von zu häufigen Colorationen und sorgfältige Beachtung der Gebrauchsanleitung des Herstellers minimieren:
- Oxidationsmittel können die Kittsubstanz aus der Schuppenschicht des Haares herauslösen und das Haar stumpf und trocken aussehen lassen. Hier helfen Produkte mit eingearbeiteten Pflegestoffen und häufiges Durchführen von Pflegebehandlungen.
- Durch teilweises Zerstören der Disulfidbrücken wird die Stabilität des Haares herabgesetzt, das Haar hat z. B. eine verminderte Reißfestigkeit. In die Farbpräparate werden daher häufig keratinverwandte Pflegestoffe eingearbeitet, welche die Stabilität verbessern.
- Der UV-Schutz für das Haarkeratin, der durch die natürlichen Pigmente gegeben ist, wird herabgesetzt. Haarreinigungs- und -pflegemittel für coloriertes Haar enthalten daher häufig UV-Filter.

> Prinzipiell könnte man am selben Tag eine Dauerwelle und eine permanente Coloration durchführen. Wichtig ist, die Reihenfolge, **zuerst die Färbung, dann die Umformung**, zu beachten. Aufgrund der schweren chemischen Belastung für Haare und Kopfhaut ist aber davon dringend abzuraten. Zwischen beiden Vorgängen sollte man einen zeitlichen Abstand von mindestens drei Wochen einhalten. Noch besser für die Haare ist es, zu warten, bis die Färbung herausgewachsen ist.

Inhaltsstoffe einer oxidativen Coloration

Trägermasse (Wirkstoffträger)	zumeist O/W- oder W/O-Emulsionen, seltener auch Gelgrundlage
Netzmittel (Tenside)	erleichtern die gleichmäßige Verteilung des Färbeproduktes auf dem Haar
Farbstoffvorstufen	kleine farblose Moleküle, die in die Haarstruktur eindringen können. Sie reagieren mit dem Wasserstoffperoxid und verbinden sich zu großen Farbmolekülen, die sich nicht mehr aus dem Haar herauswaschen lassen. Sie bestimmen die neue Haarfarbe.
Fertigfarbstoffe (Nuancierungsfarbstoffe)	direktziehende Farbmoleküle, wie sie auch in Tönungen vorhanden sind. Sie verleihen der Haarfarbe mehr Leuchtkraft.
Alkalisierungsmittel (zumeist **Ammoniak** (*Ammonium Hydroxide*), sonst **Ethanolamin** oder **Kalilauge**)	öffnen die Kutikulaschicht des Haares und bewirken ein Aufquellen und dadurch eine höhere Aufnahmefähigkeit des Haares. So können die Farbstoffvorstufen in das Haar eindringen. Alkalisierungsmittel wirken als Katalysatoren zwischen den Farbvorstufen und dem Wasserstoffperoxid.
Antioxidationsmittel (Antioxidanzien, z. B. **Natriumsulfid**, **Ascorbinsäure**)	vermeiden eine vorzeitige Oxidation der Farbvorstufen während der Herstellung, Lagerung und Anlagerung am Haar
Duftstoffe	überlagern den starken und stechenden Geruch der Alkalisierungsmittel
Oxidationsmittel (Wasserstoffperoxid, *Hydrogene Peroxide*)	bewirken die Zersetzung der haareigenen Pigmente, sodass diese ihre Farbe verlieren, und die Verknüpfung der Farbstoffvorstufen, sodass sich große Farbmoleküle im Haar bilden.

Bildung der Farbmoleküle im Haar

> Einige Hersteller permanenter Haarfarben werben auf der Produktverpackung damit, dass das Mittel „ohne Ammoniak" sei.
> **Ammoniak** ist vielen Verbraucherinnen wegen seines stechenden Geruchs unangenehm. Die ammoniakfreien Produkte enthalten zumeist hochdosierte **Ethanolamine** als Alkalisierungsmittel. Diese sind in niedrigerer Dosierung auch als Alkalisierungsmittel in Intensivtönungen enthalten. Ethanolamine riechen zwar nicht so streng, sind jedoch nicht weniger haut- und haarschädigend als Ammoniak.
> Da Ethanolamine sehr stark allergen sind, sollte man vor der Verwendung besser einen Allergietest an einer unauffälligen Stelle, z. B. in der Armbeuge, durchführen.

Der Färbevorgang bei oxidativen Colorationen

Bei der Coloration laufen unterschiedliche Prozesse teils gleichzeitig, teils nacheinander ab.

- **Quellen und Eindringen:** Die Ammoniak-Wasser-Lösung dringt ins Haar ein, wodurch es aufquillt. So können Farbvorstufen und Inhaltsstoffe eindringen.
- **Kuppeln:** Farblose Farbvorstufen werden mittels Wasserstoffperoxid (H_2O_2) im Haar zum Farbstoff zusammengebaut. Das Wasserstoffperoxid ist Kupplungsvermittler.
- **Aufhellen natürlicher Pigmente:** Das Oxidationsmittel hellt zugleich die natürlichen und künstlichen Pigmente im Haar auf und gleicht so die Farbe perfekt an. Künstliche Pigmente lassen sich nicht so gut aufhellen wie natürliche.

Bei einer Blondierung entfällt der Kupplungsprozess. Der Grad der Aufhellung und die Nuancierung werden über die Länge der Einwirkzeit und die Konzentration des H_2O_2 bestimmt.

Die Haare sind durchgefärbt.

> Wasserstoffperoxid und Alkalisierungsmittel greifen das Haarkeratin an und schädigen das Haar. Daher ist es besser, die Haare vor der Färbung nicht zu waschen. Das natürliche Haarfett schützt die Haare. Nach der Coloration sollte unbedingt eine Haarkur angewendet werden, um die Kutikulaschicht wieder zu schließen und das Haar zu glätten.
> Die Gebrauchsanleitung zu dem verwendeten Produkt muss genau befolgt werden, insbesondere die Einwirkzeit sollte nicht über-, aber auch nicht unterschritten werden. Eine zu häufige oder unsachgemäße Verwendung von oxidativen Haarfarben kann zu ungewollten Farbergebnissen oder zu Haarbruch führen.

11.6.4 Intensivtönungen (demipermanente Haarfarben)

Intensivtönungen (dazu zählt man auch die meisten Produkte, die als „Tönungswäschen" bezeichnet werden) gehören chemisch gesehen zu den oxidativen Haarfarben, aber nicht zu den permanenten Haarfarben, denn sie überstehen zumeist nur etwa **25 Haarwäschen**. Auch sie ermöglichen eine Grauabdeckung, die jedoch nicht so 100 %ig ist wie bei einer Coloration.

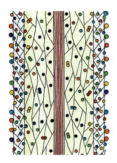
Intensivtönung mit Oxidationsmitteln

Eine Hellerfärbung lässt sich durch eine Intensivtönung zumeist nicht optimal erreichen. Gründe dafür sind der **geringere Anteil an Wasserstoffperoxid** und der **Verzicht auf Ammoniak**. Als Alkalisierungsmittel enthalten diese Produkte stattdessen **Kalilauge** oder **Ethanolamin**.

Der Farbgebungsprozess läuft ähnlich ab wie bei einer Haarcoloration. Die Produkte enthalten **Farbvorstufen** und **direktziehende Farbstoffe**. Das Haar wird durch das Alkalisierungsmittel aufgequollen und eine schwache H_2O_2-Lösung sorgt für eine Entwicklung der Farbvorstufen, wenn diese die Kutikulaschicht durchdrungen haben. Die direktziehenden Farbstoffe verankern sich in den Schuppen der Kutikula. Die Farbe wird intensiver und haltbarer, wenn das Produkt auf trockenem Haar angewendet wird.

💬 Intensivtönungen sind eine gute Alternative zu dauerhaften Colorationen, wenn sich eine Kundin nicht sicher ist, ob ihr ein bestimmter modischer Farbton auch wirklich gefällt. Sie bewirken ein intensives Farbergebnis, waschen sich aber nach einiger Zeit wieder aus.

11.6.5 Blondierungen

Die Haarfarbe Blond erfreut sich seit vielen Jahrzehnten größter Beliebtheit. Vielleicht liegt es daran, dass der Anteil der Menschen mit naturblonden Haaren an der Weltbevölkerung immer weiter zurückgeht. Gegenwärtig beträgt er ca. 2 %.
Seit ein britischer Apotheker 1867 das erste Haarbleichmittel mit Wasserstoffperoxid auf den Markt brachte, lassen sich unzählige Menschen die Haare in einem Blondton färben. Blonde Frauen gelten als besonders attraktiv und vielfach als „weiblicher" als Dunkelhaarige.

Blondierungen werden vorgenommen, um eine **Aufhellung des Haartons** um mehr als drei Tonstufen zu erreichen, gefärbtes Haar aufzuhellen oder modische Strähnen zu setzen.

Blondiermittel sind im Wesentlichen eine Kombination aus einem **Oxidationsmittel (Wasserstoffperoxid)** und einem **Alkalisierungsmittel (zumeist Ammoniak)**. Sie können auch noch sogenannte Booster (Farbverstärkungsmittel) enthalten. Diese verstärken die Oxidationsleistung und sind ausschlaggebend für eine extreme Aufhellleistung. Die wichtigsten Inhaltsstoffe einer Blondierung sind **Alkalisierungsmittel**, **Oxidationsmittel**, **Tenside** als Netzmittel und **Pflegestoffe**, z. B. Proteine oder Lanolin.

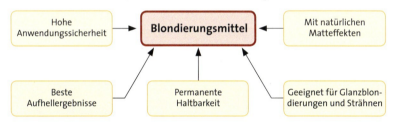

Der Blondiervorgang

Der Blondiervorgang beruht auf der oxidativen Zerstörung der natürlichen Melaninpigmente im Haar. Bei dunklen Haartönen müssen die **Eumelanine** (Schwarz-Braun-Pigmente) und bei rötlichen Haaren die **Phäomelanine** (Gelb-Rot-Pigmente) und Eumelanine abgebaut werden.
Das Phäomelanin ist beständiger gegenüber der Oxidation und wird langsamer abgebaut. Daher kann bei der Blondierung dunkler Haare ein Rot-Orange-Stich zurückbleiben.
Das im Blondiermittel enthaltene **Ammoniak** lässt das Haar aufquellen und ermöglicht das Eindringen des H_2O_2 in die Kortex und damit die Zerstörung der Pigmente. Die aufgelösten Melaninpigmente hinterlassen kleine Hohlräume im Haar. Dies ist die Ursache für die Porosität blondierter Haare.

Natürliche Haarfarbe
→ Kapitel IV / 11.1

💬 Will eine Kundin dunkelbraune oder schwarze Haare blond färben, rät man ihr besser zu einem Friseurbesuch. Eine so erhebliche Farbveränderung erfordert eine professionelle Beratung und Ausführung.

 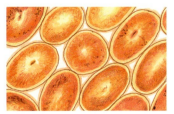

Querschnitt durch dunkles und blondiertes Haar

11.6.6 Re-Nature-Produkte / luftoxidable Haarfarbe (selbstentwickelnde Farbvorstufen)

Diese Haarfarben verändern und vergrößern sich oxidativ im Haar, ohne dass Wasserstoffperoxid benötigt wird. Hier findet die Oxidation durch Luftsauerstoff statt. Wie bereits erwähnt, ist die Naturhaarfarbe durch das haareigene Melanin gegeben.

Es ist den Chemikern gelungen, eines der kleinsten Vorprodukte des großen Melaninmoleküls herzustellen und es in eine Haarfarbe einzuarbeiten. Diese Melanin-Vorstufe reagiert mit dem Sauerstoff der Luft und bildet durch die sogenannte „Luftoxidation" naturanaloge Farbpigmente. Nach mehreren exakt durchgeführten Anwendungen, nimmt das Haar wieder seine ursprüngliche Farbe an – es erfolgt eine Re-Pigmentierung. Solch eine Färbung ist auch relativ permanent.

Da kein Wasserstoffperoxid eingesetzt wird, findet keine Aufhellung statt. Dadurch ist nur eine Farbaddition möglich. Dies schränkt den Anwendungsbereich der Farbe ein. Blonde und rötliche Haarfarben lassen sich nicht „renaturieren", weil bisher die Herstellung des Phaeomelanins noch nicht gelungen ist. Wer also einen rotbraunen Haarton hatte, der bekommt leider nur das Braun zurück.

11.7 Haarentfernung

Die Entfernung von lästigen und unerwünschteen Körperhaaren hat in den letzten 20 Jahren eine zunehmende Bedeutung bekommen. Längst werden nicht mehr nur die Achselhöhlen und die Beine enthaart, sondern auch andere Körperzonen wie die Brust und der Rücken bei Männern und der Intimbereich bei beiden Geschlechtern. Man kann unerwünschte Körperhaare mit verschiedenen Methoden entfernen. Für alle gilt jedoch: Je gründlicher und dauerhafter, desto schmerzhafter. Das Drogeriesortiment bietet Produkte für verschiedene Enthaarungsmethoden an.

Rasur

Rasur
→ *Kapitel IV / 5*

Die schnellste und unkomplizierteste Methode zur Körperhaarentfernung ist die Rasur. Die Nassrasur ist dabei gründlicher als die Trockenrasur, weil der Scherkopf des Elektrorasierers nicht alle feinen Härchen erfasst. Die Trockenrasur ist jedoch hautschonender. Bei der Nassrasur ist die Verwendung eines Rasiermittels wie Rasierschaum oder -gel und frischer Klingen besonders wichtig, denn sonst könnten kleine Hautirritationen oder Pickelchen hervorgerufen werden. Nach jeder Rasur sollte eine hautberuhigende Creme verwendet werden. Beide Arten der Rasur müssen spätestens nach drei Tagen wiederholt werden.

Enthaarungscreme oder -schaum

Enthaarungscreme oder -schaum enthält als wichtigste Inhaltsstoffe **Thioglycolsäure** und ihre Salze. Diese stark alkalischen Substanzen lösen das Haarkeratin auf und machen die Haare brüchig. Dadurch können sie nach einer kurzen Einwirkzeit mit einem kleinen Spatel abgeschabt und anschließend zusammen mit den Resten der Enthaarungscreme abgespült werden.

Um den stechenden Geruch der Thioglycolsäure zu überdecken, werden den meisten Produkten starke Duftstoffe hinzugefügt.

Enthaarungsmousse

> Stoffe, die in der Lage sind, Haarkeratin aufzulösen, können die Haut reizen und Irritationen und Brennen verursachen. Auch lösen die Duftstoffe manchmal Allergien aus. Daher sollten diese Produkte nur sehr vorsichtig angewendet und die Gebrauchsanleitung genau eingehalten werden. Vor der Anwendung ist ein Allegietest an einer kleinen, unauffälligen Hautstelle ratsam.

Zur Haarentfernung im Intimbereich ist diese Methode weniger geeignet, da die Enthaarungscreme auf keinen Fall mit der Scheidenschleimhaut in Kontakt kommen darf. Die Enthaarung hält etwa so lange vor wie eine Rasur. Wird das Produkt gut vertragen, ist sie vollkommen schmerzfrei.

Epilation

Bei der Epilation werden die Haare aus dem Haarfollikel herausgezogen. Die Keimzellen der Haarwurzel bleiben aber erhalten, sodass sich im Laufe von ca. drei Wochen ein neues Haar bildet und der Vorgang wiederholt werden muss.

Haaraufbau/Keimzellen (Matrixzellen)
→ Kapitel IV / 2

Die Epilation kann durch einen mechanischen oder elektrischen Epilationsapparat erfolgen, der winzige Pinzetten auf einer Walze enthält. Das Gerät wird über die zu enthaarende Stelle bewegt, und die Härchen werden dabei ausgezupft. Kühlpads verringern dabei die Schmerzen.

Immer beliebter wird die Epilation mithilfe von **Wachs oder Zuckerpasten**. Die Stoffe umschließen die Haare beim Auftragen auf die Haut, und diese werden dann beim Abziehen mit der Wurzel herausgerissen. Im Drogeriesortiment werden vorwiegend Warmwachs- und Kaltwachsprodukte angeboten.

Kaltwachs wird zumeist auf gebrauchsfertigen Papierstreifen angeboten. Diese müssen vor der Verwendung nur kurz zwischen den Händen angewärmt werden, dann drückt man sie auf die zu enthaarende Stelle und zieht sie nach kurzer Zeit gegen die Wuchsrichtung ab.

Warmwachs wird erhitzt und danach auf die Haut aufgetragen. Anschließend werden Papier- oder Stoffstreifen auf das Wachs gedrückt. Nach dem Erkalten zieht man den Streifen zusammen mit den Haaren gegen die Wuchsrichtung ab. Die Epilation mithilfe von Warmwachs ist gründlicher, weil mehr Härchen umschlossen werden. Nach jeder Art von Epilation sollte ein hautberuhigendes Pflegeprodukt aufgetragen werden. Ein Peeling vor der Enthaarung beugt dem Einwachsen kleiner Härchen in die Haut vor.

Enthaaren mit Wachs

Lästige Haare im Gesicht von Frauen sind besonders schwierig zu entfernen, weil die Haut dort sehr empfindlich reagiert. Bei der Rasur bleiben Stoppeln zurück, Wachs oder Enthaarungscreme können Hautreizungen verursachen. Daher ziehen es viele Frauen vor, diese Haare zu **blondieren**, damit sie nicht auffallen. Diese Methode ist relativ hautschonend und schmerzfrei.

 Dauerhafte Epilation

Eine dauerhafte Epilation, bei der die Matrixzellen in der Haarwurzel zerstört werden, kann unerwünschte Haare endgültig entfernen. Hierzu stehen verschiedene Methoden zur Verfügung. So zerstört z. B. bei der Nadelepilation ein leichter Stromstoß aus einer sehr feinen Nadel die Keimzellen im Haarfollikel. Bei der Laserepilation geschieht dies durch einen Lichtstrahl. Beide Methoden sind sehr aufwendig und teuer und müssen gerade bei dunklen und kräftigen Haaren mehrfach wiederholt werden.

11.8 Haarverlängerung

Clip-Extension

Die Haarverlängerung durch das Befestigen künstlicher oder echter Haarsträhnen im eigenen Haar (Hair Extensions) wird für gewöhnlich von Friseuren vorgenommen. Dabei werden Haarsträhnen durch Verkleben, Einflechten oder Clips am Hinterkopf der Kundin befestigt. Die **Extensions** werden mit dem eigenen Haar abgedeckt, damit die Haarverlängerung natürlich aussieht. Je nach der Haltbarkeit der Befestigung können sie bis zu 4 Monaten im Haar verbleiben.

Eine Haarverlängerung mit Echthaarsträhnen beim Friseur ist aufwendig und teuer. In der Drogerie werden Kunsthaar-Haarverlängerungen mit Clips angeboten. Diese können nach Belieben angebracht und vor dem Schlafengehen wieder entfernt werden.

Sie sehen nicht so natürlich aus wie eine professionelle Haarverlängerung beim Friseur, ermöglichen der Kundin aber, eine neue Haarlänge auszuprobieren und damit zu experimentieren, bevor sie sich für ein aufwendigeres Verfahren entscheidet.

12 Dekorative Kosmetik

Das Gestalten mit dekorativer Kosmetik hat eine lange Geschichte. Schon seit mehreren Jahrtausenden versuchten vorwiegend Frauen, in manchen Kulturen aber auch Männer, ihre Augen und ihr Gesicht nach der jeweils vorherrschenden Mode mit Lidstrich, Augenbrauenstift, Puder und Rouge zu verschönern und ausdrucksvoller zu gestalten.

Der Kauf von Produkten der dekorativen Kosmetik stellt für viele Kundinnen ein vergnügliches Einkaufserlebnis dar. Drogerien und Drogeriemärkte gehen mehr und mehr dazu über, die Produkte weitgehend in Selbstbedienung anzubieten. Die Abteilungen für dekorative Kosmetik werden so gestaltet, dass Kundinnen die Schminkutensilien nach Belieben ausprobieren können. Fast überall werden Tester, gut beleuchtete Spiegel und Kosmetiktücher zur Verfügung gestellt.

Dennoch besteht bei vielen Kundinnen nach wie vor Beratungsbedarf. Die Make-up-Beratung erfordert vom Verkaufspersonal ein besonders großes Einfühlungsvermögen und eine geschulte Beobachtungsgabe. Da dekorative Kosmetik nicht nur dazu dient, Stärken hervorzuheben, sondern auch dazu, Schwächen zu kaschieren, ist es manchmal unvermeidbar, über Schönheitsprobleme der Kundin zu sprechen. Gerade hier sind ein sensibler Umgang und viel Fingerspitzengefühl gefragt.
Im Verkaufsgespräch müssen der Typ der Kundin und ihr persönliches Farbempfinden gleichermaßen berücksichtigt werden. Dabei sind aber auch aktuelle Modetrends zu beachten, damit das Make-up nicht „altbacken" wirkt.
Bei der Suche nach geeigneten Make-up-Produkten sind unterschiedliche Einflüsse zu berücksichtigen.

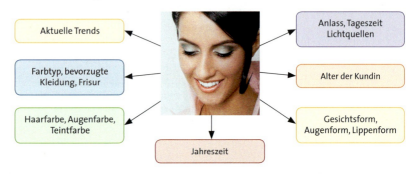

In der dekorativen Kosmetik werden Farben aufgetragen, die das Gesicht und manchmal auch den Körper verschönern sollen. Bei der Beratung darf jedoch nicht vergessen werden, dass Schönheit kein objektiver Begriff ist, sondern immer auch im Auge des Betrachters liegt. Das Schönheitsempfinden orientiert sich zwar an den aktuellen Schönheitsidealen, ist aber auch von subjektiven Empfindungen und Vorlieben abhängig. Daher sollte bei der Kundenberatung immer der persönliche Geschmack und das Stilempfinden der jeweiligen Kundin im Mittelpunkt stehen – auch wenn diese den eigenen Vorlieben nicht entsprechen.

12.1 Die Vier-Jahreszeiten-Typologie der Farben

Die Vier-Jahreszeiten-Typologie kommt aus den USA und ermöglicht es, anhand der individuellen Pigmentierung der Kundin Farben zu empfehlen, die ihr besonders gut stehen und die miteinander harmonieren. Die Farbtöne werden danach folgendermaßen eingeteilt:
- dunkle (stark pigmentierte) und helle (schwach pigmentierte) Farbtöne
- warme (eher gelbstichige) und kalte (eher blaustichige) Farbtöne

Aus dieser Charakterisierung wurden vier Farbfamilien eingeteilt, die man nach den vier Jahreszeiten benannte:

Frühlingsfarben (helle und warme Farbtöne)
wie z. B. Elfenbein, Beige, Caramel- und Honigtöne, Pfirsichtöne, Korallenrot, Lachs, Gelborange, helles Olivgrün

Sommerfarben (helle und kalte Farbtöne)
wie z. B. Reinweiß, helles bis mittleres Blaugrau, helle, bläuliche Rot- und Rosatöne, helles Zitronengelb, helles Silber

Herbstfarben (dunkle und warme Farbtöne)
wie z. B. Elfenbein, Vanille, Goldbeige, dunkles Schokoladenbraun, dunkles Olivgrün, Terrakotta, Maisgelb, Orangerot, Gold

Winterfarben (dunkle und kalte Farbtöne)
wie z. B. Schneeweiß, Graubeige, Eisgrau, Weinrot, Smaragdgrün, kräftige Blautöne, kräftiges, blaustichiges Violett, Schwarz (Schwarz passt nur zum Wintertyp)

Bei der Zuordnung der Farbfamilien zu Personen spielt der Grundton der Haut (eher gelb- oder blaustichig) und die Pigmentierung von Haut und Haaren (eher dunkle oder helle Farben) eine Rolle.

Natürlich gelten bei der Farbauswahl für ein Make-up keine starren Regeln. Es ist kaum sinnvoll, einer Kundin eine Farbe zu empfehlen, die zwar ihrem Hautton entspricht, ihr aber nicht gefällt.

Die Vier-Jahreszeiten-Methode erleichtert jedoch die Auswahl von Farben, die besonders gut mit dem Gesicht harmonieren. Außerdem vereinfacht sie die Kombination von Farben miteinander. Die Zusammenstellung von ausschließlich warmen oder ausschließlich kalten Tönen führt zumeist zu einem ansprechenden Ergebnis. Daher bieten manche Hersteller Make-up-Produktlinien an, die nach der Vier-Jahreszeiten-Typologie eingeteilt sind.

Frühlingstyp

Sommertyp

Herbsttyp

Make-up-Farben nach den Farbtypen

Produkt	Frühlingstyp	Sommertyp	Herbsttyp	Wintertyp
Grundierung	helle Haut: warme, gelbliche Beigetöne gebräunte Haut: dunklere Pfirsichtöne	kühle Rosé- oder Beigetöne	warme, gelbliche Beigetöne	helle, neutrale Beigetöne oder Rosé-beige
Lidschatten	Elfenbein, helle Brauntöne, Petrol, warmes Türkis	graublaue Töne, Grau, Silber, Mauve, helle Fliedertöne	Beige, Braun, Türkis, Olivgrün	Grau, Silber, Pink, Violett, Pflaumenblau
Augenbrauenstift	helles bis mittleres Braun	dunkle Grautöne, Anthrazit	mittlere bis dunkle Brauntöne	Dunkelbraun, Schwarz
Eyeliner, Kajal	helles bis mittleres Braun, Türkis	dunkle Grautöne, Anthrazit, Silber, Violett, Blau	mittlere bis dunkle Brauntöne, dunkles Grün	Schwarz, Blau, Violett, Silber
Wimperntusche	Braun, Schwarz, Grün	Anthrazit, Blau, Schwarz	Braun, Schwarz	Blau, Schwarz, Grün
Rouge	Pfirsich, Koralle	helles Pink, zartes Burgunderrot,	Koralle, Rostrot, Terrakotta, Bronze	helles Pink, Weinrot, Rotviolett
Lippenstift, Konturenstift, Nagellack	Rotorange, Koralle	helles Pink, Mauve (Altrosa), Beerentöne	Koralle, Rostrot, Mocca, Terracotta	blaustichige Rottöne, Pink, Dunkelrot, Rotviolett

Wintertyp

Farbstoffe
www.bundesrecht.juris.de → Gesetze u. Verordnungen → „K" Kosmetik V → § 3 und Anlage 3 → Band Fachrecht

12.2 Farbgebung

Die Wirkung dekorativer Kosmetik wird vor allem durch die **färbenden Eigenschaften** der Produkte erzielt. Daneben besitzen Dekorativprodukte in zunehmendem Maße auch zusätzliche kosmetische Wirkung wie z. B. **hautpflegende** oder **schützende** Eigenschaften.

 Zur Farbgebung dürfen nur Farbstoffe eingesetzt werden, die nach Anlage III der Kosmetikverordnung für den jeweiligen Anwendungsbereich zugelassen sind.

Dabei werden, im Gegensatz zu den löslichen Farbstoffen, die zur Einfärbung von kosmetischen Produkten wie Shampoos, Duschgelen oder Badezusätzen verwendet werden, in Dekorativprodukten nahezu ausschließlich **unlösliche Farbstoffe** eingesetzt. Man unterscheidet dabei zwischen natürlich vorkommenden Pigmenten und künstlich erzeugten, sogenannten Farblacken.

Natürliche mineralische Pigmente (Auswahl):
- Eisenoxide [CI 77491, CI 77492, CI 77499]
- Titandioxid [CI 77499]
- Zinkoxid [CI 77947]
- Ultramarinblau [CI 77007]
- Mica (Glimmer) [MICA]
- wasserunlösliche Lacke synthetischer Farbstoffe

Die INCI-Bezeichnungen von wasserunlöslichen Lacken und löslichen Farbstoffen sind hinsichtlich ihrer CI-Nummern identisch.
Im Gegensatz dazu wird den amerikanischen CTFA-Bezeichnungen der löslichen Farbstoffe noch der Zusatz „LAKE" angehängt, um die unlöslichen Lacke von den löslichen Farbstoffen unterscheiden zu können.

> **Beispiel für Bezeichnung**
> **CI42090:**
> INCI-Bezeichnung sowohl für den wasserlöslichen blauen Farbstoff als auch für den unlöslichen Farblack dieses Farbstoffes
>
> Auf amerikanischen Produkten:
> **BLUE 1:**
> Kennzeichnung des löslichen blauen Farbstoffs
> **BLUE 1 LAKE:**
> Kennzeichnung des unlöslichen blauen Farblacks

Farben für Körperbemalung

Ein weiterer Modetrend ist „Body painting" (Körperbemalung). Es handelt es sich dabei um eine kosmetische Anwendung auf der Haut. Daher dürfen nur Farbstoffe verwendet werden, die in der Anlage III der Kosmetikverordnung gelistet sind.

 Lawson (2-Hydroxy-1,4-naphthochinon), der Farbstoff der Hennablätter, ist für Körperbemalungen in Deutschland wegen des hohen Allergierisikos nicht zugelassen. Die Kosmetikkommission ist deshalb der Auffassung, dass kosmetische Mittel zur Färbung der Haut, die Lawson enthalten, nicht verkehrsfähig sind und nicht in den Handel gebracht werden dürfen.

12.3 Arbeitsschritte und Produkte für ein Make-up

Das Erstellen eines kompletten Make-ups sollte in einer bestimmten Reihenfolge von Arbeitsschritten erfolgen.

12.3.1 Vorbereitung

Ein gutes Ergebnis erzielt man beim Schminken nur, wenn die Haut zuvor **gereinigt** und **tonisiert** wurde. Hierzu entfernt man zunächst das Augen-Make-up mit einem geeigneten Augen-Make-up-Entferner. Danach werden die Lippen mit einem Kosmetiktuch und einer Reinigungsmilch oder -lotion abgeschminkt. Grundierung, Rouge und Puder werden anschließend mit einem geeigneten, auf den Hautzustand abgestimmten **Reinigungsprodukt** entfernt. Zur anschließenden Tonisierung verwendet man ein **Gesichtswasser**, das auf den Hautzustand abgestimmt ist.
Wenn es schnell gehen soll, kann man hierzu spezielle Reinigungstücher aus dem Drogeriesortiment empfehlen, die mit einer reinigenden und tonisierenden wässrigen Lösung getränkt sind.

Nach der Reinigung wird als Make-up-Unterlage eine **Tagescreme** aufgetragen. Diese bewirkt, dass die Foundation sich abends wieder problemlos entfernen lässt, weil sie verhindert, dass die Pigmente sich in den Poren festsetzen. Manche Hersteller bieten spezielle Make-up-Basics als Unterlage an, welche die Grundierung haltbarer machen und die abdeckende und mattierende Wirkung der Foundation unterstützen.

tonisieren
griech. tonos das Spannen; hier: die Haut kräftigen, stärken

Produkte zur Reinigung und Tonisierung der Haut → Kapitel IV/???

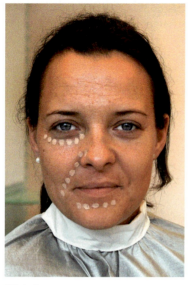
Wintertyp

Make-up
engl. Aufmachung, Verschönerung

Teint
franz. Gesichtsfarbe

Foundation
engl. Grund- oder Unterlage

12.3.2 Abdecken

Schatten unter den Augen lassen das Gesicht müde und abgespannt erscheinen. Mit einem **Concealer** kann hier Abhilfe geschaffen werden. Concealer sind spezielle, stark deckende Make-up-Formulierungen. Sie werden in einer großen Formenvielfalt, z. B als Cremestift mit Drehhülse ähnlich einem Lippenstift, als festere Cremeformulierungen in einer Dose oder als flüssige Formulierung mit Pinselapplikator oder in Tuben mit Applikatorspitze angeboten.

Mit Concealern können
- kleine Pickelchen verdeckt,
- Augenringe abgedeckt,
- tiefe Falten optisch aufgehellt werden.

Conealer werden nur lokal auf die abzudeckenden Hautpartien aufgetragen und mit den Fingerkuppen leicht eingeklopft. Man lässt den Ton weich in die Gesichtsgrundierung auslaufen. Die Farbe wird entsprechend dem Hautton ausgewählt, sollte aber ein bis zwei Nuancen heller sein. Den Concealer sollte man nicht als solchen erkennen können.

12.3.3 Grundieren (Make-up, Foundation)

Die Grundierung macht den Hautton gleichmäßiger, deckt kleinere Hautanomalien ab und bewirkt, dass der **Teint** glatter und ebenmäßiger erscheint.
Der Farbton einer Foundation ist optimal, wenn kein Übergang von Gesicht und Hals zu erkennen ist. Um zu beurteilen, ob die Grundierungsfarbe dem Hautton der Kundin entspricht, kann das Produkt an einer unauffälligen Stelle am Hals ausprobiert werden.

Verschiedene Hauttönungen

> Bei der Auswahl einer Foundation sollte man auch den **Hautzustand** der Kundin beachten. Bei einem unruhigen Hautbild mit Hautunreinheiten oder Rötungen sollte zu einem stark deckenden Make-up geraten werden. Produkte mit einem hohen Puderanteil eignen sich für fettige Haut, weil sie den öligen Glanz reduzieren. Sie sind aber ungeeignet für Altershaut, denn sie betonen Fältchen und Falten.

Produkte zur Grundierung (Foundations, Make-ups)

Foundations (Make-ups) sind meist mehr oder weniger flüssige Formulierungen zur Grundierung der Haut. Sie sollen den natürlichen Teint nicht überlagern, sondern lediglich unterstützen und dabei farbliche Unebenheiten ausgleichen. Die unterschiedlichen Beige- bis Brauntöne werden durch Kombination verschiedenfarbiger Eisenoxide erreicht. Viele moderne Make-ups haben neben ihrer rein dekorativen Funktion auch zusätzliche pflegende Eigenschaften. So enthalten sie beispielsweise
- Anti-Aging-Wirkstoffe und Lichtschutzfilter zum Schutz vor vorzeitiger Hautalterung,
- Feuchtigkeitsspender und/oder
- Pflegestoffe oder Radikalfänger wie Vitamine, Pflanzenextrakte.

Produkte zur Grundierung der Haut

Produkt	wichtige Eigenschaften	Wirkung
Transparent-Make-up	• leichte O/W-Emulsion mit geringer Konzentration an Eisenoxiden • mattierende Substanzen, z. B. Wachse • manche Produkte sind ölfrei	• sehr geringe Deckkraft • die Gesichtshaut wird nur leicht getönt, aber mattiert • das Gesicht wirkt nicht „geschminkt" • Ölfreie Produkte verhindern fettigen Glanz und sind besonders bei Sebborrhoe oleosa geeignet.
flüssiges Make-up (Liquid Make-up, Fluid Make-up)	• leichte O/W-Emulsion mit geringer bis mittlerer Konzentration an Pigmenten und Eisenoxiden • häufig werden pflegende Substanzen, wie Hyaluronsäure, Lichtschutzfilter oder Vitamine, zugefügt	• leichte bis mittlere Deckkraft • leicht mit Fingern, Pinsel oder Schwämmchen verteilbar • für jeden Hauttyp geeignet
Crème Make-up	• dickflüssige W/O-Emulsion mit hoher bis sehr hoher Konzentration an Pigmenten und Eisenoxiden	• mittlere bis hohe Deckkraft • besonders geeignet zum Ausgleich von großen Farbunterschieden oder Unebenheiten • aufgrund der reichhaltigen Emulsionsbasis und der hohen Deckkraft besonders gut für reife Haut und Altershaut geeignet
Puder Make-up (Cake Make-up)	• Die Pigmente befinden sich nicht in einer Emulsion, sondern in einem Kompaktpuder. • enthält mattierende und talkabsorbierende Wirkstoffe • Manchen Produkten werden Glanzpartikel zugefügt.	• mittlere bis hohe Deckkraft • Glanzpartikel kaschieren Hautunebenheiten. • besonders geeignet für fettige Haut • nicht zu empfehlen bei Altershaut, weil die trockenen Puderpartikel sich in Fältchen und Falten absetzen, die dadurch betont werden
Kompakt-Puder-Make-up	• Die Pigmente befinden sich in einer Basis aus gehärteten Fetten oder Wachsen mit einem hohen Anteil an Puder. • Die Wachse verflüssigen sich, wenn das Make-up aufgetragen wird.	• haltbarer als Make-up auf Emulsionsbasis • stark mattierende Wirkung • mittlere bis hohe Deckkraft
Make-up-Stift (Kompakt-Make-up)	• Die Pigmente befinden sich in einem Stift aus gehärteten Fetten oder Wachsen.	• sehr haltbar • unkompliziert in der Anwendung
Mousse Make-up	• Die Pigmente befinden sich in einer Basis aus gehärteten Fetten oder Wachsen, die mit Luft aufgeschäumt wurden. • hoher Anteil an Puder und mattierenden Wirkstoffen	• verbindet die Vorteile eines flüssigen Produktes mit denen eines Kompakt-Make-ups • lässt sich leicht auftragen und hat eine mattierende Wirkung • mittlere bis hohe Deckkraft
getönte Tagescreme	• Tagespflege auf O/W-Basis, die einen geringen Anteil an Pigmenten und Puder enthält • Für verschiedene Hautzustände werden unterschiedliche Produkte mit entsprechenden Wirkstoffen angeboten.	• sehr geringe Deckkraft • leicht mattierende und färbende Wirkung, der natürliche Teint schimmert durch • kann auch als Make-up-Unterlage verwendet werden • besonders geeignet für Frauen, die sich nur selten schminken • geeignet für normale Haut

Schattieren und Modellieren mit Make-up

Durch den gezielten Einsatz von Grundierung in hellen und dunklen Farbtönen können die Konturen des Gesichts optisch ausgeglichen (modelliert) werden. So können zum Beispiel zu breite Wangenknochen zurückgenommen oder ein zu langes Gesicht optisch verkürzt werden, indem an bestimmten Stellen helle bzw. dunkle Farben aufgetragen werden. Die Schattierung sollte nach dem Auftragen des Make-ups in der Grundfarbe mithilfe von Foundations erfolgen, die bis zu drei Farbnuancen heller bzw. dunkler sind als die Grundfarbe. Bei der Schattierung ist zu beachten:
- Helle Farben heben hervor, betonen und wirken vergrößernd.
- Dunkle Farben, auch dezente, matte Farbtöne, kaschieren bestimmte Stellen, indem sie diese zurücktreten lassen.
- Durch eine vertikale oder diagonale Linienführung wirken breite Partien schlanker und länger.
- Horizontale Linien unterbrechen und wirken damit zu langen oder schmalen Partien entgegen.

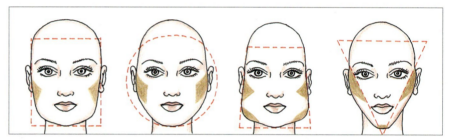

Modellieren der Gesichtsform
a) rechteckiges Gesicht b) rundes Gesicht c) trapezförmiges Gesicht d) dreieckiges Gesicht

Techniken zum Auftragen von Grundierung

Die Grundierung sollte von der Gesichtsmitte nach außen gleichmäßig aufgetragen und etwa zwei Zentimeter vor dem Haaransatz bzw. der Kinnlinie ausgeblendet werden. Die Augenpartie wird beim Auftragen auch mit einbezogen. Der Auftrag erfolgt in einer möglichst dünnen Schicht.

Grundieren mit den Fingern …   *… mit dem Schwämmchen*   *… mit dem Pinsel*

	Methode	Vorteile	Nachteile
Grundieren mit den Fingern	• mit einem Spatel entnehmen • mit leicht klopfenden und streichenden Bewegungen auftragen	• Das Make-up schmilzt durch die Wärme der Hände und lässt sich leicht verteilen.	• Das Ausblenden von Rändern ist bei dieser Art des Auftrags schwierig.
Grundieren mit einem Schwämmchen	• kleine Menge mit einem Spatel auf ein Schwämmchen geben • anschließend in dünner Schicht verteilen • Ränder ausstreichen	• gleichmäßiges Ergebnis • bei einmaligem Gebrauch sehr hygienisch • Wenn das Schwämmchen vorher angefeuchtet wird, ist das Ergebnis transparenter.	• hoher Materialverbrauch, weil das Schwämmchen Grundierung aufsaugt • regelmäßige Reinigung bzw. Auswechseln nötig
Grundieren mit einem Pinsel	• ein großer Pinsel für das Gesicht und ein kleinerer für die Augenpartie	• niedriger Materialverbrauch, da die Pinsel nicht aufsaugen • sehr gleichmäßiges Ergebnis	• Pinsel müssen regelmäßig gereinigt werden. • Man braucht etwas Übung.

Camouflage

Camouflage-Produkte sind Make-ups auf Wachs-Öl-Basis mit einer sehr hohen Pigmentdichte. Sie sind extrem deckend und resistent, und sie werden zur Abdeckung von Hautanomalien wie z. B. Narben, Feuermalen, Couperose u. Ä. verwendet. Bei besonders auffälligen Hautfehlern werden vor dem Auftragen des Camouflage-Produktes Puder oder Emulsionen mit Pigmenten in der Komplementärfarbe aufgetragen: Grün bei Rötungen, Orange bei Blaufärbungen und Gelb bei Lilaverfärbungen. Diese bewirken einen Farbausgleich. Zum Ausgleich von Unebenheiten, z. B. Vernarbungen infolge von Akne vulgaris, gibt es spezielle Camouflage-Präparate.

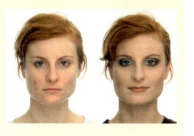

12.3.4 Fixierung mit Puder

Gesichtspuder werden alleine oder als Ergänzung zum Make-up eingesetzt. Diese farbigen oder transparenten Puder besitzen ein gutes Haft- und Deckvermögen und absorbieren Öl und Wasser. Dadurch wirken sie mattierend auf fettiger und glänzender Haut. Gleichzeitig verschwinden kleine Hautfehler, und das Make-up wird fixiert.
Der Puder verhindert, dass nachfolgende Make-up-Komponenten wie Lidschatten oder Rouge fleckig aufgetragen werden. Daher ist es sinnvoll, Puder auch auf Augenlider und Mund aufzutragen.
Der Puder sollte die Farbe des Make-ups haben.

Gesichtspuder gibt es in **loser** oder **gepresster Form (Pudersteine)**. Aufgetragen werden sie mittels Pinsel, Schwämmchen oder Puderquaste. Anschließend wird der Überschuss mit einem Pinsel oder vorsichtig mit einem Wattepad entfernt.

Colorierte Puder (z. B. Indian Glow, Ägyptische Erde) sind Puder, die besonders stark pigmentiert sind und die bei sonnengebräunter Haut die Grundierung ersetzen können. Sie enthalten einen hohen Anteil an Fett, damit sie gut auf der Haut haften.

Sowohl **Kompaktpuder** als auch **lose Puder** bestehen aus einer Mischung von mehlartigen Pudergrundstoffen, wie z. B. Talkum, Kaolin, Zinkoxid. Diesen werden Farb- und Glanzpigmente zugefügt. Unterschiedliche Fette oder Öle wirken als Bindemittel – sie sind auch die Ursache dafür, dass die Oberfläche von Kompaktpuder manchmal „speckig" aussieht.

Kompaktpuder wird unter Hochdruck zusammengepresst und in kleine Dosen verpackt. Das macht ihn leichter transportierbar und als Schminkutensil für die Handtasche geeignet.

12.3.5 Augenbrauenstift

Die Augenbrauen umrahmen die Augen einer Person und prägen ihren Gesichtsausdruck. Daher haben sie für die dekorative Gestaltung der Augenpartie eine sehr große Bedeutung. Die Augenbrauen sollten schon vor dem Gesichts-Make-up in Form gezupft worden sein. Wahrend des Schminkens sollte man erneutes Zupfen unterlassen, da sich die Haut durch den Kontakt mit den dekorativen Produkten entzünden könnte.

Die **Augenbrauen** werden zunächst mit einer Augenbrauenbürste in Form gebracht, danach werden sie mithilfe eines Augenbrauenstiftes vorsichtig betont und bei Bedarf optisch verlängert oder verdichtet. Hierbei wird der Augenbrauenstift entweder in kleinen Strichen direkt oder mithilfe eines Pinsels oder Bürstchens aufgetragen. Bei direktem Auftrag sollte der Stift anschließend mit einer Augenbrauenbürste „weichgezeichnet" werden, damit ein natürlicher Eindruck entsteht.

Augenbrauenstifte werden als Stifte zum Anspitzen oder Drehstifte mit Minen aus Wachsen oder gehärteten Fetten angeboten. Sie haben eine härtere Konsistenz als Lidschattenstifte oder Augenkonturenstifte. Dadurch eignen sie sich besonders gut zum Zeichnen feiner Linien, und sie sind relativ wischfest.
Im Drogeriesortiment werden auch Gels angeboten. Diese enthalten Pigmente in einer Gelgrundlage und als Filmbildner zumeist Silikonöl oder synthetische Polymere, die das Auftragen und Verteilen des Produktes erleichtern. Manche Hersteller bieten auch Augenbrauenpuder an, die mit einem Bürstchen aufgetragen werden.

Eye Shadow
engl. Lidschatten

12.3.6 Lidschatten (Eye Shadow)

Lidschatten in gepresster Form

Mit Eye Shadows werden die oberen Augenlider farblich gestaltet bzw. die Lidränder konturiert. Die Farbe des Lidschattens sollte sorgfältig ausgewählt werden und mit der Haut- und Augenfarbe harmonieren. Beim Tages-Make-up ist ein eher zarter, weicher Farbauftrag vorzuziehen, für den Abend können auch auffallende Töne gewählt und intensiv aufgetragen werden. Bei der Anwendung von Lidschatten ist zu beachten, dass **helle Farben eher hervorheben** und optisch vergrößern, während **dunkle Farben verkleinern** und Tiefe geben.

Auftrag mit Applikator

Weiche Übergänge mit einem breiten Pinsel schaffen

Lidfalte mit einem schmalen Pinsel einschattieren

Eye Shadows werden in unterschiedlichen Konsistenzen angeboten.

Produkt	Wichtige Eigenschaften	Wirkung
Lidschattenpuder	• puderähnliche Formulierungen mit Füllstoffen, Bindern und Pigmenten • bei einigen Produkten Glimmer	• matte oder leicht schimmernde Wirkung
Cremelidschatten	• Pigmente in einer dickflüssigen W/O-Emulsion • wird häufig mit pflegenden und abschwellenden Wirkstoffen und UV-Filtern angereichert	• gut verteilbar, auch ohne Applikator • pflegende Wirkung, gut für reife und trockene Haut geeignet
Lidschattenstift	• Pigmente in einem Stift aus weichem Wachs oder gehärteten Fetten	• intensives Farbergebnis bei direktem Auftrag • sehr haltbar
Lidschattenmousse	• Pigmente in einer Basis aus gehärteten Fetten oder Wachsen, die mit Luft aufgeschäumt wurden • hoher Anteil an Puder, Glimmer und mattierenden Wirkstoffen	• intensives Farbergebnis • gut verteilbar • matte oder schimmernde Wirkung

12.3.7 Lidstrich (Eyeliner)

Eyeliner sind meist flüssige Produkte (O/W-Emulsionen oder Gele mit Pigmenten) zur Lidumrandung. Flüchtige Lösungsmittel sorgen für ein schnelles Antrocknen, Filmbildner erleichtern den Auftrag. Feine Pinselapplikatoren gewährleisten ein exaktes Arbeiten. Manche Hersteller bieten Eyeliner auch als Stifte mit einer Filzmine an.

Eyeliner sollen gut haften, einen durchgängigen Farbfilm bilden und möglichst schnell trocknen. Sie werden in verschiedenen Farben angeboten, die meisten Kundinnen verwenden jedoch die Farben Schwarz oder Dunkelbraun.

Eyeliner
engl. eye Auge, *line* Linie, hier: Lidstrichprodukt

> Für den makellosen Auftrag von flüssigem Eyeliner bedarf es einiger Übung. Wer noch wenig Erfahrung damit hat, kann kleine Fehler mit einem Wattestäbchen korrigieren, das in Augen-Make-up-Entferner getaucht wurde.

Kajalstifte sind cremige Wachsstifte in verschiedenen Farben zur Umrandung der Augen. Die Kajalstiftminen sind sehr weich und elastisch. Dadurch wirkt der Auftrag weicher als bei flüssigen Eyelinern. Angeboten werden sie als Holzstifte und als Drehstifte mit dicken und dünnen Minen.

Die Rezepturen sind, bis auf einige Pigmente, mit denen von Liplinern vergleichbar. Durch den Einsatz spezieller Wirkstoffe zur Erhöhung der Wasserfestigkeit kann die Haltbarkeit von Eyelinern erhöht werden (24-Stunden-Liner). Manchmal sind auch Wirkstoffe eingearbeitet, die die Augenumgebung beruhigen (z. B. Hamamelis, Schwarztee).

> Heller Kajalstift am unteren Lidrand lässt das Auge größer wirken, dunkler Kajal verkleinert das Auge optisch.

12.3.8 Wimperntusche (Mascara)

Mit Mascara werden Wimpern vorübergehend gefärbt. Sie wirken dadurch dichter und voluminöser.

Die meisten Wimperntuschen basierten auf O/W-Emulsionen, Crememascara manchmal auch auf W/O-Emulsionen. Neben Farbstoffen enthalten sie häufig pflegende Wirkstoffe wie Vitamin E oder pflegende Öle. Wachse oder Harze sorgen dafür, dass die Farbe besser an den Wimpern haftet. Wasserfeste Produkte enthalten wasserunlösliche Lösungsmittel wie Isoparaffin, um das Zerfließen beim Kontakt mit Wasser zu verhindern. Sie lassen sich nur mit einem ölhaltigen Remover entfernen. Wenn die Mascara eine Verlängerung oder Verdichtung der Wimpern bewirken soll, sind zumeist Silikone enthalten.

> Beim Benutzen eines Mascaras sollte man nicht versuchen, die Masse durch Pumpen herauszudrücken. Der Abstreifer und die Bürste sind so aufeinander abgestimmt, dass beim Herausziehen des Applikators aus dem Container genau die richtige Anwendungsmenge auf der Bürste verbleibt.
> Wenn Mascara klumpig oder zu zähflüssig wird, gibt es nur eine Lösung: wegwerfen und neue kaufen. Auf keinen Fall sollte man versuchen, die Masse mit Wasser oder anderen Flüssigkeiten zu verdünnen. Dadurch können die enthaltenen Konservierungsstoffe deaktiviert werden, was Augenentzündungen zur Folge haben kann.

Wimpernbürstchen in verschiedenen Ausführungen

Mascara ist in verschiedenen Farbtönen erhältlich, am häufigsten werden jedoch schwarze, braune und graue Tönungen nachgefragt.

Aufgetragen wird Wimperntusche mit sehr unterschiedlich geformten **Wimpernbürstchen**. Form, Material und Dicke der Bürste und ihrer Borsten beeinflussen erheblich die Verteilung und die Auftragdicke der Farbe sowie das Verhindern des Verklebens einzelner Wimpern. Durch den Abstreifer wird gewährleistet, dass immer die optimale Menge an Mascaramasse auf der Bürste vorhanden ist.

> Um ein Verkleben einzelner Wimpern („Fliegenbeine") zu verhindern, sollte man die Wimpern zunächst einmal tuschen, die Mascara ca. eine Minute antrocknen lassen und den Vorgang dann wiederholen.

Mascara-Typ	kosmetische Eigenschaft
Creme-Mascara	• Farbgebung • wasserlöslich
Long-Lasting-Mascara	• Farbgebung • wasserfest
Volumen-Mascara	• Farbgebung • wasserfest oder wasserlöslich • erhöht die Dicke der einzelnen Wimper und führt so zu mehr Volumen
Long-Lash-Mascara	• Farbgebung • wasserfest oder wasserlöslich • verlängert die Wimpern mithilfe
Curl-Mascara	• Farbgebung • wasserfest oder wasserlöslich • verlängert die Wimpern und gibt ihnen einen Curl-Effekt (geschwungene Wimpern)

Falsche Wimpern

Falsche Wimpern gibt es in unzähligen Varianten sowohl in Farbe und Form als auch im Material. Sie sollten so gewählt werden, dass sie sich harmonisch in das übrige Make-up integrieren.

Wichtig ist, dass die Wimpern die richtige Länge haben. Sind die Wimpernbänder länger als der Lidrand, müssen sie mit der Schere gekürzt werden.

Falsche Wimpern werden mit Klebstoff befestigt. Hierzu trägt man den Klebstoff zunächst mit einem Stäbchen großzügig auf das Wimpernband auf und lässt es einige Sekunden antrocknen. Anschließend werden die falschen Wimpern bei geschlossenen Augen auf die eigenen Wimpern aufgelegt, bis zum Wimpernansatz hochgeschoben und leicht angedrückt. Die Augen nun vorsichtig öffnen, um den Sitz zu überprüfen, dann bei geschlossenen Augen erneut andrücken.

Optische Korrektur der Augenpartie durch Augen-Make-up

kleine Augen	Ziel: Vergrößerung mithilfe heller Farben	• auf Ober- und Unterlid hellen Lidschatten auftragen • Lidfalte und oberen Wimpernkranz dezent dunkel betonen • obere Wimpern stark tuschen
runde Augen	Ziel: optisch schmaler erscheinen	• am oberen Lid am Augeninnenwinkel hellen und am Augenaußenwinkel dunklen Lidschatten auftragen • Eyeliner jeweils nach außen hin breiter ziehen • Lidfalte eindunkeln und nach außen hin leicht nach oben ziehen
Schlupflider	Ziel: dem Oberlid Tiefe verleihen	• entlang des oberen Wimpernkranzes dunklen Lidschatten auftragen und in Richtung Brauenende auslaufen lassen • bis zur Lidfalte hell, oberhalb der Lidfalte dunkler schminken • die Farbe am Außenwinkel intensiv auftragen und zur Mitte hin heller verblenden
engstehende Augen 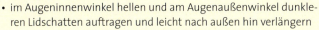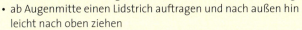	Ziel: Augenabstand optisch verbreitern	• im Augeninnenwinkel hellen und am Augenaußenwinkel dunkleren Lidschatten auftragen und leicht nach außen hin verlängern • ab Augenmitte einen Lidstrich auftragen und nach außen hin leicht nach oben ziehen
weit auseinander-stehende Augen 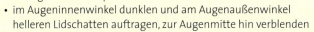	Ziel: Augenabstand optisch verkürzen	• im Augeninnenwinkel dunklen und am Augenaußenwinkel helleren Lidschatten auftragen, zur Augenmitte hin verblenden • Lidstrich nicht über den Augenaußenwinkel hinausziehen

Lipliner
engl. lip Lippe, *line* Linie, hier: Lippenkonturenstift

Auftragen des Lipliners: vom Mundwinkel nach innen

12.3.9 Lippenkonturenstift (Lipliner)

Vor dem Auftragen des Lippenstiftes wird der Mund mit einem Lipliner umrandet. Dieser ermöglicht die Korrektur von kleinen Unregelmäßigkeiten der Lippenlinie und verhindert das Auslaufen des Lippenstiftes.

Lipliner ähneln in ihrem Aufbau Kajalstiften. Sie haben Minen aus Wachsen und gehärteten Fetten, die je nach gewünschtem modischem Effekt weich bis mittelhart sein können. Neben dem klassischen Holzstift mit farbiger Mine werden Lipliner auch als Drehstifte mit Crememine, Kunststoffstifte mit Filzmine und als Lippenpuder mit Pinsel angeboten.

 Der Lipliner sollte farblich nicht zu stark von der Lippenstiftfarbe abweichen. Gleichfarbige Produkte erzielen eine sehr harmonische Wirkung, ein etwas dunklerer Lipliner bewirkt einen interessanten Kontrast.

12.3.10 Lippenstift

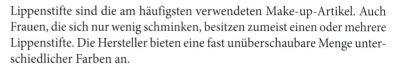

Lippenstifte sind die am häufigsten verwendeten Make-up-Artikel. Auch Frauen, die sich nur wenig schminken, besitzen zumeist einen oder mehrere Lippenstifte. Die Hersteller bieten eine fast unüberschaubare Menge unterschiedlicher Farben an.

Als **Basisrohstoffe** enthalten die Stifte etwa 30 % feste **Wachse** und etwa 60 % flüssige **Öle** bzw. ölähnliche Komponenten. Zusätzlich werden, je nach Farbe, bis zu 15 % **Pigmente** und Glimmer zugesetzt. **Puder** bewirkt eine bessere Anhaftung des Lippenstiftes, aber auch ein matteres Aussehen. **Duftstoffe** sorgen für einen angenehmen Geruch und Geschmack.

Zur Erhöhung der Wasserfestigkeit („Kussecht") oder zur Verbesserung des optischen Eindruckes auf den Lippen („Brillant-Glanz-Effekt") werden der Lippenstiftbasis vielfach Silikonöle oder spezielle Polymere zugesetzt. **Pflegestoffe** wie z. B. Vitamine geben den Stiften einen zusätzlichen Pflegeeffekt.

Die sogenannten **Long-Lasting-Lippenstifte** enthalten flüchtige Substanzen, wie z. B. Silikonöl, die nach dem Auftragen relativ schnell verdunsten. Dadurch bleibt ein trockener Pigmentfilm auf den Lippen zurück, der sehr lange anhaftet. Dieser wird von manchen Kundinnen aber als unangenehm empfunden, weil er sehr farbintensiv ist und ein trockenes Gefühl auf den Lippen verursacht.

Im Gegensatz zu den klassischen Lippenstiften mit Glanzeffekt werden **Lipgloss-Produkte** mehrheitlich in einer überwiegend **flüssigen Form** in speziellen Containern angeboten.
Die Applikation erfolgt entweder über eine Kugel (vergleichbar flüssigen Deo-Roll-ons) oder mithilfe von Applikatoren wie Pinsel oder Schwämmchen, die an den Containerdeckeln befestigt sind. Außerdem werden Lipgloss-Balsame (Cremes) in Tuben angeboten, bei denen das Auftragen mithilfe der Finger erfolgt.

Lippenfarbe mit dem Pinsel aufgetragen

Kundinnen, die ihren Lippenstift professionell auftragen wollen, sollte man einen Lippenstiftpinsel empfehlen. Er ermöglicht eine gleichmäßige Verteilung der Lippenfarbe. Aus hygienischen Gründen, trägt man den Lippenstift mit einem gereinigten Spatel auf den Pinsel auf. Auch der Pinsel muss natürlich regelmäßig gereinigt werden.

12 Dekorative Kosmetik

Lippenstift-Typ	kosmetische Eigenschaft
Transparent-Lippenstift	• geringe Haftbarkeit • geringer Anteil an Pigmenten • hoher Anteil an Fetten und Pflegestoffen • natürliches Aussehen bei guter Pflegewirkung
Creme-Lippenstift	• geringe Haftbarkeit • Glanzeffekt durch hohen Anteil an Fetten
Kussechter Lippenstift	• gute Haftbarkeit durch hohen Anteil an Puder • matteres Aussehen der Lippen • gute Farbintensität
Long-Lasting-Lippenstift	• sehr gute Haftbarkeit • sehr hohe Farbintensität • trockenes Aussehen der Lippen
Lipgloss	• intensiver Glanz durch Filmbildner • geringe Haftbarkeit • wird auch farblos angeboten

 Gestaltung der Mundpartie durch Lippenfarbe

Die Form des Mundes beeinflusst den Gesamteindruck des Gesichts. So wirken beispielsweise große, volle Lippen sehr sinnlich, schmale, dünne Lippen können dagegen einen leicht verkniffenen Gesichtsausdruck erzeugen. Durch Lippen-Make-up kann dies optisch korrigiert werden.
Vor den Korrekturen muss der Mund grundiert und abgepudert werden. Grundsätzlich lassen glänzende Lippenstifte und Lipgloss die Lippen größer und voller wirken, während ein dunkel und matt geschminkter Mund eher klein wirkt.

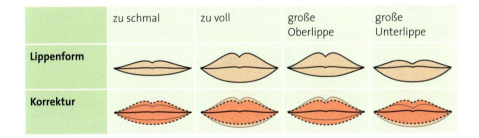

12.3.11 Rouge

Mit dem Auftrag von **Rouge** wird dem Gesicht ein frischer und gesunder Ausdruck verliehen, und die natürliche Wangenfarbe wird aufgefrischt. Zum Modellieren der Gesichtsform sollte Rouge nicht eingesetzt werden, dazu ist die Schattierung mit unterschiedlichen Make-up-Farben besser geeignet.

Rouges bzw. Blushs werden als Pudersteine (**Puderrouge**) mit Applikator, aber auch in moderneren **Creme-Formulierungen** (Tube, Dose), als **Mousse** oder als flüssiges **Gel** (Tube) angeboten. Sie ähneln in ihrer Rezeptur den Gesichtspudern bzw. Grundierungen.

Puderrouge – mit dem großen Rougepinsel werden weiche Übergänge erzielt.

Das **Puderrouge** wird mit einem feinen Pinsel aufgetragen und ist besonders für normale bis leicht fettige Haut geeignet.
Cremerouge wird mit den Fingerspitzen oder einem Schwämmchen aufgetragen und anschließend mit Puder fixiert. Es wird bevorzugt für trockene Haut eingesetzt. Bei der Verwendung von Cremerouge sollte das Gesicht nicht vorher gepudert werden, weil die Haut dadurch fleckig aussehen kann.

Rouge sollte entsprechend dem Hautton und passend zur Lippenstiftfarbe ausgewählt werden. Man sollte es nicht zu stark auftragen. Zu viel Rot wirkt unnatürlich und lässt das Gesicht hektisch oder aggressiv erscheinen.

> Um das Rouge an der richtigen Stelle zu platzieren, sollte die Kundin vor dem Spiegel lächeln. Dabei treten die Wangen hervor, auf denen das Rouge dann platziert werden kann. Die rote Farbe lässt man in Richtung Schläfe auslaufen und verwischt sie sorgfältig.

12.3.12 Kontrolle des fertigen Make-ups

Das Make-up wird abschließend kritisch im Spiegel kontrolliert. Je nachdem ob ein Tages- oder Abend-Make-up ausgeführt wurde, wird die Beleuchtung gewählt: Tageslicht für ein Tages-Make-up, künstliches Licht für ein Abend-Make-up.
Zu überprüfen ist vor allem die Symmetrie des Augen-Make-ups und des Rougeauftrags.
Handspiegel oder auch Vergrößerungsspiegel aus dem Drogeriesortiment können bei der Kontrolle hilfreich sein.

Wichtige Utensilien für den Make-up-Auftrag

Bezeichnung	Eigenschaften und Gebrauch	Bezeichnung	Eigenschaften und Gebrauch
Großer Puderpinsel	• sehr weich • zum Auftragen von Puder • von der Stirn zum Kinn hin arbeiten	Rougepinsel	• sehr weich • Auftragen des Wangenrouges • nicht zu klein wählen, damit das Rouge nicht fleckig wird • nicht zu groß wählen, damit die Rougefläche nicht zu groß wird
Augenbrauenbürste	• Augenbrauen in Form bürsten • Frisch getuschte Wimpern nochmals nachbürsten, damit „Fliegenbeine" vermieden werden.	Radiergummi (Softer)	• zum Soften (Weichzeichnen) des Konturenstiftes am Auge, damit der Strich nicht so hart wirkt
Kleiner Augenkonturpinsel	• Nachzeichnen von Augenkonturen und Augenbrauen	Lidschattenapplikator	• Farbe sanft auf das Lid tupfen • Verblenden der Lidschattenfarben
Großer Augenschattierpinsel	• weiches Haar • weiches Einblenden von hellem Lidschatten	Lidschatteneinblendpinsel	• festes Haar • festes Einarbeiten der Lidschattenfarbe • Einarbeiten von weichen Übergängen von hell nach dunkel und umgekehrt

12 Dekorative Kosmetik

Bezeichnung	Eigenschaften und Gebrauch	Bezeichnung	Eigenschaften und Gebrauch
Eyelinerpinsel	• nicht zu weiches Kunsthaar • für flüssigen Eyeliner • Pinsel sollte für ein perfektes Ergebnis möglichst dünn sein.	Lippenpinsel	• Auftragen der Lippenfarbe • nach jeder Anwendung mit Wasser und einem milden Haarshampoo reinigen
Make-up-Pinsel	• gleichmäßiger Auftrag von Grundierung • nach jeder Anwendung reinigen	Make-up-Schwämmchen	• feinporiges Kunststoff-schwämmchen • kann bei niedrigen Temperaturen in der Waschmaschine gereinigt werden

Aufgaben zur Selbstüberprüfung des Lerninhalts:

1. Beschreiben Sie vier wesentliche Unterschiede zwischen der Männerhaut und der Frauenhaut.
2. Erklären sie einer Kundin die Wirkung von Liposomen in Hautpflegemitteln. Gehen Sie dabei auch auf mögliche Probleme ein.
3. Synthetische und mineralische Fette sind als Inhaltsstoffe von Hautpflegemitteln umstritten. Erläutern Sie Ihre Vor- und Nachteile.
4. Erklären Sie, warum eine gründliche Hautreinigung allein mit Wasser nicht möglich ist und beschreiben Sie die Wirkung von Detergenzien.
5. Sera in Glasampullen gehören zu den hochpreisigen Hautpflegemitteln. Welche Vorteile bieten sie einer Kundin?
6. Beraten Sie einen 16-järigen Kunden mit sehr fettiger und unreiner Haut bezüglich der Gesichtsreinigung und -pflege. Empfehlen Sie Produkte, die in Frage kommen und begründen Sie Ihre Empfehlungen.
7. Silikon und Silikonverbindungen werden besonders häufig in Haarpflegemitteln eingesetzt. Beschreiben Sie ihre Wirkung.
8. Erläutern Sie die Wirkung einwertiger und mehrwertiger Alkohole in Kosmetika.
9. Übersetzen Sie den Begriff AHA und nennen Sie zwei häufig verwendete AHA's. Beschreiben Sie ihre Wirkung auf die Haut.
10. Begründen Sie, warum Hyaluronsäure zu den am häufigsten verwendeten Wirkstoffen in Hautpflegemitteln gehört.
11. Stellen Sie die Eigenschaften und Anwendungsmöglichkeiten von biologischen, chemischen und mechanischen Peelings in einer Tabelle dar.
12. Stellen Sie die verschiedenen Möglichkeiten zur Haarentfernung und ihre Vor- und Nachteile in einer Tabelle dar.
13. Erklären Sie einer Kundin, warum die Badezusätze, die sie selbst verwendet, nicht für ihr neun Wochen altes Baby geeignet sind.
14. Was sollte die Kundin bei der Anwendung von Babypuder unbedingt beachten?
15. Stellen Sie die Vorteile von Nass- und Trockenrasur einander gegenüber.
16. Erklären Sie einem Kunden die großen Preisunterschiede bei Rasierpinseln.
17. Beschreiben Sie den Ablauf einer Maniküre. Empfehlen Sie zu jedem Schritt Produkte aus Ihrem Sortiment.
18. Eine Kundin sucht eine Nagelfeile. Geben Sie ihr Informationen zu den verschiedenen Feilenarten aus Ihrem Sortiment. Erklären Sie Ihr auch die Anwendung von Polierfeilen und Polierkissen.
19. Was ist bei der Kürzung der Fußnägel besonders zu beachten?

Aufgaben zur Selbstüberprüfung des Lerninhalts:

20. Nennen Sie fünf wichtige Kriterien für die Vergabe des BDHI-Siegels für Naturkosmetika.
21. Erläutern Sie drei Gründe für die zunehmende Nachfrage nach Naturkosmetikprodukten.
22. Erklären Sie, was man unter Camouflage versteht. Nennen Sie drei Arten von Hautauffälligkeiten, bei denen Camouflageprodukte empfehlenswert sind.
23. Eine Kundin wurde bei einer Farbberatung durch ihre Kosmetikerin als Sommertyp eingestuft. Wie nutzen Sie diese Information für die Make-up-Beratung?
24. Warum ist es sinnvoll, vor der Anwendung eines Lippenstiftes einen Lipliner aufzutragen?
25. Empfehlen Sie einer Kundin mit Altershaut geeignete Foundationprodukte.
26. Beschreiben Sie die Unterschiede zwischen wasserfesten und wasserlöslichen Mascara-Produkten.
27. Nennen Sie drei Arten von Pigmenten, die häufig in der dekorativen Kosmetik eingesetzt werden. Wie unterscheiden diese sich von Farbstoffen in anderen kosmetischen Produkten, wie z. B. Duschgel?
28. Erklären Sie die Wirkweise eines Long-Lasting Lippenstiftes.
29. Beschreiben Sie die ABCD-Regel bei der Selbstuntersuchung von Hautauffälligkeiten.
30. Eine Kundin, die im zweiten Monat schwanger ist, befürchtet, Schwangerschaftsstreifen zu bekommen. Erklären Sie ihr, wie diese entstehen und wie man sie verhindern oder mindern kann.
31. Beschreiben Sie die Entstehung von Akne vulgaris.
32. Colorationen und Blondierungen gehören zu den permanenten Haarfärbungen. Beschreiben Sie beide Verfahren und gehen Sie dabei auch auf die Unterschiede ein.
33. Wie wirken Haarsprays und was ist bei ihrer Anwendung besonders zu beachten?
34. Erklären Sie einer Kundin, warum Kernseife und Toilettenseife zur Haarreinigung ungeeignet sind.
35. Die meisten Männer bekommen mit fortschreitendem Alter eine Glatze, die meisten Frauen aber nicht. Erklären Sie, warum das so ist.
36. Nennen Sie drei Besonderheiten der Babyhaut.
37. Eine Kundin möchte ihre stark ergrauten Haare mit einer Schaumtönung färben. Beraten Sie sie und erklären Sie ihr dabei auch die Wirkweise dieser Produkte.
38. Eine ältere Kundin fragt nach einem Dauerwellprodukt. Erklären Sie ihr die Wirkweise und geben Sie ihr drei wichtige Tipps für die Anwendung des Produktes.
39. Stylingprodukte werden häufig nach der Umformungswirkung in „starker Halt" „ultrastarker Halt" o. ä. eingeteilt. Welche Inhaltsstoffe sind dabei entscheidend? Erklären Sie einer Kundin, warum die Umformung der Haare mit Wasser nicht dauerhaft sein kann.

V Ernährung und Nahrungsmittel

1 Einführung in die Ernährungslehre

Das **Lebensmittelangebot** in Drogerien ist vielfältig und umfasst Getreideprodukte, Brot, Vollkorn-Gebäck, Nüsse, Ölsaaten, Öle, Gemüse-Erzeugnisse, Obst- und Gemüsesäfte, vegetarische Spezialitäten, verschiedenste Teesorten sowie diverse herzhafte wie fruchtige Brotaufstriche. Daneben gibt es **Nahrungsergänzungsmittel** und **diätetische Lebensmittel** für besondere Ernährungserfordernisse Sportlerernährung, Säuglingsernährung und Lebensmittelunverträglichkeiten (u. a. Laktoseintoleranz).

Dieses Lebensmittelangebot geht auch auf spezielle Ernährungserfordernisse von Kunden ein, die nach besonderen Ernährungsformen leben und damit auf ein anderes Lebensmittelangebot angewiesen sind. So finden sich Lebensmittel für die vegetarische Kost, die Biokost, Kost für Fastendiäten und viele andere Sonderernährungsformen.

Blick in das drogistische Lebensmittelangebot

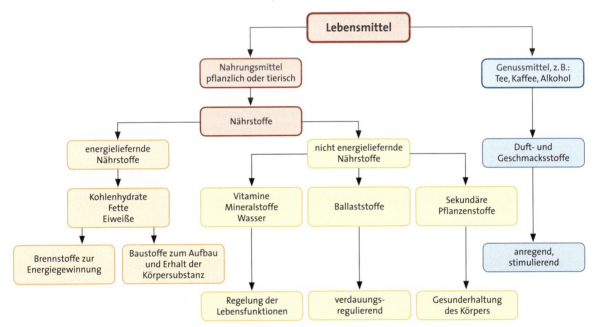

1.1 Energiebedarf des Menschen

Der Mensch benötigt Energie für Lebensvorgänge wie Bewegung, Atmung, Wachstum und die Aufrechterhaltung der Körpertemperatur. Diese Energie bezieht er über die Lebensmittel, die die energieliefernden Nährstoffe Kohlenhydrate, Fette und Eiweiße enthalten.

Der Körper ist mit einem Kraftwerk vergleichbar. Er verbrennt die **Nährstoffe** aus den Lebensmitteln und setzt sie in für den Körper nutzbare **Energie** um. Etwa die Hälfte dieser Energie verwendet der Körper für den Erhalt der konstanten Körpertemperatur von etwa 36 °C. Weitere 40 % werden in Form von chemisch nutzbarer Energie für die Muskelarbeit, z. B. den Herzschlag und körperliche Arbeit, genutzt. Außerdem dienen die aufgenommenen Nährstoffe als Bausteine für den Neubau von Zellen.

Kilojoule (kJ) und Kilokalorie (kcal)

1 kJ ist die Energiemenge, die benötigt wird, um eine Masse von 100 g um 1 m zu heben. 1 kcal ist die Energiemenge, die benötigt wird, um die Temperatur von 1 kg Wasser bei einem Atmosphärendruck von 760 mm Hg von 14,5 °C auf 15,5 °C zu erhöhen.

Die Maßeinheit für die Nahrungsenergie ist das Kilojoule (kJ) bzw. die Kilokalorie (kcal). Beide Einheiten sind gebräuchlich, wobei die Einheit Kilojoule die offizielle Bezeichnung ist. **1 kcal entspricht 4,184 kJ.**

Energiebedarf

Zur genauen Bestimmung des täglichen Energiebedarfs des Menschen müssen der Grundumsatz und der Leistungsumsatz betrachtet werden.

- Der **Grundumsatz** ist der Energiebedarf, der bei völliger Ruhigstellung im Liegen für die Aufrechterhaltung der Lebensfunktionen wie Atmen, Herztätigkeit, Erhalt der Körpertemperatur benötigt wird. Durchschnittlich liegt der Grundumsatz beim Erwachsenen bei 4,2 kJ (1 kcal)/Stunde und Kilogramm Körpergewicht.
- Der **Leistungsumsatz** ist die Energiemenge, die der Mensch braucht, um darüberhinaus Arbeit verrichten zu können (Muskelarbeit, geistige Tätigkeit, Sport usw.).
- Der **Gesamtenergiebedarf** wird in Abhängigkeit von der körperlichen Leistung als ein Mehrfaches des Grundumsatzes berechnet. Dieser Wert wird als körperliche Aktivität (**p**hysical **a**ctivity **l**evel = **PAL**) bezeichnet.

Durchschnittlicher täglicher Energieumsatz von Erwachsenen bei unterschiedlichen Tätigkeiten (Beispiele)

PAL-Wert	Beschreibung der Schwere der Arbeit
0,95	Schlaf
1,2	ausschließlich sitzend oder liegend, etwa bei Krankheit oder in hohem Alter
1,6 bis 1,7	sitzende Tätigkeiten, zwischenzeitlich gehend oder stehend, z. B. Laboranten, Kraftfahrer
1,8 bis 1,9	vorwiegend gehende und stehende Tätigkeiten, z. B. Verkäufer, Hausfrauen

Niedrigere Energieaufnahme als Energieverbrauch

Gewichtsabnahme

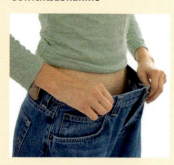

Ausgewogene Energiebilanz: Nahrungsenergie entspricht dem Energieverbrauch

Gewicht bleibt gleich

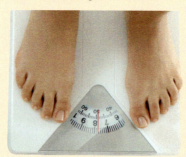

Höhere Energieaufnahme als Energieverbrauch

Gewichtszunahme

Nimmt ein erwachsener Mensch täglich genau so viel Energie über die Nahrung zu sich, wie er benötigt, so bleibt sein Körpergewicht konstant. Nimmt er ständig zu viel Energie zu sich, so nimmt er zu bzw. er wird mit der Zeit übergewichtig.

1 Einführung in die Ernährungslehre

1.2. Nährstoffe und Nährstoffbedarf

1.2.1 Kohlenhydrate (Saccharide)

Kohlenhydrate machen mengenmäßig den Hauptanteil aller Nahrungsbestandteile aus und sind die wichtigste Energiequelle:

1 g Kohlenhydrate liefert 17,1 kJ (4,2 kcal) Energie.

Die Deutsche Gesellschaft für Ernährung (DGE) empfiehlt, 55 % bis 60 % des täglichen Energiebedarfs durch Kohlenhydrate zu decken.

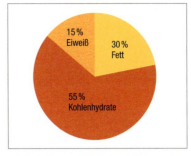

Kohlenhydrate – Nährstoffverteilung nach Empfehlung der DGE

Aufbau der Kohlenhydrate

Chemisch gesehen bestehen Kohlenhydrate aus Kohlenstoff, Wasserstoff und Sauerstoffatomen. Sie werden unterteilt in:

- Einfachzucker (Monosaccharide)
- Zweifachzucker (Disaccharide)
- Vielfachzucker (Polysaccharide)

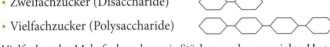

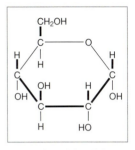

Strukturformel der Glukose

Vielfach- oder Mehrfachzucker, wie Stärke, werden aus vielen Hunderten bis Tausenden Einfachzuckern (**Glukose**) aufgebaut. Sie sind dann nicht mehr wasserlöslich und können somit in der Pflanze als Energiereserve gespeichert werden, z. B. in der Kartoffel oder im Getreidekorn.

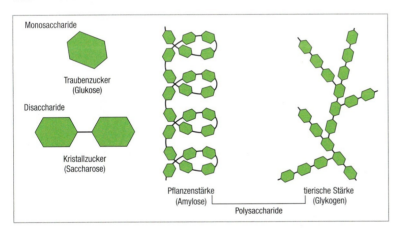

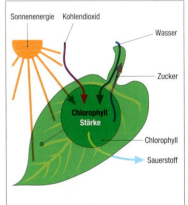

Schema der Fotosynthese

Photosynthese

Fast nur die Pflanzen sind in der Lage, die energiereichen Kohlenhydrate aus Wasser, CO$_2$ und Sonnenlicht in der Photosynthese zu bilden.

$$6\,CO_2 + 6\,H_2O + \text{Lichtenergie und (bei Anwesenheit von Chlorophyll)} \rightarrow C_6H_{12}O_6 + 6\,O_2$$

Die verschiedenen Kohlenhydrate sind zwar weitestgehend aus denselben Grundbausteinen aufgebaut, sie unterscheiden sich aber je nach ihrer Verknüpfung in Geschmack und Aussehen.

Name	Vertreter Zusammensetzung	Vorkommen, Eigenschaften, Verwendung	Produkte
Monosaccharide	Glukose (Traubenzucker)	**V**: Früchte, Honig **E**: süß, geht sofort ins Blut **Ve**: bei Schwächezuständen zur sofortigen Energielieferung	
	Fruktose (Fruchtzucker)	**V**: Früchte, Honig **E**: süßer als Traubenzucker **Ve**: als Zuckeraustauschstoff	
	Galaktose (Schleimzucker)	**V**: Bestandteil des Milchzuckers **E**: weniger süß als Haushaltszucker	
Disaccharide	Saccharose (Rübenzucker, Rohrzucker), bestehend aus Glukose und Fruktose	**V**: Zuckerrübe, Zuckerrohr **E**: süß **Ve**: zum Süßen als raffinierter Haushaltszucker, Rohrzucker, Sirup oder Melasse	
	Maltose (Malzzucker), bestehend aus zwei Glukoseteilchen	**V**: in keimender Gerste **E**: weniger süß als Saccharose **Ve**: Ovomaltine, Malz zur Bierherstellung	
	Laktose (Milchzucker), bestehend aus Glukose und Galaktose	**V**: Milch- und Milchprodukte **E**: weniger süß als Saccharose **Ve**: leichtes Abführmittel für Säuglinge und Kleinkinder	
Polysaccharide	Amylose (Stärke), bestehend aus vielen Glukosemolekülen	**V**: Kartoffeln, Reis, Getreide **E**: wasserunlöslich, nicht süß, quillt in heißem Wasser **Ve**: Speisestärke, Wäschestärke	
	Glykogen, bestehend aus vielen Glukosemolekülen	**V**: Speicherkohlenhydrat des menschlichen Körpers **Ve**: für Säuglings-, Heilnahrung, Sportlerernährung, Aufbauernährung für ältere Menschen	
	Cellulose, Inulin, bestehend aus vielen Glukosemolekülen, die vom menschlichen Körper nicht aufgespalten und damit nicht verdaut werden können	**V**: Vollkornprodukte, Hülsenfrüchte **E**: können vom menschlichen Körper nicht Verdaut werden **Ve**: Nahrungsergänzungsmittel zur Unterstützung der Verdauungstätigkeit	
		V: Gemüse wie Zwiebeln, Knoblauch, Chicorée, Artischocken, Spargel, Topinambur **Ve**: als Prebiotika in Joghurts, Müsli, Backwaren; als PulVer zur Nahrungsergänzung, als Füllstoff in Schlankheitsmitteln	

1 Einführung in die Ernährungslehre

Verdauung der Kohlenhydrate

Alle Kohlenhydrate bis auf die Ballaststoffe werden bei der Verdauung mithilfe von Enzymen zu Monosacchariden aufgespalten. Nur diese können durch die Darmwand direkt ins Blut aufgenommen werden.

Verdauung
→ Kapitel III / 8

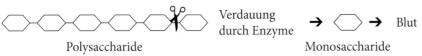

Menschen, denen bestimmte kohlenhydratspaltende Enzyme fehlen, können bestimmte Kohlenhydrate nicht verarbeiten und es kommt zu **Intoleranzen**. Bei der Laktoseintoleranz fehlt zum Beispiel das Enzym Laktase.

Die während des Verdauungsvorgangs enzymatisch nicht aufspaltbaren, unverdaulichen Kohlenhydrate, wie z. B. Cellulose, Lignin, Inulin oder Pektin, werden als Ballaststoffe über den Dickdarm ausgeschieden. Eine ungenügende Ballaststoffzufuhr gilt als Hauptursache für die Verstopfung (Obstipation).

> Geben Sie verschiedene Zucker (Glukose, Fruktose, Saccharose, Laktose, Stärke) in einzelne Schälchen. Probieren Sie die Zucker und ordnen Sie sie nach ihrer Süßkraft.

Obstipation
→ Kapitel III / 8.2.6

Stoffwechsel der Kohlenhydrate

Die Monosaccharide werden von der Leber aus mit dem Blutstrom zu den einzelnen Körperzellen weitergeleitet. Dort werden sie mithilfe von Insulin in die Körperzellen eingeschleust und zur Energiegewinnung genutzt.

- Wird mehr **Glukose** aufgenommen, als der Mensch zur Energiegewinnung benötigt, so wird sie als **Glykogen** gespeichert. Die maximale Speichermenge von Glukose in Form von Glykogen liegt bei ca. 500 g.
- Steht darüber hinaus noch mehr Glukose zur Verfügung, so schleust Insulin die Glukose ins Fettgewebe und wandelt sie in Fett um, um sie dann als **Depotfett** zu lagern.

Ist die Insulinproduktion gestört, kommt es zu der sogenannten Zuckerkrankheit (Diabetes mellitus).

Weiterverarbeitung/Verwendung der Blut-Glukose

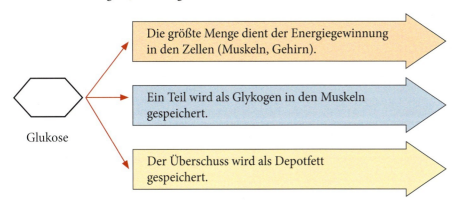

Ballaststoffe

Die Ballaststoffe gehören zu den komplexen Kohlenhydraten. „Ballaststoffe" wird dabei als Oberbegriff für alle Bestandteile pflanzlicher Zellen gebraucht, die von den Verdauungsenzymen des Menschen nicht aufgespalten und resorbiert werden können.

Zu den Ballaststoffen zählen pflanzliche
- **Gerüststoffe**, wie Cellulose, Hemicellulosen,
- **Speicherstoffe**, wie Inulin,
- **Quellstoffe**, wie Pektine, Agar-Agar und
- **Schleime**, wie in Leinsamen und Flohsamen.

Ballaststoffe haben viele positive Wirkungen auf den menschlichen Körper. Zum Beispiel quellen sie unter Wasseraufnahme im Dickdarm und bewirken so eine Vergrößerung des Stuhlvolumens, die Darmperistaltik wird angeregt. Dies führt in der Folge zur **Verkürzung der Darmpassage** des Dickdarminhalts (Stuhl).

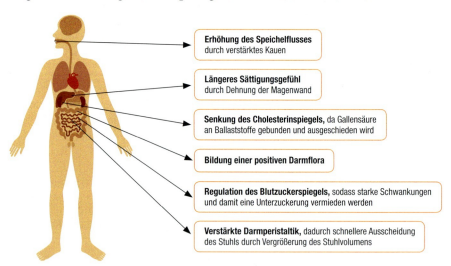

Wirkung der Ballaststoffe auf den Körper

Aus dem Sortiment der Drogerie: Ballaststoffreiche Lebensmittel

- Hülsenfrüchte, z. B. Erbsen, Bohnen, Linsen
- Vollkornprodukte, z. B. Vollkorn-Getreidearten, Vollkornmehle, Vollkornschrot, Vollkorngrütze, Vollkorn-Brote, Vollkorn-Nudeln, Vollkorn-Reis, Müsli, Flocken
- Trockenfrüchte, z. B. Pflaumen, Feigen, Datteln, Aprikosen
- Leinsamen
- Kleie
- Apfelpektin
- Agar-Agar
- **Inulin**

Inulin
aus gewissen Pflanzenknollen (z. B. den Wurzeln von, Artischoke, Pastinake, Topinambur) gewonnenes Kohlenhydrat, das als Diätzucker verwendet wird

Obstipation
→ Kapitel III / 8.2.6
Laktoseintoleranz
→ Kapitel III / 2.8.2
Diabetes mellitus
→ Kapitel III / 2.7
Karies
→ Kapitel III / 10.3.1

Körperliche Beschwerden bzw. Befindlichkeitsstörungen, die in Zusammenhang mit Kohlenhydraten stehen, sind z. B.
- Obstipation
- Laktoseintoleranz
- Diabetes mellitus
- Karies

1 Einführung in die Ernährungslehre

1.2.2 Fette (Lipide)

Fette sind nach den Kohlenhydraten die zweitwichtigsten Energielieferanten für den Körper. Sie liefern, bezogen auf ein Gramm, die höchste Energiemenge, und zwar:

1 g Fett liefert 38,8 kJ (9,3 kcal) Energie.

Fette werden zum Aufbau wichtiger körpereigener Stoffe beziehungsweise zur Energiespeicherung als **Depotfett** benötigt.
Als **Organfett** schützen und stabilisieren sie wichtige Organe, wie beispielsweise die Niere. Sie bilden einen wichtigen Bestandteil des Nervengewebes und sind die Vorstufe für die Gallensäure und verschiedene Hormone. Ferner sind Fette Träger der fettlöslichen Vitamine A, D, E, K.
Laut Empfehlung der Deutschen Gesellschaft für Ernährung (DGE) sollte 30 % bis maximal 35 % des täglichen Energiebedarfs durch Fett gedeckt werden. Tatsächlich liegt die tägliche Energieaufnahme der Bevölkerung durch Fett bei ca. 40 %.

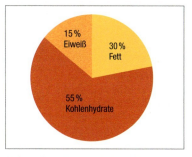

Nährstoffverteilung nach Empfehlung der DGE

Beispiele für tierische Fette	Beispiele für pflanzliche Fette
Vom Schwein: Schmalz Von der Kuh: Talg, Butter, Sahne Vom Fisch: Lebertran, Fischöl	Sonnenblumenöl Kokosfett Olivenöl Sojaöl Rapsöl

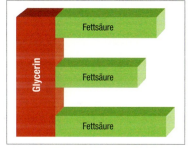

Aufbau von Triglyceriden

Aufbau der Fette

Fette sind chemisch betrachtet, wie die Kohlenhydrate, aus Wasserstoff, Kohlenstoff und Sauerstoff zusammengesetzt. Sowohl pflanzliche als auch tierische Fette bestehen aus Glycerin und drei Fettsäuren (Triglycerid).
Die **Fettsäuren** können unterschiedlich lange Kohlenwasserstoffketten und eine unterschiedliche Anzahl an **Doppelbindungen** im Molekül haben. Die gesättigten Fettsäuren besitzen keine Doppelbindung, die einfach ungesättigten eine Doppelbindung und die mehrfach ungesättigten mehrere Doppelbindungen im Molekül. Die Anteile und die Art der jeweiligen Fettsäuren bestimmen die Eigenschaften und den Gesundheitswert eines Fettes.

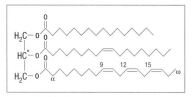

Strukturformel eines Triglycerids

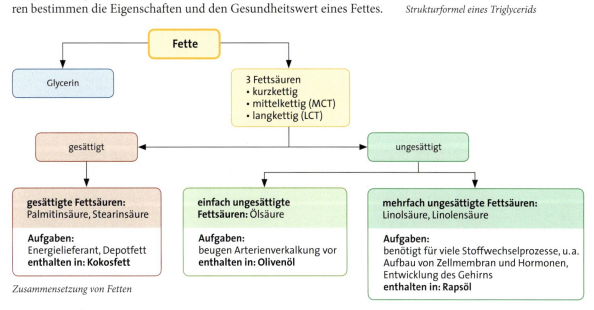

Zusammensetzung von Fetten

Verdauung
→ Kapitel III / 8.1

Bedarf an Fettsäuren

Er liegt bezogen auf den Gesamtenergiebedarf des Menschen bei
- 10 % an gesättigten Fettsäuren
- 10 % an ungesättigten Fettsäuren
- 7–10 % an mehrfach ungesättigten Fettsäuren

Verdauung der Fette

Die Verdauung fetthaltiger Lebensmittel beginnt erst in den oberen Teilen des Dünndarms. Im Mund und im Magen findet keine **Fettverdauung** statt.

Die von der Leber gebildete Gallenflüssigkeit emulgiert die Fette. Diese können in emulgierter Form von den **Verdauungsenzymen**, den **Lipasen**, besser angegriffen werden. Die Lipasen trennen die Triglyceride in Glycerin und Fettsäuren. Diese werden dann durch die Dünndarmschleimhaut ins Blut geschleust.

Die Fettverdauung kann durch Bitterstoffe (z. B. Artischocken, Gelbwurz, Wermut), die die Produktion und Ausschüttung von Verdauungsenzymen anregen, verbessert werden.

Cholesterin

Cholesterin ist ein „Fettbegleitstoff", der einerseits vom Körper in der Leber selbst gebildet, andererseits durch die Nahrung aufgenommen wird. Nahrungscholesterin kommt nur in tierischen Lebensmitteln vor, wie Butter, Eier, Fleisch.

Cholesterin wird für viele Aufbauprozesse im Körper wie z. B. dem Aufbau der Zellmembran, der Bildung der Gallensäure, der Bildung von Vitamin D verwendet.

Damit Cholesterin im Blut transportiert werden kann, braucht es „Träger", die sogenannten **Lipoproteine (LDL)**.
- **LDL** transportiert das Cholesterin aus der Leber in die Körperzellen. Ist es erhöht, kann es zu Ablagerungen in den Blutgefäßen führen. Deswegen gilt es als das sogenannte „böse" Cholesterin.
- **HDL**, das „gute" Cholesterin („Schutzlipoprotein"), bewirkt den Transport von Cholesterin aus Zellen und Gewebe in die Leber, in der das Cholesterin anschließend verstoffwechselt wird. Es verhindert also Cholesterinablagerungen in den Gefäßen.

Im Blut werden die wasserunlöslichen Fettsäuren und das Cholesterin an **Transporteiweiße**, die sogenannten **Lipoproteine**, gebunden. Diese befördern die Fettsäuren zu ihren jeweiligen Zielzellen. Dabei sind verschiedene Transporteiweiße für die unterschiedlichen Fette zuständig. So wird z. B. das Cholesterin von den LDL- (low density lipoprotein) und HDL-(high density lipoprotein)Partikeln befördert, während die VLDL-(very low density lipoprotein)Partikel hauptsächlich einfache Triglyceride transportieren.

Kurzkettige bis mittelkettige Fettsäuren (sie kommen in der Milch und in Säuglingsmilchnahrungen vor) sind relativ gut wasserlöslich und gelangen deshalb in freier Form über die Pfortader in die Leber.

Um ein Lebensmittel oder ein Öl in Bezug auf seine gesundheitlichen Eigenschaften beurteilen zu können, empfiehlt es sich, die prozentualen Anteile der verschiedenen Fettsäuren zu vergleichen.

Aus dem Sortiment der Drogerie: Öle und ihre Fettsäurezusammensetzung

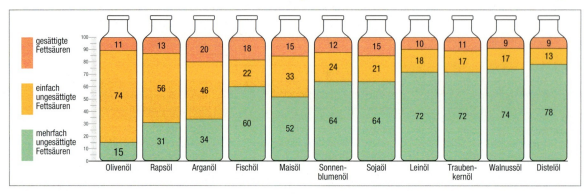

Fettsäuren

Gesättigte Fettsäuren: Ein hoher Anteil davon in der täglichen Ernährung führt zu einer **Erhöhung des Fettsäure- und Cholesterinspiegels** im Blut. Das bringt eine erhöhte Gefahr der vorzeitigen Arterienverkalkung und eine Verschlechterung der Insulinempfindlichkeit der Zellen mit sich. Dies führt zu höheren Insulinspiegeln und dadurch zu vermehrter Fettspeicherung.
Vorkommen: Kokosfett, Palmkernfett, Schweineschmalz, Rindertalg

Blutfette

Zunächst verursachen erhöhte Blutfettwerte keine spürbaren Beschwerden. Im Verlauf der Zeit führen sie jedoch zu Schäden an den Blutgefäßen. Durch Ablagerungen von Cholesterin und anderen Substanzen an den Gefäßwänden wird der Innendurchmesser der Blutgefäße langsam enger und die Gefäßwände starrer und poröser. Man spricht dann von arteriosklerotisch veränderten Gefäßen. Das Blut kann dann durch ein arteriosklerotisch verändertes Gefäß nicht mehr ungehindert hindurchfließen. Dies kann überall im Körper zu Durchblutungsstörungen und den damit verbundenen Folgeerkrankungen (u. a. Herzinfarkt, Schlaganfall) führen.

normales Blutgefäß

arteriosklerotisch verengtes Blutgefäß

Einfach ungesättigte Fettsäuren: Ihnen werden positive Effekte für die Gesundheit wie z. B. die Senkung von LDL-Cholesterin und damit die Vorbeugung einer vorzeitigen Arterienverkalkung zugeschrieben.
Vorkommen: Olivenöl. Der hohe Konsum davon in den Mittelmeerländern wird als eine der Ursachen für die niedrige Rate an Herz-Kreislauf-Erkrankungen in dieser Region angesehen.

Mehrfach ungesättigte Fettsäuren: Sie können vom Körper nicht selbst aufgebaut werden und sind somit essenziell, d. h., sie müssen regelmäßig mit der Nahrung zugeführt werden.
Aufgrund der Position der Doppelbindungen im Molekül werden sie auch als **Omega-3-Fettsäuren** (z. B. Linolensäure, Docosahexaensäure DHA, Eicosapentaensäure EPA) und **Omega-6-Fettsäuren** (z. B. Linolsäure) bezeichnet. Empfohlen wird eine tägliche Zufuhr von 5–7 g. Eine zu geringe Zufuhr kann unter anderem zu ekzemartigen Hautausschlägen, Infektionsanfälligkeit sowie gestörter Wundheilung führen.
Vorkommen: in hochwertigen Ölen wie Distel-, Walnuss-, Soja- und Sonnenblumenöl. Die Omega-3-Fettsäure ist reichlich in fettem Fisch, wie Lachs und Makrele, enthalten. Im drogistischen Sortiment wird sie in **Fischölkapseln** angeboten.

Lecithin

Lecithin
gr. lekithos Eidotter

Lecithin gehört zur Gruppe der fettähnlichen Stoffe, zu den Phosphatiden. Hier ist das Glycerinmolekül mit zwei Fettsäuren gebunden und anstelle der dritten Fettsäure über einen Phosphorsäurerest mit Cholin verbunden. Aus Cholin wird im Gehirn der Neurotransmitter Acetylcholin gebildet.

Lecithine sind Bestandteile der Zellmembran. Sie sind besonders häufig im Nervengewebe und in den Gehirnzellen vertreten. Lecithine werden vom Körper selber gebildet und brauchen daher nicht über die Nahrung zugeführt werden.

Lecithin kommt in tierischen Lebensmitteln (z. B. Eiern), aber auch in vielen pflanzlichen, ölhaltigen Lebensmitteln (Sojabohne, Hefe und Weizenkeimen) vor.

Aufgrund des **bipolaren** chemischen Aufbaus besitzen Lecithine die Eigenschaft, Wasser und Fett zu emulgieren. Aus diesem Grund werden sie industriell als Emulgatoren eingesetzt.

Lecithinpräparate werden in Form von Pulver, Dragees oder in flüssiger Form angeboten. Als **Nahrungsergänzung** dient Lecithin zur Unterstützung der Zellfunktionen in lebenswichtigen Organen wie Gehirn, Nerven, Herz, Leber.

Da natürliche lecithinreiche Nahrungsmittel meist sehr fettreich sind und häufig auch Cholesterin enthalten, sind Lecithinpräparate als Nahrungsergänzung eine Empfehlung bei bestimmten Ernährungserfordernissen (Ernährung älterer Menschen, Jugendlicher, Sportler).

Einige Beschwerden, die in Zusammenhang mit Fetten stehen:
- Herz-Kreislauf-Erkrankungen (Arteriosklerose)
- Übergewicht
- Fettstoffwechselstörungen

1.2.3 Eiweiße (Proteine)

Protein
alt-gr. protos
das Wichtigste
hier: nur aus Aminosäuren aufgebauter
Eiweißkörper

Proteine, umgangssprachlich auch Eiweiße genannt, dienen im Gegensatz zu den Fetten und Kohlenhydraten, die vorwiegend Energielieferanten sind, hauptsächlich als Baustoff.

1g Protein liefert 17,1 kJ (4,2 kcal) Energie.

Der **Proteinbedarf** wird von der DGE mit 0,8 g/kg Körpergewicht täglich angegeben. Der Anteil des Proteins sollte ca. 10 bis 15 % der aufgenommenen täglichen Energiemenge ausmachen. Allerdings kann der Proteinbedarf individuell sehr unterschiedlich sein, da er von vielen Faktoren abhängt (z. B. Wachstum, sportliche Betätigung).

Die **Aufgaben der Proteine** sind:
- Aufbau und Erhalt von Körpersubstanz (Muskeln, Haut, Haare, Nägel)
- Baustoff vieler Substanzen, die den verschiedenen Funktionen unseres Körpers dienen, wie
  - Baustoff von Enzymen und Hormonen (Insulin)
  - Baustoff für Zellbestandteile (Zellmenbran)
  - Bildung von Antikörpern des Immunsystems
  - Bildung der Gerinnungsfaktoren des Blutes
  - Bildung von Transportsubstanzen im Blut (Hämoglobin)

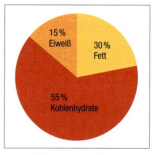

Nährstoffverteilung nach Empfehlung der DGE

Aufbau der Proteine

Proteine enthalten im Gegensatz zu Fetten und Kohlenhydraten neben Kohlenstoff, Wasserstoff und Sauerstoff auch noch Stickstoff und Schwefel.

Der Grundbaustein aller Proteine sind die Aminosäuren. Es gibt insgesamt 20 verschiedene Aminosäuren, die in Form einer langen Kette aneinandergeknüpft sind. Von den 20 Aminosäuren sind bei einem Erwachsenen 8 essenziell, d. h., der Körper kann sie nicht selbst herstellen. Sie müssen mit der Nahrung aufgenommen werden.

Essenzielle Aminosäuren sind:
Lysin, Leucin, Isoleucin, Methionin, Valin, Tryptophan, Threonin, Phenylalanin

Der chemische Aufbau von Aminosäuren ist durch eine Aminogruppe und eine Carboxylgruppe gekennzeichnet.

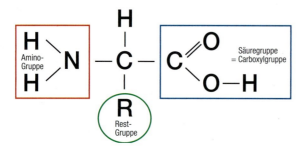

Grundstrukturformel einer Aminosäure

Die Aminosäuren sind kettenartig zu größeren Bausteinen verknüpft, die je nach Größe zunächst Peptide, Polypeptide und dann Proteine genannt werden. Die Proteine unterscheiden sich allerdings nicht nur durch ihre Aminosäurenanordnung, sondern auch durch ihre räumliche Gestalt (knäuelartig oder gefaltet).

Die Aminosäure Glutaminsäure und ihre Salze, die Glutamate, werden als Geschmacksverstärker verwendet.

Biologische Wertigkeit

Proteine kommen in tierischen und pflanzlichen Lebensmitteln vor. **Die tierischen Proteine** sind für den Menschen wertvoller (höhere „biologische Wertigkeit"), weil sie in ihrem Aufbau dem Eiweiß des menschlichen Körpers ähnlicher sind als pflanzliche Proteine. Körpereigene Substanzen können daraus somit leichter aufgebaut werden. Die biologische Wertigkeit wird durch den Gehalt an essenziellen Aminosäuren bestimmt.

Nach der klassischen Definition versteht man unter **biologischer Wertigkeit (BW)** die Effizienz, mit der ein Nahrungsprotein in körpereigenes Protein umgewandelt werden kann. Dabei wird das Vollei willkürlich mit dem Referenzwert 100 versehen. Im Alltag sollte die tägliche Nahrung aus einer Mischung tierischer und pflanzlicher Proteine zusammengesetzt sein. So wertet das tierische Eiweiß das pflanzliche in seiner biologischen Wertigkeit auf.

Grundsätzlich gilt: Fehlt eine der acht essenziellen Aminosäuren, so kann kein Körpereiweiß aufgebaut werden.

Gelatine ist ein tierisches Eiweiß mit sehr niedriger biologischer Wertigkeit. Die essenzielle Aminosäure Tryptophan fehlt, und schwefelhaltige Aminosäuren wie Cystein und Methionin sind nur in geringer Konzentration enthalten. Die Gelatine, die zur Nahrungsergänzung im drogistischen Sortiment angeboten wird, wird daher mit den fehlenden Aminosäuren angereichert.

Gute Eiweißlieferanten (mit hoher biologischer Wertigkeit) unserer Ernährung sind:
- Fleisch, Fisch, Eier
- Milch und Milchprodukte
- Sojaprodukte
- Hülsenfrüchte
- Getreide und Getreideprodukte

Durch Mischen verschiedener Proteinlieferanten kann die Eiweißqualität der aufgenommenen Nahrung verbessert werden.

Kombinationen von Nahrungsmitteln zur Optimierung der Proteinqualität (Beispiele)

	Getreide (BW 76)	Kartoffeln (BW 70)
Milcheiweiß (BW 81)	Vollkornbrot mit Käse (BW 125)	Pellkartoffeln mit Quark (BW 134)
Ei (BW 100)	Rührei mit Brot (BW 123)	Kartoffelpüree mit Rührei (BW 136)

Verdauung der Proteine

Verdauung der Proteine
→ Kapitel III / 8.1.4

Bei der Verdauung müssen Proteine enzymatisch vollständig bis zu den einzelnen Aminosäuren abgebaut werden, da größere Bruchstücke (Peptide), die ungespalten ins Blut übertreten würden, zu Abwehrreaktionen und im schlimmsten Fall zu Allergien (z. B. Weizeneiweißallergie) führen könnten. Dies ist insbesondere in der Säuglingsernährung zu beachten.

Einige Beschwerden, die in Zusammenhang mit Proteinen stehen, sind

Zöliakie, Sprue
→ Kapitel V / 2.8.1

- Zöliakie, Sprue
- Weizeneiweißallergie
- Kuhmilcheiweißallergie
- Gicht

1.2.4 Vitamine

Vitamine sind chemisch unterschiedlich aufgebaute organische Verbindungen. Sie haben nur eines gemeinsam: der menschliche Körper kann sie nicht – oder nur unzureichend – selber herstellen. Sie gehören somit zu den essenziellen Nährstoffen und müssen mit der Nahrung zugeführt werden.
Sie liefern dem Körper keine Energie, sondern sie haben aufbauende, steuernde und schützende Funktionen.

Einteilung

Die Vitamine werden nach ihren Löslichkeitseigenschaften in fett- und wasserlösliche Vitamine eingeteilt.

> **Kennzeichnung von Vitaminen**
>
> Die Kennzeichnung der Vitamine mit Buchstaben ist historisch bedingt und hat sich heute überholt. Allerdings werden im allgemeinen Sprachgebrauch sowohl die Bezeichnung mit Buchstaben als auch die Fachbezeichnung benutzt. Der Drogist sollte daher beide Bezeichnungen kennen. Merkhilfe für die fettlöslichen Vitamine:
> **ED(e)KA**

Fettlösliche Vitamine	Wasserlösliche Vitamine
Vitamin A (Retinol)	Vitamin B_1 (Thiamin)
Vitamin D (Calciferol)	Vitamin B_2 (Riboflavin)
Vitamin E (Tocopherol)	Vitamin B_6 (Pyridoxin)
Vitamin K (Phyllochinon)	Vitamin B_{12} (Cobalamin)
	Vitamin H (Biotin)
	Vitamin C (Ascorbinsäure)
	Folsäure
	Niacin (Nicotinsäure)
	Panthotensäure

Stoffwechsel

Die Vitamine werden aus den Lebensmitteln unverändert über die Darmschleimhaut ins Blut aufgenommen, zunächst zur Leber und von dort zu den Körperstellen transportiert, wo sie benötigt werden.
Wasserlösliche Vitamine werden vom Körper nicht gespeichert. Sie müssen ständig in einer bestimmten Menge mit der Nahrung aufgenommen werden. Eine Ausnahme bildet hier allerdings das Vitamin B_{12}, das – in der Leber gespeichert – eine Versorgung für mehrere Jahre ermöglicht.
Fettlösliche Vitamine hingegen können im Fettgewebe des Körpers gespeichert werden.

> **Hypovitaminose**
> ist eine Vitamin-Unterversorgung
> **Avitaminose** bedeutet das völlige Fehlen eines Vitamins in der Ernährung.

Aufgaben

Jedes Vitamin ist an bestimmten Stoffwechselvorgängen des Körpers beteiligt, sodass jedes Vitamin seine individuellen Aufgaben zu erfüllen hat. Die wichtigsten Aufgaben der Vitamine im menschlichen Körper sind:

1 Einführung in die Ernährungslehre

- als **Coenzyme** für Enzyme bei vielen Stoffwechselabläufen mitzuwirken, z. B Thiamin, Riboflavin, Niacin, Folsäure, Biotin, Pantothensäure, Pyridoxin, Cobalamin.
- am Aufbau von Gewebe (Bindegewebe, Hautgewebe, Knochen, Zähne, Blutkörperchen, Muskeln) mitzuwirken, z. B. Retinol, Ascorbinsäure, Calciferol, Tocopherol.
- Freie Radikale abzufangen, z. B. Carotin, Ascorbinsäure, Tocopherol.

Enzyme benötigen für ihre Stoffwechselaktivität Coenzyme (= Vitamine) und/oder Cofaktoren (= Spurenelemente, Mineralstoffe)

Coenzyme sind organische Verbindungen, die zusammen mit dem inaktiven Enzym, das Apoenzym und das aktive Enzym bilden.

Vitaminbedarf

Der genaue Vitaminbedarf eines Menschen ist abhängig von vielen Faktoren wie Alter, Geschlecht, Gesundheitszustand, Ernährung. Es lässt sich daher nur ein Grundbedarf für den Durchschnitt der Bevölkerung bestimmen.

Laut Stellungnahme der Deutschen Gesellschaft für Ernährung ist Deutschland kein „Vitaminmangel-Land". Trotzdem gibt es in jeder Altersgruppe Personen, die sich nährstoff- bzw. vitaminarm ernähren und dadurch eine kritische Nährstoffversorgung aufweisen. Das lässt sich aber nur über eine ärztliche Untersuchung feststellen.

Eine kritische Nährstoff- bzw. Vitaminversorgung kann vorliegen bei:
- freiwillig oder unfreiwillig geringer Nahrungsaufnahme mit negativer Energiebilanz (z. B. bei energiereduzierten Diäten, Magersucht, Bulimie)
- geringer oder einseitiger Nahrungsaufnahme im Alter bei Appetitverlust
- stark einseitiger Ernährungsgewohnheiten
- regelmäßigem Zigarettenkonsum
- Schwangeren
- Veganern

Für die Kundenberatung sollten bei der Produktauswahl stets die persönliche Lebenssituation der Kunden und seine gewünschten Ziele berücksichtigt werden.

> Vitamine sind sehr empfindlich gegen äußere Einflüsse wie Licht, Wärme und Sauerstoff. Vitaminreiche Lebensmittel sollten also dunkel und kühl gelagert werden und schonend mit wenig Wasser gegart werden.

 Vitamin-C-Gehalt

Besonders viel Vitamin C in 100 g Frucht sind enthalten in:
Camu-Camu-Früchte: 2000 mg, Acerolakirsche: 1400 mg, Hagebuttenfrüchte: 1250 mg, Sanddornbeeren: 800 mg, Schwarze Johannisbeeren: 180 mg

Aufgaben der Vitamine

Vitaminreiche Produkte, ohne Nahrungsergänzungsmittel (Beispiele)

Vitamin	Produktempfehlung/ Vorkommen	Wesentliche Aufgaben	Mangelerscheinung
Vitamin A Retinol ß-Carotin 0,8/1,1 mg**	Möhrensaft, Eigelb*, Butter*, Milchprodukte* Karotten*, Spinat*	• Aufbau der Haut und Schleimhäute • Beteiligung am Sehvorgang	Nachtblindheit, Veränderung an Haut und Schleimhäuten
Vitamin B_1 Thiamin 1,0/1,3 mg**	Vollkornprodukte, Hefe, Schweinefleisch*	• Regulation des Kohlenhydratstoffwechsels • Einfluss auf die Nerventätigkeit	Muskelschwäche, Nervenschäden, „Beri-Beri"
Vitamin B_2 Riboflavin 1,2/1,5 mg**	Milch- und Milchprodukte, Hefe	• wichtige Rolle bei der Energiegewinnung • Bestandteil von Enzymen	Hautrisse, Veränderung an Haut und Schleimhäuten
Vitamin B_6 Pyridoxin 1,2/1,6 mg**	Getreideprodukte	• Bestandteil von Enzymen des Eiweißstoffwechsels	Veränderung an Haut und Schleimhäuten
Vitamin B_{12} Cobalamine 3 µg**	Hefe, tierische Lebensmittel*	• Bildung vieler Enzyme • am Sauerstofftransport beteiligt	verminderte Zellteilung, Anämie
Vitamin C Ascorbinsäure 100 mg**	Getrocknete Früchte, Sanddornprodukte Kartoffeln*	• Antioxidans, schützt Zellen vor freien Radikalen • Aufbau und Erhaltung des Bindegewebes und fördert die Wundheilung • verbessert die Eisenaufnahme aus dem Dünndarm ins Blut (häufig zusammen mit Eisen in Nahrungsergänzungsmitteln) • positiver Einfluss auf das Immunsystem (zusammen mit Zink)	verzögerte Wundheilung, Schwächung des Immunsystems, Skorbut
Vitamin E Tocopherol 12/15 mg**	Pflanzliche Öle, Getreidekeime, Nüsse	• Antioxidans und Radikalenfänger • schützt Vitamin A, essenzielle Fettsäuren, Hormone und Enzyme vor oxidativem Abbau	trockene Haut, schlecht heilende Wunden
Vitamin D Calciferol 5 µg**	Fischöle, Lebertran, Milch, Käse, Butter*, Eier*	• Förderung des Einbaus von Kalzium und Phosphor in Knochen und Zähne • Förderung des Wachstums	Rachitis, Osteomalazie, Knochenerweichung
Vitamin K Phyllochinone 60/70 µg**	grüne Blattgemüse*, Tomaten*	• fördert die Blutgerinnung	unbekannt
Folsäure Es sind verschiedene folsäurewirksame Formen bekannt, z.B. das Metafolin 400 µg**	Weizenkeime, Hefe, grüne Blattgemüse*, Kürbis*	• für alle Zellteilungs- und Wachstumsprozesse • Zusammen mit Vitamin B_{12} für die Bildung und Reifung von Zellen u.a. der roten Blutkörperchen erforderlich • verhindert Missbildungen bei Neugeborenen (Embryo benötigt Folsäure, damit sich das Neuralrohr richtig schließt)	Anämie, Veränderungen an den Schleimhäuten
Niacin 13/17 mg**	Vollkornprodukte, Hefe, mageres Fleisch*, Fisch*	• wird für den Prozess der Energiegewinnung benötigt	Haut-, Schleimhautveränderungen; Pellagra

1 Einführung in die Ernährungslehre

Vitamin	Produktempfehlung/ Vorkommen	Wesentliche Aufgaben	Mangelerscheinung
Vitamin H Biotin 30/60 µg**	Hefe, Getreideprodukte	• Bildung von Fettsäuren • schützt vor Hautentzündungen • gut für Haut, Haare und Nägel	Hautveränderungen
Pantothensäure 6 mg	Weizenkeime, Gemüse*, Leber*	• beteiligt am Kohlenhydratstoffwechsel • fördert die Wundheilung	schlechte Wundheilung

* Lebensmittel, die normalerweise nicht im drogistischen Sortiment angeboten werden
** täglicher Bedarf nach DGE für 19 bis 25 Jahre alte Erwachsene
(1. Angabe für weiblich, 2. Angabe für männlich)
Fettlösliche Vitamine   Wasserlösliche Vitamine

1.2.5 Mineralstoffe

Mineralstoffe sind anorganische Substanzen, welche als Salze im Boden vorkommen. Pflanzen können die Mineralstoffe direkt aus dem Boden aufnehmen und nutzen. Der Mensch nimmt sie meistens über pflanzliche oder tierische Nahrung auf. Die Mineralstoffe zählen zu den essenziellen Nährstoffen. Sie liefern dem Körper keine Energie, sondern sie haben aufbauende, steuernde und schützende Funktionen.

Salzkristalle

Einteilung

Mengenelemente > 50 mg/kg Körpergewicht	Spurenelemente < 50 mg/kg Körpergewicht
Natrium Kalium Chlorid Kalzium Phosphor (Phosphat) Magnesium Schwefel	Eisen Zink Jodid Fluorid Selen Kupfer Mangan Chrom

Mineralstoffe werden nach ihrem Gehalt im Körper in **Mengenelemente** und **Spurenelemente** eingeteilt. Ist der Gehalt eines Mineralstoffes im Körper größer als 50 mg pro Kilogramm Körpergewicht, so spricht man von Mengenelementen, ist er niedriger, so zählt er zu den Spurenelementen.

Stoffwechsel und Aufgaben

Die Mineralstoffe werden aus den Lebensmitteln unverändert ins Blut aufgenommen und dort zu den Körperstellen transportiert, wo sie benötigt werden.
Sie gehen jedoch über den Schweiß, Harn und Stuhl in einer Menge von 15 bis 20 g täglich verloren und müssen über die Nahrung wieder zugeführt werden.

> Mineralstoffe sind aufgrund ihrer anorganischen Substanz im Gegensatz zu den Vitaminen unempfindlich gegenüber Hitze, Licht und Sauerstoff.

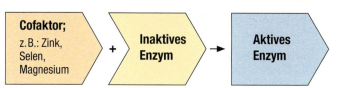

Enzyme benötigen für ihre Stoffwechselaktivität Cofaktoren

Aufgaben der Vitamine

Mengenelemente

- **Knochen, Zähne,** Kalzium, Phosphor
- **Kontraktion der Muskelzellen** Kalzium, Magnesium, Kalium
- **Regulation des Wasserhaushaltes** Natrium, Kalium, Chlorid
- **Bildung der Magensäure** Chlorid

Spurenelemente

- **Kariesschutz** Fluorid
- **Schilddrüsenhormon** Jod
- **Sauerstofftransport, Blutbildung** Eisen

Die wichtigsten Aufgaben der Mineralstoffe im menschlichen Körper sind:
- Aufbau und Erneuerung der harten Gewebe wie Knochen und Zähne: Kalzium, Magnesium, Phosphor
- Regulation des **osmotischen Drucks** innerhalb und außerhalb der Körperzellen und somit Regulation des Wasserhaushaltes: Natrium, Kalium, Chlorid
- Nervenimpulsübertragung und Muskelkontraktion: Kalzium, Natrium, Kalium
- Beteiligung bei der Atmung als Bestandteil von Hämoglobin: Eisen
- Bestandteil der Schilddrüsenhormone: Jod
- Regulation biologischer Vorgänge als Cofaktoren von Enzymen und Hormonen: Magnesium, Zink, Selen

> **Speisesalz**
>
> Je nach Gewinnungsverfahren unterscheidet man **Steinsalz** – bergmännischer Abbau (70 %) z. B. aus Bad Reichenhall - oder **Meersalz** (30 %). Meersalz gibt es auch als
> - Fleur de Sel („Salzblume")
> - Sel gris („graues Salz")
>
> Normales Steinsalz und Meersalz werden nach der Gewinnung durch Raffination gereinigt und enthalten im Wesentlichen nur Natriumchlorid. Angeboten werden zusätzlich noch jodiertes, fluoridiertes, folsäurehaltiges Speisesalz, Kräuter- und Gewürzsalz, Kochsalzersatz mit Kaliumchlorid für natriumreduzierte Diäten.

Mineralstoffreiche Produkte, ohne Nahrungsergänzungsmittel (Beispiele)

Mengenelemente	Wichtige Quellen	Wesentliche Aufgaben	Mangelerscheinung
Natrium 3/5 g**	Speisesalz	• Regulation des Wasserhaushaltes und der Gewebespannung in Blut und Gewebeflüssigkeit	sehr selten, Muskelkrämpfe
Kalium 2/3 g**	Trockenfrüchte, z. B. Aprikosen, Bananen	• Regulation des Wasserhaushaltes und der Gewebespannung in den Körperzellen, • Regulierung der Reizleitung in den Nerven, • Kontraktion von Muskelzellen	Muskelschwäche, Herzrhythmusstörungen, Obstipation

1 Einführung in die Ernährungslehre

Mineralstoffreiche Produkte, ohne Nahrungsergänzungsmittel (Beispiele)

Mengenelemente	Wichtige Quellen	Wesentliche Aufgaben	Mangelerscheinung
Chlorid 3/5 g**	Speisesalz	• Regulation des Wasserhaushaltes und der Gewebespannung in Blut und Gewebeflüssigkeit, • Bildung der Salzsäure im Magen	sehr selten, Muskelkrämpfe
Kalzium 1000 mg**	Mineralwasser Milch*, Milchprodukte*, Schmelzkäse*	• Mineralisierung von Knochen und Zähnen, • Kontraktion von Muskelzellen, • Regulierung der Reizleitung in Nerven	Muskelkrämpfe Rachitis, Osteoporose
Phosphor 700 mg**	Hülsenfrüchte, Milch*, Fleisch*	• Mineralisierung von Knochen und Zähnen, • Bestandteil der energiereichen Verbindung ATP	sehr selten
Magnesium 310/400 mg**	Nüsse, Vollkornprodukte, Mineralwasser Bananen*	• Kontraktion der Muskelzellen, • Cofaktor von Enzymen	Muskelkrämpfe, Herzrhythmusstörungen

Spurenelemente	Wichtige Quellen	Wesentliche Aufgaben	Mangelerscheinung
Eisen 15/10 mg**	Vollkornprodukte Fleisch*, Leber*, Feldsalat*	• Aufbau des roten Blutfarbstoffes (Hämoglobin) und des roten Muskelfarbstoffes (Myoglobin), • Sauerstofftransport zu den Zellen bzw. Kohlenstoffdioxidtransport aus den Zellen in die Lunge	Müdigkeit, verminderte Infektabwehr, Eisenmangelanämie
Zink 7/10 mg**	Getreide, Hülsenfrüchte Seefisch*, Fleisch*, Eier*	• Cofaktor von über 300 Enzymen, • Stärkung des Abwehrsystems	Hautentzündungen, schlecht heilende Wunden, brüchige Haare und Nägel, häufige Erkältungen
Jod 150/200 µg**	Jodiertes Speisesalz, Algen*, Seefisch*	• Bildung der Schilddrüsenhormone und damit Steuerung vieler Prozesse im Körper wie Energiestoffwechsel, Wachstum, Knochenbildung, Entwicklung des Gehirns	Entwicklungsstörungen des ZNS, Kropfbildung (Struma)
Fluorid 3,1/3,8 mg**	Fluoridiertes Speisesalz, schwarzer Tee, Seefisch*	• Härtung des Zahnschmelzes und somit Kariesschutz	verhindert eine ausreichende Zahnhärte
Selen 30/70 µg	Knoblauch*, Eier*, Fisch*, Fleisch*	• Cofaktor vieler Enzyme • als Antioxidans Zellschutz vor freien Radikalen	sehr selten
Kupfer 1/1,5 mg	Nüsse, Getreide, Innereien*, Fisch*	• Cofaktor von Enzymen, die an der Elastin- und Kollagenbildung beteiligt sind, • Bildung des roten Blutfarbstoffes Hämoglobin	Anämie
Mangan 2/5 mg	Vollkorngetreide, Nüsse, Hülsenfrüchte	• Cofaktor von Enzymen, z. B. bei der Insulinbildung in der Bauchspeicheldrüse	sehr selten

* Lebensmittel, die normalerweise nicht im drogistischen Sortiment angeboten werden
** täglicher Bedarf nach DGE für 19 bis 25 Jahre alte Erwachsene
   (1. Angabe für weiblich, 2. Angabe für männlich)

Eisenaufnahme

Die Eisenaufnahme aus dem Dünndarm ins Blut wird durch die gleichzeitige Aufnahme von Vitamin C, z. B. durch Säfte, gefördert. Die Eisenaufnahme kann aber auch durch bestimmte Stoffe gehemmt werden, z. B. durch
- Gerbsäuren aus schwarzem Tee
- Ballaststoffe, wie Lignine, aus Hülsenfrüchten oder Vollkornprodukten
- hohe Kalziummengen, z. B. durch Kalziumtabletten

1.2.6 Sekundäre Pflanzenstoffe (SPS)

Unter sekundären Pflanzenstoffen versteht man eine Gruppe chemisch sehr unterschiedlicher Stoffe, die ausschließlich in Pflanzen vorkommen.

Zu den sekundären Pflanzenstoffen zählen mehrere Tausend Substanzen (etwa 30.000 sind bekannt), die in Pflanzen gebildet werden und die der Mensch über die Nahrung aufnimmt. Die Wirkungen dieser Stoffe können je nach Dosis für den Mensch gesundheitsfördernd oder gesundheitsschädigend sein.

Den Pflanzen dienen diese Stoffe unter anderem als Abwehrstoffe gegen Schädlinge, als Wachstumsregulatoren, als UV-Schutz oder als Farbstoff.

Einteilung der SPS aufgrund ihrer chemischen bzw. funktionellen Eigenschaften

Programme zur gesunden Ernährung

Mit der Kampagne: **5 am Tag – iss bunt und gesund** wird versucht, den Obst- und Gemüseverzehr in der Bevölkerung zu steigern und damit eine gesunde Ernährung zu fördern.

Eine weitere Kampagne empfiehlt, tägliche **„Ampel-Obst und -Gemüse"** zu essen. Mit den Farben Rot (z. B. Tomaten), Gelb (z. B. Bananen) und Grün (z. B. Paprika) hat man dann eine Vielfalt an SPS abgedeckt.

Sekundäre Pflanzenstoffe	Charakterisierung	Bekannte bzw. mögliche Wirkungen auf den menschlichen Körper
Carotinoide	Farbstoffe in grünen, gelben und roten Pflanzen, z. B. in Tomaten und Karottensaft	antioxidativ, stärken Immunabwehr
Glukosinolate	scharfe Aromastoffe in Senf, Meerrettich	antiviral, antibakteriell
Phytoöstrogene	pflanzliche Östrogene, die den Hormonhaushalt beeinflussen; Sojabohnen, Leinsamen, Rotklee	antioxidativ
Phytosterine	Vorkommen in fettreichen Pflanzenteilen wie Samen und Nüssen	cholesterinsenkend
Polyphenole (Phenolsäuren, Flavonoide)	Farbstoffe in Blüten, Heidelbeeren, Aroniabeeren, Sanddornfrüchten	antioxidativ, antibakteriell
Protease-Inhibitoren	hemmen die Aktivität von proteinspaltenden Enzymen; Hülsenfrüchte, Vollkornprodukte	antioxidativ
Saponine	oberflächenaktive, schaumbildende Substanzen; Hülsenfrüchte, Sojabohnen	cholesterinsenkend, stärken Immunabwehr
Sulfide	sind für den typischen Geruch in Zwiebeln und Knoblauch verantwortlich	antimikrobiell, antioxidativ, cholesterinsenkend, stärken Immunabwehr

Der gegenwärtige wissenschaftliche Kenntnisstand über die SPS reicht noch nicht aus, um Bedarfsempfehlungen geben zu können. Viele Pflanzenstoffe besitzen allerdings schon seit alters her eine wichtige Rolle in der Heilkunde (ätherische Öle, Gerbstoffe).

> Ernährungswissenschaftler empfehlen, den Verzehr von Gemüse und Obst auf etwa 600 g täglich zu steigern. Jedes Gemüse und jede Frucht enthält ein individuelles Spektrum an sekundären Pflanzenstoffen. Daher gilt: Die Mischung macht's!

1.2.7 Wasser

Wasser ist essenziell für alle Lebensprozesse. Ohne Sauerstoff kann der Mensch nur einige Minuten überleben, ohne Wasser etwa drei Tage, ohne Nahrung sogar mehrere Wochen. Wasser benötigt der menschliche Körper als Baustoff, als Lösungs-, Transport- und Kühlmittel. Täglich verliert er etwa 2,5 Liter Flüssigkeit über Schweiß, Atemluft und Harn. Der menschliche Körper besteht zu 50–70 % aus Wasser. Die wasserreichen Organe wie Blut, Gehirn und Muskulatur reagieren auf einen Wassermangel besonders empfindlich. Es kommt zur Bluteindickung und zu einer Beeinträchtigung der Sauerstoffversorgung von Gehirn, Muskeln und Organen. Diese macht sich von allgemeiner Müdigkeit, Abnahme der körperlichen Leistungsfähigkeit und der Konzentration bis hin zu Kreislaufversagen bemerkbar.

Eine Leistungsminderung tritt bereits ein, wenn ca. 2 % des Körpergewichtes als Flüssigkeit verloren gegangen sind. Das sind bei einer 70 kg schweren Person 1,4 Liter, bei einem 6 kg schweren Säugling schon 120 ml Flüssigkeitsverlust. Ist der Flüssigkeitsmangel durch starkes Schwitzen, Durchfall oder Erbrechen verursacht worden, kommt es außerdem zu einem übermäßigen Verlust von Mineralstoffen.

Ein **Flüssigkeitsmangel** kann anhand folgender Symptome festgestellt werden:
- Urin ist konzentriert, dunkelgelb.
- Harter Stuhl – Verstopfung
- Kopfschmerzen, Schwindel (niedriger Blutdruck)
- Ausgetrocknete Schleimhäute

Unter normalen Verhältnissen sollte ein Erwachsener 1,5 bis 2 Liter Wasser pro Tag zu sich nehmen. Der **Flüssigkeitsbedarf** kann aber auch wesentlich höher liegen, z. B. bei körperlicher Anstrengung oder bei höheren Temperaturen. Durst ist ein Warnsignal, das anzeigt, dass der Organismus bereits unter Flüssigkeitsmangel leidet.

Osmotischer Druck
– ist derjenige Druck, der während der Osmose den Fluss gelöster Teilchen durch eine selektivpermeable Membran antreibt.
hier: Er ist ein Maß für die Konzentration gelöster Stoffe im Blut und im Getränk und gibt damit an, wie gut ein Getränk die verlorene Körperflüssigkeit ersetzen kann.

Einteilung

Getränke teilt man nach ihrem **osmotischen Druck** in drei Gruppen ein: hypertone, hypotone und isotone Getränke.

Arten von Getränken	Definition/Merkmal	Beispiele
Hypotone Getränke — Gelöste Teilchen im Getränk / Blut	Das Getränk enthält weniger gelöste Teilchen als das Blut im Körper. Sie werden rasch vom Körper aufgenommen, sie gleichen den Wasserverlust des Körpers aus, allerdings fehlen die notwendigen Mineralstoffe.	Leitungswasser, stark verdünnte Obst- und Gemüsesäfte, ungezuckerte Tees
Isotone Getränke — Gelöste Teilchen im Getränk / Blut	Das Getränk enthält ungefähr gleich viel gelöste Teilchen wie das Blut. Sie werden rasch vom Körper aufgenommen und können den Flüssigkeitsverlust im Körper gut ausgleichen.	Saftschorlen im Verhältnis 1:2 gemischt, isotone Sportgetränke
Hypertone Getränke — Gelöste Teilchen im Getränk / Blut	Das Getränk enthält wesentlich mehr gelöste Teilchen als das Blut. Sie können den Flüssigkeitsverlust im Körper nicht ausgleichen. Sie entziehen dem Darm körpereigenes Wasser, da sie erst verdünnt werden müssen.	Kaffee, Cola-Getränke, Limonaden, Eistee, unverdünnte Fruchtsäfte

Trinken beim Sport

Ein Flüssigkeitsmangel wird beim Sport durch vermehrtes Schwitzen verursacht. Um die Kühlung des Körpers zu ermöglichen, die Fließfähigkeit des Blutes aufrechtzuerhalten und Muskelkrämpfe zu vermeiden, sollten während des Sports ca. 500–1000 ml Flüssigkeit pro Stunde getrunken werden.

Isotone Getränke eignen sich optimal für Hochleistungssportler, um die bereits während des Trainings auftretenden Wasser- und Energieverluste schnell zu ersetzen. Im Breitensport (Fußball, Joggen, Tanzen) sind sie nicht notwendig. Mit **Mineralwasser** verdünnte Fruchtsäfte bieten einen ausreichenden Flüssigkeitsersatz, rasch verfügbare Energie, Mineralstoffe und Spurenelemente.

Kohlensäurearme Mineralwässer sind stark sprudelnden Mineralwässern vorzuziehen, da diese einen leichten Dehnungsreiz auf den Magen ausüben, welcher im Wettkampf stören kann.

Trinken im Alter

Zu einem Flüssigkeitsmangel kommt es bei älteren Menschen dadurch, dass das Durstempfinden nachlässt und in der Folge zu wenig getrunken wird. Der Körper trocknet aus, und es kommt zu Kreislaufzusammenbrüchen. Es muss daher auf eine bewusste Flüssigkeitszufuhr geachtet werden.

Empfehlenswert sind Früchte- und Kräutertees. Säfte, die zu Schorlen gemischt werden, bieten zusätzlich Vitamine, Mineralstoffe und sekundäre Pflanzenstoffe.

Trinken in der Säuglingsernährung

Säuglingsernährung
→ Kapitel V / 2.3

Da Kinder im Verhältnis zu ihrem Gewicht eine größere Körperoberfläche als Erwachsene haben, verdunsten sie über die Haut verhältnismäßig mehr Flüssigkeit. Dies ist besonders an heißen Tagen oder bei fiebrigen Erkrankungen ein Problem. Bei Säuglingen muss verstärkt auf eine ausreichende Flüssigkeitszufuhr geachtet werden.

Trinken und abnehmen

Getränke aus dem drogistischen Sortiment
→ Kapitel V / 3.8 Lebensmittelgruppen

Wer eine **Fastendiät** macht, muss viel trinken. Zum einen fehlt bei einer Fastendiät das Wasser, das in Lebensmittel enthalten ist. Zum anderen fallen beim Abbau der Körperfettreserven vermehrt Stoffwechselendprodukte an, die nur mit reichlich Flüssigkeit aus dem Körper über die Niere und somit den Urin abtransportiert werden können.

Empfehlenswert sind hier gute Mineralwässer oder **Heilwässer** mit einem hohen Mineralstoffgehalt sowie ungesüßte Früchte- oder Kräutertees.

1 Einführung in die Ernährungslehre

1.3 Empfehlungen für eine „gesunde Ernährung"

Gesunde Ernährung bedeutet immer, sich bewusst und vielseitig zu ernähren, sodass der Körper alle notwendigen Nährstoffe in ausreichender Menge erhält. Bei der Auswahl von Lebensmitteln gilt grundsätzlich, dass es so etwas wie „gesunde" oder „ungesunde Lebensmittel" nicht gibt. Alle Lebensmittel, mit der Ausnahme schadstoffbelasteter oder verdorbener Produkte, können grundsätzlich zu einer „gesunden Ernährung" beitragen.

Dem Stand der Ernährungswissenschaft entsprechen die **Empfehlungen der Deutschen Gesellschaft für Ernährung e.V. (DGE)**, die zusammen mit dem Bundesverbraucherministerium sowie Wissenschaftlern und Experten aus der Praxis eine **Lebensmittelpyramide** entworfen hat.

Dieses Modell basiert auf fundierten wissenschaftlichen Erkenntnissen und berücksichtigt unter anderem die zehn Regeln der DGE für die Zufuhr von Nährstoffen. Die Ernährungspyramide zeigt, welche Lebensmittel als ernährungsphysiologisch empfehlenswert eingeordnet werden und welche als weniger wertvoll gelten und nur in Maßen verzehrt werden sollten.

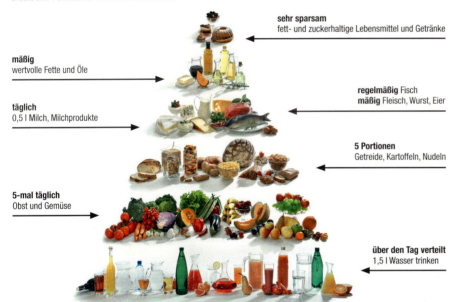

Die empfohlene Ernährungspyramide

 Zehn Regeln für eine gesunde Ernährung

Die Deutsche Gesellschaft für Ernährung hat auf der Basis aktueller wissenschaftlicher Erkenntnisse 10 Regeln formuliert, die helfen sollen, genussvoll und gesund erhaltend zu essen.

1. Vielseitig essen
2. Reichlich Getreideprodukte – und Kartoffeln
3. Gemüse und Obst – Nimm „5" am Tag ...
4. Täglich Milch und Milchprodukte; ein- bis zweimal in der Woche Fisch; Fleisch, Wurstwaren sowie Eier in Maßen.
5. Wenig Fett und fettreiche Lebensmittel
6. Zucker und Salz in Maßen
7. Reichlich Flüssigkeit
8. Schmackhaft und schonend zubereiten
9. Nehmen Sie sich Zeit, genießen Sie Ihr Essen.
10. Achten Sie auf Ihr Gewicht und bleiben Sie in Bewegung.

2 Ernährung bei speziellen Ernährungserfordernissen

Die Nahrungsbedürfnisse des Menschen sind abhängig von seinem Stoffwechsel, der wiederum von vielen Faktoren beeinflusst wird: dem Alter (Säugling oder älterer Mensch), der körperlichen Belastung (Schwangere, Stillende, Sportler), dem körperlichen Zustand (Krankheit, Medikamenteneinnahme, Rauchen, Alkohol).

2.1 Ernährung in der Schwangerschaft

Während einer Schwangerschaft muss viel Köpersubstanz (Embryo, Plazenta, Gewichtsvermehrung des weiblichen Körpers) neu aufgebaut werden, sodass ein erhöhter Nährstoffbedarf vom Beginn der Schwangerschaft an vorliegt. Die veränderten Ernährungserfordernisse sind:

- Der **Energiebedarf** steigt ab dem 4. Monat um 1046 kJ (250 kcal) pro Tag an.
- Der **Eiweißbedarf** ist leicht erhöht, da Eiweiß für den Aufbau der Körpersubstanz benötigt wird.
- Der **Kohlenhydrat- und Fettbedarf** ändert sich während der Schwangerschaft nicht. Es sollten jedoch vermehrt Vollkornprodukte gegessen werden, die durch ihren höheren Ballaststoffgehalt eine schwangerschaftsbedingte Verstopfung lindern bzw. verhindern. Dabei ist eine reichliche Flüssigkeitszufuhr (mind. 2 Liter) wichtig.
- Der **Vitaminbedarf** ist ganz allgemein erhöht; der Bedarf an Folsäure erhöht sich sogar auf das Doppelte, von 400 mg auf 800 mg. Folsäure besitzt eine besondere Bedeutung bei der **Prävention** von Neuralrohrdefekten (z. B. offener Rücken, Entwicklungsstörungen des Gehirns). Das Risiko dieser Krankheit kann durch zusätzliche Folsäuregaben um 60–75 % reduziert werden.
Frauen mit Kinderwunsch sollten mindestens vier Wochen vor einer geplanten Empfängnis und während des ersten Drittels der Schwangerschaft zusätzlich täglich 0,4 mg Folsäure einnehmen.
- Der **Mineralstoffbedarf** ist bei Kalzium, Eisen und Jod erhöht. Steht dem Körper nicht genügend Nahrungs-Kalzium zur Verfügung, greift er auf die Reserven in den Knochen und Zähnen zurück. Bereits ein halber Liter Milch enthält 600 mg Kalzium und deckt somit den Tagesbedarf zu 50 %.
Jodmangel kann während der Schwangerschaft zu frühkindlichen Entwicklungsstörungen führen.
Bei Wadenkrämpfen wird eine erhöhte Magnesiumzufuhr (z. B. in Tablettenform) empfohlen. Bei Sodbrennen können Mandeln oder Milch-Magnesium-Präparate empfohlen werden.

> Bei der Beratung zu eisenhaltigen Nahrungsergänzungsmitteln sollte die Schwangere darauf hingewiesen werden, dass es nach der Einnahme zu Nebenwirkungen wie dunkel gefärbtem Stuhl und Verstopfung kommen kann.

Aus dem Sortiment der Drogerie: Produkte der Schwangerschaftsernährung

Produktbeispiele	Erläuterung
Nahrungsergänzungsmittel wie z. B.: Multivitamin-, Mineralstoff-, Folsäure-, Eisen-, Kalzium-, Magnesiumtabletten	zur allgemeinen Verbesserung der Nährstoffzufuhr
Nüsse, Mandeln	bei Sodbrennen
Trockenobst, Weizenkleie, Leinsamen	bei Verdauungsbeschwerden

2.2 Ernährung während der Stillzeit

Grundsätzlich ist die Zusammensetzung der **Muttermilch** von der Ernährung der Mutter unabhängig. Nur der Gehalt an einigen bestimmten Nährstoffen, wie den wasserlöslichen Vitaminen, wird beeinflusst durch die Ernährung der Mutter. Andere Nährstoffe, wie z. B. Kalzium, werden weitestgehend in konstanten Mengen in die Muttermilch abgegeben. Dies kann bei unzureichender Versorgung der Mutter auf Kosten ihrer eigenen Gesundheit gehen. Deshalb ist eine ausgewogene Ernährung essenziell für die Gesundheit von Mutter und Kind.

- Während der Stillzeit steigt der **Energiebedarf** deutlich an. Zur Milchproduktion von 100 ml Muttermilch werden ca. 272 kJ (65 kcal) benötigt. Es wird daher eine zusätzliche Kalorienzufuhr von 2720 kJ (650 kcal)/Tag empfohlen, da die durchschnittliche Muttermilchmenge bei voll stillenden Müttern bei 800–1000 ml in 24 Stunden liegt.
- Es sollte zusätzlich ein Liter mehr **Flüssigkeit** getrunken werden als bei nichtstillenden Frauen, d. h., 3 Liter Flüssigkeit am Tag sind sinnvoll. An heißen Sommertagen muss sogar noch mehr getrunken werden. Kalorienfreie Getränke wie Trinkwasser, Mineralwasser, ungesüßte Kräuter- und Früchtetees sind dabei besonders gut.
Empfehlenswert sind die **Milchbildungstees** oder **Stilltees**, die Kümmelsamen, Anissamen und Fenchelsamen und evtl. noch Melisse und Lavendel enthalten.
- **Säfte** sollten zunächst nur in kleinen Mengen getrunken werden. Durch die Säure kann es zu Wundsein beim Baby kommen, auch Blähungen werden ab und an dadurch ausgelöst.

Lebensmittel wie Zwiebeln, Kohlgerichte, Pilze oder Hülsenfrüchte können bei Babys Blähungen verursachen, allerdings gibt es hierfür keine wissenschaftlichen Beweise. Eine **ovo-lakto-vegetabile Ernährung** (ein Verzicht auf Fleisch, nicht aber auf Milchprodukte und Eier) ist in der Stillzeit möglich. Dabei muss durch eine bewusste Zusammenstellung der Kost eine adäquate Eisen- und Eiweißzufuhr sichergestellt sein. Eine **vegane Ernährung**, in der alle tierischen Lebensmittel gemieden werden, ist in der Stillzeit nicht empfehlenswert, da sie zu bleibenden neurologischen Schäden beim Kind führen kann. Wenn eine Mutter auf keinen Fall tierische Lebensmittel zu sich nehmen will, braucht sie zusätzliche Nahrungsergänzungsmittel für Vitamin B_{12}, Eisen, Kalzium und Zink.

Aus dem Sortiment der Drogerie: Produkte für die Ernährung in der Stillzeit

Produktbeispiele	Erläuterung
Nahrungsergänzungsmittel wie z.B.: Multivitamin-, Mineralstoff-, Folsäure-, Eisen-, Kalzium-, Magnesiumtabletten, jodiertes Speisesalz	zur allgemeinen Verbesserung der Nährstoffzufuhr
Mineralstoffreiche Mineralwässer, Milchbildungstees	zur Deckung des erhöhten Flüssigkeitsbedarfs
Trockenobst, Weizenkleie, Leinsamen	bei Verdauungsbeschwerden

2.3 Säuglings- und Kleinkinderernährung

Säuglinge benötigen eine besondere Ernährung, da die Verdauungsfunktionen im ersten Lebensjahr noch nicht voll ausgereift sind und sie, bezogen auf ihr Körpergewicht, besonders viel Energie und Nährstoffe benötigen.

Bei der **Säuglingsernährung** unterscheidet man zwei Phasen:
1. die reine Milchernährung mit **Muttermilch (Stillen)** oder ersatzweise mit **Säuglingsanfangsnahrungen (Flaschenernährung)** in den ersten 4–6 Lebensmonaten und
2. die **Beikost**, die die Gläschenkost und die Breie umfasst. Sie ergänzt die Milchernährung und beginnt frühestens ab dem 5. Lebensmonat und spätestens ab dem 7. Lebensmonat.

Sowohl für Säuglingsmilchnahrungen als auch für Beikostprodukte gelten besonders strenge gesetzliche Regeln in Bezug auf die Zusammensetzung, die Verwendung von Zusatzstoffen (so sind Farb-, Geschmacks-, Konservierungsstoffe verboten), die bakteriologischen Anforderungen und Grenzwerte für Rückstände und Schadstoffe. Säuglingsnahrungen sind von der Zusammensetzung und der Kennzeichnung EU-weit in einer EG-Richtlinie und in Deutschland in der Diätverordnung geregelt.

2.3.1 Milchnahrungen

Milch ist das einzige Lebensmittel, das den Ernährungserfordernissen des Säuglings in den ersten Monaten gerecht wird. Das Stillen ist dabei unbestrittenermaßen die beste Ernährungsweise für das Kind. So schreibt auch die EU-Richtlinie für Säuglingsnahrungen vor, dass auf den Säuglingsanfangsnahrungen der Hinweis anzugeben ist, dass Stillen die beste Säuglingsernährung ist.

Argumente fürs Stillen

- Die Muttermilch passt sich den Bedürfnissen des Kindes während seiner Entwicklung an.
- Die Muttermilch bietet einen besonderen Schutz vor Infektionen und Allergien.
- Das Saugen an der Brust kann Zahnfehlstellungen vorbeugen.
- Die Muttermilch ist stets hygienisch einwandfrei, gut temperiert und sofort verfügbar.
- Stillen ist preiswert.
- Stillen fördert die emotionale Bindung zwischen Mutter und Kind.

Der Säugling kann ohne weitere Beikost in den ersten 4–6 Monaten voll gestillt werden und dann, nach Einführung der Beikost, so lange weitergestillt werden, wie Mutter und Kind es mögen. Die Muttermilch bietet dabei zahlreiche Vorteile für die Gesundheit von Mutter und Kind gegenüber den Milchanfangsnahrungen.

Wenn eine Mutter nicht stillen kann oder möchte, dann ist eine **Säuglingsanfangsnahrung** im Vergleich zu reiner Kuhmilch die einzige Alternative. Kuhmilch dient zwar immer als Basis bei der Herstellung der Säuglingsmilchnahrung, allerdings muss sie der Muttermilch angeglichen werden.

Vergleich Muttermilch, Säuglingsanfangsnahrung und Kuhmilch

	Muttermilch	Kuhmilch	Säuglings-anfangsnahrung
Energiegehalt in kJ/(kcal)/100 ml	280/(67)	276/(66)	280/(67)
Eiweiß (g/100 ml)	1,2	3,3	1,4
Kohlenhydrate (nur Laktose) (g/100 ml)	7,0	4,5	7,5
Fett (g/100 ml)	4.0	3,6	3,6
Kalzium (mg/100 ml)	32	120	43

Der Markt an Säuglingsmilch- und Spezialnahrungen ist fast unübersichtlich groß, sodass es vielen Kunden schwerfällt, die passende Auswahl zu treffen.
Als Beratungshilfen können folgenden Kriterien dienen:

Säuglingsmilchnahrungen entsprechend dem Alter des Säuglings

In Deutschland werden Säuglingsmilchnahrungen als **Säuglingsanfangsnahrungen** (mit der Silbe „Pre" und/oder der Ziffer „1") oder als **Folgenahrung** mit den Ziffern „2", „3" und Juniormilch angeboten. Säuglingsanfangsnahrungen sind für die besondere Ernährung von Säuglingen während der ersten vier bis sechs Lebensmonate bestimmt.

- **Pre-Nahrung:** Der Eiweißgehalt ist der Muttermilch angeglichen, und sie enthält als einziges Kohlenhydrat Laktose. Sie ist dünnflüssig und wird wie Muttermilch nach Bedarf gegeben.
- **Anfangsmilch „1":** ist eine Anfangsnahrung. Allerdings kann sie außer Laktose noch weitere Kohlenhydrate wie Stärke enthalten und ist daher sättigender (magenfüllender). Deshalb sollten diese Nahrungen regelmäßig, das heißt nach festen Zeiten, gefüttert werden, damit sich die Säuglinge an einen festen Essensrhythmus gewöhnen. Da die Anfangsnahrung „1" etwas dickflüssiger ist als die Pre-Nahrung, sollte am besten ein Sauger mit mittelgroßer Lochung benutzt werden. Ist die Lochung des Saugers zu klein, ist es für den Säugling wesentlich anstrengender zu trinken, und es besteht die Gefahr, dass er dann zu wenig Milch erhält.
- **Folgenahrungen „2" und „3":** Ein Wechsel kann nach dem sechsten Lebensmonat erfolgen, muss aber nicht unbedingt sein. Diese Folgemilchen sind auf die Bedürfnisse des Säuglings ab dem Beikostalter abgestimmt und eignen sich deshalb erst ab diesem Alter als Milchnahrung. Sie enthalten mehr Kohlenhydrate in Form von Stärke und sind damit sämiger und sättigender. Sie ergänzen die gemischte Kost mit Nährstoffen, die die Babys jetzt vermehrt benötigen, wie z. B. das Eisen.

Aus dem Sortiment der Drogerie: Milchnahrungen

Einteilung der Milchnahrungen	Zeitpunkt des Beginns	Erläuterungen
Anfangsmilch „Pre"	• von Geburt an • zum Zufüttern beim Stillen • im Anschluss an das Stillen	• als einziges Kohlenhydrat Laktose • sehr dünnflüssig und in Zusammensetzung und Konsistenz der Muttermilch am ähnlichsten • Molkenprotein-Casein-Verhältnis 60 : 40 (wie Muttermilch) • der Eiweiß-, Laktose- und Fettgehalt ist wie bei der Muttermilch (hier gelten gesetzliche Vorgaben) • mit Zusatz von Vitamin D, Jodid, Spurenelementen
Anfangsmilch „1"	• von Geburt an • im Anschluss an eine Pre-Nahrung • im Anschluss an das Stillen	• enthält meist neben Laktose eine kleine Menge an Maltose oder Stärke • ist sämiger als eine Pre-Nahrung • ist magenfüllender • mit Zusatz von Vitamin D, Jodid, Spurenelementen
Folgenahrung „Stufe 2"	• nach dem 6. Monat	• auf der Basis von Magermilch • enthält neben Laktose, auch Maltose, Saccharose und Stärke, pflanzliche Öle sowie Vitamine und Mineralien
Folgenahrung „Stufe 3"	• ab dem 10. Monat	• auf der Basis von Kuhmilch, aber mit weniger Eiweiß und einem höheren Gehalt an Eisen, Jod, Vitamin D und Omega-3-Fettsäuren
Folgemilch 4, Juniormilch / Kleinkindmilch	• ab 12. Monat	

Spezialnahrungen

Eine Spezialnahrung ist bei Ernährungsstörungen oder Erkrankungen des Säuglings erforderlich, z. B. bei Blähungen, Verstopfung, Durchfallerkrankungen, Spuckneigung, Aufstoßen, Milchzuckerunverträglichkeit (Laktoseintoleranz), Allergiegefahr (Kuhmilcheiweißintoleranz, Zöliakie).

- **HA-Nahrungen** („HA" hinter dem Handelsnamen bedeutet Hypo-Antigen bzw. Hypo-Allergen, Hypoallergene Nahrung): Sie werden bei allergiegefährdeten Kindern zur **Reduzierung des Allergierisikos** empfohlen. Das Eiweiß ist teilweise aufgespalten und wird dadurch allergenärmer, denn die entscheidende Rolle für das Auslösen von Allergien spielt das Milcheiweiß. Durch ein spezielles Herstellungsverfahren werden die Eiweißmoleküle der Kuhmilch so aufgespalten (hydrolysiert), dass die dadurch entstandenen kleinen Eiweißbausteine vom Immunsystem des Säuglings als weniger fremd erkannt werden (in gewisser Weise vorverdaut). Durch die Aufspaltung der Eiweiße schmecken HA-Nahrungen leicht bitter. Wie bei normaler Säuglingsmilchnahrung bietet der Handel auch bei HA-Nahrungen Anfangsnahrungen („Pre", „1") und Folgenahrungen („2") an.

- **Heilnahrungen/Sensitivnahrungen:** Bei Durchfallerkrankungen muss darauf geachtet werden, dass der Mineralstoff- und Wasserverlust ausgeglichen wird. Die sogenannten Sensitivnahrungen oder Heilnahrungen enthalten weniger Laktose und ein leicht verdauliches allergenarmes Eiweiß. Ein verminderter Gehalt an Laktose ist sinnvoll, da die Verdauung von Laktose nach Durchfällen vorübergehend gestört ist. Allerdings sind nicht alle Heilnahrungen in den ersten Lebensmonaten nicht für allergiegefährdete Kinder geeignet, da sie kein allergenarmes Eiweiß enthalten.

- **Anti-Reflux-Nahrungen:** Sie enthalten Quellstoffe (z. B. Johannisbrotkernmehl), die die Nahrung sämiger machen und so das Zurückfließen in die Speiseröhre und damit das Spucken vermindern.
  Verwendung finden diese Nahrungen, wenn das Kind nach jeder Mahlzeit spuckt, sowie vor und nach jeder Mahlzeit schreit, weil die Säurebelastung in der Speiseröhre Schmerzen verursacht. Nicht erforderlich sind Reflux-Nahrungen, wenn der Säugling nur ein wenig nach der Nahrungsaufnahme spuckt. Aufgrund des winzigen Magenvolumens stoßen sie häufiger einen Teil der Nahrung wieder auf.
- **SL-Nahrungen:** Sie ermöglichen eine laktosefreie Ernährung. Diese Ernährung wird erforderlich, wenn eine angeborene Laktoseintoleranz, die mit Symptomen wie Blähungen, Bauchkrämpfen und Durchfällen einhergeht, vorliegt. Sie ist in Europa eine sehr seltene Erkrankung und erfordert eine absolut laktosefreie Ernährung.

Milchnahrung	Erläuterungen	
HA-Nahrungen (Hypoallergene Nahrung)	dienen der Prävention und nicht der Therapie bei allergiegefährdeten Kindern zur Reduzierung des Allergierisikos	Eiweiße (aus Molke, Casein, Soja) sind geringfügig hydrolysiert (aufgespalten). Diese kleineren Bestandteile werden nicht als Allergen erkannt, sie können die Darmwand ungehindert passieren, die allergischen Reaktionen bleiben aus.
HN-Nahrungen (Heilnahrung)	bei Durchfallerkrankungen	• Laktosegehalt ist oft reduziert • mit erhöhtem Elektrolytgehalt, um den Elektrolytverlust auszugleichen, • mit Banane oder Karotte als bekömmliche Nahrung für den Darm
AR-Nahrungen (Anti-Reflux)	bei Aufstoßen und Spucken	enthalten Quellstoffe (z. B. Johannisbrotkernmehl), die die Nahrung sämiger machen und so das Zurückfließen in die Speiseröhre und damit das Spucken vermindern
SL-Nahrungen, Sinlac® (sine lacte d.h. ohne Milch)	bei Laktoseintoleranz	frei von Kuhmilchbestandteilen wie Laktose und Kuhmilcheiweiß sowie frei von Gluten und Saccharose
Sensitivnahrungen	bei Blähungen (Dreimonatskoliken) und zum Nahrungsaufbau bei akuten Durchfallerkrankungen	Kombination aus niedrigem Laktosegehalt, besonders hochwertigem Eiweiß und natürlichen **Bifiduskulturen**. Diese helfen häufig auftretende Verdauungsbeschwerden wie zu festen Stuhl, Blähungen und Durchfall zu verringern.

2.3.2 Beikost

Als Beikost bezeichnet man alle, speziell für Säuglinge und Kleinkinder hergestellten, diätetischen Lebensmittel, die frühestens ab dem 5. und spätestens ab dem 7. Lebensmonat die Muttermilch bzw. Säuglingsanfangsnahrung ergänzen sollen. Im zweiten Lebenshalbjahr steigt z. B. der Bedarf an Eisen stark an, da die **pränatal** angelegten Eisenvorräte nun erschöpft sind.

Das Forschungsinstitut für Kinderernährung in Dortmund hat einen Ernährungsplan entwickelt, der in Deutschland als Grundlage für die Säuglingsernährung und somit auch für die Beratung Gültigkeit hat.

Hinsichtlich Säuglingsmahlzeiten und Zusammensetzung der Beikost gelten dieselben Empfehlungen für gestillte und mit Säuglingsmilchnahrung ernährte Säuglinge.

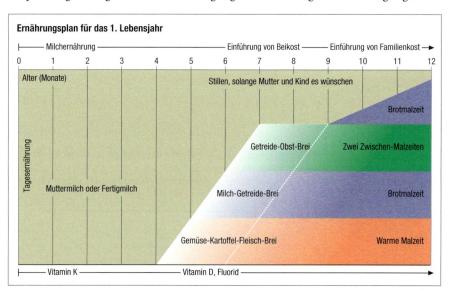

Jede Breimahlzeit hat ein besonderes Lebensmittel- und Nährstoffprofil. Die Breimahlzeiten ergänzen sich zusammen mit den Milchmahlzeiten zu einer ausgewogenen Ernährung.

Welcher Brei kann wann gereicht werden?

- **Beginn des 5. Monats bis spätestens Beginn des 7. Monats:** meist Karottenbrei (**oder ein anderer reiner Gemüsebrei**), da Karotten
  - von den Säuglingen wegen ihres süßlichen Geschmacks gut akzeptiert werden,
  - sehr allergenarm und
  - sehr vitaminreich sind.

Wird der Gemüsebrei gut vertragen, kann ein **Gemüse-Kartoffel-Brei** und schließlich der **Gemüse-Kartoffel-Fleisch-Brei** eingeführt werden. Dieser Brei ist ein guter Lieferant von Eisen, Zink, essenziellen Fettsäuren und Vitaminen. Der Ernährungsplan sieht pro Tag eine Fleischmenge von 20 g (im 5. bis 7. Monat) und 30 g (ab dem 7. Monat) vor.

- **Frühestens ab dem 6. Monat (spätestens ab 8. Monat):** Ergänzung des abendlichen Speiseplans durch einen **Milch-Getreide-Brei**, welcher vor allem die Mineralstoffversorgung verbessert und wichtige B-Vitamine liefert. Die Milchbreie sind unter Bezeichnungen wie „Milchbrei", „Abend-„ oder „(Gute) Nacht"-Brei im Sortiment. Milchfertigbreie in Pulverform enthalten den Milchanteil in Form von Milchpulver bzw. Milchbestandteilen und werden nur mit Wasser angerührt. **Fertigmilchbreie** sollten einen Zusatz von Jod zur Kropfvorbeugung enthalten. Die ersten Getreidebreie sollten aus glutenfreiem Getreide hergestellt sein. Als Getreidegrundlage empfiehlt sich Reis, Mais oder Hirse.
- **Frühestens Anfang des 7. Monats, spätestens zum Anfang des 9. Lebensmonats:** Hier kann nachmittags ein **milchfreier Obst-Getreide-Brei** gegeben werden. Der eiweißarme Obst-Getreide-Brei ergänzt die anderen eiweißreichen Breie durch eine hohe Vitamin- und Ballaststoffzufuhr. Er verbessert mit seinem Vitamin C die Eisenausnutzung des Getreides.
- **Ab dem 10. bis 12. Monat:** In diesem Lebensalter sollten die verschiedenen Mahlzeiten in drei Hauptmahlzeiten und zwei Zwischenmahlzeiten übergehen, um eine Annäherung an die Familienkost zu beginnen. Das Essen ist nun nicht mehr püriert, sondern mehr und mehr mit altersgerechten Stücken versehen.

Ab dem 1. Lebensjahr erfolgt ein schrittweiser Übergang in die **Familienkost**.

	Morgens	Morgens	Mittags	Nachmittags	Abends
Bis zum Endes des 4. Monats	Stillen bzw. Fertigmilch	Stillen bzw. Fertigmilch	Stillen bzw. Fertigmilch	Stillen bzw. Fertigmilch	Stillen bzw. Fertigmilch
5./6. Monat	Stillen bzw. Fertigmilch	Stillen bzw. Fertigmilch	Gemüse-Kartoffel-Fleisch-Brei	Stillen bzw. Fertigmilch	Stillen bzw. Fertigmilch
6./7. Monat	Stillen bzw. Fertigmilch	Stillen bzw. Fertigmilch	Gemüse-Kartoffel-Fleisch-Brei	Stillen bzw. Fertigmilch	Vollmilch-Getreide-Brei
7./8. Monat	Stillen bzw. Fertigmilch	Stillen bzw. Fertigmilch	Gemüse-Kartoffel-Fleisch-Brei	Getreide-Obst-Brei	Vollmilch-Getreide-Brei
10./12. Monat	Brot-Milch-Mahlzeit	Früchte	Gemüse-Kartoffel-Fleisch-Brei	Getreide-Obst-Brei	Vollmilch-Getreide-Brei

 Grundlage für einen ausgewogenen Speiseplan sind die optimiX-Empfehlungen des Forschungsinstitutes für Kinderernährung Dortmund (FKE)

Bei allergiegefährdeten Säuglingen sollte mit der Beikost erst im 7. Lebensmonat begonnen werden. Neue Lebensmittel werden dabei am besten nur schrittweise und einzeln eingeführt.

Beginnend mit nur einem Lebensmittel, wie z. B. reinem Karottenbrei, kann wöchentlich ein weiteres neues Lebensmittel eingeführt werden. So werden Unverträglichkeiten schneller erkannt und können einem bestimmten Lebensmittel zugeordnet werden. Allergenarme Breie können aus milchfreien Getreidebreien zusammen mit HA-Nahrung zubereitet werden.

Lebensmittel mit besonders hoher **Allergenität** wie Zitrusfrüchte, Nüsse, Schokolade sollten bis zum Ende des 2. Lebensjahres gemieden werden.

Beim Einkauf von Säuglingsnahrung sollte darauf geachtet werden, dass sie

- frei von geschmacksgebenden Zutaten wie Gewürzen, Nüssen, Schokolade, Kakao, Aromen usw. ist, um potenzielle Allergieauslöser zu vermeiden.
- frei von Zuckerzusätzen ist. Diese fördern die Entstehung von Karies und die frühzeitige Gewöhnung an den süßen Geschmack. Deklariert sind sie z. B. als Fruktose, Glukose, Glukosesirup, Honig, Maltodextrin, Maltose, Saccharose sowie verschiedene Dicksäfte und Sirupe.
- ohne Zusatz von Salz ist und keine scharfen Gewürze enthält.
- Fertigmilchbreie und Getreide-Obst-Breie sollten mit Jod angereichert sein (auf der Zutatenliste sind sie als „Kaliumjodid" oder „Kaliumjodat" deklariert).

2.3.3 Getränke in der Säuglingsernährung

Während der ersten vier Lebensmonate erhält der Säugling über die Muttermilch bzw. die Flaschennahrung grundsätzlich ausreichend Flüssigkeit. Eine zusätzliche Getränkegabe ist daher nicht notwendig. Erst **mit Beginn der Beikost** braucht das Kind zusätzliche Flüssigkeit, damit der Stuhl nicht zu fest wird.

Ausnahme: Wenn an sehr heißen Tagen, bei Durchfall, Erbrechen oder fiebrigen Erkrankungen ein erhöhter Flüssigkeitsverlust eintritt, muss zusätzlich Flüssigkeit gereicht werden.

Säuglinge haben im Verhältnis zu ihrem Gewicht eine größere Körperoberfläche als Erwachsene und verdunsten dadurch über die Haut verhältnismäßig mehr Flüssigkeit. Auf eine ausreichende Flüssigkeitszufuhr muss bei Säuglingen also unbedingt geachtet werden. Dazu bieten sich abgekochtes Wasser, ungesüßte Tees oder verdünnte Fruchtsäfte an.

Mineral- und Tafelwasserverordnung

Wasser

Für die Säuglingsernährung eignen sich abgekochtes Trinkwasser, stilles Mineralwasser oder spezielles Baby-Wasser. Spezielles Baby-Wasser aus dem Handel hat den Vorteil, dass es nicht mehr abgekocht werden muss und keimfrei ist. Entsprechend der gesetzlichen Vorgaben darf Wasser, welches zur Zubereitung von Säuglingsnahrung deklariert ist, bestimmte Höchstwerte an Natrium, Nitrat und Nitrit nicht überschreiten. In verschiedenen Regionen Deutschlands kommt es manchmal zu stark erhöhten Nitratwerten im Trinkwasser. Dort ist die Verwendung eines geprüften, nitratarmen Wassers für Säuglinge sinnvoll.

Nitrat selber schadet der Gesundheit nicht. Es kann jedoch im Körper und in Nahrungsmitteln zu Nitrit umgewandelt werden. Nitrit hemmt den Sauerstofftransport im Blut und ist vor allem für Säuglinge und Kleinkinder gesundheitsgefährdend.

Tee

Angeboten werden Kräuter- und Früchtetees als Teebeutel, loser Tee, zuckerhaltige und zuckerfreie Instanttees. Als Kräuter und Früchte werden bevorzugt Fenchel, Anis, Kamille, Hibiskus, Malve, Hagebutte angeboten. Einige dieser Kräutertees (wie Fenchel- und Anistee, Bäuchleintee) haben noch den **Zusatznutzen**, dass sie der Verdauung dienen und Blähungen verringern.

Leider werden vielen Getränken zum Süßen verschiedene Zuckerarten (Saccharose, Glukose, Laktose, Glukosesirup oder Maltodextrin) zugesetzt. Zuckerhaltige Tees fördern die Entstehung von Karies und sollten gemieden werden.

Wichtig ist der Hinweis auf den Teegetränken, dass häufiges und dauerhaftes Nuckeln aus der Flasche Karies verursachen kann. Dauernuckeln, auch ungesüßter Getränke, macht das Gebiss anfälliger für Karies, weil dabei die Zähne anstatt von schützendem Speichel von der Getränkeflüssigkeit umspült werden.

> **Fenchel-Tee**
>
> Fenchelfrüchte werden in Form von Tees häufig Säuglingen und Kleinkindern als Getränk gegeben, ohne dass eine Indikation vorliegt. Fenchelzubereitungen sollten aber wegen ihres Gehalts an Estragol und Methyleugenol, die beide als krebsauslösend eingestuft werden, vorsorglich nicht ohne Indikation und über einen langen Zeitraum gegeben werden.
> Das Bundesinstitut für Risikobewertung (BfR) empfiehlt, nicht „über den gelegentlichen Einsatz in der Küchenpraxis" hinauszugehen.

Obst- und Gemüsesäfte

Obst- und Gemüsesäfte (z. B. Apfel- oder Karottensaft) enthalten zwar wertvolle Vitamine, als Getränk zum Durstlöschen sind sie unverdünnt jedoch nicht geeignet. Sie enthalten Zucker und andere Kohlenhydrate, welche die Entstehung von Karies fördern können.
Säfte sollten daher im Verhältnis zwei Teile Wasser und ein Teil Saft verdünnt und keinesfalls zum Dauernuckeln gegeben werden.

Auch alle anderen Getränke, denen zusätzlich Zucker, Honig, Sirupe, Dicksäfte, Zuckeraustauschstoffe oder Süßstoffe zugesetzt wurden, sollten grundsätzlich gemieden werden.

2.4 Ernährung im Alter

Der Körper des Menschen verändert sich mit dem Älterwerden, wodurch es auch zu **Veränderungen im Energie- und Nährstoffbedarf** kommt.
Einige dieser Veränderungen sind:
- Der Energiebedarf ist geringer als in jungen Jahren. Wird dies bei der Nahrungsaufnahme und Lebensmittelauswahl nicht berücksichtigt, so kann es zu Übergewicht kommen.
- Nährstoffe, vor allem Vitamine, werden nicht mehr so gut **resorbiert**.
- Die Verdauungstätigkeit lässt nach, dadurch kommt es häufiger zu Verstopfung.
- Die Zellen der Bauchspeicheldrüse sind häufig geschwächt. Dadurch erfolgt eine schlechtere Regulation des Blutzuckers, was zu Diabetes mellitus Typ II (Altersdiabetes) führen kann.
- Die Knochendichte und die Skelettmuskulatur verändern sich. Dies kann zu **Osteoporose** führen.
- Aufgrund schlecht sitzender Zahnprothesen kann es zu Kauschwierigkeiten kommen.
- Schluckstörungen, Entzündungen der Speiseröhre oder des Magens behindern häufig die Nahrungsaufnahme.
- Durst, Hunger und Appetit lassen insgesamt nach.

Durch Untersuchungen wurde festgestellt, dass sich viele ältere Menschen nicht ihren Bedürfnissen entsprechend ernähren und somit unter Krankheiten wie Altersdiabetes, Übergewicht, Untergewicht oder Mangelernährung leiden.

Andere Faktoren, wie die individuelle Lebenssituation, das verfügbare Einkommen, das soziale Umfeld, die Wohnsituation und vieles mehr, nehmen Einfluss auf den Ernährungsstatus.

Das drogistische Sortiment bietet für die Senioren ein breites Angebot an Lebensmitteln und Nahrungsergänzungsmitteln, die eine gute Unterstützung der normalen Ernährung sein können. Die Vorteile dieser Produkte sind u. a., dass sie eine hohe Nährstoffdichte haben und eine wesentlich längere Haltbarkeit als Frischprodukte wie Milch, Obst und Gemüse. Sie lassen sich also gut auch für eine Vorratshaltung nutzen, wenn das häufige Einkaufen aus vielerlei Gründen nicht mehr möglich ist.

Wichtig für die Beratung dieser Personengruppe ist aber immer die Beachtung der individuellen Verträglichkeit bzw. Vorlieben.

Aus dem Sortiment der Drogerie: Lebensmittel für die Seniorenernährung

Produkte	Erläuterungen
Vitamin- und Mineralstoffpräparate	bei allgemeiner Mangelernährung, Appetitlosigkeit und Untergewicht
Trockenobst, Soft-Früchte	liefern viele Vitamine, Mineralstoffe (Kalium!), wenn der Einkauf von frischem Obst nicht mehr regelmäßig möglich ist
Sanddornsirup, Hagebuttensaft oder -mus	Vitamin-C-haltig, um das Immunsystem zu stärken, wenn die Personen nicht mehr regelmäßig an der frischen Luft spazieren gehen
Gemüsesäfte oder- mus, Karottensaft	vitamin- und mineralstoffreich, wenn der Einkauf von frischem Gemüse nicht mehr regelmäßig möglich ist, bei Schluckbeschwerden
Eisenpräparate	wenn kein Fleisch mehr gegessen wird
Jodiertes Speisesalz	wenn kein Fisch vertragen oder gemocht wird
Eiweißkonzentrate	bei Unterernährung, Untergewicht
Hefeprodukte wie Hefeflocken, Hefetabletten	liefern B-Vitamine, wenn wenig Milch- und Milchprodukte verzehrt werden
Verdauungsfördernde Präparate wie Leinsamen, Kleie, Milchzucker	liefern Ballaststoffe, wenn keine Vollkornprodukte gegessen werden und durch Bewegungsmangel eine Darmträgheit besteht
Gewürze, z. B.: Kümmel	Viele Kräuter und Gewürze haben neben dem geschmacklichen Aspekt zusätzlich einen günstigen Effekt auf den Stoffwechsel. So hilft Kümmel zum Beispiel bei Blähungen.

2.5 Sportlerernährung

Bei intensivem Sport sind der Energiebedarf und auch der Nährstoffbedarf erhöht. Die Leistungsfähigkeit des Körpers lässt sich daher nicht nur durch Training, sondern auch durch eine angepasste Ernährung steigern und erhalten.

Der erhöhte Energiebedarf eines Sportlers ist von vielen Faktoren abhängig, u. a. von der Sportart (Ausdauersport, Kraftsport). Bei mäßig bis mittelmäßig anstrengenden Aktivitäten ist der Energiebedarf rund 300 kcal/h und bei größeren sportlichen Aktivitäten etwa 600 kcal/h höher.
Bei bestimmten Nährstoffen wie Eiweiß, Kalzium, Magnesium, den B-Vitaminen und beim Vitamin D steigt der Bedarf überproportional zum Energiebedarf.

Die Grundformel der energieliefernden Nährstoffe für alle sportlich Aktiven heißt:
- mindestens 50 Prozent der Energie aus Kohlenhydraten,
- zwischen 25 und 35 Prozent aus Fetten und
- 15 bis 20 Prozent aus Eiweiß.

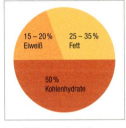

Die wichtigste Energiequelle für Sportler sind **Kohlenhydrate**. Entscheidend bei der Auswahl ist, wie schnell und in welchen Mengen sie aufgenommen und verwertet werden können. Als Orientierungshilfe dient dabei der **Glykämische Index (GI)**. Er gibt an, wie schnell ein kohlenhydratreiches Lebensmittel den Blutzucker anhebt. Der glukosebedingte Blutzuckeranstieg wird dabei gleich 100 gesetzt (als Referenzwert), d. h., ein GI von 50 bedeutet, dass der Blutzuckeranstieg dieses Lebensmittels nur die Hälfte des Anstieges der Glukose ausmacht.

Empfohlene Nährstoffverteilung nach DGE

Kohlenhydrate, die langsam ins Blut gelangen (niedriger Glykämischer Index), sind eine gute Grundlage für die Energiebereitstellung über einen längeren Zeitraum.

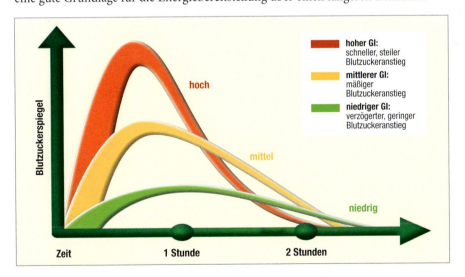

 „Branched chain aminoacids"

Als BCAAs werden die verzweigtkettigen Aminosäuren Leucin, Isoleucin und Valin bezeichnet. Die BCAAs sind essenziell und die einzigen Aminosäuren, die direkt im Skelettmuskel verstoffwechselt werden können. Sie sollen beim Sport den Proteinabbau im Skelettmuskel hemmen, die zentrale Ermüdung unterdrücken und in der Erholungsphase die Muskelstrukturen schneller wiederherstellen können.

Alle Sportler brauchen vermehrt **Proteine** für den Aufbau und Erhalt ihrer Muskeln. Sportlich Aktive benötigen zwischen 1,2 bis 1,6 g Eiweiß pro Kilogramm Körpergewicht. In der Muskelaufbauphase ist der Eiweißbedarf besonders bei Kraftsportarten und bei Kraftausdauersportarten erhöht und liegt dann bei 1,8–2,0 g Eiweiß pro Kilogramm Körpergewicht. Dieses ist grundsätzlich, bei entsprechender Speiseplangestaltung, mit natürlichen Lebensmitteln möglich. Neben Fleisch, Fisch, Milch, Käse und Ei sind Hülsenfrüchte, Sojalebensmittel und Vollkornprodukte (insbesondere aus Hafer) gute pflanzliche Eiweißlieferanten.

Bei der **Fettzufuhr** sollte darauf geachtet werden, dass Fette mit gesättigten Fettsäuren eingeschränkt und der Verzehr ungesättigter Fettsäuren erhöht wird.

Für Sportler sind besonders die **Vitamine** der B-Gruppe wichtig, da sie den Kohlenhydrat- und Eiweißstoffwechsel beeinflussen. Bei den **Mineralstoffen** kann der Bedarf an Magnesium und Kalzium erhöht sein.

 L-Carnitin

Die Hauptfunktion des L-Carnitins besteht darin, langkettige Fettsäuren in die Mitochondrien der Zellen zu transportieren, wo diese oxidiert („verbrannt") werden. Deshalb wird damit geworben, dass L-Carnitin leistungssteigernd wirkt und die Fettverbrennung beschleunigt.
L-Carnitin wird bei dem Transport jedoch nicht verbraucht, sondern immer wieder verwendet. Bislang konnte in keiner Studie ein positiver Effekt von L-Carnitin bezüglich Ausdauerleistung und Fettverbrennung nachgewiesen werden.

Aus dem Sortiment der Drogerie: Produkte für die Sportlerernährung

Produkte	Erläuterungen
Isotonische Getränke	mineralstoffangepasstes Getränk
Vitamintabletten, Hefetabletten	als Nahrungsergänzung, um den erhöhten Bedarf zu decken
Mineralstofftabletten, insb. Kalzium-, Magnesiumtabletten	
L-Carnitin	als Nahrungsergänzungsmittel zur Verbesserung der Ausdauerleistung und Fettverbrennung
Eiweißprodukte wie Eiweißpulver, Eiweißriegel	als Nahrungsergänzung in Wettkampfzeiten als Ersatz für konventionelle Mahlzeiten
Eiweißprodukte mit BCAAs	sollen den Proteinabbau im Skelettmuskel hemmen, die zentrale Ermüdung unterdrücken und in der Erholungsphase die Muskelstrukturen schneller wiederherstellen können
Energieriegel, Energiekonzentrate	Kohlenhydratgemische mit unterschiedlichen GIs, geeignet zur schnellen Energiebereitstellung bei sehr hohem Energiebedarf

2.6 Ernährung bei Übergewicht

Der Begriff „Übergewicht" bezeichnet eine über das Normalmaß hinausgehende Erhöhung des Körpergewichts, extremes Übergewicht wird als Adipositas bezeichnet. Um dies festzustellen, gibt es verschiedene Berechnungsformeln. Bewährt haben sich der Broca-Index und der Body-Mass-Index.

Broca-Index: Normalgewicht (in kg) = Körpergröße (cm) - 100

Klassifikation von Übergewicht nach der Broca-Index	
Übergewicht in kg	Normalgewicht zuzüglich 10 % bis 20 %
Adipositas (starkes Übergewicht) in kg	Normalgewicht zuzüglich 20 % und mehr

Body-Mass-Index (BMI): BMI = Körpergewicht (in kg) : (Körpergröße (in m))^2

Beispiel: Eine Drogistin mit einem Körpergewicht von 65 kg und einer Körpergröße von 1,65 m hat einen **BMI** von etwa 24 und ist damit normalgewichtig.
BMI = 65 kg : (1,65 m)^2 = **23,8 kg/m^2**

Der „wünschenswerte" BMI hängt u. a. vom Alter ab. Folgende Tabelle zeigt BMI-Werte für verschiedene Altersgruppen:

Klassifikation von Übergewicht und Adipositas bei Erwachsenen (nach DGE, Ernährungsbericht 1992)

Alter	BMI
19–24 Jahre	19–24
25–34 Jahre	20–25
35–44 Jahre	21–26
45–54 Jahre	22–27
55–64 Jahre	23–28
> 64 Jahre	24–29

Klassifikation	männlich	weiblich
Untergewicht	< 20	< 19
Normalgewicht	20–25	19–24
Übergewicht	25–30	24–30
Adipositas	30–40	30–40
massive Adipositas	> 40	> 40

 Übergewicht und Folgeerkrankungen

Von den 81 Millionen Deutschen sind laut der WHO-Monica-Studie 37,6 % übergewichtig (BMI 25–30), 11,4 % adipös (BMI 30–40) und 1,5 % extrem adipös (BMI über 40). Übergewicht und Adipositas erhöhen die gesundheitlichen Risiken enorm und können zu Erkrankungen wie Hypertonie, Diabetes mellitus, Schlaganfall, Herz-Kreislauferkrankungen, Gallenblasenerkrankungen, Gelenkerkrankungen und Fettstoffwechselstörungen führen.

Die Ursache von Übergewicht ist in den meisten Fällen eine **positive Energiebilanz** (mehr Energiezufuhr als Energieverbrauch). Zur **Gewichtsreduktion** muss daher eine **Diät** durchgeführt werden, die weniger Energie enthält, als vom Körper benötigt wird.

Ziel einer Diät in Form der **Reduktionskost** ist es, das Körpergewicht zu reduzieren, ohne dem Körper die notwendigen Nährstoffe vorzuenthalten. Es gibt eine unüberschaubar große Zahl von Reduktionsdiäten, z. B. Brigitte-Diät, Weight-Watcher-Diät, Atkins-Diät, Kohlsuppen-Diät. Wissenschaftlich sind aber nur wenige Diätformen überprüft worden, und viele von ihnen werden sogar als gesundheitsgefährdend angesehen.

 Allgemein gilt:

1 kg Körperfett entspricht etwa 30.000 kJ (7.000 kcal) Der durchschnittliche Gewichtsverlust für eine Woche beträgt dann bei einer 4184 kJ-(1000-kcal)-Diät etwa 1 kg.

Die Erfolge der sog. Kurzzeit-Crashdiäten sind hauptsächlich auf den Verlust von Körperwasser zurückzuführen. Der größte Teil dieses Wassers wird nach der Diät wieder eingelagert. Werden diese Diäten häufig gemacht, so kommt es zum sogenannten Jo-Jo-Effekt.

Erfolg von Reduktionsdiäten

Die Deutsche Gesellschaft für Ernährung (DGE) und die Deutsche Gesellschaft für Ernährungsmedizin (DGEM) haben Empfehlungen für den besten langfristigen Erfolg herausgegeben:
- Reduktionsdiäten nur kurzzeitig durchführen und längere Reduktionsdiäten immer nur unter ärztlicher Aufsicht durchführen.
- Das Essverhalten ändern (z.B.: kalorienarme Zwischenmahlzeiten und Getränke, viel frisches Obst und Gemüse).
- Die Energiezufuhr moderat einschränken (auf 5020–6276 kJ (1200–1500 kcal) pro Tag).
- Viel Bewegung, Sport treiben.

Das drogistische Sortiment bietet sogenannte Diätprodukte an. Es handelt sich hauptsächlich um Shakes oder andere kalorienreduzierte Produkte, die einen nährstoffreichen Nahrungsersatz für die normalen Mahlzeiten darstellen. Man nimmt ab, da dem Körper statt einer 700–1000-kcal-Mahlzeit nur ca. 300 kcal/100 ml pro Mahlzeit zugeführt werden.

Produkte aus dem Sortiment der Drogerie, geeignet für die Reduktionskost

Produkte	Erläuterungen
Multi-Vitamintabletten, Mineralstofftabletten	Nahrungsergänzung
Slim-Fast Produkte Diät-Pulver Shakes Suppen Müsliriegel	Instant Produkte kalorienreduzierter Ersatz der konventionellen Mahlzeiten mit verschiedenen Geschmacksrichtungen wie Vanille oder Schokolade
Mineralwässer Tees Schlankheitstees Wellnessgetränke mit Süßstoffen	kalorienfreie, -arme Getränke
Süßstoffe	kalorienarme, -freie Süßungsmittel

2.7 Ernährung bei Diabetes mellitus („Zuckerkrankheit")

2.7.1 Grundwissen

Bei der sog. Zuckerkrankheit handelt es sich um eine Stoffwechselstörung, bei der der Blutzuckerspiegel aufgrund eines absoluten oder relativen Insulinmangels oder einer mangelhaften Insulinwirkung dauerhaft zu hoch ist.

Insulin ist ein Hormon der Bauchspeicheldrüse, das für die Aufnahme der Glukose aus dem Blut in die Körperzellen zuständig ist (Prinzip Schlüssel–Schloss).
Fehlt Insulin, so kann die Glukose nicht in die Zellen gelangen, der Blutzucker steigt an (Hyperglykämie). Der Körper scheidet die überschüssige Glukose mit viel Urin aus.

Diabetes mellitus heißt übersetzt „honigsüßer Durchfluss". In der Antike hat der Arzt den Urin probiert, um die Erkrankung feststellen zu können.

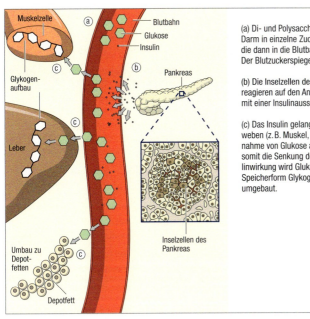

Zuckerstoffwechsel (schematische Darstellung)

Der **Insulinmangel** kann unterschiedliche Ursachen haben:
- Die insulinproduzierenden Zellen der Bauchspeicheldrüse sind zerstört, und es wird kein Insulin mehr gebildet. Das fehlende Insulin muss nun dauerhaft von außen zugeführt werden: **Diabetes mellitus Typ I.** Der Typ I Diabetes kann in jedem Alter auftreten, meist kommt er aber bei Kindern, Jugendlichen und jungen Erwachsenen vor.
- Der Körper produziert noch selbst Insulin, aber die Körperzellen haben eine Insulinresistenz entwickelt: **Diabetes mellitus Typ II,** 95 % aller Diabetiker. Ein Grund dieser Insulinresistenz der Zellen liegt darin, dass durch eine Überernährung eine dauerhaft hohe Insulinproduktion nötig war. Dadurch sind mit der Zeit die Rezeptoren der Körperzellen gegenüber Insulin unempfindlich geworden. Es werden aber noch geringe Mengen an Insulin produziert, sodass meist kein Insulin gespritzt werden muss. Diese Diabetiker sind meist übergewichtige Personen, sodass bei der Therapie eine Gewichtsabnahme, viel Bewegung und eine Ernährungsumstellung ganz wichtig sind.

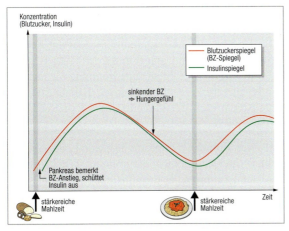

Normaler Blutzuckeranstieg nach stärkehaltiger Mahlzeit (z. B. Brot, Müsli, Nudeln): Langkettige Kohlenhydrate werden allmählich in Glukose gespalten, sodass der Blutzucker allmählich ansteigt.

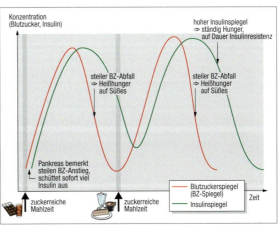

Eine zuckerreiche Mahlzeit (z. B. Schokoriegel, Limonade) erzeugt einen raschen Blutzuckeranstieg, der einen ebenso raschen Anstieg des Insulinspiegels zur Folge hat.

2.7.2 Ernährung bei Diabetes mellitus

Diabetiker müssen besonders auf ihre Ernährung achten, da ein dauerhaft erhöhter Blutzuckerspiegel zu schweren Folgeschäden an den Blutgefäßen und der Durchblutung von peripheren Körperteilen (diabetischer Fuß) führen kann. Lebensmittel und Mahlzeiten müssen also so ausgewählt und zusammengestellt sein, dass der Blutzuckerspiegel nicht allzu sehr schwankt. Es wird eine **kalorienangepasste, kohlenhydratkontrollierte vollwertige Mischkost** empfohlen.

Eine Ernährung mit normalen Lebensmitteln ist generell möglich, die Diabetes-Ernährung unterscheidet sich kaum von der Ernährung des Gesunden. Spezielle Lebensmittel sind nicht nötig.

Nach der Empfehlung der Deutschen Gesellschaft für Ernährung sollte etwa die Hälfte der täglich aufgenommenen Energiemenge (50 bis 60 %) aus Kohlenhydraten bestehen. Der Fettanteil sollte bei 30 bis 35 % liegen, der Proteinanteil bei 10 bis 15 %.

Aber nicht nur die Menge der Kohlenhydrate eines Lebensmittels ist wichtig, sondern auch, wie schnell die Kohlenhydrate in das Blut gelangen. Wie schnell und wie stark ein kohlenhydrathaltiges Lebensmittel den Blutzuckerspiegel erhöht, gibt der glykämische Index an (siehe Sportlerernährung). Diabetiker sollten Nahrungsmittel mit einem niedrigen glykämischen Index bevorzugen.

Broteinheit (BE)

Eine besondere Berechnung in der Diabetikerernährung sind die Broteinheiten bzw. die Kohlenhydrateinheiten. Sie sind ist ein Maß zur Berechnung der Kohlenhydratmenge.
1 Broteinheit (BE) entspricht 12 g verwertbaren Kohlenhydraten.
1 Kohlenhydrateinheit (KE) entspricht 10 g verwertbaren Kohlenhydraten.
In Umrechnungstabellen wird aufgelistet, wie viele Broteinheiten in den Lebensmitteln enthalten sind. Dabei wird die Art der Kohlenhydrate aber nicht erfasst.

2.8 Ernährung bei Lebensmittelintoleranz

Die meisten Menschen vertragen alle Lebensmittel ohne Probleme. Nur bei einer kleinen Gruppe von Personen treten Reaktionen des Körpers auf, die von einem leichten Ausschlag bis zu einer schweren allergischen Reaktion reichen. Meistens sprechen die Kunden von einer Lebensmittelallergie, wobei es sich häufig aber um eine **Lebensmittelunverträglichkeit** (Lebensmittelintoleranz) handelt.

Bei einer **Lebensmittelallergie** wird das Immunsystem aktiviert. Ein Allergen, genauer gesagt ein Protein im betreffenden Nahrungsmittel, setzt im Immunsystem eine Kettenreaktion mit Freisetzung von Antikörpern in Gang. Daraufhin werden Körperchemikalien wie z. B. Histamine ausgeschüttet, die die verschiedenen Symptome wie Juckreiz der Haut, rinnende Nase, Husten oder allergisches Asthma auslösen. Nahrungsmittelallergien sind oft ererbt. Bekannte Nahrungsmittelallergene sind z. B. enthalten in Erdnüssen, Walnüssen oder Kuhmilcheiweiß.

Eine **Lebensmittelintoleranz** löst zwar ähnliche Symptome wie eine Lebensmittelallergie aus (Magenkrämpfe, Durchfall), hier ist aber nicht das Immunsystem betroffen, sondern das Verdauungssystem. Es kann bestimmte Lebensmittelinhaltsstoffe aufgrund eines Enzymdefektes nicht richtig aufspalten.

2.8.1 Zöliakie

Zöliakie (beim Erwachsenen auch **Sprue** genannt) ist eine Unverträglichkeit (Intoleranz) gegenüber dem Klebereiweiß **Gluten**, das vor allem in den Getreidearten Weizen, Dinkel, Roggen, Gerste und Hafer vorkommt.

Bei der Zöliakie bewirkt das Gluten in der Nahrung eine Entzündung und Schädigung der Darmschleimhaut, was dazu führt, dass die Nahrung schlecht verdaut und mangelhaft vom Körper aufgenommen wird. Die Folge ist eine chronische Unterernährung. Die einzige Behandlungsmöglichkeit der Zöliakie/Sprue ist die lebenslange glutenfreie Ernährung.

Das drogistische Sortiment bietet **glutenfreie Nahrungsmittel** an. Zu erkennen sind diese Lebensmittel entweder an der Aufschrift „**glutenfrei**" oder an dem Zeichen der Deutschen Zöliakie-Gesellschaft:

Aus dem Sortiment der Drogerie: Glutenfreie Lebensmittel

Produktbeispiele

Glutenfreie Getreide: Amaranth, Buchweizen, Hirse, Mais, Quinoa, Reis, Teff auch Zwerghirse genannt, ist ein glutenfreies Getreide aus Äthiopien

Glutenfreies Brot, Gebäckwaren, Nudeln, Backmischungen

Gluten ist ein Oberbegriff für ein Gemisch aus verschiedenen Proteinen, wie Gliadin und Glutenin.

Bereits 0,25 g Weizen schädigt den Dünndarm und kann zu Beschwerden führen.

In Deutschland eingetragenes Warenzeichen der Deutschen Zöliakie-Gesellschaft

2.8.2 Laktoseintoleranz

Eine Laktoseintoleranz ist eine **Milchzuckerunverträglichkeit**. Die Ursache dafür ist das Fehlen bzw. die unzureichende Bildung des Verdauungsenzyms Laktase. Dieses ist notwendig, um den Milchzucker in seine Einzelbestandteile (Glukose und Galaktose) zu spalten, die dann in das Blut aufgenommen werden können. Nach der Stillzeit wird im Kleinkindalter die Produktion der Laktase bei dem größten Teil der Weltbevölkerung eingeschränkt. Nur ein kleiner Teil der Menschheit hat sich an die Verwertung von Milchzucker angepasst.

Wird der Milchzucker nicht gespalten und gelangen größere Mengen in untere, mit Bakterien besiedelte Dickdarmabschnitte, dient der Milchzucker den Bakterien als Nährstoff. Es entstehen große Mengen an Gasen und organischen Säuren. Diese bewirken das Einströmen von Wasser (Osmose) in den Darm sowie eine vermehrte Darmperistaltik.
Als Beschwerden treten dann krampfartige Bauchschmerzen, Völlegefühl, Blähungen, Durchfall und Übelkeit auf.

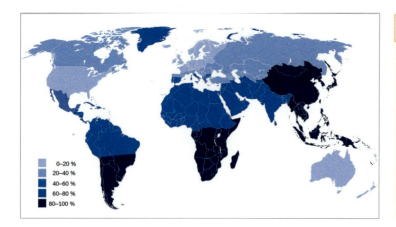

 Laktoseintoleranz

Die Laktoseintoleranz ist weltweit eine sehr häufig vorkommende Beschwerde. In Mitteleuropa leiden ca. 10–20 % der Durchschnittsbevölkerung an einer Laktoseintoleranz, in asiatischen Ländern z. B. fehlt den meisten erwachsenen Menschen (90 %) das Enzym zur Spaltung des Milchzuckers. Daher findet man in diesen Gegenden auch keine Milch- oder Käseprodukte auf dem regionalen Speiseplan.

Die Therapie der Laktoseintoleranz besteht in der Einschränkung bzw. dem völligen Verzicht von Milch und Milchprodukten sowie anderen Lebensmitteln, die Laktose enthalten. Für die richtige Ernährung ist es notwendig, die Deklaration der Inhaltsstoffe auf Lebensmitteln zu beachten. In Deutschland ist es gesetzlich vorgeschrieben, dass alle Zutaten eines Lebensmittels auf der Verpackung angegeben werden. Dazu gehören auch Milch und Milchbestandteile einschließlich Laktose, wenn sie wissentlich bei der Verarbeitung und Herstellung von Lebensmitteln verwendet wurden.

 Deklarationsbeispiel: Knusperkeks mit Karamell und Schokolade

Zutaten: Zucker, Glukosesirup, Weizenmehl (17 %), Pflanzenfett, Magermilchpulver, Kakaobutter, Kakaomasse, (Milchzucker), Butterreinfett, Süßmolkepulver, fettarmer Kakao, Salz, Emulgator (Sojalecithin), Backtriebmittel (E 500), natürlicher Vanilleextrakt, Spuren von Haselnuss und Mandel

Aus dem Sortiment der Drogerie: Laktosefreie Lebensmittel

Informieren Sie sich, in welchen Lebensmitteln aus technologischen Gründen Laktose zugegeben wird.

Ersatzlebensmittel für Milch und Milchprodukte	Milch- und laktosefreie Produkte
Mandelmilch	Marmelade, Honig, Zuckerrübensirup, Melasse, Apfelkraut, Birnenkraut
Sojamilch, Sojatrunk, Sojajoghurt, Sojadessert, Sojacreme	Mandelmus, Sesammus, Nussmus
Reismilch, Reisdrink	vegetarische Brotaufstriche
Minus-L-Milch- und -Milchprodukte (in diesen Produkten, die auf der Basis von Kuhmilch hergestellt werden, wird die Laktose vorher gespalten) wie Milch, Butter, Sahne, Joghurt, Käse	Tofupastete, Tofuscheiben,

Laktase-Präparate

Laktase-Präparate wie Laktase-Tabletten bzw. Laktase-Pulver führen das für die Verwertung von Milchzucker notwendige körpereigene Enzym Laktase von außen zu und erleichtern dadurch die Verdauung von laktosehaltigen Lebensmitteln.
Das Präparat muss zu jeder milchzuckerhaltigen Mahlzeit zugeführt werden und ist besonders für das Essen außer Haus eine Alternative zur Diät.

2.9 Ernährung bei besonderen Ernährungsformen

2.9.1 Vegetarische/vegane Ernährung

Die Internationale Vegetarische Union bezeichnet einen Menschen als Vegetarier, der auf Lebensmittel verzichtet, die vom toten Tier abstammen, einschließlich Fisch, Schalentieren und tierischen Fetten, wie z. B. Schmalz, Talg.

Schon seit dem Altertum haben zahlreiche Religionen und Kulturen auf Fleisch und Fisch verzichtet. Heutzutage wird der Vegetarismus zunehmend aus weltanschaulichen, ökologischen, ethischen, sozialen und/oder gesundheitlichen Motiven praktiziert.

Je nach Auswahl der erlaubten Lebensmittel gibt es innerhalb der Vegetarier verschiedene Gruppierungen.

Vegetarische Kostformen	Erläuterung	
Veganer	leben nach streng vegetarischer Kostform, die auch die Produkte lebender Tiere (Eier, Milch, Milchprodukte, Honig) ablehnt; Gebrauchsartikel tierischer Herkunft (Leder, Horn u. a.) werden ebenfalls gemieden	
Lakto-Vegetarier *(Lacto Milch)*	eine vegetarische Ernährungsweise, die neben Fleisch und Fisch auch Eier ablehnt	Honig, Milch- und Milchprodukte sind erlaubt.
Ovo-Lakto-Vegetarier *(Ovo Ei, Lacto Milch)*	eine vegetarische Ernährungsweise, die nur Fleisch und Fisch ablehnt	Milch- und Milchprodukte, Honig und Eier sind erlaubt.

Die ernährungsphysiologischen Einflüsse einer vegetarischen Ernährung sind durch viele Studien wissenschaftlich untersucht worden. Ihre Ergebnisse haben gezeigt, dass bei den untersuchten Vegetariern im Vergleich zu Nichtvegetariern günstigere Werte hinsichtlich des Blutdrucks, Körpergewichts, Blutcholesterins und der allgemeinen Krankheitshäufigkeit festgestellt wurde. Es wurden keine Mangelerscheinungen, sondern ein sehr guter Gesundheitszustand festgestellt. Begründet wird dies mit dem Verzicht auf tierische Fette, Cholesterin und der hohen Zufuhr an Kohlenhydraten sowie Ballaststoffen.

Eine rein vegane Ernährung kann allerdings zu **Mangelerscheinungen** führen. Kritische Nährstoffe sind hier Eiweiß, Vitamin D und B_{12}, Eisen, Kalzium und Jod.

Das drogistische Sortiment für Vegetarier umfasst eine große Auswahl an Fleisch-, Wurst-, Käse- und Fisch-Ersatzprodukten, neben pikanten Brotaufstrichen, Snacks und Bratlingen. Sie alle sind auf der Basis von Soja- und/oder Weizenprotein hergestellt und meist noch mit Hefeflocken angereichert. Geschmacklich werden sie mit verschiedenen Gewürzen und Aromastoffen versetzt, die den Lebensmitteln Schinkengeschmack oder andere Geschmacksrichtungen geben. Hefeflocken liefern den Lebensmitteln viele Vitamine der B-Gruppe.

Kennzeichnung für vegetarische Produkte

Aus dem Sortiment der Drogerie: Lebensmittel für eine vegetarische Kost

Produktbeispiele	Erläuterung
Sojamilch	als Kuhmilchersatz
Sojapasten, Sojaprodukte	als Fleischersatz, pikanter Brotaufstrich geeignet zur Eiweißbedarfsdeckung
Snackriegel auf Sojabasis	
Jodsalz, Meersalz	Nahrungsergänzung
Speiseöle wie Rapsöl	da kein Fisch verzehrt wird zur Deckung des Bedarfs an Omega-3-Fettsäuren
Vitamin-C-haltige Säfte wie Orangen-, Sanddorn-, Mangosaft	zur Verbesserung der Resorption von Eisen

2.9.2 Vollwerternährung, vollwertige Ernährung

Vollwerternährung und vollwertige Ernährung klingen zwar sehr ähnlich, sie bezeichnen jedoch sehr unterschiedliche Ernährungskonzepte. Die Vollwerternährung ist eine Ernährungsweise, die in ihrem Grundgedanken „Lasst unsere Nahrung so natürlich wie möglich sein" von dem Schweizer Arzt M. Bircher Benner (Erfinder des Bircher Müslis) und dem deutschen Arzt W. Kollath geprägt wurde. Die Grundidee sieht vor, dass der Mensch, die Umwelt und die Gesellschaft im Sinne einer Ernährungsökologie gleichrangig berücksichtigt werden. Das bedeutet zum Beispiel, dass die starke Verarbeitung von Lebensmitteln, z. B. die Herstellung von Kartoffelpüreepulver aus frischen Kartoffeln, oder die weiten Transportwege von Lebensmitteln, z. B. Erdbeeren im Winter aus Südafrika, abgelehnt werden.

Einige der Grundsätze, die bei einer Vollwerternährung zu beachten sind, lauten:

> **Energiebilanz**
>
> Man könnte statt eines Kilogramms eingeflogener Neuseeland-Kiwis z. B. 6.800 Kilogramm Obst aus der Region für denselben Energieaufwand erhalten.

Grundsatz	Erläuterung
1. pflanzliche Lebensmittel bevorzugen	hoher Gehalt an Ballaststoffen und sekundären Pflanzenstoffen
2. Lebensmittel so natürlich wie möglich verzehren, möglichst frisch und schonend zubereitet	Vermeidung von Nährstoffverlusten
3. etwa die Hälfte der Nahrungsmenge als unerhitzte Rohkost verzehren	Frischkost erfordert intensives Kauen, dadurch besseres Einspeicheln und positive Wirkungen auf Zähne und Zahnfleisch
4. Nahrungsmittel mit Zusatzstoffen vermeiden	gesundheitliche Risiken (z. B. Allergien) können trotz Prüfung nicht vollständig ausgeschlossen werden; mögliche Wechselwirkungen der Zusatzstoffe sind nicht ausreichend erforscht
5. Nahrungsmittel aus bestimmten Technologien (Gentechnik, Food Design, Lebensmittelbestrahlung) vermeiden	fragwürdiger Nutzen, potenzielle Risiken noch nicht ausreichend geklärt
6. möglichst Lebensmittel aus anerkannt ökologischer Landwirtschaft verzehren	unnötige Umweltbelastungen werden vermieden und eine naturgemäße Kreislaufwirtschaft wird gefördert
7. Lebensmittel aus regionaler Herkunft und entsprechend der Jahreszeit verzehren	hoher Energieaufwand (Transport- und Lagerhaltung) wird vermieden, Umweltbelastungen dadurch reduziert
8. unverpackte oder umweltschonend verpackte Lebensmittel bevorzugen	weniger Umweltbelastung durch Einsparen von Verpackungsmaterial

Energiebilanz Lebensmittel

Die Effizienz, mit der Tiere Getreide in Proteine umwandeln, ist je nach Tierart verschieden. Für die Produktion von 1 kg Fleisch braucht man im Durchschnitt 7 kg Getreide, bei Rindern jedoch sind es 16 kg.
Um 1 kg Rindfleisch herzustellen, benötigt man ungefähr 100-mal mehr Energie als für die Produktion eines Kilos Kartoffeln.
Für 1 kg Rindfleisch braucht man 15 m^3 Wasser, während Weizen mit 0,4 bis 3 m^3 auskommt. Aufgrund des hohen Fleischverzehrs der Industrieländer verbraucht ein Viertel der Weltbevölkerung drei Viertel der Agrarproduktion.

Die **vollwertige Ernährung** nach den Empfehlungen der Deutschen Gesellschaft für Ernährung (DGE) sieht eine abwechslungsreiche, schmackhafte Kost vor, die alle nötigen Nährstoffe in ausreichender Menge enthält. Wichtig ist die schonende Zubereitung der Speisen und ein weitgehender Verzicht auf industriell vorgefertigte Lebensmittel.

Aus dem Sortiment der Drogerie:
Lebensmittel für eine Vollwert-/vollwertige Ernährung

Produktbeispiele
Getreide, Getreideprodukte wie Vollkornmehle
Hülsenfrüchte
nichtraffinierte Speiseöle
Gewürze, Kräuter, Meersalz
Honig, Fruchtmus, Fruchtdicksäfte
natürliches Mineralwasser oder ungesüßte Kräuter- und Früchtetees
Trockenobst
Bio-Lebensmittel

Informieren Sie sich über die Lebensmittel-Kennzeichnungsverordnung

3 Lebensmittelgruppen

Damit der Mensch gesund bleibt, benötigt er mehr als vierzig Nährstoffe. Kein einzelnes Nahrungsmittel kann sie alle gleichzeitig und in der richtigen Menge liefern. Dies ist der Grund dafür, dass ein vielfältiges Nahrungsangebot (Obst, Gemüse, Getreideprodukte, Fleisch, Fisch, Milchprodukte, Öle) notwendig ist, um den Körper gesund zu erhalten.

3.1 Getreide, Getreideprodukte, Körner

Getreide oder Cerealien (Ceres - römische Göttin der Feldfrucht) zählen zu den wichtigsten Grundnahrungsmitteln des Menschen. Getreide wird meist als Sammelbegriff für die Körnerfrüchte von bestimmten Gräserpflanzen (Weizen, Roggen, Gerste, Hafer, Mais, Hirse, Dinkel, Grünkern und Reis) und auch für die getreideähnlichen, stärkehaltigen Samen anderer Pflanzen (Amaranth, Quinoa, Buchweizen und Wildreis) verwendet.

Weizen *Lichtkornroggen*
Dinkel *Hafer*
Roggen *Gerste*
Bergroggen *Hirse*

Aufbau des Korns

Die Körner der verschiedenen Getreidearten sind sich im Aussehen und in ihrem Aufbau sehr ähnlich. Man unterscheidet im Wesentlichen vier Grundbestandteile:

Grundbestandteil	Anteil am Korn	Was ist enthalten?
Mehlkörper	83 %	viel Stärke und Eiweiß
Aleuronschicht	9 %	Mineralstoffe, Vitamine, Enzyme, hochwertige Eiweiße
Keimling	3 %	viel Eiweiß, ungesättigte Fettsäuren, Vitamine, Mineralstoffe
Frucht- und Samenschalen	5 %	Vitamine, Mineralstoffe, Zellulose (Hauptballaststofflieferant)

3 Lebensmittelgruppen

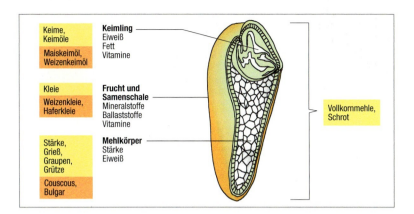

In einigen Getreidearten kommt **Gluten** vor, ein Proteingemisch, welches auch **Klebereiweiß** genannt wird. Es ist für die Backfähigkeit des Getreides wichtig. Glutenhaltige Getreide sind: Weizen, Roggen, Gerste, Hafer, Dinkel und Grünkern. Menschen mit einer Glutenunverträglichkeit (Zöliakie, Sprue) müssen lebenslang auf diese Getreidesorten verzichten.

Zöliakie
→ Kapitel V / 2.8.1

Klebereiweiß

Verrühren Sie 4 Esslöffel Mehl mit 2 Esslöffeln Wasser und ½ Teelöffel Salz! Geben Sie diesen Teig anschließend in ein Tuch und kneten Sie ihn in einer Schüssel mit Wasser oder im Spülbecken so lange durch, bis das Wasser klar bleibt. Das zähe, elastische Klebereiweiß bleibt übrig.

Aus dem Sortiment der Drogerie:
Getreidearten und getreideähnliche Körnerfrüchte

Getreideart	Erläuterung/Kurzbeschreibung	Produktbeispiele
Amaranth	• Fuchsschwanzgewächs aus dem Hochland Südamerikas • Getreide mit einem sehr hohen Nährstoffgehalt, besonders Kalzium und Magnesium • glutenfrei	Amaranth, Amaranth (gepufft)
Buchweizen	• Knöterichgewächs aus Nordeuropa • bekannt zur Herstellung der russischen Pfannkuchen (Blinis) • glutenfrei	Buchweizenkörner, Buchweizenmehl
Dinkel	• gehört zu den ältesten und ursprünglichsten Getreidearten • ist aus dem Urweizen Emmer und Einkorn hervorgegangen und ist ein Vorläufer des heutigen Weizens • gut verträglich für Menschen mit einer Weizeneiweißunverträglichkeit • glutenhaltig • schlechtere Backfähigkeit als Weizen • enthält reichlich Magnesium, Eisen, Zink und Mangan	Dinkelmehle, Dinkelflocken, Dinkelmüsli, Dinkelbackmischungen, Dinkelnudeln, Dinkelgebäck
Grünkern	• unreif geernteter, getrockneter und gerösteter Dinkel • Verwendung: in Suppen, Aufläufen und zum Backen • glutenhaltig	Grünkernkörner, Grünkernschrot

Getreideart	Erläuterung/Kurzbeschreibung	Produktbeispiele
Gerste	• in nördlichen Breiten sehr verbreitet • wird aufgrund der schlechten Backeigenschaften überwiegend geröstet • Verwendung: zur Herstellung von Malzkaffee, Bier und Whiskey • hoher Gehalt an Kieselsäure, Eisen, Zink • glutenhaltig	Müslimischungen, Gerstengrütze, Gerstengraupen
Hafer	• hat den höchsten Gehalt an biologisch hochwertigem Eiweiß, an essenziellen Fettsäuren und an Vitaminen (B_1) und Mineralstoffen • schlechte Backeigenschaft aufgrund des geringen Glutengehaltes • Verwendung: Wegen des hohen Nährstoffgehaltes und der leichten Verdaulichkeit ist er gut geeignet und beliebt in der Säuglings- und Kleinkindernährung und der Diätetik. • glutenhaltig	Haferflocken, Haferkleie, Müslimischungen, Hafermilch
Hirse	• wichtigstes Getreide in Nordafrika • Neben dem Hafer ist Hirse das Getreide mit dem höchsten Gehalt an wichtigen Nährstoffen wie Eisen, Fluorid • Verwendung: Kolbenhirse als Vogelfutter, Sorghum zur Herstellung alkoholischer Getränke und Teff (Äthiopien) für die glutenfreie Ernährung • glutenfrei	Hirsekörner, Hirseflocken, Teffmehl
Mais	• Herkunft ursprünglich aus der Gegend zwischen Mexiko und Peru • enthält wenig Eiweiß • Verwendung: u.a. zur Ölproduktion, da bei einigen Sorten der Keimling einen hohen Fettanteil besitzt • glutenfrei	Polenta, Maisgrieß, Maismehl, Maisstärke, Cornflakes, Tortillas, Corn Chips, Popcornmais, Maiskeimöl
Quinoa	• Gänsefußgewächs aus den Anden Südamerikas (Inkareis) • sehr eiweißhaltig • glutenfrei • Verwendung: Alternative zu Reis	Quinoakörner
Reis	• stammt aus dem asiatischen Raum • Reismehl ist nicht backfähig. • Sorten: Vollkorn-Naturreis, Langkornreis (z.B. Basmati/Duftreis, Patna, Parboiled/gedämpfter Reis), Rundkornreis (z.B. Arborio-Reis/Rundkornreis für Risotto, Milchreis) • glutenfrei	Reiswaffeln, Reisflocken, Reisstärke
Roggen	• wichtigstes Brotgetreide neben Weizen • wird aufgrund der schlechteren Backfähigkeit nur mit Sauerteig gebacken • glutenhaltig	Roggenkörner, Roggenmehl
Weizen	• zwei Hauptsorten: Weichweizen und Hartweizen • Verwendung: eiweißreicher Hartweizen für Teigwaren (Nudeln), Weichweizen ist aufgrund des hohen Kleberanteils das wichtigste Brotgetreide • glutenhaltig	Weizenkörner, Weizenmehl
Wildreis	• längliche, schwarze Früchte einer wildwachsenden Wasserpflanze aus Nordamerika • Die Samen werden grün geerntet, im anschließenden Trocknungs- und Darrprozess erhalten sie ihre braunschwarze Farbe wie auch den ausgeprägt aromatischen, nussartigen Geschmack. • glutenfrei	Wildreiskörner

Getreideprodukte (je nach Verarbeitungsgrad)

Getreide-produkt	Beschreibung	Verwendungsmöglichkeiten
Graupen	rundliche, geschälte und polierte meist Gersten- und Weizenkörner	quellfähige, sättigende Einlage in Suppen und Eintöpfen
Grieß	schalenfreie, unterschiedlich grobkörnige Mehlkörper, meist von Weizen, Hafer, Hirse, oder Mais	süßer oder herzhafter Auflauf, Pudding, Brei, mit Maisgrieß als Polenta
Grütze	geschälte, grob gebrochene oder geschnittene Körner, meist von Hafer, Gerste, Grünkern und Buchweizen	zur Zubereitung von Suppen, Brei, Grützwurst
Schrot	grob zerkleinerte bzw. gemahlene ganze Körner	zur Herstellung von Brot, Backwaren
Keime	abgetrennte Keimlinge, welche außerordentlich reich an Fett und Eiweiß sind	aufgrund der hochwertigen Nährstoffe als Nahrungsergänzung
Kleie	äußere, ballaststoffhaltige Randschichten des Korns	ballaststoffreiche Nahrungsergänzung zur Verbesserung der Verdauung
Flocken	ganze oder geschälte, gedämpfte und gewalzte Getreidekörner (meist von Hafer, aber auch anderen Getreiden)	roh als Müsli oder gekocht als Brei (Porridge in England)
Mehl	das am feinsten vermahlene Endprodukt des Mahlprozesses der Körner	zur Herstellung von Backwaren aller Art
Couscous	befeuchteter und zu Kügelchen geriebener Grieß von Hartweizen, Gerste oder Hirse	als Beilage wie Reis, wird bei der Zubereitung nicht gekocht, sondern nur gedämpft
Bulgur	geschälter, vorgekochter Hartweizen, der nach der anschließenden Trocknung grob oder fein geschnitten wird	als Beilage ähnlich wie Reis oder zur Herstellung von Salaten (Tabouleh)

wertvolle Cerealien zum Frühstück

Die Typenzahl auf einer Mehltüte gibt an, wie viel Milligramm Mineralstoffe in 100 g Mehl enthalten sind. Mehle mit einem hohen Kleieanteil enthalten entsprechend mehr Mineralstoffe und sind durch eine größere Typenzahl gekennzeichnet. Mehl Type 405 enthält 405 mg Mineralstoffe in 100 g Mehl, Mehl Type 1050 enthält 1050 mg in 100 g Mehl. Bei Vollkornmehlen werden keine Typenzahlen angegeben, dort sind alle Mineralstoffe enthalten, die das Korn von Natur aus mitbringt.
Je höher die Typenzahl des Mehles sind, umso höher ist auch der Gehalt an wertgebenden Inhaltsstoffen wie Protein, essenziellen Fettsäuren, Vitaminen, Mineralstoffen, Spurenelementen und Ballaststoffen.

Mahlen Sie Getreidekörner mit einer Getreidemühle und betrachten Sie zunächst sehr genau das Mahlprodukt! Sieben Sie das Mehl nacheinander mit einem groben und einem feinen Sieb. Was lässt sich beobachten?

3.2 Süßungsmittel

Honig

Honig gilt als das älteste Süßungsmittel. Honig entsteht im Honigmagen der Bienen. Die Arbeiterbienen sammeln zunächst Blütennektar oder Honigtau von den Pflanzen, welcher dann mit Enzymen angereichert wird. Anschließend wird er in den verdeckelten Bienenwaben im Bienenstock gelagert.

Zuvor wird der hohe Wassergehalt des Honigs von den Bienen auf unter 20 % gesenkt, sodass er dauerhaft haltbar bleibt.

Honig besteht zu etwa 78 % aus Zucker (Frucht- und Traubenzucker) und zu etwa 18 % aus Wasser. Den Rest von ca. 4 % bilden die übrigen Inhaltsstoffe wie Enzyme, Vitamine und Mineralstoffe.

Geschmack, Farbe und Konsistenz ergeben sich aus der Herkunft (Tracht) der Blüten bzw. des Honigtaus. Die Qualität ist neben der botanischen Herkunft u. a. abhängig von der Art der Honiggewinnung durch den Imker.

> **Kein Honig für Säuglinge**
>
> Honig kann vereinzelt Clostridium botulinum enthalten, einen Krankheitserreger, dem Babys durch ihre noch nicht voll entwickelte Darmflora nichts entgegensetzen können. Obwohl das Auftreten des Erregers sehr selten ist, sollten sicherheitshalber Kinder unter 1 Jahr keinen Honig essen.

> **Honigtau**
>
> Als Honigtau werden die Ausscheidungen verschiedener pflanzensaftsaugender Insekten bezeichnet.

Der deutsche Imkerbund unterscheidet verschiedene **Trachtenhonige**.

Honig von Blüten	Honig von Honigtau
Akazienhonig/Robinienhonig	Waldhonig
Edelkastanienhonig	Tannenhonig
Heidehonig	
Kleehonig	
Lindenhonig	
Löwenzahnhonig	
Obstblütenhonig	
Rapshonig	
Sommerblütenhonig	

Zuckerarten

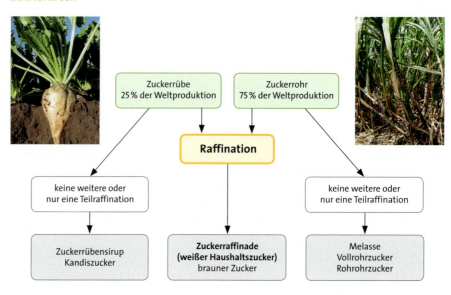

Rübenzucker, Rohrzucker, Zuckerraffinade, Kristallzucker: Der handelsübliche weiße Haushaltszucker zum Süßen von Speisen wird auch Zuckerraffinade genannt. Er wird aus der Zuckerrübe (Rübenzucker) oder dem Zuckerrohr (Rohrzucker) durch Raffination gewonnen.

Dabei wird durch wiederholtes Auflösen mit anschließendem Auskristallisieren der Zuckerlösung die (Zucker-)Raffinade gewonnen. Chemisch gesehen besteht zwischen weißem Rüben- und Rohrzucker kein Unterschied, es handelt sich um Saccharose. Neben dem weißen Haushaltszucker gibt es noch viele weitere Zuckersorten, die sich durch Unterschiede in der Herstellung, in Form, Farbe und Geschmack unterscheiden z. B. Hagelzucker, Puderzucker, Würfelzucker, Kandiszucker.

Melasse: Melasse ist ein brauner, zähflüssiger Sirup, der bei der Zuckerraffination aus Zuckerrohr bzw. Zuckerrüben anfällt. Nachdem durch Kristallisation der Zucker gewonnen wurde, bleibt ein Sirup (die Melasse) übrig, in dem noch ein Teil des Zuckers zurückgeblieben ist. Melasse ist sehr mineralstoffreich (besonders eisenreich) und hat einen herben Geschmack.
Verwendung: als Brotaufstrich oder zum Backen

Zuckerrübensirup: Es ist der eingedickte, konzentrierte **Zuckerrübenrohsaft**. Er ist sehr mineralstoffreich, insbesondere reich an Eisen und Magnesium.
Verwendung: als Brotaufstrich, zum Backen, zu Reibekuchen, zum Abschmecken von Saucen, als Zusatz zu Hustensäften oder Hustenbonbons

Vollrohrzucker: Vollrohrzucker ist eingedickter, getrockneter, nichtraffinierter Zuckerrohrrohsaft. Er ist braun und hat keine Kristalle. Zur Zerkleinerung wird er gemahlen. Er enthält neben der Saccharose noch viele Mineralstoffe und Vitamine.
Verwendung: als Süßungsmittel in der Vollwertküche

Rohrohrzucker: Für die Herstellung von Rohrohrzucker wird der Zuckerrohrsaft gereinigt, und beim anschließenden Eindampfen des Zuckersaftes werden Zuckerkristalle zugesetzt, sodass der Rohrohrzucker auskristallisiert. Die Melasse wird dabei abgetrennt. Rohrohrzucker enthält noch wenige Mineralstoffe (zwischen 0,05 % bis 0,1 % Mineralien) und hat eine helle Farbe.
Verwendung: zum Backen und als Süßungsmittel

Brauner Zucker: Brauner Zucker wird durch verschiedene Verfahren hergestellt, häufig entsteht er aus raffiniertem Weißzucker, der anschließend mit Melasse versetzt wird. Er enthält nicht viel mehr Mineralstoffe als raffinierter Zucker und ist somit auch nicht gesünder.
Verwendung: zum Backen, als Süßungsmittel

Gelierzucker: Gelierzucker enthält neben der Raffinade noch Pektin und Zitronensäure.
Verwendung: zum Andicken und Gelieren von Marmeladen, Gelees und Kompott

Alternative Süßungsmittel

Als Alternative zu dem Raffinadezucker bietet das drogistische Sortiment viele weitere Süßungsmittel. Diese alternativen Süßungsmittel enthalten neben den süß schmeckenden Mono- und Disacchariden weitere wichtige Nährstoffe und geschmacksgebende Inhaltsstoffe. Meist wird ihr Eigengeschmack bewusst zum Süßen von Nachspeisen, Gebäck und Aufläufen eingesetzt.

Auch diese Süßungsmittel besitzen kariesfördernde Eigenschaften und sollten daher sparsam verwendet werden.

> Auch „gesunde" Nahrungsmittel wie Honig, Trockenfrüchte oder Müsliriegel enthalten Zucker und fördern so die Kariesentstehung. Durch ihre klebrige Konsistenz haften diese Nahrungsmittel intensiver am Zahn und verstärken damit sogar noch ihre Kariogenität.

Aus dem Sortiment der Drogerie: Alternative Süßungsmittel

Produktbeispiele	Erläuterungen
Fruktose	• Einfachzucker mit der höchsten Süßkraft unter den Zuckern • zum Süßen von Diabetikerspeisen, da er im Körper ohne Insulin verstoffwechselt werden kann
Glukose (Dextrose, Traubenzucker)	• Einfachzucker, der schon über die Mundschleimhaut direkt ins Blut geht und dann direkt zu allen Organen und Zellen des Körpers, auch zum Gehirn, transportiert wird
Fruchtdicksäfte	• schonend eingedickter Fruchtsaft (meist Apfel-, Birnen oder Agavendicksaft) • 1,5 bis 2 Teelöffel Fruchtdicksäfte entsprechen etwa der Süßkraft von 1 Teelöffel Zucker. *Beispiel:* Agavendicksaft Er fließt nach dem Einritzen des Agavensprosses heraus und wird dann aufgefangen. Manche Pflanzen liefern in drei bis vier Monaten 900 Liter Saft. • Verwendung: Wegen seines hohen Fruktoseanteils ist er auch für Diabetiker geeignet. Agavendicksaft ist zum Süßen u.a. von Desserts und Konfitüren geeignet.
Sirup, z.B. Ahornsirup	• Er wird aus dem Saft in Nordamerika wachsender Ahornbäume (Zuckerahorn) gewonnen. Hierzu werden die Baumstämme angeritzt, und der herausfließende Saft wird aufgefangen. • Etwa 40 Liter ergeben nach dem Eindicken 1 Liter Ahornsirup. • Qualität, Farbe und Geschmack hängen vom Erntezeitpunkt, vom Eindampfungsprozess und dem Reifeprozess ab. Ahornsirup aus später Ernte ist aufgrund des höheren Karamel-Gehalts dunkler als früh geernteter Sirup. Er enthält überwiegend Saccharose. • Verwendung: zum Süßen von Müslis, Waffeln, Pfannkuchen und anderer süßer Speisen
Fruchtmark, z.B. Dattelmark	• Es wird aus eingedicktem Dattelsaft hergestellt, besitzt einen intensiven Eigengeschmack und wird überwiegend zum Süßen von Nachspeisen und als Brotaufstrich verwendet. Für seine Herstellung werden frisch geerntete Datteln in Wasser eingeweicht und die Kerne durch Zentrifugieren entfernt. Das Fruchtfleisch wird anschließend gepresst und der Saft zu Sirup eingekocht.

Zuckeraustauschstoffe und Süßstoffe

• Zuckeraustauschstoffe sind süß schmeckende Kohlenhydrate, die insulinunabhängig abgebaut werden wie z.B. Fruktose, Xylit, Sorbit. Sie haben den gleichen Energiegehalt wie andere Kohlenhydrate, sind teilweise kariogen und wirken in größerer Menge leicht abführend.

• Süßstoffe sind schon in Kleinstmengen süß schmeckende natürliche oder chemisch synthetisierte Substanzen, die chemisch gesehen keine Kohlenhydrate sind. Sie besitzen so gut wie keinen Energiegehalt, sind nicht kariogen und sind in flüssiger Form, als Pulver oder Tabletten erhältlich. Zu den Süßstoffen zählen u.a.: Saccharin, Cyclamat, Aspartam, Acesulfam. In den handelsüblichen Produkten werden häufig Süßstoffgemische angeboten.

3.3 Trockenfrüchte

Eigenschaften

Durch Trocknen an der Sonne oder in speziellen Trocknungsanlagen wird den Früchten so viel Wasser (von 80–90 % Wasser in frischen Früchten bis auf ca. 20–30 % in den Trockenfrüchten) entzogen, dass die Vermehrung von fäulnis- und schimmelbildenden Keimen gehemmt wird.

Die Nährstoffkonzentration in Trockenfrüchten ist fast fünfmal so hoch gegenüber den frischen Früchten, besonders bei Ballaststoffen, Fruchtzucker, Traubenzucker, Vitaminen und Mineralstoffen.

Trockenfrüchte können als leichtverdauliche, konzentrierte Energie- und Nährstofflieferanten beim Sport, beim Autofahren, fürs Schulfrühstück und als Snack am Arbeitsplatz empfohlen werden. Für die Seniorenernährung bieten sich die weichen Soft-Früchte an. Diese werden nach dem Trocknen mit Wasserdampf behandelt und sind dadurch saftiger und geschmeidiger als die normalen Trockenfrüchte.

Behandlung/Haltbarkeit

Um einen späteren Befall von Keimen und eine Gärung durch den hohen Zuckergehalt auszuschließen, werden sie häufig noch zusätzlich geschwefelt. Zur Schwefelung wird meist Schwefeldioxid eingesetzt, das sowohl das Wachstum und die Teilungsfähigkeit von Mikroorganismen wie auch die oxidative Obstbräunung (das Nachdunkeln der Früchte) verhindert. Allerdings können Rückstände von Sulfiten Kopfschmerzen verursachen und evtl. Anfälle von Asthma bei Asthmatikern auslösen. Eine Alternative sind hier ungeschwefelte Trockenfrüchte.

Die Behandlung von Trockenfrüchten mit pflanzlichen Ölen dient zur Vermeidung des Zusammenbackens und gibt den Früchten ein glänzendes Aussehen.

Der weiße Belag, der auf einigen Trockenfrüchten zu sehen ist, ist Zucker, der sich beim Trocknungsvorgang herauskristallisiert hat. Um eine solche Auszuckerung zu vermeiden, sollten Trockenfrüchte kühl und dunkel gelagert werden.

Aus dem Sortiment der Drogerie: Trockenfrüchte als Gesundheitsfrüchte

Trockenfrucht	Erläuterungen
Ananas	• reich an Vitaminen (Vitamin C, B-Vitamine), Mineralstoffen (Kalium) und Enzymen, u.a. die Protease Bromelain, welche entzündungshemmend, verdauungsfördernd und entwässernd wirkt
Apfel	• reich an Ballaststoffen wie Pektin, an Vitaminen wie Vitamin C und Mineralstoffen wie Kalium und Eisen • zusammen mit den sekundären Pflanzenstoffen wie Carotinoiden und Flavonoiden haben sie antioxidative und gesundheitsfördernde Wirkungen z.B. auf die Regulation der Darmtätigkeit und des Wasserhaushaltes
Aprikosen	• sehr reich an Kalium, Magnesium, Vitamin A, Folsäure und sekundären Pflanzenstoffen wie Flavonoiden (Quercetin) und Salizylsäure • die gesundheitlichen Wirkungen sind vorwiegend die Regulation des Wasserhaushaltes und der Darmtätigkeit

Trockenfrucht	Erläuterungen
Aroniabeeren	• Aroniabeeren, auch Apfelbeeren genannt, sind violettschwarze Beeren • sehr hoher Gehalt an Flavonoiden, Vitaminen C, E und Folsäure, Mineralstoffen Kalium, Kalzium, Eisen und Magnesium
Bananen	• hoher Kohlenhydratanteil (leichtverdauliche Glukose, Fruktose, Saccharose) und hoher Kaliumgehalt, Magnesiumgehalt, viel Vitamin B_6 und Folsäure Der Kaliumgehalt wirkt stabilisierend auf das Herz-Kreislauf-System, reguliert den Wasserhaushalt, die Kohlenhydrate sind leicht bekömmlich und somit auch für die Krankenkost geeignet. • enthält Tryptophan, eine essenzielle Aminosäure, die die Bildung von schlaffördernden und antidepressiven Hormonen anregt
Heidelbeeren	• enthalten viel Vitamin C, Kalium, und Eisen. Pflanzenfarbstoffe (Anthocyane), viele Gerbstoffe (Tannine) • wirken aufgrund der entzündungshemmenden Wirkung der Anthocyane und Gerbstoffe bei Durchfall und bei Blasenentzündungen • Vitamin C stärkt das Immunsystem
Cranberries	• amerikanische Beeren, verwandt den Preiselbeeren mit hohem Gehalt an Vitamin C, Beta-Carotin, Pektin, Fruchtsäuren, wie auch reich an sekundären Pflanzenstoffen wie Flavonoiden, Proanthocyanidin • Diese Inhaltsstoffe sind wichtig bei der Vorbeugung und Behandlung von Blasen- und Harnwegserkrankungen: Sie verhindern das Einnisten von Bakterien in die Blasenschleimhaut.
Datteln	• faserreicher als Vollkornbrot, enthalten mehr Kalium als Bananen und sind viermal süßer als Weintrauben aufgrund vieler leicht verdaulicher Kohlenhydrate • reich an den Spurenelementen: Fluor, das für den Erhalt der Zähne wesentlich ist, und Selen, das das Immunsystem stärkt • enthalten Tryptophan, eine essenzielle Aminosäure, die die Bildung von schlaffördernden und antidepressiven Hormonen anregt • Wegen ihrer Bekömmlichkeit und ihren nahrhaften und wertvollen Inhaltsstoffen eignen sich Datteln besonders gut für Kraft- und Ausdauersportler, Senioren oder erschöpfte Menschen.
Feigen	• Feigen trocknen bereits am Baum. Nach der Ernte werden sie noch für einige Tage zum Nachtrocknen in die Sonne gelegt. • hoher Gehalt an Kalium und Kalzium, ballaststoffreich (aufgrund der vielen kleinen Kerne), enthalten Fruchtzucker, Magnesium, Eisen • wirken regulierend auf die Verdauung
Mango	• hat von allen Früchten den höchsten Gehalt an Beta-Carotin, viel Vitamin C, Kalium, Eisen und ähnlich der Ananas viele Enzyme • wegen des niedrigen glykämischen Indexes gut geeignet für Diabetiker
Pflaumen	• hoher Gehalt an Kalium, Eisen, Vitamin E, viele Ballaststoffe, Sorbit, Anthocyane • Aufgrund des hohen Sorbitgehaltes, zusammen mit den Faserstoffen, haben Pflaumen eine abführende Wirkung.
Rosinen	• getrocknete Weinbeeren • Unterscheidungen: Sultaninen (große kernlose Weinbeere), Korinthen (kleine kernlose Weinbeeren) und Traubenrosinen • enthalten viele B-Vitamine, Folsäure, Vitamin C, Magnesium und Kalium. • Die Behandlung mit pflanzlichen Ölen dient zur Vermeidung des Zusammenklebens.

3.4 Nüsse, Samen

Eigenschaften

Nüsse sind, botanisch gesehen, trockene Schließfrüchte mit holzartig ausgebildeter Fruchtknotenwand, deren Samen der **Nusskern** ist. Echte Nüsse sind nur die Haselnuss, die Macadamianuss und die Walnuss. Bei der Cashewnuss, Erdnuss, Mandel, Paranuss, Pekannuss, Pistazie handelt es sich botanisch nicht um echte Nüsse, sie werden aber umgangssprachlich als solche bezeichnet.

Alle Nüsse sind reich an Fett (60–80 %, hauptsächlich ungesättigte Fettsäuren), hochwertigem Eiweiß (ca. 10–25 %), an den Vitaminen der B-Gruppe, A und E und Mineralien wie z. B. Kalium, Kalzium, Magnesium und Eisen und Ballaststoffen.

Wegen des hohen Fettanteils können Nüsse schnell ranzig werden. Nüsse in der Schale sind länger haltbar als geschälte, gehackte oder gemahlene Nüsse, da sie durch die Schale vor Licht und Sauerstoffangriff geschützt werden.

Durch Rösten oder Salzen kann das Aroma der Nüsse weiter intensiviert werden.

Nüsse sind stark **allergen**. Am häufigsten findet man in Deutschland allergische Reaktionen gegenüber der Haselnuss und Erdnuss. Nüsse kommen oftmals als versteckte Allergene in vielen Nahrungsmitteln vor, wie z. B. in Mehrkornbroten, Müsli, Schokolade.

Als unerwünschte Stoffe können Aflatoxine in Nüssen vorkommen, die als giftig und erbgutschädigend eingestuft werden. Bei Schimmelpilzbefall oder Verdacht darauf ist es ratsam, die Nüsse sofort wegzuwerfen.

Verminderung des Herzinfarktrisikos

Studien haben gezeigt, dass bei erhöhtem Konsum von Nüssen (mehr als 4-mal wöchentlich) das Herzinfarktrisiko um 40 % vermindert wird. Als Grund wird der Cholesterolsenkende Effekte der Phytosterine gesehen. Sie hemmen im Darm die Aufnahme des Nahrungscholesterols in den Körper, wodurch der Cholesterolgehalt im Blut gesenkt wird.

Aus dem Sortiment der Drogerie: Nüsse

Nusssorte	Erläuterungen
Cashewnüsse	• aus der Frucht herauswachsender Samen des Cashewapfels • sehr eiweißreich (ca. 20 %) und reich an Kohlenhydraten (ca. 30 %), relativ niedriger Fettanteil • hoher Gehalt an den B-Vitaminen
Erdnüsse	• Früchte der Erdnusspflanze, einer Hülsenfrucht • reich an Folsäure, Vitamin E, Niacin, Fluorid und Kalium und Arachisöl • zur Herstellung von Erdnussbutter, Erdnussöl • Aufgrund des sehr hohen Proteingehaltes werden Erdnüsse in vegetarischen Gerichten oft als Fleischersatz verwendet. • Erdnüsse sind sehr anfällig für den Schimmelpilz, der das toxische Aflatoxin bildet.
Haselnüsse	• enthalten sehr viel Kalzium, Magnesium und Vitamin E • über 90 % der Fette sind ungesättigte Fettsäuren • lösen häufig allergische Reaktionen aus • zur Herstellung von Nougatmassen verwendet
Kürbiskerne	• enthalten Pflanzenhormone, Vitamin E, Magnesium, Selen und Zink • werden aufgrund ihrer Phytohormone bei Blasenschwäche und Prostatabeschwerden eingesetzt

Nusssorte	Erläuterungen
Leinsamen	• enthalten Schleime, Ballaststoffe wie Zellulose, Proteine und Öle • helfen gegen Magenentzündung, Reizdarm, Verstopfung sowie Hautentzündungen • Leinsamöl
Macadamianüsse	• besonders fettreich (73 %), 85 % ihrer Fettsäuren sind ungesättigte Fettsäuren; diese verringern den „schlechten" Cholesteringehalt (LDL) zugunsten des „guten" (HDL)-Cholesterins
Mandeln, süße	• haben einen hohen Gehalt an Vitaminen (A, B_1, B_2, B_6, E) und Kalium, Magnesium, Kalzium und Eisen • Im Vergleich zu den anderen Nüssen enthalten sie wenig Fett. • werden zur Herstellung von Marzipan verwendet
Mandeln, bittere	• schmecken sehr bitter und entwickeln mit Feuchtigkeit (z. B. beim längeren Kauen) einen intensiven und typischen Geschmack nach Benzaldehyd • enthalten Amygdalin, welches während des Verdauungsprozesses hochgiftige Blausäure abspaltet, die sich beim Kochen auf eine unbedenkliche Menge verflüchtigt. • eine Mandel enthält ca. 1 mg Blausäure, 6–10 Mandeln gelten als tödliche Dosis bei Kindern, 50–60 Kerne bei Erwachsenen • zum Backen (Dresdner Stollen) • Käufliches Bittermandelöl enthält einen künstlichen Aromastoff und keine Blausäure.
Pinienkerne	• Samen aus den Zapfen bestimmter Kiefernarten • reich an Eisen • Das leicht süße Aroma wird durch das Rösten erhöht.
Sesam	• Samen einer Kapselfrucht, die erst nach dem Trocknen aufplatzt • hoher Anteil an Kalzium, Eisen und Vitamin E • Basis der Würzpaste Tahin, die zur Herstellung des Hummus dient • größte Bedeutung bei der Herstellung von Sesamöl
Sonnenblumen-kerne	• enthalten sehr viel Eiweiß, haben einen hohen Anteil an mehrfach ungesättigten Fettsäuren, sehr viel Kalium, Magnesium und Vitamin B_1 • größte Bedeutung bei der Herstellung von Sonnenblumenöl
Walnuss	• besonders hoher Anteil an mehrfach ungesättigten Fettsäuren (72 %) • hoher Gehalt an der gesundheitsfördernden a-Linolensäure
Mohn	• reife Samen der Mohnpflanze • enthalten 50 % fettes Öl, 20 % Eiweiß; Alkaloide, Bitterstoffe • Der Milchsaft der unreifen Kapsel enthält das berauschende Opium, der Mohnsamen reifer Früchte ist frei von Opium, also nicht gesundheitsschädlich. • wirkt sedativ, verstopfend

3.5 Öle

Pflanzenöle werden durch das Pressen oder Extrahieren ölhaltiger Früchte, Samen oder Kerne gewonnen. Grundsätzlich gibt es zwei Arten von Speiseölen:
- native Öle, die ausschließlich durch mechanische Pressung gewonnen werden, und
- raffinierte Öle, die nach der Ölgewinnung anschließend noch von Begleitstoffen gereinigt und gebleicht werden.

Informieren Sie sich über die Qualitätsunterschiede bei Olivenölen und anderen Ölen.

Native Öle sind meist dunkler, enthalten viele Nährstoffe wie z. B. Vitamine und weitere Begleitstoffe, sodass der jeweils typische Geschmack erhalten bleibt. Bei nativen Olivenölen gibt es drei Qualitätsunterschiede: „natives Olivenöl extra", „natives Olivenöl" und „Olivenöl".

Raffinierte Öle sind hell, nahezu geruchlos, klar und haben nur einen schwach ausgeprägten Geschmack.

Die Haltbarkeitsdauer nativer Öle liegt niedriger als bei raffinierten Ölen, und die meisten nativen Öle sollten nicht stark oder gar nicht erhitzt werden.

Aus dem Sortiment der Drogerie: Öle

Öle	Erläuterungen
Arganöl	• Der Arganbaum ist einer der ältesten Bäume der Welt und wächst nur noch im südwestlichen Marokko. Das Arganöl wird auch das „flüssige Gold Marokkos" genannt. • besitzt eine hohe Konzentration verschiedener ungesättigter Fettsäuren
Distelöl	• wird aus den Samenkernen der Färberdistel (Saflorpflanze) gewonnen • enthält 90 % ungesättigte Fettsäuren, davon 75 % essenzielle Linolsäure (linolsäurereichstes Pflanzenöl) • enthält viel Vitamin E
Leinöl	• wird aus den Samen der Leinpflanze gewonnen, ist von kräftig gelber Farbe, reich an mehrfach ungesättigten Fettsäuren und wertvollen Fettbegleitstoffen, wie z. B. Phosphatiden und Schleimstoffen • besitzt einen starken, leicht bitteren Eigengeschmack • wird außer zu Speisezwecken noch technisch zur Herstellung von Anstrichfarben und Leinölfirnis verwendet
Maiskeimöl	• wird aus den Keimlingen der Maiskörner gewonnen • enthält viel Vitamin E • hat eine intensiv gelbe Färbung und einen leichten Mais-Geschmack
Olivenöl	• wird aus den reifen Früchten des Olivenbaums gewonnen, klassisches Anbaugebiet ist der Mittelmeerraum, der Geschmack ist abhängig vom Anbaugebiet, den Sorten und den klimatischen Bedingungen • Natives Olivenöl mit der Bezeichnung „extra" wird direkt aus Oliven erster Güteklasse ausschließlich mit mechanischen Verfahren gewonnen. • ist reich an einfach ungesättigten Fettsäuren, jedoch relativ arm an mehrfach ungesättigten Fettsäuren, als Fettbegleitstoffe sind die Schleimstoffe in größerer Menge enthalten. • hat einen charakteristischen Eigengeschmack • wesentlicher Bestandteil der Mittelmeerküche

Öle	Erläuterungen
Rapsöl	• aus den schwarzen Samen des Raps gewonnen • hoher Anteil an Linolensäure wirkt sich vorteilhaft auf Herz und Kreislauf aus • verbessert zusätzlich den Cholesterinspiegel und hat einen positiven Einfluss auf die Blutzuckerregulierung • Natives Rapsöl hat einen kräftigen, zart nussigen Geschmack. • reich an natürlichem Vitamin E • Anwendung in der kalten Küche, für Salate, Dressings und zum Dünsten von Gemüse.
Sesamöl	• wird aus den schwarzen und weißen Samen der Sesampflanze gewonnen • helles Öl ist geruchs- und geschmacksneutral • dunkles Sesamöl wird aus gerösteten Samen hergestellt und hat durch die Röstung eine dunkle, bräunliche Färbung und einen nussigen, intensiven Geschmack • enthält Phytoöstrogene, die einen positiven Einfluss auf das Herz-Kreislauf-System haben
Sojaöl	• wird aus den Bohnen des Sojastrauches gewonnen • ist reich an mehrfach ungesättigten Fettsäuren, darunter auch Linolensäure • Besonderheit: hoher Lecithingehalt von 1,5 bis 3,5 % und hoher Gehalt an Vitamin E • mild im Geschmack und kann für Rohkost, Salate und auch zum Kochen verwendet werden
Sonnenblumenöl	• wird aus den Samen der Sonnenblume gewonnen • hoher Anteil an ungesättigten Fettsäuren (sehr hoher Linolsäuregehalt, an Carotinoiden, Lecithin und reichlich Vitamin E) • ideal als Salatsoße oder zum Dünsten und Braten
Traubenkernöl	• wird aus den Kernen der Weintraube gewonnen. • Ölgehalt ist eher gering und liegt bei 6–20 %. • Anteil an ungesättigten Fettsäuren bis zu 90 %, davon etwa 70 % Linolsäure • enthält außerdem viel Vitamin E und Procyanidin, welche gegen freie Radikale wirken • ist sehr intensiv in Farbe, Geruch und Geschmack
Walnussöl	• wird aus den Nüssen des Walnussbaumes gewonnen • extrem hoher Gehalt an Linolsäure • intensiver, nussiger Geschmack • wirkt positiv auf den Fettstoffwechsel
Kürbiskernöl	• wird durch das Auspressen der Kerne von Speisekürbissen gewonnen • wegen seines intensiven Geschmacks und der intensiv grünen Farbe (hoher Chlorophyllgehalt) „nur" als Speiseöl geeignet • sehr hoher Linolsäuregehalt, somit gesundheitlich wertvoll

3.6 Schokolade

Schokolade ist ein aus geriebenen Kakaokernen (Kakaomasse), Kakaobutter und Zucker bestehendes Erzeugnis. Ferner wird Milchpulver zugesetzt, wenn es sich um Milchschokolade handelt, oder je nach Sorte Zutaten wie Nüsse, Mandeln und Trauben.

Kakaoerzeugnisse dürfen nur in den Sorten angeboten werden, die in der Kakaoverordnung festgelegt sind. Grundsätzlich gilt: Je mehr Kakaomasse, desto dunkler und herber wird die Schokolade, je mehr Zucker und Milch, umso milder wird die Schololade.

Aus dem Sortiment der Drogerie: Schokoladensorten

Sorten	Erläuterung
Edelschokolade	mindestens 40 % der Kakaomasse von Edelkakaosorten
Zartbitterschokolade	mind. 43 % Gesamtkakaogehalt
Bitterschokolade	mind. 60 % Gesamtkakaogehalt
Milchschokolade	25 % Gesamtkakaogehalt, 14 % Milchgehalt, 3,5 % Milchfett und höchstens 55 % Zucker
Weiße Schokolade	enthält weder Kakaomasse noch Kakaopulver, sondern nur Kakaobutter (mind. 20 %), Zucker, 14 % Milch und 3,5 % Milchfett

Kakaofrüchte werden bis zu 20 cm lang und können maximal 500 g wiegen. In der Kakaofrucht stecken 30 bis 50 Samen, die Kakaobohnen, die von einem weißen Fruchtfleisch, der Pulpa, umgeben sind.

Schokolade enthält Theobromin, das dem Koffein ähnlich ist. Es wirkt anregend und stimmungsaufhellend. Weitere, ebenfalls leicht stimmungsaufhellende Wirkungen beruhen auf dem hohen Gehalt an Phenylalanin und Trypthophan, welches zur Bildung des Hormons **Serotonin** benötigt wird.

Karob

Unter Karob versteht man das geröstete und gemahlene Fruchtfleisch der Johannisbrotfrucht, welche als Schokoladen- und Kakaoersatz verwendet wird. Verglichen mit Kakao enthält Karob kein Koffein und wesentlich weniger Fett. Karob ist für alle jene eine Alternative, die aus gesundheitlichen Gründen (z. B. wegen Allergien) keine Produkte mit Kakao verzehren dürfen.

> Studien haben gezeigt, dass Schokolade keine Akne auslöst.

3.7 Hülsenfrüchte

Hülsenfrüchte (Leguminosen) sind die getrockneten Samen bestimmter Schmetterlingsblütler, z. B. Erbsen, Bohnen, Linsen, Sojabohnen und Erdnüsse.

Bedeutung für die Ernährung

Hülsenfrüchte besitzen den höchsten Gehalt an biologisch hochwertigem Eiweiß unter den pflanzlichen Lebensmitteln (20 – 34 %). Daher ersetzen Hülsenfrüchte in vielen Ländern der Welt nicht nur bei Vegetariern das Fleischeiweiß.

Darüber hinaus enthalten Hülsenfrüchte viele Ballaststoffe und haben damit einen hohen Sättigungswert.

- Hülsenfrüchte können starke Blähungen hervorrufen, da sie bestimmte Kohlenhydrate (Raffinose und Stachyose = Drei- und Vierfachzucker) enthalten, die erst durch die Darmbakterien abgebaut werden, wobei unangenehme Gärgase entstehen.
- Sie sind für Diabetiker gut geeignet, da ihre Kohlenhydrate nur langsam ins Blut aufgenommen werden (niedriger glykämischer Index).
- Sie enthalten mehr Vitamin B, Kalium, Magnesium, Phosphor und Eisen als eine vergleichbare Portion Fleisch.
- Ihr Fettanteil ist, außer bei der Sojabohne, gering. Sie eignen sich daher sehr gut für eine Reduktionsdiät.
- Sie sind preiswert.
- Hülsenfrüchte gehören zu den wenigen pflanzlichen Lebensmitteln, die relativ **purinreich** sind. Sie sind daher bei Gicht bzw. erhöhtem Harnsäurespiegel weniger gut geeignet.

Ballaststoffe
→ Kapitel V / 1.2.1

> Hülsenfrüchte können nur blanchiert oder gekocht verzehrt werden, da sie gesundheitsschädliche Stoffe wie Lectine und cyanogene Glykoside enthalten.

Purine

Purine sind organische Verbindungen, die in allen Zellen vorkommen. Sie werden im Stoffwechsel zu Harnsäure abgebaut. Bei der Gichterkrankung (Ablagerungen von Harnsäurekristallen in den Gelenken) ist der Harnsäurespiegel im Blut erhöht. Deshalb sollten dann harnsäurereiche Lebensmittel gemieden werden.

Erbsen

Erbsen sind wertvolle Eisen-, Kupfer- und Zinklieferanten. Bei geschälten Erbsen handelt es sich um Trockenerbsen, von denen die äußere Samenschale entfernt wurde, da diese hart und schwer verdaulich ist. Durch das Schälen wird die Oberfläche unansehnlich, sodass geschälte Erbsen geschliffen und poliert werden. Geschälte Erbsen haben dadurch einen niedrigeren Ballaststoffgehalt als ungeschälte.

Bei der Kichererbsenpflanze handelt sich botanisch gesehen zwar auch um eine Hülsenfrucht, jedoch nicht um eine Erbse. Die Samen haben eine haselnussähnliche Form und sind hellgelb. Der Geschmack ist nussig, und die Konsistenz ist knackig.

Linsen

Im Handel findet man überwiegend die bekannten braunen, grünen und roten Linsen. Sie werden nach Größe sortiert und nach der Herkunft angeboten. Da das Aroma in der Schale sitzt, gilt:
Je kleiner die Linse, umso herzhafter und nährstoffreicher ist sie.

Aus dem Sortiment der Drogerie: Linsen

Linsenarten	Erläuterung
Belugalinsen	• kleine, intensiv schwarze Linse mit fester Konsistenz und fein-würzigem Aroma, sie gilt als die edelste Linsensorte • Verwendung vor allem in Eintöpfen und Suppen
Le Puy	• benannt nach dem Berg „Puy" in Frankreich • mittlere Größe und feine, leicht nussige Geschmacksnote • Verwendung für Salate und Bratlinge wegen ihrer Festigkeit
Rote Linsen	• kleine, geschälte Linsen • geringe Kochzeit, auch ohne Einweichen sind sie nach 15–20 Minuten gar • mild im Geschmack und mehlig kochend • Verwendung in indischen Linsencurrys
Champagnerlinsen	• braune Linsen, benannt nach der Champagne (Frankreich) • süßlich-würziger Geschmack, leicht mehlig • Verwendung für Brotaufstriche und Sprossen

3 Lebensmittelgruppen

Linsenarten	Erläuterung
Tellerlinsen	• große flache Linsen von 6–7 mm Durchmesser • mehlig • Verwendung in Eintöpfen besonders gut
Berglinsen	• rotbraun, mild-aromatisch, feste Konsistenz • Verwendung für kräftige Eintöpfe, Aufläufe, Bratlinge, Sprossen
Pardina-Linsen	• graubraune Schale, gelbes Inneres mit einem Durchmesser von 4 und 5 mm • sehr aromatischer Geschmack • müssen nicht eingeweicht werden • Verwendung für Suppen, Eintöpfe, Salate und Vorspeisen

Bohnen

Bohnen enthalten neben Eiweiß viel Kalium, Magnesium, Folsäure und Eisen.

Aus dem Sortiment der Drogerie: Bohnen

Bohnenarten	Erläuterung
Azuki-Bohne	• süßliche Allround-Bohne mit fester Konsistenz
Kidneybohne	• kräftige, rote Schale mit mehligem Kern, behält auch nach längerem Kochen ihre Form und Farbe • Verwendung für Salate oder Chili con carne
Mungobohne	• Verwendung als Keimsaat zum Ziehen von Sojasprossen
Schwarze Bohne	• kräftige, schwarze Schale mit mehligem Kern • Verwendung als Beilage, z.B. zu mexikanischen Burritos, Enchiladas, auch für Suppen und Salate
Weiße Bohne	• recht hoher Stärkeanteil, wird daher beim Kochen weich und sämig • Verwendung besonders für Eintopfgerichte, Salate und Antipasti

V Ernährung

💬 Untersuchungen haben gezeigt, dass Isoflavone dem weiblichen Östrogen sehr ähnlich sind. Mit Sojaprodukten können leichte Beschwerden in den Wechseljahren positiv beeinflusst werden.

Bohnenarten	Erläuterung

Sojabohne	• sehr nährstoffreich, mit einem Proteingehalt von 40 % (In Kombination mit Getreide erhält man mit Soja hochwertigeres Eiweiß als vom Fleisch.)
	• enthält viel Fett (18 %), die Vitamine B_1, B_2 und Vitamin E sowie die Mineralstoffe Magnesium und Eisen
	• enthält viele Phytohormone (Isoflavone)
	• Verwendung zur Herstellung folgender Produkte
	  – Tofu
	  – Sojamilch
	  – Sojamehl
	  – Sojaschnetzel als Fleischersatz
	  – Sojamargarine

💬 Zitronensaft an den Tofu geben, das macht das Eisen besser verfügbar!

↪ Tofu

Zur Herstellung von Tofu wird das Eiweiß der Sojamilch bei 70–80 °C durch Zugabe eines Gerinnungsmittels langsam ausgeflockt und in Formen von der „Molke" abgepresst. Dann wird es in kleinere Blöcke geschnitten und verpackt.
Das quarkähnliche Produkt ist geschmacklos und somit ideal für süße und herzhafte Speisen. Tofu kann frittiert, gegrillt, gebraten, gebacken, gedämpft oder püriert werden und zu einem cremigen Brotaufstrich, zu einer Creme oder Sauce verarbeitet werden.

3.8 Getränke

Das drogistische Sortiment bietet eine große Vielfalt an verschiedenen Getränken. Bei der Beratung sollte der gesundheitliche Aspekt immer zusammen mit den Wünschen des Kunden berücksichtigt werden. Neben dem geschmacklichen Aspekt sollte auf Begleitstoffe, wie Mineralstoffe, Vitamine und andere Wirkstoffe, hingewiesen werden.

Wasser

Die Anforderungen an Mineral- und Tafelwasser sind in der Mineral- und Tafelwasserverordnung festgelegt.

Aus dem Sortiment der Drogerie: Wasser

💬 Aufgrund der unterschiedlichen Zusammensetzung der Mineralwässer ist nicht jedes Mineralwasser zum Ausgleich der Flüssigkeits- und Mineralstoffverluste bei sportlicher Betätigung gleich gut geeignet.
Ein Vergleich der Mineralwässer ist also sinnvoll.

Arten	Erläuterung
Natürliches Mineralwasser	• stammt aus unterirdischen Wasservorkommen • Zusammensetzung der einzelnen Mineralwässer ist abhängig von den Gesteinsschichten, die das Wasser auf seinem Weg durchfließt • muss an der Quelle abgefüllt werden • bei weniger als 1000 mg Mineralstoffen pro Liter muss eine ernährungsphysiologische Wirkung aufgrund von Mineralstoffen nachgewiesen werden • muss amtlich anerkannt sein
Tafelwasser	• auf der Basis von Trinkwasser oder anderen Wässern (Quellwasser, Mineralwasser) hergestellt • zugegeben werden können z. B. bestimmte zugelassene Mineralstoffe • bedarf keiner amtlichen Anerkennung • kann an jedem beliebigen Ort hergestellt werden, da es nicht natürlich gewonnen werden muss

3 Lebensmittelgruppen

Arten	Erläuterung
Heilwasser	• ist ein natürliches Mineralwasser • hat nachgewiesenermaßen heilende, lindernde oder vorbeugende Wirkung auf den menschlichen Körper • unterliegt als Arzneimittel dem Arzneimittelgesetz

Säfte

Säfte sind nicht nur erfrischende Getränke, sondern auch in obst- und gemüsearmen Zeiten wertvolle Vitamin- und Mineralstofflieferanten. Weiterhin eignen sie sich gut in der Säuglingsernährung (Möhrensaft), bei Verdauungsproblemen (Sauerkrautsaft) und bei Diäten wie Fastenkuren, da sie sehr energiearm sind.

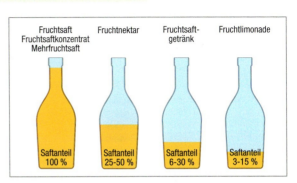

Aus dem Sortiment der Drogerie: Säfte

Sorte	Erläuterung
Fruchtsaft	• 100 % Fruchtanteil • bei niedrigem natürlichem Zuckergehalt darf mit 15 g Zucker pro Liter nachgesüßt werden
Fruchtnektar	• 25–50 % Fruchtanteil, je nach Fruchtsorte • Wasser • Zucker/Süßstoffe (bis zu 20 %) • Aromastoffe
Fruchtsaftgetränk	• 6–30 % Fruchtanteil, je nach Fruchtsorte • Wasser • Zucker/Süßstoffe • Säuerungsmittel Zitronensaft • Vitamin C als Antioxidans • Aromastoffe
Fruchtlimonaden	• 3–15 % Saftanteil je nach Fruchtsorte • Wasser • Zucker/Süßstoffe • Vitamin C als Antioxidans • Säuerungsmittel wie Zitronensäure • Farbstoffe • Aromastoffe
Gemüsesaft	• 100 % Gemüsesaftanteil • evtl. mit Zusätzen von Salz, Kräutern, Gewürzen
Gemüsenektar	• bis zu 40 % Gemüsesaftanteil • evt. mit Zusätzen von Salz, Kräutern, Gewürzen
Smoothies	• pürierte Ganzfruchtgetränke • die einzelnen Fruchtanteile werden in mengenmäßig absteigernder Folge aufgelistet

Aufgussgetränke

Aufgussgetränke sind **Heißgetränke**, die durch Überbrühen mit heißem Wasser hergestellt und aus gesundheitlichen Gründen (Arzneitees, Kräutertees) oder zu Genusszwecken (Tee, Kaffee, Kakao) getrunken werden. Sie unterscheiden sich durch ihre Inhaltsstoffe. Anregend aufgrund des Koffeins wirken Kaffee, der Tee des Teestrauches und Matetee. Kräuter- und Früchtetees wirken durch ihre individuellen Aromen.

Aus dem Sortiment der Drogerie: Aufgussgetränke

Produktbeispiele	Erläuterung
Kaffee	• getrocknete, geröstete Bohnen der Kaffeekirschen des Kaffestrauches • zwei Drittel der Welternte fallen auf die Sorte Arabica • zu den bekannten Inhaltsstoffen zählen u. a. das Alkaloid Koffein und die Nicotinsäure (Niacin) • Eine Tasse Kaffee deckt etwa ein Zehntel des Tagesbedarfs eines Erwachsenen an Niacin.
Grüner Tee	• getrocknete, zusammengerollte, nicht fermentierte Blätter des Teestrauches (Camellia sinensis) • Wirkstoffe: Koffein, sekundäre Pflanzenstoffe, z. B. Polyphenole

Schwarzer Tee	• getrocknete, zusammengerollte, fermentierte Blätter des Teestrauches (Camellia sinensis)
	• Durch die Fermentation verfärben sich die Blätter dunkel, und es bilden sich die charakteristischen Aromastoffe.
	• Wirkstoffe: Koffein, sekundäre Pflanzenstoffe, z. B. Polyphenole
	• Es werden verschiedene Sorten angeboten:
	  – Darjeeling: leicht blumiger Geschmack
	  – Assam: kräftiger Geschmack
	  – Ceylon: feinherber Geschmack
	  – aromatisierte Schwarztees mit z. B. Vanille, Jasmin, Orangenschalen
	  – Pu-Erh-Tee: gilt als der „Urschwarztee" aus der Ursprungsart des Teestrauches

Matetee	• Blätter des Mate-Baumes (immergrüne Urwaldpflanze) aus Südamerika • wird in traditionellen Gefäßen aus ausgehöhlten Flaschenkürbissen getrunken (Kalebassen) • sehr vitamin- und mineralstoffhaltig • koffeinhaltig, daher belebende Wirkung • harntreibend aufgrund von Saponinen
Kakao	• getrocknete, fermentierte, geröstete und gemahlene Samenkerne des Kakaobaumes • reines Kakaopulver enthält etwa 22 % Kakaobutter, entöltes Kakaopulver enthält nur 10 % Kakaobutter • Instantkakaopulver enthält neben einem hohen Zuckeranteil noch Aromastoffe wie Vanillin • koffeinhaltig (0,4 %), theobrominhaltig (2,3 %)

Produktbeispiele	Erläuterung
Früchtetee, Kräutertee	• getrocknete Pflanzenblätter, Blüten oder Früchte, häufig auch aromatisiert mit z. B. Vanille, • praktisch zucker- und kalorienfrei • koffeinfrei (Ausnahme: Mate-Tee) • beliebig kombinierbar (Mischungen u. a. aus Schalen von Äpfeln, Orangen, Hagebutten, Holunderbeeren) *Beispiele:* Verbenenkrauttee („Eisenkrauttee"): – Blätter einer nordafrikanischen Pflanze – reich an ätherischen Ölen, wirkt leicht beruhigend bei Nervosität und Schlaflosigkeit Rotbuschtee (Rooibos-Tee): – Blätter des ginsterähnlichen Busches aus Südafrika – erhält durch Fermentation seine rotbraune Farbe – unfermentiert als „grüner Rooibos-Tee" im Handel – koffeinfrei, flavonoidhaltig – wirkt stärkend auf das Immunsystem
Instant-Getränke	• gefriergetrocknete Auszüge aus Kaffee, Fruchtsaftpulver oder Teeextrakten, versetzt mit künstlichen oder natürlichen Geschmacksstoffen, Zitronensäure, Zucker, Farbstoffen

Weitere Getränke

Trendgetränke wie Energy-Drinks, Wellnessgetränke, Sport-Getränke, Teegetränke werben mit vielen auch gesundheitsbezogenen Aussagen wie z. B. der Steigerung der körperlichen und geistigen Leistungsfähigkeit und der Verbesserung des Wohlbefindens. Verschiedenen Inhaltsstoffen werden bestimmte Wirkungen zugeschrieben. Es gibt für diese Getränke keine rechtlich bindenden Vorschriften.

Aus dem Sortiment der Drogerie: Getränke

Getränkeart	Erläuterung
Energiedrinks	• enthalten Wasser, Zucker, Aromastoffe • Koffein und **Taurin**
Isotonische Sport-Getränke	• Mineralstoffe (physiologische Salzlösung) • Glukose
Kombucha	• kohlensäurehaltiges, alkoholhaltiges Getränk auf der Basis von gezuckertem schwarzem Tee • mit Essigsäurebakterien und Hefepilzen versetzt und fermentiert (Durch den Fermentationsprozess entstehen Kohlendioxid, Säuren wie Essigsäure, Milchsäure und etwa 0,5 % Alkohol.)
Brottrunk®	• wird durch nicht alkoholische Vergärung von Vollkornsauerteigbrot gewonnen • alkoholfreies, kohlensäurefreies Getränk • enthält Milchsäure, Milchsäurebakterien • durch die Milchsäurebakterien ein probiotisches Nahrungsergänzungsmittel
Aromatisierte Wässer	• mit natürlichen oder synthetischen Aromen oder Kräuterauszügen versetzt
Energiereduzierte Getränke	• mit Süßstoffen statt Zucker gesüßt

3.9 Würzmittel

Gewürze sind getrocknete, geschnittene Pflanzenteile, die den Speisen wegen ihrer natürlichen Geschmacks- und Geruchsstoffe ein besonderes Aroma verleihen, aber auch einen positiven Einfluss auf die gesundheitliche Versorgung haben. Damit zählen Salz und Zucker nicht zu den Gewürzen.

Die würzenden Inhaltsstoffe sind überwiegend enthalten in den ätherischen Ölen, den scharf schmeckenden Alkaloiden und weiteren sekundären Pflanzenstoffen.

> **Gewürze schmecken und riechen**
> Nehmen Sie Riech- und Geschmacksproben der verschiedenen Gewürze vor.

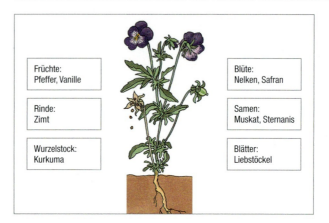

Früchte: Pfeffer, Vanille
Rinde: Zimt
Wurzelstock: Kurkuma
Blüte: Nelken, Safran
Samen: Muskat, Sternanis
Blätter: Liebstöckel

Aus dem Sortiment der Drogerie: Würzmittel

Produktbeispiele	Erläuterung
Bockshornklee	• Samen des Bockshornklees, mit intensiv bitterem Geschmack • enthält viel Eiweiß und Schleimstoffe • Verwendung für Curry, Eintopfgerichte
Cayenne-Pfeffer	• getrockneten Schoten einer aus Südamerika stammenden Paprikapflanze • Hauptinhaltsstoffe sind die scharf-brennend schmeckenden Capsaicine/Capsaicinoide • wirkt entzündungshemmend, appetitanregend, durchblutungsfördernd, schweißtreibend • Universalgewürz
Chili	• zwischen 2 und 15 cm große, weiße, rote, grüne, gelbe oder orange Schoten • gekennzeichnet durch einen scharfen und beißenden Geschmack • Hauptinhaltsstoffe sind die scharf-brennend schmeckenden Capsaicine/Capsaicinoide • kann den Kreislauf ankurbeln, die Durchblutung fördern und gegen Darminfektionen wirken • hilfreich bei einer natriumreduzierten Ernährung, denn durch das scharfe Würzen kommt man mit weniger Salz aus
Galgant	• dicker Wurzelstock der Galgantpflanze wird als Ersatz für Ingwer genommen • schmeckt süßlich-würzig und dabei scharf; der Geschmack erinnert an eine Mischung aus Ingwer und Pfeffer mit einem Hauch von Zimt und Zitrone • Einsatz bei entzündlichen Prozessen und Krämpfen in Magen und Darm sowie bei Gallenkoliken (wegen der ätherischen Öle) • Verwendung in Suppen, Curry

Produktbeispiele	Erläuterung
Kardamon	- getrocknete Kapselfrucht der Kardamonpflanze; in den dreigeteilten Fruchtkapseln liegen kleine Samenkörner, die das eigentliche Gewürz darstellen
- riecht angenehm aromatisch und der ausgeprägte Geschmack erinnert an Eukalyptus, Zitrone und exotische Blüten
- enthält relativ viel ätherisches Öl (4 bis 8 %)
- wirkt cholagog (galletreibend), virostatisch (Vermehrung von Viren hemmend), karminativ (blähungstreibend) und anregend auf die Magensaftsekretion
- Verwendung als Zugabe zu Kaffee (in arabischenLändern), in Hefegebäck
Koriander	- auch asiatische Petersilie genannt
- wirkt aufgrund des ätherischen Öls **karminativ**, leicht **spasmolytisch** und als **Stomachikum** anregend auf die Magensaftsekretion
- Verwendung in Marinaden, mexikanischer Küche
Kreuzkümmel (Cumin)	- Samen einer asiatischen Bodenkriecherpflanze, die nur vom Namen, nicht aber vom Geschmack dem Kümmel ähnlich ist
- durchdringender, strenger, an Kampfer erinnernder Duft
- im Geschmack bitterscharf und stark aromatisch
- wirkt wegen der ätherischen Öle krampflösend und entspannend bei Magen- und Darmleiden und appetitanregend
- Verwendung für exotische, indische, mexikanische Speisen
Kurkuma	- knolliger Wurzelstock (Rhizom) einer in Südasien heimischen Pflanze
- enthält ätherisches Öl, Bitterstoffe, den Farbstoff Curcumin
- wirkt stimulierend auf die Verdauungs- und Atmungsorgane, entzündungshemmend, antiseptisch, bei Gallenschwäche und Magenbeschwerden
- Verwendung als gelber Bestandteil von Curry
Liebstöckel	- Volkstümlich auch als Maggikraut bezeichnet
- enthält ätherisches Öl und wirkt deshalb spasmolytisch, verdauungsfördernd, harntreibend
- Verwendung für Kohlgemüse, Eintöpfe
Muskatblüte (Macis)	- scharlachroter Samenmantel, der die Schale der Muskatnuss umhüllt
- ätherisches Muskatnussöl wirkt nervenberuhigend und stimmungserhellend zugleich
- hilft bei Erkältungen, wirkt entzündungshemmend, antibiotisch und schleimlösend
- Verwendung als feines Gewürz für Weihnachtsgebäck, Teigwaren, Saucen
Muskatnuss	- getrockneter Samen, ohne Blüte (Macis)
- Wirkungen siehe Muskatnussblüte
- Hinweis: Muskatnuss enthält Myristicin in hohen Dosen. Ein Wirkstoff, der, in größeren Mengen genossen (die Angaben reichen von einer halben Nuss bis zu vier Nüssen), drogenähnliche Rauschzustände bzw. den Tod hervorrufen kann. Muskatnüsse und Macis sollten auf jeden Fall für Kinder unerreichbar aufbewahrt werden!
Pfeffer	- Beerenfrüchte eines in Indien heimischen Kletterstrauches
- enthält Capsaicin und wirkt wärmend, appetitanregend und verdauungsfördernd
- Verwendung als Universalgewürz

Produktbeispiele	Erläuterung
Piment (Nelkenpfeffer)	• getrocknete Beerenfrüchte eines tropischen Baumes • Aroma ist ähnlich einer Mischung aus Zimt, Nelken und Muskat • enthält das ätherische Öl Eugenol und wirkt appetitanregend und verdauungsfördernd • Verwendung für Wildspeisen, Weihnachtsbäckerei
Rosa Pfeffer Rosa Beeren	• pfefferkorngroße, einsamige Früchte einer südamerikanischen Pflanze, gehören botanisch nicht zur „Pfeffer-Familie" • Rosa Beeren: kaum eigene Schärfe, schmecken leicht bitter-fruchtig mit süßlichem Geschmack • Rosa Pfeffer: enthält Flavonoide • Verwendung als optische und geschmackliche Ergänzung auf Salaten, Suppen, Saucen, Fleisch-, Geflügel- und Fischgerichten und dunkler Schokolade
Safran	• gilt als das teuerste Gewürz der Welt • Safranfäden sind die ca. 2 cm langen orangegelben Narben von Krokusblüten, die während der Blütezeit im Herbst mit der Hand gepflückt und anschließend getrocknet werden • enthält ätherische Öle und Flavonoide, wirkt positiv bei Appetitmangel, Magenträgheit und Verdauungsbeschwerden • Verwendung für Gebäck, Reisspeisen
Senfkörner	• Körner der Senfpflanze • enthalten viel Senföl und Glykoside, die eine appetitanregende und verdauungsfördernde Wirkung haben • typischer scharfer Senfgeschmack entwickelt sich aus den Glykosiden erst nach dem Mahlen der Körner durch das Enzym Myrosinase • Verwendung als Einlegegewürz, für exotische Speisen
Sternanis	• Frucht eines in Südchina heimischen Magnolienbaumes • reich an ätherischen Ölen, insbesondere an Anethol • lakritzartiger Geschmack • wirkt antibakteriell, appetitanregend, krampflösend, schleimlösend, bei Magenkrämpfen, Blähungen, Darmkrämpfen, Mundgeruch, Zahnschmerzen • Verwendung für asiatische Küche
Tonkabohne	• mandelförmiger Samen des südamerikanischen Tonkabaumes mit süßlich vanilleähnlichem Geschmack • Vorsicht bei der Verwendung, da stark kumarinhaltig • Verwendung zum Backen (Dresdner Stollen) und zur Herstellung von Süßspeisen
Vanille	• fermentierte Schoten der Gewürzvanillepflanze (Bourbon Vanille), zu den Orchideen gehörende mexikanische Pflanze • Hauptwirkstoff Vanillin wirkt beruhigend und nervenstärkend • **Vanillin** wird in großen Mengen synthetisch hergestellt; dabei fehlen dann aber die charakteristischen Begleitstoffe der echten Vanille • **Vanillezucker** ist eine Mischung aus Zucker mit echter Vanille oder Vanille-Extrakt. Vanillinzucker ist eine Mischung des synthetisch produzierten Vanillins mit Zucker
Zimt	• getrocknete Rinde des Zimtbaumes • unterschieden werden Zimt aus China (Cassia-Zimt) bzw. aus Sri Lanka (Ceylon-Zimt) • kumarinhaltig, wobei der Ceylon-Zimt weniger Kumarin enthält • ätherische Öle wie Zimtaldehyd und Eugenol wirken verdauungsfördernd und antimikrobiell bei Blähungen und Infektionen

3.10 Funktionelle Lebensmittel

Der Begriff „Funktionelle Lebensmittel" (Functional Food, Neutraceuticals) ist bisher gesetzlich nicht genau definiert. Im Allgemeinen versteht man darunter Lebensmittel, die mit einem besonderen Gesundheitsnutzen beworben werden. Sie enthalten entweder Inhaltsstoffe mit gesundheitsfördernder Wirkung (Vitamine, Kräuterauszüge) oder Inhaltsstoffe wurden entfernt, die bestimmte Bevölkerungsgruppen nicht vertragen (z. B. Milchzucker).

Informieren Sie sich über die gesetzlichen Regelungen zu Functional Food und Novel Food.

Aus dem Sortiment der Drogerie: Funktionelle Lebensmittel

Produktbeispiele	Erläuterung
Säfte mit verschiedenen Zusätzen	• **ACE-Säfte** enthalten Zusätze an Antioxidanzien wie den Vitaminen A, C und E. Diese sollen die Zellen vor der Schädigung durch freie Radikale schützen. • **Säfte mit Vitamin D** – zum Teil in Kombination mit Kalzium – werden im Hinblick auf die Knochenfestigkeit angeboten.
Lebensmittel mit **Probiotika**	• enthalten lebende Milchsäurebakterienkulturen, die unverdaut in den Dickdarm gelangen und dort einen positiven Effekt auf die Darmflora ausüben. Diese positiven Wirkungen sind allerdings nur bei regelmäßigem Verzehr zu erwarten. • probiotische Milchsäurebakterien z. B. in Joghurt, Quark, Käse
Lebensmittel mit **Prebiotika**	• Prebiotika sind Kohlenhydrate (Ballaststoffe). • Sie regen die Vermehrung und/oder die Aktivität der erwünschten Milchsäure- und Bifidobakterien im Darm an. • Prebiotika sind u. a. Inulin und Oligofruktose. • Verwendung vor allem in Milcherzeugnissen, Müsli und Brot, aber auch in Getränken, Fertiggerichten und Säuglingsnahrung • Die prebiotische Wirkung ist aber erst ab einer Mindestmenge von vier bis fünf Gramm Inulin oder Oligofruktose pro Tag zu erwarten. Prebiotika und Probiotika werden oft kombiniert zugesetzt.
Produkte mit **Omega-3-Fettsäuren**	• Omega-3-Fettsäuren sind mehrfach ungesättigte Fettsäuren, die natürlicherweise in fettem Seefisch (Thunfisch, Makrelen, Hering, Lachs) und in einigen Pflanzenölen (Raps-, Walnuss-, Leinöl) vorkommen. Sie sind für den Menschen lebensnotwendig und sie haben eine Schutzfunktion vor Herz-Kreislauf-Erkrankungen. • zugesetzt in Brot oder Margarine
Energy-Drinks	• mit Zusatz von Taurin, Koffein

3.11 Nahrungsergänzungsmittel

Nahrungsergänzungsmittel (NEM) sind Lebensmittel, die dazu bestimmt sind, die allgemeine Ernährung zu ergänzen. Es handelt sich um Konzentrate von Nährstoffen (Vitamine, Mineralstoffe, Aminosäuren, Kohlenhydrate) oder anderen Stoffen mit ernährungsspezifischer Wirkung, z. B. Pflanzen- oder Kräuterextrakte. Sie kommen in Form von Kapseln, Tabletten, Pulver in abgemessenen kleinen Mengen in den Handel.

Grundsätzlich sind Nahrungsergänzungsmittel für gesunde Personen, die sich ausgewogen ernähren, nicht nötig. In bestimmten Situationen kann eine gezielte Ergänzung der Nahrung mit einzelnen Nährstoffen aber dennoch sinnvoll sein, so z. B. in der Schwangerschaft und Stillzeit, wenn der Bedarf an bestimmten Nährstoffen erhöht ist.

Auch bei älteren Menschen kann die Versorgung mit essenziellen Nährstoffen, z. B. als Folge von Kau- oder Schluckbeschwerden sowie von Appetitverlust, ungenügend sein. Nahrungsergänzungsmittel müssen mit einer Angabe über die empfohlene tägliche Verzehrmenge versehen sein. Im Gegensatz zu Arzneimitteln dürfen Nahrungsergänzungsmittel keine Nebenwirkungen haben und müssen wie alle Lebensmittel für die Gesundheit unbedenklich sein.

Aus dem Sortiment der Drogerie: Nahrungsergänzungsmittel (NEM)

Produktbeispiele	Erläuterung
Eiweißpulver	→ Kapitel V / 1.2.3 Proteine • zur Förderung der Regeneration und Zunahme der Muskelkraft
Bierhefetabletten	• enthält viele B-Vitamine, vor allem Vitamin B_1 • besteht zu mindestens 40 % aus Eiweiß • zum Wachstum von Haut, Haaren und Nägeln, zum Ausgleich eines erhöhten Nährstoffbedarfs bei körperlicher und nervlicher Belastung
Blütenpollen	• dienen ursprünglich als Kraftfutter für den Bienennachwuchs und der Bienenkönigin • wichtige Inhaltsstoffe Eiweiß, Fett, Kohlenhydrate, Rohfaserstoffe, Mineralstoffe, Vitamine, Spurenelemente, Aroma-, Wuchs- und antibiotische Stoffe sowie hormonartig wirkende Substanzen • „Pollen" ist ein gutes Mittel zur Stärkung der Widerstandskraft des Körpers.
Coenzym-Q10-Kapseln	• werden aufgrund ihres chemischen Aufbaus als vitaminähnliche Substanzen bezeichnet • ist Grundsubstanz der Atmungskette und damit bedeutsam für die Energieversorgung jeder Zelle • schützt die Zellen vor Schädigungen (Antioxidans) durch Radikale • sinnvoll bei übermäßigen körperlichen und sportlichen Leistungen, Stresssituationen und beim Alterungsprozess
Fischölkapseln, Lecithin-Saft, -Kaspeln	→ Kapitel V / 1.2.2 Fette, Öle

Gelée-Royal-Kapseln	• Gelée Royale (königliches Gelée) dient der Ernährung der Bienenkönigin
	• Gelée Royale ist eine Kombination aus Blütenpollen, Honigtau und Nektar und kann nur von den Arbeitsbienen produziert werden
	• enthält eine Fülle verschiedener Inhaltsstoffe, z. B. Proteine, Kohlenhydrate, Fette, Aminosäuren, Vitamine (gesamter B-Komplex), Mineralstoffe, hormonartige Substanzen und antibakteriell wirkende Substanzen (ca. 3 % der Stoffe sind noch nicht identifiziert)
	• Wirkungen:
	  – Stärkung des Immunsystems
	  – kräftigend bei Erschöpfungszuständen in der Rekonvaleszenz
	  – appetitanrgend
	  – Geriatrikum (Vorbeugung gegen Alterserscheinungen)

Ginseng	→ Kapitel VI / 7
Inulin-Pulver	→ Kapitel V / 1.2.1 Kohlenhydrate

Produktbeispiele	Erläuterung
L-Carnitin-Kapseln	→ Kapitel V / 2.5 Sportlerernährung
Mengen- und Spurenelemente	→ Kapitel V / 1.2.5 Mineralstoffe
Glukosamin-Kapseln und andere Produkte tierischen Ursprungs, wie z. B. Grünlippmuschelpulver, Haifischknorpel	• Glukosamin bildet den Hauptbestandteil der Knorpel und ist Grundstoff für Sehnen, Bänder und Knochenstrukturen, aber auch für das Bindegewebe und die Haut • dienen zur Reparatur und zum Wiederaufbau beschädigter Knorpel in Gelenken und Wirbelsäule; sie tragen dazu bei, Gelenksflüssigkeit (Synovialflüssigkeit) in den Gelenken zu bilden und beschädigtes Material zu ersetzen
Propolis-Kapseln	• Kittharz (von den Bienen produziert) zur Abdichtung des Bienenstocks und zur Abwehr von Mikroorganismen (Pilzen, Bakterien, Viren) • enthalten z. B. Harze, Wachse, ätherische Öle, Flavonoide, Phenolcarbonsäuren und geringe Mengen an Mineralstoffen und Vitaminen • Hauptwirkstoffe: Flavonoide, ca. 20 bis 30 verschiedene, z. B. Quercetin, Myricetin, Apigenin, Luteolin • bevorzugte Anwendungsgebiete sind die Vorbeugung und die Behandlung grippaler Infekte und Infektionen der Atemwege • wirken außerdem tonisierend bei Erschöpfungszuständen und steigern die körpereigenen Abwehrkräfte
Taurin-Kapseln	• Taurin ist eine Aminosulfonsäure, Endprodukt des Stoffwechsels der schwefelhaltigen Aminosäuren Methionin und Cystein. • Gebildet wird Taurin bevorzugt in Leber und Gehirn unter Beteiligung von Vitamin B_6. • Taurin besitzt eine membranstabilisierende Wirkung.
Vitamine und Provitamine	→ Kapitel V / 1.2.4 Vitamine

3.12 Biologische Lebensmittel

Als Bio-Lebensmittel dürfen nur solche deklariert werden, die im **ökologischen Landbau** produziert werden und entsprechend den gesetzlichen Regelungen kontrolliert werden.

Der ökologische Landbau arbeitet nach dem Leitgedanken, dass sein Wirtschaften und Handeln im Einklang mit der Natur steht. Das heißt z. B.:
- Es werden keine chemisch-synthetischen Pflanzenschutzmittel eingesetzt. Zusätzlich werden abwechslungsreiche Fruchtfolgen angebaut, damit die Bodenfruchtbarkeit erhalten bleibt.
- Gedüngt wird nicht mit leicht löslichem mineralischem Düngemittel, sondern mit organisch gebundenem Stickstoff vorwiegend in Form von Mist oder Mistkompost.
- Tiere werden besonders artgerecht gehalten, der Viehbesatz je Fläche ist begrenzt, und sie werden nicht mit Antibiotika und Wachstumshormonen behandelt.

Ökologischer Landbau ist auf **Nachhaltigkeit** ausgelegt. Er erhält und schont die natürlichen Ressourcen in besonderem Maße und hat vielfältige positive Auswirkungen auf die Umwelt.

Bei Bio-Lebensmitteln ist garantiert, dass das Produkt zu mindestens 95 % ökologisch hergestellt sein muss. Das bedeutet konkret: Wenn ein verarbeitetes Produkt aus mehr als einer Zutat besteht, dürfen insgesamt fünf Prozent dieser Zutaten aus konventioneller, also nicht ökologischer Landwirtschaft stammen, wenn die Verfügbarkeit einzelner Zutaten aus ökologischer Erzeugung nicht gegeben ist.
Bio-Lebensmittel müssen auf der Verpackung die Codenummer und/oder den Namen der zuständigen Kontrollstelle tragen. Für Bio-Produkte, die in Deutschland kontrolliert werden, lautet die Kennzeichnung z. B.

DE-ÖKO-037

EU-Bio-Siegel

DE steht als Kürzel für Deutschland, daran schließt sich das Wort „bio" oder „öko" an, gefolgt von der Referenznummer der Kontrollstelle (im Beispiel **037**), hier: ÖKOP Zertifizierungs-GmbH.
Zusätzlich dürfen die Waren den Hinweis „Ökologische Agrarwirtschaft EG-Kontrollsystem" tragen.
Alle verpackten Bio-Lebensmittel müssen mit dem **EU-Bio-Siegel** gekennzeichnet werden. Zusätzlich dürfen die Bio-Lebensmittel freiwillig mit dem **staatlichen Bio-Siegel** gekennzeichnet werden. Es signalisiert, dass das jeweilige Produkt gemäß der EG-Öko-Verordnung hergestellt wurde und den entsprechenden Kontrollstellenvermerk trägt. Die Nutzung des Siegels ist freiwillig.

Die Zeichen der Anbauverbände

Viele Bio-Lebensmittel tragen auch das Label eines der acht ökologischen Anbauverbände. Es bedeutet, dass Bauern und Verarbeiter neben der EG-Öko-Verordnung auch die Richtlinien des jeweiligen Verbands einhalten, deren Standards noch strenger sind und in vielen Punkten deutlich über die EG-Öko-Verordnung hinausgehen, z. B. Alnatura, Bioland, Demeter.

IFOAM

Das Zeichen des weltweiten Öko-Dachverbands besagt, dass die Kontrollstelle, die dieses Produkt zugelassen hat, bei IFOAM zertifiziert ist. Das Label ist damit ein indirektes Qualitätszeichen für Lebensmittel, die aus Nicht-EU-Ländern stammen.

> **Aufgaben zur Selbstüberprüfung des Lerninhalts:**
>
> 1. Erläutern Sie anhand des Aufbaus eines Getreidekorns die Bedeutung von Vollkornprodukten für die menschliche Ernährung.
> 2. Bedeutet glutenfrei immer auch weizenfrei?
> 3. Kombinieren Sie aus unterschiedlichen Zutaten Müslimischungen, die den Ernährungserfordernissen verschiedener Kunden (z. B.: Kindern, Sportlern, älteren Menschen, Personen mit Lactoseintoleranz, Zöliakie) gerecht werden.
> 4. Nach welchen Kriterien werden pflanzliche Öle bezüglich ihrer gesundheitlichen Bedeutung bewertet?
> 5. Eignen sich Hülsenfrüchte auch für die Rohkosternährung?
> 6. Erläutern Sie die wesentlichen Unterschiede von Süßstoffen und Zuckeraustauschstoffen.
> 7. Vergleichen Sie verschiedene Säfte und Saftgetränke aus ihrem Sortimente
>   a) hinsichtlich des Geschmacks und
>   b) hinsichtlich der Zusammensetzung.
> 8. Stellen Sie Lebensmittel aus Ihrem Sortiment zusammen, die den täglichen Bedarf an Eisen, Calcium und Folsäure decken können.
> 9. Warum bekommt man durch den Verzehr von Hülsenfrüchten häufig besonders starke Blähungen?

VI Drogenkunde

> Tim hat sich entschieden, eine Ausbildung zum Drogisten zu absolvieren. Am ersten Tag in der Berufsschule bekommt er seinen Stundenplan. „In der sechsten Stunde haben Sie Drogenkunde bei mir", kündigt die Lehrerin an. „Wie Sie sicherlich wissen, ist der Handel mit Drogen die ursprünglichste Tätigkeit der Drogerie. Daher ist es wichtig, dass Sie sich gut mit Drogen auskennen." Tim muss sich das Lachen verkneifen. „Soll das ein Witz sein?", denkt er. „Ich will doch kein Dealer werden, sondern in einer Drogerie arbeiten …"

Der Begriff Droge, wird von dem Wort „trocken", plattdeutsch „droeg", niederländisch „droog" abgeleitet. Er bezeichnete ursprünglich alle getrockneten Waren, auch Lebensmittel wie Fleisch oder Fisch. Später wurde er für getrocknete Heil- und Würzkräuter verwendet.

Dass bestimmte Heilkräuter allerdings auch so dosiert und angewendet werden können, dass sie Rauschzustände hervorrufen, ist den Menschen schon seit Jahrtausenden bekannt (z. B. Mohn, Hanf, Tollkirsche). So bezeichnete das Wort „Droge" lange Zeit sowohl die Arznei- als auch die Rauschdrogen. Im 20. Jahrhundert wurde der Begriff jedoch in der deutschen Umgangssprache mehr und mehr ausschließlich als Bezeichnung für Rauschmittel verwendet.

> In den Naturwissenschaften werden mit dem Begriff „Droge" grundsätzlich alle Wirkstoffe bezeichnet, die in einem lebenden Organismus Funktionen verändern können. Sie dienen entweder selbst als Arzneimittel (z. B. Kamillenblütentee) oder als Ausgangsstoff für Arzneimittel.

Die Anwendung des Drogenbegriffs für pharmazeutisch wirksame, vorwiegend pflanzliche Substanzen beschränkt sich heute auf die Arztpraxis, die Apotheke und die Drogerie.

Nicht immer sind die heilwirksamen Substanzen in allen Pflanzenteilen gleichermaßen enthalten. Manchmal findet man die entsprechende Substanz nur in einem bestimmten Pflanzenteil. Die Drogen bestehen deshalb aus getrockneten oder seltener auch aus frischen Pflanzen oder Pflanzenteilen, die wild wachsen und gesammelt oder in Kulturen angebaut und geerntet werden.

Der erste Teil des lateinischen Drogennamens weist auf die **Stammpflanze** hin, aus der die Droge gewonnen wird. Der letzte Teil des Drogennamens benennt den **Pflanzenteil**, der im Wesentlichen die heilwirksamen Substanzen enthält, z. B. Kamillen*blüten* → Matricariae *flos*.

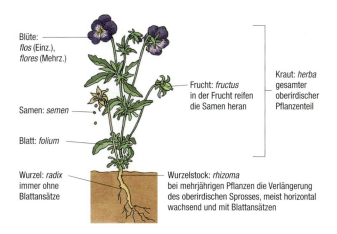

Blüte: *flos* (Einz.), *flores* (Mehrz.)
Samen: *semen*
Blatt: *folium*
Wurzel: *radix* immer ohne Blattansätze
Frucht: *fructus* in der Frucht reifen die Samen heran
Wurzelstock: *rhizoma* bei mehrjährigen Pflanzen die Verlängerung des oberirdischen Sprosses, meist horizontal wachsend und mit Blattansätzen
Kraut: *herba* gesamter oberirdischer Pflanzenteil

Zwiebel: bulbus

Flechte: lichen

Rinde: cortex

1 Geschichte der Drogen

Denkmal für den Apotheker Sertürner

Historische Funde belegen, dass die Menschen schon seit Jahrtausenden auf die Heilkraft bestimmter Pflanzen vertrauen (Erfahrungsheilkunde, „Hexenwissen"). Die Vielfalt der bekannten bedeutsamen heilkräftigen Drogen wuchs im Laufe der Zeit an. Mit der Einführung moderner Analysemethoden seit etwa 200 Jahren wird die ursprüngliche, reine Erfahrungsheilkunde durch wissenschaftlich untermauerte Fakten ergänzt: Die Naturwissenschaften – hier vor allem die **Biochemie** – erforschten immer mehr, welche Inhaltsstoffe die Hauptwirkstoffe in einer Pflanze sind und welche Pflanzenteile wirken, weil sie diese Hauptwirkstoffe enthalten. Auch heute spielt die exakte Erforschung von Drogen und die Suche nach neuen Drogen eine sehr wichtige Rolle.

Wirkung, Inhaltsstoffe und Hauptwirkstoffe vieler bekannter Drogen sind bis heute noch nicht vollständig wissenschaftlich erforscht. Bei anderen Heilpflanzen wurde durch neuere Forschungen festgestellt, dass
- der Hauptinhaltsstoff nicht mit dem Hauptwirkstoff identisch ist,
- der Hauptwirkstoff nicht eindeutig zu identifizieren ist oder
- die Wirkung von einem Stoffgemisch ausgehen muss.

Insgesamt ist das Wissen über Drogen jedoch so groß, dass diese gezielt als Arzneimittel oder in der unterstützenden Therapie von Beschwerden angewandt werden können. Die Drogen werden dabei in ganz unterschiedlicher Form eingesetzt.

2 Zubereitungs- und Anwendungsmöglichkeiten von Drogen in der medizinischen Therapie

Am häufigsten werden **wässrige Auszüge** verwendet, um die Heilwirkung einer Drogenpflanze im menschlichen Körper zu erzielen.

Sie werden möglichst frisch zubereitet und bei der **innerlichen Anwendung** als **Tee** getrunken. Im Drogeriebereich findet man diese Tees in Form von Teebeuteln (Teefilterbeutel), Instant-Tees und – heute weniger häufig – als lose abgefüllte Tees oder Teemischungen.

Bei der **äußerlichen Anwendung** kommen die wässrigen Auszüge als Auflagen, Umschläge oder als Bad zum Einsatz. Diese Auszüge werden entweder als Aufguss, als Abkochung oder als Kaltauszug gewonnen.

Tee zugedeckt ziehen lassen

Aufguss (Infus)

Zweck des **heißen Aufgusses** ist es, ätherische Öle, Schleimstoffe und Bitterstoffe durch Übergießen mit heißem Wasser aus den Drogen freizusetzen.

Üblicherweise gießt man hierfür einen Teelöffel der zerkleinerten Droge mit gerade nicht mehr kochendem Wasser (ca. 150 ml = eine normale Tasse) auf und lässt diesen Aufguss 5 bis 10 Minuten zugedeckt ziehen. Das Zudecken verhindert, dass die ätherischen Öle sich aus dem Tee verflüchtigen. Durch ein Sieb gegossen ist der Tee dann trinkfertig. Meist werden Blatt-, Kraut- oder Blütendrogen auf diese Weise zubereitet.
Anwendungsbeispiele: Melissenblätter, Kamillenblüten, Pfefferminzblätter.

Anschließend abseihen bzw. absieben

Abkochung (Dekokt)

Bei Drogen oder Drogenteilen mit einer harten Beschaffenheit (z. B. Wurzeln, Hölzer, Rinde) setzt man die Droge (etwa 1 Teelöffel Droge auf 1 Tasse Wasser) mit kaltem Wasser an, erhitzt dann bis zum Sieden und lässt noch etwa 5 bis 10 Minuten weiterkochen. Nach kurzem Ziehen kann die Abkochung durch ein Sieb abgegossen werden.
Anwendungsbeispiele: Baldrianwurzel, Teufelskrallenwurzel.

Kaltauszug (Mazerat)
Die Droge wird mit kaltem Wasser übergossen und mehrere Stunden bei Raumtemperatur stehen gelassen. Der Auszug wird durch ein Sieb gegossen (abgeseiht) und ist dann trinkfertig, kann aber auch vor dem Trinken wieder erwärmt werden. Das kurze Erhitzen ist besonders sinnvoll, wenn Keimfreiheit nicht gewährleistet ist.
Eine Zubereitung als Kaltauszug ist dann sinnvoll, wenn die Behandlung der Droge mit kochendem Wasser unerwünschte Inhaltsstoffe aus einer Droge herauslösen würde, die in den Tee übergingen (z. B. Begleitstoffe von Bärentraubenblättern). Durch einen Kaltauszug wird bei Schleimdrogen (z. B. Eibischwurzel, Leinsamen) ein unerwünschtes Andicken verhindert. Bestimmte Schleimstoffe sind auch hitzeempfindlich und würden in heißem Wasser zerstört.

Bärentraubenblätter
→ Kapitel VI / 7

Weitere Zubereitungen, Anwendungsmöglichkeiten und Darreichungsformen von Drogen
Für den praktischen Hausgebrauch haben die genannten Gewinnungsarten der wässrigen Auszüge die größte Bedeutung. Es gibt jedoch noch weitere (meist industriell genutzte) Möglichkeiten, Drogenpflanzen aufzubereiten. Diese Verfahren zielen im Wesentlichen darauf ab, Präparate mit konstantem Wirkstoffgehalt und damit gleichbleibender Qualität herstellen zu können.
Dabei spielen **Drogenextrakte** eine bedeutende Rolle. Extrakte sind flüssige, zähflüssige oder trockne konzentrierte Auszüge der Droge, gewonnen durch Extraktion, in der Regel Mazeration oder Perkolation.

Extraktion, Mazeration, Perkolation
→ Kapitel IV / 9

Auf den Produktverpackungen werden häufig angegeben
- die **Extraktmenge** (z. B. mg pro Kapsel),
- das **Drogen-Extrakt-Verhältnis** (**DEV**) und
- das verwendete **Auszugsmittel** (**AZM**).

Anhand dieser Angaben kann die Qualität eines Präparates eingeschätzt werden. Mit der Angabe der Extraktmenge und des DEV kann auf die ursprünglich eingesetzte Drogenmenge geschlossen werden.
Die Angabe des verwendeten Auszugsmittels (Angabe des AZM nach Art und Konzentration) lässt bei Vielstoffgemisch-Drogen einen Rückschluss darauf zu, wie viel eines bestimmten Inhaltsstoffes in dem Präparat enthalten ist. Dazu sind allerdings sehr genaue Kenntnisse darüber nötig, welches Auszugsmittel welche Inhaltsstoffe besonders gut oder schlecht aus der Droge herauslöst. Auszugsmittel sind z. B. Ethanol und Methanol. *Beispiel:* „Auszugsmittel 60 % Ethanol". Diese Angabe auf einer Verpackung von Baldriankapseln bedeutet nicht, dass in den Kapseln 60 % Ethanol, also Trinkalkohol, enthalten ist. Das Auszugsmittel wird nach der Extraktion in der Regel nahezu vollständig entfernt (s. u. Trockenextrakt).

DEV
gibt den Gewichtsanteil der Droge an, der für die Herstellung von 1 Teil des Extraktes eingesetzt wurde; ein DEV von 7 : 1 bedeutet, aus 7 Tonnen Droge wurde 1 Tonne Extrakt gewonnen

Fluidextrakt: ist ein Drogenauszug (auch aus einem Trocken- oder Dickextrakt) mit Ethanol oder Wasser oder einem Ethanol-Wasser-Gemisch. Fluidextrakte sind flüssige Zubereitungen, bei denen im Allgemeinen ein Teil Fluidextrakt einem Teil der getrockneten pflanzlichen Droge entspricht.
Beispiel: In einigen Hustensäften und -tropfen ist beispielsweise Thymiankraut-Fluidextrakt enthalten.

100 kg Droge →
90 bis 110 kg Fluidextrakt

Trockenextrakt: Ein flüssiger Drogenauszug aus einem Tee oder einer Tinktur wird in einem Trocknungsvorgang bis zur Zähflüssigkeit (Spissumextrakt) eingedampft, d. h., das noch enthaltene Auszugsmittel wird entzogen. Der Trockenextrakt kann dann z. B. in Salben, Pasten, Gelen und Bonbons verwendet werden.
Wird die gesamte Flüssigkeit verdampft erhält man einen Trockenextrakt (Siccumextrakt), der für die Verwendung in Dragees, Kapseln oder Tabletten geeignet ist.

Teufelskrallenkapseln

> **Baldriankapseln oder -tropfen?** Tropfen eignen sich gut für Personen, die Schwierigkeiten beim Schlucken von Kapseln und Dragees haben.

> **Zur Vorbeugung und nicht direkt zur Heilung** dient ein **Tonikum** (Roborans): Dabei handelt es sich um ein flüssiges Stärkungs- und Kräftigungsmittel zur Verbesserung der Leistungsfähigkeit und zur Vorbeugung von Krankheiten. Bekannter Klassiker: Lebertran

Tinktur: Die Drogeninhaltsstoffe werden mit einem Ethanol-Wasser-Gemisch (1:5 bis 1:10) aus der Droge ausgezogen (→ Perkolation oder Mazeration). Das bedeutet, 1 Teil Droge wird mit 5 bis 10 Teilen Extraktionsflüssigkeit angesetzt. Eine Tinkturherstellung durch Auflösen von Trockenextrakten in Ethanol ist ebenfalls möglich.

Tropfen sind Drogenauszüge in Tropfenform, die in der Regel mit einem Ethanol-Wasser-Gemisch ausgezogen wurden.

Öliger Auszug, Ölmazerat, Olea: ölige Drogenauszüge, meist durch kaltes Auspressen der Pflanzenteile gewonnen

Aetherolea: meist mittels Wasserdampfdestillation gewonnene ätherische Öle

Sirupe: flüssige, konzentrierte Zuckerlösungen mit Drogenauszügen (z. B. Spitzwegerich-Husten-Sirup), die auch zur Drageeherstellung verwendet werden

Frischpflanzenpresssaft: durch Auspressen frischer Pflanzen hergestellt. Als Lösungsmittel darf nur Wasser verwendet werden (→ § 44 (2) AMG).

Instanttees: lösliche Teeaufgusspulver (→ § 1 (2) AMiV i. V. m. Anlage 1 d und 1 e). Dabei wird ein wässriger Auszug der Droge eingedickt und anschließend zusammen mit Trägerstoffen in speziellen Trocknungsverfahren getrocknet. Bei dem Vorgang verloren gegangene ätherische Öle dürfen in entsprechender Menge wieder zugesetzt werden.

Tabletten: feste Zubereitungen (Wirkstoffe und Zusatzstoffe), die in der Regel durch Pressen hergestellt werden. Sie werden normalerweise mit viel Wasser direkt geschluckt, und der Wirkstoff wird dann im Magen oder Darm aufgenommen.

Brausetabletten oder **Brausegranulate:** werden vom Verwender zuerst in Wasser aufgelöst. Damit ist auch der Wirkstoff schon gelöst und kann etwas schneller wirken als in Tablettenform. Die Lösung wird getrunken. Brausetabletten/-granulate enthalten Brausezusätze zur raschen Auflösung und oft zusätzliche Geschmacksstoffe wie Zitronenaroma, die einen unangenehmen Geschmack der Wirkstoffe korrigieren.

Dragees: bestehen aus einem Drageekern und einer umhüllenden Schicht. Diese Schicht kann magensaftresistent sein, damit der Wirkstoff erst im Darm freigesetzt wird. Die Hülle kann aber auch vor dem schlechten Geschmack eines Wirkstoffes schützen. Dragees werden in der Regel unzerkaut mit Flüssigkeit eingenommen.

Filmtabletten: unterscheiden sich von Dragees durch einen Überzug aus mehreren dünnen Schichten. Diese Überzüge können beispielsweise magensaftresistent sein.

Tabletten, Kapseln, Brausetabletten

Kapseln: besitzen eine lösliche oder verdauliche Hülle, in deren Innerem sich der Wirkstoff befindet. Kapseln nimmt man mit viel Flüssigkeit ein.

Saft: ist dem Sirup ähnlich und wird gern bei Kindern angewendet. Er enthält häufig Geschmackszusätze. Ein beigelegter Messlöffel oder die Kappe bzw. der Flaschenverschluss dient der Dosierung nach Packungsbeilage.

3 Drogenherstellungsverfahren (Übersicht)

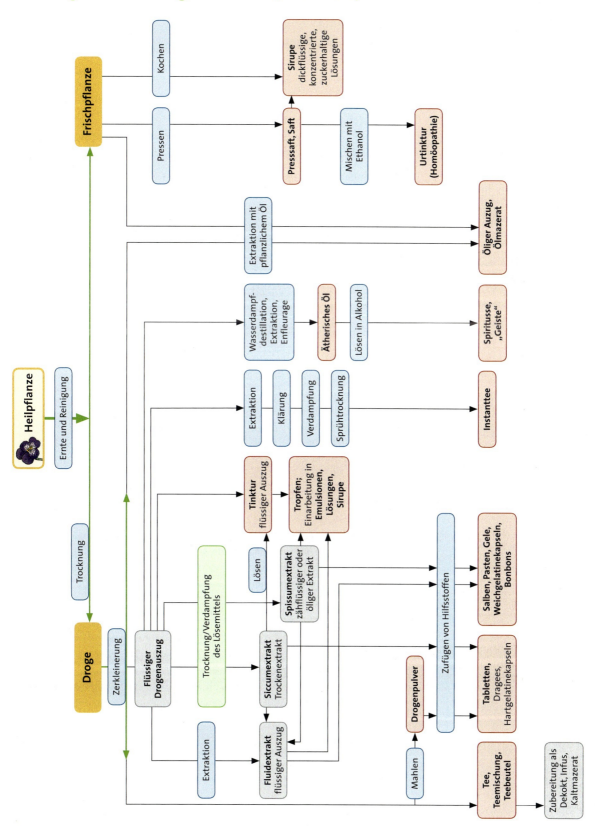

4 Anwendungsmöglichkeiten

Innerliche Anwendung
Die oben genannten Zubereitungen und Darreichungsformen werden zumeist innerlich angewendet. Dabei ist stets zu beachten, dass bei der Einnahme aller Arzneimittel – und damit auch der Arzneitees – die Angaben der Packungsbeilage oder eventuell abweichende ärztliche Ratschläge zu beachten sind.

Äußerliche Anwendung
Häufig wird die wirksame Substanz auch äußerlich am menschlichen oder tierischen Körper benötigt. Dazu eignen sich verschiedene Methoden:

Auflage (Umschlag, Kompresse): Ein mit wirkender Substanz (nicht wärmer als 50 °C) getränktes Innentuch wird auf die betroffene Körperstelle aufgelegt. Zu deren Befestigung werden weitere trockene Tücher bzw. Verbandmaterial um die Auflage gewickelt. Geeignet sind solche Auflagen u. a. mit Eichenrinde bei entzündlichen Hauterkrankungen.

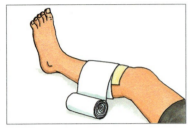
Umschlag, Kompresse

Wickel: Bei einem Wickel wird ein Innentuch – gut geeignet ist Leinen – mit einer wirkenden Substanz getränkt und um die betroffenen Körperteile gewickelt. Dabei sollte die betroffene Person entspannt und warm liegen. Der Wickel sollte einerseits so heiß wie möglich, aber andererseits nicht unangenehm oder schmerzhaft heiß sein. Bewährt haben sich etwa 50 °C, aber jeder Mensch hat ein anderes Temperaturempfinden. Eventuell den Wickel kurze Zeit abkühlen lassen und dann erneut die Temperatur prüfen. Dann rasch um den Wickel trockene Tücher – gut geeignet ist Wolle – ohne Wirkstoff wickeln. Nach 30 bis 40 Minuten wird der Wickel abgenommen, der Patient sollte noch weiter ruhen.
Geeignet sind u. a. Wickel mit Drogenauszügen aus Kamillenblüten, Thymiankraut und Eichenrinde (Wirkung siehe dort).

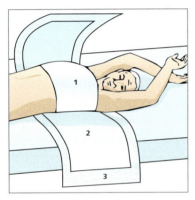
Heißer Wickel
1 Innentuch; 2 Zwischentuch; 3 trockenes Tuch

> An den Füßen kann das trockene Tuch durch Baumwollstrümpfe und an den Beinen durch eine Strumpfhose oder Leggings ersetzt werden. Ein Thermometer kann gute Dienste leisten, damit der Wickel nicht zu heiß zubereitet wird.

Nicht nur die wirksame Substanz wird durch heiße Wickel zum Wirkort gebracht (z. B. Bronchialraum), ein Wickel wirkt zudem durchblutungsfördernd und entkrampfend. Muss der Wickel wiederholt werden, so ist es empfehlenswert, diese Methode mehrere Tage hintereinander anzuwenden. Das ist wirkungsvoller als mehrmals täglich ohne die nötige Ruhemöglichkeit!

Beispiele bewährter Wickel
- **Kartoffelwickel** bei Erkältungskrankheiten: Kartoffeln speichern Wärme und geben sie über einen langen Zeitraum an den Körper ab. Dazu werden einige Kartoffeln mit Schale gekocht und zerdrückt (man kann die Kartoffeln auch ganz in einen Kopfkissenbezug geben und danach mit der Hand oder einem Brettchen zerdrücken). Die Masse wird in ein Tuch gewickelt und – nicht zu heiß – auf den Hals- und Brustraum aufgelegt. Den Wickel kann man etwa 1 Stunde wirken lassen.
- **Thymiankrautwickel** oder **Lavendelölwickel** bei trockenem Reizhusten
- **Kamillenblüten-** oder **Schafgarben-Bauchwickel** bei Blähungen und leichten krampfartigen Magen-Darm-Beschwerden
- **Arnikablütenwickel** bei Prellungen

> Alternativ kann z. B. auch ein Kirschkernkissen zum Einsatz kommen. Es wird zum Erwärmen für 2 bis 3 Minuten in die Mikrowelle oder für 10 bis 15 Minuten in den 100 °C heißen Backofen gelegt.

4 Anwendungsmöglichkeiten

Inhalation: Diese bewährte Methode ist sehr gut geeignet bei Atemwegsbeschwerden, da die Wirkstoffe dabei direkt zu den betroffenen Atemwegsorganen gebracht werden. Die einfachste Form ist die **Rauminhalation**. Dabei werden leicht flüchtige Wirkstoffe (z. B. ätherische Öle wie Eukalyptusöl) auf ein Tuch getropft oder in ein kleines Porzellangefäß gegeben, in dem schon etwas Wasser ist (ggf. das Gefäß mit einer Kerze darunter erwärmen). Der Wirkstoff verteilt sich im Raum und wird in den Nasen-Rachen-Raum eingeatmet.

Bei der Dampfinhalation in Form eines **Kopfdampfbades** wird in einen Kochtopf oder eine Schüssel zunächst heißes Wasser und dann der Wirkstoff (z. B. Meersalz, ätherisches Öl, Husten- und Bronchialtropfen) gegeben. Am besten sitzend, neigt die betroffene Person dann den Kopf über die Schüssel. Dabei wird der Kopf mit einem großen Tuch bedeckt. Schon während der Inhalation kann es nötig sein, das verflüssigte Sekret abzuschnupfen. Drogenauszüge aus Kampfer, Thymiankraut, Eukalyptusblättern und Kamillenblüten sind u. a. für die Inhalation geeignet.

Kopfdampfbad

Hinweis: Es besteht Verbrühungsgefahr! Deshalb nicht zu nahe an die heiße Flüssigkeit kommen. Hautempfindliche Personen sollten vor dem Kopfdampfbad das Gesicht mit einer Fettcreme (oder Vaseline) schützen.

Man kann das Inhalieren natürlich auch mit einem Vollbad verbinden, indem man die wirksamen Substanzen zum Badewasser gibt und über dem Wasser einatmet. Bei Erkältungskrankheiten sollte aber darauf geachtet werden, dass kein Pfefferminzöl bzw. Menthol enthalten ist, da das kühlend wirkt und die betroffene Person dann leicht friert.

Alternativ zum Kopfdampfbad kann natürlich auch ein Inhalationsgerät verwendet werden

Vollbad: Ein Vollbad kann gegen viele körperliche Beschwerden mit wirksamen Zusätzen sehr hilfreich sein. Dabei sind einige Regeln zu beachten:
- Am besten den Raum schon ½ Stunde vor dem Baden so heizen, dass er mind. eine Raumtemperatur von 21 °C hat. Es sollte kein Durchzug herrschen! Handtuch und eventuell Pflegesubstanzen anwärmen und bereitlegen.
- Das Wasser einlaufen lassen und insbesondere für Kinder und ältere Menschen mit einem Fieber- oder Badthermometer die Temperatur – 35 bis max. 38 °C – überprüfen und den wirksamen Badezusatz nach Anleitung zugeben.
- Auch Menschen ohne Herz-Kreislauf-Beschwerden sollten nicht länger als etwa 20 Minuten im Wasser verweilen.
- Danach ist in der Regel Ruhe sinnvoll (hinlegen!).

Für Vollbäder geeignet sind u. a. Melissenblätter, Lavendelblüten (Wirkungen siehe dort).

Teilbad/Sitzbad: Das Bad wird entsprechend einem Vollbad zubereitet (35–38 °C), aber das Wasser reicht der betroffenen Person nur bis etwa zum Bauchnabel.

Es dient insbesondere der Behandlung von Beschwerden im Genital- oder Analbereich (z. B. Hämorrhoiden, krampfartige Menstruationsbeschwerden) und wird grundsätzlich für Personen empfohlen, die Herz-Kreislauf-Beschwerden haben und deshalb kein Vollbad nehmen sollten.

Beispiele: Sitzbäder mit Kamillenblüten oder Eichenrinde

Sitzbad in Kamillenblüten

Eine Form der Nasendusche

Nasendusche/Nasenspülung: Mit einer Nasenspülung befeuchtet man die Nasenschleimhäute und wäscht den entstandenen Schleim mit den Krankheitserregern aus dem Nasenraum und den Nebenhöhlen. Man verflüssigt zudem zähen Schleim.

Dazu wird etwa ½ Teelöffel Salz (z. B. Meersalz oder spezielles Salz für Nasenduschen) in einer Tasse warmen Wassers gelöst und in eine Schnabeltasse oder eine Nasendusche gegeben. Nun den Kopf schräg über ein Waschbecken beugen, den Mund öffnen und das Wasser in das oben liegende Nasenloch fließen lassen. Durch dass untere Nasenloch läuft es wieder aus. Jetzt die Nase schnäuzen und anschließend die Seite wechseln.

> Eine Methode, die passende Temperatur zu finden, ist es, den Kunststoffbehälter mit dem Salzwasser an die Wange zu halten. Ist das angenehm und nicht zu heiß, kann man es verwenden.

Suspensionen sind flüssig. Sie enthalten nichtlösliche Feststoffe, die sich oft auf dem Boden der Flasche absetzen. Deshalb müssen Suspensionen vor jedem Gebrauch geschüttelt werden, um Wirkstoffe gleichmäßig zu verteilen. Je nach Wirkstoff können sie innerlich und äußerlich angewendet werden.

Salben sind fettbetonte, streichfähige Arzneizubereitungen, in denen sich die Wirkstoffe fein verteilt befinden. Sie lassen sich mit Wasser nicht abwaschen und sind nur zur äußerlichen Anwendung gedacht.

Cremes sind oft weicher als Salben, sie sind wasserhaltige Emulsionen und lassen sich mit Wasser abwaschen. Sie sind nur zur äußerlichen Anwendung gedacht.

Pasten: Sie sind ähnlich den Salben und Cremes, enthalten aber einen hohen pulverförmigen Anteil an Wirkstoffen und/oder Zusatzstoffen.

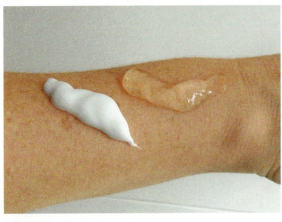

Salbe (links), Gel
→ Drogerie-Fachrecht

Gel wird ebenfalls auf die Haut aufgetragen. Es handelt sich dabei um durchsichtige, fettfreie Zubereitungen mit einem sehr hohen Wassergehalt, was neben der jeweiligen Wirkung des Wirkstoffes auch einen kühlenden Effekt hat. Neben der äußerlichen Anwendung gibt es auch Gele, die beispielsweise zur Anwendung im Mund hergestellt werden.

Wirkstoffpflaster: Die Wirkstoffe (z. B. **Capsaicin** bei Rheumapflastern) werden in eine Membran eingearbeitet. Die Pflaster werden auf die entsprechenden Hautpartien aufgeklebt. Der Wirkstoff wird so über einen längeren Zeitraum gleichmäßig an den Körper abgegeben..

> Nach § 2 (2) Nr.1 AMG gilt das Wirkstoffpflaster als Arzneimittel, obwohl es sich um einen Gegenstand handelt.

5 Wirkstoffgruppen bei Pflanzen

Pflanzen können vor ihren Feinden nicht weglaufen. Sie sind also gezwungen, besondere Abwehrmechanismen gegen ihre Feinde wie Bakterien, Viren, Pilze, Insekten und Fraßfeinde einzurichten. Diese Abwehr erfolgt entweder mit mechanischen Einrichtungen wie Dornen und Stacheln oder mit bestimmten Pflanzeninhaltsstoffen, die Feinde davon abhalten, die Pflanze zu schädigen oder zu fressen. Diese Stoffe wirken z. B. aufgrund ihres abschreckenden Geruchs, Geschmacks oder einer Giftwirkung auf die entsprechenden Feinde. Viele davon werden **sekundäre Pflanzenstoffe (SPS)** genannt.

SPS
→ Kapitel V / 1.2.6

Häufig sind SPS auch Abfallstoffe, die die Pflanze nicht mehr benötigt und die aus dem Stoffwechselgeschehen ausschleust werden sollen. In Ermangelung von Ausscheidungsorganen werden sie in verschiedenen Pflanzenteilen eingelagert, z. B. in die **Vakuole** (z. B. **Ricin**). Einige sind auch Stoffwechselzwischenprodukte, die im Bedarfsfall wieder reaktiviert werden können.

 Rizin

Rizin oder Ricin aus den Samen des Rizinus (bot.: *Ricinus communis*) ist einer der giftigsten Eiweißstoffe, die in der Natur vorkommen. Schon 0,25 Milligramm isoliertes Rizin sollen für eine tödliche Vergiftung eines Erwachsenen (2 bis 4 Samenkörner) genügen. Rizin ist nicht fettlöslich. Daher ist es im, durch kalte Pressung der Samen, gewonnen Rizinusöl nicht enthalten.

Außer den essenziellen Nährstoffen und den SPS gibt es noch viele weitere Inhaltsstoffe in Pflanzen. Diese pflanzlichen Inhaltsstoffe und Wirkstoffe gehören zumeist bestimmten **Stoffklassen** an, die man auch in vielen verschiedenen Drogenpflanzen vorfindet.

Die heilwirksamen Verbindungen innerhalb einer Stoffklasse zeichnen sich oft durch ein ähnliches Wirkspektrum aus, chemisch können sie allerdings äußerst unterschiedlich sein. Außerdem haben die Drogenpflanzen oft weitere charakteristische Inhaltsstoffe, zum Teil in größeren Mengen, denen aber keine Heilwirkung zugeschrieben wird. Viele Arzneipflanzen, u. a. der Rote Fingerhut oder die Tollkirsche, enthalten stark wirkende Stoffe, die bei falscher Dosierung oder Anwendung sehr giftig sind. Sie dürfen deshalb nur auf ärztliche Verschreibung abgegeben und verabreicht werden (→ Anlage 1 b der Verordnung über apothekenpflichtige und freiverkäufliche Arzneimittel).

Paracetamol
wird zur Behandlung leichter bis mäßig starker Schmerzen und von Fieber verwendet. Es ist neben Präparaten mit Acetylsalizylsäure und Ibuprofen ein sehr häufig verwendetes Schmerzmittel. Aspirin ist der bekannteste Produktname mit dem Wirkstoff Acetylsalizylsäure. Schon seit Jahrhunderten wird mit Weidenrindepräparaten ebenfalls eine schmerzlindernde Wirkung erzielt. Auch hier sind die natürlichen Salizylate/Salizylsäure-Derivate die wirksamkeitsbestimmenden Inhaltsstoffe.

Es wäre falsch, alle pflanzlichen Arzneimittel als harmlos und nebenwirkungsfrei zu bezeichnen. Ebenso gefährlich ist es, bei allen Krankheiten auf chemische Arzneisubstanzen zu verzichten und alleine auf die Heilwirkung pflanzlicher Arzneimittel zu vertrauen. Manchmal ist auch die **Anwendungskombination** eines pflanzlichen Arzneimittels mit einem chemischen am wirksamsten.

Beispielsweise soll bei Spannungskopfschmerzen eine äußerliche Behandlung mit Pfefferminzöl und die gleichzeitige Einnahme eines Paracetamolpräparates sehr gute schmerzlindernde Wirkung zeigen.

Um mit den pflanzlichen Arzneimitteln die gewünschten Heilwirkungen zu erzielen, ist es notwendig, die heilwirksamen Inhaltsstoffe, die Anwendung und Wirkung und die Dosierung und Darreichung der Droge genau zu kennen.

Übersicht über die großen heilwirksamen Stoffklassen

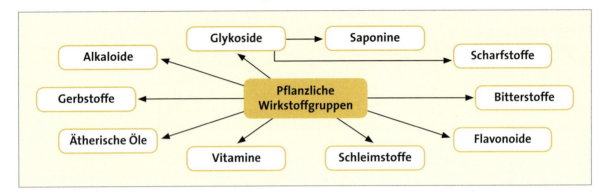

Ätherische Öle

Ätherische Öle sind **Stoffgemische**, aus denen man bislang über 500 Bestandteile aus verschiedenen Stoffklassen isoliert und identifiziert hat. Merkmale aller ätherischen Öle sind ihre leicht flüchtige, flüssige Konsistenz, der charakteristische Geruch und der aromatische, scharfe oder bittere Geschmack.

Sie duften oft stark, sind in **Wasser schwer- oder unlöslich** und in unpolaren Lösungsmitteln wie Alkohol leicht löslich. Aufgrund ihres lipophilen („fettliebenden") Charakters werden sie gut über die Haut aufgenommen und von den Schleimhäuten resorbiert. Bei längerer Lagerung und/oder Licht- und Sauerstoffeinfluss zeigen ätherische Öle Verharzungserscheinungen und sind daher vor Licht geschützt in gut verschließbaren Behältern aufzubewahren.

Ätherische Öle können mit unterschiedlichen Methoden (Wasserdampfdestillation, Extraktion, Enfleurage) aus den Pflanzenteilen gewonnen werden.

Beispiele: Ätherische Öle findet man z. B. in Anisfrüchten, Kümmelfrüchten, Lavendelblüten.

Enfleurage
→ Kapitel IV / 9

Alkaloide

Chemisch sind Alkaloide stickstoffhaltige Verbindungen, die recht komplex aufgebaut sind. Bis heute sind etwa 3000 verschiedene Alkaloide bekannt. Diese Verbindungen sind sowohl in Pflanzen als auch bei einigen Tieren nachgewiesen worden und dienen der Feindabwehr (Stinktier, Feuersalamander, Tausendfüßer usw.). Sie werden über die Haut und die Schleimhäute gut aufgenommen und rasch im Körper verteilt.

> Das Alkaloid Solanin ist in Nachtschattengewächsen wie Kartoffeln und Tomaten enthalten. Werden Kartoffeln lange Zeit dem Licht ausgesetzt, steigt der Solanin-gehalt an, erkennbar an den grünen Stellen der Kartoffeln. Diese, und auch Triebe, sollten deshalb vor dem Kochen oder Braten großzügig abgeschnitten werden.

Auch unreife Tomaten enthalten Solamin.

Die Dosierung muss sehr genau erfolgen, da Alkaloide oft **hochgiftig** sind und die Erregungsübertragung an den Nervenendigungen (Synapsen) beeinflussen. Sie wirken dämpfend, beruhigend bis narkotisch, indem sie die Erregungsübertragung an den parasympathischen Nervenendigungen hemmen. Außerdem besitzen Alkaloide spasmolytische (entkrampfende), bakterizide (keimtötende) und antimykotische (pilztötende) Wirkungen.

Hinweis: Wegen der Giftwirkung sind die alkaloidhaltigen Drogen nicht zum Verkehr außerhalb von Apotheken freigegeben!

Vegetatives Nervensystem

Es kontrolliert alle unwillkürlichen Organfunktionen: Der Sympathikus und Parasympathikus sind, vereinfacht, Gegenspieler. Während der erste eine allgemein aktivierende Funktion (Kampf und Flucht) hat, zielt der Parasympathikus auf Beruhigung und Regeneration des Körpers. Für das Herz bedeutet das:
Sympathikus → schneller Herzschlag
Parasympathikus → langsamer Herzschlag

Nervensystem
→ Kapitel III / 5

Beispiele: Alkaloide sind u. a. enthalten in Kaffee, Mateblättern, Schwarzteeblättern, Tabakblättern, Kartoffeln, Tomaten, Schlafmohn, Kokain.

Bitterstoffe

Der Name beruht auf dem **intensiv bitteren Geschmack** dieser Verbindungen, die im hinteren Teil der Zunge die Geschmacksknospen der Zunge anregen. Sie werden ausschließlich aufgrund dieses bitteren Geschmacks therapeutisch genutzt. Durch sie werden letztlich ein verbesserter Aufschluss der Nahrung und eine gesteigerte Nährstoffaufnahme erzielt.
Mit Bitterstoffen werden funktionelle Störungen des Magen-Darm-Traktes und der Gallenwege behandelt.

Die Aktivierung geschieht reflektorisch, d. h., der Geschmacksreiz wird von den Geschmacksknospen in der Mundhöhle über Nerven weitergeleitet. Dabei werden die Speicheldrüsen und die für die Produktion von Magensaft verantwortlichen Drüsenzellen angeregt. Die Freisetzung von **Salzsäure** und **Pepsin** führt zu einer besseren Verdauung des Speisebreis. Zudem wird die Ausschüttung von **Gastrin** aktiviert, das seinerseits die Magen- und Darmmuskulatur stimuliert und die Bauchspeicheldrüse zur Produktion von Verdauungsenzymen veranlasst.

Bitterstoffe werden auch als Cholagoga **(Gallemittel)** eingesetzt. Bei unspezifischen Schmerzen und Beschwerden im rechten Oberbauch und bei Verdacht auf Funktionsstörungen der Gallensekretion werden Mittel verwendet, die die Produktion der Galle in der Leber anregen (Choleretika) oder die die Ausschüttung der Galle aus der Gallenblase aktivieren (Cholekinetika). Die Fettverdauung kann so verbessert werden. Dieser Effekt führt auch dazu, dass Amara als Schlankheitsmittel diskutiert werden.
Beispiele: Amara sind z. B. Enzianwurzel, Wermutkraut, Löwenzahnwurzel, Hopfenzapfen, Tausendgüldenkraut, Pomeranzenschale und Artischockenblätter.

Aber nicht jeder bittere Geschmack führt zu den angeführten Reaktionen. Vielmehr muss der bittere Geschmack wie beim Bier oder bei Grapefruits als angenehm empfunden werden, um die gewünschte Wirkung zu erzielen.
Zu hohe Dosen an Bitterstoffen können den Appetit und die Magensaftsekretion sogar hemmen; eine zu lange Anwendungsdauer kann zu einem „Widerwillen" gegen die jeweiligen Bitterstoffe führen. Deswegen werden medizinisch nur bestimmte Drogen als Amara verwendet.

In geringen bis mittleren Dosen wirken Amara also **appetitanregend** (digestiv) und magenanregend (Stomachikum). Die beschriebenen positiven Wirkungen der Bitterstoffe entfalten sich nur, wenn die Einnahme etwa eine halbe Stunde **vor** Nahrungsaufnahme erfolgt.

 Bitterstoffe in Lebensmitteln

Leider wird in der europäischen Landwirtschaft versucht, durch hochkomplizierte Zuchtverfahren die Bitterstoffe zu mildern und wegzuzüchten. In Indien und China sieht man das anders. Da werden Speisen mit Bitterstoffen gefördert, weil sie erfrischen, anregen, wärmen und die Geschmacksnerven aktivieren.

In der Löwenzahnwurzel sind Bitterstoffe enthalten

 Magen-Bitter-Kräuterschnäpse, die **nach** einer reichhaltigen, fetten Mahlzeit bei Völlegefühl Erleichterung verschaffen sollen, müssten eigentlich **vor** dem Essen getrunken werden!

Flavonoide

Der Name dieser Stoffklasse leitet sich von der überwiegend gelben Farbe (*lat. flavus* = gelb) der Verbindungen ab. Die Wirkung ist nicht einheitlich, sie hängt sehr stark von der Art, der Zusammensetzung und der Menge an Flavonoiden ab.

Die Zufuhr von flavonoidreichen Nahrungsmitteln (z. B. Tomaten, Kohlgemüse, Zwiebeln) soll einen **krankheitsvorbeugenden Effekt** besitzen. Nachgewiesen wurde eine **festigende Eigenschaft auf Blutgefäße, entzündungshemmende, krampflösende und wassertreibende Wirkung**.

Bisher konnten ca. 300 verschiedene Flavonoide aus Pflanzen isoliert werden. Flavonoide verfügen über ein beträchtliches **antioxidatives** Potenzial und und schützen so die Pflanze. Sie sind in der Lage, sehr reaktive Verbindungen, wie sie z. B. durch UV-Strahlung entstehen können, abzufangen und in verträglichere Verbindungen zu überführen, bevor die Zelle Schaden nehmen kann. So wirken sie synergistisch mit den antioxidativ wirkenden Vitaminen C und E.

Weiterhin erwiesen sich einzelne dieser Verbindungen zumindest im Labor auch als wachstumshemmend auf Bakterien und Viren. Die Flavonoide haben zusätzlich einen präventiven und zum Teil auch kurativen Einfluss auf die Brüchigkeit der kleinsten Blutgefäße und auf die Kapillarelastizität. Die Flavonoide der Mariendistelfrüchte besitzen eine Art Leberschutzwirkung gegenüber leberschädigenden Substanzen.

Beispiele: Drogen, die u. a. Flavonoide enthalten: Arnikablüten, Birkenblätter, Holunderblüten, Kamillenblüten, Lindenblüten, Mariendistelfrüchte.

Holunderblüten enthalten Flavonoide.

Flavonoide sind in höheren Pflanzen die mengenmäßig am häufigsten auftretenden sekundären Pflanzeninhaltsstoffe. Mittlerweile sind etwa 6500 Verbindungen bekannt.

> **Pflanzen**
>
> Unter **höheren Pflanzen** versteht man solche, die Wurzeln, Sprossachse und Blätter besitzen. Man unterscheidet diese von **einzelligen Pflanzen** (einige Bakterien und Algenarten) und **niederen Pflanzen** (einfacher gebaute Pflanzen wie Flechten → *Lichen islandicus*).

Gerbstoffe

Der Name der in dieser Stoffklasse zusammengefassten Verbindungen weist bereits auf ihre Anwendung hin. Gerbstoffe wirken adstringierend, das heißt das **Gewebe zusammenziehend, entquellend und wasserentziehend**. Die Wirkung bleibt auf den Ort der Anwendung beschränkt: äußerlich auf der Haut, innerlich auf den Schleimhäuten.

Haut/Kollagen
→ Kapitel IV / 1.2.2

Gerbstoffe bilden mit den Proteinen des Stützgewebes der Haut (Kollagen) chemische Bindungen aus und vernetzen auf diese Weise die Kollagenstruktur des erkrankten Gewebes. Sie bilden förmlich **eine Art Schutzschild** gegen eindringende Krankheitserreger und verhindern auf diese Weise die Zerstörung tieferer Gewebeschichten.

Werden Gerbstoffe an bestimmte Proteine der Zellen gebunden, wirkt dies wasserentziehend, und der Quellungszustand geschwollener oder entzündeter Schleimhäute nimmt ab. Krankheitserregern wird dadurch die Wachstumsgrundlage entzogen.

In geringer Dosierung sind diese Bindungsvorgänge reversibel, die Gerbstoff-Protein-Bindungen sind instabil und können wieder gelöst werden. Man spricht dann von der adstringierenden Wirkung.

Bei hoher Dosierung werden zwischen Gerbstoffen und Proteinen feste Bindungen geknüpft, die nicht wieder gelöst werden können (Eiweißfällung). In diesem Fall kommt es zur **Gerbung** der behandelten Hautbezirke – ein Prozess, der in der Lederherstellung technisch angewendet wird. Der Erfolg dieses lokalen Gerbprozesses ist eine Abdichtung der oberen Zellschichten. Bei nässenden Wunden bildet sich bedingt durch diese Eiweißfällung eine **Schutzschicht**, unter der neues Gewebe entstehen kann, entzündetes Gewebe und Infektionserreger abgestoßen werden und eine weitere Verbreitung von Krankheitserregern verhindert wird.

Weidenrinde enthält Gerbstoffe.

Gerbstoffen wird außerdem eine Bakteriengifte absorbierende und eine lokal schmerzstillende Wirkung zugesprochen.

Beispiele: Gerbstoffe sind u. a. enthalten in Eukalyptusblättern, Weidenrinde, Eichenrinde, Heidelbeerfrüchten und Salbeiblättern.

> Die desodorierenden Eigenschaften von Naturdeos beruhen oft auf einer rein pflanzlichen Wirkbasis. Sie sind deshalb vor allem für die sensible, reizempfindliche Haut zu empfehlen. Die Gerbstoffe aus Salbeiblättern wirken darin adstringierend und hemmen so auf natürliche Weise die Schweißsekretion. Salbei hat darüber hinaus antibakterielle Eigenschaften.

Glykoside

Glykoside sind chemisch sehr unterschiedlich gebaut und auch sehr unterschiedlich in ihrer Wirkung; sie besitzen aber alle einen **Zuckeranteil**. Innerhalb der Stoffgruppe der Glykoside sind die herzwirksamen Glykoside in der Medizin bedeutsam. Sie wirken auf den Herzmuskel ein und haben Einfluss auf Rhythmik und Dynamik des Herzens. Die herzstärkende Wirkung nutzt man beim kranken oder alten Herz.

Holunderblüten

Bekannte Vertreter der Pflanzen mit herzwirksamen Glykosiden sind die Fingerhut-Arten und Maiglöckchen. Arzneimittel mit Wirkstoffen daraus sind aber nicht frei verkäuflich (→ Anlage 3 zur AMiV). Glykoside findet man aber auch gebunden in anderen bedeutsamen Wirkstoffgruppen wie den Saponinen und den Flavonoiden.

Andere Glykoside sind die Anthrachinonglykoside. Sie wirken abführend. Man findet sie in Sennesblättern und Faulbaumrinde. Die Glykoside in der Primelwurzel wirken schleimlösend.

Beispiele: Glykoside sind Bestandteile der Bärentraubenblätter, der Enzianwurzel, der Holunderblüten, der Lindenblüten und der Süßholzwurzel.

§ s. a. Anlage 1b zur AMiV (Negativliste der Pflanzen) und Anlage 3 zur AMiV (Negativliste der Krankheiten)

Saponine

Der Name dieser Verbindungen leitet sich von *sapo* = Seife ab. Saponine bilden in Verbindung mit Wasser Schaum, indem sie die Oberflächenspannung des Wassers herabsetzen.

Sie haben die Eigenschaft, **flüssige Stoffe zu emulgieren und feste Stoffe zu dispergieren. So können sie andere Wirkstoffe fein verteilen, und es kommt zu einer verbesserten Resorption der Stoffe** durch die Haut.

Sie wirken schleimlösend auf Schleimhäute und regen die Drüsensekretion an.

Beispiele: Saponinhaltige Drogen sind u. a. Süßholzwurzel, Primelblätter, Efeublätter und Rosskastaniensamen.

Efeublätter enthalten Saponine.

Wärmepflaster

Spitzwegerichkraut mit unscheinbaren Blüten

Isländisches Moos

Blüte des Lein

Scharfstoffe

Scharfstoffe haben eine **erregende Wirkung auf die Thermo- oder Schmerzrezeptoren in der Haut**. Das spürt man beim Essen von Chili auf der Zunge. Über den Mund aufgenommen, regen Scharfstoffe wie auch Bitterstoffe und teilweise ätherische Öle reflektorisch die Speichelproduktion und die Magensaftsekretion sowie die Darmperistaltik an.

Innerlich werden sie deswegen bei Magen-Darm-Beschwerden angewendet. **Äußerlich** angewendet (z. B. in Rheumapflastern), üben sie einen lokal wärmenden, durchblutungsfördernden Reiz auf die Haut aus. Sie werden deshalb gegen Muskelschmerzen und rheumatische Beschwerden verwendet. Senfpräparate werden volksheilkundlich wegen ihrer antibakteriellen Wirkung auch bei Harnwegsinfektionen eingesetzt.
Beispiele: Scharfstoffe sind u. a. enthalten in Cayennepfeffer und im Ingwerwurzelstock.

Schleimstoffe

Pflanzliche Schleimstoffe quellen in Verbindung mit Wasser auf und bilden eine mehr oder weniger stark viskose (schleimige) Flüssigkeit. Diese **überzieht entzündetes, krankes Gewebe**, z. B. die Schleimhäute der Atemorgane. Einerseits stellt diese viskose Flüssigkeit einen effektiven Schutz gegen das Eindringen weiterer Bakterien und Viren dar, andererseits hält sie sozusagen mechanisch Reizwirkungen von den Schleimhäuten fern und hemmt auf diese Weise das Auslösen von Husten.

Bei **trockenem Reizhusten** haben die Schleimdrogen die Aufgabe eine schützende Schleimschicht auf die Rachenschleimhaut aufzubringen. Teezubereitungen aus Schleimdrogen werden deswegen in kleinen Schlucken getrunken. Eine reizmildernde Wirkung auf die Bronchien ist aber unwahrscheinlich, weil Schleime als Makromoleküle letztlich dort nicht hingelangen können.

Auch auf einer durch zu hohe Produktion an Magensäure entzündeten Magenwand bilden sie eine Schutzschicht. Der Zerstörung der Magenwände wird entgegengewirkt. Zudem **neutralisieren sie Säure** und werden deshalb bei Übersäuerung des Magens eingesetzt.

Schleimdrogen wirken **einhüllend, reizlindernd, schleimlösend, hustenlindernd**, eventuell auch schmerzlindernd, da mit der Reizmilderung das Schmerzempfinden der Schleimhäute zurückgeht. Schleimdrogen sind daher zur Behandlung entzündlicher Erscheinungen der oberen Luftwege geeignet, besonders von Reizhusten, aber wegen der einhüllenden Wirkung auch gegen Entzündungen im Magen-Darm-Trakt, z. B. bei Durchfall. Haferschleim und Reisschleim werden deshalb als volkstümliches Mittel gegen diese Erscheinungen verwendet.

> Die Keime und der Schleim müssen den kranken Organismus aber auch wieder verlassen. Deswegen sollten Schleimdrogen bei Bedarf tagsüber mit auswurffördernden Mitteln (Expektoranzien) wie z. B. Anisfrüchten kombiniert werden.
> Sie verflüssigen das dickflüssige **Sputum** und steigern die Sekretion. Ist der Husten sehr hartnäckig und stört die Nachtruhe, so sollte mit einem krampflösenden Mittel (Spasmolytikum) kombiniert werden, z. B. Thymiankraut oder Efeublätter.

Drogen mit hohem Schleimgehalt werden auch als **milde Abführmittel** eingesetzt. Durch die Quellung wird der Dickdarm zur Tätigkeit (Peristaltik) angeregt. Unterstützend wirkt dabei die Gleitfähigkeit des Schleims. Geringe Schleimmengen im Magen-Darm-Trakt wirken aufsaugend auf Giftstoffe.

Pflanzenschleimen wird seit einigen Jahren eine das **Immunsystem anregende und stabilisierende Wirkung** zugeschrieben.

Beispiele: Schleimdrogen sind u. a. Eibischwurzel, Spitzwegerichkraut, Huflattichblätter, Isländisch Moos, Leinsamen, Flohsamen, Johannisbrot und Sonnenhut.

Vitamine

Vitamine sind keine Arzneimittel im eigentlichen Sinne. Sie werden dem Körper im Normalfall über die Nahrung in ausreichender Menge zugeführt. Vitamine sind zur Aufrechterhaltung aller Lebensprozesse nötig. Sie sind an Enzymumsetzungen beteiligt (Vitamine der B-Gruppe und Vitamin D) oder dienen als Redox-Katalysatoren (Vitamin A, C, E, K).

Vitamine
→ Kapitel V / 1.2.4

Einige Vitamine können nicht oder nur in unzureichender Menge vom Körper synthetisiert werden; sie sind essenziell und müssen mit der Nahrung zugeführt werden. Chemisch kann man die Vitamine einteilen in
- in fettlösliche (A, D, E, K) und
- wasserlösliche (B, C).

Weitere Wirkstoffgruppen

Weitere, zumeist weniger bedeutende Wirkstoffgruppen bzw. weniger häufig vorkommende Wirkstoffe werden im Glossar kurz erläutert. Sie sind in den Steckbriefen in der Rubrik „Wirkstoffe" orange gedruckt.

Die Mistel enthält solche seltenen Wirkstoffe: Mistellektine. Sie dämmen u. a. das Wachstum bestimmter Tumore ein. Die Mistel ist ein Halbschmarotzer. Sie betreibt teilweise selbst Fotosynthese, teilweise bezieht sie die Nährstoffe aus dem Baum, auf dem sie wächst.

Mistel (Viscum album L.;
Stammpflanze der Droge Visci herba)
auf einem Baum

6 Kennzeichnung von pflanzlichen Arzneimitteln

Nützliche Informationen zu Arzneimitteln und deren Zulassung:

zuständige Behörde ist in Deutschland das *Bundesinstitut für Arbeitsmittel und Medizinprodukte* (BfArM), www.bfarm.de

in Österreich das *Bundesamt für Sicherheit im Gesundheitswesen* (BaSG/ AGES PharmMed) www.basg.at

in der Schweiz *Swissmedic* www.swissmedic.ch

Die Wirksamkeit der aufgeführten Drogen ist teilweise wissenschaftlich erwiesen (rationale Phytopharmaka), z. T. handelt es sich um traditionelle Heilmittel, die aufgrund dokumentierter Erfahrungen verwendet werden. Diese kommen gem. § 39a AMG z. B. mit folgenden festgelegten Zusätzen in den Handel:
- „Traditionell angewendet"
- „Zur Stärkung oder Kräftigung …"
- „Zur Vorbeugung gegen …"
- „Als mild wirksames Arzneimittel bei …"

Auf dem europäischen Markt werden zudem pflanzliche Arzneimittel angeboten, die mit den Bezeichnungen „Tradional use" und „Well established use" versehen sind.
Die mit **„Traditional use"** gekennzeichneten rein pflanzlichen Arzneimittel entsprechen den **traditionellen Phytopharmaka**. Sie sind wie diese mit einer neunstelligen Registernummer gekennzeichnet: Reg.-Nr. xxxxx00.00.
Mit dem Begriff **„Well established use"** sind eher die **rationalen Phytopharmaka** gleichzusetzen. An sie werden für eine Zulassung durch die zuständige Behörde die gleichen Ansprüche gestellt wie an chemische Arzneimittelpräparate. Beispielsweise muss die Wirksamkeit wissenschaftlich nachgewiesen sein.
Grundsätzlich unterliegen alle **Fertigarzneimittel** – die ja die größte Produktgruppe im Drogeriebereich darstellen – diesem Zulassungsverfahren gem. § 21 AMG.

Aus Vereinfachungsgründen hat der Gesetzgeber die Zusammensetzung von Arzneirezepturen, deren Anwendungsgebiete sowie notwendigen Angaben für Verbraucherinnen und Verbraucher in einer Verordnung festgelegt – **Verordnung über Standardzulassungen von Arzneimitteln**. Sie gilt für bestimmte Rezepturen, darunter zahlreiche Einzeldrogen und Teemischungen, deren Wirksamkeit und Sicherheit im medizinischen Bereich belegt sind.

Hersteller (z. B. Drogisten), die sich auf diese Standardzulassung beziehen, brauchen die jeweiligen Mittel nicht mehr einzeln zuzulassen (Einzelzulassung gem. § 21 AMG), sondern können sich beim Herstellen auf die Standardzulassungen (→ § 36 AMG) berufen. Natürlich müssen dabei dann die in den **Monografien** festgelegten Auflagen eingehalten werden. Gegenwärtig gibt es etwa 160 freiverkäufliche Arzneimittel mit Standardzulassungen, die in Drogeriemärkten und im Einzelhandel angeboten werden. Die gemäß Standardzulassung im Handel befindlichen Mittel haben eine Zulassungsnummer; sie zeigt an ihrem Ende mehrere Neunen (xxxxx 99.99).
Beispiel: Wortlaut der für die Standardzulassung vorgeschriebenen Packungsbeilage:

In Deutschland wurde 1978 eine Kommission E eingerichtet, die die Aufgabe erhielt, zu den einzelnen Drogen das wissenschaftliche Erkenntnismaterial zu sammeln und aufzuarbeiten. Diese Erkenntnisse wurden in weltweit beachteten **Monografien** veröffentlicht.

Magentee I	Text der Packungsbeilage gem. Standardzulassung
20 Teile Enzianwurzel 20 Teile Pomeranzenwurzel 25 Teile Tausendgüldenkraut 25 Teile Wermutkraut 10 Teile Zimtrinde	*Anwendungsgebiete:* Magenbeschwerden wie Völlegefühl und Blähungen, z. B. durch mangelnde Magensaftbildung; zur Appetitanregung *Gegenanzeigen:* Magen- und Darmgeschwüre *Nebenwirkungen:* Gelegentlich können bei bitterstoffempfindlichen Personen Kopfschmerzen ausgelöst werden. Dosierungsanleitung und Art der Anwendung: 2 Teelöffel voll Tee werden mit siedendem Wasser (150 ml) übergossen, bedeckt ca. 5 bis 10 Minuten ziehen gelassen und dann durch ein Teesieb gegeben. Soweit nicht anders verordnet, wird mehrmals täglich eine Tasse frisch bereiteter Tee mäßig warm eine halbe Stunde vor den Mahlzeiten getrunken.
StZ 2019.99.99	*Hinweis:* Vor Licht und Feuchtigkeit geschützt aufbewahren!

Weltweit wurden kontrollierte Studien durchgeführt, und zwar sowohl mit den in den Drogen natürlicherweise vorkommenden Vielstoffgemischen als auch mit vermuteten wirksamkeitsbestimmenden Substanzen, die aus diesen Drogen isoliert wurden. Dadurch konnte bei einigen Drogen die Wirksamkeit der Vielstoffgemische nachgewiesen werden (z. B. bei Kamillenblüten und Johanniskraut) und bei einigen Drogen die Wirksamkeit bestimmter isolierter Einzelstoffe (z. B. Anisfrüchte: Wirkstoff Anethol; Mariendistelfrüchte: Wirkstoffkomponente Silymarin).

Bei einigen Drogen hat sich jedoch die in den Jahren zuvor gemachte Aussage über einen wirksamkeitsbestimmenden Stoff bzw. eine Stoffklasse nicht bestätigt (Baldrianwurzel → **Valepotriate**). **Auf jeden Fall kann die ausschließliche Einteilung der Drogen nach wirksamen Substanzklassen, wie man sie in alten drogistischen Büchern findet, so nicht mehr aufrechterhalten werden.**

7 Steckbriefe zu gebräuchlichen Drogen

Erläuterungen zum „Steckbrief"
- In der Kategorie „Wirkstoff(e)" sind die aktuell bekannten wirksamkeitsbestimmenden Substanzen aufgeführt, nicht aber alle möglichen Inhaltsstoffe.
  In der Kategorie „Darreichungsformen und Dosierungen" sind diese beispielhaft aufgeführt; wie bei jedem Arzneimittel sind hier die jeweiligen Angaben in der Packungsbeilage und/oder der ärztliche Rat maßgebend.
- **Abkürzungen**
  EL = Esslöffel
  TL = Teelöffel
  Min. = Minuten
  STZ = Droge mit Standardzulassung gem. § 36 AMG
  § 109 a AMG = traditionelles Arzneimittel nach § 109 a AMG
  AMV = Verordnung über apothekenpflichtige und freiverkäufliche Arzneimittel
  AMG = Arzneimittelgesetz
  1 Tasse ≙ 150 ml Inhalt
  Aufguss (→ Kapitel VI/2)
  Abkochung (→ Kapitel VI/2)
  Kaltauszug (→ Kapitel VI/2)

Die nachfolgenden Steckbriefe sind nicht als Anleitung zum Selbersammeln und zur Selbstmedikation zu verstehen. Dafür sind umfangreiche weitere botanische Kenntnisse erforderlich, damit die Stammpflanzen der Drogen sicher identifiziert werden können und Verwechslungen ausgeschlossen werden!

Fertigarzneimittel werden nachfolgend beispielhaft genannt; sie sind nicht als abschließende Aufzählung zu verstehen.

> **§** Fertigarzneimittel sind solche Arzneimittel, die **im Voraus abgefüllt** und in einer für den Verbraucher bestimmten Verpackung in den Verkehr gebracht werden, also z. B. alle Teedrogen und Teemischungen, die fertig abgepackt in den Verkaufsbereich eingestellt werden (Kennzeichnung s. § 10 AMG). Kommt eine Kundin zu Ihnen und verlangt 150 g Kamillenblüten und Sie füllen diese vor den Augen der Kundin ab, dann geben Sie **kein** Fertigarzneimittel ab.

→ Drogerie-Fachrecht

Nachfolgend sind gebräuchliche Drogen aufgeführt, die für den Einzelhandel und die Ausbildung der Drogistinnen als Teedrogen und in Fertigarzneimittel eine Rolle spielen und/oder in verarbeiteter Form freiverkäuflich sind, s. Verordnung über apothekenpflichtige und freiverkäufliche Arzneimittel (AMiV).
Freiverkäufliche Arzneimittel dürfen in Drogeriemärkten und im Einzelhandel verkauft werden, wenn das Geschäft die Voraussetzungen erfüllt (**Sachkunde** → AMG). Demgegenüber dürfen **apothekenpflichtige Arzneimittel** zz. nur in Apotheken abgegeben werden, **rezeptpflichtige Arzneimittel** nur auf ärztliches Rezept in Apotheken.

Anisfrüchte

Anisfrüchte, getrocknet

Lateinischer Name der Droge: Anisi fructus
Verwendete Pflanzenteile: getrocknete Früchte
Eigenschaften: ca. 5 mm lange bis 3 mm breite graugrünliche bis graubräunliche, geriefte ganze Früchte mit kräftig würzigem Geruch und würzig süßem Geschmack
Wirkstoff(e): ätherisches Öl mit Anethol und Anisaldehyd
Anwendung/Verwendung: Als krampflösendes, auswurfförderndes, blähungstreibendes Mittel wird die Droge bei Magen-Darm-Beschwerden, bei Bronchitis (fördert Bronchialsekretion) und Rachenentzündungen verwendet.
Das ätherische Öl ist wegen seiner antibakteriellen und entzündungshemmenden Wirkung auch in Mundwässern und Halstabletten zu finden.
Volksheilkundlich auch gegen Menstruationsbeschwerden und Keuchhusten.
Wirkungen: antibakteriell, entzündungshemmend, krampflösend, auswurffördernd
Nebenwirkungen: gelegentlich allergische Reaktionen
Darreichungsformen und Dosierungen: StZ 8099.99.99
Als Fertigarzneimittel alleine oder mit Kümmel- und Fenchelfrüchten in Form von Tees; Anisöl.
Tee: 1–2 TL kurz vor Verwendung zerstoßenen Samen je Tasse mit kochendem Wasser übergießen, 10 Min. ziehen lassen. Bis zu 3 Mal täglich trinken oder den Dampf inhalieren (→ Inhalation); Verwendung auch als Gewürz.

Arnikablüten

Lateinischer Name der Droge: Arnicae flos
Verwendete Pflanzenteile: getrocknete, zerkleinerte Blüten
Eigenschaften: getrocknete Blütenköpfchen mit gelb- bis orangeroten Zungenblüten, Röhrenblüten, Hüllkelchblättchen und wollig-haarigem Blütenboden; schwach aromatischer Geruch, etwas scharf bis herbbitterer Geschmack
Wirkstoff(e): Sesquiterpenlactone, ätherisches Öl, Flavonoide, Cumarine, Kaffeesäurederivate
Anwendung/Verwendung: Bei Quetschungen, Verstauchungen, Prellungen, Hämatomen, rheumatischen Muskel- und Gelenkbeschwerden. Bei Hautentzündungen und Insektenstichen; bei Entzündungen der Mund- und Rachenschleimhaut, bei Veneninsuffizienz; verbessert die Wund- und Narbenheilung.
Wirkungen: antiphlogistisch, analgetisch, antiseptisch, antimikrobiell
Nebenwirkungen: Allergien (Hautausschläge mit Juckreiz) sind bekannt; bei längerer Anwendung können Ekzeme entstehen; bei innerlicher, konzentrierter Anwendung sind Vergiftungen und Herzrhythmusstörungen möglich (zur innerlichen Einnahme ist die Droge nicht freiverkäuflich).
Darreichungsformen und Dosierungen: StZ 8199.99.99, StZ Arnikatinktur 5799.99.99 (Nicht für die innerliche Anwendung!)
Als Fertigarzneimittel: Salben, Gele, verdünnte Tinktur (1:3 bis 1:10 mit Wasser)
Für Umschläge und Kompressen 2 TL Droge mit etwa 150 ml heißem Wasser übergießen, 10 Min. ziehen lassen, abkühlen lassen, verwenden.

Arnikablüten, getrocknet

Arnikablüte

Artischockenblätter

Artischockenblätter

Lateinischer Name der Droge: Cynarae folium
Verwendete Pflanzenteile: getrocknete Blätter
Eigenschaften: getrocknete, zerkleinerte, grünlich-bräunliche, wollig-filzige Stücke der Laubblätter und Blattstiele mit Fasern mit schwachem, aromatischem Geruch und bitterem Geschmack
Wirkstoff(e): Cynarosid, Bitterstoffe, Cynarin, Flavonoide
Anwendung/Verwendung: Gegen dyspeptische Beschwerden (besonders Druckgefühl und Schmerzen im Oberbauch); regt die Gallenproduktion in der Leber an und hilft so gegen Gallenfunktionsstörungen und unterstützt auf diese Weise auch die Senkung des Blutcholesterinspiegels. Volksheilkundlich auch bei Blähungen, Völlegefühl und Übelkeit.
Wirkung: choleretisch, hemmt die Cholesterin-Biosynthese (lipidsenkend), hepatoprotektiv
Anwendungsbeschränkungen und Nebenwirkungen: nicht anwenden bei Verschluss der Gallenwege; bei Gallensteinen ärztlichen Rat einholen. Nicht anwenden bei bekannter Allergie gegen Artischocken oder andere Korbblütler.
Darreichungsformen und Dosierungen: Fertigarzneimittel als Dragees, Kapseln, Tabletten (auch aus der gepulverten Droge), Tropfen; Frischpflanzenpresssaft
Tee: 1 TL Droge (2 g) mit 150 ml heißem Wasser aufgießen, etwa 10 Min. ziehen lassen und 3 Mal täglich trinken (bei Verdauungsbeschwerden **nach** den Mahlzeiten). Auch als Likör (Digestif) in Italien sehr beliebt.

Bärentraubenblätter

Lateinischer Name der Droge: Uvae ursi folium
Verwendete Pflanzenteile: getrocknete und zerkleinerte Blätter
Eigenschaften: getrocknete brüchige Stückchen der ganzrandigen, lederartig-glatten Blättchen: oberseits glänzend, kräftig grün, unterseits etwas heller; geruchlos; zusammenziehender (adstringierender) und schwach bitterer Geschmack
Wirkstoff(e): Glykoside (Arbutin und Methylarbutin), Gerbstoffe, Flavonoide
Anwendung/Verwendung: Desinfizierend im Bereich der Niere, Blase und der ableitenden Harnwege; auch bei Nieren- und Blasensteinen. Die Wirkung tritt **nur bei alkalischem Harn** ein; ist die Wirkung eingetreten, so färbt sich der Urin vorübergehend braun bis olivgrün.
Wirkung: desinfizierend, antimikrobiell, miktionsbeeinflussend

Bärentraubenblätter

Anwendungsbeschränkungen und Nebenwirkungen: Nur anwenden, wenn keine Behandlung mit einem Antibiotikum erforderlich ist; ärztlichen Rat einholen. Schwangere, Stillende und Kinder unter 12 Jahren sollten die Droge nicht verwenden. Wegen des hohen Gerbstoffgehalts kann es bei Überdosierung zu Magenreizungen, Übelkeit, Erbrechen und Verstopfung kommen.
Darreichungsformen und Dosierungen: STZ8299.99.99
Fertigarzneimittel als Tabletten des Trockenextraktes (auch in Verbindung mit anderen harntreibenden Drogen), Dosierung gem. Packungsbeilage. Die Droge ist häufig Bestandteil von Nieren-Blasen-Tees.
Tee: Kaltansatz von 2 TL der Schnittdroge (auch gepulvert) auf etwa 150 ml Wasser, mind. 8 – 10 Std. ziehen lassen, abseihen, dann aufwärmen und 3–4 Mal täglich eine Tasse trinken
Achtung! Bei einer Zubereitung als heißer Aufguss oder als Abkochung könnten Gerbstoffe ins Teewasser übergehen und zu Magenreizungen führen. Zudem kann der Tee durch die Gerbstoffe sehr bitter und nahezu ungenießbar sein. **Es sollten gleichzeitig keine Lebensmittel eingenommen werden, die den Harn ansäuern**, wie z. B. Fleisch, Wurstwaren und Fisch. Dabei ist zu beachten, dass nicht der Säuregehalt der Lebensmittel ausschlaggebend ist, sondern die Entstehung der Säure bei der Verdauung. Zitrusfrüchte reagieren bei der Verdauung beispielsweise eher basisch.

Birkenblätter

Frische Birkenblätter, Rand deutlich „gesägt"

Lateinischer Name der Droge: Betulae folium
Verwendete Pflanzenteile: getrocknete und zerkleinerte Blätter
Eigenschaften: dünnwandige, auf der Oberseite dunkelgrüne, auf der Unterseite hellgrüne kahle, getrocknete Blattstückchen mit leicht gesägtem Rand. Blattnerven gut erkennbar; schwach aromatischer Geruch mit leicht kratzendem, etwas bitterem Geschmack.
Wirkstoff(e): Flavonoide (mit Hyperosid), ätherisches Öl, Vitamin C, Gerbstoffe, Bitterstoffe
Anwendung/Verwendung: Bei entzündlichen Nieren- und Blasenleiden zur Erhöhung der Harnmenge, z. B. bei Harngrieß und zur Vorbeugung von Harnsteinen; zur unterstützenden Behandlung bei Gicht und Rheuma. Äußerlich zu Waschungen und Umschlägen bei Hautunreinheiten, Hautausschlägen sowie als Haarstärkungsmittel.
Volksheilkundlich zur „**Blutreinigung**" bei Frühjahrskuren.
Wirkungen: harntreibend, deshalb Verwendung zur Durchspülung bei bakteriellen und entzündlichen Erkrankungen der Harnwege und bei Nierengrieß
Anwendungsbeschränkungen und Nebenwirkungen: vorsichtshalber nicht in der Schwangerschaft und Stillzeit anwenden. Nicht bei bekannter eingeschränkter Herz- und Nierentätigkeit anwenden.
Darreichungsformen und Dosierungen: STZ 8399.99.99
Als Fertigarzneimittel in Form von Tabletten, Kapseln aus wässrig-alkoholischen Trockenextrakten, Frischpflanzenpresssaft. Die Droge ist häufig Bestandteil von Blasen-Nieren-Tees.
Tee: Etwa 2 EL Droge je Tasse (150 ml) mit heißem Wasser übergießen und 10 Min. ziehen lassen, abseihen, 3–4 Tassen täglich trinken. Zusätzlich bei einer Durchspülungstherapie viel trinken!

Brennnesselblätter

Lateinischer Name der Droge: Urticae folium
Verwendete Pflanzenteile: getrocknete und zerkleinerte Blätter
Eigenschaften: Stückchen eiförmiger, zugespitzter, grob gesägter geschrumpfter Blätter, unterseits mit Brennhaaren besetzt, oberseits tiefgrün; vierkantige Stängelstückchen; geruchlos; etwas bitterer Geschmack
Wirkstoff(e): Flavonoide, Aminosäuren, Vitamine, Kaffeesäurederivate, ätherische Öle, Mineralsalze
Anwendung/Verwendung: Als *Diuretikum* bei Gicht, Rheuma und Entzündungen der ableitenden Harnwege (z. B. Nierengrieß); als unterstützendes Mittel zur Behandlung von Beschwerden beim Wasserlassen; Drogenextrakt in Haarwässern zur Pflege von Haaren und Kopfhaut; Anwendung der Wurzeldroge bei Erkrankungen der Prostata.
Volksheilkundlich werden die Blätter außerdem zur Blutbildung, als Blutreinigungsmittel, bei Arthritis und Diabetes empfohlen.
Wirkungen: desinfizierend, diuretisch, analgetisch
Anwendungsbeschränkungen und Nebenwirkungen: selten allergische Reaktionen. Nicht in der Schwangerschaft und der Stillzeit anwenden. Nicht bei bekannter Funktionsstörung der Herz- oder Nierentätigkeit zur Durchspülung anwenden.
Darreichungsformen und Dosierungen: STZ 2479.99.99
Als Fertigarzneimittel in Form von Tabletten und Kapseln, Frischpflanzenpresssaft. Die Droge ist Bestandteil insbesondere von Blasen-Nieren-Tees.
Tee: 2–3 TL der Droge je Tasse (150 ml) mit heißem Wasser übergießen, 10 Min. ziehen lassen, abseihen, 2–3 Tassen pro Tag trinken.

Brennnesselblüte

Brennnesselblätter, „gesägt", mit Brenn- u. Borstenhaaren

Efeublätter

Efeublätter, immergrün

Lateinischer Name der Droge: Hederae folium
Verwendete Pflanzenteile: getrocknete und zerkleinerte Blätter
Eigenschaften: Blattstückchen der Blätter mit herzförmigem Grund, die eine starke fächerstrahlende, weiße Nervatur auf der Blattunterseite zeigen, junge Blätter sind behaart, ältere glatt. Schwacher, eigenartiger, etwas muffiger Geruch, leicht unangenehmer, schleimiger, etwas bitterer, schwach kratzender Geschmack
Wirkstoff(e): Saponine, Flavonoide, ätherisches Öl, Jod
Anwendung/Verwendung: Bei Keuchhusten, chronisch-entzündlichen Bronchialerkrankungen, Atemwegsentzündungen, volksheilkundlich auch bei Gicht und Rheuma; äußerlich gegen Parasiten (z. B. Läuse, Krätze) sowie bei Geschwüren und Brandwunden.
Wirkungen: antimykotisch, antibakteriell, expektorierend, spasmolytisch
Anwendungsbeschränkungen und Nebenwirkungen: nicht während der Schwangerschaft und Stillzeit anwenden
Darreichungsformen und Dosierungen: Der Efeuextrakt ist in verschiedenen Hustensäften, -tabletten und -tropfen enthalten (Fertigarzneimittel). Teilweise auch in Kombination mit anderen Erkältungsdrogen wie Thymiankraut.
Tee: für den Aufguss (kaum gebräuchlich) 0,5 g Droge mit siedendem Wasser übergießen, 10 Min. ziehen lassen, abseihen, trinken.

Eibischwurzel

Lateinischer Name der Droge: Althaeae radix
Verwendete Pflanzenteile: getrocknete und zerkleinerte Wurzel
Eigenschaften: gelblichweiße kantige Stücke oder Scheiben mit anhängenden Faserbündeln; eigenartiger, loheartiger Geruch und schleimig-süßlicher Geschmack
Wirkstoff(e): Schleimstoffe, Stärke
Anwendung/Verwendung: Typisches Mucilaginosum. Bei entzündlichen Erscheinungen des Mund- und Rachenraums und des Kehlkopfes und damit verbundenem trockenem Reizhusten, bei Katarren der oberen Luftwege. Dabei bildet der Schleim eine schützende Schicht, die Schleimhaut wird nicht gereizt (z. B. durch mechanische Reize, kalten Luftzug, geringe Luftfeuchte), und damit wird der Hustenreiz nicht ausgelöst. Auch bei leichten Magen- Darm-Schleimhautentzündungen kann die Schleimschicht schützen.
Volksheilkundlich auch bei Durchfall eingesetzt.
Wirkungen: reizmildernd auf Schleimhäute, entzündungshemmend, schleimlösend
Anwendungsbeschränkungen und Nebenwirkungen: (keine bekannt)
Darreichungsformen und Dosierungen: STZ 8899.99.99
Als Fertigarzneimittel in Form von Eibischsirup bei den genannten Beschwerden der Luftwege. Als Husten- und Erkältungstee.
Tee: etwa 10 g (1 TL) der Droge als kalten Auszug (→ Mazerat) bereiten (mind. 30 Min. unter gelegentlichem Rühren ziehen lassen, abseihen), mehrmals täglich eine Tasse leicht erwärmt trinken.

Blühende Eibischpflanze

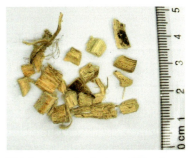

Eibischwurzel, getrocknet u. zerkleinert

 Gerberlohe

Gerberlohe oder Lohe bezeichnet Baumrinde, die Gerbstoffe enthält und deshalb zum Gerben verwendet wird, also zum Herstellen von Leder aus Tierhäuten.

Eichenrinde

Die Rinde junger Eichenzweige wird als Droge verwendet.

Lateinischer Name der Droge: Quercus cortex
Verwendete Pflanzenteile: getrocknete und zerkleinerte Rinde junger Zweige
Eigenschaften: Die bis zu 4 mm dicken eingerollten Rindenstückchen haben einen splittrig-faserigen Bruch. Die Innenseite ist hell- bis rotbraun, matt und durch stark hervortretende Längsleisten gestreift, die Außenseite besteht aus glatter, silbergrau, bis schwarzbraun glänzender Borke. Die Droge ist trocken geruchlos, angefeuchtet riecht sie etwas eigenartig holzartig und an einen zerkauten Apfelkern erinnernd (oft als „loheartig" bezeichnet); der Geschmack ist bitter, leicht fruchtig und stark zusammenziehend.
Wirkstoff(e): Gerbstoffe (Tannine)
Anwendung/Verwendung: Äußerlich: bei entzündlichen Hauterkrankungen, auch leichten Entzündungen im Mund- und Rachenbereich und im Genital- und Analbereich (Sitzbad!), bei nässenden Ekzemen, Fußschweiß, Frostbeulen, Hämorrhoiden. Innerlich: bei leichten Durchfallerkrankungen.
Wirkungen: virusstatisch, adstringierend, entzündungshemmend
Anwendungsbeschränkungen und Nebenwirkungen: bei Überdosierung und zu langer Anwendungsdauer Magenbeschwerden, Nieren- und Leberschäden. Bei länger anhaltenden (ggf. blutigen) Durchfällen (mehr als 2–3 Tage) ärztlichen Rat einholen!
Darreichungsformen und Dosierungen: STZ 9099.99.99
Für die äußerliche Anwendung wird jeweils eine Abkochung der Droge – auch Eichenrindenpulver – bereitet.
Tee, Gurgellösung, Umschlag: 1–2 TL der Droge mit 250 ml Wasser aufkochen, etwa 3–5 Min. kochen, abseihen, bei Durchfall 2 Tassen pro Tag trinken, mehrmals täglich zum Gurgeln verwenden
Voll- oder Teilbad (bei Bluthochdruck und Herzerkrankungen sowie bei großflächigen Hauterkrankungen nur nach ärztlichem Rat anwenden): etwa 5 g Droge mit 1 l Wasser aufkochen, etwa 5 Min. kochen, abseihen, zum Vollbad oder Sitzbad geben; Badetemperatur 32–37° C, Dauer etwa 20 Min.
Für die innerliche Anwendung wird das Eichenrindenpulver nach Packungsbeilage eingenommen.

Enzianwurzel

Lateinischer Name der Droge: Gentianae radix
Verwendete Pflanzenteile: getrocknete und zerkleinerte Wurzeln, Wurzelstock
Eigenschaften: gelbbraune, längsfurchige, rechteckig-quadratische Wurzelstückchen; Geschmack erst süßlich, dann stark bitter; Geruch süßlich-muffig
Wirkstoff(e): Bitterstoffe (darunter Gentiopikrin)
Anwendung/Verwendung: Typisches, kräftiges Bittermittel! Zur Anregung des Appetits und bei dyspeptischen Beschwerden, die durch mangelnde Magensaftbildung verursacht sind. Bei Völlegefühl, Blähungen und zur Anregung der Gallentätigkeit.

Enzianwurzel, getrocknet, zerkleinert

Volksheilkundlich als anregendes Mittel in der Rekonvaleszenz und bei Blutarmut.
Wirkungen: appetitanregend, verdauungsfördernd durch Anregung der Magensaftbildung
Anwendungsbeschränkungen und Nebenwirkungen: Nicht bei Geschwüren im Magen-Darm-Trakt und häufigem Sodbrennen anwenden!
Darreichungsformen und Dosierungen: STZ 9199.99.99
In Fertigarzneimitteln als Amara-Tropfen, Enzian-Tinktur, Magentee, Magen-Darm-Tee oder -kapseln.
Tee: ½ TL der Droge pro Tasse (150 ml) mit kochendem Wasser übergießen (nicht kochen!) oder als Kaltauszug (8–10 Stunden stehen lassen) ansetzen, abseihen und ½ Std. **vor** dem Essen trinken.

Eukalyptusblätter

Eukalyptus

Lateinischer Name der Droge: Eucalypti folium
Verwendete Pflanzenteile: getrocknete und zerkleinerte Blätter
Eigenschaften: graue, etwas harte Blattstückchen, stark, charakteristisch, kampferartig duftend; Geschmack etwas brennend, bitter
Wirkstoff(e): ätherische Öle (Cineol, auch Eucalyptol), Eucalypton, Gerbstoffe
Anwendung/Verwendung: Die Schnittdroge und das durch Wasserdampfdestillation gewonnene ätherische Öl werden bei Erkältungskrankheiten (Husten, Grippe, Nebenhöhlenerkrankungen) und rheumatischen Beschwerden angewendet.
Volksheilkundlich auch bei Blähungen und als Magen-Darm-Mittel.
Wirkungen: antibakteriell, durchblutungsfördernd, schleimlösend, auswurffördernd
Anwendungsbeschränkungen und Nebenwirkungen: Nicht bei Säuglingen und Kleinkindern verwenden, da Erstickungskrämpfe vorkommen können! Bei starker Überdosierung kann es auch bei Erwachsenen zu Vergiftungserscheinungen (Übelkeit, Erbrechen, Durchfälle) kommen.
Darreichungsformen und Dosierungen: STZ 9299.99.99 Eukalyptusblätter, STZ 6599.99.99 Eukalyptusöl
Als Fertigarzneimittel findet das ätherische Öl Verwendung in Form von Salben zum Einreiben oder in Badezusätzen.
Zur innerlichen Anwendung werden einige Tropfen (siehe Packungsbeilage, in der Regel 3–6 Tropfen) des Öls in eine Tasse warmen Wassers oder auf ein Stück Zucker gegeben und mehrmals täglich eingenommen.
Zur Inhalation werden einige Tropfen (siehe Packungsbeilage, in der Regel 2–3 Tropfen) des Öls mit kochendem Wasser aufgegossen und die Dämpfe werden etwa 10 Min. (evtl. Kopf unter einem Tuch über dem Topf) durch die Nase eingeatmet.
Tee: etwa 1 TL der Droge mit kochendem Wasser übergießen, 5–10 Min. zugedeckt ziehen lassen, abseihen, mehrmals täglich trinken.
Äußerliche Anwendung bei rheumatischen Beschwerden: die betroffenen Körperpartien werden mit dem verdünnten Öl (siehe Packungsbeilage) eingerieben.

Eukalyptusblätter

Fenchelfrüchte

Fenchel, Frischpflanze

Fenchelfrüchte, getrocknet

Lateinischer Name der Droge: Foeniculi fructus
Verwendete Pflanzenteile: getrocknete Früchte
Eigenschaften: grünlich-graubraune Spaltfrüchte, 6–10 mm lang, bis 4 mm breit, oft mit kleinem Stiel; der Geruch ist kräftig, charakteristisch, der Geschmack süßlich-würzig
Wirkstoff(e): ätherische Öle (mit Anethol, Fenchon, Estragol)
Anwendung/Verwendung: Wegen seiner magenanregenden, krampflösenden und blähungstreibenden Wirkung wird die Droge bei Verdauungsstörungen – auch bei Kindern und Säuglingen – angewendet. Wegen der auswurffördernden Wirkung wird die Droge bei Husten, wegen der entzündungshemmenden Wirkung gegen Entzündungen der Atemwege und bei Bronchitis eingesetzt; volksheilkundlich auch bei Magersucht, Übelkeit und als Laktagogum (milchbildendes Mittel bei stillenden Müttern)
Wirkungen: antimikrobiell, expektorierend, spasmolytisch, beruhigend, carminativ, antiphlogistisch
Anwendungsbeschränkungen und Nebenwirkungen: Teilweise löst Fenchel Allergien aus. Fenchelöl soll nicht bei Kindern und Säuglingen und nicht in der Schwangerschaft und der Stillzeit angewendet werden.
Darreichungsformen und Dosierungen: STZ 5199.99.99
Als Fertigarzneimittel kommen Fenchelhonig und -sirup, Fenchel-Halspastillen und Fenchelöl zur Anwendung. Die Droge wird auch in Kombination mit Kümmelfrüchten, Pfefferminzblättern, Kamillenblüten verwendet.
Tee: 1–2 TL frisch zerstoßene oder gequetschte Früchte als Aufguss mit 150 ml heißem Wasser übergießen und etwa 15 Min. zugedeckt ziehen lassen, dann abseihen und täglich mehrere Tassen trinken.

Fencheltee

Fenchelfrüchte werden in Form von Tees häufig Säuglingen und Kleinkindern als Getränk gegeben, ohne dass eine Indikation vorliegt. Fenchelzubereitungen sollten aber wegen ihres Gehalts an Estragol und Methyleugenol, die beide als krebsauslösend eingestuft werden, vorsorglich nicht ohne Indikation und über einen langen Zeitraum gegeben werden. Das Bundesinstitut für Risikobewertung (BfR) empfiehlt, nicht „über den gelegentlichen Einsatz in der Küchenpraxis" hinauszugehen.

Galantwurzelstock

Lateinischer Name der Droge: Galangae rhizoma
Verwendete Pflanzenteile: getrockneter und zerkleinerter Wurzelstock
Eigenschaften: Bruchstücke des 1–2 cm dicken, bräunlichen Wurzelstocks; teilweise sind darauf Querringe zu erkennen; im Bruch sind zähe, harte Fasern zu finden; der Geschmack ist würzig-scharf, brennend, der Geruch leicht aromatisch
Wirkstoff(e): ätherisches Öl, Scharfstoffe
Anwendung/Verwendung: bei Appetitlosigkeit, Beschwerden im Oberbauch (Völlegefühl, Übelkeit) und leichten Gallenkoliken
Wirkungen: spasmolytisch, antibakteriell, antiphlogistisch
Anwendungsbeschränkungen und Nebenwirkungen: keine bekannt

Galantwurzelstock

Darreichungsformen und Dosierungen: Als Fertigarzneimittel in Form von Tabletten und Kapseln wird die zerkleinerte Droge entsprechend der Packungsbeilage eingenommen.
Tee: etwa 1 g der Droge (½ TL) mit 1 Tasse kochendem Wasser übergießen, 10 Min. ziehen lassen, abseihen. 1 Tasse etwa ½ Std. vor jeder Mahlzeit trinken. Getrocknete Galantwurzelstücke werden auch als Räucherwerk und als Gewürz in asiatischen Gerichten und in der Parfumherstellung verwendet.

Ginsengwurzel

Ginsengwurzeln, behandelt

Lateinischer Name der Droge: Ginseng radix
Verwendete Pflanzenteile: getrocknete und zerkleinerte Wurzel verschiedener Ginseng-Stammpflanzen
Eigenschaften: getrocknete, außen bräunlich-gelbe, innen weiße Wurzelstückchen. Wird die Droge anschließend zur Konservierung mit Wasserdampf behandelt, so färbt sie sich teilweise rötlich (Stammpflanze Roter Ginseng). Geruch schwach und eigenartig; Geschmack schwach würzig, anfangs leicht bitter, dann süßlich und etwas schleimig.
Wirkstoff(e): Saponine (Ginsenoside)
Anwendung/Verwendung: Zur allgemeinen Kräftigung, z. B. in Stresssituationen, in der Rekonvaleszenz, bei Erschöpfungszuständen, Müdigkeit, bei nachlassender Leistungs- und Konzentrationsfähigkeit.
Wirkungen: steigert die natürliche Widerstandsfähigkeit gegen viele Stressfaktoren, zeigt eine positive Wirkung auf das Immunsystem, verbessert die Gedächtnisleistung und wird deshalb auch als Geriatrikum verwendet.
Anwendungsbeschränkungen und Nebenwirkungen: Nur bei starker Überdosierung kann es zu Bluthochdruck und Schlaflosigkeit kommen. Nicht in der Schwangerschaft und Stillzeit anwenden.
Darreichungsformen und Dosierungen: Als Fertigarzneimittel werden die pulverisierte Wurzeldroge und der Trockenextrakt in Form von Kapseln, Dragees, Tabletten oder Tropfen verwendet.
Tee: 1 TL pulverisierte oder fein geschnittene Droge mit 1 Tasse (150 ml) siedendem Wasser übergießen, etwa 10 Min. ziehen lassen. Über einen längeren Zeitraum (mind. 3–4 Wochen) täglich mind. 3 Tassen trinken.

Ginsengwurzel

Weil die Nachfrage nach diesem schon seit mindestens 4000 Jahren verwendeten „Allheilmittel" in den letzten Jahrzehnten das Angebot bei weitem überstieg, wurde der wilde Ginseng schon fast ausgerottet. Mittlerweile steht er unter Schutz. In den Handel kommen heute im Wesentlichen Präparate aus Anbaugebieten in Amerika, Korea und China.

Heidelbeerfrüchte (getrocknet)

Lateinischer Name der Droge: Myrtilli fructus siccus
Verwendete Pflanzenteile: getrocknete Früchte
Eigenschaften: kleine (ø etwa 5 mm), fast schwarze, runzelige Früchte, teilweise mit Stielen; geruchlos, Geschmack mild fruchtig
Wirkstoff(e): Gerbstoffe, Glykoside (Anthocyane), Flavonoide
Anwendung/Verwendung: Bei leichten unspezifischen Durchfallerkrankungen; zur lokalen Therapie leichter Entzündungen der Mund- und Rachenschleimhaut. Auf Schleimhäute oder Wunden wirkt die Droge zusammenziehend, die Wundheilung wird gefördert.
Volksheilkundlich auch bei Nachtblindheit, Erbrechen und Hämorrhoiden

Heidelbeerfrüchte, getrocknet

Wirkungen: adstringierend und damit wundheilend, als Antidiarrhoikum
Anwendungsbeschränkungen und Nebenwirkungen: keine bekannt
Darreichungsformen und Dosierungen: STZ 1009.99.99
Bei Durchfall 1–2 EL getrocknete Früchte kauen oder in Speisen einrühren und mehrmals täglich essen. Tee: 2 TL gequetschte Beeren mit einer Tasse heißem Wasser übergießen, 10 Min. ziehen lassen, abseihen, täglich etwa 6 Tassen trinken (sollte der Durchfall dennoch länger als 3 Tage anhalten, unbedingt ärztlichen Rat einholen!).
Bei Entzündungen im Mundraum: ½ l kaltes Wasser auf 2–3 EL der Droge geben, zum Kochen bringen und 30 Min. kochen, abseihen. Mehrmals täglich 10 Min. lang damit gurgeln.

> **Frische** Heidelbeeren wirken nicht bei den angeführten Problemen. Sie haben aber einen hohen Gehalt an Vitamin-C und SPS und werden deshalb als gesund eingestuft.

Holunderblüten

Holunderblüten, getrocknet (mit zerkleinerten Krautanteilen)

Lateinischer Name der Droge: Sambuci flos
Verwendete Pflanzenteile: getrocknete Blüten
Eigenschaften: sehr kleine, getrocknete, weißlich-gelbe Blüten mit aromatisch-angenehmem Duft und schleimig-süßlichem, anschließend kratzendem Geschmack
Wirkstoff(e): Glykoside, Flavonoide, ätherisches Öl, Gerbstoffe, Schleimstoffe
Anwendung/Verwendung: Bei Erkältungskrankheiten und fieberhaften Erkrankungen und bei rheumatischen Beschwerden zum Schwitzen („Ausschwitzen" der krankmachenden Stoffe). Zur Stärkung des Immunsystems. Volksheilkundlich in Form einer Gurgellösung gegen Schwellungen und Entzündungen im Mund- und Rachenraum (z. B. bei geschwollenen Mandeln).
Wirkungen: schweißtreibend, steigert die Bronchialsekretion (expektorierend)
Anwendungsbeschränkungen und Nebenwirkungen: keine bekannt
Darreichungsformen und Dosierungen: STZ 1019.99.99
für einen Tee oder ein Gurgelwasser 2–3 TL der Droge mit einer Tasse (150 ml) heißem Wasser übergießen, etwa 10 Min. ziehen lassen, abseihen und mehrmals täglich möglichst heiß trinken oder „abgekühlt" zum Gurgeln verwenden. Wird der Tee in der zweiten Tageshälfte getrunken und anschließend zugedeckt geruht, so entfaltet sich die schweißtreibende Wirkung vor allem in der Nacht. Den Inhaltsstoffen kann allerdings ein zum Schwitzen anregender Effekt nicht eindeutig zugeordnet werden. Deshalb wird vermutet, dass das „Ausschwitzen" vielleicht im Wesentlichen auf die Zufuhr der heißen Tee-Flüssigkeit in Kombination mit dem Eingepacktsein im warmen Bett zurückzuführen ist.

Hopfenzapfen

Lateinischer Name der Droge: Lupuli strobulus (Lupuli flos)
Verwendete Pflanzenteile: getrocknete, zerkleinerte Blütenstände
Eigenschaften: Stücke der getrockneten gelbgrünen bis bräunlich-durchscheinenden Blütenstände, die dachziegelartig übereinanderliegende Blättchen tragen, bitter-kratzender Geschmack und würzig-süßlicher Geruch
Wirkstoff(e): Bitterstoffe (Humulon, Lupulon), ätherisches Öl, Flavonoide, Gerbstoffe
Anwendung/Verwendung: Sehr bewährte Droge bei Unruhe, Nervosität, Schlafstörungen und Angstzuständen. Die Droge wirkt besonders gut in einer Kombination mit Baldrianwurzel (siehe dort). Volksheilkundlich bei Nervenschmerzen, Kopfschmerzen, schlecht heilenden Wunden und Geschwüren.

Die typischen, durchscheinenden „Blättchen" der Hopfenzapfen, getrocknet, zerkleinert

Wirkungen: beruhigend, schlaffördernd, Sedativum
Anwendungsbeschränkungen und Nebenwirkungen: für die getrocknete Droge sind keine bekannt
Darreichungsformen und Dosierungen: STZ 1029.99.99
Als Fertigarzneimittel oft in Kombination mit Baldrian, aber auch mit Melissenblättern, Johanniskraut, Hafer oder Passionsblume in Form von Tabletten, Kapseln, Dragees, Teepräparaten und Tropfen.
Tee: 1–2 TL Droge mit 1 Tasse heißem Wasser übergießen, 10 Min. zugedeckt ziehen lassen, abseihen und bis zu 3 Mal täglich 1 Tasse trinken.

> Auf einem Hopfenkissen (teilweise getrocknete Hopfenblüten, kombiniert mit Dinkel) zu schlafen soll den Schlaf besser fördern, als ein Glas Bier zu trinken!

Huflattichblätter

Huflattichblätter der Frischpflanze, teilweise filzig behaart. Die Blüte (s. u.) erscheint schon mehrere Monate vor dem Blattaustrieb.

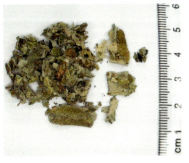

Huflattichblätter, getrocknet, zerkleinert; typisch „pelzig-filzig"

Lateinischer Name der Droge: Farfarae folium
Verwendete Pflanzenteile: getrocknete und zerkleinerte Blätter
Eigenschaften: bestehend aus derben, sehr brüchigen Blattstückchen, aufgrund der dichten, weißfilzigen Unterseite zu mehreren zusammenhaftend; die Oberseite ist kahl und grünlich; fast geruchlos mit schwach herbem bis schleimig-süßlichem Geschmack
Wirkstoff(e): Schleimstoffe, Gerbstoffe
Anwendung/Verwendung: Bei akuten Katarren der Mundhöhle, des Rachens, der oberen Luftwege mit Heiserkeit und Husten, bei trockenem Reizhusten. Bei entzündlichen Erscheinungen der Mund- und Rachenschleimhäute.
Volksheilkundlich äußerlich als Umschlag bei Geschwüren, Furunkeln sowie eiternden Wunden
Wirkungen: schleimlösend (Mucilaginosum), reizlindernd, entzündungshemmend, schleimhautschützend
Anwendungsbeschränkungen und Nebenwirkungen: nicht in der Schwangerschaft und der Stillzeit anwenden. Nicht länger als 4–6 Wochen im Jahr anwenden (Die in geringen bis sehr geringen Mengen in der Droge enthaltenen Pyrrolizidinalkaloide sind potenziell leberschädigend und kanzerogen.).
Darreichungsformen und Dosierungen: Als Fertigarzneimittel wird der Frischpflanzenpresssaft und standardisierter Tee (dabei ist sichergestellt, dass der zulässige Gehalt an Pyrrolizidinalkaloiden pro Tagesdosis nicht überschritten wird) verwendet.
Tee: nach Packungsbeilage zubereiten und schluckweise trinken.

§ Huflattichpräparate zur inneren Anwendung sind nur freiverkäuflich bis zu einer **Tagesdosis** von nicht mehr als 1 Mikrogramm (μg) Pyrrolizidinalkaloide (Frischpflanzenpresssaft oder Extrakt) und nicht mehr als 10 μg als Teeaufguss. Man muss also genau die Packungsbeilage beachten und sollte die Droge nicht selbst sammeln und verwenden.
(→ Anlage 1b – Negativliste – zur AMiV)

Huflattichblätter sind unterseits immer behaart, oberseits nur die jungen Blätter.

Huflattichblüte mit Schuppenblättern am Blütenschaft; Frühblüher ab etwa Februar

Isländisch Moos (Isländische Flechte)

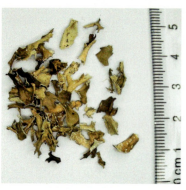

Isländische Flechte, getrocknet, zerkleinert

Lateinischer Name der Droge: Islandica lichen (Lichen islandicus)
Verwendete Pflanzenteile: getrocknete Flechte
Eigenschaften: getrocknete (teilweise eingerollte) Stücke der Flechte mit flachen laubartigen, gabelig verzweigten, festen „Ästen" mit grünbrauner Oberseite und grauweißer Unterseite; schwacher Geruch, bitterer und schleimiger Geschmack
Wirkstoff(e): Schleimstoffe (Lichenin), Bitterstoffe
Anwendung/Verwendung:
a) als reizlinderndes Mittel bei Katarren der oberen Luftwege, besonders bei trockenem Reizhusten und bei Magen- und Darmschleimhautentzündung
b) gegen Magenschwäche und Appetitlosigkeit (magenanregende Bitterstoffe!)

Wirkung: Als a) typisches, reizlinderndes Mucilaginosum, b) Amarum; schwach antibiotisch
Anwendungsbeschränkungen und Nebenwirkungen: Der hohe Gehalt an Schleimstoffen kann die Aufnahme anderer Arzneimittel beeinflussen, deshalb mit mind. zweistündigem Abstand einnehmen. Bei lang anhaltendem Husten ärztlichen Rat einholen!
Darreichungsformen und Dosierungen: STZ 1049.99.99
Fertigarzneimittel als Lutschtabletten, Dragees, Pastillen, Tinktur, Hustensaft.
Tee: Bei a) 1–2 TL werden mit 150 ml kochendem Wasser übergossen, abgeseiht und der Aufguss weggeschüttet (Bitterstoffe sind entfernt!); noch einmal mit 150 ml kochendem Wasser aufgießen, 10 Min. ziehen lassen, abseihen, schluckweise trinken.
Bei b) heißer Aufguss oder kalter Auszug (Kaltmazerat), um die Bitterstoffe zu lösen.

 Flechten sind keine Moose

Die gängige deutsche Bezeichnung der Droge ist aus botanischer Sicht falsch, da es sich nicht um ein Moos, sondern um eine Flechte handelt. Eine Flechte ist Lebensgemeinschaft zwischen einem Pilz und einem Partner, der Fotosynthese betreibt, eine Grünalge oder ein Cyanobakterium. Beide Lebewesen haben einen Nutzen von dieser Lebensgemeinschaft (Symbiose). Ein Moos ist demgegenüber eine Pflanze. Flechten überziehen Baumstämme, aber auch Steine und Erde. Ihr Vorkommen ist oft ein Zeichen für gute Luftqualität.

Typisches Moos; Sphagnum spec.

Typische Flechte

Johanniskraut

Blühendes Johanniskraut

Lateinischer Name der Droge: Hyperici herba
Verwendete Pflanzenteile: getrocknetes Kraut
Eigenschaften: getrocknete Blattstückchen; gelbliche, hohle Stängelstücke und gelbliche Stücke der Blütenblätter; schwacher, heuartiger Geruch, süßlicher Geschmack
Wirkstoff(e): Flavonoide, Hypericine, Hyperforin, ätherisches Öl
Anwendung/Verwendung:
Innerlich: **a)** bei körperlichen und geistigen Erschöpfungszuständen, depressiven Verstimmungen, Angst, Nervosität, Unruhe
b) bei dyspeptischen Beschwerden
äußerlich: **c)** bei Prellungen, Zerrungen, Muskelschmerzen, stumpfen Verletzungen, leichteren Verbrennungen (Sonnenbrand), Rheuma
Volksheilkundlich auch gegen Würmer, bei Bronchitis, Asthma und Bettnässen

Wirkungen: als Antidepressivum, entzündungshemmend, durchblutungsfördernd, bakterienhemmend
Anwendungsbeschränkungen und Nebenwirkungen: Bei der **innerlichen Anwendung** kann es bei starker Überdosierung zu Photosensibilisierungen kommen; Wechselwirkungen mit anderen Medikamenten (z. B. bestimmten Virustatika) treten auf bzw. werden vermutet (bei oralen Kontrarezeptiva, d. h. der „Pille"), deshalb in solchen Fällen vor Einnahme ärztlichen Rat einholen, nicht in der Schwangerschaft und der Stillzeit einnehmen.

Photosensibilisierungen
Die Haut reagiert schneller und intensiver als gewohnt auf UV-Strahlen, vor allem bei hellhäutigen Menschen.

Darreichungsformen und Dosierungen: STZ 1059.99.99
Als Fertigarzneimittel sind für
a) verschiedene Präparate mit etwa 600–900 mg Extrakt der Droge im Handel (Tabletten, Dragees). Diese sollten den Teezubereitungen wegen des standardisierten Wirkstoffgehalts vorgezogen und nach Gebrauchsanweisung eingenommen werden.
Für **b) und c)** handelt es sich um Zubereitungen mit fettem Öl (Auszug der Wirkstoffe z. B. mit Sojaöl), wird auch als Rotöl bezeichnet (nach Packungsbeilage anwenden!).
Tee (für **a)**): 1 EL der Droge mit ¼ l Wasser überbrühen, abseihen, mehrmals täglich trinken (2–4 g Gesamtdroge pro Tag) über mehrere Wochen (keine Akutwirkung!) anwenden.
Öl für **b)** und **c)**: etwa 1 Hand voll des blühenden Krautes in ein durchsichtiges Glas geben (ggf. vorher im Mörser zerkleinern) und dazu etwa 500 ml pflanzliches Öl gießen (das Kraut muss bedeckt sein), mit einem Deckel fest verschließen und möglichst sonnig 4–6 Wochen aufstellen (Fensterbank). Dass die Wirkstoffe in das Öl übergehen, erkennt man an der zunehmenden Rotfärbung, wenn man zwischendurch mal leicht schüttelt. Anschließend das jetzt rote Öl (Rotöl) abseihen, in ein Braunglas füllen und bei Bedarf entweder auftragen (**c)**) oder bei **b)** 3 Mal täglich 1–2 TL (ggf. mit Zitrone und Honig) einnehmen

Johanniskraut, getrocknet, zerkleinert

Frisches Johanniskraut, grob zerkleinert und mit Öl übergossen, dient als Ansatz für Rotöl

 Rotöl

Teilweise sind bei den getrockneten Blattstückchen, aber auch bei den Blättchen der Frischpflanze, die Öleinschlüsse an der Punktierung der Blätter erkennbar, wenn man sie gegen das Licht hält. Wenn man die frischen Blättchen zwischen den Fingerkuppen kräftig zerreibt, erkennt man dunkelrote Schlieren, das „Rotöl".

Kamillenblüten

Kamillenblüten an der Stammpflanze Echte Kamille (Matricaria chamomilla)

Kamillenblüten, getrocknet

Lateinischer Name der Droge: Matricariae flos
Verwendete Pflanzenteile: getrocknete Blüten
Eigenschaften: Teile der getrockneten, bis 6 mm große Blütenköpfchen mit gelben Röhrenblüten und weißen Zungenblüten; aromatischer, typischer Geruch, würzig und etwas bitterer Geschmack
Wirkstoff(e): ätherisches Öl mit Chamazulen, Bisabolol, Bisabolooxiden; Flavonoide (mit Apigenin)
Anwendung/Verwendung:
Innerlich: a) bei akuten und chronischen Magen- und Darmbeschwerden (Entzündungen, Krämpfe)
Äußerlich: b) bei Entzündungen der Schleimhäute im Mund (z. B. Zahnfleischentzündungen) und des Rachenraums und bei bakteriellen Hauterkrankungen, schlecht heilenden Wunden
c) bei Entzündungen im Anal- und Genitalbereich (z. B. Hämorrhoiden)
d) bei Bronchialkatarr sowie Entzündungen im Nasen- und Rachenraum
Wirkung: krampflösend, entzündungshemmend, antimikrobiell, wundheilungsfördernd, desodorierend
Anwendungsbeschränkungen und Nebenwirkungen: Nicht anwenden bei bekannter Allergie gegen Korbblütler! Selten Kontaktallergien
Darreichungsformen und Dosierungen: STZ 7999.99.99
Fertigarzneimittel in Form von Tinkturen und losen Kamillenblüten oder dem Fluidextrakt, Dosierung nach Packungsbeilage
a) Tee: 3 TL der getrockneten Droge mit 150 ml heißem Wasser übergießen, 5–10 Min. zugedeckt ziehen lassen und mehrmals täglich eine Tasse trinken.
b) Tee oder eine Lösung zum Gurgeln oder Spülen: 5–15 g (5–15 TL) der getrockneten Droge mit heißem Wasser übergießen, 5–10 Min. zugedeckt ziehen lassen, abseihen.
c) Sitzbad: 5 TL der Droge auf 1 l heißes Wasser (50 g Droge auf 10 l Wasser).
d) Inhalation: etwa 3 TL getrocknete Droge mit 1 l heißem Wasser übergießen.

Kampfer

Lateinischer Name der Droge: Campher, Camphora
Verwendete Pflanzenteile: wird durch Wasserdampf-Destillation aus dem Holz des Baumes gewonnen
Eigenschaften: ätherisches Öl, riecht eukalyptusartig
Wirkstoff(e): ätherisches Öl (2-Bornanon)
Anwendung/Verwendung:
Äußerlich: gegen Katarre der Luftwege, Erkältungsbeschwerden, bei Muskelrheumatismus
Innerlich: gegen Katarre der Luftwege, Erkältungsbeschwerden, zur Anregung von Herz und Kreislauf, gegen niedrigen Blutdruck
Wirkungen: akut blutdrucksteigernd, kreislaufanregend, krampflösend, schleimlösend, atemanregend, durchblutungsfördernd
Anwendungsbeschränkungen und Nebenwirkungen: nicht für Säuglinge und Kleinkinder (Gefahr des reflektorischen Atemstillstandes) geeignet; nicht in der Stillzeit anwenden, nicht bei Asthma und Keuchhusten anwenden. Kann zu allergischen Hautreaktionen führen. Nicht mehr als 1 g Kampfer/Tag einnehmen (Vergiftungsgefahr!)
Darreichungsformen und Dosierungen: als Fertigarzneimittel in Salben (mit etwa 20 % Kampfer) zum Einreiben und in Kampferspiritus (Franzbranntwein) enthalten. Findet auch in der Aromatherapie Anwendung; verdünnt in Alkohol als Reinigungsmittel bei unreiner Haut und Akne; in Parfums, Seifen, Deodorants.
Das ätherische Öl lokal anwenden zur Einreibung, zur Inhalation (10–20 Tropfen in 2 l Wasser), im Vollbad bei Erkältungskrankheiten.
Hinweis: Nicht als Teezubereitung geeignet!

Knoblauchzwiebel

Knoblauchzwiebel, geerntete Zwiebel

Lateinischer Name der Droge: Allii sativi bulbus
Verwendete Pflanzenteile: getrocknete und pulverisierte Zwiebel
Eigenschaften: frische Knolle aus mehreren Zwiebeln, die in eine Haut eingeschlossen sind oder weißlich-gelbes Pulver (Knoblauchzwiebel-Trockenextrakt); scharfer, strenger, unangenehmer Geschmack; zwiebelartiger, strenger, typischer Geruch
Wirkstoff(e): ätherisches Öl, Allicin (Aminosäure L-Alliin und das Enzym Alliinase, das aus Alliin den Wirkstoff Allicin freisetzt)
Anwendung/Verwendung: Zur Verdauungsförderung, gegen Bluthochdruck, zur vorbeugenden Behandlung von Arterienverkalkung; zur Senkung des Cholesterinspiegels, zur Verbesserung des Allgemeinbefindens; vorbeugend gegen Erkältungskrankheiten.
Volksheilkundlich auch gegen Nervenschmerzen, Arthritis, Hühneraugen.
Wirkungen: blutdrucksenkend, vorbeugend gegen Arteriosklerose, antimikrobiell, senkt den Cholesterinspiegel, senkt mäßigen Bluthochdruck, wirkt gefäßerweiternd, entzündungshemmend
Anwendungsbeschränkungen und Nebenwirkungen: bei gleichzeitiger Einnahme von Medikamenten zur Hemmung der Blutgerinnung ärztlichen Rat einholen. Magen-Darm-Beschwerden können bei sehr hoher Dosierung auftreten, Hautreizungen bzw. Kontaktallergien beim Umgang mit frischem Knoblauch.
Darreichungsformen und Dosierungen: Fertigpräparate in Form von Pulvern, Extrakten, Knoblauchöl. Empfohlene Tagesdosis: 900 mg Pulver oder etwa 8 mg Öl (beides nach Packungsbeilage verwenden) oder etwa 4 g frische Zwiebel

Kümmelfrüchte

Lateinischer Name der Droge: Carvi fructus
Verwendete Pflanzenteile: getrocknete Früchte
Eigenschaften: etwa 0,5 cm lange, zerfallene, graubraune Spaltfrüchte, sichelförmig gekrümmt, glatt, kahl, an beiden Enden zugespitzt. Charakteristischer, würziger Geruch und Geschmack
Wirkstoff(e): ätherische Öle, fettes Öl
Anwendung/Verwendung: Antispasmodikum im Magen-Darm-Bereich, bei Völlegefühl, Blähungen und leichten krampfartigen Magen-Darm-Beschwerden, bei nervösen Herz-Magen-Beschwerden, bei Verdauungsbeschwerden bei Säuglingen, bei krampfartigen Zuständen in den Gallenwegen. Als Gewürz.
Volksheilkundlich auch als milchbildendes Mittel bei stillenden Müttern
Wirkungen: carminativ, spasmolytisch, antibakteriell, Stomachikum
Anwendungsbeschränkungen und Nebenwirkungen: keine bekannt
Darreichungsformen und Dosierungen: STZ1109.99.99
Als Fertigarzneimittel als Tropfen, Instanttee, Tee auch in Kombination mit Fenchel- und Anisfrüchten. Verdünntes ätherisches Öl nach Packungsbeilage einnehmen.
Tee: 1–2 TL frisch zerstoßene Früchte als heißer Aufguss, 2–4 Mal täglich eine Tasse zu den Mahlzeiten warm trinken.

Kümmelfrüchte, getrocknet

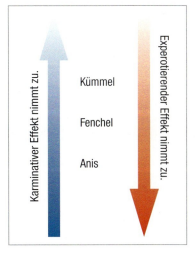

Kürbissamen

Kürbissamen, getrocknet

Lateinischer Name der Droge: Cucurbitae semen
Verwendete Pflanzenteile: reife, getrocknete Samen des Gartenkürbisses
Eigenschaften: ölig-süßlich schmeckende, grünlich-bräunliche, etwa 1 cm große Samen
Inhaltsstoff(e): Linolsäure, Phytosterole, Tocopherole, Karotinoide, Eiweiße, Mineralstoffe, Selen (wirksame Stoffgruppe ist bis heute noch nicht identifiziert).
Anwendung/Verwendung: Gegen Reizblase, gegen Symptome einer vergrößerten Prostata (Schmerzen beim Wasserlassen, schwacher Harnstrahl, häufiger Harndrang usw.). Volksheilkundlich auch als milchbildendes Mittel und zur Magenberuhigung.
Wirkungen: entzündungshemmend, durchspülend
Anwendungsbeschränkungen und Nebenwirkungen: keine bekannt
Darreichungsformen und Dosierungen: fast ausschließlich als Fertigarzneimittel (bei Prostataproblemen oft in Kombination mit Sägepalmenfrüchten) in Form von Kapseln und Tabletten nach Packungsbeilage über einen längeren Zeitraum einzunehmen. Als Kürbiskernöl zur Speisewürze.

Lavendelblüten

Lateinischer Name der Droge: Lavandulae flos
Verwendete Pflanzenteile: getrocknete Blüten
Eigenschaften: kleine blau-lila Blüten, kräftig-würziger, charakteristischer, angenehmer Geruch, würzig-bitterer Geschmack
Wirkstoff(e): ätherisches Öl, Gerbstoffe
Anwendung/Verwendung: Leichtes Beruhigungsmittel bei nervösen Magen-Darm-Beschwerden (nervöser Reizmagen, nervöse Darmbeschwerden), gegen Unruhezustände und Einschlafstörungen.
Volksheilkundlich innerlich auch gegen Migräne, zur Verdauungsförderung, bei Gallenleiden, äußerlich bei Rheuma, schlecht heilenden Wunden, Verbrennungen.
Wirkungen: beruhigend, schlaffördernd (verkürzt die Einschlafzeit), antibakteriell, spasmolytisch
Anwendungsbeschränkungen und Nebenwirkungen: selten allergische Reaktionen auf das ätherische Lavendelöl
Darreichungsformen und Dosierungen: STZ 8999.99.99
Zubereitungen der Droge sind in verschiedenen schlaffördernden, Magen-Darm-beruhigenden Fertigarzneien enthalten.
Lavendelöl: 1–4 Tropfen z. B. auf ein Stück Würfelzucker als Einschlafhilfe oder zur Magen-Darm-Beruhigung; auch in Salben, Seifen, Parfum usw.
Tee: Aufguss, 1–2 TL Droge mit 150 ml heißem Wasser übergießen, 10 Min. bedeckt ziehen lassen, vor dem Schlafengehen trinken.
Badezusätze (100 g der Droge mit 2 l heißem Wasser übergießen, 5–10 Min. ziehen lassen und zum Vollbad geben, etwa ½ Std. vor dem Schlafengehen 20 Min. darin baden); Duftkissen.

Lavendelblüten

Lavendelblüten, getrocknet

Lavendelblüten auf langen Stängeln an der Stammpflanze „Echter Lavendel" (Lavandula angustifolia)

Leinsamen

Leinsamen, getrocknet

Lateinischer Name der Droge: Lini semen
Verwendete Pflanzenteile: Samen
Eigenschaften: etwa 5 mm lange, länglich-eiförmige, zugespitzte, flache, glänzend-braune Samen. Geruchlos; leicht öliger, beim Kauen schleimiger Geschmack
Wirkstoff(e): Schleimstoffe, fettes Öl mit ungesättigten Fettsäuren, Ballaststoffe
Anwendung/Verwendung: Typisches **Mucilaginosum**, mildes **Laxans**. Zur Behandlung von Verstopfungen. Als Schleimzubereitung zur Unterstützung bei der Behandlung von entzündlichen Magen-Darm-Erkrankungen.
Volksheilkundlich innerlich als hustenlinderndes, schmerz- und krampfstillendes Mittel; äußerlich als Breiumschlag bei Geschwüren, Furunkeln und Hautentzündungen.
Wirkungen: abführende Wirkung (Volumenvergrößerung durch Quellung und daraus folgender verstärkter Darmperistaltik); schleimhautschützende Wirkung durch Abdeckung der betroffenen Bereiche
Anwendungsbeschränkungen und Nebenwirkungen: nicht anwenden bei Darmverschluss, Einengungen in der Speiseröhre und des Magen-Darm-Bereichs. Mit 30-minütigem Abstand zu anderen Medikamenten einnehmen, da die Droge die Aufnahme anderer Medikamente behindern kann (negative Einflüsse auf die Resorptionsverhältnisse)
Darreichungsformen und Dosierungen: STZ 1099.99.99
Quell- und Füllmittel in vielen Arznei- und Lebensmitteln
a) Als Abführmittel 2–3 mal täglich je 1–2 EL (Tagesdosis 30–50 g) ganze oder zerquetschte bzw. „gebrochene" Leinsamen mit reichlich (mind. 10-fache Menge) Wasser (nicht Milch!) einnehmen.
b) Bei Magen-Darm-Entzündungen Leinsamenschleim bereiten: 2–3 EL Leinsamen auf 1 Tasse Wasser kalt ansetzen, kurz aufkochen, danach den schleimigen Auszug vom Rückstand trennen (feines Sieb, Leinentuch); mehrmals täglich eine Tasse vor den Mahlzeiten trinken.
c) Als Umschlag 2 EL Leinsamen mit ¼ l Wasser übergießen, zum Kochen bringen und etwa 3–5 Min. kochen, abseihen und ein Tuch in die Flüssigkeit tauchen; auf die zu behandelnden Hautbereiche auflegen; Umschlag mehrmals wechseln.

Lindenblüten

Lateinischer Name der Droge: Tiliae flos
Verwendete Pflanzenteile: getrocknete Blütenstände
Eigenschaften: grünlich-gelbe Stücke des Hochblattes und kugelige, kleine Knospen mit Stielen. Schwacher, angenehmer Geruch; schwach-würziger, süßlicher, schleimiger Geschmack
Wirkstoff(e): Flavonoide, Schleimstoffe, ätherisches Öl, Gerbstoffe
Anwendung/Verwendung: Zur Milderung des Hustenreizes bei trockenem Reizhusten; zur Vorbeugung gegen Erkältungskrankheiten.
Volksheilkundlich auch als harntreibendes Mittel, bei unspezifischen Magen-Darm-Beschwerden und als schweißtreibendes Mittel bei Erkältungskrankheiten, wenn eine Schwitzkur erwünscht ist.

Winzige Lindenblüten, getrocknet, mit grünlichen, zerkleinerten Krautanteilen

Wirkungen: entzündungshemmend, schleimlösend, **diaphoretisch**
Anwendungsbeschränkungen und Nebenwirkungen: keine bekannt
Darreichungsformen und Dosierungen: STZ 1129.99.99
Als Fertigarzneimittel in einigen Hustensäften, Tees, Teemischungen.
Tee: 1 TL Droge mit 150 ml kochendem Wasser übergießen, nach 5 Min. abseihen und bei Husten mehrmals täglich trinken; als Schwitztee mehrmals täglich, besonders nachmittags und abends, 1 Tasse trinken; auch gemischt mit Holunderblüten gebräuchlich.

Liebstöckelwurzel

Liebstöckelwurzel, getrocknet, zerkleinert

Lateinischer Name der Droge: Levistici radix
Verwendete Pflanzenteile: Wurzel
Eigenschaften: gelblich-bräunliche, würfelförmige Stücke (glatter Bruch) der getrockneten Wurzeln und Wurzelstöcke. Suppenwürziger Geruch; würziger, schwach bitterer Geschmack
Wirkstoff(e): ätherische Öle, Cumarine, Bitterstoffe
Anwendung/Verwendung: Zur Durchspülung bei entzündlichen Erkrankungen der ableitenden Harnwege, zur Linderung von Blähungen, vorbeugend gegen Nierengrieß. Als Gewürz.
Volksheilkundlich gegen Sodbrennen, Verdauungsbeschwerden und bei Völlegefühl.
Wirkungen: verdauungsfördernd, **carminativ**, **diuretisch**
Anwendungsbeschränkungen und Nebenwirkungen: Nicht anwenden bei Herz- und Nierenerkrankungen und in der Schwangerschaft. Bei Langzeitverwendung wegen der photosensibilisierenden Wirkung auf intensiven Aufenthalt in der Sonne verzichten
Darreichungsformen und Dosierungen: STZ 1569.99.99
Tee als Diuretikum: Drogeneinnahme immer mit reichlicher Flüssigkeitszufuhr (mind. 2 l pro Tag) kombinieren. 1 TL Droge mit 150 ml kochendem Wasser übergießen, etwa 10 Min. ziehen lassen, abseihen, 3–4 Mal täglich zwischen den Mahlzeiten trinken
Tee als Stomachikum: ½ Std. vor der Mahlzeit trinken.

> Liebstöckelkraut wird auch als Suppengewürz bzw. Speisewürze verwendet. Es wird auch als „Maggikraut" bezeichnet.

Löwenzahnwurzel mit -kraut

Lateinischer Name der Droge: Taraxaci radix cum herba
Verwendete Pflanzenteile: getrocknetes Kraut und Wurzel
Eigenschaften: gelbliche bis dunkelbräunliche, runzelige Wurzelstücke (spröder Bruch) mit brauner Rinde, grünliche, teilweise eingerollte Blattstücke; selten gelbliche Stücke der Zungenblüten; leicht heuartiger Geruch, bitterer Geschmack
Wirkstoff(e): Bitterstoffe, Kalium
Anwendung/Verwendung: Bei Störungen im Bereich des Galleabflusses; bei dyspeptischen Beschwerden im Magen-Darm-Bereich, mit Völlegefühl, Blähungen, Verdauungsbeschwerden; zur Anregung der Harnausscheidung bei entzündlichen Erkrankungen der ableitenden Harnwege.
Volksheilkundlich auch bei Hämorrhoiden, Gicht, Rheuma, Ekzemen und Diabetes sowie für „Frühjahrskuren" zur **Blutreinigung**.
Wirkungen: diuretisch, choleretisch, regt die Gallensekretion an
Anwendungsbeschränkungen und Nebenwirkungen: Nicht bei Gallenverschluss oder Darmverschluss anwenden! Bei Gallensteinleiden ärztlichen Rat einholen! Es kann zu Magenübersäuerung kommen.
Darreichungsformen und Dosierungen: STZ 1139.99.99
Als Fertigarzneimittel als Tinktur (i. d. R. 3 Mal täglich 10–15 Tropfen), als Presssaft, in Teemischungen und Instanttees als Verdauungstee, Gallentee und „Blutreinigungstees" (alle nach Packungsbeilage einnehmen).
Tee: 2 TL der Droge mit 150 ml Wasser übergießen und kurz aufkochen, 10 Min. ziehen lassen, abseihen, 3 Mal täglich eine Tasse vor den Mahlzeiten trinken.

Löwenzahnpflanze mit den gelben Blüten und der Wurzel

Löwenzahnwurzel, getrocknet u. zerkleinert, mit grünlichen Krautanteilen

Malvenblüten

Malvenblüte

Eine Malvenblüte wird von einer Biene besucht.

Lateinischer Name der Droge: Malvae flos
Verwendete Pflanzenteile: getrocknete Blüten
Eigenschaften: blassviolette bis dunkelblaue, durchscheinende, etwa 1 cm lange Blütenkronenblätter und Teile davon; schleimiger Geschmack, leicht heuartiger Geruch
Wirkstoff(e): Schleimstoffe, Anthocyane
Anwendung/Verwendung: Bei Entzündungen und Reizungen im Mund- und Rachenraum, bei Reizhusten und Magenschleimhautentzündung
Volksheilkundlich als Gurgelmittel bei Husten, Heiserkeit, Halsschmerzen; als Umschlag bei Insektenstichen, Ekzemen, entzündeten Wunden.
Wirkungen: Antiphlogisticum, Antitussivum; einhüllend und reizlindernd (ähnlich Eibischwurzel), antibakteriell
Anwendungsbeschränkungen und Nebenwirkungen: Die Aufnahme anderer Arzneimittel kann durch die Einnahme dieser Droge vermindert werden, deshalb stets in einem zeitlichen Abstand einnehmen.
Darreichungsformen und Dosierungen: in einigen Hustenpastillen enthalten
Tee: 3–4 TL Droge mit 150 ml kaltem Wasser ansetzen, kurz aufkochen, abseihen, mehrmals täglich 1 Tasse trinken oder als Gurgellösung oder Umschlag verwenden.
Achtung: Im Lebensmittelbereich angebotene Tees mit Malvenzusatz enthalten häufig nicht Malvenbestandteile, sondern Hibiskusblüten.

Mariendistelfrüchte

Lateinischer Name der Droge: Silybi mariani fructus, Cardui mariae fructus
Verwendete Pflanzenteile: reife Früchte
Eigenschaften: etwa 6–7 mm lange, schief-eiförmige, längliche Früchte; Fruchtschale glänzend braun-schwarz, an der Spitze mit winzigem „Kragen". Nahezu geruchlos, ölig-bitterer Geschmack
Wirkstoff(e): Flavonoide, Silymarin, Silybinin
Anwendung/Verwendung: Bei dyspeptischen Beschwerden; als Antidot bei toxischen Leberschäden (Knollenblätterpilzvergiftungen; Wirkung antihepatotoxisch), gegen Leberzirrhose und bei chronisch-entzündlichen Lebererkrankungen.
Volksheilkundlich bei Krampfadern, Migräne, Magen-Darm-Beschwerden, Gallenleiden u. a.

Mariendistel

Wirkungen: stimuliert die Regenerationsfähigkeit von Leberzellen; stärkt die Zellmembran der Leberzellen, wodurch Gifte schlechter ins Zellinnere eindringen können (hepatoprotektiv)
Anwendungsbeschränkungen und Nebenwirkungen: bei Vergiftungen, Beschwerden, die länger als 1 Woche auftreten oder periodisch wiederkehren, sofort ärztlichen Rat einholen
Darreichungsformen und Dosierungen: STZ1589.99.99
Fertigarzneimittel mit Drogenzubereitungen als Tabletten, Kapseln und Dragees mit standardisiertem Wirkstoffgehalt (Silymarin) sind empfehlenswert.
Tee bei Magen-, Darm- und Gallenbeschwerden: 1 TL zerstoßene Früchte mit 150 ml kochendem Wasser übergießen, ca. 10–20 Min. ziehen lassen, abseihen, 3–4 Mal täglich 1 Tasse trinken.

Melissenblätter

Fast allseits behaarte Melissenpflanze mit winzigen, weißen Blüten und vierkantigen Stängeln

Typisches Melissenblatt

Lateinischer Name der Droge: Melissae folium
Verwendete Pflanzenteile: getrocknete Blätter
Eigenschaften: Stückchen der dünnen, langgestielten, grünlichen, zerknitterten Blätter (unterseits gut sichtbare Blattnerven), locker behaart, Blattränder gesägt; beim Zerreiben tritt der angenehm zitronenähnliche Geruch hervor, zitronenartig-würziger Geschmack
Wirkstoff(e): ätherische Öle (Citronella, Citral), Flavonoide, Gerbstoffe
Anwendung/Verwendung: Innerlich bei nervös bedingten Einschlafschwierigkeiten (Unruhe) und nervösen Magen-Darm- und Herzbeschwerden. Regt den Appetit und die Verdauung an und fördert die Gallensekretion. Äußerlich gegen Lippenherpes.
Volksheilkundlich auch bei Nervenleiden, Migräne, Zahnschmerzen, hohem Blutdruck und äußerlich bei rheumatischen und Nervenschmerzen.
Wirkungen: krampfstillend, blähungstreibend, *antiviral*, antimikrobiell, entzündungshemmend, gegen Lippenherpes
Nebenwirkungen: keine bekannt
Darreichungsformen und Dosierungen: STZ 1149.99.99
Fertigarzneimittel in Form von Kapseln und Tabletten (häufig in Kombination mit Baldrianwurzel und Hopfenzapfen); Crème/Salbe gegen Lippenherpes nach Packungsbeilage
Tee: 3–5 TL Droge mit 150 ml kochendem Wasser übergießen, 5–10 Min. ziehen lassen, abseihen und mehrmals täglich 1 Tasse trinken.

Mistelkraut

Lateinischer Name der Droge: Visci (albi) herba
Verwendete Pflanzenteile: getrocknetes Kraut
Eigenschaften: gelbgrüne, runzelige, längsgefurchte Stängel- und Blattstücke; Blattstücke mit fünf längslaufenden, deutlich hervortretenden Nerven; schwacher Geruch, schleimiger und bitterer Geschmack
Wirkstoff(e): *Lektine*, Polypeptide, Schleimstoffe, Flavonoide
Anwendung/Verwendung: Bei degenerativen, entzündlichen Gelenkerkrankungen; stärkt das Immunsystem. Verbessert das Wohlbefinden von Patienten in einer herkömmlichen Krebstherapie. Mistellektine verlangsamen das Wachstum von Tumoren.
Volksheilkundlich bei leichtem Bluthochdruck, vorbeugend gegen Arteriosklerose, bei Atemwegsbeschwerden wie Asthma und Keuchhusten, bei Durchfall.
Wirkungen: immunstimulierend, blutdrucksenkend, verlangsamt das Tumorwachstum
Anwendungsbeschränkungen und Nebenwirkungen: nur bei Injektionen bekannt
Darreichungsformen und Dosierungen: Injektionen zur Begleittherapie bei Krebserkrankungen und bei Gelenkerkrankungen nur unter ärztlicher Aufsicht!
Bei der Behandlung von Bluthochdruck und Vorbeugung von Arteriosklerose Kapseln, Dragees, Tabletten, Presssäfte u. a. auch in Kombination mit Zubereitungen aus Knoblauch, Weißdorn und Ginseng.
Tee als Kaltwasserauszug: 1 TL Droge mit 150 ml kaltem Wasser übergießen, 10–12 Std. ziehen lassen, abseihen, vor dem Trinken kurz aufkochen und 1–2 Tassen täglich trinken.

Mistelkraut, getrocknet und zerkleinert

Mistel

Pfefferminzblätter

Pfefferminzblätter an der Frischpflanze

Lateinischer Name der Droge: Menthae piperitae folium
Verwendete Pflanzenteile: Blätter
Eigenschaften: kleine, dunkelgrün bis gräuliche Blattstückchen mit stark hervortretenden Blattnerven; der Geruch ist kräftig und typisch, der Geschmack ist würzig-pfeffrich, typisch, nach kurzer Zeit kühlend
Wirkstoff(e): ätherische Öle mit ätherischem Pfefferminzöl (davon bis zu 45 % Menthol), Gerbstoffe, Bitterstoffe
Anwendung/Verwendung: Bei Störungen im Magen-Darm-Bereich (Blähungen, Magenschleimhautentzündung, leichte Krämpfe, Reizdarmsyndrom), bei krampfartigen Beschwerden im Gallenbereich. Schleimlösend bei Husten und Erkältungen, bei Katarren der oberen Luftwege (Inhalation und Einnahme als Tropfen). Äußerlich zudem bei rheumatischen Beschwerden, Migräne und Spannungskopfschmerz, Juckreiz, Nesselsucht, Muskel- und Nervenschmerzen. Volksheilkundlich auch bei Übelkeit, Brechreiz.
Wirkungen: spasmolytisch, antibakteriell, fördert die Gallesekretion, analgetisch, antiphlogistisch
Anwendungsbeschränkungen und Nebenwirkungen: Sodbrennen (nicht bei magensaftresistenten Kapseln). Nicht bei Babys oder Kleinkindern anwenden, Gefahr des Glottiskrampfes! Bei Gallen- und Leberschäden und Gallensteinen nicht ohne ärztlichen Rat anwenden. Bei starker Überdosierung von Pfefferminzöl kann es zu Nierenschäden kommen.
Darreichungsformen und Dosierungen: STZ 1499.99.99 (Blätter), STZ 7099.99.99 (Pfefferminzöl)
In Fertigarzneimitteln in Form von Pfefferminzöl (Menthol): bei Verdauungsbeschwerden innerlich 1–3 Tropfen mehrmals täglich einnehmen (Tagesdosis 6–12 Tropfen). Zur Inhalation 1–3 Tropfen in heißes Wasser geben und etwa 10 Min. inhalieren; bei Migräne und Spannungskopfschmerzen wenige Tropfen bzw. etwas von der Lösung oder Salbe auf die Schläfen reiben. Äußerlich zudem bei Hautproblemen als Salbe oder Lösung. Bei Reizdarm als magensaftresistente Kapseln zwischen den Mahlzeiten. Jeweils Packungsbeilage beachten!
Tee: 1 EL Droge mit 150 ml kochendem Wasser übergießen, 10 Min. zugedeckt ziehen lassen, abseihen, 3–4 Mal täglich 1 Tasse frisch zubereitet zwischen den Mahlzeiten trinken.

Pfefferminzblätter, getrocknet u. zerkleinert

 Glottiskrampf

Als Glottiskrampf bezeichnet man das krampfhafte Zusammenziehen der Muskeln, die die Stimmritze verschließen; das kann zum Atemstillstand führen. Am häufigsten betroffen sind Kinder im Alter von 6 Wochen bis 2 Jahren.

Menthol ist die Hauptkomponente des in Pfefferminzblättern enthaltenen ätherischen Öls. Pfefferminzextrakte haben eine carminative, lokalanästhetische, krampflösende und galletreibende Wirkung. Auch ein Juckreiz auf der Haut wird gemindert. Gute Erfolge zeigt Menthol auch bei der Behandlung von Kopfschmerz. Dafür wird es vorsichtig auf die Schläfen gerieben. Bei äußerlicher Anwendung übt es in geringen Konzentrationen einen Kältereiz auf die Haut aus und wirkt so kühlend und schmerzlindernd. Bei Bädern gegen Erkältungen sollte Menthol nicht enthalten sein, da es durch den kühlenden Effekt zum Frieren führen kann. In erfrischenden, sommerlichen Bädern kann dieser Effekt aber erwünscht und wohltuend sein.

Mentholkristalle

Ringelblumenblüten

Ringelblumenblüte

Getrocknete Blütenstückchen

Lateinischer Name der Droge: Calendulae flos
Verwendete Pflanzenteile: getrocknete Blütenblätter
Eigenschaften: gelbe bis rötlich-gelbe, leicht durchscheinende bis zu 2 cm lange Zungenblüten mit schwachem Geruch und leicht bitter-salzigem Geschmack
Wirkstoff(e): Saponine, Flavonoide, Carotinoide, ätherisches Öl
Anwendung/Verwendung: Bei Haut- und Schleimhautentzündungen (auch Magen-, Mund- und Rachenschleimhaut), als Wundheilmittel bei Riss-, Quetsch- und Brandwunden, speziell für schlecht heilende Wunden. Ringelblumenextrakte werden vielen Kosmetikprodukten zur Hautpflege zugesetzt und sind in tonisierenden (stärkend, vitalisierend, kräftigend) Gesichtswässern, in Kräuterpackungen und Sonnenschutzcremes enthalten.
Volksheilkundlich innerlich als Tee zur Linderung von Magen-Darm-Entzündungen, bei Verstopfung, bei Menstruationsbeschwerden; äußerlich bei Venenleiden, Haut- und Bindehautentzündungen
Wirkung(en): entzündungshemmend, antibakteriell, antiviral, **granulationsfördernd**
Anwendungsbeschränkungen und Nebenwirkungen: allergische Reaktionen bei Allergien gegen Korbblütler
Darreichungsformen und Dosierungen: STZ 1209.99.99
In Fertigarzneimitteln ist oft der Extrakt enthalten, z.B. in Salben und Tinkturen; auch Auszüge mit fettem Öl und wässrige alkoholische Auszüge zeigen gute wundheilende Wirkung.
Äußerlich als Gurgellösung und für Umschläge: Etwa 6 TL Droge mit 150 ml kochendem Wasser übergießen, 10 Min. ziehen lassen, mehrmals täglich spülen, gurgeln oder einen Umschlag bereiten.
Innerlich als Tee: 3–6 TL Droge (1–2 g) mit 150 ml kochendem Wasser übergießen, 10 Min. ziehen lassen, abseihen, bis zu 3 Mal täglich eine Tasse trinken.

Rizinus/Rizinusöl

Lateinischer Name der Droge: Ricini semen; Ricini oleum
Verwendete Pflanzenteile: Samen, aus denen das Öl gepresst wird; die Samen selbst werden nicht (mehr) verwendet; giftig!
Eigenschaften: Das Öl hat einen unangenehmen Geruch.
Wirkstoff(e): Im Samen sind etwa 42% fettes Öl enthalten, daraus wird die wirksame Rizinolsäure freigesetzt.
Wirkung/Anwendung: Kurzfristig bei Verstopfung und wenn eine beschleunigte Darmentleerung gewünscht ist. Dabei wird im Dünndarm durch körpereigene, fettspaltende Enzyme (Lipasen) die eigentlich wirksame Rizinolsäure freigesetzt. Diese hemmt die Aufnahme von Natrium und Wasser aus dem Darm, sodass ein zusätzlicher Einstrom von Elektrolyten und Wasser in den Darm entsteht. Auf diese Weise wird die Stuhlmenge vergrößert und erweicht, und eine abführende Wirkung tritt ein.

Rizinussamen

Anwendungsbeschränkungen und Nebenwirkungen: Ohne ärztlichen Rat nicht länger als 1–2 Wochen einnehmen. Nicht bei Darmverschluss und akut-entzündlichen Erkrankungen des Darms einnehmen. Nicht in der Schwangerschaft und der Stillzeit einnehmen, nicht Kindern unter 12 Jahren geben.
Darreichungsformen und Dosierungen: Direkt als Öl oder in Form von Kapseln (wegen des schlechten Geschmacks von Vorteil). Als reines Öl werden 1–2 EL (10 bis 30 ml) auf nüchternen Magen als einmalige Dosis eingenommen.

Rosmarinblätter

Rosmarinblätter an der Frischpflanze

Rosmarinblätter, getrocknet, teilweise zerbrochen

Lateinischer Name der Droge: Rosmarini folium
(in der AMiV Rosmarinus officinalis)
Verwendete Pflanzenteile: frische oder getrocknete Blätter
Eigenschaften: getrocknete, nadelförmige, brüchige Blätter (ca. 2–3 cm) und Blattstückchen, nach unten umgerollt, oben kräftig grün, unten weißlich-filzig; kampferartiger, würziger Geruch, leicht bitter-scharfer Geschmack
Wirkstoff(e): ätherische Öle, Rosmarinkampfer, Flavonoide
Anwendung/Verwendung: Innerliche Anwendung bei Verdauungsbeschwerden und Kreislaufbeschwerden, äußerlich bei rheumatischen und Durchblutungs- und Kreislaufbeschwerden.
Volksheilkundlich bei Kopfschmerzen Migräne, Schwindel, Erschöpfung, Nervenschmerzen und Ischias. In der Kosmetik als Bestandteil von Haarwässern, Cremes, Parfümen, Seifen. Zur Likörbereitung und als Gewürz
Wirkung(en): durchblutungsfördernd, hautreizend, krampflösend, antibakteriell, antiviral
Anwendungsbeschränkungen und Nebenwirkungen: Nicht während der Schwangerschaft anwenden. Zu viel Rosmarinöl (nicht: Blätter) kann zu Entzündungen im Magen-Darm- und Nierenbereich führen.
Darreichungsformen und Dosierungen: STZ 1219.99.99
Fertigarzneimittel zur äußerlichen Anwendung (Salben, Tinkturen, Badezusätze) nach Packungsbeilage anwenden. In Teemischungen u. a. bei Herz- und Kreislaufbeschwerden.
Bad (rheumatische Beschwerden): 50 g Droge mit 150 ml kochendem Wasser übergießen, 15–30 Min. ziehen lassen, abseihen und dem Bad zusetzen (50 g Droge auf etwa 100 l).
Tee (dyspeptische Beschwerden): 1 TL Droge mit 150 ml kochendem Wasser übergießen, 15 Min. zugedeckt ziehen lassen, abseihen, 3–4 Mal täglich 1 Tasse trinken.

Rosskastaniensamen

Lateinischer Name der Droge: Hippocastani semen
Verwendete Pflanzenteile: getrocknete, reife Samen
Eigenschaften: Stücke der außen braunen, innen weißlichen, annähernd kugeligen, bis ca. 5 cm großen Samen mit einem hellbraunen Fleck; geruchlos, erst süßlicher, dann bitterer Geschmack; gelblich-gräuliches Pulver
Wirkstoff(e): Glykoside, genauer Saponine (Triterpensaponingemisch: Aescin)
Anwendung/Verwendung: Bei (chronischen) Beinvenenerkrankungen wie Krampfadern, bei Schmerzen, Schweregefühl, Schwellungen, Krämpfen und Juckreiz in den Beinen.
Volksheilkundlich bei Verletzungen und Verstauchungen, Rheuma.
Wirkungen: gefäßabdichtend (venentonisierend), entzündungs- und ödemhemmend (Verbesserung der Dichtigkeit der Gefäßwände)
Anwendungsbeschränkungen und Nebenwirkungen: keine bekannt
Darreichungsformen und Dosierungen: Der wässrige, alkoholische Trockenextrakt ist in Fertigarzneimitteln in Form von Kapseln, Dragees, Salben, Gelen, Bädern und Tabletten enthalten (Anwendung nach Packungsbeilage).
Die Anwendung als Tee ist nicht üblich.

Rosskastaniensamen

Kastanienbaum mit typischen Blättern und Blütenständen

Salbeiblätter

Salbeiblätter

Salbeipflanze mit Blütenständen

Lateinischer Name der Droge: Salviae folium
Verwendete Pflanzenteile: Blätter
Eigenschaften: Beiderseitig filzige behaarte, silbrig-grünliche Blätter und Blattstückchen mit deutlicher netzartiger Nervatur; würziger, typischer Geruch; leicht bitterer Geschmack
Wirkstoff(e): ätherische Öle (mit Cineol, Thujon, Kampfer), Gerbstoffe, Triterpene, Bitterstoffe
Anwendung/Verwendung: Bei Störungen im Magen-Darm-Bereich, bei zu starker Schweißproduktion, bei Entzündungen im Mund- und Rachenraum.
Volksheilkundlich gegen Durchfall, Blähungen, Darmentzündungen; bei kleinen Verletzungen und Entzündungen der Haut, des Zahnfleisches; zum Abstillen.
Wirkung(en): antiseptisch, antimikrobiell (z. B. gegen Bakterien, Hefen, Viren) entzündungshemmend, adstringierend und damit schweißhemmend, appetitanregend und die Magen-Darm-Tätigkeit anregend. Die Droge reduziert die Milchbildung („Antilaktagogum").
Anwendungsbeschränkungen und Nebenwirkungen: In alkoholischen Extrakten kann das Thujon enthalten sein, Fertigarzneimittel zu innerlichen Anwendung müssen eine bestimmte Obergrenze einhalten; Zubereitungen mit Wasser (Tees, Gurgellösungen) sind unproblematisch. Während der Schwangerschaft besser nicht innerlich anwenden.
Darreichungsformen und Dosierungen: STZ 1229.99.99
Zubereitungen der Droge oder des ätherischen Öls sind in Dragees, Bädern, Salben, Bonbons enthalten (nach Packungsbeilage anwenden).
Gurgel- und Mundspüllösung: 2 TL der Droge mit 150 ml Wasser überbrühen, 10–15 Min. zugedeckt ziehen lassen, abseihen, mehrmals täglich anwenden.
Tee: 1 TL der Droge mit 150 ml Wasser überbrühen, 10–15 Min. zugedeckt ziehen lassen, abseihen, 2–4 Mal täglich eine Tasse trinken, max. 4–6 g Droge pro Tag verwenden.

 Thujon

Thujon ist im ätherischen Öl mehrerer Heilpflanzen enthalten, z. B. auch im Wermutkraut, im Thymiankraut und in Rosmarinblättern.
In dem alkoholischen Getränk Absinth, das aus Wermut (lateinischer Name der Stammpflanze Artemisia absinthium) hergestellt wird, ist auch Thujon enthalten. Absinth kann man wohl als „Partydroge" des frühen 20. Jahrhunderts bezeichnen. Zu den bekannteren Konsumenten zählen Vincent van Gogh und Ernest Hemingway. Thujon ist in größeren Mengen allerdings ein Nervengift, das u. a. Verwirrtheit, Schwindel und Halluzinationen hervorrufen kann. Das Getränk wurde deshalb 1915 in Europa verboten. Absinth, den man heute kaufen kann, ist im Thujongehalt begrenzt, obwohl mittlerweile nicht mehr der hohe Thujongehalt für die Krankheiten der früheren Konsumenten verantwortlich gemacht wird, sondern die schlechte Qualität des damals produzierten Alkohols.

Salbeibonbons werden oft zur Linderung von Halsschmerzen verwendet.

Schachtelhalmkraut

Schachtelhalmkraut

Lateinischer Name der Droge: Equiseti herba
Verwendete Pflanzenteile: Kraut
Eigenschaften: getrocknete Stückchen der nadelförmig, steif, hellgrün aussehenden Sprosse (fünfkantig) und „Blätter", geruch- und fast geschmacklos
Wirkstoff(e): Kieselsäure, Flavonoide
Anwendung/Verwendung: Zur Erhöhung der Harnmenge (Durchspülungstherapie) z. B. bei der Behandlung von entzündlichen Erkrankungen der ableitenden Harnwege und bei Nierengrieß. Bei **Ödemen**. Äußerlich zur unterstützenden Behandlung bei schleicht heilenden Wunden und **Ekzemen**.
Volksheilkundlich zur Blutstillung, bei rheumatischen Beschwerden, Durchblutungsstörungen, Frostschäden, bei Atemwegserkrankungen, zur Verbesserung der Struktur von Haut, Haaren und Nägeln
Wirkungen: **diuretisch**, **adstringierend**, das Bindegewebe festigend
Anwendungsbeschränkungen und Nebenwirkungen: nicht anwenden bei Ödemen aufgrund von Herz- und Nierenerkrankungen
Darreichungsformen und Dosierungen: STZ 1239.99.99
Fertigarzneimittel in Form von Dragees, Kapseln, Tabletten, Tropfen und Frischpflanzenpresssaft nach Packungsbeilage einnehmen bzw. verwenden; enthalten in Blasen-Nieren-Tees, Rheumatees.
Für Umschläge bei schlecht heilenden Wunden: etwa 3 EL der Droge in 1 l Wasser 20–30 Min. köcheln, abseihen, abkühlen lassen und das Umschlagmaterial damit tränken und auf die Wunde auflegen. Umschlag mehrmals täglich erneuern.
Tee zur Durchspülungstherapie: 2–3 TL der Droge mit 150 ml kochendem Wasser übergießen und 5–10 Min. kochen lassen, weitere 15 Min. ziehen lassen, dann abseihen. Täglich ca. 3–4 Tassen trinken; insgesamt auf hohe Flüssigkeitszufuhr (mind. 2 l pro Tag) achten.

Schafgarbenkraut

Lateinischer Name der Droge: Millefolii herba
Verwendete Pflanzenteile: Kraut
Eigenschaften: grünliche, feingliederige, fädige Blattstückchen, gefurchte Stängelstücke und weiß-gelbliche Stücke der kleinen (ø bis ~0,5 cm) Blüten; schwach aromatischer Geruch, aromatisch-bitterer Geschmack
Wirkstoff(e): Bitterstoffe (**Sesquiterpenlaktone**), ätherisches Öl (mit Chamazulen, Achillicin, Kampfer und Cineol), Gerbstoffe, Flavonoide
Anwendung/Verwendung: Bei schmerzhaften Krampfzuständen im Bereich des kleinen Beckens bei der Frau (Sitzbad); bei Appetitlosigkeit und dyspeptischen Beschwerden; bei krampfartigen Beschwerden im Magen-Darm-Bereich.
Volksheilkundlich zur Blutstillung und bei Menstruationsbeschwerden.
Wirkungen: **spasmolytisch**, antiseptisch, **antiphlogistisch**, antimikrobiell
Anwendungsbeschränkungen und Nebenwirkungen: nicht verwenden bei bekannter Allergie gegen Korbblütler bzw. Sesquiterpenlaktone
Darreichungsformen und Dosierungen: STZ 1249.99.99
Als Frischpflanzenpresssaft bei Verdauungsbeschwerden; in Instanttees und Teemischungen (Leber-Galle-Tees, Magen-Darm-Tees).
Tee: 1–2 TL der Droge mit 150 ml kochendem Wasser übergießen, 10 Min. ziehen lassen, abseihen. 3–4 Mal täglich eine Tasse zwischen den Mahlzeiten trinken. Sitzbäder: 20 g Schafgarbenkraut mit 1 l heißem Wasser überbrühen, 20 Min. ziehen lassen, abseihen, zum Teilbad/Sitzbad (ca. 20 l) geben, 20 Min. darin baden.

Schafgarbenkraut mit den typischen, weißlichen Blüten

Schafgarbenkraut, getrocknet u. zerkleinert

Spitzwegerichkraut

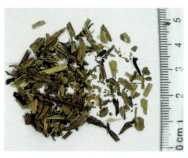

Spitzwegerichkraut, getrocknet u. zerkleinert

Lateinischer Name der Droge: Plataginis lanceolatae herba
Verwendete Pflanzenteile: Kraut
Eigenschaften: spitz zulaufende spröde, braungrüne Blattstückchen mit charakteristischer, längsgestreifter Nervatur; kleine unscheinbare, zapfenartige, beige Blüten; fast geruchlos; etwas bitterer, schleimiger Geschmack
Wirkstoff(e): Schleimstoffe, bitteres Glykosid (Aucubin), Gerbstoffe
Anwendung/Verwendung: Bei Katarren der oberen Luftwege; bei Entzündungen der Mund- und Rachenschleimhaut; bei Hautentzündungen. Volksheilkundlich innerlich auch bei Blasenentzündungen, Durchfällen und äußerlich bei Bindehautentzündungen und zur Blutstillung.
Wirkungen: **Antitussivum**, hustenreizlindernd, adstringierend, antimikrobiell, schleimlösend
Anwendungsbeschränkungen und Nebenwirkungen: keine bekannt
Darreichungsformen und Dosierungen: STZ 1289.99.99
Als Fertigarzneimittel in Form von Hustensäften, Presssäften, Tropfen, Sirupe; enthalten in Husten- und Bronchialtees.
Lösung zum Spülen, Gurgeln und für Umschläge: 1½ TL der Droge mit 150 ml kaltem Wasser übergießen, 1–2 Stunden ziehen lassen, abseihen, mehrmals täglich verwenden.
Tee: 1–2 TL der Droge mit 150 ml kochendem Wasser übergießen, 10–15 Min. ziehen lassen, abseihen, 3–4 Mal täglich 1 Tasse trinken (Tagesdosis: 3–6 g).

Süßholzwurzel

Lateinischer Name der Droge: Liquiritiae radix
Verwendete Pflanzenteile: Wurzel
Eigenschaften: leuchtend gelbliche, faserige, würfelförmige Wurzelstücke; bei ungeschälter Droge sind bräunliche Stücke zu finden. Fast geruchlos; leicht süßlicher, lakritzartiger, etwas stechend-kratzender Geschmack.
Wirkstoff(e): Saponine, (Saponinglykosid Glycyrrhizin), Flavonoide
Anwendung/Verwendung: Bei Entzündungen im Magen-Darm-Bereich, gegen Sodbrennen, bei Magen- und Zwölffingerdarmgeschwüren (Beschleunigung der Heilung), bei Katarren der Atemwege (schleimlösend); als Schaummittel in Zahnpasta. Als **Geschmackskorrigenz**.
Volksheilkundlich auch bei Blinddarmentzündungen, zur Förderung der Menstruation, der Milchbildung, der Harnausscheidung und der Potenz.

Süßholzwurzeln, getrocknet

Wirkung: entzündungshemmend, antiviral, antibakteriell, sekretolytisch, expektorierend, spasmolytisch
Anwendungsbeschränkungen und Nebenwirkungen: Nicht in der Schwangerschaft und Stillzeit, bei Bluthochdruck, bei Gallen-, Leber- und Nierenerkrankungen und bei Kaliummangel anwenden. Nicht länger als ca. 6 Wochen ohne ärztlichen Rat einnehmen. Die übermäßige Einnahme der Droge kann zu Kaliummangel und Ödemen führen und die Wirkung gleichzeitig eingenommener harntreibender Mittel verstärken.
Darreichungsformen und Dosierungen: STZ 1309.99.99
Als Fertigarzneimittel in Form von Saft (Succus Liquiritiae) nach Packungsbeilage bei Katarren der oberen Luftwege verwenden; weiter eingedickt entsteht daraus **Lakritze**. Enthalten in Teemischungen (Magen-Darm-Tees, Bronchialtees).
Tee: 1–2 TL mit kochendem Wasser übergießen, 10–15 Min. ziehen lassen, abseihen und 2–3 Mal täglich nach den Mahlzeiten 1 Tasse trinken.
Tagesdosis: 5–15 g der Droge = 200–600 mg Glycyrrhizin

> § Heilmittel, die zur Beseitigung und Linderung bestimmter Krankheiten (s. Anlage 3 zu §§ 7 und 8 der AMV) vorgesehen sind, sind nicht freiverkäuflich. Dazu gehören auch Mittel gegen Magengeschwüre!

Tausendgüldenkraut

Tausendgüldenkraut

Tausendgüldenkraut, getrocknet und zerkleinert, mit rosa Blütenanteilen

Lateinischer Name der Droge: Centaurii herba
Verwendete Pflanzenteile: Kraut
Eigenschaften: geschnittene Stücke der Stängel (strohig, gelblich, vierkantig) der blassgrünen Blätter und rosa Blüten; fast geruchlos; der Geschmack ist stark bitter!
Wirkstoff(e): Bitterstoffe (enthält Bitterstoffglykosid Gentiopikrin)
Anwendung/Verwendung: Bei dyspeptischen Beschwerden; Appetitlosigkeit; bei Magenbeschwerden, hervorgerufen durch mangelnde Magensaftbildung; regt die Gallenflüssigkeitsbildung an.
Volksheilkundlich auch als kreislaufanregendes Mittel und bei körperlicher Erschöpfung sowie körperlicher und seelischer Überlastung.
Wirkung: Als typisches Bittermittel regt die Droge die Sekretion der Verdauungssäfte an.
Anwendungsbeschränkungen und Nebenwirkungen: Nicht anwenden bei Sodbrennen, Magenübersäuerung und Magen- und Darmgeschwüren!
Darreichungsformen und Dosierungen: STZ 1319.99.99
Als Fertigarzneimittel in Teemischungen (Leber-Galle-Tees, Magentees), Dragees und Tropfen (Packungsbeilage bei der Anwendung beachten!).
Tee: 1–2 TL der Droge mit 150 ml kochendem Wasser übergießen, 10–15 Min. ziehen lassen, abseihen und zur Appetitanregung etwa 30 Min. vor den Mahlzeiten, bei Verdauungsbeschwerden nach den Mahlzeiten 1 Tasse trinken. Zubereitung als Kaltwasserauszug ist auch möglich, soll teilweise besser wirken als der heiße Aufguss. Tagesdosis: 6 g Droge

Teufelskrallenwurzel

Lateinischer Name der Droge: Harpagophythi radix
Verwendete Pflanzenteile: Wurzel
Eigenschaften: getrocknete, bräunlich-weißlich, sehr harte Wurzelstückchen (glatter Bruch); sehr bitterer Geschmack
Wirkstoff(e): Bitterstoffe, Leitsubstanz: Harpagosid
Anwendung/Verwendung: Bei dyspeptischen Beschwerden, Appetitlosigkeit, degenerativen Erkrankungen des Bewegungsapparates (schmerzhafte Gelenkarthrose, Rückenschmerzen, rheumatische Beschwerden). Traditionell wird die Droge auch bei Hautproblemen, Nieren-, Leber-, Blasen- und Gallenleiden, bei Schmerzen, Arthritis und Allergien angewendet.
Wirkungen: entzündungshemmend, schmerzhemmend, choleretisch, antiphlogistisch, schwach analgetisch

Teufelskrallenwurzel, getrocknet und zerkleinert

Anwendungsbeschränkungen und Nebenwirkungen: Nicht bei Magen- und Zwölffingerdarmgeschwüren und bei Gallenleiden anwenden. Es liegen keine gesicherten Erkenntnisse für Schwangere und Stillende vor, deshalb besser nicht anwenden. Es können leichte Magen-Darm-Beschwerden bei der Anwendung auftreten.
Darreichungsformen und Dosierungen: Als Fertigarzneimittel (Extrakt, Trockenextrakt) in Form von Tabletten, Kapseln, Tinkturen; nach Packungsbeilage einnehmen. Auch in Rheumatees.
Tee bei Verdauungsbeschwerden/Appetitlosigkeit: ½–1 TL Droge mit 300 ml kochendem Wasser übergießen, 8 Stunden ziehen lassen, abseihen. 3 Mal täglich 1 Tasse trinken. Tagesdosis: 1,5 g Droge

 Leitsubstanz

Dies sind Inhaltsstoffe oder -stoffgruppen, die als pharmazeutisches Qualitätskriterium gelten. Bezogen auf die getrocknete Teufelskrallenwurzel muss der Harpagosidgehalt im Präparat mindestens 1% betragen.

Thymiankraut

Thymiankraut mit kleinen Blättchen und weiß-rosa Blüten

Lateinischer Name der Droge: Thymi herba
Verwendete Pflanzenteile: Kraut
Eigenschaften: bis 1 cm große längliche, eiförmige, grau-grüne, Blätter (Unterseite grau-filzig) und Blattstückchen, feine Stängelstückchen und sehr kleine, weißlich-rosa Blüten(stücke); stark aromatischer Geruch; würziger, etwas scharfer Geschmack
Wirkstoff(e): ätherisches Öl (bis zu 5,5 %; darin enthalten bis zu 50 % Thymol), Gerbstoffe, Bitterstoffe, Flavonoide
Anwendung/Verwendung: Bei Bronchitis, Katarren der Atemwege, bei Husten mit krampfartigen Beschwerden und Keuchhusten. Bei Magenschleimhautentzündungen. Als Mund- und Gurgelwasser zur Desinfektion des Mundes (gegen Mundgeruch) und des Rachenraumes.
Volksheilkundlich auch bei schlecht heilenden Wunden, Akne und Warzen
Wirkung: desinfizierend, stark antimikrobiell gegen Viren, Bakterien, Pilze; schleimlösend, auswurffördernd, krampflösend, durchblutungsfördernd
Anwendungsbeschränkungen und Nebenwirkungen: In seltenen Fällen können Allergien auftreten. Es liegen keine gesicherten Erkenntnisse für Schwangere und Stillende vor, deshalb besser nicht anwenden. Bäder sicherheitshalber nur nach ärztlichem Rat.
Darreichungsformen und Dosierungen: STZ 1329.99.99
Thymiankrautzubereitungen als Fertigarzneimittel in Form von Tropfen, Saft, Sirup, Pastillen zur innerlichen, Badezusätze und Lösungen zur äußerlichen Anwendung nach Packungsbeilage! Enthalten in Teemischungen (Husten- und Erkältungstees).
Tee und Gurgellösung: 1–2 TL (1–2 g) der Droge mit 150 ml kochendem Wasser übergießen, 10–15 Min. zugedeckt ziehen lassen, abseihen, mehrmals täglich 1 Tasse trinken bzw. gurgeln.

Wacholderfrüchte (Wacholderbeeren)

Lateinischer Name der Droge: Juniperi fructus
Verwendete Pflanzenteile: Früchte
Eigenschaften: getrocknete, bläulich-schwarze, runzelige, bis 0,5 cm große „Früchte" (Beerenzapfen) mit würzigem Geruch und würzigem, bittersüßem Geschmack
Wirkstoff(e): ätherisches Öl (Terpinen-4-ol), Invertzucker
Anwendung/Verwendung: Innerlich bei Verdauungsbeschwerden, Blähungen, leichten krampfartigen Beschwerden im Magen-Darm-Bereich. Zur Unterstützung der Nierenfunktion (harntreibend). Äußerlich bei rheumatischen Beschwerden und Gicht. Als Gewürz. Volksheilkundlich auch zur **Blutreinigung(-skur)**, bei Sodbrennen, bei Beschwerden in den ableitenden Harnwegen, bei Steinleiden.

Wacholderfrüchte, getrocknet

Wirkung: diuretisch
Anwendungsbeschränkungen und Nebenwirkungen: Bei sehr langer (länger als 6 Wochen) oder zu hoch dosierter Anwendung kann es zu Nierenschäden kommen. Während der Schwangerschaft und bei Nierenerkrankungen nicht anwenden! Bäder sicherheitshalber nur nach ärztlichem Rat
Darreichungsformen und Dosierungen: STZ 1369.99.99
Als Fertigarzneimittel in Form von Mus, Sirup und Spiritus (bei rheumatischen Beschwerden) nach Packungsbeilage anwenden. Enthalten in Blasen-Nieren-Tees, auch in Kombination mit Birkenblättern und Orthosiphonblättern
Tee: 1 TL der frisch zerquetschen Droge mit 150 ml heißem Wasser übergießen, 10–15 Min. ziehen lassen, abseihen, bis zu 4 Mal täglich 1 Tasse trinken. Tagesdosis: max. 10 g der Droge, 20–100 mg des ätherischen Öls
Bad bei rheumatischen Beschwerden (nicht bei Hautproblemen, nicht bei entzündlichen Beschwerden anwenden): 2 EL der Droge anquetschen und direkt oder erst in ein Stoffsäckchen und dann ins Badewasser geben, max. 15 Min. im Vollbad verweilen.

Weidenrinde

Weidenrinde, getrocknet und zerkleinert

Lateinischer Name der Droge: Salicis cortex
Verwendete Pflanzenteile: getrocknete Rinde von jungen Zweigen
Eigenschaften: teilweise eingerollte, sehr dünne, grünlich-bräunliche Rindenstücke, innen weißlich, längsgestreift; geruchlos, bitterer, holziger Geschmack
Wirkstoff(e): Glykoside (vor allem Salicin), Gerbstoffe, Flavonoide
Anwendung/Verwendung: Bei Kopfschmerzen, Rückenschmerzen, rheumatischen Beschwerden, fieberhaften Erkrankungen. Volksheilkundlich auch bei Grippe, Zahnschmerzen, Gicht, Magen-Darm-Beschwerden und äußerlich bei schlecht heilenden Wunden und Fußschweiß.
Wirkungen: antiphlogistisch, analgetisch, antipyretisch, adstringierend
Anwendungsbeschränkungen und Nebenwirkungen: Besser nicht einnehmen bei gleichzeitiger Einnahme von blutgerinnungshemmenden Mitteln, obwohl die Droge vermutlich keine Wechselwirkung mit sich bringt. Bei Kindern, in der Schwangerschaft und in der Stillzeit nur nach ärztlichem Rat einnehmen. Nicht bei Magen- und Zwölffingerdarmgeschwüren und Empfindlichkeit gegenüber Salizylaten. Die Gerbstoffe können die Magenschleimhaut reizen.
Darreichungsformen und Dosierungen: Als Fertigarzneimittel wird der wässrige-alkoholische Trockenextrakt in Form von Dragees, Tabletten, Lösungen und Kapseln verwendet. Enthalten in wenigen Rheuma- und Erkältungsteemischungen.
Tee: 1–2 TL der Droge mit 150 ml kaltem Wasser ansetzen, erhitzen, 5 Min. kochen, 3–5 Mal täglich 1 Tasse trinken oder 1 TL Droge mit 150 ml kochendem Wasser übergießen, 20 Min. ziehen lassen, 3–5 Mal täglich trinken.
Tagesdosis: 6–12 g der Droge, das entspricht max. 160 mg Salicin.

Weißdornblätter mit -blüten

Lateinischer Name der Droge: Crataegi folium cum flore
Verwendete Pflanzenteile: Blüten, Blätter
Eigenschaften: weißlich-gelbe Blütenstückchen, grüne und grünlich-gräuliche Blattstückchen; leicht würziger, eigenartiger Geruch; leicht bittersüßlicher, zusammenziehender Geschmack
Wirkstoff(e): Flavonoide (Hyperosid), Glykoside, Prozyanidine
Anwendung/Verwendung: Bei nachlassender Leistungsfähigkeit des Herzens („Altersherz"), bei nervösen Herzbeschwerden. Volksheilkundlich auch zur Stärkung und Kräftigung der Herz-Kreislauf-Funktionen, bei Bluthochdruck und Arteriosklerose.
Wirkungen: Verbesserung der Herzmuskelfunktion, bessere Durchblutung der Herzkranzgefäße und des Herzmuskels

Weißdornblüten, getrocknet und zerkleinert

Anwendungsbeschränkungen und Nebenwirkungen: Herz*krankheiten* und Beschwerden, die einen Herzinfarkt nahelegen (Atemnot, Schmerzen in der Brust- und Herzregion und im Schulter- und Armbereich), dürfen nicht selbst behandelt werden, die Einholung eines ärztlichen Rates ist notwendig!
Darreichungsformen und Dosierungen: STZ 1349.99.99
Die Droge wird häufig in Mischpräparaten mit Mistel oder Knoblauch angeboten. In Fertigarzneimittel ist der wässrige-alkoholische Extrakt oder der Frischpflanzenextrakt der Droge in Form von Tabletten, Kapseln, Dragees, Tropfen enthalten.
Tee zur Vorbeugung: 1 TL der Droge mit 150 ml kochendem Wasser übergießen, 5–10 Min. ziehen lassen, 3–4 Tassen pro Tag über einen Zeitraum von mind. 6 Wochen trinken.
Tagesdosis: 5 g der Droge bzw. bis zu 19,8 mg der auf die Flavonoide oder 168,7 mg der auf die Prozyanidine standardisierten Präparate

> Die positive Wirkung der Weißdornpräparate setzt in der Regel erst nach einigen Wochen der Anwendung ein, hält aber noch sehr lange nach dem Beenden der Einnahme an.

Wermutkraut

Wermutpflanze

Wermutkraut, getrocknet u. zerkleinert

Lateinischer Name der Droge: Absinthii herba
Verwendete Pflanzenteile: Kraut
Eigenschaften: grau-grünliche Blatt- und Stängelstücke mit silbergrauer Behaarung, gelbliche, kugelige Blütenköpfchen; starker aromatischer Geruch und würziger, stark bitterer Geschmack
Wirkstoff(e): Bitterstoffe (mit Absinthin), ätherische Öle (mit Thujon)
Anwendung/Verwendung: Bei Magenbeschwerden durch mangelnde Magensaftbildung, bei Appetitlosigkeit, bei Gallenbeschwerden. Volksheilkundlich auch bei Blähungen, Krämpfen und zur „Blutreinigung". Traditionell angewendet auch bei Malaria und Gelbsucht.
Wirkungen: Typisches Amarum, regt die Sekretion des Magens und der Galle an, auch die Säurewirkung des Magensaftes wird erhöht, was wiederum zu einem verbesserten Nahrungsaufschluss und damit zu einer verbesserten Verdauung führt.
Anwendungsbeschränkungen und Nebenwirkungen: Nicht in der Schwangerschaft und bei Magengeschwüren anwenden. Bei zu hoher Dosierung kann es zu toxischen Wirkungen der Thujone (Erbrechen, Durchfälle, Benommenheit, Krämpfe) kommen, deshalb Tagesdosis beachten! Bei empfindlichen Personen können hohe Dosen der Bitterstoffe Brechreiz auslösen.
Darreichungsformen und Dosierungen: STZ 1339.99.99
Als Fertigarzneimittel die Tinktur oder Tropfen gegen Appetitlosigkeit und Verdauungsbeschwerden nach Packungsbeilage (max. 1 g Drogenäquivalent pro Tag) einnehmen.
Tee: max. 1 TL der Droge mit 150 ml kochendem Wasser übergießen, 10 Min. ziehen lassen, 2 Mal täglich trinken, und zwar bei Appetitlosigkeit etwa ½ Std. **vor** den Mahlzeiten, bei Verdauungsbeschwerden **nach** den Mahlzeiten. Tagesdosis: 2–3 g der Droge

Wollblumen/Königskerzenblüten

Lateinischer Name der Droge: Verbasci flos
Verwendete Pflanzenteile: Blüten
Eigenschaften: getrocknete, leuchtend gelbe Blütenstückchen mit schwach honigartigem Geruch und schleimig-süßem Geschmack
Wirkstoffe: Schleimstoffe, Flavonoide, Saponine, Bitterstoffe
Anwendung/Verwendung: Bei entzündlichen Erkrankungen der Luftwege, bei trockenem Husten, Heiserkeit, Bronchitis. Volksheilkundlich innerlich auch bei Herzschwäche und Fieber und äußerlich bei Wunden und Ekzemen.
Wirkungen: reizlindernd, expektorierend, schleimlösend
Anwendungsbeschränkungen und Nebenwirkungen: keine bekannt
Darreichungsformen und Dosierungen: STZ 2449.99.99
Die Droge ist oft Bestandteil von Hustenteemischungen und Bronchialtees, in anderen Teemischungen wird sie auch zur Verbesserung des Aussehens („Schmuckdroge") zugesetzt.
Tee: etwa 1 TL (1 g) der Droge mit 150 ml kochendem Wasser übergießen, 10–15 Min. ziehen lassen, abseihen, 3–4 Mal täglich 1 Tasse trinken.
Tagesdosis: 3–4 g der Droge. Die Droge ist sehr empfindlich gegenüber Druck, und vor allem zieht sie sehr schnell Feuchtigkeit, deshalb dicht verschlossen und trocken (evtl. mit einem Trocknungsmittel) lagern.

Königskerzenblüten befinden sich am bis 2,5 m hohen Blütenstängel

Königskerzenblüten, getrocknet u. zerkleinert

7 Steckbriefe zu gebräuchlichen Drogen

Die nachfolgende Tabelle soll einen Überblick darüber geben, welche Drogen bei welchen Leiden Abhilfe schaffen können. Dabei sollte über die Anwendung/Verwendung, die Wirkung, die Nebenwirkungen und die Zubereitungsarten bei den jeweiligen Drogensteckbriefen, im Glossar oder in weiterführender Literatur nachgelesen werden.

www.heipflanzen-welt.de

Im Zweifelsfall oder wenn Beschwerden länger andauern, sollte ärztlicher Rat eingeholt werden.

Leiden, Beschwerden, Krankheit	Verwendbare Droge
Abzesse	Kamillenblüten, Leinsamen, Eibischwurzel
Altersbeschwerden, Vorbeugung gegen …	Knoblauchzwiebel, Weißdornblüten u. -blätter, Ginsengwurzelstock, Ginkoblätter, Zwiebel
„Altersherz", abnehmende Leistungsfähigkeit des Herzens	Weißdornblätter mit -blüten
Anal- und Genitalbereich, Erkrankungen im (äußeren) …	Kamillenblüten, Eichenrinde
Angstzustände	Johanniskraut, Baldrianwurzel, Melissenblätter, Passionsblumenkraut
Appetitlosigkeit, Verdauungsschwäche	Wermutkraut, Tausendgüldenkraut, Enzianwurzel, Schafgarbenkraut, Rosmarinblätter, Condurangorinde, Ingwerwurzelstock
Arteriosklerose	Knoblauchzwiebel, Teufelskrallenwurzel
Arthrose	Teufelskrallenwurzel
Atemwege, entzündliche Erkrankungen und Reizungen der …	Kamillenblüten, Anisfrüchte
Blähungen	Kümmelfrüchte, Anisfrüchte, Fenchelfrüchte, Kamillenblüten, Pfefferminzblätter, Wermutkraut, Wacholderfrüchte
Blasenentzündung	Bärentraubenblätter, Birken- u. Brennnesselblätter
Blutdruck, unterstützend gegen zu hohen …	Knoblauchzwiebel
Cholesterinspiegel (Blutfettwerte), unterstützend gegen zu hohen …	Artischockenblätter, Knoblauchzwiebel
Demenzerkrankungen	Ginko-Extrakt
Depressive Verstimmungen	Johanniskraut
Durchfall (Diarrhö)	Heidelbeerfrüchte (getrocknet), Tormentillwurzelstock, grüner u. schwarzer Tee
Dyspeptische Beschwerden	Wermutkraut, Tausendgüldenkraut, Galantwurzelstock
Ekzeme	Nachtkerzenöl, Stiefmütterchenkraut, Zwiebel
Entzündungen der oberen Luftwege	Kamillenblüten, Lindenblüten, Holunderblüten, Eibischwurzel, Isländisch Moos, Anisfrüchte, Wollblumenblüten, Spitzwegerichkraut, Eukalyptusöl, Kampfer, Efeublätter
Entzündungen der Haut	Kamillenblüten, Eichenrinde, Schafgarbenkraut
Erkältungskrankheiten (wenn Schwitzen erwünscht)	Lindenblüten, Holunderblüten, Thymiankraut, Weidenrinde, Fenchelfrüchte, Mädesüß
Erschöpfungszustände	Ginsengwurzel
Fieberhafte Erkrankungen	Weidenrinde

Gallenbeschwerden (Druckgefühl u. Schmerzen im rechten Oberbauch)	Artischockenblätter, Löwenzahnwurzel und -kraut, Boldoblätter, Wermutkraut
Gelenkerkrankungen, zur unterstützenden Therapie bei ...	Teufelskrallenwurzel
Geschwüre	Eibischwurzel
Grippaler Infekt	siehe Erkältungskrankheiten
Halsentzündungen	Salbeiblätter, Kamillenblüten, Thymiankraut, Eichenrinde
Harnwege, entzündliche Erkrankungen der ...	Bärentraubenblätter, Birken- und Brennnesselblätter, Orthosiphonblätter, Löwenzahnwurzel mit Kraut, Liebstöckelwurzel; Schachtelhalmkraut
Hautausschläge, Hautinfektionen	Johanniskrautöl (Rotöl), Kamillenblüten, Arnikablüten, Eichenrinde, Hamamelisblätter und -rinde, Spitzwegerichkraut
Hämorrhoiden	Hamamelisblätter und -rinde
Heiserkeit	Salbeiblätter, Kamillenblüten, Spitzwegerichkraut, Huflattichblätter
Herpes, Lippenherpes	Melissenblätter (Extrakt)
Herz, nachlassende Herzleistung; leichte Herzinsuffizienz	Weißdornblätter mit -blüten
Husten	Eibischwurzel, Fenchelfrüchte, Isländisch Moos, Spitzwegerichkraut, Süßholzwurzel, Thymiankraut, Wollblumenblüten, Eukalyptusöl, Pfefferminzöl
Hypertonie	Knoblauchzwiebel
Immunsystem, Stärkung des ...	Sonnenhut, Mistelkraut
Insektenstiche	Zwiebel
Kopfschmerzen	siehe Migräne
Krampfaderbeschwerden	Hamamelisblätter und -rinde, Rosskastaniensamen
Kreislaufbeschwerden	Weißdornblätter mit -blüten, Rosmarinblätter
Leberbeschwerden, unterstützende Behandlung von ...	Mariendistelfrüchte, Pfefferminzblätter, Löwenzahnkraut, Schafgarbenkraut, Wermutkraut
Leberschäden	Mariendistelfrüchte
Magen-Darm-Bereich: Entzündungen	Leinsamen, Eibischwurzel, Süßholzwurzel, Kümmelfrüchte
Magen-Darm-Bereich: Krämpfe	Kamillenblüten, Pfefferminzblätter
Magen-Darm-Bereich: Blähungen	siehe Blähungen
Magen-Darm-Grippe (Entzündung mit Durchfall)	Heidelbeerfrüchte (getrocknet)
Magenschleimhaut, Entzündung der ...	Kamillenblüten, Süßholzwurzel, Leinsamen, Eibischwurzel, Malvenblüten
Mandelentzündung	Isländisch Moos, Kamillenblüten, Huflattichblätter
Menstruationsbeschwerden, krampfartige	Kamillenblüten, Schafgarbenkraut
Migräne	Pfefferminzöl, Melissenblätter
Mundhöhle, Entzündungen in der ...	Kamillenblüten, Eichenrinde, Ringelblumenblüten
Mittelohrentzündung, unterstützend bei ...	Zwiebel(wickel)

Mundschleimhautentzündung	Isländisch Moos, Salbeiblätter
Muskelspannungen im Schulter-Arm-Wirbelsäulenbereich	Capsaicin aus Cayennepfeffer und Chili
Muskelzerrungen	Arnikablüten, Ringelblumen, Beinwellwurzel
Nebenhöhlenentzündung	Thymiankraut, Eukalyptusöl, Fichtennadelöl, Pfefferminzöl, Primelwurzel, Efeublätter, Umckaloabo
Nieren-Blasen-Beschwerden	Bärentraubenblätter, Birkenblätter, Orthosiphonblätter, Schachtelhalmkraut, Wacholderbeeren, Liebstöckelwurzel
Nierengrieß	Bärentraubenblätter, Birken- und Brennnesselblätter, Orthosiphonblätter, Löwenzahnwurzel mit Kraut
Nervöse Herz-Magen-Beschwerden	Kümmelfrüchte, Melissenblätter
Nervosität, Unruhe	Baldrianwurzel, Melissenblätter, Hopfenzapfen, Passionsblumenkraut, Lavendelblüten
Prellungen	Johanniskraut, Beinwellwurzel, Arnikablüten (Tinktur)
Prostatabeschwerden	Brennnesselwurzel, Sägepalmenfrüchte, Kürbissamen
Prüfungsangst	Baldrianwurzel, Hopfenzapfen, Johanniskraut
Quetschungen	Arnikablüten (Tinktur)
Rachenentzündung	Salbeiblätter, Kamillenblüten, Thymiankraut, Ringelblumenblüten
Reisekrankheit, Verhütung der ...	Ingwerwurzel
Reizhusten mit zähflüssigem Schleim	Thymiankraut, Süßholzwurzel, Fenchelfrüchte, Anisfrüchte, Primelwurzel, Spitzwegerichkraut, Eukalyptusblätter, Wollblumenblüten, Isländisch Moos
Reizhusten, trockener ...	Thymiankraut, Eibischwurzel, Isländisch Moos, Huflattichblätter, Wollblumenblüten, Efeublätter, Primelwurzel, Holunderblüten
Reizmagensyndrom, Reizdarmsyndrom	Pfefferminzöl, Lavendelblüten
Rheumatische Beschwerden	Teufelskrallenwurzel, Weidenrinde, Cayennepfeffer, Brennnesselkraut, Kampfer, Fichtennadelöl, Rosmarinblätter, Wacholderfrüchte
Rückenschmerzen, chronische	Teufelskrallenwurzel, Weidenrinde
Schlafstörungen	Baldrianwurzel, Hopfenzapfen, Melissenblätter, Passionsblumenkraut, Lavendelblüten
Schleimhautentzündungen	Kamillenblüten
Schmerzen	Weidenrinde, Capsaicin aus Chili oder Cayennepfeffer
Schwächegefühl, Müdigkeit, nachlassende Leistungs- und Konzentrationsfähigkeit	Ginseng-Wurzel
Schwindel, Tinitus	Ginko-Extrakt
Spannungskopfschmerz	Pfefferminzöl (in Kombination mit Paracetamol)
Übelkeit und Erbrechen	Ingwerwurzel
Unfall- und Verletzungsfolgen	Arnikablüten, Beinwell
Unruhe	Baldrianwurzel, Hopfenzapfen, Lavendelblüten, Passionsblumenkraut

Venenleiden	Rosskastaniensamen
Verdauungsbeschwerden	siehe Völlegefühl, Blähungen
Verbrennungen	Johanniskrautöl, Eibischwurzel, Zwiebel
Verletzungen, äußerliche stumpfe ...	Johanniskrautöl, Arnikablüten (Tinktur)
Verstopfung (Obstipation)	Leinsamen, Sennesblätter, Flohsamen, Faulbaumrinde, Rizinusöl
Verstauchungen	Arnikablüten (Tinktur), Beinwellwurzel
Völlegefühl	Enzianwurzel, Tausendgüldenkraut, Wacholderfrüchte
Wechseljahrsbeschwerden	Traubensilberkerzenwurzelstock, Sojabohnenextrakt
Wunden, zur unterstützenden Behandlung bei ...	Ringelblumenblüten, Johanniskrautöl, Beinwellwurzel, Schachtelhalmkraut
Zahnfleischentzündungen	Kamillenblüten
Zerrungen	Beinwellwurzel

Arzneilich wirksame Substanzen

Name der Substanz	Eigenschaften	Arzneiliche Wirkung/Anwendung
Aluminiumkaliumsulfat auch: Alaun	bildet farblose Kristalle	Kristalle werden als „Rasierstein" zur Blutstillung verwendet.
Ammoniumchlorid auch: Salmiaksalz	farbloses, kristallines Salz (NH_4Cl)	als Expektorans (auswurfförderndes Mittel), ist auch in Salmiak-Lakritz (Salmiakpastillen) enthalten
Essigsäure	farblose Flüssigkeit, riecht nach Essig; CH_3COOH	enthalten in Mitteln gegen Hühneraugen, Warzen; wirkt adstringierend, blutstillend und kühlend
Ethanol	Lösungsmittel, Desinfektionsmittel	als Desinfektionsmittel oder Antiseptikum; in alkoholischen Getränken enthalten
Kohle, medizinische		bei harmlosen Durchfallerkrankungen
Laktose (Milchzucker)	Disaccharid; Zuckeranteil der Milch (ca. 1,5–8%)	schonendes und mildes Abführmittel ohne Gewöhnungseffekte; geeignet für Erwachsene, Kinder, Säuglinge
Magnesiumsulfat x 7 H_2O auch: Bittersalz	zieht Wasser aus dem Körper in den Darm, über einen Reflex wird Stuhlabgang ausgelöst	gegen Verstopfung (Obstipation); auch wenn ein erleichterter Stuhlgang von Vorteil ist (z.B. bei schmerzhaften Einrissen am After, Hämorrhoiden), zur Darmreinigung vor Untersuchungen bzw. Operationen,
Magnesiumtrisilikat	säurebindendes Mittel (Antazidum)	bei Sodbrennen, Übersäuerung des Magens, Völlegefühl, Magendruck
Natriumhydrogencarbonat auch: Natron, „Speisesoda"	feines, weißes Pulver ($NaHCO_3$)	neutralisierend; in Mitteln gegen Sodbrennen enthalten, äußerlich in Mitteln gegen Akne, Fußpilz, Ekzemen
Natriumsulfat-Dekahydrat Glaubersalz	weißes, kristallines Pulver (Na_2SO_4 x 10 H_2O); salzig	bei Verstopfung als Abführmittel. Wirkung im Darm wie Bittersalz.
Salizylsäure		als hornhautlösendes Mitteln in Produkten gegen Hühneraugen und Warzen enthalten, auch in Aknemitteln
Vaselin (Petrolatum)		Salbengrundlage; wirkt auf der Haut als Gleitmittel und als Hautschutz (gegen rissige Hände, spröde Lippen)
Zinkoxid, auch: Schneeweiß	entsteht durch die Verbrennung von Zink	Wegen der antiseptischen Wirkung oft Bestandteil pharmazeutischer Zinksalben, -pasten und -pflastern

VII Inhaltsstoffe in Wasch- und Reinigungsmitteln

Abrasiva

Abrasivstoffe sind wasserunlösliche Schleifpartikel mit unterschiedlicher Form und Härte, die z. B. aus Marmormehl, Quarzmehl, Kreide, Bimsmehl, Kieselgur oder Kunststoff (aus Polyethylen) bestehen. Sie sind in verschiedenen Reinigern, Scheuermitteln und Poliermitteln enthalten.

Ihre Wirkung in den verschiedenen Produkten beruht darauf, dass sie mechanisch durch Reiben und Scheuern den Schmutz lösen und so die reinigende Wirkung der Tenside unterstützen.

Die Partikelgröße der Abrasiva kann je nach Anwendungsfall variieren. In **Scheuerpulvern** sind Abrasivstoffe mit einer gröberen Körnung enthalten, da sie für die Reinigung harter Oberflächen angeboten werden. Dabei sollte aber bedacht werden, dass die zu reinigenden Flächen je nach eigener Härte leicht zerkratzt werden können. **Flüssige Scheuermittel, Scheuermilchen,** sind schonender für die Oberflächen, da sie weniger und weichere Partikel mit mittlerer Körnung enthalten. Mittel mit feinkörnigen Partikeln eignen sich zum Reinigen oder Polieren von Metallen (Silber -und Edelstahlputzmittel).

> Verreiben Sie verschiedene Reinigungsprodukte mit Abrasiva zwischen den Fingern und erfühlen Sie die unterschiedlichen Körnungen.

Alkalien, Säuren, pH-Wert

Alkalien

Alkalien sind ätzende Substanzen, die mit Wasser alkalische Lösungen bilden, indem sie Hydroxidionen (OH$^-$) freisetzen.
Beispiel: Natronlauge NaOH zerfällt in Wasser in Na$^+$ und OH$^-$

Da im reinen Wasser die Anzahl der H$^+$- und OH$^-$-Ionenkonzentration gleich ist (pH-Wert 7), erhöht sich durch Zugabe von Alkalien in einer wässrigen Lösung die OH$^-$-Konzentration. Der pH-Wert verändert sich dadurch und liegt bei einer alkalischen Lösung zwischen 7 und 14. Je höher der pH-Wert ist, desto stärker ist die Alkalie (die Lauge).

Alkalien	Erläuterung / Verwendung
Ammoniakwasser	• klare, charakteristisch riechende Flüssigkeit • in alkalischen Allzweckreinigern • in Fußboden-Grundreinigern
Ethanolamin	• farblose, ölige, hygroskopische Flüssigkeit in Allzweckreinigern • in Fettlösern, Küchenreinigern • in Backofenreinigern
Kaliumhypochlorid	• klare gelbliche Flüssigkeit mit charakteristischem Chlorgeruch • in Desinfektionsreinigern
Natriumkarbonat (Soda)	• weiße, pulverförmige Substanz, wasserlöslich • in Waschmitteln • als pulverförmige Allzweckreiniger
Natriumhydroxid	• weißer, hygroskopischer Feststoff, löst sich in Wasser unter Wärmeentwicklung auf • in Fußboden-Grundreinigern • in Abflussreinigern • in Backofen-, Grillreinigern
Natriumsilikat	• farbloser Feststoff • in Waschmitteln

Wirkungsweise von Alkalien: sie
- reagieren mit Fetten zu Seifen, d. h., sie machen Fette wasserlöslich und damit leichter entfernbar (Verseifungsreaktion)
- wirken in hoher Konzentration ätzend auf Eiweiße
- wirken quellend auf Kohlenhydrate, Proteine
- verringern die Schmutzhaftung und erleichtern die Schmutzablösung
- zersetzen organische Substanzen wie Wachse, Fette, Gummi
- reagieren mit Säuren unter Wärmefreisetzung zu Salz und Wasser (Neutralisationsreaktion)
- wirken in hoher Konzentration keimtötend (z. B. Kalkmilch zur Grobdesinfektion bei Tierseuchen)

Aufgrund dieser Eigenschaften werden sie in vielen Wasch- und Reinigungsmittel zur Unterstützung der Tenside eingesetzt.

Im Abflussreiniger ist festes Natriumhydroxid enthalten, welches fetthaltige Ablagerungen verseifen kann. Verstopfungen in Abflussrohren durch Haare und zellulosehaltigem Papier werden aufgequollen und so gelockert.

Säuren

Säuren sind ätzende Substanzen, die mit Wasser saure Lösungen bilden, indem sie Wasserstoffionen (H^+) freisetzen.

Beispiel: Chlorwasserstoffsäure HCl zerfällt in Wasser in H^+ und Cl^-.

Da im reinen Wasser die Anzahl der H^+- und OH^--Ionenkonzentration gleich ist (pH-Wert 7), erhöht sich also durch Zugabe von Säuren die H^+-Konzentration. Der pH-Wert verändert sich dadurch und liegt bei einer sauren Lösung zwischen 0 und 7. Je niedriger der pH-Wert ist, desto stärker ist die Säure.

Beispiele wichtiger Säuren

Säure	Erläuterung/Verwendung
Organische Säuren	
Ameisensäure (Methansäure)	• farblose, ätzende, stechend riechende, in Wasser lösliche Flüssigkeit, gut kalklösend • in Sanitärreinigern, Kalkentfernern
Essigsäure (Ethansäure)	• farblose, charakteristisch und stechend riechende Flüssigkeit, gut wasserlöslich, gut kalklösend • in Essigreinigern, Sanitärreinigern
Oxalsäure (Ethandisäure)	• farb-, geruchloser Feststoff, wasserlöslich, rostlösend, entfärbend • in Fleckentfernern
Weinsäure (2,3-Dihydroxybutandisäure)	• farb-, geruchloser Feststoff, sauer schmeckend, gut wasserlöslich, kalklösend • in Reinigungsmitteln • zur Konservierung und Säuerung von Lebensmitteln
Zitronensäure (2-Hydroxy-1,2,3-propantrikarbonsäure)	• farb-, geruchloser Feststoff, sauer schmeckend, gut wasserlöslich, kalklösend • in Kalkentfernern • zur Konservierung und Säuerung von Lebensmitteln

Anorganische Säuren	
Amidosulfonsäure	• farblose, kristalline Substanz, gut wasserlöslich • gut kalklösend, wenig materialschädigend • in Kalkentfernern, Sanitärreinigern, WC-Reinigern
Phosphorsäure	• farb-, geruchloser, stark hygroskopischer Feststoff • korrosionshemmend, gut kalklösend • in Sanitärreinigern
Salzsäure	• farblose bis gelbliche, stechend riechende Flüssigkeit • greift Metalle und andere Oberflächen stark an, gut kalklösend

Wirkungsweise von Säuren: sie
- zersetzen Kalk unter Bildung von Kohlendioxid und Wasser
- zersetzen Cellulose (Baumwolle)
- wirken ätzend auf die Haut
- wirken in hoher Konzentration keimtötend
- reagieren mit Alkalien unter Wärmebildung in einer Neutralisationsreaktion zu Wasser und einem Salz

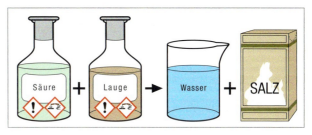

Neutralisationsreaktion

pH-Wert

Der pH-Wert ist eine Maßzahl, die angibt, wie hoch die Konzentration an H_3O^+-Ionen in einer wässrigen Lösung ist. Der pH-Wert gibt damit die Stärke einer Säure bzw. einer Base in einer wässrigen Lösung an. Der pH-Wert wird mittels Indikatoren oder Messgeräten erfasst. Indikatoren sind Farbstoffe, welche in einem bestimmten pH-Bereich ihre Farbe verändern.

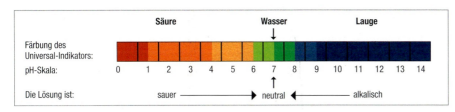

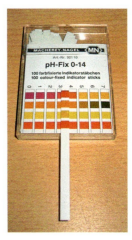

Der Ausgangspunkt der Skala ist neutrales Wasser, welches immer einen pH-Wert von 7 besitzt. Werte unterhalb von 7 zeigen Säuren an, Werte oberhalb von 7 zeigen Basen an. Je kleiner der pH-Wert, umso stärker ist die vorhandene Säure. Je größer der pH-Wert, umso stärker die Base (Lauge). Die Skala ist so abgestuft, dass pro Wert die Säurestärke um den Faktor 10 zunimmt. Eine Säure mit dem pH-Wert 3 ist zehnmal so stark wie eine Säure mit dem pH-Wert 4.

Indikatorstäbchen zum Feststellen des pH-Werts

> Führen Sie mithilfe von Indikatorenstreifen pH-Wertmessungen an verschiedenen Wasch- und Reinigungsmitteln durch.

Beispiele von Substanzen	pH-Wert
Konzentrierte Salzsäure	pH = 0
Magensäure, Sanitärreiniger	pH = 1
Rostentferner, Zitronensäure, Essigsäure	pH = 2
Speiseessig, Coca-Cola	pH = 3
Fruchtsäfte	pH = 4
Bier	pH = 5
Hautoberfläche	pH = 5,5
Mineralwasser	pH = 6
Reines Wasser, Neutralreiniger	pH = 7
Blut	pH = 7,4
Allzweckreiniger	pH = 9
Waschmittellösung	pH = 10
Soda	pH = 11
Ammoniakwasser 25 %	pH = 12
Schmierseife	pH = 13
Grillreiniger, Rohrreiniger	pH = 14

Alkohole

Der Begriff Alkohol ist ein Oberbegriff für eine Stoffklasse, die aus einem unpolaren Kohlenwasserstoffteil und einer polaren Hydroxyl-Gruppe besteht. Diese Hydroxyl-Gruppe bewirkt die Wasserlöslichkeit kurzkettiger Alkohole. Mit zunehmender Kettenlänge nimmt die Wasserlöslichkeit ab, und die Alkohole sind eher dickflüssige, ölige Stoffe. Bei zwölf und mehr Kohlenstoffatomen werden sie fest und paraffinähnlich. Alkohole werden im Namen durch die Endung „-ol" gekennzeichnet.

Beispiele wichtiger Alkohole

Name	Verwendung	Produktbeispiele
Ethanol	• Lösungsvermittler • Verstärkung der Reinigungswirkung • Desinfektionsmittel	Handgeschirrspülmittel, Allzweckreiniger, Glas-, Fensterreiniger, Desinfektionstücher
Propanol, Isopropanol	• Lösungsvermittler • Verstärkung der Reinigungswirkung • Desinfektionsmittel	Handgeschirrspülmittel, Allzweckreiniger, Glas-, Fensterreiniger, Desinfektionstücher

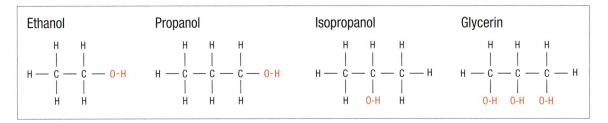

Wirkungsweise und Anwendungsgebiete

Aufgrund ihres dipolaren, chemischen Aufbaus wirken Alkohole, wie Ethanol und Propanol,
- als Lösungsmittel für Wirkstoffe, Fette, Farbstoffe und Duftstoffe
- als Entfettungsmittel für Oberflächen
- als Emulgator
- sie verdunsten schnell und trocknen streifenfrei
- sie dienen als Konservierungsmittel in Wasch-und Reinigungsmitteln
- als Desinfektionsmittel zur Verbesserung der Hygiene

 Vergällen von Alkohol

Auf Ethanol und die daraus herstellbaren Trinkalkohole wird die Branntweinsteuer erhoben. Diese Alkoholsteuer entfällt, wenn dem Alkohol ein Stoff zugesetzt wird, der ihn ungenießbar macht. Diesen Vorgang nennt man Vergällen. Ein Beispiel für vergällten, reinen Alkohol ist Brennspiritus.

Antimikrobielle Wirkstoffe

Antimikrobielle Wirkstoffe wirken gezielt gegen Keime (Bakterien, Pilze, Algen) und Viren, indem sie deren Wachstum hemmen oder verhindern bzw. sie abtöten. Als **Desinfektionsmittel** werden Stoffe bezeichnet, die Krankheitskeime abtöten. Sie werden schwerpunktmäßig in Reinigungsmitteln oder als alleinige Produkte zum Schutz der Gesundheit angeboten.

Konservierungsmittel sind Stoffe, die die Produkte vor dem mikrobiellen Verderb schützen. Sie werden hauptsächlich in Lebensmitteln, Wasch- und Reinigungsmitteln verwendet.

 **Antimikrobiell und biozid**

Ein biozider Wirkstoff ist weiter gefasst, da er allgemein gegen Schadorganismen wirkt. Schadorganismen sind Mikroorganismen und auch höhere Organismen wie Insekten, Ratten.

Die antimikrobiellen Wirkstoffe müssen bestimmte Anforderungen erfüllen, wie
- breites Wirkungsspektrum für die unterschiedlichsten Keime
- kurze Einwirkungszeit
- niedrige Anwendungskonzentration
- Materialverträglichkeit
- geringe Toxizität
- Hautverträglichkeit
- biologische Abbaubarkeit

Es gibt keine universell wirkenden antimikrobiellen Mittel. Die Auswahl der einzelnen Wirkstoffe, ob sie zur Konservierung von Produkten oder zur Desinfizierung von Oberflächen geeignet sind, richtet sich nach ihren Eigenschaften in Kombination mit den Anforderungen an ihre Endanwendung.

Antimikrobielle Wirkstoffe	Einsatzbereiche/Produkte
Aktivchlorträger: Natriumhypochlorit	• für Gegenstände, Flächen wie z. B. WC-Reiniger
Aktivsauerstoffträger: Wasserstoffperoxid, Natriumperkarbonat	• für Gegenstände, Flächen
Aldehyde: Glutardialdehyd, Formaldehyd	• für Gegenstände, Flächen
Alkohole: Ethanol, Isopropanol	• zur Hautdesinfektion, für Gegenstände, Flächen wie z. B. Desinfektionstücher, -sprays
Amphotenside: Alkyldiethylentriaminoessigsäure	• für Flächen, Gegenstände, z. B. in Desinfektionsreinigern
Ätherische Öle: Geraniol	• im Raumdeo, -spray
Chlorhexidin	• zur Haut und Schleimhautdesinfektion, z. B. in Mundspüllösungen
Kationentside, quartäre Ammoniumverbindungen: Benzalkoniumchlorid	• für Gegenstände, Flächen, z. B. in Hygienespülern, Desinfektionsreinigern
Organische Säuren: Zitronensäure	• für Reinigungsmittel

Desinfektionsmittel für die Hände

Alkohole wirken besonders rasch **keimtötend**. Verwendet werden **Alkohol-Wasser-Gemische** mit ca. 70 % Ethanol oder Isopropanol. Der Wasseranteil wirkt quellend auf die Membranen der Keime, und sie können dadurch leichter angegriffen werden. Wasserfreie Alkohole hemmen lediglich das Wachstum von Bakterien. Alkohole sind besonders als Hände- und Hautdesinfektionsmittel im Einsatz.

Aldehyde (z. B. Formaldehyd, Glutaraldehyd) haben ein breites Wirkungsspektrum und sind schon bei niedriger Konzentration wirksam. Sie töten Bakterien, Viren und Pilze ab. Darüber hinaus weisen sie eine gute Materialverträglichkeit auf und sind biologisch abbaubar. Aldehyde gehören zu den wichtigsten Desinfektionsmitteln und werden u. a. zu Flächen-, Raum- und Wäschedesinfektionen verwendet.

Halogene, wie z. B. Chlor (in Form von Hypochlorit), haben ein breites Wirkungsspektrum (gegen Viren, Bakterien, Pilze) und eine kurze Einwirkungszeit.
Negativ bei der Verwendung von Hypochlorit sind die Schleimhautreizung und der unangenehme Geruch. Hypochlorit wird u. a. zur Flächen- und Wäschedesinfektion eingesetzt.

Quartäre Ammoniumverbindungen und Amphotenside weisen eine eingeschränkte Wirksamkeit auf und sind wasserhärteempfindlich. Bestimmte Krankheitserreger und Sporen werden nicht abgetötet. Dagegen sind sie geruchsneutral, materialverträglich und biologisch abbaubar. Wegen ihrer Tensidwirkung werden quartäre Ammoniumsalze in desinfizierenden Seifenlösungen eingesetzt.

Ätherische Öle

Ätherische Öle sind pflanzliche, meist farblose, flüchtige Stoffe mit ölartiger Konsistenz. Chemisch handelt es sich dabei u. a. um **Terpene** oder Aromaten. Sie sind unpolar und daher wasserunlöslich, aber in organischen Lösungsmitteln wie Alkohol gut löslich. Sie besitzen alle einen charakteristischen, angenehmen Geruch.

Terpene
gr. terpein angenehm

Zitronen

- Als **Pflegeöle** werden sie u. a. in Holz-, Kunststoff- und Lederpflegeprodukten eingesetzt. Zu beachten ist jedoch, dass auf hellen und unbehandelten Holzoberflächen Verfärbungen möglich sind. Weiden- und Rattanmöbel können so durch das Abreiben mit Zitronenöl vor dem Austrocknen geschützt werden.

- **Zur Produktästhetik** und Produktidentifikation werden sie wegen ihres angenehmen Geruchs in vielen Wasch- und Reinigungsmitteln, Raumsprays, Duftkerzen usw. eingesetzt.
- Einige ätherische Öle werden **zur Konservierung und zur Desinfektion** verwendet (Teebaumöl, Orangenterpene).
- Als Zugabe zum Putzwasser sorgen sie für einen frischen, spritzigen **Duft**. Reines Orangenöl dient zum Lösen von Klebstoffen, Kugelschreiber, Wachs, Kerzenwachs, Kaugummi, Gummiabrieb, Teer, Streifen von Schuhabsätzen, oder zum Reinigen von Tierkäfigen, Küchenarbeitsplatten, Teppichen.
- Ätherische Öle können auch als Duftstoffe den Waschnüssen beim Wäschewaschen zugegeben werden.

Orangenöl-Reiniger sind vielseitig einsetzbar.

Bleichmittel, Bleichsysteme

Bleichmittel sind Stoffe, die Farben zerstören bzw. sie in farblose Stoffe umwandeln. Man unterscheidet oxidierende Bleichmittel und reduzierende Bleichmittel (Natriumdithionit).

Bei den **oxidativen Bleichmitteln** haben sich zwei Wirkstoffe durchgesetzt:
- die Sauerstoff-Bleichmittel mit Per-Salzen, heute meist Natriumperkarbonat (Natriumkarbonat-Peroxyhydrat) und
- die Chlorbleichmittel mit Natriumhypochlorit.

Beispiele wichtiger Bleichmittel

Bleichmittel	Einsatzbereiche/Produkte
Kaliumhypochlorit	Sanitärreiniger, Desinfektionsreiniger
Natriumhypochlorit	Sanitärreiniger, Desinfektionsreiniger, Schimmelentferner
Natriumperborat	Waschmittel
Natriumperkarbonat	Waschmittel
Wasserstoffperoxid	„Oxi"-Reiniger

Dieser Farbfleck kann gebleicht werden.

Die **Bleichsysteme auf Sauerstoffbasis** bestehen aus mehreren Bausteinen, den
- Bleichmitteln,
- Bleichaktivatoren und
- Stabilisatoren.

Die Grundlage des Bleichvorgangs ist im Wasser die Freisetzung von Wasserstoffperoxid, aus dem sich dann atomarer Sauerstoff (**Aktivsauerstoff**) entwickelt. Dieser Aktivsauerstoff oxidiert die Farbstoffe (daher auch der Name **„OXI"-Reiniger**). Dadurch wird die farbgebende Komponente des Flecks in kleine wasserlösliche Bestandteile aufgebrochen. Diesen Vorgang nennt man **oxidative Bleichung**.

1. $2 Na_2CO_3 \cdot 3 H_2O_2 \longrightarrow 4 Na^+ + 2 CO_3^{2-} + 3 H_2O_2$
2. $H_2O_2 \longrightarrow H_2O + O$

Eau de Javel

Eau de Javel (Javel-Wasser) ist die erste Bleichflüssigkeit, die seit 1792 in dem französischen Städtchen Javelle bei Paris hergestellt wird. Es handelt sich um eine wässrige Lösung von Kaliumhypochlorit oder Natriumhypochlorit.

Die Freisetzung des Sauerstoffs erfolgt meistens erst bei Temperaturen ab 60 °C. Bei noch höheren Temperaturen wird die Sauerstoffentwicklung entsprechend aktiver. Um auch bei Temperaturen von 40 bzw. 60 °C noch eine ausreichende Bleichwirkung zu erzielen, wird ein **Aktivator** eingesetzt, der bewirkt, dass bleichaktiver Sauerstoff in ausreichendem Maße abgegeben wird. Ein solcher Aktivator ist z. B. das Tetraacetylethylendiamin (TAED).

Der freigesetzte Sauerstoff hat neben der entfärbenden Wirkung auch immer eine desinfizierende Wirkung, was zur Verbesserung der **Wäschehygiene** bei den niedrigeren Waschtemperaturen führt.

Natriumperkarbonat ist neben verschiedenen Tensiden und Enzymen der Hauptwirkstoff der meisten pulverförmigen Waschmittel und „Oxi-Reiniger". In flüssigen Bleichmitteln kann auch Wasserstoffperoxid selbst enthalten sein.

Durch Schwermetallionen des Leitungswassers kann eine unkontrollierte frühzeitige Zersetzung der Bleichmittel stattfinden. Um dies zu verhindern, werden **Bleichmittelstabilisatoren** eingesetzt, die eine gleichmäßige Sauerstoffabgabe während des Waschvorgangs bewirken. Es handelt sich dabei um Magnesiumsilikate oder organische Phosphonate, die die Schwermetallionen des Leitungswassers komplexieren.

In Schimmelentfernern und desinfizierenden, bleichenden Haushaltsreinigern ist Natriumhypochlorit (zusammen mit Kaliumhypochlorit als Eau de Javel im Handel) als der wesentliche Wirkbestandteil enthalten.

Duftstoffe

Duftstoffe, ob natürlicher oder synthetischer Herkunft, sind Substanzen, die vom Menschen als angenehm wahrgenommen werden. Insgesamt setzt die Industrie etwa 2500 bis 3000 verschiedene Duftstoffe ein, mengenmäßig von großer Bedeutung sind davon aber nur 30 duftende Substanzen. Zu den bekanntesten zählen Geraniol, Linalool und Orangenöl.

Sie dienen weitestgehend
- der Produktästhetik,
- der Produktidentität, um mit den Produkten u. a. angenehme Sinneseindrücke zu vermitteln (Zitrone steht für Frische, Sauberkeit),
- zur Geruchsüberdeckung der unangenehmen Gerüche der Waschlauge oder anderer Produktinhaltsstoffe.

Allerdings reagieren immer mehr Menschen auf Duftstoffe allergisch. Bestimmte Duftstoffe, wie zum Beispiel Eichenmoos und Isoeugenol, lösen wesentlich häufiger Allergien aus als andere Substanzen.

Auch die ökologische und gesundheitliche Beurteilung ist kritisch. Zum Einsatz kommen beispielsweise **Duftstoffgemische**, die synthetische Moschusverbindungen enthalten, welche sich im Körper anreichern können.

Nach der EG-Detergenzienverordnung muss angegeben werden, ob das Produkt „Duftstoffe" enthält; allergene Duftstoffbestandteile sind ab einer Konzentration von 0,01 % zusätzlich mit Namen aufzuführen.

Für den Naturstoff Citronellol muss dies zum Beispiel mit folgenden Sätzen erfolgen: „Enthält Citronellol. Kann allergische Reaktionen hervorrufen."

Enzyme

Enzyme sind Proteine, die von menschlichen, tierischen oder pflanzlichen Zellen oder Mikroorganismen produziert werden. Sie wirken als Katalysatoren, d. h., sie starten und beschleunigen chemische Reaktionen in lebenden Organismen. Sie werden dabei aber nicht selbst verbraucht. Enzyme arbeiten hochspezifisch, d. h., ein Enzym steuert meistens nur eine bestimmte chemische Reaktion.

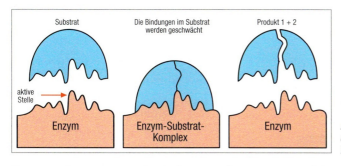

Als Beispiel einer Enzymwirkung wird hier ein Molekül durch die Wirkung des Enzyms in zwei Teile gespalten. Das Enzym bleibt unverändert.

Enzyme erkennt man an der Endung „..ase", z. B. Lipase, welche Fett spaltet.

Waschmittel und Geschirrreiniger sind heute ohne den Einsatz von Enzymen nicht mehr vorstellbar. Erst mithilfe der Enzyme ist es möglich geworden, die Waschtemperaturen und -zeiten erheblich zu senken.

Proteasen (Eiweißlöser), **Amylasen** (Stärkelöser), Cellulasen (entfernen Gewebereste) und **Lipasen** (Fettspalter) in Waschmitteln dienen dazu, schwer lösliche Flecken wie Blut, Kakao, Eigelb zu lösen. Sie spalten die wasserunlöslichen Moleküle in kleinere wasserlösliche Teile, die sich anschließend leicht aus dem Gewebe herauswaschen lassen.

Cellulasen in Waschmitteln wirken als eine Art **Vergrauungsinhibitoren** bzw. Farbstabilisatoren. Sie können abstehende Cellulosemikrofibrillenbündel von Baumwoll- und anderen Cellulosefasern entfernen und die Faser glätten. Dadurch erscheint die Wäsche farbig intensiver bzw. weißer.

 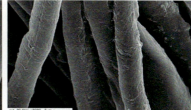

Rasterelektronenmikroskopische Aufnahmen eines neuen Baumwolltextils nach 25-maligem Waschen bei 40 °C

Da tierische Fasern wie Wolle und Seide aus Proteinfasern bestehen, enthalten Waschmittel für diese Textilien keine Proteasen.

Da Enzyme selbst Eiweiße sind, sind sie hitzeempfindlich: Über 60 °C wird ihre Struktur zerstört, und sie werden unwirksam. Daher haben Enzyme nur in Waschmitteln Sinn, die maximal bei 60 °C eingesetzt werden.

Inhibitoren
Hemmstoffe, die chemische Vorgänge einschränken oder verhindern

Farbmittel: Farbstoff und Pigmente

Farbmittel absorbieren und reflektieren einen Teil der Strahlung des sichtbaren Lichts und erscheinen so farbig. Sie besitzen zusätzlich die Fähigkeit, andere Materialien zu färben. Farbmittel ist dabei der Oberbegriff für Farbstoffe und Pigmentfarbstoffe.

Wie werden Farben sichtbar?

Oberflächen erscheinen dadurch farbig, indem sie die Wellenlängen bestimmter Farbbereiche wieder reflektieren. So absorbiert eine schwarze Oberfläche alle Wellenlängen, eine weiße Oberfläche reflektiert alle Wellenlängen des sichtbaren Bereiches, und eine rote Oberfläche absorbiert alle Wellenlängen außer Rot.

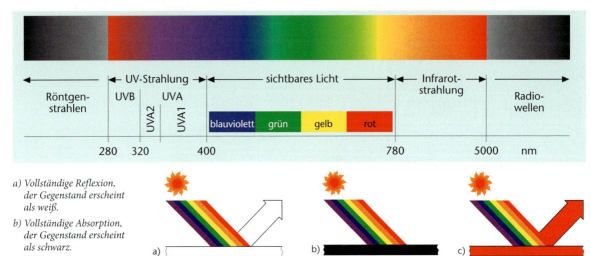

a) Vollständige Reflexion, der Gegenstand erscheint als weiß.
b) Vollständige Absorption, der Gegenstand erscheint als schwarz.
c) Teilweise Reflexion, Rot wird reflektiert und der Gegenstand erscheint als rot.

Pigmente sind kleine Partikel, die färbende, deckende, schützende Eigenschaften besitzen, aber im Produkt nicht löslich sind.

Pigmente dienen der Färbung von
- Lederpflegeprodukten, Schuhcreme
- Fingermalfarben, bunten Kreiden, Spielzeug
- Nahrungsmittelverpackungen

Farbstoffe sind färbende Stoffe, die sich im Gegensatz zu den Pigmenten im Produkt lösen.
Bei den Farbstoffen wird unterschieden zwischen natürlichen und künstlichen Farbstoffen. Natürliche Farbstoffe haben ein Gegenstück in der Natur und kommen dort in Blättern, Blüten etc. vor. Sie werden zwar mittlerweile überwiegend synthetisch hergestellt, entsprechen in ihrer chemischen Struktur aber dem in der Natur vorkommenden Farbstoff. Die künstlichen Farbstoffe werden rein synthetisch hergestellt und haben kein natürliches Gegenstück.

Die Vielfalt der Pigmente

Beipiele für natürliche Farbstoffe:
Chlorophyll, Carotin, rote Beete, Kurkuma, Cochenille
Farbstoffe werden eingesetzt,
- um bei Reinigungsprodukten auf die Duftrichtung hinzuweisen (Gelb für Zitronenduft, Lila für Lavendelduft) oder aber durch die Farbe das Produkt besser verkäuflich zu machen.

Heidelbeeren enthalten Anthocyane

- um Lebensmittel appetitlicher aussehen zu lassen oder auf die Geschmacksrichtung hinzuweisen, Bemerkenswert ist dabei, dass rund 80 % der Lebensmittelfarbstoffe zur Färbung von Getränken und Süßwaren dienen! In Lebensmitteln dürfen nur bestimmte, zugelassene Farbstoffe eingesetzt werden.
- als Textilfarben und
- als Ostereierfarben.

Beispiele von Farbstoffen und Pigmenten

Farbstoffe	Henna aus der Krappflanze	rot
	Chlorophyll aus Pflanzenblättern	grün
	Methylenblau, Anthocyane	blau
Pigmente	Titandioxid	weiß
	Eisenoxid	rot
	Ultramarinblau	blau
	Ruß	schwarz
	Chromoxid	grün

Ostereier mit Farbstoffen gefärbt

Natürliche (pflanzliche, tierische) und mineralische Fette und Öle

Fette sind chemisch gesehen Fettsäuretriglyceride. Bei Raumtemperatur flüssige Fette werden als Öle bezeichnet. Mineralische Fette und Öle sind gesättigte Kohlenwasserstoffe, die je nach Zusammensetzung und Herstellung auch als Paraffine, Wachse, Vaseline, Weißöl in den Handel kommen. Weißöle verharzen nicht und werden nicht ranzig.

Aufgrund ihres unpolaren chemischen Aufbaus sind Fette und Öle
- unlöslich in Wasser
- löslich in organischen Lösungsmitteln.

Durch Reaktion mit Alkalien bilden die natürlichen Fette die Seife.
Die mineralischen Fette und Öle werden als pflegende Zusätze eingesetzt, um das Austrocknen der Oberflächen wie Holz und Leder zu verhindern. Sie geben den Oberflächen eine wasserabweisende, schmutzabweisende, glänzende Schutzschicht.
Das tierische Lanolin dient als Emulgator und als Pflegekomponente in Schuhcremes und Lederpflegeprodukten.

Geruchsabsorber

Bei Geruchsabsorbern handelt es sich um Substanzen, die geruchsbildende Moleküle filtern bzw. beseitigen können. Bekanntestes Beispiel sind die Cyclodextrine. Es handelt sich um Oligosaccharide (Zuckermoleküle), die durch einen enzymatischen Abbau aus Maisstärke gewonnen werden.

Die maßgebenden belästigenden Geruchsstoffe (auch Stinkstoffe genannt) in unserer Umwelt sind z. B. die Verbindungen Ammoniak, Schwefelwasserstoff sowie ihre organischen **Derivate**, die Amine und Mercaptane. Aufgrund ihres speziellen chemischen Aufbaus können diese geruchsbildenden Moleküle in den Cyclodextrinen eingekapselt (komplexiert) werden. Die eingekapselten geruchsbildenden Moleküle werden dann in der Waschmaschine als Komplex wieder herausgewaschen. Werden Geruchsabsorber z. B. auf Gardinen, Polstermöbel, Autositze aufgesprüht, werden die eingekapselten Gerüche durch Reiben, Ausklopfen, Ausschütteln, Staubsaugen abgetragen.

Derivat
Verbindung, die aus einer anderen entstanden ist

Um den **Textilerfrischer** nicht nach jedem Waschgang immer wieder neu aufsprühen zu müssen, ist eine zweite Variante entwickelt worden. Mit einem Ankermolekül wird das Cyclodextrin dauerhaft an die Faser selbst gebunden. Beim Waschen wird dann nur das riechende Gastmolekül entfernt, nicht aber das Cyclodextrin selbst. Dies steht dann wieder zur Geruchsneutralisation zur Verfügung.

Eine weitere interessante Möglichkeit ist, in die Hohlräume der Cyclodextrine bereits duftende Moleküle einzusetzen, die dann durch Feuchtigkeit, z. B. in Form von Schweiß, freigesetzt werden.

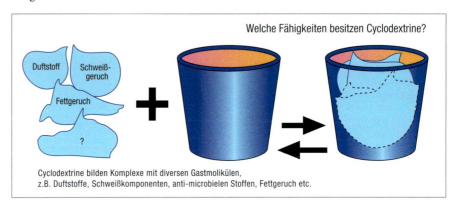

Wirkungsweise von Geruchsabsorbern/Cyclodextrinen

Gerüststoffe, Builder, Komplexbildner, Enthärter

Gerüststoffe werden eingesetzt, um Metall-Ionen im Wasser, die „Härtebildner", durch Komplexbildung „abzufangen", damit die Bildung der wasserunlöslichen Kalkseifen verhindert wird. Auch weitere unerwünschte Störungen beim Wasch- und Reinigungsprozess werden unterbunden und damit die Reinigungswirkung der Tenside unterstützt.

Die wichtigsten Vertreter für **Gerüststoffe in Waschmitteln** sind z. B. Polykarboxylate, Soda, Silikate. Daneben gibt es auch noch Phosphate, Ethylendiamintetraacetat (EDTA) Nitriloacetat (NTA), Zeolithe, Citrate.

Die Wirkung dieser Stoffe beruht auf
- einer Komplexierung (Polykarboxylate, EDTA, NTA)
- einem Ionenaustausch (Zeolithe) oder
- einer Ausfällung (Soda, Silikat)

der Härtebildner. Ein Niederschlag von Kalk und Kalkseifen auf der Wäsche oder den Heizstäben der Waschmaschine wird dadurch vermieden. Darüber hinaus verbessern sie als Vergrauungsinhibitoren die Farbbrillanz der Wäsche, da der sogenannte „Grauschleier" durch die Ablagerungen auf der Wäsche vermindert wird.

Lösungsmittel

Unter dem Begriff Lösungsmittel werden Stoffe zusammengefasst, die in der Lage sind, andere Stoffe
- zu lösen
- zu verdünnen
- oder in einer sehr feinen Verteilung aufzunehmen,

ohne sie chemisch zu verändern. Man unterscheidet nach ihrem Löseverhalten zwischen **anorganischen (polaren) und organischen (unpolaren) Lösungsmitteln**. Salze und andere polare Verbindungen wie Zucker lösen sich gut in polaren Lösungsmitteln wie Wasser. Unpolare Substanzen wie Fette, Wachse lösen sich gut in unpolaren Lösungsmitteln wie Benzin, Aceton. Die Alkohole besitzen hydrophile und lipophile Eigenschaften, sie stehen zwischen beiden Lösungsmittel-Gruppen. In Wasch- und Reinigungsmitteln dienen sie der Reinigung bzw. verbessern als Lösungsvermittler die Homogenität und Lagerstabilität flüssiger Produkte.

Beispiele verschiedener Lösungsmittel

Lösungsmittelgruppe	Beispiele	Verwendung/Produkte
Polare anorganische Lösungsmittel	Wasser	universelles Lösungs- und Verdünnungsmittel
Unpolare organische Lösungsmittel	Aceton	Reinigungsmittel, Fleckentferner, Klebstoffe
	Aliphatische Kohlenwasserstoffe (Hexan, Pentan)	Terpentinersatz, Klebstoffe, Fleckenwasser
	Alkohole: Ethanol, Propanol, Isopropanol	Brennspiritus, Reinigungsmittel, Fleckentferner
	Benzin	Waschbenzin, Fleckentferner
	Terpene	als Duftstoffe in Reinigungsmitteln

Organische Lösemittel in speziellen Fleckentfernern beseitigen vor allem hartnäckig haftenden wasserunlöslichen Schmutz wie Öl, Fett, Wachs, Teer, Farben, Lacke und Klebstoffe. Vielfach sind sie auch zur Herstellung von Emulsionen, zusammen mit Paraffinöl, Fetten, Wachsen usw., in Produkten zur Möbel-, Schuh-, Fußboden- und Autopflege notwendig.

Nanopartikel

Nanoteilchen – oder auch Nanopartikel – sind Teilchen oder Schichten, die über 1.000 Mal dünner sind als der Durchmesser eines Menschenhaares (1 nm = 10–9 m = 1 Milliardstel Meter). Nano ist also nichts anderes als eine Größenangabe. Zum Vergleich: Ein Nanopartikel verhält sich zur Größe eines Fußballs wie dieser zur Größe der Erde.

Nanopartikel können unterschiedlicher chemischer Natur sein. Sowohl anorganische als auch organische Nanopartikel sind bekannt. Sie können aus nur einem Element bestehen, z. B. aus Metall (Silber) oder Kohlenstoff oder aus Verbindungen, wie Oxide (Titandioxid, Siliciumdioxid, Eisenoxid, Zinkoxid).

Perleffekt

Mit Nanoteilchen beschichtete Oberflächen (z. B.: Duschkabinen, Badewannen, Backofenwände, Backbleche, Bekleidung) werden **superhydrophob** und damit **wasserabweisend**. Es wird ein sogenannter „Lotuseffekt" (vergleichbar der selbstreinigenden Oberfläche der Lotusblätter) erzielt. Dies erlaubt eine leichte Reinigung, da Schmutz jeder Art, auch Fette, Öle und Säuren, abgewiesen wird.

Abperlendes Wasser an der Glasscheibe

Je nach der Art der Nanopartikel können sie auch auf Oberflächen antibakteriell und antifungizid (z. B.: durch Silberteilchen) wirken, wie zum Beispiel in Socken zur Verhinderung von unangenehmen Gerüchen und Keimen.

Die in Haushaltsreinigungsmitteln enthaltenen Nanoteilchen bilden einen speziellen Schutzfilm, welcher die zu reinigenden Oberflächen vor der Wirkung von Mikroorganismen schützt und dem erneuten Anhaften von Schmutz vorbeugt.

Nanobeschichtete Textilie

Optische Aufheller

Optische Aufheller überdecken einen leichten Farbstich auf Textilien und anderen Oberflächen und bewirken so einen weißen Farbeindruck.

Optische Aufheller (**Weißmacher**) sind organische Stoffe, die aus dem Tageslicht unsichtbares UV-Licht (im Bereich von 300 bis 400 nm) absorbieren und es im blauen Bereich des sichtbaren Lichtes als blaues Fluoreszenzlicht (400 bis 500 nm) wieder ausstrahlen. Die Textilien reflektieren somit Licht mit einem hohen Blauanteil, was dem menschlichen Auge als strahlendes Weiß erscheint. Die optischen Aufheller kompensieren dadurch farblich den Gelbstich.

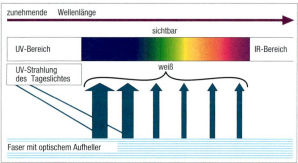

Der für das menschliche Auge nicht sichtbare UV-Anteil des Sonnenlichts wird in sichtbares blau-violettes Licht umgewandelt.

Optische Aufheller lagern sich an den Textilfasern an und bleiben dann auch dort haften. Die Moleküle des Aufhellers sind spezifisch auf die jeweilige Faserart (tierische, pflanzliche, synthetische) abgestimmt. Da die Wäsche zum Reinigen in der Regel nicht nach Faserart getrennt wird, muss für jede Faserart der entsprechende Aufheller im Waschmittel vorhanden sein. Es werden daher Gemische von Aufhellern verwendet.

Die Verwendung von optischen Aufhellern kann bei farbigen Textilien zu einer Erhöhung der **Farbbrillanz** führen oder aber auch – vor allem bei Pastellfarben – zum Verblassen der Textilfarben führen. Daher enthalten Color- und Feinwaschmittel keine optischen Aufheller.

Silikone

Silikone werden chemisch als Polysiloxane bezeichnet. Es handelt sich dabei um synthetische Polymere (Kunststoffe), die neben Siliciumatomen und Sauerstoffatomen noch viele weitere chemische Gruppen enthalten. Diese Gruppen sind eng miteinander verbunden. Sie haben vielfältige Eigenschaften und dadurch unzählige Einsatzmöglichkeiten.

Es gibt flüssige Silikonöle, weichen Silikonkautschuk und feste Silikonharze.

Silikone erkennt man z. B. an den Endungen „-**cone**" oder „-**siloxane**", u. a. Dimethi**cone**, Cyclomethi**cone**, Amodimethi**cone**, Polymethyl**siloxan**, Quaternium 80.

http://www.stempfle.de/protectelast/silikon_hydrophobe_eigenschaften.gif

Silikonöle besitzen eine sehr niedrige Oberflächenspannung, weshalb sie praktisch alle Oberflächen sehr gut benetzen können.

Flüssige Silikone werden Weichspülern aufgrund ihrer glättenden und anhaftenden Wirkung zugesetzt. Sie verhindern die Knitterbildung bei der Wäsche und erleichtern das Bügeln.

Silikone bilden in Pflegemitteln z. B. zur Schuh-, Boden-, Ceranfeld-, Möbel-, Leder- oder Silberpflege einen schützenden, wasserabweisenden, strapazierbaren, polierbaren **Glanzfilm**.

In Waschmitteln werden sie als **Schaumregulatoren** eingesetzt, um übergroße Schaummengen in der Waschmaschine zu verhindern.

Die Haltbarkeit der Silikone ist praktisch unbegrenzt, da sie weder chemisch durch Luftsauerstoff oder Wasser, noch mikrobiologisch in nennenswertem Umfang angegriffen werden.

Tenside

Der Begriff Tensid leitet sich vom lateinischen tensio (Spannung) ab und umfasst andere Bezeichnungen wie **Detergenzien**, **waschaktive Substanzen (WAS)** oder **Syndets (synthetische Detergenzien)**. Die klassische Seife ist chemisch gesehen ebenso ein Tensid. Tenside setzen sich zusammen aus
- einem wasserfreundlichen (hydrophilen), fettfeindlichen und
- einem fettfreundlichen, wasserabstoßenden (hydrophoben) Teil.

Tenside sind also **amphiphil**. Aufgrund dieser Eigenschaft können sie sowohl als Schmutzlöser, als Emulgator und auch als Netzmittel eingesetzt werden.

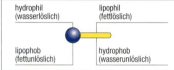

Der hydrophobe Teil besteht meistens aus einem langkettigen Kohlen-wasserstoffrest, der hydrophile Rest ist chemisch sehr unterschiedlich aufgebaut. Die Tenside werden daher je nach Bau und elektrischer Ladung dieses polaren Restes in vier verschiedene Gruppen eingeteilt:

Tensidklasse	Modell	Beispiel
Anionische Tenside	(─●⁻)	$CH_3\text{-}(CH_2)_5$ $CH_3\text{-}(CH_2)_4$>CH—⟨◯⟩—$SO_3^{\ominus}$ $Na^{\oplus}$
Kationische Tenside	(─●⁺)	$CH_3\text{-}(CH_2)_{14}\text{-}CH_2\text{-}\overset{\overset{CH_3}{\vert}}{\underset{\underset{CH_3}{\vert}}{N^{\oplus}}}\text{-}CH_3$ $Cl^{\ominus}$
Amphotere Tenside	(─●⁺─●⁻)	$CH_3\text{-}(CH_2)_{10}\text{-}CH_2\text{-}\overset{\overset{CH_3}{\vert}}{\underset{\underset{CH_3}{\vert}}{N^{\oplus}}}\text{-}CH_3$ $COO^{\ominus}$
Nichtionische Tenside	(─▬)	$CH_3\text{-}(CH_2)_{10}\text{-}CH_2\text{-}(O\text{-}CH_2\text{-}CH_2)_{10}\text{-}OH$

Klassifizierung der Tenside

Wirkungsweise der Tenside:
- Tenside setzen die **Oberflächenspannung** des Wassers herab, indem sie sich zwischen die Wassermoleküle schieben. Das Wasser wird weich, es „zerläuft" sozusagen, da die Kräfte zwischen den Molekülen aufgebrochen werden.

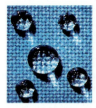

- Tenside besitzen ein hohes **Benetzungsvermögen**. Indem die Oberflächenspannung des Wassers herabgesetzt wird, wird eine bessere Benetzung der zu reinigenden Fläche erreicht. Das Wasser kann so gut in Poren, Fasern und Ritzen eindringen und den dort festsitzenden Schmutz herauslösen.

Tenside dienen vorwiegend der Reinigung. Dabei kann es sich um die Reinigung von Oberflächen im Haushalt (Bad, Küche, Böden) oder um Textilien bei der Wäschepflege handeln.

Phasen beim Reinigungsprozess

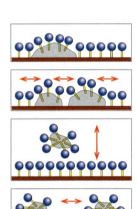

a) **Anlagerung der amphiphilen Tenside** an die Oberfläche/Faser und den Schmutz, denn das polare Wasser kann alleine die unpolaren Oberflächen/Fasern nicht benetzen. Die Tenside fungieren als Bindeglied zwischen hydrophilem Wasser und den hydrophoben Oberflächen/Fasern und dem Schmutz.

b) **Die Schmutzhaftung wird verringert.** Die gleich geladenen Tensidmoleküle stoßen sich ab. Dadurch kommt es zur Lockerung des Schmutzes von der Oberfläche/Faser und zur Zerteilung des Schmutzes.

c) **Der Schmutz wird von der Oberfläche/Faser abgelöst.** Es kommt zu einer Mizellenbildung, dabei wird der Schmutz von den Tensidmolekülen umschlossen.

d) **Der Schmutz wird in der Waschlauge gehalten** (Dispergiervermögen), sodass eine erneute Anlagerung des Schmutzes auf der Oberfläche/Faser verhindert wird.

Anionische Tenside stellen den Hauptbestandteil der waschaktiven Substanzen in modernen Wasch- und Reinigungsmitteln dar. Sie haben ein ausgezeichnetes Reinigungsverhalten, das in Verbindung mit anderen Inhaltsstoffen (Gerüststoffen, Alkalien) noch verstärkt wird.

Amphotere Tenside enthalten anionische und kationische Bestandteile in einem Molekül. Sie finden in Waschmitteln keine Verwendung. Ihre Aufgabe ist z. B. in Spülmitteln die Reinigungsleistung der anionischen Tenside zu unterstützen und die Hautverträglichkeit des Reinigungsmittels zu verbessern.

Nichtionische Tenside haben hervorragende Wasch- und Reinigungseigenschaften, die besonders bei niedrigen Waschtemperaturen zur Wirkung kommen. Zusätzlich haben sie bei synthetischen Stoffen einen vergrauungs- und verfärbungshemmenden Effekt.

Kationische Tenside besitzen als Ausnahme unter den Tensiden keine Waschwirkung, sondern sie wirken in Weichspülern und Desinfektionsmitteln.. Die kationischen Tenside der Weichspüler legen sich im letzten Spülgang um die Fasern. Sie glätten dadurch die Fasern und machen die Textilien weich. Durch eine verringerte Wasseraufnahme der Fasern verringert sich die Trocknungszeit, was wiederum Energiekosten spart.

Tensid-Vergleich

Tensidart/ Ladung	Eigenschaften	Anwendungsbereiche	Beispiele
Anionische Tenside **negativ**	• am häufigsten eingesetzte Tenside • gute Waschkraft • gutes Schaumbildungsvermögen • stark fettlösend	• fast alle Wasch- und Reinigungsmittel • Handgeschirrspülmittel • Hautpflegeprodukte *Hinweis:* auch im Löschschaum der Feuerlöscher	Seife Fettalkohol-sulfate
Nichtionische Tenside **neutral**	ähnlich den anionischen Tensiden, jedoch • gute Löslichkeit und Waschkraft auch bei niedrigen Temperaturen und geringen Konzentrationen • geringes Schaumbildungsvermögen • sehr teuer • hautfreundlich • aus nachwachsenden Rohstoffen	• in vielen Wasch- und Reinigungsmitteln, insbesondere in Flüssigwaschmitteln, Geschirrspülmitteln • Hautpflegeprodukte	Lauryl Glukoside
Amphotere Tenside **sowohl negativ als auch positiv**	• wirken unterstützend für anionische oder kationische Tenside • meist als Co-Tenside eingesetzt • gutes Schaumbildungsvermögen • sehr teuer • gute Hautverträglichkeit	• Spezialwasch- und Reinigungsmittel • Handgeschirrspülmittel • Feinwaschmittel	meist erkennbar an der Silbe „Betain"; z. B. Cocamidopropylbetaine
Kationische Tenside **positiv**	• wenig bzw. keine Reinigungswirkung • legen sich als Schicht um die Faser, die dann geglättet wird • Wäschefasern sind leichter zu bügeln • wirken außerdem keimtötend	• in Wäscheweichspülern • in Desinfektionsmitteln • in Autowaschstraßen, um die Wasserfleckenbildung zu verhindern	Esterquats

Wachse

Wachs ist ein Sammelbegriff für eine Reihe natürlicher oder künstlich gewonnener Stoffe. Sie sind in der Regel
- wasserunlöslich
- bei Raumtemperatur weich bis fest
- bei etwa 40 °C schmelzend und
- unter leichtem Druck polierbar.

Einteilung von Wachsen

Pflanzliche Wachse	Carnaubawachs	aus den Blättern der Carnaubapflanze
	Candelilawachs	aus den Blättern und Stängeln des Candelilla-Busches
	Jojobaöl	aus den nussartigen Samen des nordamerikanischen Jojoba-Strauches
Tierische Wachse	Bienenwachs	von Bienen abgesondertes Wachs, das zum Bau der Bienenwaben genutzt wird
	Wollwachs Lanolin	Sekret aus den Talgdrüsen von Schafen, das bei der Wollaufbereitung wieder zurückgewonnen wird

Bienenwachs

Lanolin

Mineralische Wachse	Ozokerit (Erd- oder Bergwachs)	bergmännisch abgebaut
Synthetische Wachse	Paraffinwachs	aus Erdöl gewonnen

In Haushaltsreinigungs- bzw. Pflegeprodukten dienen die Wachse dazu, einen wasserabweisenden, schützenden, glänzenden Pflegefilm nach der Reinigung zu hinterlassen. Dies findet man in Bohnerwachsen, Bodenwischpflegemitteln, Boden-Selbstglanzemulsionen, Schuhputzmitteln.

Wachse gelten allgemein als unbedenklich. Allergieauslösende Effekte, Hautirritationen oder toxische Nebenwirkungen sind nicht bekannt.
Wachse (meist Stearin-, Paraffin-, Bienenwachs) werden in großen Mengen zur Herstellung von Kerzen aller Art verwendet.

Weitere Inhaltstoffe in Wasch- und Reinigungsmitteln

Inhaltstoff	Wirkweise
Farbübertragungsinhibitoren	• verhindern die Farbübertragung von ausblutenden Farbstoffen auf andere Wäscheteile, indem sie die Wiederanlagerung von Farbteilchen auf den Textilien unterbinden • bekanntester Wirkstoff: Polyvinylpyrrolidon (PVP), Bestandteil der Color- und Feinwaschmittel • verhindern nicht das Auswaschen überschüssiger Farbstoffe bei neuen Textilien • *Hinweis:* Neue farbige Textilien immer einige Male separat waschen.
Korrosionsinhibitoren	• lagern sich in einer feinen Schicht auf den Metallteilen der Waschmaschine ab und verhindern dadurch den Zutritt korrosionsfördernder Hydroxid-Ionen • Wirkstoffe sind z. B. Magnesium- und Natriumsilikate • Nebeneffekt ist die Erhöhung des pH-Werts der Waschlauge und somit eine Begünstigung des Waschvorgangs.
Schmutzträger	• halten den abgelösten Schmutz in Schwebe und verhindern so seine Wiederanlagerung auf dem Gewebe, auch die Vergrauung und Verhärtung der Textilien • Wirkstoffe sind z. B. Caroxymethylcellulose oder andere Polymere

Verdickungsmittel	• erhöhen die Konsistenz eines Mediums und machen es zähflüssiger
	• bestehen aus Makromolekülen:
	  – natürliche (Gelatine oder Polysaccharide wie Pektin, Stärke, Johannisbrotkernmehl)
	  – modifizierte natürliche (Methylcellulose, Hydoxyethylcellulose)
	  – vollsynthetische organische (Polyacrylamide)
	• Wirkung beruht häufig auf der Bildung von Gelen, Wasser wird eingelagert
	• in Reinigungsmitteln (Flüssigwaschmitteln, Duschkabinenreinigern)

Vergrauungsinhibitoren	• verhindern die Wiederablagerung des gelösten, feindispergierten Schmutzes auf dem Gewebe • halten die gelösten Schmutzteilchen in der Schwebe, welche dann mit der Waschlauge weggespült werden • abhängig von der Faserart und der Faserverarbeitung, deshalb Einsatz von Stoffgemischen, z. B. Polyamide für Kunstfasern und CMC (Carboxymethylcellulose) für Baumwolle
Schauminhibitoren	• regulieren Schaumbildung, denn zu viel Schaum hemmt die Waschleistung und zu wenig Schaum führt zur Schädigung der Textilien infolge zu starker Reibung der Wäscheteile untereinander • Wirkstoffe: Silikonöle (siehe Silikone)
Soda	Natriumkarbonat (siehe Alkalien)

Aufgaben zur Selbstüberprüfung des Lerninhalts:

1. Stellen Sie zusammen, bei welchen Inhaltsstoffen von Wasch- und Reinigungsmitteln es sich um Gefahrstoffe im Sinne der Gefahrstoffverordnung handelt.
2. Recherchieren Sie, welche Unfallverhütungsvorschriften im Umgang mit Säuren und Laugen zu beachten sind.
3. Der pH-Wert eines Reinigungsmittels kann mithilfe eines Indikators gemessen werden.
   a) Wie lässt sich der Begriff Indikator erklären?
   b) Beschreiben Sie die Farbskala eines Universalindikators.
4. Der pH-Wert kann über die Wirkung eines Reinigungsmittels Auskunft geben. Wie wirken Reinigungsmittel mit einem pH-Wert: a) kleiner als 7, b) größer als 7?
5. Warum bezeichnet man eine wässrige Seifenlösung häufig auch als Waschlauge?
6. Beim Verkauf von natriumhypochlorithaltigen Reinigern müssen Sie unbedingt auf folgende Sicherheitshinweise hinweisen:

   > Nicht zusammen mit anderen Produkten, wie z. B. säurehaltigen WC-Reinigern oder so genannten Entkalkern verwenden!

   a) Was kann beim Zusammentreffen dieser Substanzen passieren?
   b) Welche weiteren Sicherheitsvorkehrungen sollte der Kunde beim Benutzen dieser Produkte beachten? Listen vier weitere Sicherheitsvorkehrungen auf.
   c) Warum sollten diese Reiniger nicht auf Linoleum, lackierten Flächen, Aluminium, Holz verwendet werden?
7. Die oxidative Bleichung mit Per-Salzen erfolgt über die Freisetzung von atomarem Sauerstoff. Beschreiben Sie,
   a) wie dieser Prozess abläuft,
   b) welche Faktoren diesen Prozess beeinflussen können,
   c) mit welchen weiteren Stoffen der Bleichvorgang im Waschprozess gesteuert wird.
8. Nitriloacetat ist ein Builder. Wie verhält sich dieses in Gegenwart von Wasserhärte bildenden Ionen?
9. Welche Eigenschaft muss ein Molekül besitzen, damit es als Tensid in Frage kommt?
10. Nennen Sie Gemeinsamkeiten und Unterschiede in der Struktur von anionischen, kationischen, amphoteren und nichtionischen Tensiden.
11. Warum können Tensidlösungen im Unterschied zu reinem Wasser hydrophobe Flächen (z. B. Kunststoff) benetzen?
12. Wie kann man mit Hilfe einer Seifenlösung hartes und weiches Wasser voneinander unterscheiden?
13. Was versteht man unter Kalkseife?
14. Warum wirkt Seife im Meerwasser nicht?
15. Bedeutet eine große Schaumbildung einer Wasch-und Reinigungslösung auch gleichzeitig eine hohe Reinigungskraft?
16. Wann schäumt ein Tensid nicht mehr?
17. Nennen Sie den Hauptinhaltsstoff von Fleckensalzen und erklären Sie seine Wirkungsweise.
18. Den Effekt eines höheren Weißgrades kann man nicht nur durch den Entzug der Eigenfarben (Bleichen) erzielen, sondern auch durch Überdecken des Farbtons mit Hilfe von optischen Aufhellern. Beschreiben sie deren Wirkungsweise.
19. Die Effektivität von Waschmitteln ist u. a. aufgrund des Einsatzes von Enzymen stark erhöht worden, so dass die tatsächlich Waschmittelmenge pro Waschgang sich stark verringert hat. Erklären Sie diesen Sachverhalt.

Aufgaben zur Selbstüberprüfung des Lerninhalts:

20. In einem Silberreinigungsmittel sind folgende Inhaltsstoffe laut Deklarartionspflicht der Detergenzienverordnung angegeben. Recherchieren Sie jeweils deren Funktion. (Genauere Informationen zu den INCI-Bezeichnungen findet man im Internet.)
POLIBOY Silber Intensiv Pflege
Inhaltsstoffangabe nach Detergenzienverordnung (EG) 648/2004
AQUA,
ALUMINA
SILICA
ISOPROPYL ALCOHOL
DIMETHICONE
CERA CARNAUBA
SODIUM C14-17 ALKYLSULFONATE
ALKOHOL C12-C14 ETHOXYLATED
SODIUM MAGNESIUM SILIKATE
XANTHAN
PARFUM (LIMONENE)
METHYLISOTHIAZOLINONE
BENZISOTHIAZOLINONE

21. Silikone erfüllen verschiedenste, individuelle Aufgaben in den Wasch-und Reinigungsmitteln. Tragen Sie mindestens vier verschiedene Wirkungen der Silikone aus unterschiedlichen Produkten zusammen.

22. Diskutieren Sie unter dem Gesichtspunkt der Nachhaltigkeit den Einsatz von Enzymen, Silikonen, optischen Aufhellern, Buildern und Tensiden in Wasch- und Reinigungsmitteln.

23. Einige Inhaltsstoffe in Wasch- und Reinigungsmitteln können beim Menschen Hautirritationen auslösen. Recherchieren Sie, welche Inhaltsstoffe hier unter verstärktem Verdacht stehen.

24. Auf den Verpackungen von Wasch- und Reinigungsmitteln sind oft die Hinweise: „biologisch gut abbaubar" oder „aus nachwachsenden Rohstoffen" zu finden. Was ist darunter zu verstehen?

25. Wie lassen sich folgende Flecken entfernen? Beantworten Sie diese Fragen sehr detailliert unter Angaben der genauen Wirkstoffe zur Fleckentfernung.
Blutflecken
Rostflecken
Rotweinflecken
Kaugummiflecken
Ketchupflecken
Möhrenflecken
Kuliflecken
Kerzenwachsflecken
Grasflecken
Make-up-Flecken
Lippenstiftflecken

VIII Wasch- und Reinigungsmittel

Die Wasch- und Putzgewohnheiten der Verbraucher unterliegen einem ständigen Wandel. Zeitaufwändige Putzaktionen passen heute nicht mehr in unseren Alltag.

Der Kunde wünscht moderne Reiniger, die zeitsparend, materialschonend, preiswert und wenig umweltbelastend sind.

Die Hersteller von Wasch- und Reinigungsmitteln kommen diesen Wünschen durch die Entwicklung entsprechender Produkte nach.

1 Wasch- und Pflegemittel für Textilien

1.1 Faktoren beim Wasch- und Reinigungsprozess

Bei jedem Wasch-Reinigungsvorgang sind neben Wasser vier Faktoren beteiligt:
- die Chemie des Wasch- und Reinigungsmittels,
- die mechanische Einwirkung beim Wasch- und Reinigungsvorgang
- die Wassertemperatur
- die Zeit

> **Abhängigkeiten beim Waschen, z. B. Händewaschen**
>
> Je wärmer das Wasser (**Temperatur**) und je länger die Dauer (**Zeit**) ist, in der man sich die Hände reibt (**Mechanik**), umso besser werden sie mithilfe von Seife (**Chemie**) sauber. Lässt man aber z. B. die Seife (Chemie) weg, muss man die Wassertemperatur erhöhen, die Dauer (Zeit) verlängern oder die Reibung (Mechanik) verstärken, um den Schmutz zu entfernen.
> Die Veränderung eines dieser Faktoren zieht also immer auch eine Veränderung der anderen Faktoren nach sich → Sinner'scher Kreis bzw. Waschkreis.

Bei der Textilreinigung ist die früher übliche 90 °C-Kochwäsche heute durch niedrigere Waschprogramme ersetzt worden. Dabei hat sich das 40 °C-Waschprogramm zu dem beliebtesten und am häufigsten genutzten Waschprogramm entwickelt. Gründe dafür sind einerseits die Energieeinsparung, andererseits enthalten moderne Waschmittel Wirkstoffe, die bei niedrigeren Waschtemperaturen gute Waschergebnisse erreichen, z. B. Bleichaktivatoren oder auch Enzyme. Das bedeutet, dass die **Effektivität der Waschmittel** bei gleichbleibendem, gutem Waschergebnis nun sehr viel höher liegen muss.

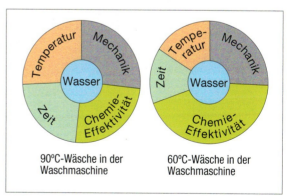

Sinner'scher Kreis

1.1.1 Die Chemie beim Waschprozess

Funktionen der verschiedenen Chemikalien beim Wasch- und Reinigungsprozess (von Textilien oder auch anderen Oberflächen)

Inhaltsstoffe in Wasch- und Reinigungsmitteln
→ Kapitel VII

Chemische Wirkstoffe in Wasch- und Reinigungsmitteln	Funktion
Tenside	• Schmutzablösung, Stabilisierung von Schmutz in der Waschlauge
Gerüststoffe, Builder (Soda, Silikate, Polykarboxylate)	• Wasserenthärtung, Stabilisierung von Schmutz in der Waschlauge
Alkalien (Soda, Silikate)	• Quellung des Schmutzes und/oder Verseifung
Bleichmittel (Perkarbonate = Aktivsauerstoff und TAED = Aktivator)	• Bleichen von farbigen Flecken, wie Orangensaft
Enzyme (Proteasen, Amylasen, Lipasen, Cellulasen)	• Ablösung von eiweißhaltigem, stärkehaltigem bzw. fettigem Schmutz • Cellulasen glätten die Baumwollfasern und erhöhen dadurch die Farbintensität
Säuren (Zitronensäure)	• Reduzierung der Alkalität bei pulverförmigen Spezialwaschmitteln
optische Aufheller	• Überdeckung eines Gelbstiches bei weißer Wäsche
Farbübertragungsinhibitoren	• Reduzierung der Anblutungsgefahr
Schmutzablösepolymere	• erleichtern die Schmutzentfernung, insbesondere von Textilien aus Polyester

Wirkungsweise der Bestandteile von Wasch- und Reinigungsmitteln.

Dispergierwirkung	Quellwirkung, Abstoßung durch gleiche Ladung	Oxidation	Emulgier- und Dispergierwirkung
Wirkstoffe: Phosphat, Citrat, Polykarboxylat	Wirkstoffe: Silikat, Soda	Wirkstoffe: Aktivchlor, Aktivsauerstoff	Wirkstoffe: Tenside

Neben diesen chemischen Wirkstoffen sind für die Schmutzentfernung im Waschprozess aber auch folgende Faktoren zu beachten:
- die Wasserhärte
- die Schmutzart und der Grad der Verschmutzung
- die Art der Textilfasern bzw. der zu reinigenden Materialien
- die Verbrauchergewohnheiten

1 Wasch- und Pflegemittel für Textilien

1.1.2 Die Wasserhärte

Die Beschaffenheit des Wassers, „seine Härte", kann sich negativ auf das Waschergebnis und die Waschmaschine auswirken. Die Wasserhärte gibt den **Gehalt an Erdalkaliionen** wie Kalzium- und Magnesiumionen an. Wasser mit einem hohen Gehalt dieser Ionen gilt als hartes Wasser, mit geringem Anteil als weiches Wasser.

Anionische Tenside und vor allem Seife bilden mit den Erdalkaliionen schwerlösliche Kalk- oder Magnesium. Dadurch wird ein Teil der Tenside dem Waschprozess entzogen. Die Ausfällungen lagern sich dann auf Maschinenteilen, Oberflächen (Waschbecken, Badewannenrändern) oder der Wäsche ab und können so das Waschergebnis (Vergrauen der Wäsche) und die Funktionsfähigkeit der Maschinen (Kaffeemaschine, Waschmaschine) beeinträchtigen. Zusätzlich lagert sich auch schwer lösliches Kalziumkarbonat (Kalk) ab. Um dem entgegenzuwirken, werden den Wasch- und Reinigungsmitteln **Gerüststoffe** (*engl. builder*) als Wasserenthärter zugesetzt.

> Seine örtliche Wasserhärte kann der Kunde bei seinem Wasserversorger (z. B. Stadtwerk, Wasserwerk) erfragen bzw. auf dessen Internetseite nachlesen, z. B. www.wasserhaerte.net

Härtebereich	CaCO$_3$ in mmol/l	°dH
weich	< 1,5	< 8,4
mittel	1,5 – 2,5	8,4 – 14
hart	> 2,5	> 14

Angegeben wird die Wasserhärte in Milli**mol** Kalziumkarbonat pro Liter Wasser bzw. in Grad deutscher Wasserhärte (°dH).

Mol ist eine chemische Einheit für eine Stoffmenge

Reaktion von weichem und hartem Wasser mit Seifenlösung
- Füllen Sie eine Schüttelflasche (bzw. einen Erlenmeyerkolben) mit 100 ml destilliertem Wasser, eine weitere Schüttelflasche mit 95 ml destilliertem Wasser und 5 ml gesättigter Kalziumchloridlösung.
- Danach in jede Schüttelflasche 20 ml Seifenlösung geben und kräftig schütteln.
- Die Schaumbildung und Trübung vergleichend betrachten.

Hinweis: Während in der Schüttelflasche mit destilliertem Wasser eine kräftige Schaumbildung über einer relativ klaren Lösung zu sehen ist, bleibt die Schaumbildung über dem harten Wasser aus. Die entstandene Kalkseife trübt die Lösung stark und ist als grau-weißer Belag deutlich zu erkennen. Seifenmoleküle bilden mit den Härtebildnern Kalzium- und Magnesiumionen schwer lösliche Kalzium- bzw. Magnesiumsalze. Die Bildung des für den Waschvorgang nötigen Seifenschaums bleibt so lange aus, bis alle Kalzium- und Magnesiumionen gefällt sind.

Das Wasch- und Reinigungsmittelgesetz (WRMG) schreibt vor, dass auf den Verpackungen von Waschmitteln die empfohlenen Mengen und/oder Dosierungsanleitungen in Milliliter oder Gramm für eine normale Waschmaschinenfüllung bei den Wasserhärtegraden weich, mittel und hart angegeben werden müssen.

Weitere gesetzlich vorgeschriebene Kennzeichnungsvorschriften sind:

Beispiel für die Deklaration von Waschmitteln

> § Informieren Sie sich über die gesetzliche Deklarationspflicht bei Waschmitteln.

1.1.3 Die Verschmutzungen

In 100 kg schmutziger Wäsche befinden sich durchschnittlich 1,8 bis 4 kg Schmutz. Da Schmutz aber keine einheitliche Substanz ist, gliedert man ihn nach seinen physikalischen und chemischen Eigenschaften in **wasserlösliche und wasserunlösliche Verschmutzungen**. Die Übergänge zwischen den einzelnen Schmutztypen sind fließend. Zu Schmutz im weiteren Sinne zählen auch Keime, Bakterien und Viren.

Schmutzart	Beispiele
Wasserlösliche Verschmutzungen	
Diese Schmutzarten lassen sich mithilfe von Wasser lösen bzw. entfernen.	Schweiß, Urin
Wasserunlösliche, waschbare Verschmutzungen	
Zur Entfernung dieser Schmutzarten (Pigment-, Fett-, Eiweiß- und Kohlenhydratschmutz) reicht Wasser allein nicht aus. Mithilfe von Waschmittelinhaltsstoffen, wie den Tensiden, wird der Schmutz dispergiert, emulgiert bzw. mit Enzymen gelöst.	
• Fette	Hautfett, Kosmetika, Speisefett, Öl
• Eiweiße	Hautschuppen, Blut, Ei, Milch
• Kohlenhydrate	Stärke, Nudeln, Reis, Breie
• Pigmente	Straßenstaub, Erde, Farbe, Ruß
• Mikroorganismen	Bakterien, Viren, Pilze
Wasserunlösliche, nicht waschbare Verschmutzungen	
Bleichbarer Schmutz: Die Farbstoffe im Schmutz sind nicht waschbar, können aber durch Oxidation gebleicht werden.	Rotwein, Ketchup, Kosmetika, Gras, Tee
Nicht bleichbarer, nicht waschbarer Schmutz: Diese Verschmutzungen können weder mit Waschmitteln gewaschen noch mit Bleichmitteln gebleicht werden. Für diese Verschmutzungen gibt es Speziallösungsmittel.	Teer, Lacke, Harze

Die Problematik bei der Schmutzentfernung wird noch durch die **Schmutzhaftung** erhöht: Der Schmutz heftet sich gewissermaßen an die Wäsche. Er kann sich direkt in Faserhohlräume „klemmen", mit der Faser leichte Bindungen eingehen oder aber durch elektrostatische Aufladungen und Ionenbildung von der Faser regelrecht angezogen werden.

Die Haftung des Schmutzes an der Faser wird auch durch Hitzeeinwirkung erhöht. Daher sollten Flecken immer vor der ersten Wäsche behandelt werden, damit eine solche „Schmutzfixierung" verhindert wird.

Je älter der Schmutzfleck ist, desto mehr ändern sich auch seine Eigenschaften:
- Der Schmutz trocknet – die Löslichkeit und Dispergierbarkeit nimmt ab.
- Der Schmutz haftet besser an der Oberfläche und dringt tiefer ein.
- Organischer Schmutz kann von Mikroorganismen zersetzt werden. Dabei entstehen Anschmutzungen und oft unangenehme Gerüche.

1 Wasch- und Pflegemittel für Textilien

Neben der Schmutzart ist auch die **Schmutzmenge** von Bedeutung, die dann bei der Deklaration auf Waschmittelverpackungen in den Dosierempfehlungen berücksichtigt werden muss.

Leicht	Normal	Stark
Keine Verschmutzungen und Flecken* erkennbar. Einige Kleidungsstücke haben Körpergeruch angenommen. **Beispiele:** Leichte Sommer- und Sportkleidung (wenige Stunden getragen), T-Shirts, Hemden, Blusen (bis zu 1 Tag getragen), Gästebettwäsche und -handtücher (1 Tag benutzt)	Verschmutzungen sichtbar und/oder wenige leichte Flecken* erkennbar. **Beispiele:** T-Shirts, Hemden, Blusen (durchgeschwitzt beziehungsweise mehrfach getragen), Unterwäsche (1 Tag getragen), Handtücher, Bettwäsche (bis zu 1 Woche benutzt), Gardinen ohne Nikotinverschmutzungen (bis zu ½ Jahr Gebrauch)	Verschmutzungen und/oder Flecken* deutlich erkennbar. **Beispiele:** Geschirr- und Küchenhandtücher, Stoffservietten, Babylätzchen, Kinder- und Fußballbekleidung (mit Gras und Erde verschmutzt), Tenniskleidung (mit Kieselrot verschmutzt), Berufskleidung (im Haushalt waschbar wie Schlosseranzug, Bäcker- und Metzgerkleidung)

* Typische Flecken: **Bleichbar:** Tee, Kaffee, Rotwein, Obst, Gemüse · **Fett-/ölhaltig:** Hautfett, Speiseöle/-fette, Soßen, Mineralöl, Wachse · **Eiweiß-/kohlenhydrathaltig:** Blut, Ei, Milch, Stärke · **Pigment:** Ruß, Erde, Sand · Bei einer Fleckenvorbehandlung der Wäsche kann die Waschmittelmenge entsprechend reduziert werden!
Quelle (2008): Industrieverband Körperpflege- und Waschmittel e.V. (IKW)

Erläuterung der Symbole für die Schmutzmenge auf den Waschmittelverpackungen

1.1.4 Die Textilarten

Der chemische Aufbau und die Struktur der Fasern bestimmen die Trageeigenschaften der Bekleidung, die Waschbarkeit der Textilien und die Auswahl eines geeigneten Waschmittels. Daher muss nach dem **Textilkennzeichnungsgesetz (TKG)** die Angabe der Faserart auf den Pflegeetiketten in den Textilien angegeben werden.

Textilfasern sind Polymere, Makromoleküle, deren chemische Zusammensetzung die Besonderheiten der Fasern bestimmt.

Seide

Schafwolle

Baumwolle

Textilfaser			Chemische Zusammensetzung	Wascheigenschaft
Naturfasern	tierische		Wolle, Seide	Eiweiße	empfindlich gegen Alkalien und Säuren; waschbar bei 30 °C
	pflanzliche		Baumwolle, Leinen	Cellulose	empfindlich gegen Säuren, waschbar bei 60 °C bis 95 °C
Synthesefasern	cellulosische		Viskose	verschiedene Makromoleküle	siehe Pflegeetikett, waschbar zwischen 30 °C und 60 °C
	synthetische		z. B. Polyacryl, Polyamid, Polyester		

Nach dem Textilkennzeichnungsgesetz (TKG) ist die Angabe der Textilart verpflichtend, die Angaben zur Pflege sind freiwillig.

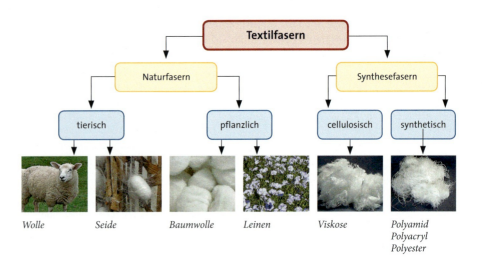

Testen Sie Textilien
- Befühlen und drücken Sie die verschiedenen Textilproben in der Hand.
- Halten Sie die verschiedenen Textilproben vor eine Kerzenflamme, beobachten Sie, was passiert.
- Halten Sie die Textilproben danach in die Kerzenflamme und beobachten Sie, was dann passiert.

Brennt es, schmilzt es, zieht es sich vor der Hitze zurück? Welche Farbe hat die Flamme? Ist es eine ruhige oder flackernde Flamme? Rußt die Flamme?

Wolle

Wolle wird aus Haaren verschiedener Tiere (Schafen, Kamelen, Ziegen) gewonnen. Wollfasern sind Eiweißfasern und dem menschlichen Haar sehr ähnlich. Die Wollfaseroberfläche besteht aus dachziegelähnlich angeordneten schuppenförmigen Eiweißblättchen, die in Wasser aufquellen, sich aufstellen und sich bei gleichzeitiger mechanischer Beanspruchung verhaken können (verfilzen). Wolle enthält das natürliche **Wollfett Lanolin**. Aufgrund der besonderen Eiweißstruktur der Wollfaser kann Wolle viel Luft einschließen und dadurch sehr gut wärmen. Sie kann auch große Mengen, bis zu 30 % ihres Eigengewichtes, an Feuchtigkeit (z. B. Körperschweiß) einlagern, ohne dabei die wärmende Eigenschaft zu verlieren. Aufgrund der lockeren Fadenstruktur ist Wolle elastisch, aber nicht formbeständig. Wolle lässt sich gut färben.

Wolle ist gegenüber alkalischen Waschlaugen sehr empfindlich, da Alkalien die Eiweißfaser aufquellen und allmählich auflösen.

Seide

Bei Seide handelt es sich um das Gespinst eines etwa 3000 m langen dünnen Fadens aus dem Sekret der Seidenspinnerraupe (meist des Maulbeer-Seidenspinners), welche damit den Kokon um die Larve bildet. Dieser Faden besteht aus Eiweißmolekülen, welche allerdings anders aufgebaut sind als die lockere Eiweißstruktur der Wollfaser. Der Seidenfaden ist sehr leicht, dicht, glatt und reißfest. Dadurch erhält die Seide ihren einzigartigen Glanz. Durch die geringe Dichte ist die Seide leicht und formbeständig. Im Sommer ist sie kühlend, im Winter wärmend und überdies gut zu färben.

Die Seide ist gegen Säuren und Laugen, gegen Schweiß, Lichteinwirkung und hohe Temperaturen sehr empfindlich.

Baumwolle

Die Baumwollfaser erhält man aus den behaarten Samen der Baumwollpflanze. Die Fasern bestehen hauptsächlich aus Cellulose, einem Polysaccharid. Die getrockneten Fasern sind korkenzieherartig gewunden und wie bei einem Seil miteinander verdreht und verflochten. Wegen der Faserverdrehungen erscheint Baumwolle matt.

In die Fasern kann sehr gut Feuchtigkeit, aber auch Schmutz eingeschlossen werden. Die Baumwolle ist recht knitteranfällig.

Baumwolle ist gegenüber Säure und hohen Konzentrationen von Hypochlorit- und Peroxid-Bleichmitteln empfindlich. Unempfindlich ist sie gegenüber Alkalien. Baumwolle und Leinen als pflanzliche Fasern vertragen eine hohe Waschtemperatur von bis zu 95 °C.

Leinen

Leinen wird aus den Stängeln der Flachspflanze gewonnen und besteht somit hauptsächlich aus Cellulose. Im Unterschied zur Baumwolle, hat Leinen glatte Cellulosefasern, die auch wenig Schmutz und Geruch aufnehmen. Die glatte Leinenfaser besitzt eine geringe Dehnungsfähigkeit, ist wenig wärmend, aber sehr haltbar. Sie lädt sich nicht elektrostatisch auf und bildet auch keine Flusen. Da sie sehr knitteranfällig ist, sollte Leinen nur wenig geschleudert werden.

Leinen ist als pflanzliche Faser empfindlich gegenüber Säuren, aber unempfindlich gegenüber Alkalien.

Synthesefasern

Bei den synthetischen Fasern unterscheidet man zum einen die cellulosischen und die synthetischen Chemiefasern. Die cellulosische Fasern (Viskose) gewinnt man aus der Cellulose von Holzes. Die synthetischen Chemiefasern (Polyester, Polyamid, Polyacryl) werden als Polymere aus Erdöl als Ausgangsstoff hergestellt. Die wichtigste Faser für die menschliche Bekleidung ist dabei Polyester.

Viskose

Viskose wird als cellulosische Chemiefaser bezeichnet, da durch Auflösen von Cellulose in verschiedenen Prozessen eine Spinnlösung entsteht, die durch feine Düsen gepresst einen Viskosefaden entstehen lässt.

Stoffe aus Viskose lassen sich hervorragend färben. Sie sind atmungsaktiv und temperaturausgleichend und deshalb besonders hautsympathisch. Stoffe aus Viskose haben einen seidigen Glanz und einen weichen, fließenden Fall. Viskose als Futterstoff reduziert elektrostatische Aufladung.

Viskose ist gegenüber Säuren, Laugen und hohen Waschtemperaturen empfindlich.

Rein synthetische Chemiefasern

Moderne Chemiefasern werden gezielt entsprechend den funktionellen Anforderungen hergestellt: wasserabweisende, aber luftdurchlässige Membranen für leichte, wärmende Outdoor-Textilien, formgebende und formstabile Sportbekleidung.

Man unterscheidet eine Vielzahl von verschiedenen Chemiefasern, die auch jeweils Besonderheiten in der Reinigung und Pflege aufweisen. Meist sind diese Fasern elastisch, formbeständig, knitterarm, nehmen wenig Feuchtigkeit auf, trocknen schnell und laufen nicht ein.

Wegen der **Gefahr der Thermofixierung** von Falten sollten Synthesefasern allerdings nur bei bis zu 60 °C im Feinwaschgang gewaschen werden.

Beispiele für Chemiefasern:
- Polyacrylfasern
- Polyamidfasern
- Polyesterfasern

Daneben gibt es noch die **Membrantextilien**, die durch eine besondere Beschichtung das Textil sowohl wetterfest, wasserdicht als auch atmungsaktiv machen (Sympatex®, Gore-Tex®).

Die sehr feinen **Mikrofasern** sind enorm formbeständig, fusseln wenig und weisen eine hohe Scheuerfestigkeit auf.

Synthesefasern nehmen schnell Gerüche (Körpergeruch) an und laden sich elektrostatisch auf, was durch die Verwendung eines Weichspülers verhindert werden kann.

1.1.5 Hinweise zum „nachhaltigen Waschen"

In Deutschland werden pro Woche in jedem Haushalt etwa 4 kg Wäsche gewaschen, getrocknet und gebügelt und damit pro Jahr ca. 600 000 t Waschmittel, dazu 6 Milliarden kWh Energie und 330 Millionen m^3 Wasser benötigt.

Ein ressourcensparender Umgang zahlt sich für den Kunden also aus: Er spart Strom, Wasser und Waschmittel. Zusätzlich unterstützt er den Klimaschutz durch Reduzierung der CO_2-Emission und der Chemikalienbelastung. Bei nachhaltigem, also bewusstem Wäschewaschen sollte der Kunde folgende Vorgehensweise beachten:

Sortieren der Wäsche

Das Sortieren der Wäsche vor dem Waschen nach Faserart, Farbe, Verschmutzungsgrad usw. ist besonders wichtig, damit Waschprogramme, Waschmittel und Temperatur passend zur Waschladung gewählt werden können.

Dosieren der Waschmittel

Eine exakte Dosierung ist bedeutend für das gewünschte Waschergebnis, die Schonung der Umwelt und die Kosten für einen Waschvorgang. Da diese Dosierempfehlungen von den Verbrauchern häufig nicht eingehalten werden, sollte auf die Folgen bei Fehldosierung immer hingewiesen werden.

Waschmittel-Dosierhilfe

Bei **Unterdosierung** kommt es
- zu einem unzureichenden Waschergebnis bei hartnäckigen Flecken, da die zu geringe Waschmittelmenge den Schmutz nicht genügend lösen kann.
- zu Ablagerungen auf der Wäsche oder der Maschine; die Kalksalze des Wassers können aufgrund des zu geringen Waschmittelanteils nicht gebunden werden, sie lagern sich auf Wäsche und Maschine ab und können zu deren Verschleiß führen.
- zu Fettläusen (dunkle, tropfenförmige Fettrückstände auf der Wäsche); sie werden bei richtig dosierter Waschmittelmenge mit der Waschflotte wieder weggeschwemmt, bei zu wenig Waschmittel verbleiben sie auf der Wäsche.

Bei **Überdosierung** kommt es
- zur Belastung des Grundwassers und damit der Umwelt; außerdem entfallen höhere Kosten auf jeden Waschvorgang, da mehr Waschmittel verbraucht wird. Das Waschergebnis wird jedoch nicht verbessert.

1 Wasch- und Pflegemittel für Textilien

Vergleichsgröße	Modellhaushalt Cleverle	Modellhaushalt Weißkragen
Wäscheanfall pro Jahr	375 kg	500 kg
Waschgänge pro Jahr	94	286
Befüllung der Trommel	4 kg	1,75 kg
Waschmitteltyp	Superkompaktwaschmittel oder Baukastensystem	herkömmliches Vollwaschmittel
Dosierung pro Waschgang	77 g	153 g
Waschmitteleinsatz pro Jahr	7 kg	44 kg
Weichspülereinsatz pro Jahr	-	13 kg
Gesamtstromverbrauch incl. Bügeln	65 kWh	614 kWh
Gesamtwasserverbrauch pro Jahr	5,6 mm³	13,4 m³
Geschätzte Kosten pro Jahr	54,00 Euro	258,00 Euro

> Eine Jumbowaschmittelpackung ist genauso schnell aufgebraucht wie ein Kompaktwaschmittel. Große Packungen haben daher nichts mit der Ergiebigkeit zu tun. Durch gezieltes Dosieren ist jedoch eine Einsparung bis auf die Hälfte möglich.

(Quelle: Eberle, U./Grießhammer, Fl...: Ökobilanz und Stoffstromanalyse Waschen und Waschmittel, Umweltbundesamt, Berlin 2001)

Neben den Empfehlungen zum Kauf von Kompaktwaschmitteln/Waschmittelkonzentraten können dem Kunden weitere Tipps zum nachhaltigen, umweltbewussten Waschen gegeben werden.

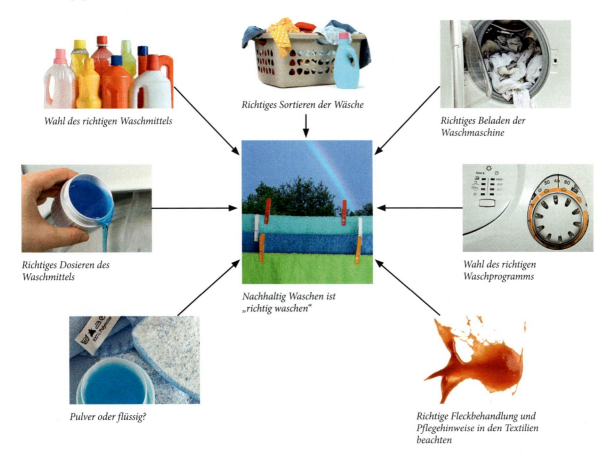

Wahl des richtigen Waschmittels

Richtiges Sortieren der Wäsche

Richtiges Beladen der Waschmaschine

Richtiges Dosieren des Waschmittels

Nachhaltig Waschen ist „richtig waschen"

Wahl des richtigen Waschprogramms

Pulver oder flüssig?

Richtige Fleckbehandlung und Pflegehinweise in den Textilien beachten

1.2 Waschmittel

Das Waschmittelangebot von pulverförmig, flüssig über Tab-Form und Megaperls, verbunden mit einer intensiven Werbung und vielen Reinigungsversprechen der Hersteller, ist überwältigend groß. Das ist Grund genug, die Kunden so zu beraten, dass sie gezielt und ressourcensparend Waschmittel einkaufen und verwenden können.

Der Kunde erwartet ein Produkt, welches
- eine optimale Reinigung und Fleckentfernung bei gleichzeitiger Schonung und Pflege der Wäsche erbringt,
- umweltverträglich ist,
- hautverträglich und angenehm im Geruch ist,
- möglichst preiswert ist.

Diese Anforderungen lassen sich nicht mit einem Waschmittel erfüllen. Daher ist es sinnvoll, das breite Angebot näher zu betrachten. Grundsätzlich lassen sich die Waschmittel einteilen in:
- Vorbehandlungsmittel
- eigentliche Waschmittel
- Nachbehandlungsmittel
- spezielle Fleckentfernungsmittel
- Entfärber

Sie alle haben ihre unterschiedlichen und ganz speziellen Angebotsformen und Leistungsschwerpunkte.

Aus dem Sortiment der Drogerie: Waschmitteltypen

Waschvorgang	Produktgruppenbeispiele
Vorbehandlung mit Waschhilfsmitteln	Fleckensalze und -gele Vorwaschspray Einweichmittel Bleichmittel Gallseife
Waschvorgang mit Waschmitteln	• Vollwaschmittel: Pulver, Tabs, flüssig, Megaperls • Colorwaschmittel: Pulver, Tabs, flüssig • Feinwaschmittel: Pulver, flüssig • Spezialwaschmittel: z. B. Wollwaschmittel, Daunenwaschmittel, Gardinenwaschmittel, für schwarze Wäsche, für weiße Wäsche • Handwaschmittel, Reisewaschmittel
Wäschenachbehandlung	Weichspüler Wäschesteifen Formspüler Bügelhilfen Hygienespüler Bügelwasser
Weitere Wäschebehandlungsmittel	Textilerfrischer Entfärber Spezial-Fleckentferner Imprägniersprays Fleckenschutzspray Wasserenthärter

1 Wasch- und Pflegemittel für Textilien

1.2.1 Wäschevorbehandlungsmittel

Stark verschmutze Wäsche sollte immer vorbehandelt werden. Bei den hartnäckigen, schwierig zu entfernenden Flecken handelt es sich entweder um
- stark fetthaltige Flecken wie Motorenöl, Mayonnaise, Öl, Sonnencreme, Make-up, Kragenschmutz oder
- Farbverschmutzungen wie Rotwein, Filzschreiber oder
- spezielle Flecken wie Kaugummi, Klebstoff, Rost, Schimmel, Harz usw.

Aus dem Sortiment der Drogerie: Waschvorbehandlungsmittel

Produktbeispiele	Hauptinhaltsstoffe	Wirkungsweise
Fleckengel, Vorwaschspray, Reisewaschmittel	Tenside	Benetzung, Schmutzablösung
	Enzyme	Schmutzlösung eiweiß-, stärke- oder fetthaltiger Verschmutzungen
	Lösungsmittel	Ablösung fettiger und öliger Verschmutzungen
Fleckensalz	Bleichmittel wie Natriumperkarbonat	Entfernung farbiger Verschmutzungen
Bleiche	Bleichmittel wie Wasserstoffperoxid	Entfernung farbiger Verschmutzungen
Gallseife	Kernseife, Rindergalle	Schmutzablösung, Emulgierung
Einweichmittel (Soda)	Natriumkarbonat	Alkalität wirkt schmutzquellend und lösend und wasserenthärtend.

Besondere Anwendungshinweise, Produktbesonderheiten:
Pulverförmige Fleckensalze oder **Waschkraftverstärker** enthalten weniger Tenside, dafür aber schwerpunktmäßig Bleichmittel mit Aktivsauerstoff (Natriumperkarbonat) mit Bleichaktivatoren (TAED), sodass sie auch bei niedrigeren Temperaturen bleichend wirken können. Zusätzlich werden diesen Produkten Enzyme oder optische Aufheller zugesetzt. Diese Produkte können sowohl zur Wäschevorbehandlung als auch als Waschmittelzusatz angewendet werden. **Flüssige Bleichmittel** enthalten Bleichkomponenten auf Wasserstoffperoxid-Basis.

Feste Gallseife besteht zu 80 % aus natürlicher Kernseife, die mit ca. 8 % konzentrierter, eingedickter Rindergalle versetzt wird. Flüssige Gallseife wird mit anionischen Tensiden hergestellt. Die Reinigungswirkung beruht auf der Eigenschaft, insbesondere Fettverschmutzungen zu emulgieren und damit besser abzulösen.

Soda wird zum Einweichen oder Vorwaschen von stark verschmutzter Berufswäsche und von Weißwäsche aus Baumwolle oder Leinen (Tisch- und Bettwäsche) benutzt. Für Wolle und Seide ist die alkalische Soda nicht geeignet, vor allem nicht als heiße Lauge, da die tierischen Fasern quellen und dann verfilzen.
Vorsicht ist auch bei empfindlichen farbigen Stoffen geboten.

> Durch das Einweichen verschmutzter Wäsche über eine längere Zeit (über Nacht), lässt sich die Vorwäsche sparen und man kommt nur mit der Hauptwäsche und der halben Waschmittelmenge aus.

Persil

Persil wurde 1907 von der Firma Henkel als erstes deutsches Waschmittel auf den Markt gebracht.
Sein Name setzt sich aus
PER = Natrium**per**borat
und
SIL = **Sil**ikat zusammen.

1.2.2 (Haupt-)Waschmittel

Das Ziel beim Waschen von Textilien ist es, nicht nur saubere Wäsche zu erhalten, sondern auch textilschonend und umweltverträglich zu reinigen. Bei der Beratung von Kunden zu Waschmitteln sind diese Faktoren neben den individuellen Kundenwünschen von vorrangiger Bedeutung.

Je nach den Leistungsschwerpunkten werden bei den (Haupt-)Waschmitteln Voll-, Color-, Fein und Spezialwaschmittel unterschieden.

Vollwaschmittel sind für alle Temperaturbereiche, fast alle Textilien und die meisten Waschverfahren geeignet. Die Voll- und **Colorwaschmittel** stellen mengenmäßig und wirtschaftlich die wichtigste Gruppe der Waschmittel dar. Sie sind daher auch in einer großen Angebotsvielfalt im Handel erhältlich.

Aus dem Sortiment der Drogerie: Waschmittel

Waschmitteltyp	Typische Produktmerkmale	Wesentliche Inhaltsstoffe
Vollwaschmittel: Pulver, Tabs	• geeignet für alle Textilien außer Wolle und Seide • für alle Temperaturbereiche (30 °C bis 95 °C), die meisten Textilien und Waschverfahren geeignet Voll- bzw. Universalwaschmittel sowie Colorwaschmittel, die besonders für die Wäsche bei 15 bis 25 °C geeignet sind, werden auch als „Niedrigtemperatur-Waschmittel" bezeichnet. Solche Waschmittel können aber auch bei 30 °C, 40 °C oder 60 °C eingesetzt werden, wenn diese Temperaturen auf der Verpackung der Produkte angegeben sind.	Tenside Gerüststoffe Waschalkalien Enzyme Bleichmittel optische Aufheller Vergrauungsinhibitoren Schauminhibitoren Schmutzablöse-Polymere Korrosionsinhibitoren Duftstoffe Farbstoffe Stellmittel
Vollwaschmittel: flüssig	• geringere Waschmittel- und Verpackungsmengen bei gleichbleibend hoher Waschleistung Zusätzlich zu den oben aufgezählten Inhaltsstoffen noch andere Stoffe enthalten. Alkohole verstärken reinigungswirksame Substanzen und ermöglichen bei flüssigen Waschmitteln, dass die Tenside gelöst werden können; sie wirken teilweise auch als Konservierungsmittel. Konservierungsmittel schützen Waschmittel vor mikrobakteriellem Befall.	Tenside Enthärter Enzyme optische Aufheller Schmutzablöse-Polymere Schauminhibitoren Duftstoffe Farbstoffe Stabilisatoren für die Enzyme Konservierungsmittel Wasser
Colorwaschmittel Pulver, Tabs, flüssig	• geeignet für alle farbigen Textilien • für Waschtemperaturen von 30 °C bis 60 °C	• wie oben, jedoch frei von Bleichmitteln und optischen Aufhellern • enthält zusätzlich Farbübertragungsinhibitoren
Feinwaschmittel	• geringe Alkalität, daher eine etwas geringere Reinigungsleistung als die Colorwaschmittel • Feinporiger Schaum schützt feine Textilfasern vor mechanischer Reibung und Belastung in der Maschine. • für Waschtemperaturen von 30 °C und für Handwäsche geeignet.	• wie oben, jedoch frei von optischen Aufhellern und Bleichmitteln zur guten Farb- und Faserschonung

1 Wasch- und Pflegemittel für Textilien

Waschmitteltyp	Typische Produktmerkmale	Wesentliche Inhaltsstoffe
Wollwaschmittel, Seidenwaschmittel, Daunenwaschmittel	• auf Proteasen wird wegen der tierischen Eiweißfasern verzichtet • eine hohe Schaumentwicklung soll die Reibung in der Waschtrommel mindern und einem Verfilzen vorbeugen	• wie oben, jedoch frei von Enzymen, optischen Aufhellern und Bleichmitteln • pH-neutral
Gardinenwaschmittel	• sehr tensidreich mit besonders hohem Schaumvermögen zur schonenden Reinigung der empfindlichen Textilien	• wie oben, aber zusätzlich mit Vergrauungsinhibitoren, viel Bleichmittel und optischen Aufhellern
Waschmittel für schwarze Wäsche	• verhindert durch Verfärbungsinhibitoren das Verblassen dunkler Texilien	• wie oben, jedoch frei von Enzymen, optischen Aufhellern und Bleichmitteln • mit Farbübertragungsinhibitoren
Waschmittel für Sport- und Funktionstextilien	• geeignet für Membrantextilien, Mischgewebe und Mikrofasern • binden unangenehme Körpergerüche und erhalten die Membranfunktionen, wie Atmungsaktivität und Wetterschutz	• frei von Enzymen, optischen Aufhellern und Bleichmitteln • mit Farbübertragungsinhibitoren
Handwaschmittel	• tensidreich mit Enzymen • ungeeignet für die Maschinenwäsche wegen der hohen Schaumentwicklung	• Tenside • Enzyme
Waschnüsse	• traditionelles Waschmittel aus Indien und Nepal Es handelt sich um die Frucht des Waschnussbaumes mit einem hohen Anteil an Saponinen, welche chemisch den nichtionischen Tensiden zuzuordnen sind und wie diese wirken.	• Saponine
Wasserenthärter als Pulver, Tabs, Gel	• Polykarboxylate, Zeolithe	• Builder (Enthärter)

Besondere Anwendungshinweise, Produktbesonderheiten:
Pulverförmige Waschmittel eignen sich besonders gut zur Fleckentfernung und sind die leistungsstärksten Waschmittel.
Aufgrund der hohen Alkalität und der Enzyme, speziell der Proteasen, sind die Vollwaschmittel nicht für Wolle und Seide geeignet.
Pulverförmige Waschmittel enthalten Stellmittel (meist Natriumsulfat), die für eine gute Rieselfähigkeit, gute Dosierbarkeit und Löslichkeit des Produktes sorgen. Diese Produkte benötigen daher eine höhere Dosierung pro Waschgang. Konzentrate und flüssige Waschmittel sind frei von diesen Stellmitteln.

Die flüssigen Waschmittel unterscheiden sich in ihrer Zusammensetzung deutlich von den pulverförmigen Waschmitteln. Ihr Tensidanteil ist höher, und die Bleichmittel fehlen, da sie in Flüssigkeiten nicht stabil eingearbeitet werden können. Die anderen Inhaltsstoffe sind in anderen Mischungsverhältnissen enthalten.
Flüssige Waschmittel eignen sich besonders gut für die Reinigung synthetischer Fasern.

Häufig werden Waschmittel mit **Zusatznutzen** angeboten. Im Handel sind Waschmittel in Kompaktform, als Konzentrate in portionsfertigen Tabs. Ohne Duftstoffe werden Waschmittel als Sensitiv-Varianten ebenso angeboten wie mit UV-Schutz oder mit Geruchsabsorbern speziell für Sportbekleidung.

Baukasten-System

Als umweltfreundlichere Alternative zu den Universalwaschmitteln gibt es das **Baukasten-System**. Die drei wichtigsten Bestandteile von Waschmitteln (tensidhaltiges Basiswaschmittel, Bleichmittel, Enthärter) werden getrennt verkauft. Der Wasserenthärter und das Fleckensalz werden gezielt in Abhängigkeit von der Wasserhärte und Verschmutzung eingesetzt.

Niedrigtemperatur-Waschmittel eignen sich für Temperaturen ab 15 °C Waschtemperatur. Das gelingt durch den Einsatz von speziellen Tensiden, Enzymen und Bleichmitteln. Darüberhinaus ist die rückstandsfreie Löslichkeit der pulverförmigen Waschmittel bei diesen niedrigen Temperaturen ein Qualitätsmerkmal.

Die zusätzliche Verwendung eines speziellen **Wasserenthärters** ist dann sinnvoll, wenn die Wasserhärte sehr hoch ist, d. h. ab einer Wasserhärte von 8,5 °dH. Durch die kalkbindenden Substanzen werden Maschinenteile wie Heizstäbe, Trommel, Schläuche und Rohre vor Kalkablagerungen und damit vor Maschinenschäden geschützt. Zudem wird die Waschleistung des Waschmittels erhöht. Wird ein separater Enthärter eingesetzt, kann die Waschmitteldosis auf die für weiches Wasser reduziert werden. So wird Waschmittel eingespart.

Waschnüsse

Bei der Verwendung der **Waschnüsse** werden ca. 5 bis 6 Waschnüsse in ein Baumwollsäckchen gegeben (welches mitgeliefert wird) und zu der Schmutzwäsche in die Waschmaschine gegeben. Es kann wie üblich bei 30 bis 90 °C gewaschen werden.
Dabei verändern sich die Nüsse nicht. Bei einer 30-°C-Wäsche können die Waschnüsse mehrfach verwendet werden. Die Zugabe eines Weichspülers ist bei Waschnüssen nicht erforderlich. Da jedoch keine Duftstoffe enthalten sind, können je nach Bedarf zur Parfümierung ätherische Öle zugegeben werden.
Da weiße Wäsche auf Dauer vergrauen kann, kann als **Bleichmittel** Natriumperkarbonat zugesetzt werden. Bei starken Flecken wird eine Vorbehandlung mit Gallseife empfohlen. Die verbrauchten Waschnüsse werden über den Biomüll entsorgt.

Versuche mit Waschmittelinhaltsstoffen

Versuch 1: Die Wirkung von Enzymen
Ein Päckchen Gelatine wird nach Vorschrift zubereitet. Drei kleine 100-ml-Bechergläser werden mit warmem Wasser gefüllt und wie folgt beschriftet:
1 Persil, 2 Wollwaschmittel, 3 reines Wasser.
Befüllen Sie Becherglas 1 mit einem Teelöffel Persillösung, Becherglas 2 mit einem Teelöffel Wollwaschmittellösung. In Becherglas 3 wird nichts weiter zugegeben.
In jedes der drei Bechergläser werden zwei Teelöffel der aufgelösten Gelatine zugegeben und gut umgerührt. Die Bechergläser werden nun kühl gestellt, damit die Gelatine erstarren kann (am besten über Nacht). Die Ergebnisse, welche der drei Lösungen erstarrt, werden in einer Tabelle festgehalten und eine Auswertung schriftlich formuliert.

Versuch 2: Die Wirkung von Bleichmitteln
In drei Reagenzgläsern werden jeweils reines Fleckensalz, Vollwaschmittel und Colorwaschmittel mit Wasser versetzt und gelöst. Zu diesen drei Lösungen gibt man nun einige Tropfen farbigen Obst- bzw. Gemüsesaft (Kirschsaft, Rote-Beete-Saft) und erhitzt sie leicht. Die Beobachtungen, wie die Farben sich in den drei Lösungen verändern, werden in einer Tabelle festgehalten und eine Auswertung schriftlich formuliert.

1 Wasch- und Pflegemittel für Textilien

Versuch 3: Die Wirkung von optischen Aufhellern
In einem Reagenzglas werden etwa 5 Spatelspitzen eines Vollwaschmittels und in einem zweiten Reagenzglas ein Colorwaschmittel mit Wasser aufgelöst. Mit diesen Waschmittellösungen werden dann mit dem Pinsel Figuren bzw. Buchstaben auf ein Filterpapier gezeichnet. Bei Tageslicht und anschließender UV-Bestrahlung (UV-Lampe) werden dann die Waschmittellösungen und die bemalten Filterpapiere betrachtet und verglichen. Die Unterschiede werden notiert und eine Auswertung schriftlich formuliert.

Versuch 4: Die Wirkung von Farbübertragungsinhibitoren
Zwei 250-ml-Bechergläser werden mit warmem Wasser gefüllt. In das eine Becherglas werden etwa 3 Teelöffel eines gelösten Vollwaschmittels und in das andere 3 Teelöffel eines gelösten Colorwaschmittels gegeben. In beide Bechergläser gibt man etwas Farbstoff (z. B. Kongorot). Anschließend in jedes Becherglas ein kleines, sauberes, weißes Stück eines Baumwolltuches geben. Nach etwa drei Minuten werden die beiden Tücher entnommen, mit Wasser abgespült und verglichen. Die farblichen Unterschiede werden notiert und eine Auswertung schriftlich formuliert.
Hinweis: Einige Textilien färben beim Waschen aus und verfärben dabei andere Textilien. Colorwaschmittel enthalten deshalb Farbübertragungsinhibitoren. Farbübertragungsinhibitoren sind Stoffe, die Farbstoffmoleküle binden können. Ein solcher Stoff ist PVP (Polyvinylpyrrolidon). PVP ist ein langkettiges Molekül, das die Farbstoffmoleküle umschließt. Dabei ragen die hydrophilen (wasserliebenden) Molekülteile des PVP in Richtung Wasser. Der Farbstoff wird dadurch im Wasser gehalten und ein Kontakt zwischen Textilien und Farbstoff verhindert. PVP ist hauptsächlich wirksam bei Baumwolle, Leinen und Viskose., weniger wirksam ist er bei Wolle und Polyamidfasern.

1.2.3 Wäschenachbehandlungsmittel

Zu den Nachbehandlungsmitteln zählen alle Produkte, die der gewaschenen Wäsche die beim Waschvorgang verloren gegangenen Eigenschaften zurückgeben. Dabei unterscheidet man folgende Gruppen:
- **Avivagen** oder **Weichspüler**, die die „Wäschestarre" des Trocknungsvorganges aufheben und der Wäsche einen weichen Griff geben
- **Appreturen** (Stärken, Steifen), die der Wäsche wieder Festigkeit geben

Weichspüler

Weichspüler als Nachbehandlung der Wäsche dienen dazu, Rauheit der Textilien (auch **Trockenstarre** genannt) nach dem Trocknen entgegenzuwirken. Dies geschieht durch die kationischen Tenside, die sich mit ihrer positiven Ladung an die negativ geladenen Fasern binden und so auf die Fasern aufziehen. Dadurch werden die Wechselwirkungen zwischen den Fasern geschwächt und das Textil wird weicher.

Aus dem Sortiment der Drogerie: Weichspüler

Inhaltsstoffe in Weichspülern	Funktion
Kationische Tenside	Weichheit der Wäsche, Glättung der Fasern, Antistatik bei synthetischen Textilien, Bügelerleichterung
Emulgatoren (nichtionische Tenside)	Stabilisierung der Inhaltsstoffe in Wasser
alkoholische Lösungsmittel	Lösungsmittel
Duftstoffe, Farbstoffe	Produktästhetik
Konservierungsmittel	verhindert Verderben durch Mikroorganismen
Wasser	Lösungsmittel

Nachhaltigkeit
Auch hinsichtlich der Energiebilanz kann die Verwendung eines Weichspülers empfehlenswert sein: Die Energieeinsparung beim Trocknen und Bügeln der Wäsche kann unter Umständen größer sein als der Energieaufwand, der zur Herstellung eines Weichspülers erforderlich ist.

 www.ikw.org/pdf/broschueren/Weichspueler.pdf

Besondere Anwendungshinweise, Produktbesonderheiten:
Neben dem Duft hat ein Weichspüler viele positive Einflüsse auf die Wäsche.
- Die kationischen Tenside legen sich wie ein Schutzfilm um die Fasern. Dies führt zu einer Faserglättung, welche wiederum eine verminderte Wasseraufnahmefähigkeit bewirkt.
- Die nahezu knitterfreien Textilien, die aus Waschmaschine und Trockner kommen, erleichtern die Arbeit beim Bügeln.
- Eine weiche, glatte Faser bietet einen erhöhten Tragekomfort und dadurch erhöhten Schutz der Fasern vor Verschleiß.
- Die verminderte Reizung der Haut infolge der geglätteten Fasern, ist für Allergiker und Kleinkinder besonders angenehm.

Hygiene-Spüler
Hygiene-Spüler haben den Zusatznutzen der **Keimbeseitigung** durch kationische Tenside (z. B. Benzalkoniumchlorid). Sie werden in den letzten Spülgang gegeben und töten dann Keime wie Bakterien (Eitererreger), Pilze (Fußpilz) und Viren (Influenza), schon bei niedrigen Temperaturen ab. Ihr Einsatz erfolgt sinnvoll bei Wäschestücken aus Synthetikfasern, Unterwäsche, Socken, Baby-Kinderwäsche oder Sportbekleidung, die laut Etikett nur bei 30 °C oder 40 °C gewaschen werden dürfen. Zusätzlich werden auch schlechte Gerüche in der Wäsche entfernt.

Hygiene-Spüler

 Hygiene-Waschmittel

Die Verwendung von Hygienewaschmitteln ist nur nötig, wenn pathogene Keime abgetötet werden müssen. Dies kann bei Erkrankungen von Familienmitgliedern in Ausnahmefällen erforderlich sein.
Das Ökoinstitut Freiburg hat die Verkeimung der Wäsche nach dem Waschen bei unterschiedlichen Waschtemperaturen (30 – 60 °C) untersucht. Ergebnisse:
- Bleichmittelhaltige Vollwaschmittel entfernen alle Keime (über 99 %) bei jeder Waschtemperatur.
- Bei Colorwaschmitteln bleibt bei 30 °C eine kleine Restkeimbelastung (97 % Keimreduktion).
- Bei Haut- und Nagelpilzbefall muss auch mit bleichmittelhaltigen Waschmitteln bei 60 °C gewaschen werden.
- Im Allgemeinen ist es nicht erforderlich, Textilien im Kochwaschgang bei 90 °C zu waschen.

Appreturen

Appretur
frz. apprêt Ausrüstung

Appreturen (im Handel als Stärken und Steifen erhältlich) sind eine Oberflächenbehandlung oder besser ein Schutzfilm für die Textilien. Sie geben ihnen Steifheit, Glanz, Glätte, aber auch wasserabweisende, schmutzabweisende oder antistatische Eigenschaften. Stärken werden aus natürlichen Rohstoffen (z. B. Reis-, Maisstärke) gewonnen, Steifen werden synthetisch hergestellt.

1 Wasch- und Pflegemittel für Textilien

Aus dem Sortiment der Drogerie: Appreturen

Produktbeispiele	Hauptinhaltsstoffe	Wirkungsweise
Wäschestärke: flüssig, pulverförmig	modifizierte Naturstärke wie Reis-, Maisstärke	Faserfestigung, geben Steife
	Wachse, Borax	Zusatz in Glanzstärke, geben Glanz, wirken schmutzabweisend
Sprühstärke, Bügelhilfe	modifizierte Naturstärke wie Reis-, Maisstärke	Faserfestigung, geben Steife
	Silikonverbindungen	glätten die Faseroberfläche und dienen als Bügelhilfe
Wäschesteife, Formspüler	Polymere wie Polyvinylacetat	dienen der Steife und Formgebung der Textilien

Wäsche-Appretur

Besondere Anwendungshinweise, Produktbesonderheiten:
Appreturen werden dem letzten Spülbad zugesetzt bzw. man sprüht sie der Wäsche vor dem Bügeln auf. Die Stärkekörner quellen bei Wärmezufuhr in Gegenwart von Wasser auf. Durch die Hitzeeinwirkung (entweder durch das heiße Wasser oder die Hitze beim Bügeln) füllen die Stärkekörner die Zwischenräume in einem Gewebe aus, verkleben miteinander und das Textil erhält Festigkeit und Steife.
Bei den Steifen bilden die Dispersionen von Polyvinylacetat beim Bügeln eine filmartige Aushärtung. Diese Behandlung erreicht allerdings nicht den Effekt der Wäschestärken.
Zu beachten ist, dass Stärke und Bügelhilfen auf dunkler Wäsche Flecken hinterlassen können.

Textilerfrischer

Textilerfrischer entfernen festsitzende, unangenehme Gerüche wie z. B. Zigarettenrauch, Schweiß, Essensgerüche an Vorhängen, Polstermöbeln, also überall dort, wo die Oberflächen nicht mit Wasser zu reinigen sind.

Aus dem Sortiment der Drogerie: Textilerfrischer

Produktbeispiele	Hauptinhaltsstoffe	Wirkungsweise
Textilerfrischer	Cyclodextrin oder Zink-Ricinoleat	Aufnahme und Einkapselung von Geruchsstoffen
	Tenside	Benetzung, Schmutzablösung
	Duftstoffe	Geruchsgebung Geruchsüberdeckung
	Konservierungsstoffe	mikrobiologische Stabilisierung

 Cyclodextrin

Cyclodextrin ist ein Wirkstoff, der beim enzymatischen Abbau von Maisstärke entsteht. Es ist ein ringförmiges Oligosaccarid, welches außen hydrophil (wasserlöslich) und innen hydrophob (wasserabweisend) ist.

Besondere Anwendungshinweise, Produktbesonderheiten:
Durch das Aufsprühen des Textilerfrischers werden die geruchsbildenden Moleküle in den Cyclodextrinen eingekapselt (komplexiert) und in der Waschmaschine als Komplex wieder herausgewaschen bzw. bei Gardinen, Polstermöbeln, Autositzen durch Reiben, Ausklopfen, Ausschütteln, Staubsaugen abgetragen.

Parfüm oder Textilerfrischer

Beträufeln Sie drei Stoffreste (ca. 10 x 10 cm) mit je 3 Tropfen einer „duftenden" Flüssigkeit. Riechen Sie vorsichtig an den drei Proben und bezeichnen Sie die Duftintensität jeweils mit einer Ziffer zwischen 0 und 10:
Probe 1: _____   Probe 2: _____   Probe 3: _____

Besprühen Sie Probe 2 mit einem Textilerfrischer (z. B.: „Fébrèze") und die Probe 3 mit einer wässrigen Tensid-Lösung (z. B. 1 Tropfen Handgeschirrspülmittel auf 10 ml Wasser), bzw. mit Wasser allein. Trocknen Sie die Textilien und riechen Sie anschließend wieder vorsichtig daran. Beschreiben Sie Art und Intensität (Skala 0–10) des Duftes bei den Proben:
Probe 1: _____   Probe 2: _____   Probe 3: _____

Wie unterscheiden sich die Proben 1 bis 3 hinsichtlich ihres Geruchs?

Bügelwasser
Es handelt sich um demineralisiertes Wasser, dem noch Konservierungsstoffe und Duftstoffe zugesetzt werden können. Es dient der Verwendung in Dampfbügeleisen.

1.2.4 Fleckentfernungsmittel

Spezielle Fleckentferner
Diese Fleckentferner dienen der Entfernung spezieller, hartnäckiger, schwer zu entfernender Flecken, wie Klebstoff, Kaugummi, Rost, Schimmel, Harz usw., auf allen waschbaren und nicht waschbaren Textilien. Fleckentferner sind mit ihren Inhaltsstoffen speziell auf die konkrete Fleckenart optimiert, da ein einziges Mittel nicht in der Lage sein kann, alle Flecken zu entfernen.

Diese speziellen Fleckentferner werden nur noch von wenigen Herstellern angeboten. Bei den Inhaltsstoffen handelt es sich um eine Bandbreite von Wirkstoffen. Schwerpunktmäßig sind es organische Lösungsmittel, Säuren und Enzyme. Die Produkte werden in flüssiger Form, Pasten, Tüchern, Stiften oder Sprays angeboten.

Aus dem Sortiment der Drogerie: Fleckentferner

Produktbeispiele	Hauptinhaltsstoffe	Wirkungsweise
Fleckentferner: flüssiges Fleckenwasser, Flecken-Paste, -Stifte, -Tücher, -Roll-on oder -Spray u. a. gegen • Blut • Kakao • Kaugummi • Klebstoff • Rost • Rotwein • Stockflecken • Schimmel • Teer, Wachs	Tenside	• abgestimmt auf den speziellen Fleck • schmutzlösend • entfärbend • bleichend
	organische Lösungsmittel wie Cyclopentan	
	Bleichmittel	
	Säuren, z. B. Zitronensäure, Oxalsäure	
	Enzyme	
• Gallseife	siehe Vorbehandlungsmittel	
• Fleckensalz	siehe Vorbehandlungsmittel	

1 Wasch- und Pflegemittel für Textilien

 Tipps zur Fleckentfernung
- Je frischer ein Fleck, desto leichter lässt er sich wieder entfernen. Beachten Sie unbedingt die jeweils auf dem Produkt befindliche Gebrauchsanweisung.
- Führen Sie eine Farbechtheitsprobe durch. Tränken Sie dazu ein sauberes, weißes Tuch mit etwas Fleckentferner. Betupfen Sie damit eine unauffällige Stelle, z. B. den Innensaum des verschmutzten Textils. Das weiße Tuch darf nicht die Farbe des Textils annehmen. Sind nach kurzem Einwirken und anschließendem Auswaschen der Lösung und Trocknen der Teststelle weder Farb- noch Strukturveränderungen des Gewebes sichtbar, kann mit der Fleckentfernung begonnen werden.
- Überschüssige Fleckensubstanz sollte vorher entfernt werden. Mit einem möglichst weißen Küchenkrepp werden Flüssigkeiten abgetupft, festere Substanzen kann man vorsichtig mit einem stumpfen Gegenstand abtragen.
- Unter das verschmutzte Textil sollte ein sauberes, weißes und saugfähiges Tuch gelegt werden. Bei starker Verschmutzung muss das Tuch mehrmals gewechselt werden.
- Das Fleckenmittel längere Zeit einwirken, jedoch nicht trocknen lassen.

Vorsicht: Durch Waschen und/oder Bügeln können Flecken im Gewebe fixiert werden, sodass sie sich dann meist nicht mehr entfernen lassen.

www.dr-beckmann.de/de/tipps/

In Fleckenfibeln wird häufig **Seifenspiritus** empfohlen. Es handelt sich dabei um eine 1:1-Mischung aus Kaliumseife und Spiritus, der, auch gemischt mit Salmiakgeist, ein guter Fleckentferner ist.

 Fleckentfernung mit Hausmitteln

Die noch bei vielen Kunden beliebten **Hausmittel** können nicht empfohlen werden. Sie bringen meist nicht den gewünschten Erfolg, da sie den heutigen modernen Textilien nicht angepasst sind. Außerdem sind sie in der Anwendung oft kompliziert, teuer und zeitaufwändig.

Entfärber

Es handelt sich um Produkte, die verfärbte oder vergilbte (durch Licht verfärbte) Wäsche entfärben.

Aus dem Sortiment der Drogerie: Entfärber

Produktbeispiele	Hauptinhaltsstoffe	Wirkungsweise
Entfärber	Bleichmittel: z. B. Natriumdithionit	zerstört als reduktives Bleichmittel die Farbstoffe
	Natriumkarbonat	erhöht den pH-Wert

Besondere Anwendungshinweise, Produktbesonderheiten:
Beim Entfärben verfärbter Buntwäsche muss unbedingt vorher die Farbechtheit des Textils überprüft werden, da der Entfärber nicht zwischen Verfärbung und Textilfarbe/Originalfarbe der Wäsche unterscheidet.

2 Haushaltsreinigungs- und -pflegemittel (Putzmittel)

Die Vielfalt an Haushaltsreinigungs- und pflegemitteln ist groß; es gibt gewissermaßen für jedes Schmutzproblem ein Spezialmittel. Grund dafür sind die unterschiedlichen zu entfernenden **Schmutzarten** (u. a. Fettrückstände, Kalkablagerungen, Glanzrückstände auf den Fußböden, die Oxidschichten bei angelaufenem Silber oder Messing) und die zu reinigenden oft empfindlichen **Oberflächen** (behandeltes bzw. unbehandeltes Holz, Glas, Naturstein, Keramik, Metall, Lack, Kunststoff usw.).

Anforderungen der Kunden an Reinigungsmittel sind z. B.: einfache, rückstandslose Anwendbarkeit, Oberflächenschonung, Hautverträglichkeit, toxikologische und ökologische Unbedenklichkeit.

Die Vielfalt der Produkte lässt sich nach verschiedenen Kriterien ordnen:
- nach dem pH-Wert der Reinigungsmittel in **saure**, **alkalische** und **neutrale Reiniger**
- nach dem Verwendungszweck in **Basisreiniger** und **Spezialreiniger** für den Küchen-, Bad- und Wohnbereich

Produkte

sauer	neutral	alkalisch
Klarspüler (Spülmaschinen)	Allzweckreiniger	maschinelle Spülmittel
Edelstahlreiniger	Handgeschirr-Spülmittel	Backofenreiniger
WC-Reiniger		Abflussreiniger
Bad-Reiniger		Fensterreiniger
Entkalker		chlorhaltige Sanitärreiniger
		Schmierseife

Wirkstoffe (Auswahl)

sauer	neutral	alkalisch
Phosphorsäure	Tenside	Natriumhydroxid (Natronlauge)
Amidosulfonsäure		Kaliumhydroxid (Kalilauge)
Natriumhydrogensulfat		Soda (Natriumkarbonat)
Ameisensäure		Metasilikate
Essigsäure		Kaliseifen
Zitronensäure		Ammoniak
		Triethanolamin

Zusammenhang zwischen pH-Wert und Reinigungswirkung

2.1 Basisreiniger: Scheuermittel und Allzweckreiniger

 Geschichtliches

Noch in der ersten Hälfte des vorigen Jahrhunderts war es in jeder Küche üblich, dass oberhalb der Spüle ein Bord mit drei Gefäßen für Soda, Seife und Sand angebracht wurde: Soda zur Enthärtung des Wassers, Seife zum Waschen und Sand zum Scheuern.

Scheuermittel

Scheuermittel dienen zur Reinigung von hartnäckigem Schmutz wie Eingebranntem oder Kalkseifen auf allen kratz- und wasserunempfindlichen Oberflächen.

Aus dem Sortiment der Drogerie: Scheuermittel

Produktbeispiele	Hauptinhaltsstoffe	Wirkungsweise
Scheuerpulver, Scheuermilch	Scheuerpartikel (Reinigungsmineralien, Abrasiva) wie z. B. Kalziumkarbonat, Silikate, Aluminiumoxide	• mechanisches Abreiben bzw. Abschmirgeln des Schmutzes durch die feine Körnchenstruktur der Reinigungsmineralien
	Alkalien (Soda)	• unterstützen die fettlösende Reinigung durch die alkalische Reaktion von Natriumkarbonat
	Tenside	• Schmutz benetzen, ablösen und emulgieren
	Stabilisatoren	• verhindern ein Absetzen der Reinigungsmineralien in der Scheuermilch
Weitere mögliche Inhaltsstoffe	Bleichmittel	• bleichen Verfärbungen

Besondere Anwendungshinweise, Produktbesonderheiten:
Scheuerpulver und Scheuermilch unterscheiden sich vornehmlich in der Größe der Reinigungsmineralien (Abrasiva). Die durchschnittliche Korngröße der Partikel sollte nicht über 0,05 mm liegen, um die zu reinigende Oberfläche nicht zu beschädigen. Viele Abrasivteilchen werden daher in materialschonender kugelförmiger Kornstruktur eingearbeitet.
Aufgrund der feineren Abrasiva kann Scheuermilch auf empfindlicheren Oberflächen benutzt werden. Sehr feinkörnige Scheuermittel werden auch als Poliermittel verwendet, um kleinere Kratzer zu entfernen (z. B. Edelstahlreiniger, Silberputzmittel). Die mechanische Reinigungswirkung lässt sich durch die Verwendung von Scheuerschwämmen noch verstärken.

Scheuermittel sind generell alkalische Reiniger.
Wiener Kalk besteht nur aus feinst vermahlenem Dolomit (Kalzium-Magnesium-Karbonat), ohne weitere Zusätze, und eignet sich sehr gut zum Polieren von Edelstahl, Silber- und Messingwaren.

Wiener Kalk

> **Karbonatnachweis in Scheuermilch**
> Man gibt etwas Scheuermilch in ein Reagenzglas und fügt einige Tropfen Salzsäure hinzu. Schnell verschließt man das Reagenzglas mit einem Gummistopfen, in welchem sich ein mit Kalkwasser gefülltes Gärröhrchen befindet. Bei Anwesenheit von Karbonat in der Scheuermilch trübt sich das Kalkwasser durch das frei werdende Kohlendioxid.

Allzweckreiniger

Die Allzweckreiniger sind die meistverkauften Haushaltsreinigungsmittel. Sie dienen zur Reinigung aller mit Wasser abwaschbaren Oberflächen.

Aus dem Sortiment der Drogerie: Allzweckreiniger

Produktbeispiele	Hauptinhaltsstoffe	Wirkungsweise
Allzweckreiniger	Tenside	• Benetzung, Ablösung und Emulgierung des Schmutzes
	wasserlösliche Lösungsmitteln	• Unterstützung der Reinigungswirkung • Lösungsvermittler
	Zusätze wie Riech- und Farbstoffe, Konservierungsstoffe	• Produktästhetik
Neutrale Allzweckreiniger	mit Zusätzen von Alkoholen, z.B. Ethanol, Propanol und Phosphaten	• die Zusätze dienen der Unterstützung der Reinigungswirkung der Tenside • greifen die Oberflächen nicht an, da sie „milde" eingestellt sind • schnelle, streifenfreie Trocknung infolge des Alkoholanteils
saure Allzweckreiniger (Essigreiniger)	mit Zusätzen von Essigsäure, Zitronensäure oder Maleinsäure	• lösen kalkhaltige Verschmutzungen
alkalische Allzweckreiniger	mit Zusätzen von Ethanolamin, Ammoniak, Soda oder Natriumhydroxid	• lösen stark fetthaltige Verschmutzungen, besonders im Küchenbereich
antimikrobielle Allzweckreiniger	mit keimtötenden Zusätzen wie speziellen Kationtensiden oder Natriumhypochlorit	• wirken desinfizierend
Reine Soda	Natriumkarbonat	• hohe Reinigungskraft aufgrund der Alkalität (siehe Exkurs)

Besondere Anwendungshinweise, Produktbesonderheiten:
Flüssige Allzweckreiniger werden bei normalen Verschmutzungen und großen Flächen mit Wasser verdünnt angewendet, ein Nachwischen ist dabei nicht erforderlich, außer auf Flächen, die mit Nahrungsmitteln in Berührung kommen. Bei starken Fettverschmutzungen kann man sie auch punktuell unverdünnt anwenden. Dann sollte allerdings nass nachgewischt werden, um eine Streifen- und Rückstandsbildung zu vermeiden.

Die Zusammensetzung und große Auswahl an verschiedenen Allzweckreinigern liegt darin begründet, dass sie auf die verschiedenen Materialien und Verschmutzungen von Fettschmutz in der Küche bis zur Kalkablagerung im Badbereich abgestimmt sind. **Hauptwirkstoffe** der Allzweckreiniger sind die Tenside, meist handelt es sich um eine Kombination von anionischen mit nichtionischen Tensiden. Alle weiteren Inhaltsstoffe dienen der Erhöhung der Reinigungsleistung und der Vergrößerung der Produktpalette.

Saure Reiniger sind besonders für den Badbereich und zur Edelstahlreinigung im Küchenbereich geeignet. Sie dürfen allerdings nicht auf säureempfindlichen Materialien wie Marmor, Fugen, Armaturen angewendet werden, da sie diese angreifen.

Allzweckreiniger

2 Haushaltsreinigungs- und -pflegemittel (Putzmittel)

Als weitere Angebotsform sind **feuchte Allzweckreinigungs-Tücher** erhältlich. Es handelt sich um Vliestücher, die mit einem Allzweckreiniger getränkt sind. Diese werden in einer verschließbaren Box, vor dem Austrocknen geschützt, angeboten. Sie eignen sich zur Reinigung kleiner Flächen wie Handys, Computertastaturen, Türklinken etc.

Anwendungen von Soda

Soda ist ein altes Hausmittel, das aufgrund seiner hohen Alkalität auch heute noch vielseitig eingesetzt werden kann, z.B.:
- Frühstücksbrettchen aus Holz: mit einer heißen Sodalösung abwaschen und -bürsten, damit Fleisch-, Fett- und Stärkereste entfernt und die Brettchen keimfrei werden.
- Holzregale keimfrei machen: Regale zum Einlagern von Äpfeln und Birnen mit heißer Sodalösung abbürsten, damit die Schimmel- und Fäulnispilz-Sporen abgetötet werden.
- Marmeladen- und Einmachgläser reinigen und keimfrei machen: In heißer Sodalösung waschen, dann mit kaltem Wasser spülen und zum Ablaufen umgekehrt auf ein sauberes Tuch stellen. Nicht austrocknen!
- Sauna: Holzteile mit heißem Sodawasser (1 Esslöffel pro Liter) reinigen und desinfizieren.
- Verstopfte Ausgüsse, die mechanisch – durch Abschrauben des Siphons oder mit der Gummipumpe – schwer zu reinigen sind, mit einer starken, heißen Sodalösung durchspülen, indem 2–3 gehäufte Esslöffel in 2 Liter Wasser gelöst werden. Das hilft auch gegen schlechte Gerüche aus Ausgüssen.
- Zum Spülen von Milchgefäßen, Mehrwegflaschen, Blumenvasen, Thermosgefäßen usw. gut geeignet.
- Zum Reinigen von Friteusen, fettigen Backblechen, Grillrosten und Pfannen.

Da die Haut bei der Reinigung entfettet wird, empfiehlt sich das Tragen von Gummihandschuhen und nachträgliches Eincremen.

2.2 Spezialreiniger

2.2.1 Spezialreiniger für die Küche

Geschirrreinigung
Für die Geschirrreinigung gibt es grundsätzlich zwei Verfahren: Handspülen und Maschinenreinigung.

Handgeschirrspülmittel

Handgeschirrspülmittel müssen folgende Anforderungen erfüllen:
- sehr gute Spülleistung mit hohem Schaumvermögen
- rückstandsfreies Ablaufen und Trocknen des Geschirrs
- sehr gute Hautverträglichkeit auch für Personen mit empfindlicher Haut
- toxikologische Unbedenklichkeit und
- hohe Ergiebigkeit

Aus dem Sortiment der Drogerie: Handgeschirrspülmittel

Produktbeispiele	Hauptinhaltsstoffe	Wirkungsweise
flüssige Handgeschirrspülmittel zusätzliche Angebotsformen: als Konzentrate, als Balsam, für sensitive Haut, mit verschiedenen Duftrichtungen	hautfreundliche Tenside	• Benetzung, Ablösung und Emulgierung des Schmutzes bei niedrigen Temperaturen
	Lösungsvermittler, z. B. Alkohol	• verhindern Phasentrennung
	Zitronensäure	• pH-Wert-Einstellung • Geruchsbindung, indem geruchsintensive Amine in geruchlose Ammoniumsalze verwandelt werden
	Rückfetter, wie Wollwachsderivate, Hautpflegestoffe, wie Aloe Vera	• Rückfettung bzw. Pflege der Haut
	Duftstoffe, Farbstoffe	• Produktästhetik

Spülmittel sollten immer nach den Herstellerempfehlungen dosiert werden. Bei Überdosierung verbleiben mehr Rückstände auf dem Geschirr bzw. wird mehr Wasser zum Klarspülen benötigt und somit die Umwelt belastet.

Besondere Anwendungshinweise, Produktbesonderheiten:
Beim Handgeschirrspülen muss der Nachteil, dass mit wenig Chemie (nur milde hautschonende Tenside) und mit niedriger Temperatur bei etwa 35–45°C gearbeitet werden muss, durch die mechanische Kraft von Bürsten und Schwämmen ausgeglichen werden.
Der Schaum der Spülmittellösung ist ein Indikator für das **Schmutzaufnahmevermögen** des Spülwassers. Es ist dann aufgebraucht, wenn die Schaumdecke zusammenbricht.
Auf dem Geschirr verbleibende Spuren des Spülmittels sind pharmakologisch unbedenklich. Allerdings sollten Bier- und Sektgläser unbedingt mit klarem Wasser nachgespült werden, da der Spülmittelrückstand, die Tenside, später die Schaumbildung verhindert.

Bei der Auswahl der Tenside wird von Herstellerseite darauf geachtet, dass neben der Fettreinigung des Geschirrs auch immer eine angemessene Hautschonung gewährleistet ist. Handgeschirrspülmittel werden daher auch auf einen pH-Wert von 5 bis 6 eingestellt. Hautpflegende Zusatzstoffe werden zwar zugesetzt, aber insbesondere Menschen mit empfindlicher Haut sollten zum Handspülen Handschuhe tragen und anschließend immer die Hände eincremen.

> Hilfsmittel wie Spülbürsten, Schwämme, Spüllappen bieten Keimen optimale Wachstumsbedingungen (sogenannte „Keimfallen"). Sie sollten daher häufig gewechselt werden.

Maschinengeschirrspülmittel

Die vielfältigen Verschmutzungen auf dem Haushaltsgeschirr wie farbige Speisereste (Rotkohl, Ketchup, Curry), angebrannte, fetthaltige Verschmutzungen (angebranntes Fleisch, Milch), angetrocknete stärkehaltige Reste (Nudeln, Reis) und angetrocknete Eiweißreste (Ei, Käse) müssen in der Geschirrspülmaschine ohne die starken mechanischen Kräfte beim Handspülen entfernt werden können. Daneben müssen die Materialbesonderheiten der Geschirrteile (Bemalungen, Silberteile, Goldränder, Kristallgläser) berücksichtigt werden.

In der Maschine läuft ein festes Spülprogramm mit viel Chemieeinsatz und hohen Temperaturen ab, das die mechanische Arbeit der Spülbürste beim Handspülen übernimmt.

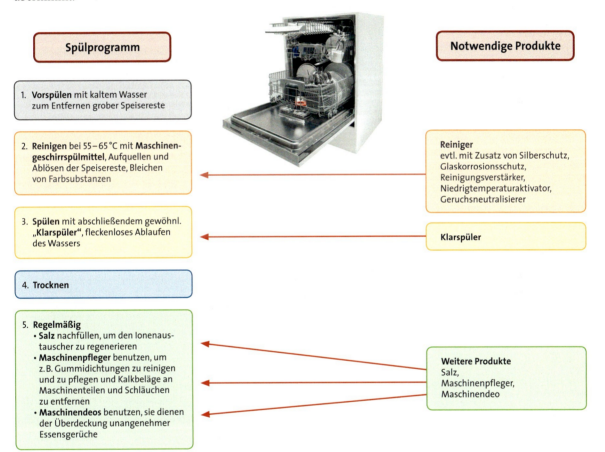

Aus dem Sortiment der Drogerie: Maschinengeschirrspülmittel

Produktbeispiele	Hauptinhaltsstoffe	Wirkungsweise
Maschinen-geschirrspülmittel	Alkalien wie Natriumkarbonat, Silikate	• quellen angetrocknete Lebensmittelreste auf • lösen Fettverschmutzungen
	Phosphate, Citrate, Polykarboxylate	• enthärten das Wasser
	Bleichmittel auf Sauerstoffbasis, z. B. Natriumperkarbonat und Bleichaktivatoren (z. B. TAED)	• entfernen farbige Anschmutzungen wie Rotkohl, rote Beete, Tee, Kaffee
	Enzyme	• Amylasen spalten stärkehaltige Speisereste • Proteasen spalten eiweißhaltige Speisereste
	schaumarme Tenside	• benetzen, lösen, emulgieren Schmutz
	Duftstoffe	• überdecken unangenehmen Geruch während des Reinigungsvorgangs
Klarspüler	schaumarme Tenside	• Trocknungshilfe im letzten Spülgang Sie setzen die Wasseroberflächenspannung herab, sodass das Spülwasser als hauchdünner Film schnell und streifenfrei ablaufen und verdunsten kann und Tropfenbildung verhindert wird.
	Zitronensäure	• neutralisiert Alkalireste
Regeneriersalz	gereinigtes, gekörntes Salz (Natriumchlorid)	• regeneriert Ionenaustauscher im Spülautomaten (siehe Exkurs)
Glaskorrosionsstein	Alkali-Zink-Phosphatglas	• setzt beim Spülen spezielle Ionen frei und verhindert so die Glaskorrosion (siehe Exkurs)
Maschinenpfleger	organische Säuren	• lösen Kalkbeläge
	schaumarme Tenside	• benetzen, lösen, emulgieren festgesetzten Schmutz
Maschinendeo	ätherische Öle	• Duftstoffe werden über eine spezielle Membran mit der Zeit freigesetzt und überdecken den Eigengeruch des verschmutzten Spülgutes.

Besondere Anwendungshinweise, Produktbesonderheiten:
Die **Maschinengeschirrreiniger** sind alle stark alkalisch eingestellt. Die Gruppe der Bio-Reiniger sind phosphatfrei, schwächer alkalisch eingestellt und enthalten mehr Enzyme.

Pulverförmige Produkte können individuell dosiert werden, was für kleine Geschirrspülmaschinen oder aber bei Programmen mit sehr kurzen Laufzeiten von Vorteil ist.

Geschirrspül-Tabs bieten den Kunden eine bequeme Handhabung. Sie können neben dem Reiniger (Solo-Tabs) in den Kombi-Tabs (den X-in-1-Tabs) sogar mehrere Komponenten des Reinigungs-und Spülsystems vereinen, z. B.
- Klarspüler,
- Ersatz für das Regeneriersalz,
- Glaskorrosionsschutz,
- Edelstahlpflege,
- Silberschutz,
- Reinigungsverstärker,
- Niedrigtemperaturaktivator oder Geruchsneutralisator.

Der Marktanteil der Tabs liegt deutlich höher als der der konventionellen Pulverreiniger, obwohl die Tabs in der ökologischen Bewertung und im Preis deutlich schlechter zu bewerten sind.

2 Haushaltsreinigungs- und -pflegemittel (Putzmittel)

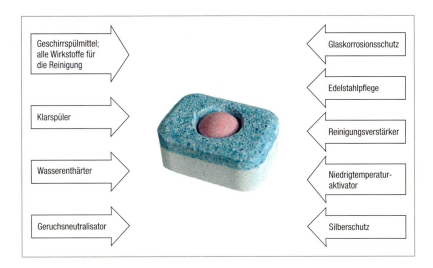

 Funktionsweise eines Ionenaustauschers

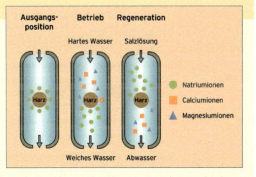

Der in der Maschine eingebaute Enthärter (Ionenaustauscher) ist mit einem Ionenaustauscher-Harz gefüllt, welches im aktiven Zustand mit Natriumionen aus dem Enthärtersalz beladen ist. Wird der Enthärter von hartem Wasser durchströmt, so werden die Kalzium- und Magnesiumionen des Wassers von der Austauschermasse gegen Natriumionen ausgetauscht, das Spülwasser wird dadurch „weich". Würden diese Härtebilder, d. h. Kalziumionen, nicht gebunden werden, so würden sie die Heizstäbe bedecken und auch Kalkflecken auf dem Geschirr verursachen.

Ist der Ionenaustauscher mit Kalziumionen gefüllt, geht seine Wirksamkeit verloren. Das Regeneriersalz tauscht dann wieder Natrium gegen Kalzium aus und regeneriert so den Ionenaustauscher. Das geht nur, weil wesentlich mehr Natrium in der Regenerationsflüssigkeit als im Austauscher ist, daher muss auch viel Salz eingefüllt werden. Bei Verwendung von multifunktionalen Kombi-Tabs mit integrierter Salz-Funktion erübrigt sich das Nachfüllen von Salz.

 Glaskorrosion

Bei der Glaskorrosion handelt es sich um eine irreversible Trübung der Gläser, bei der es sich um eine Beschädigung der Oberfläche (u.a. mikroskopisch feine Aufrauung, Herauslösen von Oxiden aus dem Glas, Bildung einer schillernden Gelschicht) handelt. Diese wird durch die alkalischen Reiniger und die hohen Temperaturen in der Geschirrspülmaschine verursacht. Im Handel sind Anti-Glaskorrosionssteine als Anti-GlaskorrosionsProtektor erhältlich, die in die Spülmaschine gehängt werden. Diese Kristalle bestehen aus einem Alkali-Zink-Phosphatglas, welches sich innerhalb von etwa 50 Spülgängen auflöst. Dabei werden jeweils Ionen freigesetzt, die den Prozess der Glaskorrosion an den Gläsern verhindern. Einmal eingetretene Korrosion kann allerdings nicht rückgängig gemacht werden.

Die Maschinenpfleger sollen die Maschine von Verschmutzungen und Kalkbelägen befreien, die sich mit der Zeit und bei nicht sachgemäßer Einstellung der Enthärtung in den Schläuchen und Spritzdüsen der Maschine gebildet haben. Zudem dienen sie der Reinigung der Gummidichtungen. Sie dürfen auf keinen Fall mit den alkalischen Reinigern zusammen angewendet werden, da sich dann die Wirkung der beiden Reiniger aufheben würde.

Küchenreiniger; Fettlöser

Küchenreiniger sind ähnlich wie Allzweckreiniger aufgebaut, enthalten aber zusätzliche **fettlösende** Stoffe. Sie sind auf die Beseitigung von Eingebranntem, von Fettablagerungen auf Dunstabzugshauben, Grillrosten und Küchenmöbeln spezialisiert.

Aus dem Sortiment der Drogerie: Küchenreiniger, Fettlöser

Produktbeispiele	Hauptinhaltsstoffe	Wirkungsweise
Küchenreiniger, Fettlöser	Tenside	• Benetzen, Ablösen, Emulgieren des Schmutzes • unterstützen die Reinigungswirkung der anderen Inhaltsstoffe
	Alkalien, z.B. Ethanolamin	• quellen die eingebrannten Verschmutzungen auf
	Lösungsmittel, z.B. Glykolether	• unterstützen die Reinigungswirkung u.a. durch Lösen von verharztem Fett

Besondere Anwendungshinweise, Produktbesonderheiten:
Aufgrund der starken Alkalität und der Lösungsmittel sollten Fettlöser nicht auf geölten, gewachsten, lackierten oder offenporigen Holzoberflächen, lackierten Flächen im Hausbereich, Aluminium, Linoleum oder Leder angewendet werden.

Backofen- und Grillreiniger

Bei dem Schmutz in Backöfen, auf Backblechen und Grillrosten handelt es sich meist um eingebrannte Fettverschmutzungen, sirupartige Zuckerverkrustungen oder eingebrannte Speisereste.

Aus dem Sortiment der Drogerie: Backofenreiniger

Produktbeispiele	Hauptinhaltsstoffe	Wirkungsweise
Backofenspray, Backofenreiniger, Backofengel	Alkalien, z.B. Natrium-, Kaliumhydroxid, Ethanolamin	• quellen die eingebrannten Verschmutzungen auf, speziell Fettverschmutzungen
	Lösungsmittel, z.B. Glykolether	• unterstützen die Reinigungswirkung
	Verdickungsmittel, z.B. Karboxymethylcellulose	• machen das Produkt hochviskos und klebrig, damit es an den senkrechten Backofenwänden gut haftet
	Tenside	• Benetzen, Ablösen, Emulgieren den Schmutz • unterstützen die Reinigungswirkung der anderen Inhaltsstoffe
	nur in Sprays enthalten: Treibgase, z.B. Butan, Propan	• dienen als Treibgas

2 Haushaltsreinigungs- und -pflegemittel (Putzmittel)

Besondere Anwendungshinweise, Produktbesonderheiten:
Backofenreiniger mit Natrium- oder Kaliumhydroxid werden im vorgewärmten Backofen angewendet. Reiniger mit Ethanolamin sind für die Kaltreinigung gedacht. Die starken Laugen können Zierleisten, Aluminiumteile, lackierte Flächen angreifen (sie „laufen an", sie verlieren an Glanz).

> **Emulgiervermögen verschiedener Reiniger testen**
>
> In das erste Reagenzglas gibt man eine Probe des Backofenreinigers mit etwas Wasser und einige Milliliter Öl. Das zweite Reagenzglas wird mit wenigen Millilitern Wasser und etwas Öl befüllt.
>
> Schüttelt man beide Gläser, so erkennt man, dass sich in dem Reagenzglas mit dem Reiniger eine Emulsion bildet, während in dem anderen Glas eine deutliche Phasentrennung zu beobachten ist. Führen Sie diesen Versuch auch noch mit andern Reinigern durch, z. B. Handgeschirrspülmitteln, Allzweckreinigern usw. Dokumentieren Sie Ihre Beobachtungen.

Herdplattenreiniger für gusseiserne Herdplatten

Bei den Verschmutzungen auf den gusseisernen Herdplatten handelt es sich meist um eingebrannte Fettverschmutzungen, sirupartige Zuckerverkrustungen oder eingebrannte Speisereste. Bei älteren Platten ist häufig auch Rost zu entfernen.

Aus dem Sortiment der Drogerie: Herdplattenreiniger

Produktbeispiele	Hauptinhaltsstoffe	Wirkungsweise
Seifenstahlwolle	Reinigungskissen aus Stahlwollfäden, die teilweise mit Seife versetzt sind	• zur mechanischen Reinigung von verkrusteten Speiseresten • Seife unterstützt die Reinigungswirkung
Herdplattenreiniger	sauer oder alkalisch eingestellte pastöse Mittel mit Abrasivstoffen, Tensiden und Lösemitteln	• reinigen durch Aufquellen und mechanisches Ablösen des Schmutzes mit Unterstützung der Tenside und Lösemittel
	Wachse, Silikone, Farbpigmente (Ruß)	• pflegen und geben ursprüngliche dunkle Farbe zurück

Glaskeramik-Reiniger (Ceranfeldreiniger)

Bei den Verschmutzungen auf den Glaskeramik-Kochfeldern (Ceran®-Feldern) handelt es sich meist um Speisereste, Fettspritzer oder Eingebranntes.

Aus dem Sortiment der Drogerie: Glaskeramikreiniger

Produktbeispiele	Hauptinhaltsstoffe	Wirkungsweise
Ceranfeldreiniger, Glaskeramikreiniger	Säuren, z. B. Zitronensäure, Amidosulfonsäure	• entfernen kalkhaltige Verschmutzungen
	Polierkörper, z. B. Aluminiumoxid, Aluminiumsilikat	• entfernen mechanisch hartnäckige Verschmutzungen
	Tenside	• emulgieren den Schmutz • unterstützen die Reinigungswirkung der Polierkörper

Produktbeispiele	Hauptinhaltsstoffe	Wirkungsweise
Backofenspray, Backofenreiniger, Backofengel	Pflegestoffe, z. B. Silikonöle	• geben Oberflächenschutz und Glanz
	Verdickungsmittel, z. B. Xanthan	• stabilisieren die Polierkörper im Produkt
Reinigungsschaber	Stahlklinge	• Verkrustungen werden abgestoßen.

Silikonöl
→ Kapitel VII

Besondere Anwendungshinweise, Produktbesonderheiten:
Die Silikonöle, die die Oberfläche mit einem schmutzabweisenden Film überziehen, werden zugesetzt, damit geschmolzener Zucker, der beim Abkühlen zu sogenanntem Zuckerbruch führen kann, sich auf der Oberfläche nicht festsetzen kann.
Die Glaskeramik der Kochfelder ist empfindlich gegenüber Alkalien, welche zur Glaskorrosion führen können. Von daher müssen Glaskeramikreiniger leicht sauer eingestellt sein. Die Verwendung einer Scheuermilch ist somit nicht empfehlenswert.
Für hartnäckige Verschmutzungen sollte ein Ceran-(Glas-)schaber empfohlen werden.

Edelstahlreiniger
Edelstahlreiniger dienen der Entfernung fetthaltiger und kalkhaltiger Verschmutzungen an Abzugshauben, Küchenoberflächen, Töpfen, Spülen.

Aus dem Sortiment der Drogerie: Edelstahlreiniger

Produktbeispiele	Hauptinhaltsstoffe	Wirkungsweise
Edelstahlreiniger	Säuren, z. B. Zitronensäure, Amidosulfonsäure	• entfernen kalkhaltige Verschmutzungen
	Polierkörper, z. B. Aluminiumoxid, Aluminiumsilikat	• entfernen mechanisch hartnäckige Verschmutzungen
	Tenside	• emulgieren den Schmutz • unterstützen die Reinigungswirkung der Polierkörper
	Pflegestoffe, z. B. Silikonöle	• geben Oberflächenschutz und Glanz

Besondere Anwendungshinweise, Produktbesonderheiten:
Die Edelstahlreiniger sind ähnlich den Glaskeramikreinigern aufgebaut und werden von einigen Herstellern auch in einem Produkt kombiniert angeboten.

Silberreiniger, Metallreiniger
Bei der Silberreinigung werden zwei grundsätzlich verschiedene Verfahren unterschieden: die **chemische (Tauchbäder)** und die **mechanische Reinigung (Emulsionen, Pasten)**.

Silber bildet mit Schwefelverbindungen aus der Luft oder eiweißhaltigen Speisen braun-schwarze Oxidschichten („Anlaufen von Silber"), die sich durch Spülmittel nicht entfernen lassen. Auch andere Metalle (Kupfer) und Legierungen (Messing, Bronze) überziehen sich mit Oxidschichten, die sich nur mechanisch entfernen lassen.

2 Haushaltsreinigungs- und -pflegemittel (Putzmittel)

Silber

Silber ist ein weiß glänzendes, weiches Edelmetall, welches meist mit anderen Metallen legiert wird, um die Härte zu verbessern. Der Silberanteil in einer solchen Legierung wird mit dem Silberstempel angegeben (Silberstempel 850 besagt, dass 85 % Silber und 15 % beigemischtes Fremdmetall sind). Viele Silbergegenstände sind nur versilbert, d. h. mit einer Silberschicht versehen. Auch hier kommt es auf die Menge Silber an, die für den Überzug verwendet wurde (150, 90er Versilberung). Eine Versilberung ohne weitere Angaben (engl. Silver plated) bedeutet, dass es sich um eine sehr dünne Sillberbeschichtung handelt.

Aus dem Sortiment der Drogerie: Silber-, Metallreinigungsmittel

Produktbeispiele	Hauptinhaltsstoffe	Wirkungsweise
Silberreinigungs-bad	Thioharnstoff	• komplexieren die Silberbeläge und überführen sie in wasserlösliche Verbindungen
	Tenside	• benetzen die Oberfläche
	Säuren	• entfernen kalkhaltige Verschmutzungen
	Alkohol	• lösen Fette und Harze
Silberreinigungs-tuch emulsion milch paste Metallpolituren	besonders feine und weiche Poliersubstanzen, z. B. Kieselgur, Kalziumkarbonat, Talkum	• reiben mechanisch die Oxidschicht ab • polieren das Silber/Metall
	Tenside	• emulgieren den Schmutz • unterstützen die Reinigungswirkung der Polierkörper
	Säuren, z. B. Zitronensäure	• entfernen kalkhaltige Verschmutzungen
	Wachse, Silikonöl	• geben Anlaufschutz und Glanz

> Beim Silberputzen immer Einmalhandschuhe tragen, da die Hände sich sonst schwarz färben

Besondere Anwendungshinweise, Produktbesonderheiten:
Zur mechanischen Reinigung zählen die Silberputztücher, die Pasten und die Emulsionen. Im Tauchbad findet die chemische Reinigung statt.
Silberputztücher sind saugfähige Baumwolltücher, die mit Tensiden und einem feinen Poliermittel getränkt sind. Sie nehmen beim Reinigen den schwarzen Silberbelag auf, färben sich dabei schwarz und müssen dann entsorgt werden. Sie können nicht gewaschen und wiederverwendet werden.
Beim Putzen mit imprägnierten Tüchern, Pasten oder Emulsionen reibt und poliert man so lange, bis das Silber blank ist. Zum Polieren eignen sich Watte oder ein weiches Tuch.

In das **Reinigungsbad** taucht man das Silberteil für kurze Zeit ein und spült es dann unter fließendem Wasser gründlich ab. Anschließend wird der Gegenstand mit einem weichen Tuch nachpoliert.
Dieses Verfahren ist nicht für Schmuckstücke mit Edelsteinen oder schwarzen Schmuckoxidationen geeignet. Da die Einsatzkörbe der Tauchbäder sehr klein sind, ist diese Reinigung auch nicht für große Silberteile wie Besteck oder Kerzenleuchter geeignet.

Deutlich sichtbarer Reinigungserfolg, der Löffel wurde teilweise in ein Reinigungsbad getaucht.

Entkalker

Entfernung von Kalkrückständen z. B. in Wasserkochern, Kaffeemaschinen, Eierkochern, an Spülen

Aus dem Sortiment der Drogerie: Entkalker

Produktbeispiele	Hauptinhaltsstoffe	Wirkungsweise
Reine Zitronensäure	Zitronensäure	• löst den Kalk
Entkalker -tabs -pulver -flüssigkeit	Säuren, z. B. Zitronensäure Ameisensäure Amidosulfonsäure	• lösen den Kalk

Besondere Anwendungshinweise, Produktbesonderheiten:
Aufgrund ihres stark sauren pH-Wertes dürfen sie nicht auf Marmor, Aluminium oder anderen säureempfindlichen Materialien angewendet werden.

2.2.2 Bad- und WC-Reiniger

Die Badreinigung umfasst die Entfernung der Rückstände von Kalk- und Kalkseifen, Zahncreme, Kosmetika, Haarstylingprodukten in Waschbecken, Duschen und Badewannen, auf Spiegeln und Kacheln und die Reinigung verstopfter Abflüsse.
Die feucht-warme Luft im Badezimmer fördert zusammen mit den organischen Stoffen (z. B. Hautpartikel) das Wachstum von Mikroorganismen, sodass auch die übermäßige Vermehrung von Schimmelpilzen und Krankheitskeimen unterdrückt bzw. beseitigt werden muss.

> **Urinstein**
>
> Urinstein ist ein gelblich bräunlicher wasserunlöslicher Belag, der durch die Reaktion der Harnsäure im Urin mit kalkhaltigem Wasser entsteht.

WC-Reiniger, Urinsteinentferner

WC-Schüsseln, die aus alkali- und säurefester Keramik sind, werden desinfiziert (alkalische chlorhaltige Desinfektionsreiniger) und hartnäckige Kalk- und Urinsteinablagerungen (saure Reiniger) werden entfernt. Urinstein ist eine gelbliche, braune Ablagerung, welche sich aus Urin zusammen mit kalkhaltigem Wasser bildet.

Aus dem Sortiment der Drogerie: WC-Reiniger

Produktbeispiele	Hauptinhaltsstoffe	Wirkungsweise
WC-Reiniger, flüssig, gelförmig	Organische Säuren, z. B. Ameisensäure, Essigsäure, Zitronensäure, Amidosulfonsäure, Salzsäure, Phosphorsäure	• entfernen Kalkablagerungen, Urinstein
	Tenside	• Schmutzpartikel benetzen und ablösen
	Verdickungsmittel, z. B. Xanthan	• erhöhen die Viskosität des Produktes • verbessern die Haftfähigkeit
	Duftstoffe, Farbstoffe	• dienen der Produktästhetik
Urinsteinlöser	Anorganische Säuren, z. B. Salzsäure	• besonders stark wirkende WC-Reiniger
WC-Tabs	Natriumkarbonat, Amidosulfonsäure, Tenside, Enthärter, Duftstoffe, Farbstoffe	• werden direkt in den WC-Abfluss gegeben • lösen sich durch Zusammenwirken von Natriumkarbonat und Säure sprudelnd im Abflussrohr auf und wirken reinigend, kalklösend bzw. urinsteinlösend auch an Stellen, an die die Bürste nicht hinkommt
WC-Spülsteine/ Spülreiniger/ Duftspüler	Natriumkarbonat, Amidosulfonsäure, Tenside, Enthärter, Duftstoffe, Farbstoffe	• Wirkstoffblöcke, die ins WC-Becken gehängt werden • lösen sich langsam auf und geben beim Spülen jeweils die reinigenden, kalklösenden bzw. desinfizierenden Substanzen ab
WC-Reinigungstücher	Ethanol	• zur Reinigung und Desinfektion des WC-Sitzes

Besondere Anwendungshinweise:
Bei der Anwendung muss immer darauf geachtet werden, dass die Oberflächen säurefest sind. Es können schnell Schäden auftreten, wenn diese Mittel auf Toilettendeckel (z. B. aus Holz), metallische Verschraubungen am WC oder Kleidungsstücke gelangen.

> Diese sauren Reiniger dürfen nie zusammen mit hypochlorithaltigen Reinigern (Hygienereiniger, z. B. Eau de Javelle, Danklorix) angewendet werden. Es bildet sich dann hypochlorige Säure, die zu Chlorgas zerfällt, das beim Einatmen stark toxisch wirkt. Es kommt zunächst zu einer Reizung der Schleimhäute in der Nase, im Rachen und in den Atemwegen.

Bad-, Dusch- und Wannenreiniger
Mit diesen säurehaltigen Reinigern werden Kalk- bzw. Kalkseifenrückstände auf den Keramikoberflächen der Becken, Wannen und der Kunststoff-Duschen entfernt. Für säureempfindliche Oberflächen wie Marmor oder säureempfindliche Armaturen sind neutrale bzw. leicht basische Reiniger mit erhöhtem Tensidanteil zu empfehlen. Die empfindlichen Kunststoff- bzw. Emailleoberflächen sollten nicht mit Scheuermitteln gereinigt werden.

Aus dem Sortiment der Drogerie: Bad-, Dusch-, Wannenreiniger

Produktbeispiele	Hauptinhaltsstoffe	Wirkungsweise
Badreiniger: flüssig, als Konzentrate, Wannen- und Duschkabinen-Spray	Tenside	• Verschmutzungen werden benetzt und abgelöst
	organische Säuren, wie Milchsäure, Ameisensäure, Essigsäure, Maleinsäure	• lösen den Kalk
	Verdicker	• Viskositätsregler
	Duftstoffe, Farbstoffe	• dienen der Produktästhetik
	Konservierungsstoffe	• vermeiden mikrobiellen Befall der Produkte
	Wasser	• Lösemittel

Besondere Anwendungshinweise, Produktbesonderheiten:
Säurehaltige Badreiniger dürfen nicht auf Marmor und säureempfindlichen Materialien angewendet werden. Es ist stets die **Einwirkzeit** zu beachten, denn zu langes Einwirken lässt die Reiniger eintrocknen, bei zu kurzer Einwirkzeit erfolgt keine ausreichende Wirksamkeit. Eine Einwirkzeit von 5 bis10 Min. ist empfehlenswert und notwendig. Die Werbeaussage „Aufsprühen und wegwischen" ist irreführend und falsch.

Glasreiniger
Glasreiniger dienen dem Entfernen von Fett und Schmutz auf Glas und allen glatten, mit Wasser abwaschbaren Oberflächen wie Spiegeln, TV-Geräten, Waschbecken, Fliesen, Dunstabzugshauben, Küchengeräten sowie Kunststoffflächen, Türen und Autoscheiben.

Aus dem Sortiment der Drogerie: Glasreiniger

Produktbeispiele	Hauptinhaltsstoffe	Wirkungsweise
Glasreiniger als Spray, Konzentrat, Einmaltücher	Alkohole, z. B. Ethanol, Glykolether	• Lösemittel, fettlösend
	Tenside	• benetzend, schmutzlösend
	(in manchen Reinigern Ethanolamin oder Ammoniak)	• machen Reiniger schwach alkalisch zur besseren Fettlösung
	Duftstoffe	• dienen der Produktästhetik
	Wasser	• Lösemittel

Besondere Anwendungshinweise, Produktbesonderheiten:
Neben den genannten Inhaltsstoffen werden Glasreiniger mit besonderem Zusatznutzen angeboten, z. B.
- **Nanoprotekteffekt**, mit Zusätzen an Nanoteilchen, wodurch das Wasser schneller ablaufen kann und verhindert wird, dass sich Schmutz bzw. Kalkflecken anlagern können
- **Antibeschlagseffekt**, mit Zusätzen an amphiphilen Tensiden, die verhindern, dass der Wasserdampf an der kühlen, glatten Glasoberfläche kondensieren kann. Sie machen die Glasoberfläche hydrophob und verhindern so die Anlagerung kleinster Wassertröpfchen; sie hinterlassen allerdings Rückstände auf der gereinigten Oberfläche.

Abzieher, Fensterleder und Mikrofasertücher sollten ergänzend zur Fensterreinigung angeboten werden.

Wassertropfen auf einer Scheibe perlen leichter ab.

Abflussreiniger

Abflussreiniger beseitigen Verstopfungen, die meist aus Haaren, Fett, Kalk, Seife, Zahnpasta, Kalkseifenresten und in der Küchenspüle evtl. noch Gemüseresten, Kaffeesatz oder Teeblättern hervorgerufen wurden.

Aus dem Sortiment der Drogerie: Abflussreiniger

Produktbeispiele	Hauptinhaltsstoffe	Wirkungsweise
Abflussreiniger: Pulver, Gel	Natriumhydroxid	• Die Alkalität führt zum Aufquellen und Auflösen der organischen Substanzen (Haare) und zur Verseifung von Fettbestandteilen.
	Aluminium-Körner Natriumnitrat	• In der alkalischen Lösung reagieren die Aluminium-Körner unter Bildung von Wasserstoff, welcher zusammen mit dem Nitrat zu Ammoniak reagiert. Diese Gasbildung fördert die Lockerung der Verstopfung. • Außerdem führt die heftige Reaktion von Natriumhydroxid mit Aluminium zu einer sehr starken Erwärmung (Temperaturen von bis zu 90 °C werden erreicht), was den Reinigungsprozess beschleunigt.
Bio-Abflussreiniger	Enzyme, Mikroorganismen, Tenside	• zersetzen enzymatisch die organischen Substanzen, der Prozess dauert sehr lange (bis zu zwei Tage)
Gummiglocke		• lockert bzw. drückt die Verstopfung mittels Erzeugung eines Unter- oder Überdrucks durch die Wassersäule hindurch

> Die Wirkung der Abflussreiniger entfaltet sich meist langsamer als angegeben. Bei den Reinigern auf Ätznatron-Basis stimmt die Vermutung „Viel hilft viel" nicht, da sie bei höheren Konzentrationen verklumpen.

Besondere Anwendungshinweise, Produktbesonderheiten:
Die chemische Reinigung erfolgt entweder mit stark alkalischen Mitteln oder auf enzymatischer Basis, die alternative mechanische Entfernung erfolgt mit einer Saugglocke oder einer Spirale (durch einen Handwerker).
Die Ablaufrohre im Haushalt sind häufig aus Kunststoff und somit wärmeempfindlich. Es muss daher bei der Anwendung der chemischen Abflussreiniger darauf geachtet werden, dass nicht allzu viel Hitze entsteht (also nicht überdosiert wird!), da sich sonst die Rohre verformen können.

2.2.3 Spezialreiniger für den restlichen Wohnbereich

Desinfektionsreiniger, Schimmelentferner

Hygiene-Reiniger bzw. Desinfektionsreiniger dienen dazu, Mikroorganismen abzutöten bzw. deren Wachstum zu verhindern, um eine Infektion durch Krankheitskeime zu vermeiden.
Mikroorganismen, wie Viren, Bakterien und Pilze, umgeben uns Menschen überall und sind bis auf einige Krankheitskeime (pathogene Keime) auch nötig für uns. Problematisch werden Keime erst, wenn sie sich übermäßig vermehren und dabei Krankheiten übertragen bzw. auslösen. Keime vermehren sich am besten bei einem feucht-warmen Klima (optimal zwischen 10 °C und 40 °C) und dem Vorhandensein von Nährsubstanzen (wie Hautschuppen, Lebensmittelreste).
Die Küche ist im Vergleich zum Bad/WC der Ort mit der höheren Keimbelastung. Eine trockene, glatte Oberfläche wie ein Toilettensitz oder ein Fußboden bietet kaum Nährboden für Keime, im Gegensatz zur feuchten Küchenspüle.

Schimmelentferner

Verbreitung von Bakterien im Haushalt
(durchschnittliche Bakterienanzahl je cm²)

10.000.000
1.000
10.000

1.000.000
100
100
trockene Böden

→ Bakterien und Pilze benötigen zum Wachsen eine feuchte, warme und nährstoffreiche Umgebung.

→ Mit Bakterien und Pilzen stark kontaminiert sind z. B. feuchte Wischlappen und Schwämme, feuchte Handtücher, Abflüsse in Bad und Küche, feuchte Oberflächen und Silikonfugen im Bad.

→ **Kontrolle und Beseitigung von Feuchtigkeit** sind die wichtigsten Hygienemaßnahmen im Haushalt.

§ Desinfektionsmittel, die am menschlichen Körper angewendet werden sollen, sind Arzneimittel nach §2 Abs.1 Nr.4 des AMG und dürfen nur in den Verkehr gebracht werden, wenn sie das BfArM zugelassen hat.
Desinfektionsmittel, die nicht am menschlichen Körper angewendet werden sollen, unterliegen dem Biozidgesetz.

Aus dem Sortiment der Drogerie: Desinfektions-, Hygiene-Reiniger

Produktbeispiele	Hauptinhaltsstoffe
Universaldesinfektion • Hygiene-Reiniger • Hygiene-Spray • Hygiene-Allzweckreiniger • Hygiene-Feuchttücher	antimikrobielle Wirkstoffe (siehe Exkurs)
Küche • Hygiene-Küchenreiniger	
Bad • Hygiene-Badreiniger • Hygiene-WC-Reiniger • Schimmelentferner	
Haut • Händedesinfektionsgel • Desinfektionstücher	
Wäsche • Hygiene-Wäschespüler	

Antimikrobielle Wirkstoffe in Reinigungsmitteln

Antimikrobielle Wirkstoffe wirken gezielt gegen Keime, indem sie deren Wachstum verhindern bzw. sie abtöten.
- Reinigungsmittel, die antimikrobiell wirken können, enthalten z. B.
- Alkohole (Ethanol, Isopropanol)
- Aktivsauerstoff-Träger, z. B. Wasserstoffperoxid
- Aktivchlor-Träger, z. B. Natriumhypochlorid
- Organische Säuren, z. B. Salicylsäure
- Ätherische Öle, z. B. Geraniol
- Kationtenside („Quats"), z. B. Benzalkoniumchlorid
- Aldehyde, z. B. Formaldehyd
- Phenole, z. B. p-Chlor-m-kresol

Der Begriff biozider Wirkstoff ist weiter gefasst, da ein biozider Wirkstoff allgemein oder gezielt gegen Schadorganismen insgesamt wirkt (mit dem Begriff Schadorganismus sind Mikroorganismen und auch höhere Organismen wie Insekten, Ratten gemeint).

Besondere Anwendungshinweise, Produktbesonderheiten:
Entscheidend für die Wirksamkeit von Desinfektionsreinigern sind
- die Einwirkzeit des Mittels
- die Konzentration und Stärke des Desinfektionsmittels
- das Ausmaß und die Art der Keimbelastung
- weitere, hemmende Einflüsse, z. B. grobe Schmutzbelastung, ungünstige Temperaturverhältnisse

Nicht sachgerecht angewendete **Desinfektionsmittel** sind unwirksam. Dies ist ganz wichtig zu wissen, denn die häufige, unnötige, nicht sachgerechte Anwendung kann resistente Keime entstehen lassen. Das Umweltbundesamt, das Bundesinstitut für gesundheitlichen Verbraucherschutz und Veterinärmedizin und das Robert-Koch-Institut halten die Verwendung von antibakteriellen Reinigungsmitteln im Haushalt für nicht erforderlich.

Die Reinigung mit Wasser und Allzweckreinigern reicht völlig aus, um mögliche Verschmutzungen auf ein gesundheitlich unbedenkliches Niveau zu bringen.

Mikrobielle Wirkstoffe sind häufig gesundheitsschädlich, reizend oder allergieauslösend. Sie können umweltgefährdend werden, wenn sie in großen Mengen unnötig und unkontrolliert angewendet werden, da sie Wasserorganismen abtöten und die Funktion von Kläranlagen entscheidend stören können.

Reinigungsmittel mit Desinfektionszusatz sollten nur dann eingesetzt werden, wenn im Haushalt ein ganz konkreter Anlass für ihre Verwendung vorliegt. Als gute Alternative für Hygiene-Reiniger dienen Allzweckreiniger und Mikrofasertücher.

Hypochlorithaltige Reiniger sind hingegen alternativlos, wenn es um die Beseitigung von Stockflecken auf weißer Wäsche oder von schwarzen Pilzsporen auf Zement- und Silikonfugen im Badezimmer oder auch von Biofilmen in der Dosierkammer für Weichspülmittel in der Waschmaschine geht.

Es gibt auch keine Hinweise darauf, dass hypochlorithaltige Reinigungsmittel bei Bakterien zu Resistenzen führen. Allerdings dürfen hypochlorithaltige Reiniger niemals gleichzeitig mit sauren Reinigern verwendet werden, weil sich sonst giftiges Chlorgas bilden kann.

Tipps für einfache Hygienemaßnahmen im Haushalt:

- regelmäßige Reinigung mit einfachen Putzmitteln
- häufiger Wechsel der Putzlappen
- regelmäßige Reinigung des Kühlschranks
- oftmalige Leerung der Abfalleimer
- Trockenhalten von Bad, Küche und WC
- häufiges Händewaschen

Mangelndes Training des Immunsystems bei Kindern führt zu einer erhöhten Allergiehäufigkeit.

Bodenreiniger und -pflegemittel für Hartböden

Spezielle Fußbodenreinigungsmittel sollen reinigen, Glanz geben, den Boden trittsicher und strapazierfähig machen. Oftmals sind diese Produkte eine Kombination von Reinigungs- und Pflegemitteln und müssen auf den entsprechenden Bodenbelag abgestimmt werden. Übliche Fußbodenarten sind:

- poröse, saugfähige Böden wie unversiegelte Parkett- und Korkböden, Linoleum, Marmor, offenporige Natursteinböden. Sie saugen Wasser auf und ihre Oberfläche wird von Säuren und Laugen angegriffen, sie werden stumpf.
  Natursteine und Marmor sind Kalksteine und daher empfindlich gegenüber Säuren. Linoleum und unversiegelte Holzböden sind empfindlich gegenüber Laugen. Verschmutzungen auf diesen offenporigen Böden sind schwer bis gar nicht zu entfernen.
- Unempfindliche glatte, nicht saugfähige, versiegelte Böden sind versiegeltes Parkett, Kunststoffböden (PVC-Boden), Granit, glasierte Kunststeinböden und Fliesen.

Kleine Bodenkunde

- **Linoleum** wird aus natürlichen Rohstoffen hergestellt. Dabei werden oxydiertes bzw. polymerisiertes Leinöl, Harze, Kork- oder Holzmehl, anorganische Füllstoffe, Farbpigmente auf ein Jutegewebe aufgetragen.
- Linoleum-Beläge haben eine feuchtigkeitsregulierende Wirkung, sind unempfindlich gegen Reibungshitze und weitgehend beständig gegen Lösemittel und Säuren. Gegen Alkalien wie Seife und Ammoniak hingegen sind sie sehr empfindlich.

- **Laminat-Beläge** bestehen aus einer Kunststoffnutzschicht mit aufgetragenem Holzdekor und einer Spanplatte als Trägerschicht.
- Sie sind sehr strapazierfähig und weitgehend kratz-, stoß- und druckfest.
- Die Stoßkantenbereiche von Laminatböden sind allerdings sehr feuchtigkeitsempfindlich. Eindringendes Wasser kann zum Aufquellen der darunterliegenden Spanplatte führen. Diese Aufquellungen werden im Bereich der Stoßkanten sichtbar und bleiben in der Regel als Dauerschädigung erhalten.

- Bei **Parkett** unterscheidet man grundsätzlich Holzböden, die mit einer Lackschicht versiegelt werden und die unversiegelten Holzböden, die dann geölt bzw. gewachst werden. Versiegelte Parkettböden sind für die Reinigung unproblematisch.
- Parkettböden sind fußwarm, elastisch, dauerhaft und feuchtigkeitsempfindlich.
- Besonders die Stoßkantenbereiche von Fertigparkettböden sind sehr feuchtigkeits- und somit quellempfindlich.

- **Marmor** ist ein Kalkgestein, das grobgeschliffen, feingeschliffen oder auch poliert angeboten wird.
- Marmor ist jedoch nicht säurefest (z. B. gegen Cola, Fruchtsäfte, Essigreiniger) und nicht beständig gegen starke Alkalien.
- Die wiederholte Anwendung von hochalkalischen Produkten (Schmierseife), kann auf poliertem Marmor zu Glanzverlust und Gelbverfärbung führen. Teilweise können Fette und Öle auf Marmorplatten zu Fleckenbildung (Einwanderung) führen. Auch hineingetragenes Regen- oder Schneewasser (z. B. durch Schuhwerk), kann den Glanz der Oberfläche und die Farbtiefe verschwinden lassen.

- **Keramische Fliesen** erhalten durch eine Glasur einen dünnen matten oder glänzenden glasartigen, sehr harten, undurchlässigen Überzug.
- Keramische Fliesen sind sehr oberflächenhart und verschleißfest, weisen in der Regel Farb- und Lichtechtheit auf.
- Sie sind weitestgehend beständig gegen Laugen, Säuren und sonstige Chemikalien.

- **Kork** wird aus der Rinde der Korkeiche hergestellt.
- Das Korkgranulat wird mit Klebstoff wie Latex oder Polyurethan verklebt. Die Korkpatten werden anschließend mit einem Siegellack geschützt.
- Korkböden sind schalldämpfend, antistatisch und fußwarm.
- Korkböden sind sehr feuchtigkeitsempfindlich, besonders wenn sie nicht versiegelt sind.

Aus dem Sortiment der Drogerie: Bodenreiniger für Hartböden

Produktbeispiele	Hauptinhaltsstoffe	Wirkungsweise
Basisreiniger		Tenside: Benetzung, Reinigung
Allzweckreiniger	Tenside	
Schmierseife	Kernseife	Seife: Reinigung, Ausbildung eines Pflegefilms
Bodenpflegereiniger	Tenside, Lösungsmittel, Wachse, Polymere, Duftstoffe, Konservierungsstoffe	
		Lösemittel: Lösen von Fettschmutz und alten Pflegefilmen
Selbstglanzemulsionen	Tenside, Lösungsmittel, Polymere, Duftstoffe, Konservierungsstoffe	
Spezialreiniger		Wachse, Polymere, Silikonöle: selbstglänzender, stabiler, trittfester Pflegefilm
Steinpflegemittel	Tenside, Lösungsmittel, Polymere, Silikonöle, Duftstoffe, Konservierungsstoffe	
Parkettpflege	Tenside, Lösungsmittel, Pflegewachse, Silikonöle, Duftstoffe, Konservierungsstoffe	Konservierungsstoffe: Keimhemmung
Laminatpflege	Tenside, Seife, Polymere, Silikonöle, Duftstoffe, Konservierungsstoffe	Duftstoffe: Produktästhetik
Bohnerwachse	Wachs, Paraffin, Lösungsmittel	
Grundreiniger	Lösungsmittel, Tenside, Alkalien wie Ammoniak	Ammoniak und Lösungsmittel dienen zur Entfernung alter Pflegefilme, Glanzschichten, hartnäckigem Schmutz.
Feuchte Bodentücher	Lösungsmittel (Wasser und Alkohole), Tenside, Silikonöle, Polymere, Konservierungsstoffe, Duftstoffe	Einwegtücher aus Mikrofasern, die mit einer Reinigungs- und Pflegelösung getränkt sind
Trockene Bodentücher		Vliesartige Bodentücher mit speziell beschichteten Reinigungsfasern nehmen allergene Partikel von Hausstaubmilbe, Hund und Katze auf und lagern die Allergene in Mikrotaschen ein.

Besondere Anwendungshinweise, Produktbesonderheiten:
Die meisten oben aufgeführten **Bodenpflegereiniger** enthalten neben den üblichen Reinigungsstoffen noch Wachse, Öle oder Polymere zur Pflege und Glanzgebung. Die Unterschiede zwischen diesen Produkten liegen sowohl in der Art der Pflegestoffe (jeweils abgestimmt auf den entsprechenden Bodenbelag) als auch in der Konzentration der Inhaltsstoffe. Selbstglanzemulsionen enthalten mehr Pflegestoffe als Bodenpflegereiniger. So geben beispielsweise die Polymere in Laminatreinigern einen speziellen Fugenschutz, der bei regelmäßiger Anwendung durch die Imprägnierwirkung von Stoffen wie Chitosan den Boden vor unerwünschtem Aufquellen schützt.

> Beim Arbeiten mit einem Grundreiniger sind unbedingt Handschuhe zu tragen, da der alkalische Reiniger eine stark entfettende Wirkung auf die Haut besitzt.

Die Verwendung von Einweg-Bodentüchern bei größeren Flächen erhöht den Hausmüllanfall und sollte durch eine Reinigung mit dem entsprechenden Reiniger und Mikrofasertüchern ersetzt werden.

Selbstglanzemulsionen und unverdünnte **Wischpflege** können auf die Dauer zu einer Schichtenbildung führen, was den Boden unansehnlich macht und nur mit einem alkalischen **Grundreiniger** wieder zu entfernen ist. Dieser alkalische Grundreiniger entfernt auch Farb- und Leimreste, Teer und Ölflecken. Er darf allerdings nicht auf versiegeltem Parkett, Kork und Linoleum angewendet werden.

Bohnerwachse sorgen für einen Schutzfilm auf lösemittelbeständigen Hartböden. Um den Boden zum Glänzen zu bringen, muss die Fläche jedoch anschließend poliert werden.

Einweg-Bodentücher kosten sehr viel im Vergleich zur normalen Reinigung, sind allerdings für kleine Flächen in kleinen Haushalten eine sinnvolle Alternative.

Bodenreiniger und -pflegemittel für Textilböden

Der Schmutz auf Teppichböden gliedert sich in den losen Schmutz (Sand, Staub) und festhaftenden Schmutz. Ersterer kann durch die regelmäßige Reinigung mit einem Staubsauger entfernt werden. Bei einer gründlicheren Reinigung und Fleckentfernung muss auf die Besonderheiten des Teppichbodens Rücksicht genommen werden. Teppichböden werden aus natürlichen oder synthetischen Fasern wie Polyamid, Polyester, Wolle, Baumwolle, Kokos oder Sisal hergestellt. Die Fasern werden zu Oberflächenstrukturen wie Schlingen-, Velours- und Mischflor (Schlinge/Velours) sowie Nadelvlies verarbeitet, die auf ein Trägergewebe aufgetragen werden und teilweise noch eine besondere Rückenbeschichtung erhalten. Diese Teppichstrukturen beeinflussen das Reinigungsverhalten und müssen bei der Auswahl der Mittel und Verfahren mit bedacht werden.

Aus dem Sortiment der Drogerie: Bodenpflegemittel für textile Böden

Produktbeispiele	Hauptinhaltsstoffe	Wirkungsweise
Teppichreinigungs-feuchtpulver	natürliches oder synthetisches Trägermaterial, getränkt mit Wasser, Tensiden, Lösungsmitteln (Alkohol), Bleichmitteln, Duftstoffen	• Schmutz wird gelöst, entfärbt und vom Trägermaterial gebunden • nach dem Trocknen aufsaugen
Teppichreinigungs-schaum	Wasser, Tenside, Polymere, Duftstoffe, Treibgas	• Schmutz wird gelöst, entfärbt und vom Trägermaterial gebunden • nach dem Trocknen aufsaugen
Fleckenspray, Fleckentferner	Tenside, Lösungsmittel, Bleichmittel, Duftstoffe	• den gelösten Schmutz mit einem saugfähigen Tuch abtupfen
Imprägnierspray	Fluorkarbonderivat, Lösungsmittel	• Bildung eines schmutzabweisenden Schutzfilms

2 Haushaltsreinigungs- und -pflegemittel (Putzmittel)

Besondere Anwendungshinweise, Produktbesonderheiten:
Die Teppichböden sind teilweise mit spezieller Anti-Schmutz-Imprägnierung (anti soil) ausgerüstet. Eine Reinigung mit den üblichen Haushaltsreinigern ist daher nicht zu empfehlen, da diese Imprägnierung entfernt wird. Zudem hinterlassen die Allzweck- oder Seifenreiniger oder auch Handgeschirrspülmittel häufig klebrige Rückstände, die dann eine schnelle Wiederanschmutzung verursachen.

Fleckentferner dienen der gezielten Anwendung bei einzelnen, hartnäckigen Flecken.

Teppichreinigungspulver besteht aus kleinen Mikro-Schwämmen, die mit der Reinigungslösung befeuchtet sind. Diese Saugflocken werden in den Teppich eingebürstet, dadurch löst sich der Schmutz, und das Trägermaterial bindet ihn. Nach einer bestimmten Einwirkzeit ist das Pulver trocken und kann abgesaugt werden. Neben Schmutz werden so auch unangenehme Gerüche gebunden. Der Anwendungsbereich ist für kleine als auch große Flächen gedacht. Der Teppichboden wird bei der Trockenreinigung nicht durchnässt, und er ist während der Einwirkzeit weiterhin begehbar.

Beim **Teppichreinigungsschaum** werden beim Zerfallen des Schaumes die Tenside und das Wasser langsam freigesetzt und wirken dann schmutzlösend. Im Schaum enthaltene Polymere umhüllen den gelösten Schmutz beim Trocknen und ergeben nach dem Trocken einen absaugbaren, pulvrigen Rückstand. Weitere Zusätze bilden einen schmutzabweisenden Schutzfilm um die Fasern.

Zur **Teppichgrundreinigung** werden Sprühextraktionsgeräte zum Ausleihen angeboten. Bei dieser Reinigung wird in einem Arbeitsgang die Reinigungslösung aufgesprüht und dann abgesaugt, wobei die schmutzabweisende Teppichimprägnierung verloren geht. Diese Reinigung verringert deutlich Milbenallergene im Teppich.

Die anschließende Behandlung mit einem **Imprägnierspray** schützt vor schneller Wiederanschmutzung und erhöht die Faserstabilität, indem die einzelnen Fasern mit einem Schutzfilm aus Fluorkarbonderivaten überzogen werden. Diese Imprägnierung kann auf synthetischen Fasern und Naturfaser, aber auch auf Leder angewendet werden. Diese Imprägniersprays sind auch für andere textile Oberflächen im Möbelbereich geeignet.

Möbelpflege

Die Möbelpflegemittel dienen dem Oberflächenschutz, der Glanzerneuerung, dem Egalisieren kleiner Kratzer oder der Farbauffrischung von Holzoberflächen.

Die Möbelpflege richtet sich in erste Linie nach
- der Art der Oberflächenbehandlung des Holzes, d. h., ob das Holz
  unbehandelt oder offenporig gewachst, geölt ist oder
  versiegelt, lackiert oder beschichtet ist,
- und erst dann nach der Holzart wie
  Hartholz (Eiche, Ahorn, Teakholz) oder
  Weichholz (Kiefer, Tanne).

Holz braucht Schutz und Pflege, da es atmet, d. h., es dehnt sich durch Feuchtigkeitsaufnahme aus, oder es schrumpft und trocknet durch Heizungsluft aus. Staub- oder Schmutzpartikel hinterlassen durch das Staubwischen Kratzer, das Holz sieht mit der Zeit rissig, grau und stumpf aus. Wasserflecken hinterlassen unschöne graue Ränder.

Bei versiegelten Hölzern ist es wichtig, die Elastizität der Lackschicht zu erhalten, damit sie nicht spröde und rissig wird. Auch offenporige Hölzer, die unbehandelt bzw. gewachst oder geölt sind, sollten vor dem Austrocknen und vor Flecken geschützt werden.

Schellackharz, bevor es erhitzt und auf Möbeloberflächen aufgetragen wird

Schellack

Schellack ist ein aus der Ausscheidung der Schildläuse gewonnenes Harz, das in Alkohol gelöst wird und als Möbelpolitur bei antiken Möbeln verwendet wird. Diese Politur war im 19. Jahrhundert wegen ihres edlen Glanzes sehr beliebt.

Schellackpolituren sind sehr empfindlich gegen Hitze, Feuchtigkeit und Alkohol. Eine Pflege mit den handelsüblichen Möbelpolituren ist nicht empfehlenswert. Bei starker Verschmutzung und für regelmäßige Pflege sollte ein/e Restaurator/in um Rat gefragt werden.

Aus dem Sortiment der Drogerie: Möbelpflege

Produktbeispiele	Hauptinhaltsstoffe	Wirkungsweise
Möbelpflege-emulsion	Tenside	• reinigend
	Emulgatoren	
	pflanzliche Öle	• fleck-und wasserabweisend
	mineralische Öle, z. B. Weißöl	• fleck-und wasserabweisend • glanzgebend
	Lösemittel	• fettschmutzlösend
Möbelpolitur, Möbelpflegeöl	• mineralische Öle, z. B. Weißöl • Lösemittel, z. B. Amylacetate • ätherische Öle • Farbstoffe	• Egalisierung der Oberfläche • Schutz vor Austrocknung • Wiederauffrischung des Glanzes, der Farbe • Imprägnierung gegen Schmutz und Feuchtigkeit
Möbelpflegewachs	Bienenwachs Carnaubawachs Lösemittel	• Egalisierung der Oberfläche • Schutz vor Austrocknung • Wiederauffrischung des Glanzes
Kunststoffreiniger	Tenside Polymere Orangenöl	• schmutzlösend • pH-neutral • Spezielle Polymere erzeugen einen streifenfreien Glanz und verringern die Wiederanschmutzung.
Staubtücher, „Staubmagnet"		• nehmen Staub und Schmutz auf, ohne Kratzer auf der Oberfläche zu hinterlassen • bestehen aus Mikrofasern, die bei der Benutzung eine elektrische Ladung erzeugen durch die Schmutzpartikel und Allergene ins Innere gezogen und dort gebunden werden
Staubtücher, feucht	Tenside Pflegeöle Antistatikwirkstoffe	• Staub und allergieauslösende Stoffe werden gebunden, der Staub wirbelt nicht in der Luft herum. • vielfältig einsetzbar, z. B. auf Holz, Kunststoff Hochglanzflächen müssen ggf. mit einem trockenen Tuch nachgewischt werden

2 Haushaltsreinigungs- und -pflegemittel (Putzmittel)

Besondere Anwendungshinweise, Produktbesonderheiten:
Die regelmäßige Pflege von Möbeln wird mit dem Staubwischen zur Beseitigung der alltäglichen Verschmutzungen vorgenommen. Das ist hauptsächlich aus hygienischen und gesundheitlichen Gründen (Stauballergie, Milbenallergie) erforderlich, aber auch, weil die Möbel sonst rasch unansehnlich werden. Weitere pauschale Empfehlungen für Holzmöbel sind schwierig. Jedes Holz, jede Oberfläche reagiert anders. Bei wertvollen Möbeln sollte das eingesetzte Pflegemittel zuerst an unauffälliger Stelle getestet werden.

Pflegeemulsionen oder Polituren sind gleichzeitig immer Reinigungs- und Pflege- und Poliermittel. Sie werden ohne Druck hauchdünn in Maserrichtung aufgetragen. Bei stark ausgetrockneten Möbeln ist die Behandlung mehrmals zu wiederholen.

Eine **Pflegeemulsion** lässt sich leichter und gleichmäßiger verteilen als ein Pflegeöl. Die Emulsion ist so aufgebaut, dass sie sich bei der Anwendung schnell entmischt. Dadurch kann das Öl die Oberfläche benetzen und pflegen. Wichtig ist, dass die Produkte nur sehr dünn aufgetragen werden, damit der Ölfilm nicht zu dick und schmierig wird. Ist es dennoch passiert, lässt sich das Zuviel an Pflegemittel durch nachfolgendes Polieren wieder beseitigen.

Bei **Pflegeölen** handelt es sich um Öl-Lösemittel-Kombinationen, die für sehr beanspruchte Holzoberflächen gedacht sind. Durch die zugesetzten Farbstoffe wirken sie sehr gut farbauffrischend. Vor der ersten Anwendung ist auf jeden Fall eine Probe an verdeckter oder wenig sichtbarer Stelle zu machen.

Bei Pflegeölen können beim direkten konzentrierten Auftragen auf das Holz Flecken entstehen, die auch durch Polieren nicht mehr weggehen. Die Pflegeprodukte sollten daher zuerst auf ein Tuch aufgetragen werden und dann auf dem Möbelstück verteilt werden.
Einige Produkte besitzen noch weiteren Zusatznutzen, wie z. B. einen UV-Schutz, der das Holz vor zu schnellem Ausbleichen oder vor Vergrauung schützt.
Für Anwendungen an „Biomöbeln", in Kinderzimmern, Küchen (Schneidebrettchen), werden Produkte mit Ölen auf rein pflanzlicher Basis mit DAB-Qualität angeboten. Produkte auf Naturwachsbasis (Bienenwachs, Carnaubawachs) sind keine Polituren, sondern eher als Imprägniermittel für unbehandelte Holzmöbel gedacht.

Holzreiniger
Holzreiniger dienen der Beseitigung von Verschmutzungen aller Art, auch hartnäckigen Verschmutzungen auf Gartenmöbeln wie z. B. Algenansatz, Vogeldreck, Vergrauungen. Sie sind für alle abwaschbaren Hölzer, insbesondere offenporige Hölzer, wie z. B. Tropenhölzer, Teakhölzer, gedacht.

Aus dem Sortiment der Drogerie: Holzreiniger

Produktbeispiele	Hauptinhaltsstoffe	Wirkungsweise
Holzreiniger	Tenside, Seife	• reinigend
	pflanzliche Öle, wie z. B.: Orangen-, Jojobaöl	• pflegend • Schutz vor Austrocknen

Besondere Anwendungshinweise, Produktbesonderheiten:
Bei besonders starken Verschmutzungen kann der Reiniger auch konzentriert angewendet werden.

Schuh- und Lederreiniger und -pflege

Lederreinigungs- und -pflegemittel dienen der regelmäßigen Reinigung und Imprägnierung des feuchtigkeitsempfindlichen Leders.

Leder ist elastisch, atmungsaktiv und kann Körperfeuchtigkeit aufnehmen, ohne nass zu werden; es ist reißfest und verformbar zugleich. Aufgrund seiner Funktionalität und der vielen Vorzüge findet es für Schuhe, Bekleidung, Taschen, Möbel und Accessoires Verwendung.

Bei Leder handelt es sich um die gegerbte Lederhaut vom Tier, die von Haaren und der Ober- und Unterhaut befreit wurde und deren Faserstruktur nicht verändert wurde. Beim Gerbungsprozess mit chemischen bzw. pflanzlichen Gerbstoffen (z. B. Chromsalzen) wird die verderbliche Haut in ein weiches, atmungsaktives, elastisches Material überführt.

Die Eigenschaften und Verwendungsmöglichkeiten der verschiedenen Ledersorten hängen davon ab,
- von welcher Tierart es stammt, z. B. Rind, Schwein, Ziege Krokodil
- welche Lederanteile verarbeitet wurden, z. B. Glattleder, Rauleder, Spaltleder
- wie es gegerbt wurde, z. B. Chromleder, Glaceeleder
- wie es gefärbt wurde, z. B. Anilinleder

Nach dem Gerbprozess bilden die mit Luft gefüllten Zwischenräume der Lederhautfasern die Grundlage der Wärme-Isolationsfähigkeit von Leder. Bei starker Durchfeuchtung geht diese Eigenschaft verloren, da sich beim anschließenden Trocknen die Lederfasern aneinander „verzahnen" und so auch an Flexibilität verlieren.

Die **Aufgaben der Lederpflege** sind daher der Schutz vor Nässe und die Erhaltung der Flexibilität. Nur bei regelmäßiger Pflege, die der Lederart angepasst ist, bleibt das Leder elastisch und bewahrt für lange Zeit Form und Schutzfunktionen. Wie bei der menschlichen Haut sind dabei Fette und Wachse die wichtigsten Pflegestoffe.

Bei der Pflege gilt es, mit einem stabilen, unsichtbaren Film das Aussehen, die Elastizität, das Atmungsvermögen, den Glanz, die Farbe zu erhalten und vor allem das Leder vor zu viel Feuchtigkeit zu schützen.

Aus dem Sortiment der Drogerie: Lederreinigungsmittel für Glattleder

Produktbeispiele	Hauptinhaltsstoffe	Wirkungsweise
Sattelseife	Kernseife, Seife	Schmutzlösung
	Tenside	Schmutzlösung
Lederreinigungsschaum	Silikonöle	Pflege

Vor der Lederreinigung mit einem Lederreinigungsmittel sollte zunächst immer eine Grobreinigung von Schmutz oder Staub mittels einer Bürste erfolgen.

Aus dem Sortiment der Drogerie: Lederpflegemittel für Glattleder

Produktbeispiele	Hauptinhaltsstoffe	Wirkungsweise
Schuhcreme in Dosen und Tuben	Wachse, z. B. Bienenwachs	• hydrophobierend (wasserabweisend) • dienen der Polierbarkeit
	Öle, z. B. Mineralöle, Terpentinöl, Silikonöl	• zur Rückfettung
	Lösemittel	• zum Lösen der Wachse im Produkt
	Farbpigmente	• Farbwiederherstellung
	Emulgatoren	• damit die Inhaltsstoffe eine gleichförmige Creme bilden
Selbstglanzemulsionen	ölfreie Wachse, Kunststoffdispersionen, Lösemittel, Farbstoffe	• bilden nach dem Abtrocknen einen selbstglänzenden Film
Ledermilch, Lederlotion	Fette, Öle, Wasser, Emulgator	• dünnflüssige Emulsion aus Wasser und Fetten/Ölen mithilfe eines Emulgators • hydrophobierend (wasserabweisend) und rückfettend
	UV-Filter	• gegen Ausbleichen der Lederfarbe
	Farbpigmente	• Farbwiederherstellung
Lederöl	Öle, z. B. Paraffinöl, pflanzliche Öle	• hydrophobierend (wasserabweisende) • rückfettend
Lederfett	Fette, z. B. Vaseline, pflanzliche oder tierische Fette	• hydrophobierend (wasserabweisend) • rückfettend
Lederpflege, feuchte Tücher	Wachse, z. B. Carnaubawachs, Tenside	• schnelle, einfache Reinigung durch Tenside und Pflege mit Wachsen und Imprägnierstoffen

Aus dem Sortiment der Drogerie: Lederpflegemittel für Rauleder

Produktbeispiele	Hauptinhaltsstoffe	Wirkungsweise
Imprägnierspray	Fluorkarbonharze, Silikonöle, Treibmittel, z. B. Butan	• hydrophobierend (wasserabweisend)

Besondere Anwendungshinweise, Produktbesonderheiten:
Leder ist vor dem ersten Gebrauch und danach in regelmäßigen Abständen mit einem Pflegemittel (**Imprägnierspray**) zu behandeln. Durch die mechanische Belastung während des Gehens – aber auch durch Witterungseinflüsse – wird die langfristige Wirksamkeit jeder Imprägnierung reduziert. Deshalb sollten je nach Tragehäufigkeit und Beanspruchung durch nochmaliges Auftragen die Verluste regelmäßig ausgeglichen werden.
Pflegemittel sollten immer auf trockenes Leder und nicht zu dick aufgetragen werden, da sonst die Poren verkleben.
Empfindliche Leder (z. B. Möbelleder, Anilinleder) sollten nicht mit stark ölhaltigen Pflegemitteln behandelt werden, da sie leicht Öl/Fettflecken bekommen, die nie wieder zu entfernen sind.

Die **selbstglänzenden Schuhpflegemittel** eignen sich zur Pflege aller Glattleder. Die flüssigen oder gelartigen Emulsionen werden mithilfe eines Schwammaufträgers verteilt und bilden nach dem Trocknen elastische, dünne und selbstglänzende Filme.
Schuhe aus synthetischen Materialien können wie die entsprechenden Lederoberflächen behandelt werden.

Für Lederkleidung werden meist noch feinere und empfindlichere Leder als für Schuhe verwendet. Daher ist zur Vermeidung tiefgreifender Verschmutzungen die Grundimprägnierung mit einem Imprägnierspray oder Pumpzerstäuber vor dem ersten Tragen besonders wichtig.

Ledermöbel aus Glattleder behandelt man ein bis zweimal im Jahr mit speziellen **Schaumprodukten**, die leichten und angetrockneten Schmutz lösen. Emulsionscremes oder Lotionen sorgen anschließend dafür, dass das Leder geschmeidig bleibt.

Pflegemilch kann zusätzlich zu ihren rückfettenden Eigenschaften noch mit weiteren Wirkstoffen ausgestattet sein, etwa UV-Filter gegen Ausbleichen, Antioxidanzien, um den Verfall des Leders zu stoppen, oder auch Anti-Knarz-Mittel, um Störgeräusche zu minimieren.

Ein **Lederöl** kann bei einem alten, trockenen Leder empfohlen werden. Es ist flüssiger und dringt tief in die Fasern ein, die durch die Trockenheit bereits gelitten haben.

2.3 Putztextilien

Bei allen Reinigungsarbeiten werden unterschiedlichste Hilfsmittel benötigt, um die Reinigungsmittel zu verteilen, Schmutz aufzunehmen oder Flächen zu polieren – die Putzutensilien. Dazu gehören:
- Fensterleder
- Baumwolltücher
- Mikrofasertücher
- Bürsten je nach Borstenart (Ziege, Rosshaar, Schweineborsten, Kunststoffborsten, Metallborsten)
- Pads, Scheuerschwämme, Schmutzradierer

Die **Mikrofasertücher** besitzen eine gute mechanische Reinigungskraft aufgrund ihrer kantigen Faserstruktur. Mittels elektrostatischer Aufladung binden sie den Staub und Schmutz. Zu bedenken ist jedoch, dass sie Mikrokratzer auf Hochglanzflächen, Acrylflächen und Chromarmaturen hinterlassen können. Außerdem vermindern sie die lipophilen Hightechbeschichtungen.

Bei dem **Schmutzradierer** handelt es sich um ein aufgeschäumtes Melaminharz in der Wirkung zwischen Quarzsand und Schlämmkreide. Der Schmutz wird im Schaumstoff gebunden. Auch hier ist Vorsicht geboten, denn weiche, glänzende Oberflächen können aufgeraut werden.

3 Kerzen

Kerzen sind ein fester Bestandteil des drogistischen Sortiments. Früher wurden sie ausschließlich zur Beleuchtung eingesetzt, heute erfüllen sie dekorative Zwecke. Sie werden zum Erzeugen besonderer Atmosphäre verwendet, z. B. in Kirchen, in Wellnessbereichen, auf Festlichkeiten. Sie finden aber auch noch Verwendung als Grablichter.

Kerzen bestehen aus einem Docht und einer Brennmasse. Die Qualität hängt von den Rohstoffen, der Herstellung und der Lagerung ab.

3.1 Kerzenrohstoffe

Brennmassen
Als Brennmassen für Kerzen werden verschiedene Wachse verwendet.

Paraffin ist für Kerzen der Rohstoff Nummer eins. In Deutschland sind über 90 % der Kerzen Paraffinkerzen. Chemisch gesehen sind Paraffine gesättigte Kohlenwasserstoffe, die aus Erdöl gewonnen werden.
Paraffin lässt sich besonders gut verarbeiten. Es können alle Herstellungsmethoden eingesetzt werden. Paraffin ermöglicht auch eine sehr gute Brennqualität.

Mögliche Zusammensetzung von Kerzen

Stearin wird aus tierischen und pflanzlichen Ölen und Fetten gewonnen. Chemisch gesehen handelt es sich bei Stearinen um ein Gemisch verschiedener Fettsäuren.
Stearin ist härter als die anderen Wachsarten. Dies macht die Stearinkerzen bruchempfindlicher. Stearinkerzen sind besonders tropffest, da die sich um den brennenden Docht bildende „Brennschüssel" recht trocken bleibt, d. h., es bildet sich in dieser Schüssel kaum ein Vorrat von geschmolzenem Wachs.
Stearinkerzen haben einen Anteil von schätzungsweise 3 bis 4 % an der deutschen Kerzenproduktion. Stearin wird in einem gewissen Umfange für die Herstellung von Tafelkerzen und Spitzkerzen eingesetzt, entweder für die gesamte Brennmasse oder als Zusatz zu Paraffin (bis 25 %).

Paraffinplatten

Das **Bienenwachs** ist ein Stoffwechselprodukt der Honigbiene und besteht hauptsächlich aus Wachsestern und Säuren sowie Kohlenwasserstoffen. Da die Wachserzeugung der Bienen geringer ist als die von Honig, steht dieser Rohstoff nur begrenzt zur Verfügung.
Bienenwachs stellt wegen seiner Viskosität etwas höhere Anforderungen an die Verarbeitung. Weil Bienenwachs schwer zu gießen ist, werden Bienenwachskerzen meistens gezogen, was eine teure und zeitraubende Arbeit ist. Die fertigen Kerzen haben die bekannte gelbe Bienenwachsfarbe und einen leichten Honigduft. Die Brennqualität ist keinesfalls besser als diejenige von Paraffin- und Stearinkerzen.
Kerzen aus Bienenwachs haben nur einen Anteil von etwa 0,5 % der deutschen Kerzenproduktion.
Hat die Brennmasse der Kerze nur einen geringen Anteil von Bienenwachs, z. B. 10 %, oder ist die Kerze lediglich mit einer Bienenwachsschicht ummantelt, so sollte der Bienenwachsanteil bzw. die Bienenwachsschicht auf der Verpackung in verständlicher Form deklariert werden.

Bienenwachsplatten

Für spezielle Grablichter, wie z. B. Brenner oder Öllichter, wird auch festes Pflanzenfett, Fett tierischen Ursprungs oder gehärtetes Pflanzenöl eingesetzt.
Spezielle Wachsmischungen bei Grabkerzen sorgen dafür, dass diese
- eine Brenndauer von mehreren Tagen aufweisen können,
- dank harter Wachsmischungen auch bei großer Hitze und Sonneneinstrahlung brennen können (Sommergrablicht).

Docht

Dochte werden aus Baumwollgarnen hergestellt. Sie müssen eine ausreichende Saugfähigkeit und eine spezielle Aufbereitung (Flechtung) aufweisen. Es werden sowohl Flach- wie Runddochte verwendet. Da die Wahl des Dochts für die Brennqualität ausschlaggebend ist, muss er auf den Kerzendurchmesser, die Wachse sowie die jeweilige Herstellungstechnik (gegossen, gezogen, gepresst) abgestimmt sein.

Zu kleine, dünne Dochte schränken die Saugfähigkeit ein, es wird zu wenig Material verbrannt und der Brennteller hat einen zu hohen Flüssigkeitsstand. Die Flamme kann verlöschen. Zu große, dicke Dochte mit hoher Saugfähigkeit bilden zwar einen kleinen Brennteller mit wenig Flüssigkeit, durch den hohen Dochtstand wird die Flamme aber zu groß, die Verbrennung unvollkommen und die Flamme neigt zum Rußen.

Farben

Zum Färben der Wachse werden organische Farbpulver (Pigmentfarben) oder fettlösliche Anilinfarben verwendet. Qualitativ hochwertige Kerzen werden bei der Herstellung immer durchgefärbt produziert. Preisgünstigere Kerzen besitzen einen ungefärbten Körper und werden nur mit einer farbigen Masse „übertaucht".

3.2 Herstellung

Beim **Ziehverfahren** wird mithilfe einer Maschine ein sehr langer Docht (mehrere 100 Meter) durch ein großes Gefäß mit Wachs gezogen. Diese Schicht wird getrocknet und noch mehrere Male durch das Wachs gezogen. So entstehen mehrere Wachsschichten. Umso öfter der Docht durch das Wachs gezogen wird, umso dicker werden die Kerzen.

Beim **Pressverfahren** werden die Kerzen mit einer Stempelpresse oder einer Strangpresse (Extruder) gepresst. Dafür benötigt man pulverisiertes Paraffin.

Beim **Gießverfahren** wird flüssiges Wachs in Formen gegossen, in deren Mitte ein Docht gespannt ist.

Außerdem können Kerzen durch **Eintauchen** von **Dochten** in die flüssige Wachsmasse hergestellt werden.

3.3 Kerzensorten

Das Kerzensortiment ist im Drogeriemarkt sehr umfangreich und wird deshalb nach verschiedenen Kriterien sortiert.

Verwendungszweck	Form	Anlass
Teelichter	Stumpenkerzen	Grablichter
Tafelkerzen	Kugelkerzen	Weichnachtskerzen
Baumkerzen		Osterkerzen
Tropfkerzen		Geburtstagskerzen
Duftkerzen		Taufkerzen
Schwimmkerzen		Kommunionskerzen

Produkte, die das von der Gütegemeinschaft Kerzen vergebene Siegel tragen, werden einer strengen Qualitätsprüfung unterzogen. Diese garantiert, dass nur Riechstoffe verwendet werden, die den Empfehlungen des Internationalen Duftstoffverbandes IFRA (International Fragrance Association) entsprechen. Darüber hinaus gilt für sie noch:
- Sie stammen aus einer Fertigung, die einer systematischen Qualitätsüberprüfung unterzogen wird.
- Sie enthalten keine schadstoffbelasteten Rohstoffe, Farben und Lacke.
- Sie sind sehr rußarm und raucharm.
- Die Verwendung hochwertiger Dochte ist garantiert.

In Deutschland und in den Nachbarländern sind über 90 % der Kerzen Paraffinkerzen, d. h, bestehen aus Paraffin.

3.4 Kerzenpflege

Kleiner Ratgeber zur Kerzenpflege
- Kerzen nicht zu dicht nebeneinander aufstellen.
- Beim Brennen ist Zugluft zu vermeiden, sonst brennt die Kerze unruhig, einseitig ab oder rußt.
- Falls die Flamme rußt, den Docht mit der Schere etwas kürzer schneiden.
- Zum Löschen der Kerze den Docht kurz in die flüssige Schmelzschüssel tauchen und anschließend wieder aufrichten. So lässt sich der Docht leichter wieder anzünden.
- Beim Wiederanzünden die verkohlte Dochtspitze nicht abbrechen.
- Wenn die Kerze einseitig brennt, kann der brennende Docht vorsichtig zur Seite gebogen werden.
- Falls die Kerze rußt, sollte der Docht gekürzt oder notfalls die Flamme gelöscht werden. Die ideale Dochtlänge beträgt 10 bis 15 mm.
- Streichholzreste, Dochtstücke, sonstige Verunreinigungen gehören nicht in den Brennteller.
- Dicke Kerzen sollten jedes Mal wenigstens so lange brennen, bis der ganze Brennteller flüssig geworden ist. Sonst brennen sie hohl ab, und die Flamme kann verkümmern.

Aufgaben zur Selbstüberprüfung des Lerninhalts:

1. Erstellen Sie eine Liste der wichtigsten Inhaltsstoffe von Bad- und Küchenreinigern. Unterscheiden Sie:
   a) unterschiedliche pH-Werte,
   b) unterschiedliche Wirkungsweisen von sauren und alkalischen Reinigern
2. Listen Sie Unfallverhütungsvorschriften im Umgang mit Säuren und Laugen auf.
3. Durch regelmäßige Reinigung mit einem Vollglanz-Reiniger können langfristig auf PVC-Böden und anderen Hartböden unansehnliche Beläge entstehen. Wodurch haben sich diese Beläge gebildet und wie lassen sie sich wieder entfernen?
4. Skizzieren Sie die Entwicklung der Waschmittel im 20. Jahrhundert.
5. Der Schmutzablöseprozess lässt sich in verschiedene Phasen einteilen. Beschreiben Sie die Rolle der Seifenmoleküle bei jeder dieser Phasen.
6. Der Schmutzablöseprozess lässt sich in verschiedene Phasen einteilen. Beschreiben Sie die Rolle der Seifenmoleküle bei jeder dieser Phasen.
7. Welche Wirkung hat Natriumcarbonat im Waschmittel?
8. Nennen Sie Kriterien für ein möglichst umweltfreundliches Wäschewaschen.
9. Welche Faktoren sind für ein gutes Reinigungsergebnis ausschlaggebend?
10. Erstellen Sie eine Liste mit Werkstoffen von den Produkten, die von Reinigungsmitteln angegriffen werden können.

Beantworten Sie fachkundig folgende Kundenfragen:

11. Wie sollte ein Waschmittel dosiert werden, wenn noch zusätzlich ein Enthärter verwendet wird?
12. Wie lassen sich gelblich, weiße Flecken im Achselbereich von Hemden und T-Shirts entfernen?
13. Wie kann man Fettspritzer und Flecken von Grillsaucen aus empfindlicher Sommerkleidung wieder entfernen?
14. Wie entfernt man Karottenflecken auf farbiger Babykleidung?
15. Wie lassen sich helle Streifen auf dunklen Jeans oder anderen dunklen Kleidungsstücken vermeiden?
16. Wie lassen sich rote Kerzenwachsflecken entfernen? Warum ist vom dem beliebten Hausmittel „Ausbügeln des Wachses zwischen Löschpapier" abzuraten?
17. Worin unterscheiden sich die Solo, 3-in-1-, 5-in-1- und 9-in-1-Kombi-Tabs für die Geschirrspülmaschine?
18. Besteckteile und Haushaltsgeräte aus Aluminium bekommen in der Geschirrspülmaschine dunkle Verfärbungen. Wie lassen sich diese erklären?
19. Kann ein Laminatboden bzw. ein Korkboden auch mit einer Parkettpflege behandelt werden?
20. Warum muss man bei hartem Wasser mehr Waschmittel einsetzen als bei weichem Wasser, um eine angemessene Waschwirkung zu erhalten?
21. Sind Handtücher nach der Verwendung von Weichspülern nicht mehr so saugfähig?
22. Dürfen Membran-Textilien mit Weichspüler behandelt werden?
23. Soll man Weichspüler einsetzen, auch wenn die Wäsche im Wäschetrockner getrocknet wird?
24. Können Weichspüler Allergien verursachen?
25. Lässt sich die Verwendung der Weichspüler mit den Prinzipien des nachhaltigen Waschens vereinbaren?
26. Sind die Inhaltsstoffe von Weichspülern biologisch abbaubar?
27. Wodurch unterscheiden sich die Bio-Reiniger von den herkömmlichen Reinigern?

IX Sachkundig im Pflanzenschutz

Drogistinnen und Drogisten erwerben im Rahmen ihrer Ausbildung den Sachkundenachweis, der nach der Pflanzenschutzsachkundeverordnung notwendig ist, um in der Drogerie Pflanzenschutzmittel (PSM) abzugeben.
Hobby- bzw. Kleingärtner machen den wesentlichen Kundenkreis aus, der in Bau- und Drogeriemärkten Pflanzenschutzmittel kauft. „Großkunden" wie Landwirte, Gärtner oder forstwirtschaftliche Betriebe kaufen eher im Großhandel bzw. in landwirtschaftlichen Genossenschaften ein. Für Kleingärtner werden spezielle Kleinpackungen mit gebrauchsfertigen Pflanzenschutzmitteln angeboten.

Neben den klassischen Pflanzenschutzmitteln spielen im Einzelhandel eher Mittel zur Bekämpfung und Vertreibung von so genannten Lästlingen eine Rolle: Mittel gegen Fliegen, Fruchtfliegen, Kakerlaken, Ameisen, Motten usw. Für die Abgabe der letztgenannten Mittel ist aber kein Pflanzenschutzsachkundenachweis notwendig.

Nützlinge: Tiere, die dem Menschen nützlich sind, indem sie Pflanzenschädlinge fressen oder in ähnlicher Weise ihre Vermehrung verhindern.
Beispiel: Vögel fressen Raupen; Marienkäfer fressen Blattläuse.

Lästlinge: Kleine Tiere, die dem Menschen nicht wirklich einen Schaden zufügen, aber den Menschen lästig sind bzw. sie belästigen.
Beispiel: Kakerlaken, Silberfischchen, Ameisen.

Schädlinge: Dabei handelt es sich i. d. R. um Lebewesen, die dem Menschen schaden, indem sie seine Kulturpflanzen beeinträchtigen oder zerstören.
Beispiel: Kaninchen oder Raupen fressen den angebauten Kohl; ein Pilz befällt Tomatenpflanzen und diese verfaulen.

Verkauf von Pflanzenschutzmitteln
Zur Abgabe von Pflanzenschutzmitteln müssen die sachkundigen Personen besondere Kenntnisse nachweisen. Die erforderlichen fachlichen Kenntnisse und Fertigkeiten zur Sachkunde im Pflanzenschutz umfassen folgende Bereiche:
- Rechtsvorschriften (u. a. Pflanzenschutzgesetz, Pflanzenschutz-Anwendungsverordnung, Bienenschutzverordnung, Chemikalienrecht, Naturschutzrecht, Wasserrecht)
- die „Gute fachliche Praxis im Pflanzenschutz" und der „Integrierte Pflanzenschutz"
- Schadursachen bei Pflanzen und Pflanzenerzeugnissen und deren Bekämpfung
- Eigenschaften von Pflanzenschutzmitteln
- Aufbewahrung, Lagerung, Transport, Entsorgung von Pflanzenschutzmitteln
- Arbeits- und Gesundheitsschutz
- Verhüten schädlicher Auswirkungen von PSM auf Mensch (Anwender, Verbraucher), Tiere und Naturhaushalt
- Basiswissen zur Ausbringung von Pflanzenschutzmitteln (Vermeiden von Abdrift, Bedienung der Geräte, Dosierung von PSM usw.)

1 Pflanzenschutz

Unter dem Begriff **Pflanzenschutz** werden alle Methoden zusammengefasst, mit denen Nutzpflanzen vor Pflanzenschädlingen und -schäden geschützt werden sollen. Neben dem chemischem Pflanzenschutz, bei dem im Wesentlichen chemisch-synthetische Substanzen zum Einsatz kommen, gibt es den zumeist im ökologischen/biologischen Landbau angewendeten biologischen Pflanzenschutz. Dabei werden natürliche oder naturnahe Produkte und Maßnahmen eingesetzt. Daneben gibt es den **integrierten Pflanzenschutz**, der die Maßnahmen beider Disziplinen kombiniert.

> § Grundsätze des „ökologischen/biologischen Landbaus" sind geregelt in der „VERORDNUNG (EG) Nr. 834/2007 DES RATES" über die ökologische/biologische Produktion und die Kennzeichnung von ökologischen/biologischen Erzeugnissen".

1.1 Entwicklung des Pflanzenschutzes

Kulturpflanzen
sind aus wild wachsenden Arten gezüchtete Pflanzen, die als Nutzpflanzen oder Zierpflanzen angebaut werden.

In Mitteleuropa wurden die Menschen vor rund 5000 Jahren sesshaft. Um die Familien zu ernähren, wurden Waldflächen gerodet, und es wurden Kulturpflanzen wie Getreide angebaut. Alle Pflanzen, die neben den Kulturpflanzen auf den Äckern wachsen, stehen in Konkurrenz zu den **Kulturpflanzen**: Sie benötigen ebenfalls Licht und Nährstoffe, um zu gedeihen. Früher wurden deshalb diese Unkräuter mechanisch durch Herausreißen oder Hacken aus den Kulturpflanzenanbauflächen entfernt.

Die Kulturpflanzen mussten zudem vor Tieren geschützt werden, die beispielsweise die Getreidepflanzen fressen wollten. Das geschah im Wesentlichen durch Vertreiben der Tiere (z. B. durch eine Vogelscheuche) oder durch Fernhalten der Schädlinge (z. B. Kaninchen) durch Zäune. Mit der Ausweitung des Kulturpflanzenanbaus und damit auch der Verbreitung von Pflanzen über ihren natürlichen Lebensraum hinaus kam es mehr und mehr zum Anbau von nur einer Nutzpflanzensorte auf einer großen Fläche (Monokultur). Das erleichterte die Pflege und Ernte der Nutzpflanzen. Damit einher ging die Verbreitung von Schädlingen, die teilweise spezialisiert sind auf bestimmte Kulturpflanzen oder einen kleinen Kulturpflanzenkreis.

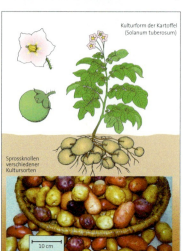

Kartoffelpflanze und ihre unterirdischen Knollen – die Früchte sind ungenießbar und erscheinen oberirdisch nach den Blüten.

 Historische Entwicklung im Pflanzenschutz

Die Kartoffel hatte in Südamerika als Kulturpflanze schon eine etwa 2000-jährige Tradition, als sie Mitte des 16. Jahrhunderts nach Europa mitgebracht wurde. Innerhalb der folgenden 200 Jahre wurde die Kartoffel zu einer wichtigen Nutzpflanze in Europa.
Etwa um 1870 herum tauchte in verschiedenen europäischen Hafenstädten ein brauner, gestreifter Käfer auf, der als Kartoffelkäfer bezeichnet wurde. Er hatte in Nordamerika die Kartoffeln als Nahrungsquelle zu schätzen gelernt und war mit den Schiffen über den Atlantik nach Europa gelangt. Hier begann er sich zu vermehren und sich über die angebauten Kartoffeln herzumachen.
Zunächst konnte seine Verbreitung erfolgreich durch Absammeln eingedämmt werden. In den 1930er Jahren mussten beispielsweise Schulklassen immer wieder regelmäßig Kartoffelkäfer absammeln, heute wird der Käfer mit effektiven chemischen Pflanzenschutzmitteln bekämpft.
Aus einem harmlosen Insekt wurde im Laufe der Jahrhunderte ein gefürchteter Großschädling. Dies gelang ihm, weil die Menschen für die steigende Bevölkerungsdichte riesige **Monokulturen** des billigen Grundnahrungsmittels Kartoffel anlegten, der der Käfer für die eigene Ernährung und Vermehrung nutzte.

2 Schadursachen

Um die Arbeit der Landwirte, Forstwirte und Gärtner zu erleichtern und die Ernteerträge zu sichern und vor Schädlingen zu schützen, wurden Chemikalien entwickelt und eingesetzt. Man erkannte jedoch, dass diese auch Gefahren bergen. Sehr bekannt wurden diese Gefahren durch das Insektenvernichtungsmittel **DDT**, dessen Entdecker den Nobelpreis dafür erhalten hat. Anfang der 50er Jahre des letzten Jahrhunderts wurde DDT in großem Stil von Flugzeugen aus über Äcker gesprüht, aber auch in Insektensprays für den Hausgebrauch wurde es eingesetzt. Seit 1972 ist es in Deutschland verboten. Heute weiß man, dass es zwar eine geringe akute **Toxizität** besitzt, aber schwer bis gar nicht abbaubar ist und sich also in der Nahrungskette anreichert.

In hohen Dosen führt es zu irreversiblen gesundheitlichen Schäden (Nervenschäden, Herz-Kreislauf-Störungen, Atemnot usw.) bei Menschen und Tieren, seine krebserregende Wirkung ist heute bewiesen. Besonders betroffen von den DDT-Auswirkungen waren Vögel, deren Eierschalen so dünn wurden, dass sie keine Küken mehr ausbrüten konnten.

 DDT → Bundesanstalt für Arbeitsschutz und Arbeitsmedizin http://www.baua.de

 Gefahrenpiktogramm

Mit diesem Gefahrenpiktogramm müssen akut toxische Gefahrstoffe gekennzeichnet sein.

Auch heute fallen immer wieder Meldungen auf, in denen es um erhöhte Rückstände an Pflanzenschutzmitteln geht:

 Giftcocktails in Früh-Erdbeeren

Jede Zehnte der von Greenpeace untersuchten Früh-Erdbeeren aus den sieben größten deutschen Supermarktketten überschreitet die Grenzwerte für Pestizide. In zwei Dritteln der Import-Erdbeeren wurden zudem gesundheitlich besonders bedenkliche Mehrfachbelastungen mit bis zu fünf verschiedenen Pestiziden gleichzeitig gefunden.

 www.gesundheit.de/ernaehrung/alles-bio/giftcocktails-in-frueh-erdbeeren/index.html 03.01.11

Nachdem die Risiken chemisch-synthetischer Pflanzenschutzmittel erkannt wurden, suchte man nach neuen Wegen, die sowohl dem Schutz der Natur und der Umwelt dienen als auch die Belange der Land- und Forstwirtschaft berücksichtigen. Man versucht damit, Ökologie und Ökonomie in Einklang zu bringen.

Deshalb wurden die heute verbindlichen **Grundsätze des integrierten Pflanzenschutzes** eingeführt. Vor welchen Schädlingen und Schäden sollen Kulturpflanzen aber geschützt werden?

2 Schadursachen

Entscheidend für die gezielte Bekämpfung der Schäden an Pflanzen ist es, den genauen Verursacher des Schadens zu kennen!

Verursacher von Schäden an Pflanzen kann man einteilen in **unbelebte, nicht parasitäre Verursacher und belebte, parasitäre Verursacher**:

 Parasiten

Als Parasiten werden in der Regel Lebewesen bezeichnet, die andere Lebewesen („Wirte") schädigen, um selbst zu leben. Oft wird dem Wirt Nahrung entzogen. Der Wirt wird dabei nicht getötet, sondern nur „benutzt".

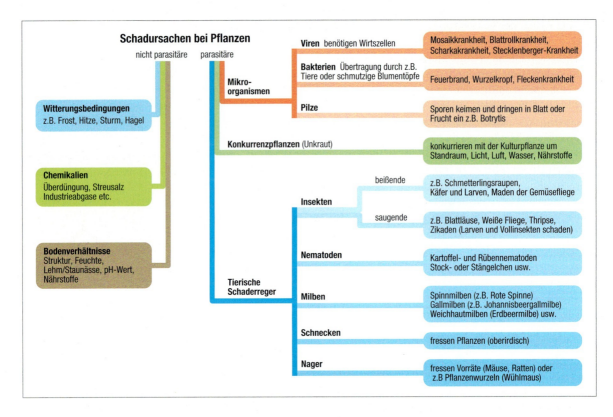

2.1 Nicht parasitäre Schadursachen

Boden

Die Bodenbeschaffenheit spielt für das Pflanzenwachstum eine entscheidende Rolle. Der Boden kann zu sehr verdichtet sein, sodass die Wurzeln nicht gut ins Erdreich wachsen können und der Boden schlecht durchlüftet ist. Böden können auch einen ungünstigen pH-Wert (zu sauer, zu basisch) aufweisen oder zu nass oder zu trocken sein. Die ungünstige Bodenbeschaffenheit kann dazu führen, dass für die Pflanzenernährung letztlich wichtige Bodenlebewesen fehlen. Um Abhilfe zu schaffen, empfiehlt es sich, eine Bodenprobe untersuchen zu lassen und dann entsprechende Maßnahmen zur Bodenverbesserung durchzuführen.

Maschinen und Traktoren mit möglichst breiten Reifen vermindern die Gefahr der Bodenverdichtung.

Online Informationen zum Thema Boden gibt es u. a. hier: http://hypersoil.uni-muenster.de

Witterungsbedingungen

Witterungseinflüsse wie Frost, Niederschläge, Trockenheit, Licht und Sturm können das Pflanzenwachstum beeinträchtigen. Die Witterungsbedingungen kann man schlecht beeinflussen, aber man kann bei der Pflanzenauswahl und dem Standort die Witterungsbedingungen am Pflanzort berücksichtigen.

Beispielsweise können in Südeuropa Tomaten im Freiland gezogen werden, in Norddeutschland sollten die Pflanzen für einen besseren Ertrag aber vor Regen geschützt werden, weil sich bei zu hoher Feuchtigkeit Krankheiten wie die **Braunfäule** rasch ausbreiten.

Chemikalien

In stark besiedelten Gebieten oder auf ehemaligen Industrieflächen können sich Chemikalien im Erdreich befinden, die die Pflanzen schädigen. Zu große Mengen an mineralischen Düngemitteln oder auch Einflüsse durch Streusalze können ebenfalls Schäden verursachen.

Auch Luftschadstoffe wie Ozon können z. B. die Fotosyntheseleistung und damit das Wachstum von Pflanzen beeinträchtigen.

Ozon entsteht durch das Zusammenwirken von starker Sonneneinstrahlung und Autoabgasen. Er kann zu erheblichen Ernteeinbußen führen.

Sonstige nicht parasitäre Schadursachen

Durch unachtsame Bearbeitung des Bodens kann es zu Verletzungen an der Pflanze kommen. An diesen Stellen können Krankheitserreger (z. B. Viren, Bakterien) in die Pflanze eindringen.

Natürlich gehört auch eine pflanzengemäße Düngung zu den Faktoren, die die Pflanzengesundheit und das Wachstum beeinflussen. Hobbygärtner denken oft: „Viel hilft viel!", das stimmt aber so nicht. Beispielsweise kann es bei einer Überdüngung durch mineralische Dünger zum Austrocknen der Pflanzen kommen.

Die „Profis" (Gärtner, Landwirte, Forstwirte) halten sich allein schon aus Kostengründen in der Regel an die Düngeempfehlungen, die für die angebauten Kulturpflanzen gegeben werden.

Durch die Analyse einer Bodenprobe in Verbindung mit dem Einhalten der Düngeempfehlungen auf den Saatpackungen kann auf jeden Fall sinnvoll gedüngt werden.

Die sogenannte Blütenendfäule an Tomaten ist nicht etwa eine Pilzkrankheit, wie man auf den ersten Blick meinen könnte, sondern ein akuter Nährstoffmangel, es fehlt Kalzium!

 Organische Düngung

Im biologischen/ökologischen Landbau dürfen keine Kunstdünger und chemisch-synthetische Pflanzenschutzmittel eingesetzt werden, hier wird deshalb der Ackerbau mit der Viehzucht gekoppelt. Zur Düngung werden einerseits betriebseigene organische, pflanzliche (z. B. als Kompost) und tierische Abfallstoffe (z. B. Stallmist) verwertet, andererseits werden „Stickstoffsammler" (z. B. Lupinen, Klee) auf dem Boden angebaut, um die nachfolgenden Kulturpflanzen entsprechend mit dem lebensnotwendigen Stickstoff zu versorgen. Es werden insgesamt organische oder in natürlicher Form vorliegende mineralische Dünger (z. B. Muschelkalk) eingesetzt.

Düngemittel zählen zu den Pflanzenstärkungsmitteln und nicht zu den Pflanzenschutzmitteln ($\rightarrow$ § 2 des Gesetzes zum Schutz der Kulturpflanzen (Pflanzenschutzgesetz).

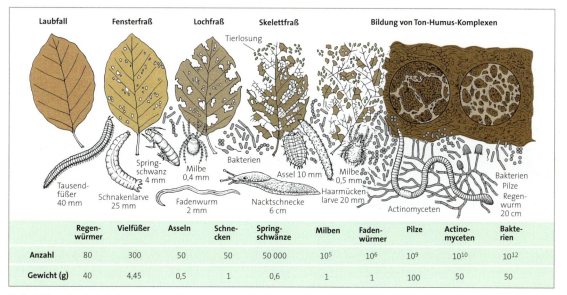

	Regen- würmer	Vielfüßer	Asseln	Schne- cken	Spring- schwänze	Milben	Faden- würmer	Pilze	Actino- myceten	Bakte- rien
Anzahl	80	300	50	50	50 000	10^5	10^6	10^9	10^{10}	10^{12}
Gewicht (g)	40	4,45	0,5	1	0,6	1	1	100	50	50

Bodenbildung durch Bodenlebewesen

2.2 Parasitäre Schadursachen

Mikroorganismen
Zu den Mikroorganismen, die Krankheiten bei Kulturpflanzen auslösen können, zählt man Bakterien, Pilze und Viren, obwohl die Letztgenannten im biologischen Sinne keine lebenden Organismen sind.

Durch Bakterien ausgelöste Pflanzenkrankheiten
Bakterien sind einzellige Lebewesen, die sich selbstständig ernähren und vermehren. An Orten mit hohen Nährstoffvorkommen und anderen günstigen Wachstumsbedingungen (z. B. ausreichende Feuchte, günstige Temperatur) können sie sich sehr rasch vermehren: Die menschlichen Darmbakterien benötigen nur etwa 20 Minuten, um ihre Anzahl zu verdoppeln!

Wenn sich Pflanzen mit Bakterien oder Viren infizieren, so geschieht das oft über Verletzungen. Diese können der Pflanze u. a. durch Fraß (z. B. durch Schnecken), durch saugende Insekten (z. B. Blattläuse), durch Hagel oder durch den Menschen (unsachgemäßer Pflanzenschnitt etc.) zugefügt werden.

> Um Krankheiten zu vermeiden, die durch Bakterien und Viren verursacht werden, muss vorbeugend versucht werden, Verletzungen an den Pflanzen zu vermeiden. Die Bekämpfung dieser Bakterien- und Viruserkrankungen im Freiland mit chemischen Mitteln ist nicht möglich.

Betroffene Pflanzen oder Pflanzenteile müssen z. B. abgeschnitten und dann entsorgt werden. Dabei ist vielfach die Mülltonne dem Komposthaufen vorzuziehen, da Bakterien auch im Kompost überleben und dann andere Pflanzen neu infizieren können.
Beispiele: Feuerbrand, Wurzelkropf, Blattfleckenkrankheit

Durch Pilze ausgelöste Pflanzenkrankheiten
Mehrzellige Pilze bestehen aus einem Geflecht (Myzel) feinster Fäden, den Hyphen. Pflanzen werden durch parasitäre Pilze geschädigt, indem ihr Geflecht das Pflanzengewebe ganz oder teilweise umgibt und durchdringt.
Ist es feucht, so „keimt" zunächst die Pilzspore aus, die zufällig auf einem Blatt liegt. Dabei entsteht ein Keimschlauch, in den der Inhalt der Spore gelangt. Der Keimschlauch wächst im Pflanzengewebe zu einem Myzel aus Hyphen heran, das sich auch auf dem Blatt weiter verbreitet. Hier entstehen dann später auch neue Sporen, die reifen und sich weiter verbreiten können.

Viren
Viren zählen im Gegensatz zu den Bakterien und Pilzen nicht zu den „echten" Lebewesen, da sie zur Vermehrung auf ein anderes Lebewesen („Wirt") angewiesen sind.

online
Recherchieren Sie das Aussehen der im Folgenden angeführten Pflanzenkrankheiten und der Schädlinge im WWW, z. B. www.bio-gaertner.de/Pflanzenkrankheiten

---

Mykorrhiza: Weißliche Pilzhyphen umspinnen die Wurzel.

Nützliche Pilze
Für die überwiegende Anzahl der Pflanzen sind bestimmte Pilze nützlich und nicht schädlich. Sie bilden mit den Pflanzenwurzeln ein „Geflecht", das beiden Partnern dieser Symbiose einen Vorteil bringt:
Die Pflanze gelangt über die Wurzel so an mehr Nährstoffe, der Pilz bekommt von der Pflanze Nahrung in Form von fotosynthetisch erzeugten Kohlenhydraten.

Auf den Pflanzen erkennt man Pilzerkrankungen oft an einem fleckigen, mehligen Aussehen der Blätter und nicht etwa an den „Fruchtkörpern" der Großpilze, die üblicherweise als Pilze bezeichnet werden.
Beispiele: Echter Mehltau, Birnengitterrost, Grauschimmel

Birnengitterrost

Mehltau an einer Eiche

Großpilz (Knollenblätterpilz)

Durch Viren ausgelöste Pflanzenkrankheiten
Vgl. auch: durch Bakterien ausgelöste Pflanzenkrankheiten
Beispiele: Scharkakrankheit, Mosaikkrankheit, Blattrollkrankheit

Konkurrenzpflanzen („Unkraut", „Ungras")
Als „Unkraut" oder „Ungras" werden solche Pflanzen bezeichnet, die ungewollt – also ohne dass der Mensch sie dort gesät oder gepflanzt hätte, im Boden wachsen. Dabei kann die gleiche Pflanze „gewollt" auch eine Kulturpflanze sein. Beispielsweise wird Löwenzahn (*Taraxacum*) als Heilpflanze (Droge) oder als Salatpflanze angebaut. Wächst Löwenzahn ungewollt zwischen Kartoffeln oder Erdbeeren, wird er hier oft als Unkraut bezeichnet.

Zwischen Kulturpflanzen konkurrieren die Unkräuter direkt mit den Kulturpflanzen insbesondere um Licht, Wasser und Nährstoffe. Indirekt können sie die Ausbreitung von Krankheiten fördern. Werden sie nicht entfernt, können sie z. B. so dicht an den Kulturpflanzen stehen, dass der Wind nicht gut durchwehen kann. Das kann zu einem Kleinklima führen, das die Ausbreitung von Pilzerkrankungen fördert.

Zu den einjährigen Unkräutern gehören die Kamille (*Matricaria chamomilla*), Franzosenkraut (*Galinsoga parviflora*) und Vogelmiere (*Stellaria media*). Jätet man diese Unkräuter konsequent vor der Samenreife, so kann man sie dadurch beträchtlich vermindern.

 Einjährige Pflanzen

Einjährige Pflanzen sind solche, deren Lebenszyklus nur eine Wachstumsperiode umfasst. In dieser Zeit entwickeln sie sich aus Samen, blühen und bilden Samen. Nach der Samenreife stirbt die Pflanze ab.

Schwieriger ist die Bekämpfung der mehrjährigen Unkräuter. Dazu zählen Löwenzahn, Ampfer, Giersch und Quecke. Diese bezeichnet man auch als Wurzelunkräuter: Die Wurzeln von Löwenzahn und Ampfer wachsen pfahlartig, bis zu etwa 30 cm tief in den Boden. Auch wenn im Winter die oberirdischen Pflanzenteile absterben, so treiben die Blätter aus den Wurzeln im Frühjahr wieder aus. Beide kann man hochwirksam mechanisch bekämpfen mit einem „Ampferstecher": Das gabelartige Ende tritt man an der Wurzel in den Boden und hebelt sie damit heraus.

 Recherchieren Sie im WWW das Erscheinungsbild der Pflanzenkrankheiten, die durch Viren ausgelöst werden

Drogen
→ Kapitel VI

 Beschreibungen und Fotos der Unkräuter www.gartendatenbank.de

Löwenzahn
→ Kapitel VI

Giersch breitet sich durch die 1–3 mm dicken, weißen Wurzelausläufer aus. Mechanisch hilft nur das sehr sorgfältige Ausgraben der Wurzeln.

Ampfer in einem Erdbeerbeet.

Extrem hartnäckiges Ungras, die Quecke (Elymus repens spec.): Aus fast jedem Stück der Wurzelausläufer können neue Pflanzen entstehen.

Tierische Schaderreger

Insekten

Insekten kann man gut von den achtbeinigen Spinntieren unterscheiden, weil sie sechs Laufbeine haben. Der Körper der Insekten ist oft sehr deutlich in drei Segmente gegliedert: Kopf, Bruststück und Hinterleib. Insekten haben kein Innenskelett wie die Säugetiere, ihr Körper wird durch eine stabile Außenhülle (Exoskelett aus Chitin und Proteinen) zusammengehalten.

Geflügelte Insekten durchlaufen bestimmte Entwicklungsphasen (Metamorphose), bevor sie zum Vollinsekt (Imago) werden. Das zu wissen ist für die Bekämpfung von Schädlingen wichtig, weil nicht alle Entwicklungsstadien gleichermaßen Schaden anrichten.

Bei den beißenden Insekten fressen z. B. die erwachsenen Tiere nicht an den Pflanzenteilen, sondern nur die Raupen und Larven.

Laubfresser: Blattkäferlarve

Bei der Ameise sind die drei Körpersegmente gut erkennbar.

Der Kleine Fuchs als Falter und Raupe

 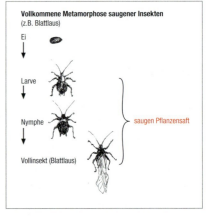

Beißende Schädlinge: Kohlmotte, Kartoffelkäfer, Erdfloh, Maikäfer, Larve des Dickmaulrüsslers

Saugende Insekten: Blattlaus, Weiße Fliege, Thripse

Die Schäden durch die genannten Insekten kommen direkt zustande, indem die Blätter und Früchte der Kulturpflanzen angefressen werden oder die Leitungsbahnen der Pflanzen ausgesaugt werden.

Indirekte Schäden durch Eindringen von Krankheitserregern in die verletzten Stellen können aber viel gravierender sein: Blattläuse z. B. stechen die Pflanzen an und saugen kohlenhydrathaltigen Pflanzensaft; dabei übertragen sie häufig Viren auf die Pflanze.

Blattläuse saugen viel mehr Pflanzensaft, als sie verwerten können, weil sie die enthaltenen Eiweißbausteine benötigen. Sie scheiden überschüssige kohlenhydrathaltige Flüssigkeit aus, die wiederum einerseits eine Nahrungsquelle für Bienen und Ameisen darstellt, andererseits aber auch einen guten Nährboden zum Ansiedeln schädlicher Rußtaupilze bietet.

Blattlausbefall

Milben

Die nur wenige Millimeter großen Milben gehören zu den Spinntieren und haben acht Beine. Milben zählen zu den saugenden Schädlingen. Eine sehr häufig auftretende Milbenart ist die Spinnmilbe (Rote Spinne). Oft lebt sie an den Blattunterseiten und saugt dort an den Blättern, bis diese abfallen und dabei ganz vertrocknet aussehen.

Insbesondere bei Zimmerpflanzen reagieren viele Besitzer mit zusätzlichem Gießen der Pflanzen, ohne den winzigen Schädling an der Blattunterseite zu entdecken. Die Milbenausbreitung wird begünstigt durch trocknes, warmes Klima, wie es oft in beheizten Räumen vorzufinden ist. Sprüht man die Pflanzen mit Wasser ein und erhöht damit auch die Luftfeuchtigkeit in der Umgebung der betroffenen Pflanzen, kann man die Vermehrung und Ausbreitung schon eindämmen.

Spinnmilbenbefall

Nematoden (Fadenwürmer, Älchen)

Nematoden sind fadenförmige Würmer, die mit dem bloßen Auge kaum zu erkennen sind. Nicht alle Nematoden sind Pflanzenschädlinge. Einige Arten befallen Menschen und Tiere, wie der Peitschenwurm. Die meisten Nematodenarten sind an der Zersetzung biologischer Abfallstoffe beteiligt und unterstützen so die Humusbildung. Wieder andere Nematoden bekämpfen mithilfe von Bakterien, die sie mit sich führen, Schnecken und Larven; es sind also Nützlinge.

 Weitere Informationen zu Nematoden: Bundesministerium für Bildung und Forschung www.biosicherheit.de/lexikon/684.nematoden.html

Die pflanzenparasitären Nematoden lassen sich in Blatt-, Stängel-, Blüten- und Wurzelnematoden einteilen und sie befallen Pflanzen meist vom Boden aus. Sie stechen mit ihrem Mundstachel Pflanzengewebe an, saugen an den Blättern, Blüten, Wurzeln oder Stängeln. Dabei geben sie oftmals ein Sekret ab, das zu Veränderungen an den betroffenen Pflanzenstellen führt (z. B. Verhärtungen des Wurzelgewebes). Hohe Bodenfeuchte, hoher Sauerstoffgehalt und leichte Böden unterstützen ihre Ausbreitung.

Schnecken

Viele der pflanzenschädigenden Schnecken sind der Familie der Wegschnecken (Arionidae) zuzuordnen. Sie gehören zu den Nacktschnecken, das heißt, man sieht bei den ausgewachsenen Tieren in der Regel kein Gehäuse mehr. Ihr 10–15 cm langer Körper besteht zu etwa 90 % aus Wasser; sie bevorzugen deswegen auch feuchte Gartenbereiche. An trockenen Sommertagen verkriechen sie sich tagsüber gerne unter feuchten Brettern oder großen Blättern. In der Dämmerung kommen sie hervor und fressen frisches Pflanzenmaterial. Ihre bis zu 400 Eier legen sie in kleinen Häufchen (50–60 Eier) in feuchten Bodenbereichen ab.

Nacktschnecke

Viele Nacktschnecken sterben im Herbst, die Eier überleben aber, und im nächsten Frühjahr schlüpft daraus die nächste Generation der Nacktschnecken. Wegen des sehr klebrigen Schleims, der ihren ganzen Körper als Schutz umgibt und der auch abschreckend schmecken soll, sind sie auch auf der Speisekarte von Nützlingen wie dem Igel und dem Maulwurf nicht sehr beliebt.

Von Hobbygärtnern werden deswegen immer häufiger Laufenten eingesetzt, die die schleimigen Weichtiere offenbar gerne fressen.

Allerdings müssen die Enten dann im ganzen Gartenbereich viele schnell zu erreichende Trinkwasserstellen haben, weil es sonst dazu kommen kann, dass die Schnecken in ihrem Hals stecken bleiben!

Nager

Wie die Schnecken sind auch die Wühlmäuse, die wie Mäuse und Ratten zu den Nagern zählen, bei Gärtnern besonders unbeliebt. Der Grund ist, dass sie sich von den Pflanzen und Früchten ernähren, die auch der Mensch gerne ernten würde.

Maulwurfhaufen sind etwa 20 cm hoch; auf gepflegten Rasenflächen sind sie den Gartenbesitzern aber oft ein riesiges Ärgernis.

Wühlmäuse leben für die Hobbygärtner unsichtbar in einem verzweigten Gangsystem etwa 10–50 cm unter der Erdoberfläche. In unterirdischen Höhlen bringt ein Weibchen in mehreren Würfen im Jahr bis zu 25 Jungtiere zur Welt. Wühlmäuse fressen gerne Pflanzenwurzeln fast aller Art, Wurzelgemüse wie Möhren, zudem Kartoffeln, Blumenzwiebeln, Sellerie, Rote Beete, Rosen, Topinambur und vieles mehr.

Will man die Wühlmäuse vertreiben oder mit einer Falle fangen, so muss man zunächst sicher feststellen, ob es sich auch tatsächlich um Wühlmäuse handelt. Bei der Anlage ihrer Gangsysteme werfen sie nämlich wie die Maulwürfe kleine Erdhaufen auf. Diese sind bei den Wühlmäusen aber in der Regel deutlich kleiner als bei Maulwürfen.

Gut zu erkennen ist das Wühlmausvorkommen auch mit folgender Methode: Man gräbt da, wo man einen neuen langgestreckten, kleinen Erdwall im Garten entdeckt, diesen Gang etwa 30 cm lang auf. Handelt es sich um den Gang einer aktiven Wühlmaus, so ist er nach wenigen Stunden wieder verschlossen, da Wühlmäuse ihre Gänge regelmäßig kontrollieren und Löcher wieder verschließen.

Jagd-Ansitz für Bussarde und andere Greifvögel

> Mäusebussard und Mauswiesel sind die natürlichen Feinde der gefräßigen Wühlmäuse. Für diese Nützlinge kann man den Garten attraktiv machen: Den Bussard (Ansitzjäger) lädt man ein, indem man Jagd-Ansitze – Holzstangen mit Querstangen – aufstellt. Um Mauswiesel anzusiedeln, stellt man etwa 1 m hohe Haufen mit Totholz und bis zu kopfgroßen Steinen zusammen, dabei sollten sich verschieden große Hohlräume ergeben.

Mäuse und **Ratten** sind Allesfresser, sie bevorzugen aber Samen, Getreidekörner, Nüsse, Früchte usw. Insbesondere da, wo Menschen leben, ernähren sie sich gerne auch von deren Vorräten, z. B. in Getreidespeichern. Damit die Tiere nicht angelockt werden vom „gedeckten Tisch", gehören gekochte Essensreste nicht auf den Komposthaufen im Garten, sondern in die Mülltonne.

Anders als die Nagetiere Wühlmäuse, Mäuse und Ratten ernährt sich der nach dem Bundesnaturschutzgesetz geschützte **Maulwurf** (Familie der Insektenfresser) wahrscheinlich ausschließlich von tierischer Nahrung und ist im Garten bei der Reduktion von Schadinsekten nützlich. Dabei frisst er täglich bis zur Hälfte seines Körpergewichtes (ca. 150 g) an Bodeninsekten (Engerlinge, Raupen, Käferlarven usw.) und Regenwürmer.

Es ist nicht nur unsinnig, sondern auch verboten, Maulwürfe zu töten!

Ein anderes im Boden lebendes Säugetier ist der **Feldhamster**. Er kommt allerdings nur noch sehr selten vor und steht ebenfalls unter Schutz.

Obwohl sie recht ähnlich aussehen, gehören **Spitzmäuse** nicht zu den Mäusen, sondern wie der Maulwurf zu den Insektenfressern. Spitzmäuse ernähren sich ähnlich wie Maulwürfe und sind im Garten zu den Nützlingen zu zählen, deren Bekämpfung nicht sinnvoll ist.

3 Integrierter Pflanzenschutz

> Integrierter Pflanzenschutz ist eine Kombination von Maßnahmen, bei denen unter vorrangiger Berücksichtigung biologischer, biotechnischer, pflanzenzüchterischer sowie anbau- und kulturtechnischer Maßnahmen die Anwendung chemischer Pflanzenschutzmittel auf das notwendige Maß beschränkt wird. Integrierter Pflanzenschutz bedeutet nicht, vollständig auf chemische Pflanzenschutzmittel zu verzichten.

Zu den Maßnahmen des Integrierten Pflanzenschutzes gehören:
- richtige Standortwahl für die Kulturpflanze (Boden, Klima)
- standortgerechte Sortenwahl
- Verwendung gesunder Pflanzen und gegen Krankheiten resistenter Sorten
- Maßnahmen zur Bodenverbesserung
- optimale Wahl der Aussaat- und Pflanztermine
- Anbau der Pflanzen in Mischkultur und vielseitige Fruchtfolge
- Schonung der Nützlinge durch Verwendung selektiver Pflanzenschutzmittel
- attraktive Lebensräume für Nützlinge schaffen (Nützlingsförderung)
- gezielter Nützlingseinsatz
- sinnvolle Pflege- und Hygienemaßnahmen
- die Stärkung pflanzlicher Abwehrkräfte durch bedarfsgerechte Düngung

Mischkultur: Verschiedene Gemüse- und Blütenpflanzen (Möhren, Porree, Pastinake) wachsen nebeneinander.

 Sorte und Art

Bei der **Sortenwahl** muss man die Begriffe Art und Sorte unterscheiden. Der Begriff „Art" ist nicht unumstritten, wird aber in der Biologie oft so definiert: Eine Art ist eine Gruppe von Individuen, die sich miteinander kreuzen und fruchtbare Nachkommen zeugen können. Pferd und Esel haben keine fruchtbaren Nachkommen, weil sie zwei verschiedenen Arten entstammen. Weizen ist eine Getreide-Art, Weißkohl eine Kohl-Art, Apfel ist eine Obst-Art.

Mit Sorte werden die sich in bestimmten Merkmalen (Aussehen, Geschmack, Reifezeit usw.) unterscheidbaren Varianten einer Nutzpflanzenart bezeichnet. So gibt es viele verschiedene Apfel- oder Kartoffelsorten, die sehr verschiedene Eigenschaften haben können.

Beispielsweise wird für die Apfelsorte „Topaz" als empfehlenswerter Standort „alle apfelfähigen Lagen" angegeben, für die Apfelsorte „Gravensteiner" ist die Standortempfehlung „nur bis hin zu mittleren Höhenlagen, gedeiht am besten im feuchten Klima Norddeutschlands"; die Apfelsorte „Gala" sollte nicht auf trockenen Böden und höheren Lagen angebaut werden.

Durch die Kombination der oben genannten Maßnahmen soll die Anwendung chemischer Pflanzenschutzmittel auf ein Minimum beschränkt werden. Sie sollen nur im Notfall dosiert und präzise eingesetzt werden und dabei Nützlinge möglichst schonen.

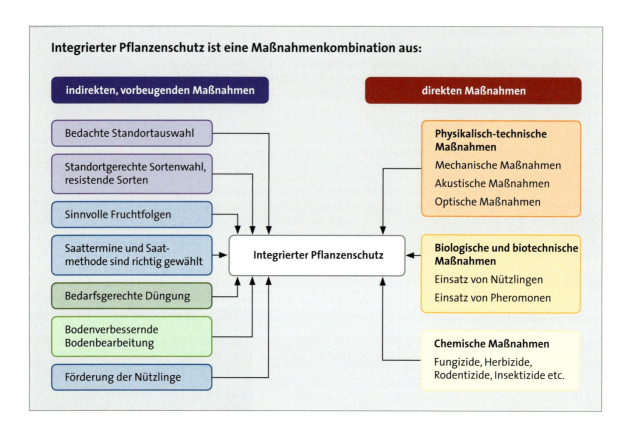

3.1 Indirekte bzw. vorbeugende Maßnahmen

Genau wie bei den Land- und Forstwirten und Gärtnern ist es auch das Ziel der Kleingärtner, dass die gesäten oder gepflanzten Jungpflanzen wachsen und gesunde, ertragreiche Pflanzen daraus entstehen. Dabei gilt: Vorbeugen ist besser als heilen!
Kräftigen, gesunden Pflanzen können dann beispielsweise einige Blattläuse gar nichts anhaben. Gesunde, wenig schädlingsanfällige Pflanzen erhält man, wenn man Sorten auswählt, die für das betreffende Klima und den Boden am Standort besonders geeignet sind. Es sollten zudem Sorten ausgewählt werden, die so gezüchtet wurden, dass sie gegen häufig vorkommende Pflanzenkrankheiten und -schädlinge besonders widerstandsfähig sind.

Bei der Wahl des Saatgutes bzw. der Jungpflanzen für einen bestimmten Standort muss man deshalb einige Faktoren berücksichtigen:
- **Faktor Klima:** Regnet es am Standort verhältnismäßig viel oder eher wenig? Ist es eine eher warme Gegend oder der kühlere Norden? Beeinflusst ein großer Fluss das Klima (z. B. Weinbaugebiete)?
- **Faktor Bodenbeschaffenheit:** Um welche Art Boden handelt es sich (Sand, Lehm usw.)? Wie gut ist der Boden vorbereitet? Ist eine Verbesserung und Pflege des Bodens notwendig (z. B. oberflächliche Auflockerung durch Hacken)?
- **Faktor pflanzenzüchterische Maßnahmen:** Welche Sorte der betreffenden Kulturpflanze (z. B. welche Apfelsorte) ist an diesem Standort weniger anfällig gegen Krankheiten oder resistent gegen bestimmte Schädlinge?
- **Faktor natürlicher Begrenzungsfaktoren:** Wird die Ansiedlung von Nützlingen gefördert? Wird der Garten durch Aufstellen von Nisthilfen und ein passendes Nahrungsangebot für Nützlinge attraktiv gemacht?
- **Faktor Pflanzenstärkung:** Werden die Pflanzen bedarfsgerecht gedüngt und damit die Pflanzengesundheit gefördert?

Obstsorten mit ihren Standortansprüchen und ihre Anfälligkeit bzw. Resistenzen für bestimmte Krankheiten: www.naturschutz-zentrum-erzgebirge.de/downloads/obstbroschuere.pdf

oder www.obstbauberatung-baden-wuerttemberg.de/ → Obstsorten

Winternahrung für Nützlinge: Hagebutten

3.2 Direkte Maßnahmen

Haben vorbeugende Maßnahmen nicht ausgereicht, um die Pflanzen vor Schäden und Schädlingen zu schützen, so müssen direkte Maßnahmen zur Schädlings- und Krankheitsbekämpfung in Betracht gezogen werden, um den Ernteerfolg nicht zu gefährden. Hier unterscheidet man zwischen mechanisch-technischen (physikalischen), biologischen, biotechnologischen und chemischen Maßnahmen.

Vor Durchführung einer jeden Maßnahme muss aber vorher genau geklärt werden, welcher **Schadorganismus** die Ursache des Schadens ist. Nur dann kann ein wirksames und dennoch selektiv wirkendes Präparat bzw. die richtige Maßnahme zum Einsatz kommen.
Sind beispielsweise Blattläuse die Schädlinge und benutzt man ein Insektizid, so tötet man unter Umständen auch die natürlichen Feinde der Blattläuse, die Florfliegen. Man reduziert dann die natürlichen Helfer im Kampf gegen die Schädlinge. Es sollte deshalb nur ein nützlingsschonendes, selektives und auf den Schaderreger abgestimmtes Präparat zum Einsatz kommen.

Manche Insekten sind nur harmlose Blütenbesucher.

3.2.1 Mechanisch-physikalische bzw. technische Maßnahmen

Hierunter versteht man beispielsweise
- das Aufstellen von geeigneten Schlagfallen, um Wühlmäuse oder Ratten zu fangen
- das Aufstellen von Leimfallen bzw. das Anbringen von Leimringen an Bäumen, um z. B. das Aufsteigen der Frostspannerweibchen zu verhindern
- das Absammeln von Schädlingen wie Schnecken oder Blattläusen
- das Herausziehen bzw. Hacken von Unkraut und Ungras
- das Aufstellen von Zäunen gegen Kaninchenfraß
- das Überziehen von Kulturen mit Netzen (z. B. Insektenschutznetze) und Vliesen

Schlagfallen
→ Kapitel IX Biozide

3.2.2 Biologische Maßnahmen

Biologische Maßnahmen sind solche Maßnahmen, die dazu dienen, Lebewesen zu schützen und zu fördern, die die Schädlinge in ihrer Vermehrung und Ausbreitung behindern. Damit wird ein Beitrag zum biologischen Gleichgewicht im Garten geleistet. Zu diesen Nützlingen gehören Vögel, Igel, Florfliegenlarven, Raubmilben, Marienkäfer und Schlupfwespen.
Man kann die Ansiedlung dieser Nützlinge fördern, indem man ihnen Nistmöglichkeiten schafft oder zumindest nicht wegnimmt: Für Vögel Hecken anpflanzen (Schutz, Brutplatz, Nahrung); den Garten nicht so sehr aufräumen, Haufen aus altem Holz, Steinen (auch Trockenmauern) und Laub als Rückzugsorte und für das Sammeln von Nistmaterialien für Igel, Vögel und Mauswiesel liegen lassen; Garten vielfältig gestalten, heimische Pflanzensorten anpflanzen usw.

Die verschiedenen Singvogelarten bevorzugen unterschiedliche Nistkästen.

Umweltschutz
→ Kapitel IX / 9.4

 Gentechnik bei Pflanzen

Mithilfe gentechnischer Verfahren können die aus *Bacillus thuringiensis*-Bakterien isolierten Wirkstoff-Gene (Bt-Toxin) auf Pflanzen übertragen werden. Diese produzieren nun in ihren Zellen den für Fraßinsekten giftigen Wirkstoff. Auf diese Weise sind bei verschiedenen Kulturpflanzen gentechnisch vermittelte Insektenresistenzen erzeugt worden. Weltweit werden in mehreren Ländern Bt-Mais und Bt-Baumwolle angebaut.

 www.biosicherheit.de/de/lexikon/

> Eine Rasenfläche ist keine „Natur", sondern eine Monokultur aus Graspflanzen. Hier finden Nützlinge weder Nahrung noch Rückzugsorte.
> Blühende Pflanzen spenden den Nützlingen und nützlichen Insekten Nektar und Pollen. Totholz- und Laubhaufen sowie Hecken und Trockenmauern bieten Schutz.

Mittlerweile werden manche Nützlingsarten speziell für das gezielte Einsetzen in einen Garten oder ein Gewächshaus gezüchtet und sind über den Fachhandel zu beziehen.

Beispiele:

Recherchieren Sie das Aussehen der Nützlinge und Schädlinge im WWW.

Nützling	Einsatz gegen folgende Schädlinge
Marienkäfer bzw. Marienkäferlarven	Schildläuse
Australischer Marienkäfer	Woll- und Schmierläuse
Florfliegenlarven	Läuse, Thripse, Spinnmilben, Wollläuse
Raubmilben	Spinnmilben (rote Spinne), junge Thrips-Larven
Nematoden	Apfelwickler, Dickmaulrüssler, Trauermücken
Schlupfwespen	verschiedene Blattlausarten, Maiszünsler, Minierfliegen
Bacillus thuringiensis	Raupen und Larven des Kartoffelkäfers
Bacillus thuringiensis Granulosevirus	Schadschmetterlinge (z. B. Apfelwickler)

Honigbiene auf Oregano

Nützliche Insekten

Die Honigbienen, Wildbienen und Hummeln werden auch oft als Nützlinge bezeichnet, da sie Obstbäume und -sträucher und andere Nutzpflanzen bestäuben. Wissenschaftliche Untersuchungen haben ergeben, dass der Ernteertrag um 80 % geringer sein kann, wenn die fleißigen Insekten nicht an die Blüten gelangen können. Im Rahmen des Pflanzenschutzes bezeichnet man sie aber nicht als Nützlinge, sondern als nützliche Insekten.

Oft reicht aber eine alleinige Bekämpfung der Schädlinge mit biologischen Maßnahmen nicht aus. Dann müssen die biologischen Maßnahmen mit anderen Maßnahmen kombiniert werden.

3.2.3 Biotechnologische Maßnahmen

Mit biotechnologischen Maßnahmen werden häufig nicht die Schädlinge direkt getötet. Die eingesetzten Substanzen, die oft aus dem natürlichen Lebensraum der Schädlinge stammen, helfen auf verschiedene Weise, die Menge der Schädlinge einzudämmen.

Mit diesen Substanzen ist es auch möglich, den Befall bzw. die Bestandsentwicklung der Schädlinge zu beobachten, um dann ggf. auch gezielt chemische Maßnahmen einzusetzen. Dies wird im Wein- und Obstbau gegen die Apfel- und Traubenwickler so praktiziert. Dabei werden natürliche Reaktionen der Schädlinge auf bestimmte – meist chemische – Reize ausgenutzt.

Historische biotechnische Maßnahme

Auch heute noch werden gegen Wespen häufig Flaschen mit Zuckerwasser in Bäume gehängt. Die Wespen folgen in diesem Fall dem chemischen Reiz der Nahrung und landen in der Flasche, aus der sie durch den engen, glatten Flaschenhals nicht wieder entweichen können.

Von großer Bedeutung sind die Pheromonfallen. Dabei handelt es sich um Fallen, die einen Sexuallockstoff (auch Sexualduftstoffe, Sexualpheromon) enthalten und ganz bestimmte Schädlinge anlocken. Der Lockstoff, der häufig ein Ausscheidungsprodukt der weiblichen Sexualpartner ist, wird im Labor gewonnen oder hergestellt und wird dann z. B. auf einem klebrigen Pappstreifen aufgebracht.
Ist es ein weiblicher Sexuallockstoff, so werden die männlichen Tiere der Art (zumeist Insekten) oft noch aus großer Entfernung angelockt und bleiben auf der Falle kleben. Ihre Anzahl wird dadurch reduziert, es gibt weniger Sexualpartner für die weiblichen Tiere und die Nachkommenzahl sinkt.

Apfelwickler

Manchmal werden die Tiere durch Dauereinwirkung des Lockstoffs auch völlig erschöpft oder durch die weiträumige Ausbringung des Pheromons derart irritiert, dass es nicht zu einer Begattung kommt.
Pheromonfallen gibt es mittlerweile z. B. für Apfelwickler, den kleinen Fruchtwickler, den Pflaumenwickler, Traubenwickler, das Blausieb und auch gegen Nahrungsmittel- und Kleidermotten.

 www.biofa-profi.de
www.neudorff.de
Recherchieren Sie das Aussehen der Schädlinge im WWW!

Repellents (Vergrämungsmittel)
Als Repellents werden vor allem Duftstoffe bezeichnet, die der (Schad-)Organismus über den Geruchssinn wahrnimmt und die ihn abschrecken oder vertreiben, ihn aber nicht töten. Diese Duftstoffe können sowohl synthetische Mittel als auch Naturstoffe sein. Zur Abschreckung von Mücken, Bremsen und Zecken werden vor allem Extrakte aus Nelken, Lavendel, Zitrusfrüchten, Eukalyptus und Kampfer verwendet.
Auch bestimmte Geräusche können Schädlinge abschrecken.

> Wühlmäuse soll man aus dem Garten vertreiben können, indem man Flaschen schräg mit der Öffnung nach oben in den Boden eingräbt. Streicht der Wind über die Flaschenöffnungen, so entstehen Geräusche, die im Boden für Wühlmäuse sehr unangenehm sein sollen und sie vertreiben. Eine ähnliche Wirkung sollen Metallstangen haben, die man mind. 50 cm in den Boden steckt. Geht man mehrmals täglich durch den Garten und schlägt an diese Stangen, so soll das die Wühlmäuse vertreiben.

Repellents dienen auch der Abwehr von Fliegen, Stechmücken und anderer Insekten beim Menschen. Dazu wird ein spezifischer Geruch auf die Haut aufgetragen, der die Schäd- und Lästlinge abhalten soll.

Im weitesten Sinne werden auch mechanische Geräte, die Tiere abschrecken, als Repellents bezeichnet. Bei der Berührung eines elektrischen Weidezauns empfinden Tiere ein Schmerzgefühl, das sie zurückschrecken lässt; allerdings können solche Weidezäune auch töten, wenn das Tier darin festhängt.

Lämmer vor einem elektrischen Weidezaun

3.2.4 Chemische Maßnahmen

Unter die chemischen Maßnahmen des Pflanzenschutzes fällt vor allem der Einsatz von Pflanzenschutzmitteln.

Das Pflanzenschutzgesetz in der Fassung vom 09.12.2010 definiert Pflanzenschutzmittel wie folgt:

> „...Stoffe, die dazu bestimmt sind,
> a) Pflanzen oder lebende Teile von Pflanzen und Pflanzenerzeugnisse vor Schadorganismen zu schützen,
> b) Pflanzen oder lebende Teile von Pflanzen und Pflanzenerzeugnisse vor Tieren, Pflanzen oder Mikroorganismen zu schützen, die nicht Schadorganismen sind,
> c) die Lebensvorgänge von Pflanzen zu beeinflussen, ohne ihrer Ernährung zu dienen (Wachstumsregler),
> d) das Keimen von lebenden Teilen von Pflanzen und Pflanzenerzeugnissen zu hemmen, ausgenommen sind Wasser, Düngemittel im Sinne des Düngemittelgesetzes und Pflanzenstärkungsmittel; als Pflanzenschutzmittel gelten auch Stoffe, die dazu bestimmt sind, Pflanzen abzutöten oder das Wachstum von Pflanzen zu hemmen oder zu verhindern, ohne dass diese Stoffe unter Buchstabe a oder c fallen;

Nicht zu den Pflanzenschutzmitteln zählen demnach Düngemittel und Pflanzenstärkungsmittel, Holzschutzmittel und vor allen Dingen Mittel, mit denen Lästlinge (Fliegen, Ameisen, Silberfischchen, Mücken) bekämpft werden.

Chemische Pflanzenschutzmittel haben oft eine direkte Giftwirkung auf den Schadorganismus. Es kommen aber auch chemische Mittel zum Einsatz, die Lock-, Schreck- und Hemmstoffe als wirksame Substanz enthalten. Neben den eigentlichen Wirkstoffen sind den meisten Mitteln noch Hilfsstoffe zugefügt, die die Wirkung und Handhabung des Pflanzenschutzmittels verbessern sollen.

Seidenspinnermännchen können mithilfe ihrer Antennen das Pheromon eines paarungsfähigen Weibchens wahrnehmen, das mehrere Kilometer entfernt ist.

Chemische Lockstoffe sind ebenfalls Pheromone. Diese Signalstoffe orientieren sich in ihrer chemischen Zusammensetzung an den natürlichen Ausscheidungsprodukten der Zielorganismen. Sie rufen ein Verhalten der Zielorganismen hervor, das letztlich dazu führt, dass die Schädlingsdichte abnimmt: Biotechnologische Maßnahmen.

Auf Pflanzen aufgebrachte chemische Schreckstoffe und Ablenkstoffe – oft stark duftend bzw. stinkend – machen die Pflanzen für die Schadorganismen so unattraktiv, dass es zu einer deutlichen Schadreduktion kommt.

In der biologischen Landwirtschaft wird ein Auskeimen von Unkräutern zum Teil dadurch verhindert, dass die Äcker und Beete nachts bearbeitet werden. Viele Samen sind nämlich Lichtkeimer, d. h., sie keimen nur, wenn Licht- bzw. Sonnenstrahlen auf sie gefallen sind.

Hemmstoffe hemmen Schadorganismen (Tiere, vor allem Insekten, aber auch Konkurrenzpflanzen) in ihrer Entwicklung oder Fortpflanzung. Das kann zum Tod des Schadorganismus durch Entwicklungshemmung führen. Beispielsweise verhindern Häutungshemmer die Weiterentwicklung von Insektenlarven, indem die Häutung und damit das weitere Wachstum verhindert werden und die Larven dadurch absterben. Solche Mittel wirken sehr selektiv. Sie werden insbesondere bei der Bekämpfung von schädlichen Kleinschmetterlingen eingesetzt.

Fotosynthese-Hemmer verhindern das Wachstum von (Unkraut-)Pflanzen; Keimhemmer verhindern das Auskeimen von (Unkraut-)Samen.

Giftstoffe werden in den Körper des Zielorganismus aufgenommen (z. B. durch Kontakt des Insekts mit dem Gift) und führen in ausreichender Menge zu dessen Tod.

Einteilung der chemischen Pflanzenschutzmittel nach dem damit zu bekämpfenden Schadorganismus

Für den Anwender ist die Einteilung der Mittel nach den damit zu bekämpfenden Schadorganismus von Bedeutung. Hier werden folgende Gruppen unterschieden:

Herbizide (Unkrautbekämpfungsmittel)

Als **Herbizide** bezeichnet man Mittel gegen unerwünschte Beikräuter („**Unkräuter**"), die neben den eigentlichen Kulturpflanzen wachsen und um Nährstoffe, Licht und Wasser konkurrieren.

Man unterscheidet zwischen Totalherbiziden, die die gesamte Vegetation auf einer Fläche vernichten, und selektiven Herbiziden, die sehr wirksam gegen bestimmte Unkräuter sind, die Kulturpflanzen auf der Fläche aber nicht beeinträchtigen. „Versteckte" Mittel gegen Unkraut und Moose sind oft auch Rasendüngern zugesetzt.

Herbizid
lat. herba Kraut

-zid
Wortteil mit der Bedeutung „tötend", „abtötend"

Hier wurde auf dem Acker ein Herbizid eingesetzt, der Ackerrandstreifen wurde nicht gespritzt.

Insektizide (Mittel zur Insektenbekämpfung)

Als Insektizide bezeichnet man chemische oder biologische Mittel, die sich in ihrer Wirkung gegen die (Voll-)**Insekten** und/oder gegen vorausgehende Entwicklungsstadien (Eier, Larve, Puppe, Raupe) richten.

In der Regel sind sie heute sehr selektiv und töten die jeweiligen Zielorganismen. Auch Pflanzen selbst produzieren insektizid wirkende Substanzen, um sich vor Fraßfeinden zu schützen. Aus Chrysanthemen wird das als Nervengift wirkende Pyrethrum gewonnen. Es wird als Wirkstoff in Insektensprays eingesetzt und gilt wegen seiner Kurzlebigkeit als wenig schädlich für Menschen.

Dickmaulrüssler: Larve, Vollinsekt, Fraßspur

Fungizide

Fungizide sind chemische oder biologische Mittel, die **Pilze** und ihre Sporen unschädlich machen und damit durch die Pilze hervorgerufene Krankheiten an Pflanzen verhindern. Sie werden auch zum Schutz von Textilien, Teppichen und Lebensmitteln verwendet.

Akarizide

Akarizide sind Mittel zur Bekämpfung von Milben. Häufig kommen sie im Obst-, Wein- und Gemüseanbau gegen **Spinnmilben** zum Einsatz.

Molluskizide

Molluskizide sind chemische Mittel zur Bekämpfung von **Schnecken**. Als Wirkstoff enthalten neuere Molluskizide Eisen(III)-phosphat. Eisen(III)-phosphat ist natürlicher Bestandteil des Bodens. Da die Mittel sehr wirksam sind, gelten sie als umweltfreundliche Alternative zu anderen chemischen Substanzen (z. B. Methaldehyd), die giftig für Haustiere und Bienen sind. Haben Schnecken Eisen(III)-phosphat gefressen, verkriechen sie sich in der Erde und verhungern nach einigen Tagen.

Nacktschnecke

Für den Kleingarten bieten sich aber auch mechanische Maßnahmen zur Schneckenbekämpfung an: Die Kleingärtnerin kann die Schnecken in den Abendstunden von den Pflanzen und dem Boden absuchen und mit kochendem Wasser übergießen. Auch Laufenten leisten als biologische Schneckenbekämpfer gute Dienste.

Nematizide

Nematizide sind Mittel, mit denen im Boden lebende Fadenwürmer (Nematoden) bzw. deren Larven getötet werden. Damit es zu einer wirksamen Bekämpfung kommt, müssen die Nematizide durch bestimmte Ausbringungsmaßnahmen (z. B. Bodenbegasung) gut im Boden verteilt werden. Oft werden mit Nematiziden auch andere Bodenlebewesen (z. B. Insekten, Pilze) mit abgetötet.

Durch pflanzenhygienische Maßnahmen kann heute auch in stark gefährdeten Kulturen wie Zuckerrüben und Kartoffeln weitgehend auf Nematizide verzichtet werden. Wichtige pflanzenhygienische Maßnahmen sind die Kontrolle des Pflanzgutes auf Nematodenfreiheit und der Anbau resistenter Pflanzen.

Rodentizide

Rodentizide sind Mittel, mit denen **Nagetiere** bekämpft werden. Angewendet werden sie in Fressködern und zur Begasung von Nagetiergängen. Zu den Wirkstoffen gehören Cumarin-Derivate, die eine blutgerinnungshemmende Wirkung haben. Tiere, die davon fressen, sterben in der Regel an inneren Blutungen. Ein Gegenmittel ist Vitamin K, es kann in relativ hohen Dosen z. B. Haustieren gegeben werden und sie damit retten, wenn sie Rattengift gefressen haben. Allerdings dürfen Rodentizide niemals offen, sondern nur in geeigneten Köderbehältern ausgelegt werden, sodass es zu solchen Unfällen gar nicht kommen sollte.

Eine Begasung mit entsprechenden Rodentiziden muss von Fachleuten nach einer behördlichen Genehmigung durchgeführt werden. Oft werden in die Nagergänge auch feste Stoffe ausgelegt, die zusammen mit der Feuchtigkeit der Erde Phosphorwasserstoff bilden. Dies verbreitet sich als Atemgift in den unterirdischen Gängen der Nager (z. B. Wühlmäuse) und tötet sie.

Algizide

Algizide besitzen eine Algen abtötende Wirkung und sorgen dafür, dass keine neuen Algen wachsen. Sie dienen aber nicht vorwiegend dem Pflanzenschutz, vielmehr finden sie vor allem in Schwimmbädern, Aquarien und auf Gehwegen und Terrassen Verwendung.

Rapspflanzen haben mit einer dicht am Boden liegenden Blattrosette unter dem Schnee überwintert.

Wachstumsregler (Mittel zur Steuerung biologischer Prozesse)

Diese Stoffe werden z. B. eingesetzt, um die Halmfestigkeit von Getreide zu erhöhen, damit die Halme nicht schon bei leichtem Wind umgeknickt werden. Wachstumsregler werden auch auf Raps im Herbst aufgebracht, wenn die kleinen Pflanzen so schnell wachsen, dass sie für ein Überwintern bei Frost und unter Schnee zu groß wären. Dazu müssen die ersten Blattrosetten der Rapspflanzen vor dem Winter dicht am Boden anliegen. Im Kleingartenbereich spielen diese Wachstumsregler fast keine Rolle.

Zu den Wachstumsreglern werden auch die Keimhemmungsmittel gezählt, die die Zellteilung in den „Augen" der Kartoffeln und damit das Wachstum der Keime an den Knollen hemmen.

3.3 Formulierung von PSM

Die jeweiligen gegen den Schadorganismus wirksamen Stoffe in den PSM sind fast nie die alleinigen Inhaltsstoffe. Oft ist für die Möglichkeit der sachgerechten Anwendung ein Zusatz von Hilfsstoffen nötig. Diese Komposition aus Wirkstoffen und Zusatzstoffen wie Trägerstoffen, Lösemitteln, Emulgatoren, Stabilisatoren, Warnstoffen, Netzmitteln, Farbstoffen und Haftstoffen nennt man **Formulierung**, also die anwendungsfertige Darreichungsform.

3 Integrierter Pflanzenschutz

Die genaue Art der Anwendung ist in jedem Fall der Gebrauchsanleitung zu entnehmen.
Beispiele:

Formulierung	Art der Anwendung
Spritzflüssigkeiten (Emulsion, Suspension, **Aerosol**, gebrauchsfertige Lösungen in Sprühdosen)	spritzen, gießen, tauchen, sprühen, nebeln
Begasungsmittel (z. B. gegen Wühlmäuse oder Vorratsschädlinge)	• Feststoff wird ausgelegt und in Verbindung mit Flüssigkeit gasförmig oder • Flüssigkeit wird beim Freiwerden aus einem Druckgasbehälter gasförmig
Granulate	ausstreuen, z. B. gegen Unkrautsamen
Puder	stäuben, z. B. Keimhemmer auf geerntete Kartoffeln
Ködermittel	Feststoffe werden (abgedeckt) ausgelegt (z. B. gegen Nager, Schnecken, Ameisen)
Zäpfchen, Stäbchen	werden bei Zimmerpflanzen, z. B. gegen saugende Insekten, in die Erde gesteckt
Saatgutbehandlungsmittel	Saatgut wird mit wuchsfördernden, keimfördernden Stoffen und PSM gebeizt (z. B. Saatkörner werden in Flüssigkeit getränkt). Dadurch wird der Samen im Boden vor Krankheiten geschützt.

Die Anwendungsarten unterscheiden sich in der ausgebrachten Tropfengröße:

Spritzen
Sprühen
Nebeln

> Ein Leimkragen um Baumstämme verhindert, dass die Raupen des Frostspanners (Falter) am Stamm hochklettern und die Apfel- und Kirschernte beeinträchtigen. Der Leim ist dabei aber eher eine mechanische Maßnahme, ähnlich wie die Schlagfallen gegen Wühlmäuse.

3.4 Zusammenfassende Übersicht

	Maßnahme	Ziel	Beispiele
Indirekte Maßnahmen	Verbesserung der Bodenbeschaffenheit	Kräftigung der Pflanzen, Förderung der Pflanzengesundheit	Lockern der Bodenoberfläche, Einarbeiten einer Gründüngung usw.
	pflanzenzüchterisch		klimagerechte Sortenwahl
			Wahl resistenter Sorten
	Förderung der Nützlinge		Pflanzung einer Hecke zur Ansiedlung von Vögeln, Igeln usw. als natürliche Feinde der Schädlinge
Direkte Maßnahmen	mechanische und physikalische	Verminderung der Schädlinge, Verminderung von Konkurrenzpflanzen	Absammeln von Kartoffelkäfern von Kartoffelpflanzen; Aufstellen einer Wühlmausfalle Hacken bzw. Ausreißen von Unkrautpflanzen
	biologische	Verminderung der Schädlinge durch natürliche Feinde	Verteilen von Feinden der Schädlinge (Florfliegenlarven gegen Läuse; Schlupfwespen gegen Weiße Fliege)
	biotechnische	Verminderung der Schädlinge Vertreibung der Schädlinge oder Lästlinge	Aufstellen von Fallen mit Sexuallockstoffen (Pheromonfallen) gegen Kakerlaken, Motten, Borkenkäfer
	chemische	gezielte, selektive Bekämpfung von Schadorganismen	Einsatz von Insektiziden, Herbiziden, Akariziden, Molluskiziden, Nematiziden, Rodentiziden, Fungiziden

Der Warndienst gibt den Landwirten und Wein- und Obstbauern wichtige Hinweise, z. B.:
www.am.rlp.de
→ Warndienst

Viele Winzer praktizierten heute integrierten Pflanzenschutz. Sie versuchen, die Auswirkungen der schädlichen Einflüsse auf ihre Reben und Trauben möglichst gering zu halten, indem sie vorbeugende Maßnahmen durchführen, wie richtige Sortenwahl und Veredelung der Reben auf reblausresistenten Unterlagen.

Sie führen eine schonende Bodenpflege durch, damit keine Bodenerosion stattfindet und keine Nährstoffe ausgewaschen werden. Sie setzen mechanische Verfahren (z. B. Schutzgitter, Netze über den Reben), biologische Verfahren (Schonung und Förderung von Nützlingen, Einbürgerung von Nützlingen, Einsatz biologischer Spritzmittel), biotechnische Maßnahmen (Einsatz von Pheromonfallen zur Feststellung der Flugzeiten von Schadinsekten) und chemische Verfahren (gezielter Einsatz von Sprühmitteln) ein, um der Schädlingsausbreitung entgegenzuwirken.

Auch die Empfehlungen der Warndienste sind den Weinbauern sehr hilfreich, um ggf. gezielt und zeitnah gegen eine Gefahr für ihre Reben vorzugehen.

4 Zimmerpflanzen im Haus und Wintergarten

Im Zimmerpflanzenbereich dürfen herkömmliche PSM nicht eingesetzt werden, da ihre Anwendung auf landwirtschaftliche, forstwirtschaftliche und gärtnerische Zwecke beschränkt ist. Es gibt aber PSM für den Zimmerpflanzenbereich im Handel, die Mittel sind entsprechend beschriftet.

Am umweltfreundlichsten ist im Zimmerpflanzenbereich der Einsatz von Nützlingen. Allerdings hat sich dieser im Innenraumbereich noch nicht durchgesetzt, obwohl es schon viele positive Berichte dazu gibt. Vermutlich hat es damit zu tun, dass die menschlichen Hausbewohner sich nicht damit anfreunden können, Insekten wie die Florfliegenlarven („Blattlauslöwen") im Haus auszusetzen, damit sie gegen die schädlichen Blattläuse vorgehen können. Manchen ist auch die Beschaffung zu kompliziert, dabei können die meisten Nützlinge heute unproblematisch bestellt werden.

Spinnmilben, Schild- und Blattläusen kann man auch mit verschiedenen Hausmitteln zu Leibe rücken. Bewährt hat sich das mehrmalige Einsprühen der betroffenen Pflanzen mit einer Mischung aus Wasser und ätherischen Ölen (1/2 l Wasser + 20 Tropfen Lavendel-, Nelken-, Teebaum- und Thymianöl u. a.) oder aus Wasser mit Schmierseife versetzt (100 g Schmierseife in 1 l Wasser lösen). Auch ein Tee (heißen Aufguss bereiten und abkühlen lassen) mit Schachtelhalmkraut kann gegen die Schädlinge helfen. Gelbklebefallen oder Blautafeln können z. B. gegen die weiße Fliege eingesetzt werden.

Schachtelhalmkraut
(*Equiseti herba*)
→ Kapitel VI / 7

> Bei allen chemischen Mittel muss man unbedingt darauf achten, dass sie auch tatsächlich eine Zulassung für den Zimmerpflanzenbereich haben. Natürlich gelten alle für den Erwerbspflanzenanbau dargestellten Anwendungshinweise und Wirkmechanismen (siehe dort) auch für die entsprechenden Mittel bei Zimmerpflanzen. Die Gebrauchsanweisung muss unbedingt beachtet werden.

5 Wirtschaftliche Schadensschwelle

Besonders im land- und forstwirtschaftlichen und gärtnerischen Bereich muss nach wirtschaftlichen Gesichtspunkten gearbeitet werden. Aber auch die Hobbygärtnerin wird nicht beliebig viel Geld investieren wollen, um beispielsweise ihren Kohl vor der Weißen Fliege zu schützen. Es muss deshalb vor dem Einsatz eines Mittels die wirtschaftliche Schadensschwelle ermittelt werden.
Wird die wirtschaftliche Schadensschwelle überschritten, so ist der Einsatz einer Maßnahme nicht sinnvoll.

> Wirtschaftet die Hobbygärtnerin nachhaltig, so versucht sie, die beste und effektivste Maßnahmenkombination bei gleichzeitig höchster Umweltverträglichkeit anzuwenden.

Beispiel: Ein Landwirt erhofft sich von einem Getreidefeld einen Ertrag im Wert von 5000 €. Kurz vor der Ernte treten massiv Blattläuse auf, die den gesamten Ertrag gefährden. Die Bekämpfung der Blattläuse durch ein Insektizid kostet den Landwirt insgesamt (Mittel und Maschineneinsatz und Arbeitszeit) 1000 €. In diesem Fall ist es sinnvoll, die Blattläuse zu bekämpfen.
Geht der Landwirt davon aus, dass das Auftreten der Blattläuse nicht so massiv sein wird und nur etwa 10 % seines Feldes geschädigt wird, so sieht die Sache ganz anders aus. Die Ertragseinbuße betrüge demnach ohne jede Bekämpfungsmaßnahme 500 €. Die Kosten der Schädlingsbekämpfung würden auch in diesem Fall 1000 € betragen. Jetzt wäre es für den Landwirt günstiger, die Blattläuse nicht zu bekämpfen.

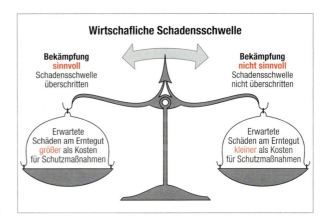

6 Zulassung

Pflanzenschutzmittel, die in Deutschland angewendet, gehandelt, verkauft oder importiert werden, müssen zuvor vom Bundesamt für Verbraucherschutz und Lebensmittelsicherheit (BVL) zugelassen werden. Dieser Zulassungsvorbehalt soll Anwender von Pflanzenschutzmitteln vor potenziellen Gesundheitsgefahren schützen, die von Pflanzenschutzmitteln ausgehen können.
Wie das jeweilige Pflanzenschutzmittel sachgerecht angewendet werden muss, kann der Gebrauchsanweisung eines Mittels entnommen werden. Hier werden u. a. auch notwendige Körperschutzmaßnahmen, die **Wartezeit**, Wasserschutzgebietsauflagen und Anwendungsverbote und -beschränkungen aufgeführt.

Wartezeit ist die Zeit zwischen der letzten Anwendung des Pflanzenschutzmittels und der Ernte.

Setzt man die sachgemäße Anwendung (siehe Gebrauchsanweisung) voraus, hängt die Zulassung eines Präparates von folgenden Aspekten ab:
- Der Hersteller muss die Wirksamkeit und die Unbedenklichkeit des Mittels bei **sachgerechter Anwendung** nachweisen; das Umweltbundesamt, die Biologische Bundesanstalt für Land- und Forstwirtschaft und das Bundesinstitut für Risikobewertung überprüfen die Angaben auf ihre Richtigkeit.
- Das Mittel muss gegen den Schadorganismus bzw. die Schadursache, die sie bekämpfen soll, ausreichend wirksam sein.
- Die Gesundheit von Menschen und Tieren (nicht Schadorganismen) darf durch das Mittel nicht beeinträchtigt werden.
- Das Grundwasser und der Naturhaushalt dürfen nicht unvertretbar beeinträchtigt werden.

Die Zulassung endet in der Regel nach 10 Jahren, sie kann aber durch neue Erkenntnisse beispielsweise in Bezug auf die Gefährlichkeit für Menschen auch verändert oder widerrufen werden; auch eine erneute Zulassung – für weitere 10 Jahre – ist möglich.

> Nach Ablauf der Zulassung dürfen Pflanzenschutzmittel nur noch bis zum Ablauf des zweiten auf das Ende der Zulassung folgenden Jahres benutzt werden, sie dürfen aber nicht mehr verkauft werden.

Beispiel: Die Zulassung eines Mittels endet am 30.10.2014. Der Anwender darf das Mittel dann bis maximal zum 31.12.2016 noch verwenden. Der Drogeriemarkt darf das Mittel aber schon ab dem 30.10.2014 nicht mehr verkaufen!

Zulassung von PSM für den Kleingartenbereich

PSM dürfen auf Freilandflächen grundsätzlich nur eingesetzt werden, wenn sie landwirtschaftlich, forstwirtschaftlich oder gärtnerisch genutzt werden. Hier sind vor allem die gewerblichen Nutzungen gemeint, z. B. die eines Landwirtes.

Gärtnerisch genutzt werden aber natürlich auch die Anbauflächen in Haus- und Kleingärten. Nicht gärtnerisch genutzt werden jedoch Stellplätze für Autos, Hofeinfahrten, Ackerrandbereiche, Grün- und Parkanlagen und Wege.

Ob ein PSM im Kleingartenbereich eingesetzt werden darf, muss der Gebrauchsanleitung entnommen werden. Es muss dort die Angabe: **„Anwendung im Haus- und Kleingartenbereich zulässig"** stehen, sonst ist eine Anwendung im Kleingarten nicht erlaubt!

Der Gebrauchsanweisung ist auch zu entnehmen, wogegen das PSM genau eingesetzt werden darf und wie es angewendet werden muss. Ist die Zulassung nur gegen Blattläuse an Zimmerpflanzen erteilt, dann darf das Mittel auf Rosen im Vorgartenbeet nicht ausgebracht werden. Es darf auch nicht gegen andere Insekten als Blattläuse angewendet werden.

7 Wirkmechanismen von PSM

Mittel
Die Mittel werden häufig als „Gifte" bezeichnet, da sie den Schädling töten. Richtiger ist jedoch der Begriff „Mittel", da eine Aussage über die Giftigkeit eines Mittels immer nur die Wirkung auf den Menschen beschreibt. Ein Mittel kann für den Menschen harmlos, für den Schädling aber tödlich sein! Auch der umgekehrte Fall ist denkbar: Ein Stoff ist für den Menschen giftig, hat aber keinen schädlichen Einfluss auf z. B. Insekten.

Die PSM können nach der **Wirkart** unterschieden werden. Um die gewünschte – häufig abtötende – Wirkung zu erreichen,
- reicht bei Kontaktmitteln schon der direkte Kontakt bzw. die Berührung der Unkrautpflanze bzw. des Schädlings mit dem Mittel aus,
- ist es bei Atemmitteln nötig, dass das Mittel über die Atemwege des Schädlings aufgenommen wird,
- muss bei Fraßmitteln und Entwicklungshemmern der Schädling das Mittel aktiv durch die Nahrungsaufnahme zu sich nehmen.

Bei den Herbiziden und Fungiziden gibt es neben den Kontaktmitteln noch **systemisch** wirkende Mittel. Die Wirkung dieser Präparate wird erzielt, wenn sie über die Spaltöffnungen an den Blattunterseiten (Sprühmittel) oder über die Wurzel (Gießmittel) ins Innere der Pflanze gelangen. Mit dem Saftstrom werden sie in alle Teile der Pflanze transportiert.

Frisst oder saugt ein Insekt an der behandelten Pflanze, so nimmt es das Mittel auf. Breitet ein Pilzmycel sich in der Pflanze aus, so wird das Mittel auch zu diesem Ort transportiert und das womöglich gar nicht von außen sichtbare Pilzmycel wird abgetötet.

Weitere Einteilungsmöglichkeiten von PSM:

	Beispiele	Wirkstoffbeispiele
Nach dem Ausbringungsort	**Bodenherbizide**; wirken, im Boden ausgebracht, auf die Keimlinge von Ungras und Unkraut.	Metazachlor
	Blattherbizide; wirken, wenn sie auf die Pflanze aufgebracht werden.	Glyphosat
Nach der Wirkungsdauer	**Sofortwirkung**: Das Mittel wirkt sofort und in der Regel nur kurz.	**Naturpyrethrum**
	Dauerwirkung: Das Mittel wirkt über einen langen Zeitraum, z. B. als Bodenherbizid.	Strobilurine und synthetische Analoga
Nach der Wirkungsbreite	**Totalherbizide**: Sie töten in der Regel alle Pflanzen auf einer Fläche.	Glyphosat
	Selektive Insektizide: Schadinsekten werden von dem Mittel getötet, Bienen sind aber nicht gefährdet.	Bacillus thuringiensis-Präparate
Nach vorbeugender oder direkter Wirkung	**Vorbeugende Mittel**: Bodenherbizide werden oft im Boden ausgebracht, bevor die Unkrautsamen gekeimt sind.	Metazachlor
	Heilende, kurative Mittel: Mittel wie Kontakt- o. Atemmittel, die den Schädling direkt abtöten.	Permethrin, Clothianidin, Warfarin, Difenacoum

online Wirkungsweisen von PSM-Wirkstoffen; z. B. www.lfl.bayern.de, www.bvl.bund.de, www.waldwissen.net

Bei der Ausbringung aller PSM ist die jeweilige Gebrauchsanweisung zu beachten!

Mittel für den Kleingartenbereich sind in der Regel gebrauchsfertig bzw. müssen nur noch im vorgegebenen Verhältnis mit Wasser verdünnt werden. Natürlich sind zudem alle Anweisungen für den Körperschutz zu beachten, beispielsweise müssen geeignete Handschuhe getragen werden.

Anwenderschutz
→ Kapitel IX / 9.1

8 Lagerung

Pflanzenschutzmittel dürfen im Drogeriebereich (Verkaufsraum; Lagerraum) nicht zusammen oder in unmittelbarer Nähe mit Lebensmitteln, Futtermitteln oder Arzneimitteln gelagert werden. Sie müssen sich immer in ihrer Originalverpackung befinden, das Umfüllen ist nicht erlaubt. Den Kundinnen und Kunden dürfen Pflanzenschutzmittel, die gleichzeitig auch Gefahrstoffe sind, nicht frei zugänglich sein. **Sehr giftige** oder **giftige** Pflanzenschutzmittel müssen sogar unter Verschluss (Giftschrank, Giftraum) aufbewahrt werden; es gelten für sie alle Gefahrstoff-Vorschriften entsprechend!

Grundsätzlich müssen Pflanzenschutzmittel so gelagert werden, dass weder Menschen und Tiere noch die Umwelt gefährdet werden. Dazu sollten sie
- in ihren Originalverpackungen gelagert werden,
- übersichtlich und standsicher untergebracht sein,
- unzugänglich für Kinder aufbewahrt werden, also nie in Wohnräumen,
- trocken, kühl, aber frostfrei gelagert werden (nicht im Garten, nicht im Heizungskeller),
- nicht in der Nähe von Lebensmitteln, Futtermitteln und Arzneimitteln aufbewahrt werden,

- so aufbewahrt werden, dass für ausreichend Licht und Luft (Be- und Entlüftung) gesorgt ist,
- im Einzelhandelsbereich in entsprechend gekennzeichneten Lagern aufbewahrt werden (Pflanzenschutzmittel – Unbefugten ist der Zutritt verboten usw.),
- mit Sicherheitsdatenblättern geliefert werden, die im Betrieb vorhanden sein sollten oder auf die zumindest jederzeit zugegriffen werden kann (z. B. CD, Internet, z. B. www.iva.de). Eine auf dem Sicherheitsdatenblatt basierende Gefährdungsbeurteilung muss im Betrieb durchgeführt werden, und die Mitarbeiter und Mitarbeiterinnen müssen entsprechend unterwiesen werden.

Bei der ordnungsgemäßen Lagerung von Pflanzenschutzmitteln im landwirtschaftlichen Betrieb sind eine Vielzahl von Gesetzen, Verordnungen und Genehmigungen zu beachten (siehe dort):
- Verordnung zum Schutz vor gefährlichen Stoffen – Gefahrstoffverordnung (GefStoffV)
- Lagern sehr giftiger und giftiger Stoffe (TRGS 514)
- Betriebssicherheitsverordnung (BetrSichV)
- Technische Regeln für brennbare Flüssigkeiten (TRbF)
- Wasserhaushaltsgesetz (WHG)

Grundsätzlich gilt:
Welche Vorschriften für die Aufbewahrung und Lagerung der PSM gelten, hängt von deren Eigenschaften (siehe Sicherheitsdatenblatt oder Gebrauchsanleitung) ab, z. B. Giftigkeit, Brennbarkeit, Bienengefährdung und Wassergefährdungsklasse.
Sind PSM gleichzeitig Gefahrstoffe gemäß der Gefahrstoffverordnung, so gelten alle Vorschriften für Gefahrstoffe auch für die entsprechenden PSM.

Im Kleingartenbereich dürfen aber zumindest keine giftigen oder sehr giftigen Mittel zum Einsatz kommen. Insofern ist eine besondere Lagerung unter Verschluss auch im Laden oder im Lager und beim Verwender nicht erforderlich.

> Kleingärtner sollten beim Kauf der PSM darauf hingewiesen werden, dass sie die in der Gebrauchsanweisung aufgeführten Anweisungen zur Benutzung persönlicher Schutzausrüstung einhalten müssen.

9 Schutz der Menschen, der Tiere und der Umwelt vor schädlichen Auswirkungen von Pflanzenschutzmitteln

Bei den Menschen, die von den Auswirkungen von PSM betroffen sein können, muss man zwischen den Erzeugern der Lebensmittel, also den Anwendern der PSM, und den Verbrauchern unterscheiden. Der Anwender produziert in der Regel unter Zuhilfenahme des Pflanzenschutzmittels Kulturpflanzen (z. B. Getreide), die die Verbraucherin dann konsumiert: Sie isst das Getreide selber beispielsweise in Form von Haferflocken oder füttert ihre Hühner damit.

9.1 Anwenderschutz

Bei der Ausbringung und beim Umgang mit PSM sind bestimmte Vorsichtsmaßnahmen einzuhalten. Dabei gilt:

> **Alle Anweisungen der Gebrauchsanweisung/Packungsbeilage genau beachten!**

Gebrauchsanleitung lesen

Broschüre mit Informationen und Liste der zugelassenen PSM: „Sachgerechter Pflanzenschutz im Haus- und Kleingarten" http://www.smul.sachsen.de/lfl/publikationen

Notruf: ☎ 112
Wo ist der Unfall?
Was ist geschehen?
Wie viele Betroffene?
Wer meldet?
Warten auf Rückfragen!

Giftnotrufzentralen in Deutschland u. a.:
NRW (Bonn)
☎ 02 28-19 24 0

Mecklenburg-Vorpommern, Sachsen, Sachsen-Anhalt und Thüringen (Erfurt)
☎ 03 61-73 07 30

München
☎ 0 89-19 24 0

Giftnotrufzentrale in Österreich (Wien):
☎ 01 406 43 43

Giftnotrufzentrale in der Schweiz:
☎ 145 (www.toxi.ch)

Wartezeit
→ Kapitel IX / 6

Grundsätzlich sollte der Einsatz von giftigen und sehr giftigen PSM Fachleuten überlassen werden. Diese (Landwirte, Gärtner, Forstwirte; Kammerjäger) erlernen in ihrer Ausbildung den verantwortungsvollen Umgang mit den PSM.
Hobbygärtner dürfen im Kleingarten nur geeignet PSM einsetzen, zu erkennen an der Aufschrift **„Anwendung im Haus- und Kleingartenbereich zulässig"**.

> Vor dem Kauf der PSM sollten immer Alternativen geprüft werden: Kann man die Blattläuse an der einen Gartenrose nicht vielleicht mit Schmierseife abwaschen oder absammeln? Kann man die wenigen Kartoffelkäfer oder Nacktschnecken nicht absammeln? Kann man nicht mit der Hacke das Beet rasch unkrautfrei bekommen?

Hat man sich für ein PSM entschieden, so ist bei der **Ausbringung** mindestens Folgendes zu beachten:

- **Nur erfahrene Personen sollten mit Pflanzenschutzmitteln arbeiten.** Kranke, Schwangere, Stillende und Minderjährige sollten sicherheitshalber jeden Kontakt mit PSM meiden.
- **Bei starkem Wind, bei Hitze und Regen sollten PSM in der Regel nicht ausgebracht werden.** Bei Wind kann es zu Abtrift kommen, d. h., das PSM wird weggeweht und gelangt gar nicht oder in nicht wirksamer Konzentration auf die zu behandelnden Pflanzen; nicht befallene Pflanzen bekommen womöglich PSM ab, weil der Wind sie hinweht. Bei Hitze und starker Sonnenstrahlung ausgebrachte Spritzflüssigkeit kann durch den Brennglaseffekt zu Verbrennungen auf den Pflanzen führen. Zudem kann der Wirkstoff zu schnell verdampfen (Behandlungstemperaturen der Gebrauchsanweisung beachten!). Regen kann das PSM abspülen, es verfehlt seine Wirkung und gelangt zudem womöglich ins Erdreich bzw. ins Grundwasser!
- **Die genaue Dosierung (Gebrauchsanweisung) des PSM muss beachtet werden!** Eine Unterdosierung kann dazu führen, dass nicht alle Schädlinge abgetötet werden, sie können sich dann rasch wieder vermehren. Es besteht so auch die Gefahr, dass sich die Schädlinge an das PSM „gewöhnen" (resistent werden) und dann noch schlechter zu bekämpfen sind.
Eine Überdosierung verursacht nicht nur unnötige Kosten. Es können Schäden an den Pflanzen entstehen und die Rückstände können sich langsamer abbauen, als es die Wartezeitangaben bei sachgerechter Anwendung vorgeben. Bei der Ernte können die Früchte dadurch eine zu hohe PSM-Belastung aufweisen.
- **Es sollte zum Ausbringen nur geeignetes Gerät in einwandfreiem Zustand benutzt werden.** Die Hinweise der Hersteller zur richtigen Anwendung (Inbetriebnahme, Wartung, Pflege usw.) der Geräte sind zu beachten!
- Beim Umgang mit PSM darf nicht gegessen, getrunken oder geraucht werden.
- Nach dem Ausbringen und nach der Pflege der Geräte (Entleerung, Säuberung) sollte man sich **sorgfältig waschen**.

Kommt es dennoch zu einem unbeabsichtigten Kontakt bzw. zur Aufnahme des PSM, so sollte sofort ärztlicher Rat eingeholt und Erste-Hilfe-Maßnahmen eingeleitet werden! Dabei ist es wichtig, die Packung des PSM mitzunehmen bzw. den Namen des Mittels nennen zu können.
Insbesondere Unwohlsein, Schwindel, Erbrechen, Kopfschmerzen u. ä. Anzeichen deuten auf einen Vergiftungsunfall hin. Bei schweren Vergiftungen sollte sofort ein Notarzt gerufen werden und Erste-Hilfe-Maßnahmen eingeleitet werden. Dabei sollte der Vergiftete sofort aus dem Gefahrenbereich herausgebracht werden.

9.2 Verbraucherschutz

Verbraucher sollen nicht durch gefährliche Rückstände auf Lebensmitteln (oder Futtermitteln) gefährdet, sondern vor dem Verzehr von belasteten Lebensmitteln geschützt werden. Deshalb müssen bestimmte Wartezeiten eingehalten und Höchstmengen an Pflanzenschutzmittelresten auf Lebensmitteln beachtet werden. Die Höchstmengen sind europaweit in der **Rückstands-Höchstmengenverordnung** festgelegt.
Die Höchstmenge ist der Rückstand des Pflanzenschutzmittelwirkstoffs, der noch in oder auf Lebens- und Futtermitteln geduldet wird.

Wird die im Rahmen der Zulassung festgelegte Wartezeit eines Mittels beachtet, so sollten sich keine unzulässigen Höchstmengen auf Lebens- und Futtermitteln finden lassen. Die Wartezeit ist die Zeit, die nach dem Ausbringen eines Pflanzenschutzmittels vergehen muss, damit bei der Ernte maximal noch die zulässige Rückstandshöchstmenge auf den Lebens- und Futtermitteln nachzuweisen ist.

In der Natur unterliegen die Pflanzenschutzmittelwirkstoffe im Laufe der Zeit bestimmten Abbauprozessen. Die verschiedenen Wirkstoffe unterliegen unterschiedlichen Abbauprozessen und werden deshalb auch unterschiedlich schnell abgebaut. Dabei bestimmt die Giftigkeit eines Mittels nicht unbedingt die Länge des Abbauprozesses. Die für ein PSM festgelegte Wartezeit ist jeweils der Gebrauchsanleitung zu entnehmen.

Rückstands-Höchstmengenverordnung: „Verordnung über Höchstmengen an Rückständen von Pflanzenschutz- und Schädlingsbekämpfungsmitteln, Düngemitteln und sonstigen Mitteln in oder auf Lebensmitteln und Tabakerzeugnissen" http://bundesrecht.juris.de

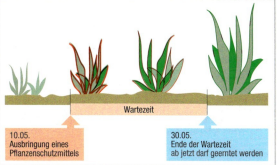

9.3 Bienenschutz

In den Nachrichten der letzten Jahre hört und liest man immer wieder vom großen Bienensterben. Gemeint sind dabei in der Regel Honigbienen. Diese Meldungen sind so bedenklich, weil die Menschen abhängig sind von Bienen. Mehr als 80 % der heimischen Blütenpflanzen sind auf die Bestäubung durch Bienen angewiesen, d. h., ohne die Bienen würden auf diesen Pflanzen fast gar keine Früchte und Samen heranreifen. Bei Obstbäumen und -sträuchern macht die Bestäubungsleistung der Honigbienen mehr als 75 % aus, Wildbienen bestäuben etwa 10 %, andere Insekten zusammen noch mal etwa 10 %.

Honigbiene mit weißem Blütenstaub auf einer Malvenblüte

 Wildbienen

Zu den Wildbienen zählen auch die Hummeln, nicht aber die Wespen. Die meisten Wildbienen leben solitär, d. h., sie bilden keine Staaten wie die Honigbienen, sondern leben als „Single". Mehr als 500 Wildbienenarten leben in Deutschland, viele sind aber schon sehr selten geworden und stehen unter Schutz. Viele Menschen verwechseln die braunen Bienen und die schwarz-gelb gestreiften Wespen, obwohl sie sehr unähnlich aussehen. Das hat wohl auch damit zu tun, dass die Comic-Figur „Biene Maja" als schwarz-gelb gestreifte Biene dargestellt wird! Wespe Maja wäre richtig!

Wegen dieser enormen Bedeutung der Bienen für die menschlichen Nahrungsmittelerträge sind sie durch die **Bienenschutzverordnung** unter besonderen Schutz gestellt.

 Verordnung über die Anwendung bienengefährlicher Pflanzenschutzmittel (Bienenschutzverordnung) http://bundesrecht.juris.de/

> **§** Im § 2 (Anwendung) heißt es:
> (1) Bienengefährliche Pflanzenschutzmittel dürfen nicht an
>   1. blühenden Pflanzen,
>   2. anderen Pflanzen, wenn sie von Bienen beflogen werden, angewandt werden.
> (2) Bienengefährliche Pflanzenschutzmittel dürfen nicht so angewandt werden, daß Pflanzen nach Absatz 1 mitgetroffen werden.
> (3) Innerhalb eines Umkreises von 60 Metern um einen Bienenstand dürfen bienengefährliche Pflanzenschutzmittel innerhalb der Zeit des täglichen Bienenflugs nur mit Zustimmung des Imkers angewandt werden.
> (4) Bienengefährliche Pflanzenschutzmittel dürfen nicht so gehandhabt, aufbewahrt oder beseitigt werden, daß Bienen mit ihnen in Berührung kommen können ...

Demnach ist verboten:

- Das Ausbringen von bienengefährlichen PSM auf **blühende Nutzpflanzen**, z. B. auf blühende Obstbäume.
- Das Ausbringen von bienengefährlichen PSM auf **blühende Unkräuter**, z. B. auf Löwenzahnblüten.
- Das Ausbringen von bienengefährlichen PSM auf eine solche Weise, dass blühende Pflanzen zwar nicht direkt besprüht werden, aber z. B. **durch Abtrift mit getroffen werden**. Deswegen nicht bei Wind sprühen! Auch dürfen Pflanzen nicht gespritzt werden, über die sichtbar Bienen fliegen!
- Das Ausbringen von bienengefährlichen PSM auf Pflanzen, die zwar **nicht blühen, die aber von Bienen angeflogen werden**, z. B. um dort Honigtau zu sammeln. Honigtau ist der Begriff für die Ausscheidungen von Blattläusen, die z. B. an Tannen den Pflanzensaft saugen. Die Blattläuse saugen sehr viel Pflanzensaft, aus dem sie im Wesentlichen bestimmte Nährstoffe (Proteine) benötigen. Den kohlenhydrathaltigen „Rest" scheiden sie wieder aus. Diese süßen Ausscheidungen – der Honigtau – werden dann von Ameisen und Bienen aufgenommen.
- Das Ausbringen von bienengefährlichen PSM **im nahen Umkreis (60 m) von Bienenständen**, wenn die Bienen fliegen und der Imker nicht zugestimmt hat. Ab der Dämmerung und vor dem Morgengrauen fliegen die Bienen normalerweise nicht aus; auch muss im Frühjahr und Herbst eine bestimmte Außentemperatur erreicht sein (etwa 12°C), damit die Bienen ausfliegen. Ein Bienenstand kann ein Haus sein, in dem ein Imker Bienenvölker hält, es können aber auch einfach Bienenbeuten sein, die im Garten oder an einem Rapsfeld stehen. Stehen Bienenbeuten nicht in einem Garten, sondern im Wald oder an einem Rapsfeld, so sind die Beuten normalerweise mit dem Namen und der Anschrift des Imkers versehen, der angesprochen werden muss. Der Imker kann auch genauere Auskunft über die regional unterschiedlichen, jahres- und tageszeitlich bedingten, natürlich nicht festgelegten Bienenflugzeiten geben.
- Das Ausschütten von bienengefährlichen PSM-Resten auf blühende Pflanzen. **Nicht zu den blühenden Pflanzen, die hier gemeint sind, zählen blühende Kartoffelpflanzen und Hopfen**, weil diese Pflanzen nicht von Bienen angeflogen werden sollen. Eine Pflanze blüht, wenn die erste Blüte geöffnet ist!

Links heller Frühjahrshonig (Blütenhonig, vorwiegend Raps), rechts dunklerer Sommerhonig mit einem hohen Anteil Honigtauhonig

Ein Bienenvolk wohnt in einer Beute. Würden die beiden Beuten zwei verschiedenen Imkern gehören, so würde man auch von zwei Bienenständen sprechen.

Honigbienen

Wespe

Hummel beim Blütenbesuch

Bienengefährliche Pflanzenschutzmittel

Bienengefährliche PSM müssen in der Gebrauchsanweisung auch als solche gekennzeichnet sein. Die bienengefährlichen PSM werden in 4 Klassen eingeteilt:

B1: Bienengefährlich!
Diese Mittel dürfen
- weder auf blühende Pflanzen
- noch auf Pflanzen, die von Bienen angeflogen werden,
- noch auf Pflanzen, die offensichtlich von Bienen überflogen werden,

ausgebracht werden.
Im Umkreis von 60 m zu einem Bienenstand während des täglichen Bienenfluges darf ein solches PSM nur mit Zustimmung des Imkers ausgebracht werden.

B2: Bienengefährlich, aber: Eine Anwendung nach dem täglichen Bienenflug bis 23:00 Uhr ist möglich, da Auswirkungen auf Bienen aufgrund der Anwendung unwahrscheinlich sind.

B3: Nicht bienengefährlich aufgrund der Anwendung! Mit B3 werden PSM gekennzeichnet, mit den Bienen bei richtiger Anwendung nicht in Kontakt kommen, weil z. B. nur Saatgut damit gebeizt wird oder weil das Mittel nur in geschlossenen Räumen (Zimmerpflanzenmittel u. Ä.) oder im Winter verwendet werden darf. Für welche Anwendung ein Mittel zugelassen ist, kann man der Zulassung und der Gebrauchsanweisung entnehmen.

B4: Nicht bienengefährlich. Bei diesen PSM hat eine amtliche Prüfung an Honigbienen ergeben, dass für Bienen keine oder eine tolerierbare (wenige Verluste) Gefahr besteht. Diese PSM dürfen auf blühenden Pflanzen ausgebracht werden.

Immer als bienengefährlich wird ein Pflanzenschutzmittel angesehen, das abweichend von der zugelassenen Anwendung angewendet wird – also z. B. im Sommer statt im Winter ausgebracht wird oder das in einer höheren Konzentration angewendet wird, als die Gebrauchsanweisung vorgibt!

> Auf der sicheren Seite sind Hobby- und Kleingärtner, wenn sie nur PSM verwenden, die nicht bienengefährlich sind. Natürlich müssen sie diese PSM auch gemäß der Gebrauchsanweisung anwenden.
> Bei der Verwendung von PSM ist auch zu bedenken, dass Tests zur Bienengefährlichkeit fast ausschließlich mit Honigbienen gemacht wurden; Aussagen zu Auswirkungen von PSM auf Wildbienen sind nicht möglich bzw. nur Vermutungen. Bedenken muss man zudem, dass viele Fungizide und Herbizide für Bienen harmlos sind, dass sie aber dennoch in Einzelfällen im Honig oder auch auf den Lebensmitteln nachweisbar sind.

Der Ackerrandstreifen wurde vom Herbizideinsatz verschont, auf dem der Acker selbst lebt kein Kraut mehr.

§ → § 6
Pflanzenschutzgesetz

💬 Bei Gemeinde- und Kommunalverwaltungen kann man Auskünfte über Wasserschutzgebiete und die dafür geltenden Auflagen erhalten.

Auf diesem Kohlfeld blüht nur etwas Unkraut. Würden zwischen dem Kohl Ringelblumen ausgesät, so hätten die Nützlinge (räuberisch lebende Insekten), die den Kohlweißlingsraupen zu Leibe rücken, eine Chance und würden die kohlfressenden Raupen z. B. durch Aussaugen dezimieren.

9.4 Umweltschutz

Pflanzenschutzmittel dürfen ausdrücklich nur auf landwirtschaftlich, forstwirtschaftlich und gärtnerisch genutzten Flächen ausgebracht werden. Auf Freiflächen, Ackerrandstreifen, Wegen, Brachflächen, Park- und Grünanlagen, Sportflächen, Friedhöfen usw. ist dies verboten! Auf den intensiv genutzten landwirtschaftlichen Flächen haben viele Lebewesen keinen geeigneten Lebensraum. Deswegen sollen sie auf den nicht genutzten Flächen einen Rückzugsraum eingeräumt bekommen. Ausnahmegenehmigungen werden nur erteilt, wenn besonders gewichtige öffentliche oder private Interessen dafür sprechen. Die zuständigen Stellen sind angewiesen, bei der Entscheidung darüber einen sehr strengen Maßstab anzulegen.

Ohne besondere Genehmigung ist es auch verboten, PSM in der Nähe von Gewässern (auch Gartenteichen!) auszubringen. Sie dürfen auch nicht in Kanäle und Kläranlagen gelangen! Die vorgegebenen Mindestabstände (mind. 1 m ab Böschungskante) zu Gewässern müssen eingehalten werden. PSM in Gewässern kann alle darin lebenden Organismen schädigen, zudem kann über diese Wege das Grundwasser mit PSM belastet werden.

Für Wasserschutzgebiete gelten besondere Auflagen beim Ausbringen von PSM. Hinweise dazu sind der Gebrauchsanweisung zu entnehmen. Darin bzw. auf der Verpackung findet man dann z. B. folgende Wasserschutzgebietsauflage (W-Auflage): „Keine Anwendung in den Zuflussbereichen (Einzugsbereichen) von Grund- und Quellwassergewinnungsanlagen, Heilquellen und Trinkwassertalsperren sowie sonstigen grundwasserempfindlichen Bereichen." Auch das Befüllen von Pflanzenschutzgeräten und die Lagerung von Pflanzenschutzmitteln in Wasserschutzgebieten sind nicht erlaubt.

Um die Umwelt zu schonen, dürfen PSM auch nicht bei jedem Wetter ausgebracht werden. Bei Wind kann es zu Abtrift kommen, d. h., das PSM kann auf Pflanzen, Tiere und Flächen gelangen, für die es gar nicht gedacht war. Regen kann das PSM von den Pflanzen waschen. Dann erfüllt es einerseits gar nicht seinen Zweck und ist verschwendet, andererseits kann es ins Grundwasser gelangen.

Um Tiere, sowohl Haustiere als auch Wildtiere, zu schützen, ist es verboten, Köder (z. B. gegen Ratten) offen auszulegen. Die Köder sollten in geeigneten Ködergefäßen untergebracht werden, an die Kleinkinder, Katzen und Hunde so nicht gelangen können. Geeignet ist beispielsweise ein halbes Tonrohr, das über den Köder gestülpt wird. Verschließbare Köderstationen, die diese Bedingungen berücksichtigen, sind über den Fachhandel zu beziehen.

Schützt man durch die o. g. Maßnahmen die Wildtiere, so betreibt man gleichzeitig einen Nützlingsschutz. Durch die heute betriebene intensive Landwirtschaft haben aber dennoch viele Nützlinge und Wildtiere einen großen Teil ihrer Lebensräume eingebüßt. Für Vögel können Hecken angepflanzt werden, in denen sie Schutz finden und brüten können. Pflanzt man Rosengewächse mit in die Hecke, so haben die Vögel und andere Wildtiere im Winter die Hagebutten als Nahrungsquelle. Landwirte werden z. B. gebeten, in ihren Äckern unbearbeitete Lücken von etwa 20 m^2 zu lassen. Diese „Lerchenfenster" benötigt die Lerche zum Brüten und um die Jungen aufzuziehen.

Durch bestimmte Maßnahmen kann man den eigenen Garten attraktiv für Nützlinge machen. Der Gartennutzer ist im Wesentlichen an der Ernte von Wurzeln, Früchten und Blättern interessiert. Viele Nützlinge sind aber auf Blüten angewiesen, damit sie Nektar und Pollen als Nahrungsgrundlage finden. Das Aussähen oder Anpflanzen von Blütenpflanzen hilft den Nützlingen und bildet gleichzeitig für die nützlichen Insekten die Nahrungsbasis.

Für die Blütenfülle können Mischungen, z. B. Phacelia, Buchweizen, Sonnenblumen, Borretsch, Ringelblumen, Lupinen, Klee, ausgesät werden, die auch **Leguminosen** enthalten. Diese Mischung bietet zwei Vorteile: Sie stellt eine Nahrungsquelle (Nektar und Pollen) für die Nützlinge dar und ist eine natürliche Düngung des Bodens durch die Stickstoffsammler.

Beim Kauf von Gartenstauden sollte man darauf achten, Pflanzen mit einfachen Blüten auszuwählen, da die meisten Insekten nur an nicht gefüllten Blüten an Nektar und Pollen gelangen.

Viele „Schädlingsvertilger", wie Singvögel oder Rebhühner, fressen auch Samen. Wird sofort nach der Blüte das restliche Pflanzenmaterial abgeräumt und Unkraut, wie Brennnesseln, immer schnell und stark vernichtet, so nimmt man den Tieren diese Nahrungsquelle.

In vielen Gärten sieht man heute Nisthilfen für Insekten. Diese Nisthilfen sind natürlich nur da sinnvoll eingesetzt, wo es auch die Nahrungsquellen für die Nützlinge gibt. Nisthilfen gibt es auch für verschiedene Singvogelarten, Fledermäuse, Kleinsäuger, Igel etc.

Recherchieren Sie die vielfältigen Möglichkeiten, Nützlingen Nisthilfen anzubieten, z. B. hier:
www.nabu.de
www.bienenhotel.de
www.lbv-kempten-oberallgaeu.de

Regionale Landwirtschaft

Verbraucherinnen und Verbraucher können mit ihrem Einkaufsverhalten einerseits die regionale Landwirtschaft unterstützen und andererseits damit einen Beitrag zum Umweltschutz leisten.

Als regionale Lebensmittel werden solche bezeichnet, die nahe am Verkaufs- und Verbrauchsort erzeugt, verarbeitet, vermarktet und konsumiert werden. Leider gibt es aber bis heute keine verbindlichen Kriterien, nach denen Lebensmittel als „regional" bezeichnet werden dürfen.

Regionale Schafrasse: Weiße Gehörnte Heidschnucke, mittlerweile vom Aussterben bedroht

In der Regel ist es aber so, dass diese Lebensmittel im Vergleich zu Lebensmitteln, die weite Transportwege haben, oft frischer und häufig auch preiswerter sind, weil die Transportkosten – und damit der Energieverbrauch – geringer sind. So tragen regionale Lebensmittel zum Umweltschutz bei, zudem wird die regionale Wirtschaft gestärkt. Oft sind regionale Lebensmittel auch mit weniger PSM erzeugt worden, häufig in biologischer Landwirtschaft, was aber durch spezielle Label gekennzeichnet ist.

Heidschnucke
www.g-e-h.de

Nachhaltigkeit
→ Kapitel II

> Ein Lammkotelett aus Neuseeland hat bereits 18000 km hinter sich, bis es bei uns auf dem Teller liegt. Ein Braeburn-Apfel legt oft den gleichen Weg zurück. Regionales Lammfleisch oder ein Holsteiner-Cox-Apfel kann uns schon nach kurzem Transport schmecken.

9.5 Nützlinge fördern

Besonders der intensiven Landwirtschaft sind sehr viele Hecken zum Opfer gefallen. Um die Äcker effektiver bewirtschaften zu können, wurden sie umgebrochen. Wahrscheinlich schon weit über 50 % der natürlichen Nahrungsquellen der heimischen Singvögel sind in den vergangenen etwa 50 Jahren vernichtet worden.

Die Kleingärten bieten den Nützlingen ebenfalls immer weniger Nahrung: Viele ernähren sich von Samen, die aber nur entstehen, wenn Pflanzen blühen, Rasenflächen bieten das nicht. Die Samen an Brennnesseln sind z. B. eine gute Nahrungsquelle für Gartenvögel im Winter.

Blaumeise an einem Futterknödel

Auch eine erst 2 Jahre alte Rotbuchenhecke (Fagus sylvatica) bietet Vögeln schon Schutz im Winter, da die trockenen Blätter erst mit dem Frühjahrsaustrieb abgeworfen werden.

Futterstation im Garten

online Viele Informationen zum Pflanzenschutz, zu Schädlingen, zur Landwirtschaft gibt es bei der Bayerischen Landesanstalt für Landwirtschaft www.lfl.bayern.de

Nützlinge finden in aufgeräumten Gärten besonders im Winter häufig zu wenig Nahrung, sodass sie gefüttert werden sollten, wenn man sie zum Bleiben einladen möchte. Dazu eignen sich auch Futterhäuschen. In dem nebenstehend abgebildeten bleibt das Futter stets sauber und trocken. Von Experten wird diskutiert, ob man den heimischen Singvögeln nicht ganzjährig entsprechende Körner- und Samenfutter anbieten sollte, da sie in der Natur zu wenig Nahrung finden.

Schlaraffenland für Insekten … hier eine Hummel (verm. Steinhummel) auf einer Alant-Blüte …

… blühende Disteln …

… eine offene Ritterspornblüte mit einer „bestäubten Honigbiene"

10 Entsorgung

Pflanzenschutzmittelreste und Mittel, bei denen die Zulassung abgelaufen ist, müssen entsorgt werden. Verpackungen mit einem Wertstoffzeichen („Grüner Punkt") können dem „Gelben Sack" beigegeben werden, sonst die leere Verpackung in den Hausmüll geben. Handelt es sich um einen Gefahrstoff, so gelten alle Bestimmungen zur Beseitigung von Gefahrstoffen. Es müssen auch spezielle Regelungen einzelner Kommunen oder Bundesländer herangezogen werden. Werden solche Mittel verkauft, sollten die Kunden von der abgebenden, sachkundigen Person (z. B. Drogistin) auf die örtlichen Regelungen hingewiesen werden.
Obwohl viele Kommunen Schadstoffe kostenlos annehmen, hört man immer wieder von Fällen, in denen Gefahrstoffreste einfach irgendwo in einen Graben oder den Gully gekippt werden. Das ist natürlich nicht erlaubt. Auch das Ausschütten auf nicht bearbeiteten oder genutzten Flächen (Brach- oder Ödland, Wiesen oder Wälder) ist nicht gestattet. Bleibt nach einer Anwendung eines Pflanzenschutzmittels ein Rest im Behälter (z. B. der Spritze), so ist dieser stark mit Wasser zu verdünnen (etwa 1:10) und auf die schon behandelte Fläche auszubringen!

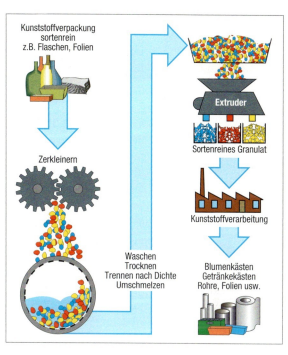

Besitzt der Anwender (z. B. Kleingärtner) angebrochene Pflanzenschutzmittelpackungen, so kann er sie in der Regel bis zur nächsten Anwendungsmöglichkeit (nächste Saison) aufbewahren. Ist die Zulassung bei einem Mittel abgelaufen und werden keine Anwendungsbeschränkungen oder -verbote ausgesprochen, so darf das Mittel noch bis zum Ende des zweiten auf das Ende der Zulassung folgenden Jahres angewendet werden. Verkauft oder verschenkt werden darf ein Mittel ohne gültige Zulassung aber nicht mehr!
Großanwender außerhalb des Kleingartenbereichs sollten sich bei PAMIRA nach kostenlosen Entsorgungsmöglichkeiten erkundigen.

Der Grüne Punkt

www.pamira.de/

11 Mittel zur Bekämpfung von Lästlingen

Viele der Lästlinge sind vollkommen harmlos. So übertragen z. B. Kellerasseln und Silberfischchen keine Krankheiten und sie zerstören im Haus auch keine Lebensmittelvorräte. Dennoch ekeln sich viele Menschen vor ihnen. Das gleiche Los teilen die Spinnen, obwohl sie sehr nützlich bei der Bekämpfung anderer Lästlinge, wie den Fliegen und Mücken, sind. Bevor man chemische Mittel gegen die Lästlinge einsetzt, sollte genau geprüft werden, ob man mit Besen, Kehrblech und einer Fliegenklatsche nicht einen ebenso guten Erfolg erzielt.
Andere Lästlinge können bei massenhaftem Auftreten jedoch Vorräte unbrauchbar machen, z. B. Ameisen, oder einem die Nachtruhe rauben, wie z. B. Stechmücken.

Gegen **Fliegen** in Räumen kann man Fliegenspray oder Insektenspray (teilweise mit Natur*pyrethrum*) einsetzen. Besser ist es, die Tiere gar nicht erst in die Räume zu lassen. Das kann man durch das Anbringen von Fliegen- und Mückengittern für die Fenster und Terrassentüren erreichen. Gegen Fliegen in Räumen sind auch Fliegenklebestreifen für die Fenster im Handel. Diese enthalten aber oft ein Insektizid, das dazu führt, dass auch nützliche Insekten getötet werden, wenn sie damit in Kontakt kommen.

Lebensmittel- und **Mehlmotten** werden durch Pheromonfallen unschädlich gemacht, gegen Kleidermotten werden im Wesentlichen Repellents eingesetzt, wie Zedernholzstücke u. Ä. Sind Kleidungsstücke schon befallen, so hilft es, die Kleidungsstücke (ggf. in einer Plastiktüte) für einige Stunden in eine Tiefkühltruhe zu legen; den Kleidermottenlarven in ihren Gespinströhren kann die Waschmaschine in der Regel nichts anhaben!

Lästig sind auch **Fruchtfliegen**. Sie tauchen oft im Sommer auf, wenn Obst offen in der Küche steht. Selbst wenn man das Obst mit sehr feinen Netzhauben abdeckt, kann man sie manchmal nicht vermeiden. Da Fruchtfliegen Bakterien und Schimmelpilze übertragen können, sollte man ihre Zahl z. B. durch Fruchtfliegenfallen begrenzen. Diese wirken oft ganz ohne Insektizide, indem die Insekten in eine Flüssigkeit gelockt werden und da ertrinken. Ein Glas Wasser mit etwas Essig, einer Zitronenscheibe und einem Spritzer Spülmittel hat eine ähnliche Wirkung.

Den **Mücken** sollte man frühzeitig den Eintritt durch die Fenster verwehren, indem man ein Mückennetz vorm Fenster anbringt. Auf Spaziergängen kann man sich mit Abwehrmitteln (Repellents) schützen. Die Wirkstoffe in den Sprays und Stiften sind oft ätherische Öle, wie Katzenminze, Extrakte aus Zitrone, Eukalyptus, Minze, Zimt, Nelken, Lavendel, Kampfer und Bergamotte. Ihre Wirksamkeit ist teilweise umstritten.

Ein chemischer Stoff für diesen Anwendungsbereich ist Diethyltoluamid (DEET). Da er Nebenwirkungen haben kann (selten z. B. Allergien) wurde er in vielen Mitteln heute durch das besser verträglich und sogar gegen Zecken wirksame Icaridin ersetzt. Produkte mit beiden Mitteln sollten nach etwa 3–4 Stunden erneut auf die Haut aufgetragen werden, da sonst der Schutz nicht mehr gewährleistet ist. Als Wirkmechanismus von DEET und Icaridin wird vermutet, dass sie die Geruchssensoren der Insekten stören bzw. dass sie für Insekten sehr abschreckend riechen.

Dass Ultraschallgeräte keine abschreckende Wirkung auf Mücken haben, wurde mit verschiedenen wissenschaftlichen Studien belegt. Wirksamer sind „Mückenstecker". In ihnen befindet sich ein Insektizid, das in die Raumluft verdampft wird, wenn der Stecker durch das Einstecken in die Steckdose aktiviert wird. Die Insektizide sind dann natürlich auch in der Luft, die von den Bewohnern eingeatmet wird. Sie können zu Atemwegs- und Schleimhautreizungen führen. Mückenstecker sollten deshalb nicht dauernd betrieben werden.

Immer beliebter werden Mückenlampen. Das ultraviolette Licht dieser Lampen soll die Mücken anziehen. Sind sie nahe genug, verbrennen sie. Allerdings sind diese Stromverbraucher nicht selektiv, viele Insekten werden angezogen und vernichtet, obwohl sie Mensch und Tier keinen Schaden zufügen. Hat sich doch einmal eine Wespe oder eine Spinne ins Haus verirrt, so kann man sie auch mit einer Lebendfangfalle einfangen und nach draußen tragen.

Insekten-Lebendfalle

> Spinnen werden von vielen Menschen als ekelig oder angsteinflößend empfunden. Dabei gibt es im europäischen Raum keine frei lebenden Arten, vor denen man sich fürchten müsste. Die achtbeinigen Spinnen gehören auch nicht, wie fälschlicherweise oft angenommen, zu den Insekten, im Gegenteil, sie machen sich nützlich, in dem sie sich von Insekten ernähren. Ganz falsch ist es deshalb auch, den Spinnen mit Insektensprays zu Leibe zu rücken. Wer nicht mit ihnen den Raum teilen möchte – und dadurch z. B. von Fliegen und Mücken verschont bleibt, der kann Spinnen mit den Händen oder einen Lebendfangfalle fangen und ins Freie setzen.

Zecken übertragen schwere Krankheiten und sollten beim Menschen wie bei Haustieren rasch entfernt werden. Eine Zeckenkarte ist dabei hilfreich. Damit hebelt man die kleinen Plagegeister aus der Haut heraus. Gut geeignet sind auch Pinzetten oder Zeckenzangen. Dabei ist es wichtig, das ganze Tier herauszuziehen. Danach sollte ein Wund-Desinfektionsmittel aufgetragen und die Stelle beobachtet werden. Bildet sich nach einigen Tagen oder Wochen ein roter „Hof" um die Einstichstelle, so sollte sofort ärztlicher Rat eingeholt werden.

Zur Vorbeugung können Haustieren im Spot-on-Verfahren Mittel aufgetropft werden. Bei Menschen helfen Repellents mit den Wirkstoffen DEET oder Icaridin, die auf die Haut aufgetragen werden (siehe oben). Besser ist es, die Zecken gar nicht erst zustechen zu lassen: Nach einem Spaziergang im Wald oder durch Wiesen (Zecken sitzen oft auf Grashalmen oder Farnwedeln) sollten Menschen sich und ihre Hunde nach Zecken absuchen. Geht es auf eine Extremtour durchs Unterholz, so kann man sich die Jackenärmel und Hosenbeine mit Klebestreifen an Armen und Beinen befestigen, das erschwert den Zecken ein Eindringen auf diesem Weg.

Gegen **Kakerlaken** und **Silberfischchen** werden oft Köderdosen eingesetzt. Diese enthalten Insektizide.

Ameisen im Haus können eine Plage sein. Hat sich schon eine „Ameisen-Straße" gebildet, sollte man schnell handeln. Haben Ameisen nämlich erst einmal einen Weg gefunden, so ziehen sie Süßigkeiten und Essensreste magisch an. Kommen die Ameisen durch kleine Ritzen oder Löcher ins Haus, so sollte man diese rasch z. B. mit Gips verschließen. Ist das nicht möglich, so kann man Ameisenköderdosen oder Ameisenfallen aufstellen. Diese enthalten z. B. Borax (natürliches, aber nicht unumstrittenes Insektizid) oder Fipronil (insektizides Kontaktmittel). Die Ameisen fressen das Mittel und tragen es in ihre Nester, wo die Ameisen dann sterben. Ameisensprays gibt es mit dem insektiziden Wirkstoff **Pyrethrum**. Bevor man Insektizide gegen Ameisen anwendet, sollte man aber zunächst versuchen, die Ameisen mit ätherischen Ölen aus Lavendel, Thymian, Eukalyptus, Zimt und Nelken zu vertreiben. Auch Backpulver (Mischung z. B. aus Natriumhydrogenkarbonat und Weinstein) oder **Natron** (Natriumhydrogenkarbonat) soll – entlang der „Ameisen-Straße" gestreut – gegen Ameisen im Haus helfen.

12 Biozide

Insektizide und Rodentizide und viele andere Mittel können entweder als Pflanzenschutzmittel zugelassen worden sein oder unter die Bestimmungen der Biozid-Verordnung fallen und als Biozid zugelassen sein. Finden die Mittel nicht in der Land- und Forstwirtschaft Verwendung, sondern in anderen Bereichen, so handelt es sich in der Regel um Biozide. Im Gegensatz zu den Pflanzenschutzmitteln werden Biozide nämlich auch zum Schutz von Holz, Lebensmitteln und Bedarfsgegenständen eingesetzt. Beispielsweise sind immer mehr Bedarfsgegenstände wie Schneidbretter für den Haushalt mit antibakteriellen Eigenschaften ausgerüstet.

Ganz allgemein sind Biozide Mittel, die Menschen und Nutztiere vor Auswirkungen durch schädliche Organismen schützen sollen, indem sie diese vertreiben, töten oder auf andere Weise einen Schaden durch die Organismen verhindern. Zu den Lebewesen zählen Nagetiere (z. B. Ratten), Insekten (z. B. Kleidermotten) und Mikroorganismen wie Schimmelpilze und krankheitserregende Bakterien, aber auch Viren und Pflanzen. Biozid-Wirkstoffe können Chemikalien, aber auch Bakterien, Viren und Pilze mit entsprechenden Wirkungen sein.

 Informationen zu Zecken und durch sie übertragene Krankheiten findet man u. a. hier: www.zeckeninfo.de

Zeckenzange

 Eine einzelne **Ameise** kann man rasch auf ein Kehrblech fegen und ins Freie bringen.

 Biozid-Richtlinie (98/8/EG)

Nagetiere
→ Kapitel IX / 2.2
Insekten
→ Kapitel IX / 2.2
Mikroorganismen
→ Kapitel IX / 2.2
Viren
→ Kapitel IX / 2.2

> **§** Biozide sind gemäß § 3 b des Chemikaliengesetzes (ChemG) anzusehen als:
> „Biozid-Wirkstoffe und Zubereitungen, die einen oder mehrere Biozid-Wirkstoffe enthalten, in der Form, in welcher sie zum Verwender gelangen, die dazu bestimmt sind, auf chemischem oder biologischem Wege Schadorganismen zu zerstören, abzuschrecken, unschädlich zu machen, Schädigungen durch sie zu verhindern oder sie in anderer Weise zu bekämpfen [...]"

Es ist nicht immer leicht und eindeutig, Pflanzenschutzmittel von Arzneimitteln, kosmetischen Mitteln, Düngemitteln und Bioziden abzugrenzen. Es gilt: Ist ein Mittel schon als Pflanzenschutzmittel oder Arzneimittel erfasst, so ist es kein Biozid. **Die Bundesanstalt für Arbeitsschutz und Arbeitsmedizin (BAuA)**, Bundesstelle Chemikalien/Zulassung Biozide (BAuA) und die Bundesanstalt für Materialprüfung und -forschung (BAM) haben die Aufgabe, die Bewertung von Biozid-Wirkstoffen sowie Zulassung von Biozid-Produkten vorzunehmen.

BAuA
www.baua.de
BAM
www.biozide.bam.de
Umfangreiche Informationen des Umweltbundesamtes im Biozid-Portal
http://biozid.info/

Für Biozid-Produkte, die schon jetzt als solche auf dem Markt sind und sogenannte Altwirkstoffe enthalten, kann eine Übergangsregelung in Anspruch genommen werden. Dazu ist eine Meldung des Biozid-Produktes bei der BAuA notwendig. Die gemeldeten Produkte erhalten eine Registriernummer. An der Registriernummer auf dem Produkt, die aus einem Buchstaben und einer fünfstelligen Nummer besteht, kann der Einzelhandel oder der Verbraucher erkennen, dass vom Hersteller eine Meldung erfolgt ist.

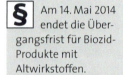
Am 14. Mai 2014 endet die Übergangsfrist für Biozid-Produkte mit Altwirkstoffen.

Biozid-Produkte mit neuen Biozid-Wirkstoffen müssen von der Zulassungsstelle des BAuA zugelassen werden. Die Zulassung eines Biozid-Produktes erfolgt aber nur, wenn der enthaltene Wirkstoff geprüft und in eine Wirkstoff-Liste aufgenommen wurde. Für die zugelassenen und registrierten Produkte erstellt das BAuA fortlaufend eine Datenbank (Produktdatenbank **Zugelassene Biozid-Produkte**), die über das Internet eingesehen werden kann.

Die Biozid-Produkte werden nach Anhang V der Biozid-Richtlinie in vier Hauptgruppen mit insgesamt 23 Untergruppen (Produktarten) eingeteilt:
- Hauptgruppe 1: Desinfektionsmittel, z. B. Desinfektionsmittel für den Privatbereich und für Lebens- und Futtermittel
- Hauptgruppe 2: Schutzmittel, z. B. Holzschutzmittel
- Hauptgruppe 3: Schädlingsbekämpfungsmittel, z. B. Rodentizide, Molluskizide, Repellents
- Hauptgruppe 4: Sonstige Biozid-Produkte, z. B. Schutzmittel für Lebens- und Futtermittel

Wie bei den Pflanzenschutzmitteln gilt aber auch für die Biozide, dass der Einsatz immer auch Risiken für Mensch und Umwelt birgt. Deswegen sollen möglichst Alternativen zum Einsatz von Bioziden genutzt und der Biozid-Einsatz minimiert werden. Dabei soll beispielsweise im häuslichen Bereich auf den Einsatz von desinfizierenden Reinigungsmitteln verzichtet werden, die „normale" Hygiene reicht hier aus (→ Wasch- und Putzmittel).

Beispiele: Eine Alternative zum Einsatz von Molluskiziden ist das Absammeln der Schnecken in der Dämmerung, Ratten können durch hochwertige, schlagstarke Schlagfallen unschädlich gemacht werden.

Im Handel werden auch sogenannte Lebendfallen für Ratten angeboten. Es wird damit geworben, dass diese Fangmethode „humaner" ist als eine Schlagfalle. Frei lebende Ratten sind es aber nicht gewohnt, in einem kleinen Käfig und zudem alleine gefangen zu sein. Darin gefangen, geraten sie in Panik und setzen alles daran, sich aus dieser Lage zu befreien. Dabei kommt es zu Verletzungen, Selbstverstümmelungen bis hin zum Tod des Tieres. Selbst wenn das Tier unversehrt bleibt, steht man beim Transport und beim Freilassen einem Tier gegenüber, das „rasend" versucht zu entkommen und alle ihm dafür zur Verfügung stehende Mittel einsetzt (kratzen, beißen usw.). Bei der Verwendung einer Schlagfalle wird das Tier angelockt. Betritt es die Falle, so betätigt es einen Mechanismus, der ihm das Genick durch heftiges Zuschnappen z. B. eines auf Spannung gehaltenen Metallbügels bricht. Der Tod tritt augenblicklich ein, wenn die Schlagkraft der Falle ausreichend stark ist. Beim Kauf muss darauf geachtet werden, dass die Falle für Ratten auch tatsächlich geeignet ist (ggf. Tests lesen, beraten lassen) und eben diese Schlagkraft besitzt.

Schlagfalle

Aufgaben zur Selbstüberprüfung des Lerninhalts:

1. Verschaffen Sie sich einen Überblick darüber, wie man wichtige Nutzpflanzen sinnvoll und richtig anbaut. Berücksichtigen Sie dabei die Maßnahmen des integrierten Pflanzenschutzes. Nutzen Sie das WorldWideWeb, z. B. hier www.oekolandbau.de/erzeuger/pflanzenbau/.

2. Stellen Sie sich eine Tabelle mit im Kulturpflanzenbau bedeuten Viruskrankheiten zusammen. Darin sollte der Name der Krankheit, welche Kulturpflanzen betroffen sein können, die Symptome der Krankheit und die Vorbeuge- bzw. Bekämpfungsmaßnahmen aufgeführt sein. Ein Foto bzw. eine Abbildung einer betroffenen Pflanze könnte die Tabelle vervollständigen.

   Erstellen Sie sich solche Tabellen auch für durch Bakterien, Pilze, Nematoden usw. hervorgerufene Krankheiten bei Nutzpflanzen.

3. Diskutieren Sie die Risiken und den Nutzen, die der Einsatz von chemischen Pflanzenschutzmitteln bergen können. Einigen Sie sich mit Ihrer Partnerin bzw. Ihrem Partner auf fünf Pro- und fünf Kontraargumente. Nutzen Sie diese Argumente in der Diskussion in einer größeren Gruppe.

4. Suchen Sie zu jedem „Kasten" in dem MindMap „Integrierter Pflanzenschutz" eine Maßnahmenkombination aus. Eine praktische Anwendung einer mechanische Maßnahme ist z. B. ist das Hacken von Unkraut zwischen den Nutzpflanzen.

5. Erstellen Sie sich ein MindMap zu allen Informationen, die Sie dem Kapitel zum Thema Bienenschutz entnehmen können.

6. Erarbeiten Sie mit Ihrer Partnerin/Ihrem Partner ein Rollenspiel zur Beratung einer Kundin, die im Garten an ihren Rosen sehr viele Blattläuse gefunden hat. Berücksichtigen Sie dabei die Informationen, die auch eine Gebrauchsanweisung enthalten muss.

7. Ein Kunde ist sich sehr sicher, dass er in seinem Garten Probleme mit Nagern hat. Erarbeiten Sie ein Beratungsgespräch. In dem Beratungsgespräch sollen Sie u. A. Ratten, Mäuse, Maulwürfe und Schlagfallen erwähnen.

8. Recherchieren Sie auch mit Hilfe des Pflanzenschutzgesetzes, was man unter Pflanzenstärkungsmitteln versteht. Führen Sie Beispiele auf. Stellen Sie den Unterschied zu Pflanzenschutzmitteln heraus.

9. Ermitteln Sie auch mit Hilfe des WorldWideWeb alle Maßnahmen, die ein Apfelplantagenbesitzer im Laufe des Jahres kombinieren sollte, um dem Apfelwickler keine Chance in seiner Plantage zu geben.

Aufgaben zur Selbstüberprüfung des Lerninhalts:

10. Recherchieren Sie, mit welchen Gefahrenpiktogrammen ein Pflanzenschutzmittel gekennzeichnet sein muss, das eine akut toxische und eine akut wassergefährdende Wirkung hat.
11. Eine Kundin kommt mit einem Rosenblatt zu Ihnen, aus dem am Rand deutlich Stücke heraus gebissen wurden. Ermitteln Sie, welche Schädlinge dafür in Frage kommen.
12. Stellen Sie mindestens fünf Argumente zusammen, die Sie einem Kunden mit auf den Weg geben können, der große Probleme mit Schäden durch Nacktschnecken in seinem Garten hat. Recherchieren Sie zudem chemische Pflanzenschutzmittel gegen Schnecken, deren Anwendung und die Hauptwirkstoffe.
13. Überlegen Sie, wie Sie einer Kundin den Unterschied einerseits zwischen Schädlingen und Lästlingen und andererseits zwischen Nützlingen und nützlichen Insekten erklären können.
14. Planen Sie Experimente, mit denen Sie die Bodenbeschaffenheit untersuchen können. Denken Sie dabei besonders an die Struktur (z. B. durch eine Schlämmprobe), den pH-Wert und bestimmter Pflanzennährstoffe wie Stickstoff, Phosphat, Kalzium und Kalium. Führen Sie die geplanten Experimente durch und erläutern Sie potenziellen Kunden, wie sie die jeweilige Bodenstruktur verbessern können bzw. ob eine Verbesserung nötig ist.

X Fotografie

So alt wie der Mensch ist auch der Wunsch, Dinge aus dem Leben in irgendeiner Form festzuhalten, um sich daran zu erinnern oder es an die Nachwelt weiterzugeben. Dies geschah und geschieht auch heute noch, zum Beispiel in Form von Bildhauerei und Malereien in Acryl oder Öl. Die Möglichkeit, mit einer Kamera ein Foto zu machen, ist für uns heute selbstverständlich und keine Besonderheit mehr. Wir können auf eine Vielzahl an Kameratypen zurückgreifen und innerhalb von Sekunden ein Motiv festhalten.

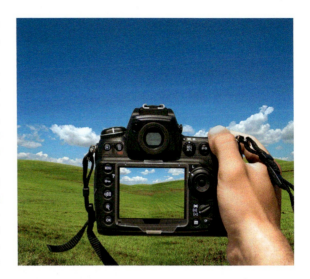

Die Fotografie als solche ist aus unserem Leben nicht mehr wegzudenken, sie prägt unseren Alltag sogar in hohem Maße. Einsatz findet die Fotografie in den unterschiedlichsten Bereichen: in der Medizin und der Technik, als künstlerisches Ausdrucksmittel, als Unterrichtsmaterial, in Form von Familienfotos, im Straßenverkehr oder in der Raumfahrt.
Die uns umgebenden Medien wie Film, Fernsehen, Zeitung usw. gehen alle auf die Fotografie zurück, die eine lange Entstehungsgeschichte hat.

1 Entwicklungsetappen der Fotografie

384 – 322 v. Chr.: Der griechische Philosoph Aristoteles beobachtete, dass ein Bild auf dem Kopf steht, wenn es durch ein kleines Loch auf eine gegenüberliegende Fläche projiziert wird. Er hatte damit bereits das Grundprinzip der Fotografie entdeckt.

11. Jahrhundert: Die „Camera obscura" bestand aus einem lichtdichten Raum, auf dessen Rückwand die durch ein Loch einfallenden Lichtstrahlen das umgekehrte Bild eines Gegenstandes erzeugten. Sie war somit die technische Umsetzung von Aristoteles' Beobachtung. Das so erzeugte Bild war noch sehr unscharf und lichtschwach und konnte noch nicht fixiert werden.

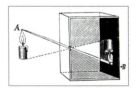

Camera obscura, lat. dunkle Kammer (Modell)

18. Jahrhundert: Die Weiterentwicklung der „Camera obscura" enthielt eine Sammellinse. Sie wurde kleiner und somit besser transportabel. Auch das so entstandene Bild konnte noch nicht festgehalten werden. Die abgebildeten Gegenstände wurden von den Fotografen, sogenannten „Lichtzeichnern", per Hand nachgezeichnet.

19. Jahrhundert: Die Erkenntnis, dass Silbersalze bei Licht dunkel werden, führte erst **1822** zum ersten fixierbaren Lichtbild. Die Belichtungszeit betrug noch mehrere Stunden, was Verwacklungen zur Folge hatte.
1840 wurde ein Verfahren entdeckt, das zur Verminderung der Belichtungszeit auf einige Minuten führte. Auch konnte ein Negativbild auf einem Papier fixiert werden. Dieses analoge Bild konnte dann beliebig oft vervielfältigt werden.
1889 entstand der Vorläufer des heutigen 35-mm-Films auf Zelluloid, der sogenannte Kleinbildfilm. Dieser Film machte eine schnelle und mobile Fotografie möglich.

20. Jahrhundert: Anfang der 1970er Jahre wurde die erste Digitalkamera auf dem Markt eingeführt. Diese war etwa so groß wie ein Toaster, sehr langsam und hatte eine äußerst niedrige Auflösung. Mitte der 90er Jahre wurde die digitale Fotografie für die breite Masse entdeckt. Die Hersteller drängten mit digitalen Kompakt- und Spiegelreflexkameras auf den Markt, als Massenprodukt nun für jedermann bezahlbar.

Heute: Die digitalen Kameras sind inzwischen Standard; über 90 % der verkauften Kameras sind Digitalkameras. Es gibt digitale Kompaktkameras, digitale Spiegelreflexkameras und sogenannte Bridgekameras.
Mit der Verbreitung der digitalen Kameras hat sich auch das Fotografierverhalten verändert. Es werden viel mehr Aufnahmen gemacht, da sie auf dem Bildschirm der Kamera direkt kontrolliert und wieder gelöscht werden können. Nur wirklich gute Aufnahmen werden entwickelt.

Digitale Kompaktkamera

2 Grundlagen der Fotografie

Physikalische Grundlagen der Fotografie

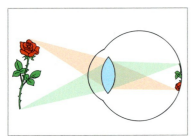

Jedes Objekt, welches durch Lichtstrahlen angeleuchtet wird, reflektiert diese in viele Richtungen. Diese reflektierten Strahlen werden von unserem Auge aufgenommen. Aus diesen Informationen erstellt das Gehirn ein Bild. Genauso wie das Auge die reflektierten Lichtstrahlen wahrnehmen kann, nimmt auch eine Kamera diese auf.

Die Linse in der Kamera nimmt das Licht auf und leitet es zum Film (analog) bzw. Sensor (digital). Dabei soll bei der Belichtung des Films oder Sensors nur das reflektierte Licht des Motives auf den Film oder Sensor gelangen und kein unerwünschtes Licht (Streulicht, Reflexionen etc.).

Auf der Netzhaut entsteht ein Bild des betrachteten Gegenstandes, welches vom Gehirn „weiterverarbeitet" wird.

Wie entsteht das Bild in der Kamera?

Fällt Licht auf einen Gegenstand, z. B. einen Baum, so wird es in verschiedene Richtungen reflektiert. Wird dieses Licht, z. B. von einer Kistenkamera, aufgefangen, so entsteht noch kein Bild des Baumes. Das Licht ist ungeordnet und diffus. Erst wenn die Öffnung der Kiste auf ein kleines Loch reduziert wird (**Lochkamera**), wird das einfallende Licht sortiert. Es entsteht ein Bild des Baumes, der auf dem Kopf steht.

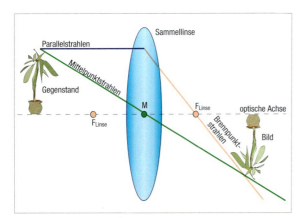

Durch die kleine Öffnung (**Blendenöffnung**) gelangt nur wenig Licht in die Kamera, sodass das Bild lichtschwach ist. Daher muss das Licht länger einwirken, d. h., man muss länger **belichten**. Lange **Belichtungszeiten** bringen allerdings den Nachteil der **Bewegungsunschärfe** mit sich (Bewegt sich Motiv oder Kamera während der Belichtung, kommt es zu **Unschärfen**). Um solche Unschärfen zu vermeiden, also die Belichtungszeiten zu verringern, muss mehr Licht in die Kamera fallen. Mehr Licht bekommt man durch eine größere Öffnung, was aber ebenfalls zu Unschärfen führt. Zur Lösung des Problems wird in die kleine Öffnung eine **Linse** eingefügt.

Abbildung eines Gegenstandes
F_{Linse} Brennpunkt der Linse

Die Linse in der Kamera nimmt das vom Gegenstand reflektierte Licht auf und bündelt es auf einen Punkt des Filmes/Sensors.

2 Grundlagen der Fotografie

Jede Linse hat eine bestimmte **Brechkraft** und damit auch eine bestimmte Brennweite. Dies führt dazu, dass ein Motiv nur aus einer bestimmten Entfernung scharf abgebildet werden kann. Wird die Distanz der Kamera zum Motiv verändert, kann die Linse das Motiv nicht mehr scharf abbilden. Um aus unterschiedlichen Distanzen ein Motiv scharf aufnehmen zu können, muss die Linse daher verstellbar sein. Dies ermöglicht ein Objektiv.

> **Brennweite**
> Abstand zwischen Brennpunkt (Fokus) und der Linse

Wird der Abstand der Bildebene (Filmebene, Sensorebene) zur Linse vergrößert, werden Motive in der Nähe scharf, wird der Abstand zwischen Bildebene und Linse verkleinert, werden Motive in der Ferne fokussiert.
Motive die außerhalb der **Fokussierungsebene** liegen, werden unscharf. Dies ermöglicht, die Aufmerksamkeit des Betrachters mittels der Schärfenebenen auf bestimmte Bereiche des Bildes hinzulenken. Die Ausdehnung der Schärfe, die sogenannte **Schärfentiefe**, kann durch die Öffnung der Blende beeinflusst werden.

Die **Blende** besteht aus überlappenden Lamellen, die sich ringförmig öffnen und schließen lassen. Je größer die Öffnung, desto geringer die Schärfe, je kleiner die Öffnung, desto größer die Schärfe. Mit der Blende wird aber auch gleichzeitig die Menge des einfallenden Lichtes auf den Film/Sensor variiert.
Jedes Medium braucht eine bestimmte Lichtmenge, darf also weder zu viel, noch zu wenig belichtet werden. Deshalb muss je nach **Blendenöffnung** und vorliegender Helligkeit die **Belichtungszeit** angepasst werden. Hier wird deutlich, dass Blende, Belichtungszeit und Schärfentiefe zusammenhängen. Und nur die voneinander abhängigen, passenden Einstellungen aller Parameter ermöglichen das Gelingen des Bildes, wobei gewisse Fehlertoleranzen später ausgeglichen werden können.

Fast geschlossene Blende (Detail: Lamellen)

Die meisten Kameras haben eine Automatik-Funktion, welche mittels **Autofokus** scharfstellt sowie Blende und Belichtungszeit automatisch regelt.
Will man besondere Fotos erstellen, empfiehlt sich immer eine vorwiegend manuelle Einstellung der Parameter. Dies erfordert einige Übung, ist aber gut erlernbar. Alle modernen Kameras bieten **voreingestellte Programme**, die passend zu den jeweiligen Situationen angewendet werden können.

Fokussierung

Belichtungszeit

Die Belichtungs- oder Verschlusszeit (Belichtungsdauer) ist die Zeitspanne, in welcher der Film oder der Fotosensor jeweils dem Licht ausgesetzt ist. Die Belichtungsdauer wird in Sekunden oder Sekundenteilen angegeben, z. B. 1 s (eine Sekunde), ½ s (eine halbe Sekunde) usw. Diese Zeitwerte sind logarithmisch aufgebaut, das heißt: sie halbieren oder verdoppeln sich gleichmäßig.

1 – 1/2 – 1/4 – 1/8 – 1/15 – 1/30 – 1/60 – 1/125 – 1/250 – 1/500 – 1/1000 – 1/2000 …

> Bei Bewegung oder Sportaufnahmen sollten kurze Verschlusszeiten (1/1000 s) und bei statischen Motiven können langen Verschlusszeiten (> 1 s) gewählt werden.

Die Belichtungszeit wird automatisch, halbautomatisch oder manuell an der Kamera eingestellt. Die notwendige Belichtungszeit ist abhängig
- von der Außenhelligkeit (Lichteinfall) sowie
- von der Lichtempfindlichkeit des Filmes/Sensors.

Ein meistens in die Kamera integrierter Belichtungsmesser ermittelt die beste Zeit-/ Blendenkombination. Dies kann wiederum in feinen Abstufungen angeglichen werden.

Blende

Der Lichtdurchlass durch das Objektiv kann mithilfe der Blende mechanisch variiert werden. Die Blende besteht aus kreisförmig angeordneten, metallenen Lamellen, die ineinander verschoben werden können. Die Blende ist mit der Iris im Auge vergleichbar: in dunklen Räumen öffnet sich die Pupille oder Blende, bei großer Helligkeit schließt sich die Pupille oder Blende.

Blendenfunktionen

- **Regelung der Belichtungsintensität oder -menge des Films bzw. Sensors**
  Je niedriger die Blendenzahl ist, desto größer ist die Blendenöffnung und desto mehr Licht kann auf den Film fallen. Je höher die Blendenzahl, desto kleiner ist die Blendenöffnung.

  Beispiel:
  Beim Blendenwert 1 gelangt alles Licht durch das Objektiv auf den Film oder den Sensor. Bei einer Blendenzahl 2 ein Viertel des Lichtes, bei einer Blendenzahl 4 ein Sechzehntel usw.

Blendenöffnungen

1	1,4	2	2,8	4
1/1000	1/500	1/125	1/60	1/30
5,6	**8**	**11**	**16**	**22**
1/15	1/30	1/15	1/8	1/4

- Je mehr vorhandenes Licht auf den Film/Sensor fallen kann, desto kürzer kann belichtet werden, und umgekehrt.
- Je stärker man abblendet, um eine größere Schärfe zu erzielen, desto länger werden die Belichtungszeiten.

Für gestochen scharfe Aufnahmen braucht man mindestens $1/125$ s. Zusätzlich können Verschlusszeit und Blende noch durch die **Empfindlichkeitseinstellung ISO/ASA** beeinflusst werden.

- **Beeinflussung der Schärfentiefe durch die Öffnungsweite**
  Bei einer kleinen Blendenöffnung (= große Blendenzahl) vergrößert sich der als scharf wahrgenommene Bereich des Bildes, die Schärfentiefe (Bereich der scharfen Abbildung) nimmt beim Schließen der Blende also zu.
  - Je größer die Blendenzahl (kleine Blendenöffnung – 8 bis 22 –, wenig Licht), desto größer die Schärfentiefe
  - Je kleiner die Blendenzahl (große Blendenöffnung – 5,6 bis 1 –, viel Licht), desto kleiner die Schärfentiefe

> Die richtige Kombination von Blende und Verschlusszeit ergibt die optimale Beleuchtung:
> - kleine Blende, lange Verschlusszeit
> - große Blende, kurze Verschlusszeit

Welchen Effekt die Veränderung der Blende hat, zeigen die folgenden Fotos.

Große (offene) Blende, kleiner Bereich scharf (geringe Schärfentiefe)

Kleine (geschlossene) Blende, großer Bereich scharf (große Schärfentiefe)

Schärfentiefe

Die Schärfentiefe beschreibt den Raum eines Bildes, der von der Kamera scharf abgebildet wird (s. Bilder oben). Die Schärfentiefe ist abhängig von
- der Brennweite: je größer die Brennweite, desto geringer die Tiefenschärfe
- der Blende: je kleiner die Blendenöffnung, desto größer wird der scharf abgebildete Bereich
- dem Abstand zum Motiv. Je geringer der Abstand, desto geringer die Schärfentiefe.

kleine Blendenöffnung	große Blendenöffnung
– große Schärfentiefe	– geringe Schärfentiefe
– lange Belichtung nötig	– kurze Belichtung nötig

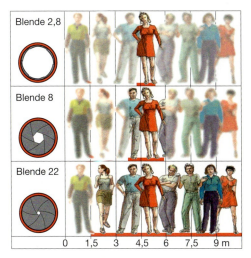

Blendenöffnung und Schärfentiefe

(Auto-)Fokus-System

Um ein scharfes Bild zu erreichen, muss das Motiv fokussiert werden. Diese Scharfstellung kann sowohl manuell als auch automatisch erfolgen. Beim (passiven) Autofokus (AF) wird die vom Motiv reflektierte Strahlung genutzt, ggf. kommt ein AF-Hilfslicht zum Einsatz (aktiver Autofokus).
Außerdem gibt es Ultraschall-Systeme. Mehrere Sensoren messen die Entfernung des Motivs von der Kamera. Der Autofokus der heutigen Kameras ist sehr schnell und präzise und ermöglicht auch die kontinuierliche Fokussierung eines sich bewegenden Motivs, vorwiegend bei Sportaufnahmen.

3 Kameratypen

Die vielen verschiedenen Kameratypen werden zwischen analogen und digitalen Kameras unterschieden.

3.1 Analoge Kameras

Bei einer analogen Kamera fällt das Licht auf einen Film, auf dem das Bild entsteht. Es gibt verschiedene Typen von Analogkameras, die heute nur noch einen kleinen Marktanteil haben. Deshalb wird auch die drogistische Dienstleistung „Analog-Filmentwicklung" nur noch eingeschränkt angeboten.

Noch verbreitet sind folgende analoge Kameras:

- Kleinbildkamera
Als Medium wird ein 35-mm-Film genutzt. Die einzelnen Bilder sind 24 x 36 mm groß. Die Filme enthalten 12, 24 oder 36 Aufnahmen.

Analoge Kamera mit eingelegtem Film

- APS-Kamera
Ermöglichen unterschiedliche Bildformate wie Classic, Highdefinition und Panorama. Mit ein und demselben Film können die verschiedenen Formate bei jedem Foto neu gewählt werden. Der APS-Film kann jederzeit gewechselt werden, da er in der Kartusche lichtgeschützt ist und somit keine Belichtungsgefahr besteht.

APS-Film:
1 unbelichtet;
2 halb- bzw. teilbelichtet;
3 voll belichtet, aber nicht entwickelt;
4 entwickelt

- Einwegkamera

Die Einwegkamera ist eine sehr einfache Kleinbildkamera mit einem bereits integrierten Film. Ist der Film voll, so wird die gesamte Kamera eingesandt, um die Bilder entwickeln zu lassen. Dieser Kameratyp erfreut sich großer Beliebtheit bei Hochzeiten, Geburtstagen, etc. Mehr als Schnappschüsse darf man nicht erwarten, diese machen aber den Reiz des Mediums aus.

- Spiegelreflexkamera

Dies ist eine Systemkamera, in die ein Kleinbildfilm eingelegt wird. Eine sehr große Objektiv-Palette ermöglicht den Einsatz in allen Bereichen.

3.2 Digitale Kameras

Es gibt verschiedene digitale Kameratypen. Man unterscheidet u. a.:
- digitale Kompaktkamera
- digitale Spiegelreflexkamera
- digitale Bridgekamera
- Foto-/Videokameras in Smartphones/Handys

Die digitale Kompaktkamera

Digitale Kompaktkameras zeichnen sich durch ihre kompakte Bauweise aus. Man unterscheidet Kompaktkameras mit oder ohne Sucher. Sie sind sehr beliebt, da sie klein, leicht und einfach zu bedienen sind. Die Preise beginnen je nach Ausstattung bereits bei unter 100 €.

Vorteile digitaler Kameras
- Bilder können direkt auf dem LCD-Bildschirm betrachtet werden.
- Bilder können auf den PC übertragen und dort bearbeitet werden.
- Bilder können online bestellt werden.
- Nicht gelungene Aufnahmen können direkt gelöscht werden.
- Nur gute Aufnahmen können entwickelt werden (Kostenersparnis).

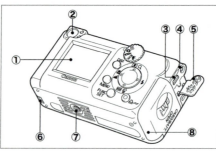

1 LCD-Monitor
2 Sucher
3 Digitalanschluss für PC (USB)
4 Stromanschluss
5 Abdeckung
6 Anschluss Tragegurt
7 Stativanschluss
8 Fach für Akku/Speicherkarte

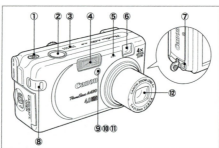

1 On/Off-Taste
2 Auslöser
3 Lautsprecher
4 Blitz
5 Mikrofon
6 Sucher
7 AV-Out-Anschluss
8 Handschlaufenhalter
9 Autofokus-Hilfslicht
10 Lampe zur Verminderung von roten Augen
11 Lampe Selbstauslöser

Meist sind die Kameras mit Weitwinkelzoomobjektiven mit mehrfachem Zoom ausgestattet. Die Daten vom Sensor/Chip werden auf unterschiedlichen Speicherkarten, z. B. auf einer SD-Karte, etwa in Form von JPEGs, gespeichert.

Über Bedientasten, ein Programmwahlrädchen oder das bildschirmgeführte Menü können verschiedene voreingestellte Programme genutzt werden, z. B. Porträt, Makro, Natur, Nacht, Sport usw.

Viele Kameras haben noch viele weitere Programme und Einstellungsmöglichkeiten, z. B. eine Schwarz-Weiß- oder Sepia-Funktion. Diese Veränderungen können aber auch noch nachträglich am PC mit entsprechenden Programmen oder bei der Fotobestellung vorgenommen werden.

Die digitale Spiegelreflexkamera

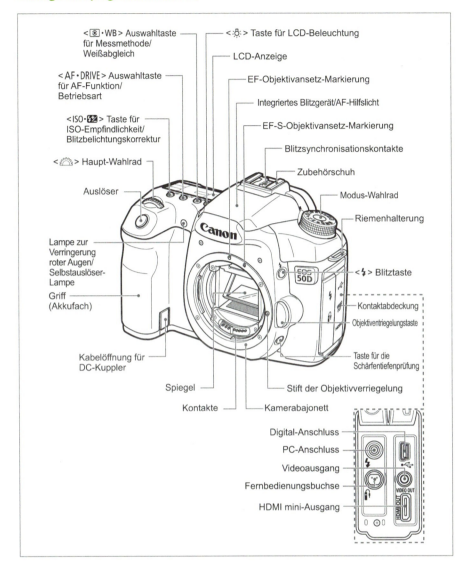

Programmwahl

Aufbau einer digitalen Spiegelreflexkamera (Beispiel)

Die digitale Spiegelreflexkamera ist eine Systemkamera. Sie besteht aus dem Körper (Body) und einem Objektiv. Im Unterschied zu den Kompaktkameras können die Objektive gewechselt werden, um sich den Gegebenheiten schnell anzupassen (z. B. Natur, Makro, Porträt usw.). Im Unterschied zu den Kompakt- und Bridgekameras haben die Spiegelreflexkameras einen Spiegel, der zur Belichtung hochgeklappt wird. Dieser Spiegel macht es möglich, durch den lichtstarken Sucher das originalgetreue, aufrechtstehende und seitenrichtige Bild direkt zu betrachten, ohne dass das Bild elektronisch verändert werden muss. So können die Bildschärfe sowie die Bildkomposition direkt kontrolliert werden.

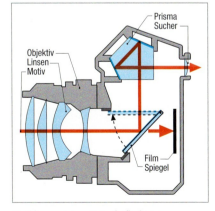

Strahlengang einer Spiegelreflexkamera

Innerer Aufbau eines Objektivs

Objektive

In einem Objektiv findet man Linsen, die teilweise untereinander verbunden sind zu einem Linsensystem. Es werden Sammel- (konvex) und Zerstreuungslinse (konkav) unterschieden. Weiterhin unterscheidet man verschiedene Objektivarten. Bei Kompaktkameras sind meist Zoomobjektive mit mehr oder weniger starkem Weitwinkel verbaut. Bei Spiegelreflexkameras können Objektive gewechselt werden.

Normalobjektive fangen einen Bildausschnitt von 40 bis 50° bei einer Brennweite von 50 mm ein. Sie entsprechen ungefähr dem Blickwinkel des menschlichen Auges.

Weitwinkelobjektive ermöglichen es, einen größeren Bildausschnitt abzubilden, dafür erscheinen die abgebildeten Objekte allerdings kleiner. Der Blinkwinkel liegt zwischen 60° und 90°, in Brennweiten 21 mm – 35 mm.

Bei **Zoomobjektiven** kann man den Bildausschnitt frei wählen, ohne den Standort zu verändern. Man unterscheidet generell Weitwinkel-, Standard- und Tele-Zooms. Mit zwei Zooms kann man fast den gesamten Brennweitenbereich abdecken: 24 – 70 mm und 70 – 200. Bei den fest eingebauten Objektiven der Kompaktkameras findet man meist Brennweiten von 24 – 105 mm. Außerdem verfügen diese oft über eine eingebaute Makro-Einstellung für den Nahbereich.

Ein Weitwinkelzoom- und ein Teleobjektiv

Teleobjektive zeichnen sich durch hohe Brennweiten aus. Somit können Objekte aus großer Entfernung dennoch groß abgebildet werden. Bei solchen Objektiven findet man Brennweiten von 70 – 200 mm. Bei Superteleobjektiven findet man Werte bis 2000 mm und mehr. Diese Objektive sind allerdings nicht nur sehr teuer, sondern auch groß und schwer. Da Aufnahmen mit einem Teleobjektiv nur einen schmalen Bereich aus der Entfernung abbilden, wird die Gefahr des Verwackelns mit zunehmender Brennweite immer größer. Hier ist oft die Benutzung eines Stativs unerlässlich.

 Die Lichtstärke

Die Lichtstärke eines Objektivs ist ein sehr wichtiges Qualitätsmerkmal. Sie beschreibt das Verhältnis der größten Blendenöffnung zur Brennweite eines Objektivs. Die größte Blendenöffnung entspricht dabei immer dem maximalen Durchmesser der Eintrittspupille des Objektivs.
Lichtstärke = größte wirksame Öffnung/Brennweite

Die digitale Bridgekamera

Eine Bridgekamera vereint die Eigenschaften einer Kompaktkamera und einer Spiegelreflexkamera. Sie ist ein Bindeglied in Bezug auf Funktions-, Qualitäts- und Ausstattungsmerkmale beider Kameratypen. Die Bauweise der Bridgekamera basiert auf einer Kompaktkamera. Allerdings haben Bridgekameras größere, lichtstarke Zoomobjektive mit einem großen Zoombereich. Weiterhin können externe Blitzgeräte angeschlossen werden. Die Bridgekameras besitzen keinen Spiegel und sind mit elektronischen Suchern ausgestattet.

 Die Bridgekameras setzen sich immer weiter durch. Neuheiten z. B. unter:
www.fotomagazin.de
www.ringfoto.de

Vorteil gegenüber Kompaktkameras:
- lichtstarkes Zoomobjektiv mit großem Brennweitenbereich bei gleichzeitig kompakter Bauweise

Vorteile gegenüber Spiegelreflexkameras:
- geringes Gewicht
- Videoaufnahmen möglich (Bild + Ton)
- geräuschlose Fotografie, da kein Geräusch des Spiegelklappens

Nachteile gegenüber Spiegelreflexkameras:
- meist keine wechselbaren Objektive
- Sucher ist oft lichtschwach
- kleiner Sensor

Foto- und Video-Handys
Genauso schnell, wie die Entwicklung der Handys vorangeht, so rasant entwickelt sich die Qualität der dort verbauten Kameras. Sie erreichen zwar meist noch nicht die Qualität von Kompaktkameras, liefern aber durchaus brauchbare Fotos. Auch Videos können gemacht werden. Fotos und Videos können entwickelt, auf den PC überspielt und archiviert, per Mail versendet oder als Foto bestellt werden.
Weiterhin können die Bilder oder Videos direkt vom Handy ins Internet gestellt werden. Dies erfreut sich besonders bei jüngeren Handynutzern großer Beliebtheit.

4 Filme

Bei der Fotografie mit analogen Kameras kann man auf verschiede Filmarten zurückgreifen. Allgemein ist ein Film ein mit einer lichtempfindlichen Emulsion beschichtetes Trägermaterial. Das Auftreffen von Licht erzeugt ein latentes Bild, welches durch die Entwicklung sichtbar gemacht werden kann. Man unterscheidet je nach gewünschtem Ergebnis z. B. in:
- Schwarz-Weiß-Filme (Negativ)
- Farbfilme (Color)
- Dia-Filme (Dia/Chrome)
- APS-Filme (APS)

Farbfilm ISO 200 mit 36 Aufnahmen

Die Lichtempfindlichkeit analoger Filme
Je nach Situation, in der fotografiert werden soll, werden unterschiedlich lichtempfindliche Filme gewählt. Mit steigender Empfindlichkeit sinkt dabei die Auflösung des Films etwas, da die lichtempfindlichen Kristalle immer größer und als sogenanntes Korn auf dem Foto sichtbar werden. Weiterhin haben diese Filme eine schlechtere Farbtreue, einen schlechteren Kontrast und einen höheren Preis.

Die Empfindlichkeit wird auf den Filmen unterschiedlich angegeben:
- **DIN** (Deutsches Institut für Normung): Eine um drei höhere Zahl bedeutet eine Verdopplung der Lichtempfindlichkeit.
- **ASA-Grade** (American Standards Association): Eine Verdopplung der Werte verdoppelt die Lichtempfindlichkeit.
- **ISO 5800:** Verbindet DIN und ASA. Es werden immer zwei Werte angegeben z. B. 100/21°.

 Informationen auf einem Film:
- Art des Films, z. B. Color, Schwarz-Weiß
- Lichtempfindlichkeit
- Anzahl der Bilder

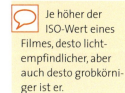 Je höher der ISO-Wert eines Filmes, desto lichtempfindlicher, aber auch desto grobkörniger ist er.

Die am meisten verbreiteten Filme in Bezug auf die Lichtempfindlichkeit sind:
100/21° Verwendung bei gutem, sonnigem Wetter, für Außenaufnahmen
200/24° Verwendung bei wechselndem, leicht bewölktem Wetter, für Außenaufnahmen
400/27° Verwendung bei schlechtem Wetter oder in Innenräumen
1600/33° Verwendung in dunklen Innenräumen, z. B. bei Konzerten

  Lagerung von Filmen:
- Im Kühlschrank aufbewahren, dann vor dem Einlegen des Films den Film auf Raumtemperatur bringen.
- Vor starker Strahlung (UV, Röntgen) schützen.
- Haltbarkeitsdatum beachten.

5   Der digitale Sensor/Chip

Bei der analogen Kamera werden die Informationen auf einen Film aufgenommen. Im Gegensatz dazu werden die Informationen bei digitalen Kameras auf einem Sensor/Chip gespeichert. Die aufgenommenen Informationen werden dann an eine Speicherkarte weitergeleitet und dort abgelegt.

5.1   Das digitale Bild

Pixel
entstanden aus der Zusammenführung von *engl. picture* und Element

Das digitale Bild ist eine aus kleinen quadratischen Elementen, den Bildpunkten oder **Pixeln**, bestehende Matrix. Jeder **Bildpunkt** besitzt einen bestimmten Grau- oder Farbwert. Alle Pixel zusammen ergeben das Bild.
Die Pixel sind so klein, dass sie für das Auge einzeln nicht sichtbar sind. Je mehr Pixel der Sensor einer Kamera hat, desto höher ist die Auflösung (Detailgenauigkeit).

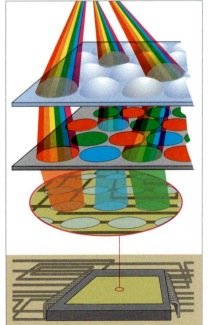

Elektronische Bildsensoren

Ein elektronischer Bildsensor, z. B. der **CCD-Flächensensor** (**CCD** steht **C**harge **C**oupled **D**evice, *übersetzt: Ladungsgekoppeltes Bauelement*), ist vergleichbar mit der Netzhaut des Auges. Er kann sowohl Farben als auch Helligkeiten wahrnehmen. Der Sensor ist mit einem Rot-Grün-Blau-Filter belegt.
Das Licht trifft auf den Sensor und wird umgewandelt in eine elektrische Ladung. Jeder Bildpunkt liefert so eine Information über die Farbe und die Helligkeit des Lichtstrahls, der auf den Pixel gefallen ist.
Die Sensoren von Kompakt- und Bridgekameras haben ein Seitenverhältnis von 4:3. Einige Kameras ermöglichen aber eine Umstellung der Seitenverhältnisse ins klassische 3:2-Format. Je nach Format werden dann einige Bildpunkte nicht genutzt.

  Format und Seitenverhältnis

Das Seitenverhältnis beschreibt das Verhältnis zwischen Breite und Höhe eines Rechteckes. Analoge Bilder werden im 3:2-Format gespeichert, während digitale Bilder im 4:3-Format gespeichert werden.
Dieser Formatunterschied führt bei der Bildbestellung häufig zu Verwirrungen und Kundenreklamationen (vgl. Kapitel X/9).

CCD-Sensor

Hohe Pixelzahl = hohe Bildqualität?

Betrachtet man die Werbung für Digitalkameras, so wird der Schwerpunkt der Werbung auf die Pixelzahl deutlich. Aber stimmt es, dass 12 Millionen Pixel eine doppelt so gute Bildqualität ergeben wie ein Bild mit 6 Millionen Pixeln? Natürlich nicht:
Die Bildqualität hängt vielmehr von den Eigenschaften des Sensors und den Eigenschaften des Objektives ab, wie z. B. dem Auflösungsvermögen, der Kantenschärfe, dem Kontrast und der Lichtstärke. Dennoch ist eine gewisse Pixelzahl für ein gutes Bild notwendig, damit man auch großformatige Abzüge erstellen kann.

Dateiformate für digitale Bilder

Es gibt diverse Dateiformate für Bilder, die sich durch unterschiedliche Endungen, z. B. JPEG, BMP, RAW, Tiff, GIFF, PNG-, differenzieren. In der digitalen Fotografie haben sich allerdings das JPEG-, das BMP- und das RAW-Format durchgesetzt.
Das **JPEG-Format** kann unterschiedlich stark komprimiert werden. Je nach Grad der Komprimierung gehen mehr oder weniger Informationen verloren.
Die **RAW-Daten** sind sozusagen das digitale Negativ und enthalten kameraspezifische unkomprimierte Rohdaten, die auf dem PC erst nachträglich bearbeitet und komprimiert werden können. Der Vorteil des RAW-Formats liegt zum einen in den vielen Bearbeitungsmöglichkeiten, zum anderen in der Archivierungsmöglichkeit. Nachteil ist die hohe Dateigröße und damit verbunden notwendige Speicherkapazität der Karten. Dieser Nachteil wird durch die immer größer und schneller werdenden Speicherkarten aber ausgeglichen.

ISO-Werte und Bildqualität

Bei vielen digitalen Kameras können die ISO-Werte manuell oder auto-matisch eingestellt werden. Es sind zum Teil ISO-Werte bis 3600 möglich (= sehr lichtempfindlich). Diese ermöglichen es auch bei schwachen Lichtverhältnissen, ohne Blitz zu fotografieren.
Bilder, die mit hohen ISO-Werten erstellt wurden, sind allerdings sehr grobkörnig und daher oft nur in kleinen Bildformaten nutzbar.

Dateigrößen je nach Qualität

Je nach Qualität der Bilder und Pixelanzahl ergeben sich unterschiedliche Dateigrößen. Die Bildqualität kann im Menü der Kamera eingestellt werden. *Beispiele:*

Qualität/Dateiformat	Dateigröße
Standard JPEG	1,4 MB
Fein JPEG	2,9 MB
Extrafein JPEG	4,2 MB
RAW-Format	11,6 MB
TIFF-Format	22,9 MB

5.2 Speichermedien

Digitale Aufnahmen erzeugen trotz Komprimierung relativ große Datenmengen. Diese großen Dateien müssen auf einem Medium gespeichert werden. Dabei werden einige Anforderungen an die Speichermedien gestellt.

Speichergröße

Die Kapazität des Speichermediums sollte bei geringen Ausmaßen möglichst groß sein. Heute sind 2- bis 16-GB-Karten üblich, aber auch größer erhältlich. Wobei die großen Karten für Normalfotografierer in der Freizeit und im Urlaub nicht notwendig sind und sich eher für Film- und Videoformate eignen. Sinnvoll sind eher mehrere Karten zwischen 2 GB und 8 GB, die man wechseln kann. Ein Foto hat je nach Qualität eine Dateigröße zwischen 1,5 MB und 22 MB.

Speichergeschwindigkeit

Die Geschwindigkeit, in der die Daten auf die Medien gespeichert werden können, spielt ebenfalls eine entscheidende Rolle. Sollen nur einzelne Bilder aufgenommen werden, so ist eine geringere Geschwindigkeit ausreichend. Für Mehrfachaufnahmen, z. B. 4 – 8 Bilder pro Sekunde, wäre eine deutlich höhere Speichergeschwindigkeit wünschenswert. Weiterhin ermöglicht eine hohe Lese- und Schreibgeschwindigkeit auch ein schnelleres Ansehen der Bilder auf der Kamera.

Arten von Speichermedien

Es gibt unterschiedliche Arten von **Speicherchips**, die je nach Hersteller der Kamera eingesetzt werden. Als Speicher werden Flash Memory-ICs eingesetzt, die auch bei abgeschaltetem Strom die Daten behalten. Gebräuchliche Karten sind:
- CompactFlash-Speicherkarte (CF)
- Secure Digital Memory Card (SD) (Mini SD, Micro SD, etc.)
- Multimedia Card (MMC)
- Memory Stick (MS)
- xD Picture Card (xD)
- SmartMedia-Speicherkarte (SM)

Speicherkarten (Beispiele)

6 Programmautomatik

Programmwählrad

Sowohl digitale Kompakt- als auch analoge und digitale Spiegelreflexkameras haben verschiedene voreingestellte Programme, die man je nach Situation wählen kann. Man unterscheidet u. a.

Automatik	Die Kamera nimmt fast alle Einstellungen selbst vor (Belichtung, Weißabgleich, Blende, …).
Manuell	Belichtung, Weißabgleich, Fotoeffekte usw. können manuell eingestellt werden.
Makro	Es können Aufnahmen mit sehr geringem Abstand (> 3cm) gemacht werden.
Porträt	Die Aufnahmen werden etwas weicher.
Nacht	Verringert die Verwacklungsgefahr bei geringer Helligkeit.
Sport	Es können Aufnahmen sich bewegender Motive gemacht werden.

Die Spiegelreflexkameras haben noch weitere Programme, die bei einer Kompaktkamera nicht vorkommen. Außer der vollautomatischen Nutzung kann die Spiegelreflexkamera auch halbautomatisch und komplett manuell verwendet werden.

Makroaufnahme

Vollautomatik (P)
Fast alle Einstellungen werden von der Kamera übernommen.

Halbautomatik
- Verschlusszeit und Blende werden von der Kamera automatisch geregelt, alle anderen Funktionen können frei gewählt werden.
- Die Blende wird automatisch passend zur manuell eingestellten Verschlusszeit eingestellt (**Blendenautomatik Tv**). Dies ermöglicht die Aufnahme von Bewegungsabläufen. Je nach Verschlusszeit wird ein bewegtes Motiv, z. B. ein Springbrunnen, scharf abgebildet oder mit einer Bewegungsunschärfe.
- Die Verschlusszeit wird von der Kamera passend zur manuell gewählten Blende eingestellt (**Zeitautomatik Av**). Dies kann z. B. notwendig sein, wenn bei einem Porträt der Vordergrund scharf, der Hintergrund jedoch unscharf erscheinen soll. Auch bei Landschafts- oder Nachtaufnahmen empfiehlt sich diese Einstellung. Je höher der Blendenwert, desto größer ist die Schärfentiefe.
Achtung: Die Schärfentiefe wird nicht nur durch die Blende, sondern auch durch das verwendete Objektiv und die Entfernung zum Objekt bestimmt.

Kurze Belichtungszeit

Lange Belichtungszeit

Manuell
Alle Einstellungen können vom Fotografen selbst festgelegt werden.

7 Zusatzgeräte

Blitz
Die Lichtstärke ist ein wesentlicher Faktor bei der Fotografie. Bei schlechten Lichtverhältnissen kann die Benutzung eines Blitzgerätes zu optimalen Erfolgen führen.
Ein Blitzgerät ist eine Lichtquelle, die für eine sehr kurze Zeit (blitzartig) viel Licht erzeugt. Der Blitz erhellt die Umgebung nur für eine Zeit im tausendstel Sekundenbereich.
Es gibt unterschiedliche Blitzgeräte, z. B.:

Eingebaute Blitzgeräte
Die in die Kamera integrierten Blitzgeräte sind relativ lichtschwach. Sie erhellen nur den Nahbereich gut, leuchten aber größere Räume nicht aus. Da der Blitz nur in Richtung des Motivs abstrahlt, erscheint der Vordergrund oft sehr hell, wobei der Hintergrund dunkel bleibt. Weiterhin wird die eigentliche Lichtstimmung, in der das Motiv aufgenommen werden soll, stark verändert. Die Bilder erscheinen unnatürlich.

Kamera mit integriertem Blitz

Systemblitze (Aufsteckblitz)
Die Systemblitze gibt es in den unterschiedlichsten Lichtstärken. Sie bieten die Möglichkeit, direkt oder indirekt zu blitzen, etwa bei der Porträt-Fotografie. Ebenso können die Blitze abgedämpft, zerstreut oder in der Farbe variiert und auch mit Slave-Blitzen kombiniert werden. Dies ermöglicht es, auch größere Räume auszuleuchten, etwa durch mehrere Blitze hintereinander, und die Lichtstimmung kann besser eingefangen werden, sodass die Bilder natürlicher wirken.

Aufsteckblitz

Stativ mit aufgeschraubter Kamera

Stativ

Ein Stativ ermöglicht es, die Kamera stabil aufzustellen. So können Bilder auch bei langen Belichtungszeiten ohne die Gefahr von Verwacklungen gemacht werden.

Stative gibt es in den unterschiedlichsten Varianten und Größen. Häufig findet man 3-Bein-Stative (TriPods) mit teleskopartigen Beinen, die in der Höhe angepasst werden können. Einbeinige Stative sind zwar leichter und besser zu transportieren, sie müssen allerdings festgehalten werden.

Häufig findet man auch sog. GorrilaPods. Die Beine können nahezu in jede Position gebogen werden, um die Kamera auch an ungewöhnlichen Orten sicher zu tragen. Für schwere digitale Spiegelreflexkameras sind sie allerdings nicht zu empfehlen.

Auf den Stativen befindet sich ein beweglicher Kugelkopf oder ein 3-Wege-Kopf, auf den die Kamera aufgeschraubt wird. So ist die Kamera optimal auf das Motiv einstellbar.

8 Fotoentwicklung

In Drogeriemärkten gibt es verschiedene Möglichkeiten, Filme entwickeln und Aufnahmen vergrößern zu lassen:
- analoge Filmentwicklung im Fotolabor
- Bestellung digitaler Bilder vom Fotolabor
- Bestellung digitaler Bilder über den Online-Shop des Drogeriemarktes
- Sofortausdruck der digitalen Bilder direkt im Drogeriemarkt

Bei der Bildentwicklung kann der Kunde zwischen verschiedenen Bildformaten wählen. Je höher dabei die Auflösung eines Bildes ist (digitales Foto), desto größer können Fotos ohne Qualitätsverlust gedruckt werden.

Zusammenhang Pixelanzahl und Bildgröße

MP = Mega Pixel = 1000 Pixel

Bilddatei	Fotodruck mit Qualität/Bildformat		
Auflösung in Pixel	Sehr gut	Gut	Ausreichend
640 x 480 = 307200 Pixel	5,4 x 4,1 cm	8,1 x 6,1 cm	11 x 8,4 cm
1024 x 768 = 786432 Pixel	8,7 x 6,5 cm	13 x 9,8 cm	18 x 14 cm
1280 x 960 = 1,3 MP	11 x 8,1 cm	16 x 12 cm	22 x 17 cm
1600 x 1200 = 2 MP	14 x 10 cm	20 x 15 cm	28 x 21 cm
2048 x 1536 = 3 MP	17 x 13 cm	26 x 20 cm	36 x 27 cm
2272 x 1704 = 4 MP	19 x 14 cm	29 x 22 cm	40 x 30 cm
2560 x 1920 = 5 MP	22 x 16 cm	33 x 24 cm	45 x 34 cm
3008 x 2000 = 6 MP	25 x 17 cm	38 x 25 cm	53 x 35 cm
3264 x 2448 = 8 MP	28 x 21 cm	41 x 31 cm	57 x 43 cm
3872 x 2592 = 10 MP	33 x 22 cm	49 x 33 cm	68 x 45 cm

8 Fotoentwicklung

8.1 Analoge Filmentwicklung

Analoge Filme werden nicht in den Drogerien entwickelt, sondern in externen Fotolabors. Der Kunde gibt auf der Auftragstasche an, welche Bilder er in welcher Größe haben will. Er wählt das Format, z. B. 10 x 15 cm, die Qualität des Papiers und ob die Oberfläche des Fotos matt oder glänzend sein soll. Nach Angabe der Adresse wird die beschriftete Tüte zum Fotolabor versendet. Nach einigen Tagen können die Fotos (und ggf. Filme) im Drogeriemarkt abgeholt werden.

> **Filmentwicklung einer Schwarz-Weiß-Aufnahme (Positiv Prozess)**
>
> Bei der Erstellung des Bildes wird der Film nur kurz belichtet. Das Bild ist noch nicht erkennbar, daher muss es erst entwickelt werden. Die Filmentwicklung verläuft in mehreren Schritten.
> - **Entwickeln:** Zunächst wird der Film in völliger Dunkelheit, z. B. in einer Filmentwicklungsdose, mit der Hilfe von Chemikalien entwickelt. Der Film muss, je nach Herstellerangabe, in der basischen Entwicklerlösung einige Zeit liegen. Dabei muss die Dose bewegt werden, damit die Chemikalien sich gleichmäßig verteilen. Das Bild wird sichtbar, jedoch ist es im Tageslicht nicht stabil.
> - **Unterbrechen:** Sobald die Entwicklungszeit abgelaufen ist, wird der Prozess in einem Unterbrecherbad gestoppt. Dieses Bad hat einen sauren pH-Wert (Essigbad).
> - **Fixieren:** Um das Bild lichtbeständig zu machen, wird der Film in ein Fixierbad gelegt.
> - **Wässern:** Zum Schluss wird der Film gewässert, um die Reste des Fixierbades zu entfernen.
> - **Netzmittelbad:** Nach dem Fixieren kann noch ein Netzmittelbad durchgeführt werden. Dies soll beim anschließenden Trockenvorgang dafür sorgen, dass keine Kalkflecken auf dem Bild zurückbleiben.
> - **Trocknen:** Zum Trocknen wird der Film wie die Wäsche auf die Leine gehängt. Ist der Film getrocknet, kann er geschnitten und archiviert werden.
>
> Aus dem so entwickelten Film können dann Vergrößerungen (Abzüge) hergestellt werden.

8.2 Bestellung digitaler Bilder über das Fototerminal

Die Fototerminals haben Steckplätze für die geläufigsten Speicherkarten, u. a. SD-Karten, CF-Karten, Memory-Sticks, Multimedia-Karten und auch für USB-Speichersticks.
Mithilfe der Fototerminals können die Bilder von den Speicherkarten eingelesen und bearbeitet werden, z. B. können rote Augen reduziert, Formate geändert, Aufhellungen, Abdunkelungen oder Spezialeffekte eingefügt werden.
Nach der jeweiligen Bearbeitung der Bilder können sie in den gewünschten Formaten bestellt werden. Die Fototerminals kennzeichnen in unterschiedlicher Weise, ob die Pixelanzahl für das ausgewählte Format ausreichend ist.

8.3 Sofortausdruck digitaler Bilder in der Drogerie

Viele Drogerien/-märkte, Supermärkte usw. ermöglichen mit entsprechenden Fotoautomaten den Sofortausdruck von Bildern mittels eines Fotodruckers. Dazu werden die Bilder von den jeweiligen Speichermedien auf das Gerät übertragen, bearbeitet und direkt ausgedruckt. Es können verschiedene Formate und Bearbeitungen, z. B. Grußkarten, gewählt werden.

Ein Vorteil gegenüber der Bestellung im Fotolabor ist es, dass der Kunde die Bilder sofort mitnehmen kann. Die Qualität und Langlebigkeit der Bilder sind gegenüber echten Fotos allerdings etwas geringer, und zudem sind sie teurer.

Fototerminal

Mit einer speziellen Software können Fotobücher gestaltet werden.

8.4 Fotobücher, Geschenkartikel, Poster, Leinwände & Co.

Außer Fotos in unterschiedlichen Größen und Formaten können viele weitere Produkte mit den eigenen Fotos an der Fototheke bestellt werden, z. B.

- Fotobücher: Fotobücher erfreuen sich immer größerer Beliebtheit. Hier werden die ausgewählten Fotos in einem gebundenen Buch ausgedruckt. Die Anordnung und das Aussehen können vom Kunden individuell gestaltet werden.
- Poster: Vorausgesetzt, dass die eigenen Fotos eine genügend hohe Auflösung haben, können Poster in Größen bis 50 x 75 cm als echtes Foto und größere Formate als Foto-Drucke hergestellt werden.
- Leinwände: Die eigenen Fotos können auf Leinwände gebracht werden bis zu einer Größe von 90 x 160 cm. Auch hier ist die Pixelanzahl des Fotos limitierend für die Größe des Leinwand.
- Geschenkartikel: Die eigenen Fotos können auf verschiedene Geschenkartikel gedruckt werden, z. B. auf Trinkgefäße oder Textilien. Auch die Erstellung von Spielen (Memory, Karten, Puzzle), Dekorationsgegenständen (Wanduhren, Kissen, Schneekugeln usw.) oder gar Fototapeten mit eigenen Fotos ist möglich.

9 Fotofehler & Probleme bei der Fotobestellung

An der Fototheke kommt es oft zu diversen Kundenfragen und Problemen. Das Fachpersonal muss dann häufig beraten bzw. auf Fehler beim Erstellen des Fotos hinweisen.

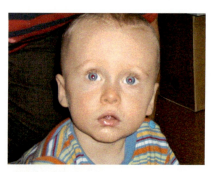

„Rote Augen"

Rote Augen

Bei Blitzaufnahmen kommt es manchmal zum „Rote-Augen-Effekt". Hierbei wird das Blitzlicht von der gut durchbluteten Netzhaut des Auges reflektiert, und die Pupillen sehen rot aus. Dies hängt damit zusammen, dass der Blitz zu stark oder/und zu nah an der Objektivachse liegt. Bei Sucherkameras sind daher kaum „rote Augen" zu vermeiden. Bei Spiegelreflexkameras können die externen Blitzgeräte in weiterer Entfernung aufgesetzt werden, wodurch der Effekt verringert wird. Weiterhin kann ein „Vorblitz" die roten Augen vermindern. Der Rote-Augen-Effekt kann allerdings auch nachträglich auf dem PC oder bei der Bildbestellung retuschiert werden.

Gegenlicht

Wird z. B. ein Gegenstand vor einem hellen Hintergrund fotografiert, dann misst die Kamera versehentlich „reichliches Licht" und dunkelt den Vordergrund ab. Um dies zu vermeiden, könnte man einen Aufhellblitz verwenden oder die Kamera manuell korrigieren. Weiterhin könnte man die Person ins Licht drehen (Sonne bzw. Lichtquelle im Rücken des Fotografen).

Weitere Informationen zu Fotofehlern unter:
www.digitalfotokurs.de

Gegenlichtaufnahme

Seitenverhältnisse

Das Seitenverhältnis beschreibt den Zusammenhang zwischen der Länge und der Breite eines Rechteckes. In der Fotografie kommen meist zwei Seitenverhältnisse zum Einsatz.
- Filme in analogen Kameras (Dia, Negative) sowie ältere Digitalkameras nutzen das Seitenverhältnis 2:3.
- Die neueren Digitalkameras nutzen dagegen das Seitenverhältnis von 3:4, so, wie es auch der Computer tut.

Dieser kleine Unterschied im Seitenverhältnis hat allerdings eine große und für den Kunden eine sehr irritiernde Wirkung.

Fotos, die mit einem Seitenverhältnis von 2:3 aufgenommen werden, werden im Format 10 x 15 entwickelt. Fotos, die mit einem Seitenverhältnis von 3:4 aufgenommen wurden, werden dagegen im Format 10 x 13,5 entwickelt.

Bestellt nun ein Kunde Fotos, die im Seitenverhältnis 2:3 aufgenommen wurden, im „neuen" Format, so werden bei der Entwicklung der Bilder oben und unten ein paar Millimeter abgeschnitten, oder die Bilder werden mit einem weißen Rand belichtet. Im ungünstigen Fall werden die Köpfe von Personen abgeschnitten. Ein Problem, mit dem die Mitarbeiterinnen häufig konfrontiert werden.

Die Lösung besteht darin, die Bilder vor der Bestellung auf dem PC oder am Fototerminal zu bearbeiten. Dort kann eine Kontrolle erfolgen, ob ein Beschnitt stattfindet und wie er korrigiert werden kann.

Weiterhin ist es möglich, bei der Bestellung das jeweilig gewünschte Format einzustellen. Einige Digitalkameras ermöglichen eine Umstellung des Formats von 2:3 auf 3:4 oder umgekehrt.

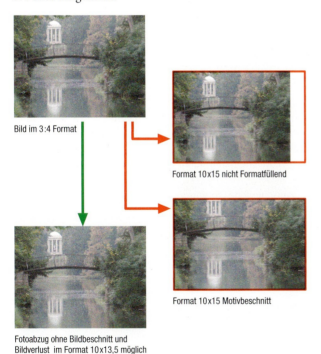

Aufgaben zur Selbstüberprüfung des Lerninhalts:

1. Wie entsteht das Bild in der Kamera?
2. Was ist die Blende.
3. Erläutern Sie den Begriff Schärfentiefe.
4. Erläutern Sie die Zusammenhänge zwischen der Blende, der Belichtungszeit und der Schärfentiefe.
5. Erläutern Sie die Besonderheiten einer APS-Kamera.
6. Woran kann man erkennen, ob ein APS-Film belichtet ist?
7. Wann benutzt man einen Film mit ISO 400?
8. Wie sollten Filme gelagert werden?
9. Nennen Sie unterschiede zwischen einer analogen und einer digitalen Kamera. Fertigen Sie eine tabellarische Übersicht an.
10. Wo liegt der Unterschied zwischen einem Weitwinkel- und einem Teleobjektiv?
11. Welche Informationen findet man auf einem Zelluloidfilm?
12. Wie wird die Lichtempfindlichkeit angegeben? Erläutern Sie.
13. Was ist ein Pixel?
14. Erläutern Sie den Aufbau eines CCD-Sensors.
15. Welche 4 gängigen Speichermedien werden von Fototerminals unterstützt?
16. Wann ist die Benutzung eines Blitzes wichtig?
17. Erläutern Sie die Bezeichnungen bmp, jpeg und Raw.
18. Wozu dient ein Stativ?
19. Wie läuft eine analoge schwarz-weiß Filmentwicklung ab? Erläutern Sie die Arbeitsphasen.
20. Erstellen Sie mit selbst gemachten Fotos am Fototerminal ein Fotobuch. Notieren Sie sich dabei die verschiedenen Arbeitsschritte, die der Kunde durchlaufen muss.
21. Ein Kunde möchte Bilder in verschiedenen Formaten bestellen. Was muss er beachten. Beraten Sie.
22. Was kann man gegen den „roten Augen"-Effekt machen?
23. Ein Kunde beschwert sich über die bestellten Abzüge seiner Bilder. Bei vielen Bildern ist der Kopf des Motives abgeschnitten. Beraten Sie den Kunden fachgerecht.
24. Erstellen Sie eine Fotokollage zum Thema: Fotographieren mit verschiedenen Iso-Werten.
25. Erstellen Sie Bilder mit den verschiedene Programmen einer digitalen Kamera, z.B. Makro, Sport, Nacht … usw.

XI Tiernahrung

Jeder zweite Haushalt hat heute ein Haustier, am häufigsten sind Katzen und Hunde. Bei den Nagern sind es Kaninchen, Meerschweinchen und Hamster, die insbesondere in Haushalten mit Kindern beliebt sind. Auch Vögel, besonders Wellensittiche und Kanarienvögel, sind in den Haushalten häufig vertreten.

Bei der Tierhaltung und dementsprechend auch bei der Tiernahrung muss grundsätzlich unterschieden werden zwischen Nutztieren und Heimtieren. Im Drogeriegeschäft wird im Wesentlichen die Heimtiernahrung nachgefragt. Nahrung für Nutztiere wird oft über landwirtschaftliche Genossenschaften und Großhändler bezogen.

Für Nutzgeflügel wird Körnermischfutter in Nutztierfutterhandlungen angeboten.

1 Heimtiernahrung

An die Heimtiernahrung werden heute sehr hohe Ansprüche von den Tierhaltern gestellt. Sie soll unter anderem
- den Bedarf der Tiere an allen notwendigen Nährstoffen decken,
- zu einem gepflegten Äußeren (z. B. glänzendem Fell) beitragen,
- die Tiere gesund erhalten und ihnen schmecken,
- qualitativ hochwertig und einwandfrei sein.

Zum Einsatz kommen sehr häufig **Alleinfuttersorten** für die Ernährung von Haustieren. Diese sind speziell für die Bedürfnisse der Hunde und Katzen hergestellt und decken den täglichen Bedarf an Nährstoffen, Mineralstoffen und Vitaminen **vollständig**. Es muss kein weiteres Futter gegeben werden.
Man unterscheidet Nassfutter, Trockenfutter und – seltener – halbfeuchtes Futter. Trockenes oder halbfeuchtes Futter wird oft zu Pellets oder Brocken geformt und diese werden in Tüten abgegeben. Nassfutter wird eher in Dosen angeboten. Grundsätzlich bevorzugt wird für Heimtiere in den letzten Jahren **trockenes Alleinfuttern**.

1.1 Ernährung von Hunden

Die Vielfalt der Hunderassen und deren Lebensbedingungen sind heute ein wichtiger Faktor einerseits bei der Produktion und andererseits bei der Auswahl der Futtermittel durch die Halter. Die Bandbreite der Alleinfuttermittel ist sehr groß.
Die Größenunterschiede bei unterschiedlichen Hunderassen sind enorm. Es gibt Futtermittel, die genau auf die Bedürfnisse von sehr kleinen Hunden, mittelgroßen und großen Hunden abgestimmt sind. Auch zwischen Welpennahrung, Jugendnahrung, Nahrung für erwachsene Hunde und Senior-Hunden wird unterschieden.

Mit spezieller Welpen- und Jugendnahrung soll den Hunden zu guter Gesundheit in späteren Lebensabschnitten verholfen werden, sie ist deshalb eiweiß- und mineralstoffreicher.
Auch bei ausgewachsenen Hunden ist eine ausgewogene, vollwertige und artgerechte Nahrung sehr wichtig.

Großspitzwelpe

Alte Mittelspitzhündin

Wie bei den Menschen, die sehr unterschiedlich aktiv sind, ist auch die Hundeernährung von deren Aktivität abhängig. Hunde, die täglich nur eine kleine Runde „Gassi gehen", müssen anders mit Nährstoffen versorgt werden, als solche, die sportlich aktiv sind und beispielsweise Agility-Training absolvieren oder auch „dogs with a job" sind (Blindhunde, Wachhunde, Diensthunde, Hütehunde usw.).

Heute werden Heimtiere relativ alt, was sicher auch ein Verdienst der immer besseren und passgenaueren Ernährung ist. Ältere Hunde sind aber oft – wie ältere Menschen – weniger aktiv und ihr Stoffwechsel verändert sich, oft haben sie aber den gleichen Appetit wie in jungen Jahren. Seniorengerechtes Alleinfutter sichert dann die richtige Versorgung des Hundes, ohne dass er zu sehr zunimmt.

1.1.1 Trocken- und Nassfutter für Hunde

Artgerechte Hundeernährung bedeutet, dass die Nahrung einen möglichst hohen Fleischanteil enthält. Fleisch ist wichtig, weil der gesamte Verdauungstrakt des Hundes auf Fleisch, in erster Linie rohes Fleisch, eingestellt ist. Um Mangelerscheinungen wie weichen Knochen oder struppigem Fell vorzubeugen, enthält das Futter zudem eine ausgewogene Menge an Vitaminen und Mineralstoffen. Hundehalter, die Wert auf die genaue Futterzusammensetzung legen, müssen die Deklaration auf dem Beutel oder der Dose beachten. Oft findet man zusätzliche Analyseangaben über die Zusammensetzung, die aber keine Pflichtangaben sind.

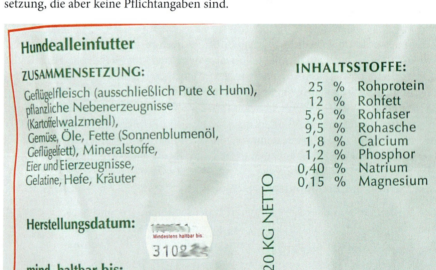

Deklaration von Trockenfutter für Hunde

„Dog with a job" – ein Kelpi beim Hüten von Enten

Achten die Halter auf ein dem Lebensabschnitt des Hundes entsprechendes Futter, so ist es eigentlich egal, ob Nass-, Halbfeucht- oder Trockenfutter in den Napf kommt.

Ein Vorteil des Trockenfutters ist das geringere Volumen – auch im Hundeverdauungstrakt. Auch soll durch das intensive Kauen der Abrieb des Zahnbelages und damit die Zahngesundheit des Hundes unterstützt werden.

Hunde, die Trockenfutter bekommen, sollen weniger häufig Kot absetzen müssen, was ein weniger häufiges „Gassigehen" bedeutet.

„Empfindlichere" Hunde mögen oft lieber Halbfeucht- oder Nassfutter fressen, weil es einen intensiveren Geschmack hat und leichter gekaut werden kann. Auch sehr kleine Rassen, die die Trockenfutterbrocken nicht gut zerkaut bekommen, und Hunde, die dazu neigen, zu wenig zu trinken, sind mit Nassfutter oft besser bedient. Natürlich kann man auch Nass- und Trockenfutter mischen.

> Soll der Hund nicht zu dick werden, sollten die Herstellerangaben zu den Fütterungsmengen beachtet werden und dem Hund das Futter normalerweise nicht zur freien Verfügung stehen.

Höherwertige Futtersorten unterscheiden sich in erster Linie durch die Qualität (Hauptquelle) und Menge der vier Hauptzutaten, die in der Deklaration die ersten vier Stellen einnehmen. Will man es ganz genau wissen, so kann man auch beim Hersteller nachfragen, da seine Adresse auf der Futterpackung angegeben sein muss.

Kelpie nach getaner Arbeit

> Beim Hundefutter muss die Deklaration der Zusammensetzung nach den gesetzlichen Regelungen des Herstellerlandes erfolgen. Diese sind z. B. in den USA ganz anders als in Deutschland. Nach deutschem Recht (Futtermittelgesetz u. Futtermittelverordnung) muss nur das Tier genannt sein, dessen Fleisch- bzw. Fleischerzeugnis enthalten ist. Steht also „Rind" auf der Verpackung, so können frisches oder getrocknetes Rindfleisch oder entsprechende Rinderschlachtabfälle, aber auch daraus hergestellte Mehle im Futter enthalten sein.

www.hund-und-futter.de
www.hundefutter-ratgeber.de

Deklariert werden müssen die Anteile an Rohprotein, Rohfett, Rohfasern und Rohasche:
- **Rohprotein** (je nach Futtersorte etwa 5–35 %): Der angegebene Wert ist die Menge aller in einer bestimmten Futtermenge (z. B. 100 g) enthaltenen Eiweißverbindungen. Eine Angabe darüber, wie gut das Eiweiß vom Hund verwertet werden kann, wie hochwertig also das Eiweiß ist, wird damit nicht gemacht. Auch welchen Ursprungs das Eiweiß ist, bleibt offen. Dabei können Eiweißverbindungen aus hochwertigem Muskelfleisch stammen, aber auch aus Getreide oder Tierhufen oder wohl auch aus Klärschlamm.
- **Rohfett** (je nach Futtersorte etwa 5–15 %): Hier sind alle chemisch herauslösbaren Fettanteile gemeint. Ob das Fett z. B. aus Lachs oder aus altem Speisefett stammt, muss nicht angegeben sein.
- **Rohfaser:** Hier wird der Gesamtgehalt an pflanzlichen Ballaststoffen angegeben. Diese sind für den Hund unverdaulich, sie unterstützen aber wie beim Menschen die Verdauung. Auch in Futtersorten, die zu dicken Hunden beim Abnehmen helfen sollen, sind sie in relativ großen Mengen enthalten. In normalem Hundefutter sollte der Anteil in der Regel nicht über 4 % liegen.
- **Rohasche:** Würde das Hundefutter verbrannt, so bliebe der hier angegebene Anteil (etwa 0–8 %) zurück, der im Wesentlichen aus Mineralstoffen (z. B. Kalzium, Magnesium, Phosphat, Natrium usw.) besteht.

Ballaststoffe
→ Kapitel V / 1.2.1

Mineralstoffe
→ Kapitel V / 1.2.5

Diese beiden haben sich einen Snack verdient.

Kauknochen, Ochsenziemer

1.1.2 Snacks für Hunde

Werden das Gewicht, die Größe, die Aktivität und der Lebensabschnitt des Hundes und die dazu passenden Herstellerangaben bei der Fütterung beachtet, so sind weitere Futtergaben nicht notwendig. Viele Hundehalter greifen jedoch auch zu menschlichen Leckereien, wie Schokolade, Chips, Wurst oder Essensreste. Diese oder Anteile davon (z. B. Kochsalz, Gewürze) kann das Verdauungssystem des Hundes aber oft gar nicht verwerten. Manche, wie z. B. Schokolade, sind sogar giftig für Hunde.

Soll der Hund belohnt werden, so sollte der Besitzer zu artgerechten Leckereien greifen. Die meisten Hunde lieben Happen von Rinderpansen oder Ochsenziemer. Viele Snacks haben auch eine zahnreinigende und -stärkende Funktion. Das ist wichtig, weil auch Hunde Plaque und Zahnstein bekommen können. Rinderhautknochen, -knoten oder -rollen oder Ähnliches helfen beim Kauen mit ihrer Abriebwirkung gegen Zahnbelag und Zahnstein.

Hat der Hund Zahnprobleme und halten die Beschwerden länger an, so sollte tierärztlicher Rat eingeholt werden. Zur Prophylaxe eignen sich auch speziell für Hunde hergestellte Zahnbürsten und -cremes.

 „Richtiges" Füttern von Hunden

Es gibt viele Diskussionen über das richtige oder das falsche Füttern von Hunden, aber leider nur sehr wenige wissenschaftlich belegte Erkenntnisse (z. B. aus Langzeitstudien), und oft wird von Wölfen auf Hunde geschlossen. Immer wieder hört oder liest man beispielsweise, dass Hunde besonders viel Fleisch bekommen müssen. Begründet wird das mit dem Beuteverhalten von Hunden und Wölfen. Im Vergleich zu Wildkatzen ist aber der Anteil an Fleisch in der Nahrung wilder Caniden (Wölfe, Hunde, Füchse, Schakale u. Ä.) viel geringer. Bei der Fülle teilweise sehr widersprüchlicher Informationen ist es nicht immer leicht, das wahrhaftig richtige Futter für den treuen vierbeinigen Begleiter zu finden.

Welpe (Großspitz) kaut an einem Stück Pansen

 B.A.R.F.

Immer mehr Hunde- und Katzenbesitzer „barfen". Für B.A.R.F. gibt es verschiedene Übersetzungen aus dem Englischen, treffend beschreibt man es wohl mit **biologisch artgerechtes rohes Futter** für Hunde, Katzen und andere Fleischfresser. Grundsätzlich kann man sagen, dass der Besitzer der Tiere nicht mehr nur deren „Dosenöffner" ist. Vielmehr simuliert er mit dem, was er seinem Tier zum Fressen gibt, dessen natürliche Ernährung als Raubtier bzw. Beutegreifer. Es kommen dabei alle Zutaten roh in den Napf: Fleisch, Knochen, Gemüse, Kräuter und Obst. Alles wird nach einem auf das Tier abgestimmten Futterplan gegeben. Viele Tierbesitzer sagen nach einer Umstellung des Futters von Fertigfutter auf B.A.R.F., dass es ihren Tieren besser geht als zuvor.

Bei der intensiven Fellpflege gelangen Haare in den Magen des Tieres.

Hunde und Katzen fressen gelegentlich Gras. Oft wird vermutet, dass das Tier Unwohlsein verspürt und mit dem Grasfressen Erbrechen herbeiführen will. Nach intensivem „Waschen" durch Lecken kann es bei Hunden und Katzen tatsächlich zur Anhäufung von Haaren im Magen kommen. Diese wird das Tier offenbar in Verbindung mit Grashalmen dann gut wieder los. Einige Hunde kauen ohne besonderen Grund an Gräsern, vermutlich schmeckt es ihnen sogar. Frisst das Tier sehr häufig Gräser, so sollte tierärztlicher Rat eingeholt werden.

1.2 Ernährung von Katzen

Ausgewachsene Katzen wiegen je nach Rasse zwischen 2,5 bis max. 10 kg, wobei die meisten Katzen zwischen 3 bis 6 kg wiegen. Damit variiert der Gewichts- und Größenunterschied bei Katzen wesentlich weniger als bei Hunden. Katzen bestimmen weitestgehend selbst, wie viel sie sich bewegen, und ihre Aktivitäten variieren nicht so stark wie die der Hunde. Natürlich sind auch die Alleinfutter für Katzen darauf abgestimmt, der Katze eine vollwertige und artgerechte Ernährung zu bieten. Da aber die Aktivitäten von Katzen sich in der Regel nicht so stark unterscheiden, ist der Lebensabschnitt (Welpe, Jungkatze, erwachsene Katze, alte Katze), in dem die Katze sich gerade befindet, der Faktor, der ausschlaggebend für das entsprechende Alleinfutter ist: Katzenwelpen und Jungkatzen benötigen eine andere Nährstoffzusammensetzung als ausgewachsene oder alte Katzen. Deswegen sollten Katzenkinder bis etwa zum 9. Lebensmonat das spezielle Welpenfutter bekommen.

„Cat with a job": Der Mäusefänger auf einem Bauernhof

Bei der Futterwahl sollten die Lebensabschnitte, die Haltung und die Rasse berücksichtigt werden. Ist die Katze z. B. eine reine Wohnungskatze, benötigt sie eine etwas andere Nährstoffversorgung als ein „Freigänger" (frei laufend, teilweise frei laufend). Eine sehr langhaarige Rasse (z. B. Perser) benötigt eine etwas andere Nährstoffversorgung als eine kurzhaarige Katzenrasse (z. B. Europäisch Kurzhaar).

Auch für Katzen gibt es Futter, das ernährungssensiblen Tieren (Aufschriften auf der Futterpackung beachten!) bekommt. Zudem gibt es noch Futtersorten, die auf den etwas anderen Nährstoffbedarf (anderer Hormonhaushalt) von sterilisierten oder kastrierten Katzen zugeschnitten sind.

Nassfutter für Katzenbabys

Grundsätzlich kann man sagen, dass der Verdauungstrakt von Katzen dafür ausgelegt ist, Fleisch zu fressen. Kleinsäuger und Vögel sind ja auch die Hauptspeise der wilden Katzenverwandten. Protein- und fettreiche Kost (Fleisch, Fisch usw.) wird sehr gut von Katzen verdaut. Stark stärkehaltige Nahrung, z. B. Kartoffeln und Getreide, wird nicht so gut vertragen. Hunde kommen mit stärkehaltigem und in Relation protein- und fettärmerem Futter besser zurecht; Katzen sollten deshalb auch nicht mit Hundefutter gefüttert werden.

Grasfressen zum Magenreinigen

Katzen sind öfter als Hunde sehr eigensinnig und wählerisch, wenn es um den Geschmack ihres Futters geht. Hat die Katzenhalterin ein Futter gefunden, das die Katze gerne frisst und das alle wichtigen Nährstoffe in den passenden Mengen enthält, so kann immer das gleiche Futter angeboten werden. Tritt die Katze über mehrere Tage in den „Hungerstreik", so sollte über einen Futterwechsel nachgedacht und eventuell ärztlicher Rat eingeholt werden.

Bei der Deklaration der Zusammensetzung des Futters sollten die ersten vier Zutaten für die Katze hochverdauliche Eiweißlieferanten sein, also Fleisch, Fisch, Geflügel und deren tierische Nebenerzeugnisse.

Die **Zusammensetzung** gibt Auskunft darüber, was sich in der Packung befindet. Die ebenfalls anzugebenden **Inhaltsstoffe** beruhen auf einer Nährstoffanalyse und geben diese in Gruppen zusammengefasst (Rohprotein, Rohfett, Rohfaser, Rohasche) an. Taurin und die Aminosäuren Methionin und Arginin sollten im Futter ebenfalls enthalten sein, weil die Stoffe für Katzen **essenziell** sind. Außerdem sind noch die Zusatzstoffe (Antioxidanzien/Konservierungsstoffe, Vitamine, Mineralstoffe, Farbstoffe) zu deklarieren.

Rohprotein, Rohfett, Rohfaser, Rohasche
→ Kapitel XI / 1.1.1

> 💬 Die Qualität des Katzenalleinfutters kann man auch anhand der Größe der empfohlenen Tagesration (Verwertbarkeit) einschätzen. Soll eine 3-kg-Katze nach den Herstellerempfehlungen täglich 300 g Nassfutter fressen, so ist das kein besonders gutes Verhältnis. Zum Vergleich: Menschen, die 70 kg wiegen, müssten bei einer entsprechenden Ernährung 7 kg pro Tag essen!

1.2.1 Trockennahrung für Katzen

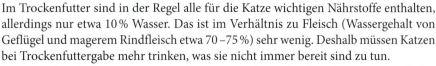

Im Trockenfutter sind in der Regel alle für die Katze wichtigen Nährstoffe enthalten, allerdings nur etwa 10 % Wasser. Das ist im Verhältnis zu Fleisch (Wassergehalt von Geflügel und magerem Rindfleisch etwa 70–75 %) sehr wenig. Deshalb müssen Katzen bei Trockenfuttergabe mehr trinken, was sie nicht immer bereit sind zu tun.

Das Eiweiß in der Katzennahrung sollte aus tierischen Eiweißquellen stammen, da der Katzenverdauungstrakt auf Fleisch eingestellt ist. Ist ein sehr hoher Getreideanteil im Futter enthalten, so handelt es sich oft um minderwertiges Futter. Allerdings muss man auch bedenken, dass es leichter ist, die Trockenfutterpellets herzustellen, wenn man Getreide bzw. gemahlenem Getreide zugibt.

Trockenfutterpellets

Bei Alleinfutter lässt sich die Qualität des Futters anhand der täglichen Fütterungsempfehlung einschätzen: Je geringer die Menge, die dem täglichen Bedarf der Katze entspricht, desto besser kann die Katze das Futter verwerten.

Funktionelle Lebensmittel (functional food)
→ Kapitel VI / 3.1.0

1.2.2 Nassfutter für Katzen

Im Gegensatz zum Trockenfutter enthält Nassfutter einen wesentlich höheren Wasseranteil (etwa 80 %). Es wird häufig in Dosen, Schalen oder Portionsbeuteln angeboten. Wird Nassfutter gefüttert, so nimmt die Katze in der Regel genügend Feuchtigkeit zu sich. Ein Nachteil des Nassfutters ist, dass sich durch den höheren Anteil an Feuchtigkeit auch schnell Keime (Bakterien, Hefen usw.) ansiedeln und das Futter verdirbt. Deshalb müssen geöffnete Behälter rasch verbraucht werden.

Dem Trocken- oder Nassfutter werden heute immer häufiger Anteile zugesetzt, die dem Futter eine bestimmte Funktion verleihen. Beispielsweise gibt es Futter, dem Vitamin A zur Unterstützung der Sehkraft zugesetzt ist. Zusätze von Hefeextrakten sollen das Immunsystem unterstützen, Ballaststoffe die Verdauung anregen und Biotin ein glänzendes Fell verleihen.

> 💬 Sowohl bei Trocken- als auch bei Nassfutter sollten die zweibeinigen „Dosenöffner" darauf achten, dass dem Futter wenig oder kein Zucker, kein Salz, keine Aroma-, Konservierungs-, Farb- und möglichst keine Lockstoffe zugesetzt sind.

Nassfutter

1.2.3 Snacks für Katzen

Wie bei der Fütterung von Hunden ist auch bei Katzen, die ein vollwertiges Alleinfutter bekommen, das auf ihren Lebensabschnitt und ihre Lebensweise zugeschnitten ist, eine zusätzliche Futtergabe nicht notwendig.

Snack zur Unterstützung der Zahngesundheit

Allerdings möchten viele Katzenliebhaber ihre Tiere gelegentlich verwöhnen oder belohnen. Dazu eignen sich Leckerbissen aus Fleisch und Käse als Snacks. Oft ist in diesen Produkten ein relativ hoher Fleischanteil enthalten. Andere Snacks haben – wie auch bestimmte Futtersorten – eine bestimmte zusätzliche Funktion: Sie helfen dabei, unverdauliche Haarbällchen zu reduzieren, oder sie unterstützen die Zahngesundheit.

1.3 Ernährung von Nagern

Zu den echten Nagern gehören Meerschweinchen, Mäuse, Ratten, Streifenhörnchen, Hamster und Chinchilla. Kaninchen werden zwar oft dazu gezählt, gehören aber zu einer ganz anderen Säugetiergruppe, den Hasentieren. Gemeinsam haben die beiden Tiergruppen z. B. die nachwachsenden Schneidezähne.

Vor der Anschaffung eines Nagetieres sollte unbedingt daran gedacht werden, dass diese Tiere meist nacht- bzw. dämmerungsaktiv sind. Tagsüber schlafen die Tiere gerne. Hamster sind nachts aktiv und sie sind deshalb recht ungeeignet für kleine Kinder; Meerschweinchen haben hingegen auch tagsüber immer wieder aktive und muntere Phasen.

Eine Maus nagt an Getreidekörnern

1.3.1 Kaninchen

Kaninchen fressen ausschließlich pflanzliche Nahrung bzw. Pressfutter oder Pellets, die ausschließlich aus pflanzlichen Bestandteilen bestehen. Kaninchen, die sich wenig bewegen, werden schnell zu fett, deshalb sollte bei der Fütterung auf die Herstellerangaben geachtet werden. Können sich die Kaninchen z. B. in einem Freilaufgehege viel bewegen oder handelt es sich um eine tragende oder säugende Häsin, so sollte den Tieren so viel Futter zur Verfügung gestellt werden, wie sie fressen möchten.

Außer dem Pressfutter, das alle wichtigen Nährstoffe für das Kaninchen enthält, kann man dem Tier auch Trockenfuttermischungen anbieten. Manche Kaninchen sind allerdings sehr wählerisch und suchen sich nur die „Leckerbissen" aus der Mischung heraus. Das kann bei Pressfutter nicht passieren. Gerade wenn Trockenfutter gefüttert wird, aber auch sonst, sollten Kaninchen stets auch frisches Wasser zur Verfügung haben.

Gruppe junger Kaninchen beim Fressen von Pellets.

Neben den genannten Futtersorten sollte dem Kaninchen immer auch trockenes und natürlich schimmelpilzfreies Heu angeboten werden, und zwar so, dass es nicht auf den Boden des Stalls oder des Auslaufs fällt. Erwachsene Kaninchen nehmen gerne auch frisches Grünfutter wie Klee und Gras, aber auch das Laub von Möhren, Kohl und besonders gern auch Petersilie. Bei jungen Kaninchen sollte man Frischfutter nur in kleinen Mengen anbieten und die Tiere genau beobachten. Einige Tiere vertragen das Frischfutter leider gar nicht und bekommen Blähungen und Durchfall.

Links Kaninchen-, rechts Hundepellets

1.3.2 Meerschweinchen, Hamster, Mäuse, Ratten

Diese Nagetiere bekommen ein Getreidekörnerfutter, oft mit getrockneten Gemüsestückchen als Alleinfutter. Dabei gibt es Mischungen für all diese Nager, aber auch Spezialfutter für bestimmte Nager (z. B. Meerschweinchen, Hamster). Zudem können getrocknetes Brot, Knäckebrot, Haferflocken und Gemüse- und Obststückchen angeboten werden.

Die meisten Nager fressen im Gegensatz zu den Kaninchen auch gerne etwas tierisches Eiweiß in Form von Insekten und Regenwürmern. Dafür kann man auch kleine Stücke eines milden Käses oder Mehlwürmer anbieten. Ratten nehmen auch gerne eine kleine Portion Fleisch, Fisch, gekochte Nudeln, Kartoffeln oder Ei.

Ein Meerschweinchen bei der Heu-Mahlzeit

Snacks für Nager sind Knabbereien, die oft Getreidekörner, getrocknete Obststückchen (z. B. Erdbeeren), getrocknete Gemüsestückchen (z. B. Zucchini, Tomaten) und manchmal etwas Joghurt enthalten.

1.4 Ernährung von Vögeln

Als Heimtiere gehaltene Vögel sind oft Sittiche oder Kanarienvögel. Sie können mit einer Körner- bzw. Samen- oder Saatenmischung als Alleinfutter gefüttert werden. Dieses Futter wird auch in Form kleiner Pellets angeboten. Zusätzlich knabbern die Tiere gerne an Obst und Gemüse und Knabbereien mit Trockenfrüchten, Hirse (z. B. Kolbenhirse) und Nüssen. Befinden sich die Vögel in einer außergewöhnlichen Lebenssituation (z. B. Brutzeit) kann es sinnvoll sein, ein Stärkungsfutter zur Ergänzung zu geben.

Immer vorhanden sein sollte für die Vögel Grit. Das sind Steinchen und Muschelstückchen, die vom Vogel dazu benötigt werden, das aufgenommene Körnerfutter im Magen zu zermahlen. Je nach Größe der Vogelart werden unterschiedlich große Steinchen benötigt. Häufig ist Grit auch schon im Vogelsand enthalten, mit dem der Käfigboden ausgestreut wird. Zusätzlich werden für Vögel Mauser-Tropfen oder spezielle Mauser-Nahrungen angeboten. Diese unterstützen mit wichtigen Vitaminen und Spurenelementen den Vogel bei der Mauser, dem Vorgang, bei dem der Vogel das alte Federkleid abwirft und ein neues heranwächst.

Futtermischung mit weißem Grit

Winterfutter für Singvögel

Singvögeln, die nicht in den Süden ziehen, kann durch ein Angebot von Winterfutter geholfen werden. Wenn die Futtersuche durch Dauerfrost und geschlossene Schneedecke stark behindert ist, nehmen viele Vogelarten dieses Angebot gerne an. In der Regel ist dieser Zeitraum in unseren Breiten November bis Februar.

 Wie füttert man die Garten- und Waldvögel im Winter richtig?

Auch unter Fachleuten gehen die Meinungen hier sehr weit auseinander:
Die einen sagen, gar nicht füttern sei das Beste, die anderen empfehlen sogar eine ganzjährige Fütterung.

Man unterscheidet zwischen
- Futter für Weichfresser und
- Futter für Körnerfresser.

Zu den Körnerfressern gehören u. a. Buch- und Grünfink, Stieglitz, Gimpel, Goldammer und Haus- und Feldsperling. Körnerfressermischungen können Sonnenblumenkerne, Hanf, Hirse, Lein, Getreide (Dinkel, Weizen, Roggen usw.) sowie getrocknete Beeren enthalten. Je vielfältiger das Gemisch zusammengesetzt ist, desto mehr unterschiedliche Nahrungsbedürfnisse der verschiedenen Vogelarten können damit befriedigt werden.

Man braucht weniger Winterfutter für Vögel zu kaufen, wenn man Sträucher in den Garten pflanzt, die durch ihre Früchte den Vögeln Winternahrung bieten: Berberitze, Rosen (Hagebutten), Vogelbeere, Feuerdorn. Auch Samen werden von vielen Vögeln gerne genommen: Samen von Brennnesseln, Sonnenblumen usw.

Nahrungsquelle im Winter: Feuerdorn

1 Heimtiernahrung

Auch Spatzen lassen sich das eigentlich für die Meisen gedachte Fettfutter schmecken.

Futterhäuschen und Fettfutterknödel

Die Weichfresser bevorzugen Früchte, Beeren, Rosinen, Haferflocken, zerquetschte Hanf-, Weizen- und Sonnenblumenkörner. Zu den Weichfressern gehören: Amseln, Rotkehlchen, Heckenbraunelle, Zaunkönig und Wintergoldhähnchen. Viele Meisenarten, Kleiber und Spechte fressen Weich- und Körnerfutter.

Als **Fettfutter** werden die Futtersorten bezeichnet, die einen großen Fettanteil enthalten und im Winter für die Vögel gute Energielieferanten darstellen. Dazu zählen Meisenknödel und -ringe, aber auch fettige Fettflocken und Energieblöcke. Meisenknödel und Meisenringe sind aus Fett, Haferflocken, weiterem Getreide und Samen zusammengesetzt.

Futterhäuschen für Singvögel

Futterhäuschen für Vögel sollten den Vögeln einerseits jederzeit zugänglich sein, andererseits sollten Feinde (z. B. Katzen) dort nicht hingelangen können. Gut geeignet sind Häuschen, in denen das Futter trocken bleibt und nicht von fressenden Vögeln verkotet werden kann (z. B. Futtersilos usw.). Auf jeden Fall sollte nur so viel Futter in einem Häuschen ausgelegt werden, wie an einem Tag gefressen wird. Die Reinigung des Häuschens wird erleichtert, wenn man unter das Futter ein Stück Papier oder Pappe legt.

Weitere Informationen zur Ansiedlung von Vögeln im Garten
→ Kapitel XI / 1
→ Nützlinge

Vögel merken sich genau, wo sie Futterquellen finden, deshalb sollte regelmäßig gefüttert werden. Mehrere kleinere Futterstellen eignen sich besser als ein große. An etwas weniger frequentierte Plätze trauen sich vielleicht auch scheuere Vögel, zum Fressen zu kommen. Gefährdeten Vogelarten wird man wahrscheinlich aber dennoch nicht mit dem Winterfutter helfen können, weil diese Vögel sich oft gar nicht in die Nähe menschlicher Siedlungen wagen.

Sonnenblumenkerne zum Selbsternten …

… oder man kann aus den Sonnenblumenkernen eine Futtermischung herstellen

Ein Kleiber hat sich eine Erdnuss aus einer solchen Futtermischung gesucht.

Glossar

Abdrift, Abtrift unerwünschtes Verwehen, Abtreiben von gespritzten Pflanzenschutzmitteln auf dafür nicht vorgesehene Flächen
ABC-Pflaster Wärmepflaster zur Durchblutungssteigerung z. B. bei Muskelverspannungen, enthielt früher Arnika, Betaisadonna und Capsaicin, heute nur noch Capsaicin
Abrasion/abrasiv (lat. abrasio = abkratzen) mechanische Entfernung von Hautgewebe. Die Mittel der Abrasion nennt man Abrasiva, z. B. enthalten im Peeling oder in der Zahncreme.
Acetylcholin Transmitter (Botenstoff) zur Übertragung von Reizen über eine Synapse
ACH Aluminium Chlorhydrat, Aluminiumsalz, adstringierend z. B. in Antitranspirantien
Adenosintriphosphat (ATP) für den Körper universell nutzbarer Energieträger, der in den Mitochondrien der Zellen hergestellt wird. Das ATP-Molekül besteht aus Adenin, Zucker (Ribose) und drei Phosphaten. Eine Phosphatbindung enthält die gespeicherte Energie, die durch Abspaltung frei gesetzt und für energieverbrauchende Prozesse genutzt wird.
Adjuvans Zusatz in einem Arzneimittel, das die Wirkung unterstützt
Adsorption (lat. (an-)saugen) Anlagerung eines Stoffes an die Oberfläche eines anderen Stoffes.
Adstringens „zusammenziehendes" Mittel, eiweißfällend, gerbend, z. B. Aluminiumsalze in Antitranspirantien
Adstringierend zusammenziehend
Aerosol Mischung aus festen oder flüssigen Teilchen und einem Gas, z. B. bei einem Spray
AHA Alphahydroxyacid, Fruchtsäure z. B. in chemischen Peelingprodukten
Aluminiumsalze (Aluminiumhydroxichloride) werden in Kosmetika als Adstringenzien eingesetzt
alkalisch „basisch" Gegenteil von sauer, pH-Wert >7
Allantoin/Alantoin Wirkstoff im Beinwell, der Schwarzwurzel und der Rosskastanie, heilend, reizlindernd, oft in kosmetischen Produkten, häufig in Hautpflegeprodukten, Sonnenschutzprodukten oder Deodorantien, wirkt positiv auf die Zellneubildung und Zellregeneration ein
Allergenität/Allergenpotential allergieauslösendes Potential eines Allergens, eines Stoffes, der eine spezifische Reaktion des Immunsystems auslöst
Aminosäuren kleinste Bausteine der Eiweiße
Ammoniak stark alkalische chemische Verbindung von Stickstoff und Wasserstoff, wird in Haarfärbe- und Wellmitteln zur Alkalisierung eingesetzt

Amara (Mehrzahl), **Amarum** (Singular) Bitterstoffdroge. Amara tonica (oder Amara pura) enthalten hauptsächlich Bitterstoffe. Sie wirken auf die Sekretion des Verdauungstraktes fördernd bzw. anregend. Amara aromatica enthalten neben Bitterstoffen ätherische Öle, sie wirken als Stomachika.
Amylacetat farbloses flüssiges Lösungsmittel mit einem leicht fruchtigen Geruch, wird daher auch als Aromastoff eingesetzt
Amylase Enzym zur Spaltung von Stärke
Anagenphase längste Haarwachstumsphase (ca. zwei bis sechs Jahre) in der das Haar ununterbrochen wächst
Anästhetikum Schmerzmittel (macht an der entsprechenden Stelle empfindungslos)
Androgene Sexualhormone, die männliche Geschlechtsmerkmale ausprägen, fördern außerdem das Knochen- und Muskelwachstum
Analgetikum schmerzausschaltendes Mittel (keine Bewusstseinsänderung!)
analgetisch schmerzstillend, schmerzlindernd
Anethol Komponente des ätherischen Öls, das in Fenchelfrüchten, Anisfrüchten vorkommt. Fördert die Beweglichkeit der glatten Muskulatur, hat also krampflösende Wirkung. Zudem wirkt es appetitanregend, verdauungsfördernd, antimikrobiell, schleimlösend, auswurffördernd.
Anisaldehyd entsteht aus Anethol. Der Duft ist kräftig süßlich-blütenhaft, wird in der Parfumherstellung genutzt.
Antacidum Säurehemmer; Magensäure bekämpfendes, neutralisierendes Mittel
Antasthmaticum Asthmamittel
Antibakteriell wirksam gegen Bakterien
Antibiotika Mittel, die das Wachstum von Mikroorganismen hemmen
antibiotisch hemmt das Wachstum von Mikroorganismen
Antidepressivum Mittel gegen Depressionen
Antidiarrhoicum Mittel gegen Durchfall
Antidot Gegenmittel; kann z. B. die Wirkung eines Giftes stark vermindern
antiemetisch hemmt den Brechreiz
antimikrobiell hemmt das Wachstum von Mikroorganismen (Bakterien, Pilze, Amöben)
antimycotisch hemmt das Wachstum von Pilzen
Antineuralgicum Nervenschmerzen linderndes Mittel
Antioxidantien siehe Anthocyane
Antiphlogisticum entzündungshemmendes Mittel

Antipyreticum fiebersenkendes Mittel
antirheumatisch wirksam gegen Rheuma bzw. rheumatische Beschwerden
Antisepticum Infektionen verhütendes Mittel
antiseptisch keimtötend, verhindert Wundinfektionen
Antispasmodikum krampflösendes Mittel
Antitranspirantien Mittel gegen die Schweißbildung. Sie wirken adstringierend auf das Drüsengewebe und mindern so die Schweißabgabe.
Antitussivum Mittel gegen Husten
antiviral hemmt die Ausbreitung von Viren
Anthocyane SPS, Pflanzenfarbstoffe, denen eine stark antioxidative Wirkung nachgesagt wird, d. h. sie sollen freie Radikale unschädlich machen und so DNA, Kohlenhydrate, Lipide und Proteine vor Schäden schützen. Sie sollen entzündungshemmend und gefäßschützend sein. Es wird aber wissenschaftlich diskutiert, ob 1. freie Radikale überhaupt eine schädliche Wirkung haben können (insbesondere weil es auch körpereigene Reparatursysteme gibt) und 2. über die Nahrung aufgenommene Antioxidantien im Körper überhaupt eine entsprechende Wirkung entfalten können. Neue Untersuchungen zeigen, dass geringe Mengen an freien Radikalen (geringer oxidativer Stress) eine eher positive Wirkung haben: Zellen „lernen" sich selbst besser zu schützen.
Arterien Blutgefäße, die das Blut vom Herz wegführen
Arteriosklerose Verengung von Blutgefäßen durch Ablagerungen
Arthrose Gelenkverschleiß
Arthritis entzündliche Erkrankung der Gelenke
Ascorbinsäure organische Säure, wird in vielen Produkten als Antioxidans eingesetzt, → Vitamin C
ätherisches Öl zeichnet sich durch eine leicht flüchtige, flüssige Konsistenz aus, sind oft stark duftend, in Wasser schwer- oder unlöslich, in unpolaren Lösungsmitteln wie Alkohol leicht löslich. Aufgrund ihres lipophilen (fettlöslichen) Charakters werden sie gut über die Haut aufgenommen und von den Schleimhäuten resorbiert.
ATP → Adenosintriphosphat
Autonom eigenständig, selbstständig
basisch „alkalisch" Gegenteil von sauer, pH-Wert >7
bakteriostatisch hemmt das Wachstum und die Vermehrung von Bakterien
Bakteriostatika Mittel, die das Wachstum von Bakterien hemmen
Bakterizid bakterientötend, z. B. Antibiotika

Basalmembran Grenzschicht zwischen der Oberhaut (Epidermis) und dem Bindegewebe der Lederhaut (Dermis)
Basalzellenschicht unterste Schicht der Oberhaut (Epidermis), in der die ständige Neubildung von Keratin, dem Aufbaustoff von Haut, Haaren und Nägeln stattfindet
Bifiduskulturen grampositive, vorwiegend anaerobe, nicht pathogene Bakterienkulturen
biologisches Gleichgewicht Zustand, bei dem innerhalb einer Lebensgemeinschaft die Anzahl der vorhandenen Arten und ihre mengenmäßige Zusammensetzung über einen längeren Zeitraum relativ gleich bleiben
Bisabolol im ätherischen Öl der Kamille enthaltener Wirkstoff. Findet Verwendung in Hautschutz- und Hautpflegemitteln für empfindliche und problematische Haut, Zusatz in Cremes, Salben und Lotionen, in Sonnenschutzpräparaten, After-Sun-Kosmetika und Säuglingspflegemitteln. Entzündungshemmende Wirkungen.
Bitterstoffe regen die Sekretion (Absonderung) der Verdauungssäfte an, daraus folgt ein verbesserter Nahrungsaufschluss, geeignet bei Verdauungsproblemen
Blähungen entstehen entweder durch verschluckte Luft oder durch Gase, die sich im Dickdarm bei der Verdauung bilden. Der Bauch kann vorgewölbt sein und fühlt sich oft gespannt an. Häufig kommt es zu Krämpfen. Viele Säuglinge leiden in den ersten Wochen unter Blähungen (Dreimonatskoliken). Ursachen: Blähende Speisen (Kohl, Hülsenfrüchte, frisches Brot, Zwiebeln, kohlensäurereiche Getränke), Ernährungsumstellungen, z. B. auf Vollwertkost, gestörte Darmflora, z. B. bei Pilzinfektionen oder nach Antibiotikabehandlung.
Blutplasma flüssiger Teil des Blutes. (→ Hämatokrit)
Brachfläche, Brache ist ein aus wirtschaftlichen oder regenerativen Gründen nicht bearbeitete (Grün-)Fläche
Braunfäule (Krautfäule) Pilzerkrankung an Tomaten oder Kartoffeln. Sporen sind fast überall vorhanden und die Krankheit breitet sich bei Feuchtigkeit rasch aus. Braune Flecke an Stengel und Blättern, verwelkende Blätter und braun-faulige Früchte sind die Symptome. Zur Vorbeugung sollten Tomaten nicht im Feuchten stehen (z. B. Folientunnel), Kartoffeln möglichst früh gepflanzt werden und in einem so großen Reihenabstand, dass Wind hindurch wehen kann.

Butylacetat   klares, farbloses Lösungsmittel mit einem zumeist als angenehm empfundenen Geruch

Capsaicin   ist der Scharfstoff der Paprikafrüchte (Capsici fructus). Wirkt hautreizend und regt örtlich die Durchblutung an, weshalb C. Verwendung in Rheumapflastern findet. Oral fördert sie auch die Produktion von Verdauungssekreten und regt die Darmperistaltik an, was positiv gegen Verstopfung wirkt.

Carminativum   blähungstreibendes Mittel

Chamazulen   Bestandteil des ätherischen Kamillenöls mit entzündungshemmender Wirkung

Chitin   Polysaccharid; Hauptbestandteil des Exoskeletts (Außenskelett) bei Insekten

Cholagogum   galletreibendes Mittel, Gallenmittel

Cholesterin (auch Cholesterol)   ist ein für den Menschen lebenswichtiges, vom Körper selbst hergestelltes Lipid. Es ist z. B. ein Bestandteil der Zellmembran. Mit tierischer Nahrung (Fleisch, Butter etc.) aufgenommenes, zusätzliches Cholesterin steht in dem Ruf Arteriosklerose zu begünstigen.

Choleretikum   Mittel, die die Gallensekretion anregen

Condurangorinde (Condurango cortex)   typisches Bittermittel; wird als Tee bei Appetitlosigkeit zur Steigerung der Magensaftsekretion verwendet

Corrigens   geschmacksverbessernder bzw. -korrigierender Zusatzstoff (in Arzneimitteln)

CTFA   Cosmetic, Toiletry, and Fragrance Assoziation; US amerikanisches Namensverzeichnis kosmetischer Inhaltsstoffe, → auch INCI

Cumarine   „Waldmeisterduft", verleihen Heu den angenehm würzigen Geruch. Cumarin-Derivate wirken blutgerinnungshemmend (kommen deshalb als Rattengift zum Einsatz).

Cynarosid   Wirkstoff in Artischockenblättern, schützt Leberzellen und hilft bei ihrer Regeneration

Darmperistaltik   die vom Darm unwillkürlich ausgeführten Bewegungen

DDT   1,1,1-Trichlor-2,2-bis(4-chlorphenyl)ethan; in der biologischen Nahrungskette nicht abbaubares Insektizid (Kontakt- und Fraßgift)

Dekokt   Abkochung; wässriger Drogenextrakt, der durch Kochen entsteht

Deodorantien (lat. de = weg, odor = Geruch) wirken geruchsüberdeckend und bakterizid

Derivat   chemische Verbindung, die aus einer anderen entstanden ist. „Abkömmling" eines Stoffes mit ähnlicher Struktur wie der Ausgangsstoff.

Desinfizierend   tötet Krankheitserreger ab

Desodorantien (lat. odor = Geruch)   Mittel, die schlechte Gerüche vermindern bzw. überdecken z. B. in Deodorantien enthalten

Detergenzien   Stoffe, die natürliche und synthetische Tenside enthalten, sie lösen Fett und setzen die Oberflächenspannung des Wassers herab

Dexpanthenol (auch Panthenol)   Wirkstoff in Arzneimitteln; wird im Körper umgewandelt in Pantothensäure (Vitamin B5), spielt beim Hautstoffwechsel eine wichtige Rolle (Wundheilung, Regeneration der Haut, Schleimhaut), erhöht das Feuchthaltevermögen der Haut

Diabetes, Diabetes mellitus   „Zuckerkrankheit"

Diaphoretikum   schweißtreibendes Mittel

Diarrhoe   Durchfall

Diffus   nebelhaft, mit nicht erkennbaren Umrissen, zerstreut

Diffusion   beschreibt eine Teilchenbewegung von Orten höherer zu Orten niedriger Konzentration. Sie endet mit dem Konzentrationsausgleich

Digestivum   verdauungsförderndes Mittel

Dihydroxyaceton (DHA)   Wirkstoff in Selbstbräunungsmitteln, färbt die obersten toten Hornschichten der Haut

Diureticum (auch Aquareticum)   harntreibendes Mittel; Mittel, das durch seine Wirkung auf die Niere die Ausscheidung von Wasser (und teilweise Elektrolyten wie Natrium) steigert und deshalb als Durchspülungstherapie bei Nieren-, Blasen- und Harnwegserkrankungen Verwendung findet. Auch bei Herz-Kreislauferkrankungen werden diese Mittel eingesetzt, da sie die Wassermenge im Körper vermindern und das Herz deshalb weniger stark arbeiten muss. Auch Wassereinlagerungen im Gewebe (Ödeme) kann mit Hilfe dieser Mittel Abhilfe geschaffen werden.

diuretisch   harntreibend

DNS   (Desoxyribonukleinsäure, engl. Deosxiribonukleinacid DNA) ist die Erbinformation des Menschen, sie liegt in jeder Zelle vor.

Düngemittel, mineralische (Dünger)   sind grundsätzlich Pflanzenstärkungsmittel, mineralische Düngemittel z. B. aus Stickstoff, Phosphor oder Kalium

dyspeptische Beschwerden   auch funktionelle Dyspepsie; auch Reizmagen; sehr unterschiedliche Beschwerden im Oberbauch, die oft direkt nach dem Essen auftreten, werden mit diesem Begriff umschrieben. Zu den Beschwerden zählen krampfartige oder dumpfe Schmerzen, Übelkeit, Erbrechen, Völlegefühl, Blähungen, Sodbrennen und Appetitlosigkeit. Auslöser können bestimmte Lebensmittel, aber auch psychische Probleme wie Stress und Angst sein. Organische Ursachen müssen durch eine ärztliche Untersuchung ausgeschlossen werden, erst dann kann die Diagnose funktionelle Dyspepsie erfolgen.

Eigenschutzzeit Zeit, die der Körper ohne Sonnenschutzprodukte, der Sonne ausgesetzt werden kann, ohne Schaden zu nehmen. Hängt stark von Hauttyp ab

Emolliens, Emollentia erweichendes Mittel

Emulgator Stoff (z. B. Tenside), der eine Mischung von zwei normalerweise nicht mischbaren Stoffen (z. B. Öl und Wasser) ermöglicht, indem er die Grenzflächenspannung herabsetzt

Emulgieren Mischen zweier normalerweise nicht mischbarer Flüssigkeiten durch einen Emulgator

Emulsion Gemisch zweier normalerweise nicht mischbaren Flüssigkeiten

Entwicklungshemmer Insektizide, die die Weiterentwicklung eines Insekts zum Vollinsekt hemmen. Fressen z. B. Schadschmetterlingsraupen Häutungshemmer, so tritt der Tod der Raupen erst bei der ersten Häutung ein.

Enzyme Proteine (Eiweiße), die chemische Reaktionen beschleunigen bzw. steuern können. Enzyme haben wichtige Funktionen im Stoffwechsel aller lebenden Organismen. Sie werden auch Waschmitteln zur Spaltung von Kohlenhydraten, Fetten und Eiweißen zugesetzt.

Enzyminhibitoren Stoffe, die Enzyme hemmen, z. B. in Deodorantien

Ethanolamine chemische Verbindung aus der Gruppe der Alkohole und Amine, wird bei Haarfärbemitteln als Alkalisierungsmittel eingesetzt

Ethylacetat (Essigsäureethylester) farbloses flüssiges Lösungsmittel mit charakteristischem „Klebstoffgeruch"

Exitans Herz und Nieren erregendes Mittel

Expectorans auswurfförderndes Mittel

Expectorierend auswurffördernd

Fenchon Wirkstoff in Fenchelfrüchten, hat eine wachstumshemmende Wirkung auf Bakterien und Pilze

Fibrin Eiweiß, welches als „Klebstoff" in Form eines Netzes Wunden verschließt

Fissuren Zahnfurchen, kleine Vertiefungen der Backenzähne um die Nahrung besser zermahlen zu können

Flavonoide (lat. flavus = gelb) sollen einen krankheitsvorbeugenden Effekt besitzen und festigende Eigenschaft auf Blutgefäße, entzündungshemmende, krampflösende und wassertreibende Wirkung. In Mariendistelfrüchten besitzen sie eine Art Leberschutzwirkung.

Flimmerepithel Gewebe mit kleinen feinen Härchen. Es kleidet den größten Teil der Atemwege aus und dient der Reinigung von Schmutzpartikeln.

Fluide Stoff mit flüssigkeitsähnlichen Eigenschaften, oft in Lotionen

Fluoride Inhaltstoff von Zahncreme zur Härtung des Dentins. In höheren Dosen giftig.

Follikel Hülle, z. B. beim Haar: Haarfollikel = äußere Haarscheide, die die Haarwurzel sackförmig umgibt.

freie Radikale hoch reaktive Sauerstoffverbindungen, welche die Hautalterung beschleunigen

Gerbstoffe wirken lokal adstringierend, entquellend und wasserentziehend; bilden eine Art Schutzschild gegen eindringende Krankheitserreger und verhindern die Zerstörung tieferer Gewebeschichten

Fotosynthese Pflanzen erzeugen aus Wasser und Kohlenstoffdioxid mit Hilfe der Energie des Sonnenlichtes Zucker (Glucose). Als Abfallstoff entsteht Sauerstoff: $6H_2O + 6CO_2 + Licht \rightarrow Glucose + 6O_2$.

Geriatrikum Mittel zur Erhaltung/Steigerung der körperlichen und geistigen Leistungsfähigkeit älterer Menschen, Mittel zur Verzögerung von Alterungsprozessen

Gerinnung Verklumpung → Wundheilung

Gerinnungsfaktoren Eiweiße im Blut, welche verschiedene Reaktionen in Gang setzen und so die Blutgerinnung (Verklumpung), z. B. bei einer Verletzung, steuern (→ Wundheilung)

Gingivia Zahnfleisch

Gingivitis Zahnfleischentzündung

granulationsfördernd fördert die Wundheilung. An einer Wunde wird die Neubildung von jungem, zellreichem Bindegewebe gefördert, das Granulationsgewebe geht abschließend in festeres Narbengewebe über.

Haarfollikel → Follikel

Hamamelis äußerlich anwendbar bei Hautverletzungen, Entzündungen von Haut und Schleimhäuten, bei Hämorrhoiden, Krampfadern, Neurodermitis und müden Beinen; Der durch Destillation gewonnener Auszug (Hamameliswasser, gerbstofffrei) ist ein mild adstringierender, tonisierender und entzündungswidriger Zusatz in Gesichtswässern und anderen Hautpflegemitteln und Kosmetika.

Hämatokrit zellulärer Anteil des Blutes

Hämoglobin roter Blutfarbstoff, dient dem Sauerstofftransport im Körper

Hämorrhoiden kleine knotenförmige Veränderungen der Venen und Arterien im Bereich des Enddarms

Harnstoff (lat. Urea) organische Verbindung, die im Harnstoffzyklus produziert und über den Harn ausgeschieden wird. Harnstoff kann viel Wasser binden und wird daher z. B. in Feuchtigkeitscremes als Wirkstoff eingesetzt.

hepatoprotectiv die Leber schützend.

Hühnerauge Verhornungsstörung die stiftartig ins innere der Haut wächst, auf die Knochenhaut drückt und so Schmerzen verursacht

Hyaluronsäure Bestandteil des Knorpels und der Synovia, ermöglicht die Reparatur kleinerer Knorpeldefekte, auch ein wichtiger Aufbaustoff der Flüssigkeit zwischen den Bindgewebsfasern der Lederhaut. Bestandteil von Hautpflegeprodukten

Hydrieren Hinzufügen von Wasserstoffatomen, wichtige industrielle Bedeutung, z. B. in der Herstellung von Margarine

Hydrokolloide haben hohe gel-bildende Eigenschaften und können so Wasser binden

Hydrolipidfilm Säureschutzmantel; Schicht auf der Haut aus Schweiß, Talg und Hornzellen, schützt den Körper vor dem Eindringen von Schadstoffen und Mikroorganismen

Hydroxilapatit Hauptbestandteil der Knochen und des Zahnschmelzes (auch Kalziumkarbonat)

Hyperkeratose übermäßige Hornhautbildung

Hypnoticum Schlafmittel (Barbiturat)

Inch Maßeinheit: 1 Inch = 1 Zoll = 2,54 cm

INCI Internationale Nomenklatur kosmetischer Inhaltsstoffe

Indikation Verwendung; Mittel oder Maßnahme, die zur Heilung eines bestimmten Krankheitsbildes angebracht ist

Infekt Eindringen und Vermehren von Bakterien und anderen Krankheitserregern in den Körper (Entzündung)

Infus wässriger Drogenextrakt, der durch übergießen der Droge mit heißem Wasser entsteht

Ingwerwurzelstock (Zingiberis rhizoma) Anwendung bei dyspeptischen Beschwerden, auch zur Anregung der Gallentätigkeit. Vorbeugend gegen Reisekrankheitsbeschwerden und Seekrankheit (Schwindel, Brechreiz, Übelkeit werden gemindert), auch bei Schwangerschaftserbrechen wirksam. Wirkungen allgemein: Fördert die Sekretion der Verdauungssäfte, wirkt sich positiv auf die Darmperistaltik aus, cholagog, antiemetisch.

Inhalation Einatmen von Wasserdampf oft zusammen mit äth. Ölen bei Erkältungserkrankungen

Inkontinenz Unvermögen etwas zurück zu halten, z. B. Harn, Milch

Intoleranz eine Unverträglichkeit; eine Nahrungsmittelunverträglichkeit kann häufig einen Enzymdefekt als Ursache haben

Jpeg Norm der Bildkompression

Kaffeesäurederivate Kaffeesäure ist der am häufigsten vorkommende sekundäre Pflanzenstoff. Derivaten der Kaffeesäure wird ein breites Wirkspektrum zugesprochen, z. B. als Diuretikum, Antitussivum.

Kalilauge wässrige, stark alkalische Lösung aus Kaliumhydroxd, die eine ätzende Wirkung hat. Wird in Haarfarben oder Dauerwellmitteln als Alkalisierungsmittel eingesetzt.

Karies Zahnfäulnis.

karminativ blähungstreibend

Katagenphase Übergangsphase beim Haarwachstum, die ca. 2–3 Wochen dauert. Das Haar hört auf zu wachsen.

Katarr (auch Katarrh v. griech. = herunterfließen) Entzündung der Schleimhäute, die mit einer vermehrten Absonderung wässrigen oder schleimigen Sekretes verbunden ist. Es gibt Nasen-, Rachen-, Kehlkopf-, Luftröhren-, Bronchial-, Magen- und Darmkatarrh.

kbA kontrolliert biologischer Anbau

Keratin Hornsubstanz, z. B. der Nägel

Keratinisierung Hornbildung in den Schichten der Oberhaut

Keratinozyten Zellen in der untersten Schicht der Oberhaut, welche die Neubildung von Horn (Keratin) bewirken

Klimakterium „Wechseljahre"

Knorpel druckelastisches Stützgewebe ohne Gefäße, z. B. in Gelenken, um die Gelenke vor Stoß- und Reibungsbelastungen zu schützen (Stoßdämpfer)

Königskerzenblüten → Wollblumen

Kohlenstoff (C) chemisches Element; Kohlenstoffverbindungen bilden die molekulare Grundlage des Lebens auf der Erde. Alle Lebewesen sind aus Kohlenstoffmolekülen aufgebaut.

Kollagen Eiweiß des Bindegewebes, Bestandteil der Knochen, Muskeln und Knorpel

Kompakta äußere, dichte und stabile Schicht des Knochens

Komplexbildner anorganische und organische Verbindungen die Metallionen binden können

Kompression zusammengedrückt, verdichtet, z. B. Gewebe

Kontraindikation Gegenanzeige

Kontrazeptiva Schwangerschaft verhütendes Mittel

Konservierungsmittel antimikrobielle Stoffe zur Verminderung von Mikroorganismen, so dass z. B. Lebensmittel oder kosmetische Mittel nicht so schnell verderben

Korneozyten kernlose tote Hornzellen, aus denen die äußersten Schichten der Oberhaut sowie Haare und Nägel aufgebaut sind

Krampfadern knotige Erweiterungen der oberflächlichen Venen, z. B. durch langes Stehen oder Sitzen

Kulturpflanzen   gezüchtete Pflanzen, die als Nutzpflanzen oder Zierpflanzen angebaut werden

Kunstdünnger   → Düngemittel, mineralische

Lauge   alkalische Lösung

Laxans   mildes Abführmittel

Laxantien   Mittel gegen Verstopfung, milde Abführmittel

Leberzirrhose („Schrumpfleber") irreversibles Endstadium einer chronischen Lebererkrankung, z. B. aufgrund Alkoholmissbrauchs

Leguminosen   Hülsenfrüchte wie die Erbse und die Sojabohne sind in der Lage, mit Hilfe bestimmter Bodenbakterien Stickstoff aus der Bodenluft in Knöllchen an den Wurzeln zu binden. Er dient der Versorgung der Pflanze und so der Bildung von eiweißreichen Samen (Erbsen, Sojabohnen etc.). L. werden auch zur **Gründüngung** eingesetzt. Dabei sät man die Pflanzen an Orten aus, die gerade nicht gärtnerisch genutzt werden. Die Pflanzen wachsen schnell heran. Will man das Beet nutzen, so arbeitet man die Pflanzen oft kurz vor der Blüte direkt in den Boden ein. Die Pflanzen verrotten innerhalb weniger Wochen im Boden vollständig und geben in dieser Zeit langsam Nährstoffe (u. a. organisch gebundenen Stickstoff) an die nachfolgenden Kulturpflanzen ab.

Lektine, Lectine   Proteine, die u. a. in der Lage sind, die Zellteilung und das Immunsystem zu beeinflussen und die Funktion der Ribosomen (Orte der Eiweißsynthese) in den Zellen zu stoppen

Lichtschutzfilter (LSF)   werden unterschieden in physikalische und chemische Filter. Sie filtern das Sonnenlicht und schützen so die Haut vor der schädlichen Strahlung. Gemeinsam mit der Eigenschutzzeit kann die Gesamtschutzzeit der Haut bestimmt werden.

Lichtschwiele   Verdickung der Haut als Reaktion auf ultraviolette Strahlung

Liposome   oberflächenaktive Stoffe, die kugelförmig angeordnet sind. Sie können Wirkstoffe transportieren, z. B. bei Sonnenschutzprodukten.

lokal   örtlich; lokale Anwendung, d. h., Mittel wird nur an der Stelle am Körper angewendet, an der es wirken soll

LSF   Lichtschutzfaktor von Sonnenschutzmitteln

Lymphe (gr. Wasser)   klare bis gelbliche Flüssigkeit im Lymphgefäßsystem, die zusammen mit dem Blutgefäßsystem für den Transport und auch für die Versorgung der Zellen zuständig ist

Lymphozyten   weiße Blutkörperchen und Bestandteile der Immunabwehr im Körper

Makrophagen   Fresszellen, die den Körper von Fremdstoffen befreien

Mazerat   Kaltauszug; Kaltwasserauszug, bei der Drogenextrakt durch Übergießen der Droge mit kaltem Wasser entsteht

Melanin   Farbstoff in der Haut, der diese vor den schädlichen Eigenschaften des Sonnenlichtes schützt

Melanocyten   Pigmentzellen der Haut

Menthol   Hauptkomponente des in Pfefferminzblättern enthaltenen ätherischen Öls mit blähungstreibender und krampflösender Wirkung. Zusätzlich bewirkt es eine Erhöhung der Gallenproduktion. Bei äußerlicher Anwendung übt es einen Kältereiz auf die Haut aus und wirkt so schmerzlindernd.

Meerrettichwurzel (Armoraciae rusticanae radix) Wurzel(stücke) dieser Droge enthalten Senföl(derivate). Anwendung innerlich und äußerlich bei Katarren der Luftwege. Zur Unterstützung der Therapie bei Harnwegsinfektionen. Äußerlich bei leichten Muskelschmerzen (Förderung der Durchblutung).

Merkelzellen   Rezeptoren in der Oberhaut, die Tastempfindungen wahrnehmen

Meteorismus   Blähungen

Mikroorganismen   Kleinstlebewesen wie Bakterien, Pilze, Amöben. Auch als Keime bezeichnet. Viren werden häufig dazu gezählt, obwohl sie nicht zu den Lebewesen zählen.

Monokultur   auf z. B. Feldern wird nur eine Kulturpflanzenart angebaut. Der Vorteil dieser Anbauart ist eine rationalere Bearbeitungsmöglichkeit, die Nachteile sind, dass die Flächen extrem artenarm sind und dem Boden einseitig Nährstoffe entzogen werden.

Mucilaginosum   Schleimmittel/schleimlösendes Mittel

Mykose   Infektion durch Pilze

Natron   Natriumhydrogencarbonat

Natriumhydrogencarbonat   Natron

Natriumsulfid   schwach saures Salz des Schwefelwasserstoffs, wird in Kosmetika als Antioxidans eingesetzt

Naturpyrethrum   Insektizid, das aus Chrysanthemenarten gewonnen wird. Es wird durch Sonnenlicht sehr schnell abgebaut und damit unschädlich gemacht.

Neuron   Nervenzelle

Nephron   Untereinheit der Niere, hier wird der Harn produziert

Nervensystem

willkürlich   steuert alle beeinflussbaren Vorgänge im Körper

unwillkürlich   steuert alle nicht beeinflussbaren Vorgänge im Körper

Netzmittel   ermöglicht eine bessere Verteilbarkeit von Stoffen weil, sie die Oberflächenspannung herabsetzen

Obstipation Verstopfung
Ödeme krankhafte Wasseransammlungen im Gewebe
Östrogene weibliche Geschlechtshormone
Organische Stoffe Kohlenstoffverbindungen, die hauptsächlich in lebenden Organismen vorkommen, z. B. Pflanzen nutzen sie für den Aufbau der Zellen
Orthosiphonblätter Droge mit diuretischer Wirkung, wird auch in Kombinationspräparaten mit Birkenblättern und Wacholderbeeren bei bakteriellen und entzündlichen Erkrankungen der ableitenden Harnwege und bei Nierengrieß zur Durchspülungstherapie verwendet
Osmose beschreibt eine Diffusion durch eine semipermeable (halbdurchlässige) Membran
osmotischer Druck Druck eines Lösungsmittels, der infolge der Osmose den Durchtritt der gelösten Teilchen durch eine semipermeable Membran antreibt
Osteoporose Knochenschwund durch zumeist altersbedingte Abnahme der Knochendichte
Oxidation chemische Reaktion, bei der ein oxidierender Stoff Elektronen abgibt
Panthenol (Dexpanthenol) chemische Verbindung aus der Vitamin-B-Gruppe mit pflegenden, juckreizlindernden und entzündungshemmenden Eigenschaften für die Haut
Parasit Organismus, der einen anderen Organismus (Wirt) schädigt, ohne ihn zu töten z. B. Zecke
Parodontitis Entzündung des Zahnhalteapparates (Parodontium)
Parodontose entzündungsfreier Zahnbettschwund
Passionsblumenkraut (Passiflorae herba) wird auch in Kombination mit Hopfenzapfen und Baldrianwurzel bei nervösen Unruhezuständen, Reizbarkeit, Einschlafstörungen angewendet. Wirkungen: beruhigend, angstlösend, Sedativum.
PECH-Regel wird bei Verstauchungen, Prellungen etc. angewendet. P = Pause, E = Eis, C = Compression H = hochlegen
Peloidbäder Moor, Fango oder Heilerdebäder
Peristaltik wellenförmige Darmbewegung, nicht willentlich beeinflussbar
pH-Wert negativer, dekadischer Logarithmus der Wasserstoffionenkonzentration, beschreibt ein Maß für eine saure oder alkalische Reaktion einer wässrigen Lösung. Der pH-Wert reicht von 1 sauer über 7 neutral bis 14 alkalisch. Der pH-Wert der Haut liegt bei 5,5, die Magensäure hat etwa einen pH-Wert von 2.
Pigmente farbgebende Substanzen, Hautfärbung
Pilzspore → Spore
Plaque Zahnbelag aus Speichel, Nahrungsresten, Bakterien und Stoffwechselprodukten der Bakterien

pränatal vor der Geburt
Prostata Vorsteherdrüse, Teil der inneren Geschlechtsorgane beim Mann
Pyrethrum → Naturpyrethrum
Q10 Radikalfänger, in Sonnenschutzprodukten und Kosmetik (Alterungsprozess)
Rachitis ist eine Erkrankung des noch wachsenden Knochens, bedingt durch eine gestörte Mineralisierung
Radikale, freie Radikale → Anthocyane.
Ratanhiawurzel wird, i. d. R. in Form einer Tinktur, bei leichten Entzündungen im Mund- und Rachenraum verwendet, auch in Mundpflegemitteln und Zahnpasten. In der Volksmedizin auch bei Akne, Frostbeulen und Verbrennungen.
RAW Rohdatenformat in der digitalen Fotografie
RDA (Recommended Daily Allowances) empfohlene Menge eines Stoffes die pro Tag eingenommen werden sollte, z. B. Vitamin C, Eisen
reflektorisch durch einen Reflex bedingter Vorgang
Regeneration Neuentstehung, Wiederherstellung, Heilung z. B. von Zellen oder Geweben bei einer Verletzung
Rekonvaleszens Zeit der Genesung („Gesundwerdung") nach einer Erkrankung
resorbieren aufnehmen, „aufsaugen"
Resorption Aufsaugen, Aufnehmen, z. B. Cremes in die Haut
Rhinitis Schnupfen
Rhinophym „rote Knollnase", Symptom bei ausgeprägter Rosacea. Kommt nur bei Männern vor
Roborans Mittel zur Kräftigung
Sägepalmenfrüchte der Extrakt daraus wird (auch in Kombination mit Kürbissamen) zur Behandlung von Beschwerden der Prostataverößerung verwendet (Blasenentleerung wird behindert, daraus folgt oft ein häufiger Harndrang).
Säureschutzmantel → Hydrolipidfilm
Salizylsäure Inhaltsstoff der Weidenrinde; Wirkstoff z. B. in Fußpflegeprodukten zur Hornhautaufweichung, z. B. bei Hyperkeratosen oder Hühneraugen
Saponine (von sapo = Seife) verbessern die Resorption von Wirkstoffen durch die Haut, wirken reizend auf Schleimhäute und regen die Drüsensekretion an
Sauerstoff (O) häufigstes Element auf der Erde
Schleimstoffe quellen in Verbindung mit Wasser, überziehen entzündetes, krankes Gewebe wie die Schleimhäute und stellen so eine effektiven Schutz vor einem weiteren Eindringen von infektauslösenden Erregern dar. Sie neutralisieren zudem Säuren
Schrunden Risse in der übermäßig dicken Hornhaut

Sedativum Beruhigungsmittel

Sekret (von lat. secernere = absondern) vom Drüsenepithel produzierter und abgesonderter Stoff z. B. Schweiß

Sekretion Absonderung von Sekreten durch entsprechende Drüsen (in bestimmten Organen), z. B. Sekretion von Magensäure im Magen

Sekretolytikum Mittel, das die Schleimentfernung aus den oberen Luftwegen fördert

sekundäre Pflanzenstoffe (SPS) nur in Pflanzen gebildete Stoffe, die in erster Linie dem Schutz der Pflanze dienen. Von vielen ist mittlerweile bewiesen, dass sie – über Obst und Gemüse aufgenommen – auch im menschlichen Körper positive Wirkungen zeigen, wie das Steigern der Abwehrkräfte, Schutz vor Infektionen mit Bakterien, Pilzen oder Viren, die Senkung des Cholesterinspiegel, einen positiven Einfluss auf die Blutzuckerwerte und den Blutdruck.

Selektiv wirkendes Präparat Pflanzenschutzmittel, das nur gegen einen oder wenige Schädlinge wirkt. Selektive Insektizide schonen oft Nützlinge.

Serotonin ist ein Botenstoff im Gehirn, der den Informationsaustausch zwischen den Gehirnzellen ermöglicht. Ein Mangel an Serotonin verursacht eine Depressionserkrankung.

Sesquiterpenlactone SPS haben in der Pflanze eine Abwehrfunktion gegenüber Fraßfeinden. Als Wirkstoffe in Arzneien haben sie z. B. entzündungshemmende Eigenschaften.

Sennesblätter, Sennesfrüchte Laxans. Die Droge wird in Form von Dragees, Tabletten, Granulat, Tropfen und seltener als Tee bei Obstipation und immer dann, wenn ein weicher Stuhl vorteilhaft ist (z. B. Hämorrhoiden), verwendet.

Simeticon Mittel gegen übermäßige Gasbildung (Blähungen) im Magen-Darm-Trakt

SPS Sekundäre Pflanzenstoffe

Spasmolyticum krampflösendes Mittel

Spongiosa schwammartige Knochensubstanz im Inneren des Knochens. Sie besteht aus einem Netz aus kleinen Knochenbälkchen, die dem Knochen eine hohe Stabilität bei gleichzeitig geringem Gewicht verleihen.

Spore Entwicklungsstadium im Leben eines Organismus, z. B. bei Pilzen

steril keimfrei

Stomachikum, Stomachika Mittel gegen Magenbeschwerden, regt Appetit und Verdauung an

Substituierung Ersatz oder zusätzliche Zugabe von Stoffen, die der Körper nicht selbst herstellen kann oder ihm in nicht ausreichender Menge zur Verfügung stehen

Symbiose Zusammenleben zweier unterschiedlicher Arten, welche für beide Arten von Vorteil ist

Synapse Verbindung zweier Nervenzellen, über die ein Reiz übertragen werden kann

Synovia Gelenkschmiere; enthält Wasser, Eiweiße, Hyaluronsäure

Talkum Mineral; wird Produkten beigemischt, um ihnen wasserabweisende Eigenschaften zu verleihen

Taurin bei Menschen und Tieren vorkommendes Abbauprodukt bestimmter Aminosäuren, eine Aminosulfonsäure

Telogenphase letzte Haarwachstumsphase, in der das Haar sich langsam aus dem Haarfollikel löst und schließlich ausfällt, dauert ca. zwei bis vier Monate

Testosteron männliches Geschlechtshormon

Therapie Behandlung

Thioglycolsäure (Mercaptoessigsäure) farblose, unangenehm riechende Säure, die aufgrund ihrer stark keratolytischen Wirkung Dauerwell- und Enthaarungsprodukten zugefügt wird

Thrombus Blutpfropf (z. B. Blutgerinsel)

Thujon (auch Absinthol) Nervengift; enthalten in Wermut, Thymian, Salbei, Rosmarin

tiff Tagged Image File Format; Speicherformat von Bildscans

Titanoxid ungiftiges weißes Pulver mit hohem Aufhell- und Deckvermögen, das als physikalischer Lichtschutzfilter in Sonnenschutzmitteln enthalten ist, bildet auch die Pudergrundlage für verschiedene Kosmetikprodukte, wie z. B. Make-up, Zahnpasta

Toluol Kohlenwasserstoff, der als Lösungsmittel eingesetzt wird

Tonicum allgemein kräftigendes Mittel

Tonus Muskelspannung

Topinambur Nutzpflanze aus der Familie der Korbblüter

Toxisch giftig

Toxizität Giftigkeit, z. B. eines Stoffes, einer Pflanze, eines Tieres. Von akuter T. spricht man in der Regel, wenn die Symptome der Giftwirkung innerhalb von 14 Tagen eintreten.

Transmitter chemische Botenstoffe, die Signale an einer Synapse übermitteln und so die Fortleitung von Nervenreizen z. B. zum Gehirn ermöglichen

Trägerstoffe Substanzen, die andere Stoffe anlagern und diese so „tragen"

TSS Toxisches Schocksyndrom ernst zu nehmende toxische Erkrankung die durch Toxine eines Bakteriums verursacht wird und vermehrt bei Frauen während der Menstruation auftritt

Turgor Innendruck der Zelle; Hautturgor = Spannungszustand der Haut

Schlagfalle Mechanismus zum Fangen von Nagern (Mäuse, Ratten)

Substituierung Ersatz von Stoffen, die verloren gegangen sind oder die vom Menschen nicht selbst produziert werden können

Umami neben dem Geschmackssinn für süß, sauer, salzig und bitter ein weiterer Geschmackssinn, der besonders proteinreiche Produkte anzeigt. Die Geschmacksempfindung beruht auf der Glutaminsäure, deren Salze als Glutamate bezeichnet werden.

Urea Harnstoff

UV-Bestrahlung (Ultraviolette Strahlung) eine Art der Strahlung, die von der Sonne abgegeben wird. Man unterscheidet UV-A, -B, -C-Strahlen.

Valerensäuren Bestandteil des Wirkstoffkomplexes der Baldrianwurzel; entstehen aus den Valepotriaten, die lange Zeit als wirksamkeitsbestimmend in der Droge galten. Sie kommen aber in Drogentees und -extrakten nicht vor. Bis heute ist eine eindeutige, wissenschaftlich belegte Aussage zu wirksamen Einzelsubstanzen in der Droge nicht möglich. Die beruhigende Wirkung der Droge ist aber durch viele Studien belegt.

virustatisch hemmt die Ausbreitung von Viren

Vaselin Grundlage von verschiedenen Salben

Venen Blutgefäße, die zum Herz führen

Vomicum Brechmittel

Wasserstoffperoxid flüssige, leicht saure Verbindung aus Wasserstoff und Sauerstoff, die aufgrund ihrer stark oxidativen Wirkung als Bleichmittel eingesetzt wird

willentlich bewusst steuerbar (z. B. Muskulatur)

Zelluloid Kunststoff aus Cellulose und Campher, leicht schmelzbar und formbar, wurde als Filmmaterial verwendet

Zinkoxid Mittel in verschiednen Wundheilungscremes; haben eine antiseptische Wirkung

Zitronensäure Fruchtsäure, die häufig in drogistischen Produkten verwendet wird. Gehört zu den AHA und wirkt in höherer Dosierung keratolytisch

Stichwortverzeichnis

ABCD-Regel 127
Abflussreiniger 423
Abführmittel 75, 333
Abkochung 320
Abrasiva 151, 160, 167, 369
abrasive Peelings 159f, 165
Absinthii herba 364
Absinthin 364
Abtrift 464, 466, 468
Ackerrandstreifen 468
Adipositas 283
Adsorbtion 73
adsorbtive Peeling 159, 165
adstringierend 195
Aetherolea 322
After-shave-Produkte 188
After-sun-Produkte 182
AHA 146, 161, 166f, 185
Akarizide 455
Akne vulgaris 128, 166
Akne 148
Aknehaut 162
Aktivator 376
Aktivsauerstoff 375
Alaun 188
Alaun 208
Älchen 447
Aldehyd 374
Algizide 456
Alkalien 369f
Alkalisalz 150
alkalische Reiniger 408
Alkalisierungsmittel 228f
Alkohol 134f, 166, 328, 372f
Alleinfutter, Katzen 499
Alleinfuttersorten 495
Allergene 131
Allergie 60, 140, 130
allergieauslösend 385
Allgemeine Sachkunde 15
Allii sativi bulbus 349
Allzweckcreme 171
Allzweckreiniger 408, 410
Altersflecke 170, 174
Altershaut 157, 170f
Altersherz 363, 365
Althaeae radix 333, 339
Aluminiumsilicat 160
Amara 329
Amarum 346, 364
Ameisen 473
Aminosäure 67ff, 122, 258f
Aminosäuren, essenzielle 258
Ammoniumverbindungen, quartäre 374
amphiphil 383
Amphotenside 374
amphotere Tenside 383ff

Amylase 66, 377
Amylose 251
Anagenphase 123
analoge Kamera 481f
Anämie 51, 262, 265
Anethol 335f
Anfangsmilch „1" 273
Angst 347
Angstzustände 365
anionische Tenside 383ff
Anisfrüchte 332, 336
Anisi fructus 336
Anisöl 336
anorganische (polare)
  Lösungsmittel 380f
Antacida 70
Anti-Aging-Wirkstoffe 171
Antibecshlageffekt 422
Antidot 353
antimikrobiell 373
antimikrobielle Wirkstoffe 425
Antioxidans 140, 262
Antiphlogisticum 353
Anti-Reflux-Nahrung 275f
Antispasmodikum 349
Antitranspirant 194ff
Antitussivum 353, 360
antiviral 30
Anwenderschutz 462
Apfelsäure 161
apothekenpflichtige Arzneimittel 335
appetitanregend 329
Appetitlosigkeit 342, 346
Appreturen 403ff
Aprikosenkernmehl 151
Aprikosenkernmehl 160
APS-Film 481
APS-Kamera 481
Arganöl 144
Arnicae flos 336
Arnikablüten 336
Artensterben 19
Arterien 44f, 48, 67, 77
Arterienverkalkung 349
Arteriosklerose 45, 47f, 365
Arthritis 34ff
Arthrose 34, 365
Artischockenblätter 329, 337
Arzneimittel 320
Arzneimittel, apothekenpflichtige 335
Arzneimittel, freiverkäufliche 335
Arzneimittel, rezeptpflichtige 335
ASA-Grade 485
Ascorbinsäure 148, 262
ätherische Öle 328, 374f
Atemstillstand, reflektorischer 348
Atemwege, obere 57
Atemwege, untere 57

Atemwegsentzündungen 339
Atmungsorgane 57
Atmungsprozess 58
Atmungssystem 57
ATP 38f, 58
Aufheller, optischer 382
Auflage 320, 324
Augenbrauen 240
Augenbrauenstift 232, 234, 240
Augen-Make-up, wasserfestes 158
Augenpads 158
Augenpartie, Pflege der 158f
Australischer Standard 178
auswurffördernde Wirkung 342
Auszugsmittel 321
Autofokus 479
Autofokus-System 481
Avivagen 403
Avocadoöl 157, 181

B.A.R.F. 498
Babyhaut 191
Babypflege 192ff
Babyseife 151
Babywindeln 25
Backofenreiniger 416, 427
Bad-, WC-Reiniger 420
Badeschwämme 154f
Badezusätze 153f
Bakterien 59, 121f, 195, 444
Bakterienzellen 30
Baldrian 54
Ballaststoffe 65, 254
Bandapparat 31
Bänder 32, 36
Bärentraubenblätter 321, 337
Basalmembran 115
Basalzellen 117
Basisnote 200
Basispflege 149
Bauchspeicheldrüse 65, 67, 69
Baumwolle 395
Begrenzungsfaktoren, natürliche 450
Beikost 276ff
Beinvenenerkrankung 357
Belichtungsintensität 480
Belichtungszeiten 478f
Benetzungsvermögen 384
Beruhigungsmittel 53, 350
Beschwerden, dyseptische 337, 340, 352f, 361, 365
Beta-Carotin 143, 182
Betulae folium 338
Bewegungsapparat 31
Bewegungsunschärfe 478
Bienen 466
Bienengefährdung 462
bienengefährliche Pflanzenschutzmittel 467

Bienenschutz 465ff
Bienenschutzverordnung 466
Bienenstände 466
Bienenwachs 159
Bienenwachs, Kerzen 435ff
Bildebene 479
Bilderbestellung, analog 491
Bilderbestellung, digital 491
Bildpunkt 486
Bildqualität 487
Bildsensoren 486
Binde- und Stützgewebe 29
Biolebensmittel 23
Biologische Wertigkeit 259
Biotin 263
biozid 373
Biozide 473f
Biozid-Produkte 474
Biozid-Verordnung 473
Biozid-Wirkstoffe 474
Birkenblätter 338
Bisabolol 171, 185, 348
Bittermittel 340, 361
Bitterstoffe 329, 337, 340, 344, 346, 352, 364
Blähungen 70, 73f, 349, 355, 362
Blasen 99
Blasenentzündung 79, 365
Blasenschwäche 80
Blattherbizide 461
Blattlaus 446f, 458
Bleaching 93
Bleichmittel 375
Bleichmittel, flüssig 399
Bleichmittelstabilisatoren 376
Blende 479f
Blendenautomatik 489
Blendenöffnungen 478ff, 480
Blitzgeräte 489
Blondieren 228ff
Blondierungsmittel 226
Blut 45, 55, 68, 103
Blutarmut 51
Blutdruck 45, 47f
Blutdruckmessung 45
Bluterguss 36, 43
Blutfett 48, 257
Blutgefäße 47
Blutgerinnsel 48
Blutgerinnung 103, 262
Bluthochdruck 349
Blutkörperchen 46, 51
Blutkreislauf 114
Blutplasma 46
Blutplättchen 46
Blutreinigung 352, 362, 364
Blutzellen 46
Bodenbeschaffenheit 442, 450
Bodenherbizide 461
Bodenprobe 442
Bodenreiniger 426ff

Body-Maß-Index (BMI) 283
Bohnerwachs 427
Borelien 30
Botox 144
Brandwunden 356
Brechkraft 479
Brennesselblätter 338
Brennweite 479
Bridgekamera 484
Brillanz, Haarfarbe 227
Bronchialerkrankungen 339
Bronchien 57, 59
Bronchitis 336, 342, 364
Broteinheit (BE) 286
Bügelwasser 406
Builder 380
Bürsten 156, 223

Calendulae flos 356
Califerol 262
Camera obscura 477
Camouflage 127, 239
Campher, Camphora 348
Capsacaine 312
Capsaicin 35, 42, 326
Carminativa 70, 74
Carvi fructus 349
Cayennepfeffer 332
CCD-Flächensensor 486
Cellulite 120
Cellulose 251
Centaurii herba 361
Ceramide 116, 147, 171
Cerealien 292
Chamazulen 348
Chlorhexidin 91
Chlorophyll 251
Chloroplasten 28
Cholagoga 329
Cholekinetika 329
Cholesterin 48, 144, 256f
Cleansing Milk 152
Cobalamine 262
Coenzyme 261
Coffein 143
Colorwaschmittel 400
Concealer 235
Corium 117f
Couperose 128, 160
Crataegi folium 363
Creme 134ff, 326f
Cucurbitae semen 350
Cutis 112
Cyclodextrin 405
Cynarae folium 329, 337

Darm 332
Darmbakterien 68, 79f
Darmpassage 254
Darmperistaltik 74f, 332, 351
Darmzotten 67

Darreichungsformen 335
Dateiformat, jpg 487
Dateiformat, RAW 487
Dauerkontraktion 39
Dauerwelle 219, 221f
Deckkraft 224, 227
Decklack 210
Dehnungsstreifen 191
Deklarationspflicht 133
Dekokt 320
Deodorant 194ff
Deoseife 151
Depotfett 253, 255
depressive Verstimmung 347, 365
Derivate 379
Dermis 117f
Desinfektion 375
Desinfektionsmittel 373, 425
Desinfektionsreiniger 423
Destillation 199
Detergentien 383
Dexpanthenol 61
DGE 269
DHA, Dihydroxyaceton 182
Diabetes mellitus 101, 254, 284ff
diabetischer Fuß 101
diastolisch 45
Dickdarm 68f
Dickmaulrüssler 446
Diethyltoluamid DEET 472
Diffusion 58
Digestiv 329
Digestiva Amara 70
digitale Kamera 482f
DIN 485
Dioglycolsäure 230
Dispergierwirkung 390
Disulfidbrücken 219
Diuretika 56, 338
DNS 175f
Dosierung, Waschmittel 396
Dosierungen, Drogen 335
Dragees 322
Dreimonatskolik 73
Droge 319ff
Drogenauszüge 325
Drogenextrakte 321
Drogen-Extrakt-Verhältnis (DEV) 321
Drüsenzellen 66
Duftaufbau 200
Duftdrüsen 121
Duftfamilien 200f
Duftgewinnungsverfahren 199
Duftstoffe 140, 196ff, 199, 376
Duftstoffgemische 376
Düngemittel 454
Düngung, organische 443
dunkelhäutig 177
Dünndarm 65, 67, 69
Durchfall 70, 73, 332
Durchfallerkrankung 343

Durchspülungstherapie 359
Duschgel 153
Duschöl 153
Duschreiniger 421f
Duschzusätze 153
dyseptische Beschwerden 337, 340, 352f, 361, 365

Edelstahlreiniger 418
Efeublätter 339
Effluresenzen 125f
Eibischwurzel 333, 339
Eichenrinde 325, 331, 340
Eigenschutzzeit 177, 179
Einreibemittel 60
Einschlafhilfe 350
Einschlafschwierigkeiten 354
Einschlafstörung 350
Einwegkamera 482
Einzelzulassung 334
Eisenaufnahme 260
Eisenaufnahme 262
Eisenmangel 51
Eiweiße 69
Eiweißlieferanten 259
Eiweißlieferanten 259
Ekzeme 340, 359
Elastin 118, 146
Emulgatoren 135f
Emulsionen 122, 135ff
Endharn 78
endoplasmatisches Retikulum 28
Energieaufnahme 250
Energiebedarf 270
Energiebilanz 250
Energieeinsparungsmaßnahmen 20
Enfleurage 199
Entfärber 407
Enthaarungscreme 230
Enthärter 380
Entkalker 420
Entzündungen im Magen-Darm-Bereich 360
Entzündungen im Mund- und Rachenraum 358
Entzündungen 343
Enzianwurzel 329, 340
Enzyme 65, 159, 162, 167, 170f, 195, 264, 377
Enzympeeling 162
Epilation 231
Epithelgewebe 29
Erkältung 58f
Erkältungsbeschwerden 348
Erkältungskrankheiten 341, 344, 365
Ernährung 249ff
-, gesunde 269
-; Hunde 495
-, Nager 501
-, Schwangerschaft 270
-, vegane 289

-, vegetarisch 289f
-, Vögel 502
Ernährungsplan 276
Erschöpfungszustand 343, 347
essenziell 255, 257f
Ethanol 372f
Eucalypti folium 341
Eukalyptusblätter 325, 341
Eumelanin 176, 229
Eustachische Röhre 60
Exporanzien 332
Expression 199
Extraktion 199
Eye Shadow 240
Eyeliner 234, 241

Fadenwürmer 447, 456
Familienkost 277
Färbevorgang 228
Farbmittel 377
Farbstoffe 141, 234f, 377ff
Farbtypen 234
Farbübertragungsinhibitoren 386
Farbvorstufen 228
Farfarae folium 345
Faulbaumrinde 331
Feinwaschmittel 400
Fenchelfrüchte 342
Fermente 162
Fertigarzneimittel 334f
Fette 137ff, 142, 191, 193, 255
-, mineralische 379
-, natürliche 379
Fettgewebe 260
Fettlöser 416
Fettsäuren 255ff, 258
Fettsäurezusammensetzung 256
Fettverdauung 69, 256, 329
Fettzellen 120
Feuchthaltefaktoren 145
Feuchthaltemittel 150ff
Feuchtigkeitscreme 157
Fibroblasten 118
Filmbildner 220
Filme, Lagerung 486
Filmentwicklung, analog 491
Fingerhut-Arten 331
Fischölkapseln 257
Fixateur 200
Flaschenernährung 272
Flavonoide 54, 81, 330, 338, 347
Flechten 346
Fleckensalz 399, 406
Fleckentferner 406f, 428
Fleckentfernung 407
Fliegen 471
Fliegenspray 471
Flohsamenschalen 76
Fluidextrakte 321
Fluoride 88f
Flüssigkeitsbedarf 267

Foeniculi fructus 342
Fokussierungsebene 479
Folgenahrungen „2" und „3" 273
Follikel 106
Folsäure 262
Formspüler 405
Fotobuch 492
Fotoentwicklung 490
Fotofehler 492
Fotografie, physikalische Grundlagen 478f
Foundation 236
Franzbranntwein 40
Frauenhaut 184
Freie Radikale 143, 145, 148, 164, 176
Freiflächen 468
freiverkäufliche Arzneimittel 335
Frischpflanzenpresssaft 359
Frischpflanzensaft 359
Fruchtfliegen 472
Fruchtsäuren 146, 161, 217
Fruktose 252
Functional Food 315
Fungizide 460
Funktionelle Lebensmittel 315
Fuß 95ff
-, Aufbau 95
-, diabetischer 101
-, Fehlstellungen 96
-, Hornhaut 96
-, Längsgewölbe 95
-, Quergewölbe 95
Fußbad 100f
Fußdeodorant 100
Fußnägel, Pflege 210f
Fußpflege, Produkte 102
Fußpilz 99

Galangae rhizoma 342
Galantwurzelstock 342
Galle 65, 67, 69, 76
Gallemittel 329
Gallenbeschwerden 366
Gallenfunktionsstörung 337
Gallenkoliken 342
Gallensekretion 329, 352
Gallseife 399, 406
Gardinenwaschmittel 401
Gebiss 82f
Gebrauchsanweisung, PSM 460, 462, 464
Gegenlicht 492
Gehirn 52
Gel 151, 326
Gelatine 259
Gelatine 259
Gelbildner 139, 146, 152, 210,
Gelenkarthrose 361
Gelenke 32
-, Arten 32
-, echte 32
-, unechte 32

Gelenkerkrankungen 354
Gelenkkopf 36
Gelenkpfanne 36
Gelenkschmiere 32f
Gentianae radix 340
Gentiopikrin 340
Gerbstoffe 330, 340
Geruchsabsorber 379
Geruchsbinder 195
Geruchsnerven 197
Gerüststoffe 254, 380
Geschirreinigung 412
Gewebe 29
-, Epithel- 29
-, Muskel- 29, 37
-, Nerven- 29,
Gewebewassersucht 56
Gewichtsabnahme 250
Gicht 338
Gingvia 83, 85
Gingvititis 85
Ginseng radix 342
Ginsengwurzel 342
Glaskeramikreiniger 417
Glaskorrosion 415
Glaskorrosionsstein 414
Glasreiniger 422
glatte Muskulatur 37
Glottiskrampf 355
Gluconsäure 161
Glukosamin 33
Glukose 251, 253
Gluten 293ff
glutenfrei 287
Glycerin 150, 152
Glykämischer Index 281
Glykogen 69, 251, 253
Glykoside 76, 81, 331, 337
Granulozyten 46
Grauabdeckung 228
Grippaler Infekt 58f
Grippe 59
Grundieren 234, 236, 238f
Grundierung, Inhaltsstoffe 237
Grundumsatz 250
Gurgellösung 362

H1N1 59
Haar 121ff
-, Aufbau 121, 123, 212
-, Reinigungsprodukte 216
-, Wachstmszyklus 123
Haararten 123
Haarausfall, Arten 213
Haarcoloration 223ff, 226
Haardicken 212
Haarentfernung 213
Haarfarbe 213ff
Haarfärbung 224ff
-, oxidativ 224

-, permanent 224, 226
-, semipermanent 224
-, temporär 224
Haarfollikel 120, 122ff, 231
Haarkuren 218
Haarshampoos 215
Haartypen 214
Haarumformung 219
Haarverlängerung, Arten 232
Haarzustand 214
Haarzyklus 123f
Haftcreme 93
Halbautomatik 489
Hallux valgus 96
Halogene 374
Halsschmerzen 60
Hämatokrit 46, 51
Hämoglobin 51, 264
Hämoglobine 46
HA-Nahrungen 274f
Händedesinfektion 62
Handgel 208
Handgeschirrspülmittel 412
Handmaske 208
Handwaschmittel 401
Harn 77, 337
Harnblase 77, 79
Harnleiter 78
Harnröhre 79
Harnstoff 55, 99, 142
Harnwege 78
Harnwege, ableitende 352
Harnwege, entzündliche
  Erkrankung der 366
Harnwegsinfektion 79
Harpagophythi radix 361
Härtegrad, Wasser 24
Hauptwirkstoffe 320
Hausstauballergie 61
Haut 112ff, 330
-, Aufbau der 112, 115ff
-, Funktionen der 113ff
-, Immunorgan 114
-, Immunsystem 115, 130
-, Pflege 112
-, reife 162
-, Schutz 113f
-, -schutz, -pflege 156f
-, sensible 162
-, Stärkung 156
-, Tastorgane 119
Hautalterung 143, 174
Hautbeurteilung 172f
Hautbräunung 174, 177
Hautentzündung 265, 356, 360
Hauterkrankungen 126ff, 340
Hauttönung 236
Hautveränderungen 126ff
Hautzustand 112, 164ff, 191, 236
-, Einflussfaktoren 164

-, fettiger 166f
-, normaler 165
-, sensibler 169
-, trockener 167f
-, typischer 164ff
Hederae folium 339
Heidelbeerfrüchte 343
Heilerde 73
Heilnahrungen 274f
heilwirksame Substanzen 319
Heimtiernahrung 495
Heiserkeit 60, 63, 345
hellhäutig 177
Hemmstoffe 454
Henna 225
Herbizide 225
Herbizide 455, 460
Herdplattenreiniger 417
Herz 44
Herzbeschwerden, nervöse 363
Herzinsuffizienz 49
Herzkammer 45
Herzkrankheiten 363
Herzkranzgefäße 45
Herzmuskulatur 37
Herznote 200
herzwirksame Glykoside 331
Hippocastani semen 357
Holunderblüten 344
Holzreiniger 431
Honig 296
Honigbienen 465, 467
Hopfen 54
Hopfenzapfen 329, 344
Hormone 53
Hormonhaushalt 77
Hornschicht 114ff, 117, 144ff, 147
Hornzellen 143
Huflattichblätter 345
Hühneraugen 96, 98
Hunde, Nassfutter 496
Husten 62f, 342, 345, 355, 362, 364, 366
hustenlindernd 332
Hustenreiz 351
Hyaloronsäure 32f, 139, 142, 145f
Hydro-Lipid-Film 113, 122, 149f, 154,
  166, 185, 188
hydrophil 135
Hygieneschutzmaßnahmen 425
Hygienespüler 404
Hygienewaschmittel 404
Hygroskopizität 220
Hyperforin 54, 347
Hyperglykämie 284
Hyperici herba 347
Hypericine 54, 347
Hyperkeratose 96ff
hypertone Getränke 267
hypogene Getränke 267
Hypovitaminose 261

Icaridin 472
Igel 448
Immunabwehr, Haut 18
Imprägnierspray 428, 433
INCI 132f, 141, 235
Infektion 59
Infrarotstrahlung 175f, 378
Infus 320
Inhalation 60ff, 325
Inkontinenz 80f
Insekten 446, 452
-, Nisthilfen 469
Insektenschutznetze 454
Insektenspray 455, 471
Insektenstiche 336
Insektenvernichtungsmittel DDT 441
Insektizide 451, 455, 473
-, selektive 461
-, selektive 461
Instanttee 322
Insulinmangel 285
integrierter Pflanzenschutz 440f, 449ff
Intensivreinigung 159ff
Intensivreinigung 160
Intensivtönung 226, 228f
Inulin 251, 254
Ionenaustauscher 415
ISO 5800 485
ISO/ASA 480
Isoflavone 144
Isopropanol 372
isotone Getränke 267f
ISO-Werte 487

Johanniskraut 54, 347
Juniperi fructus 362

KAI-Regel 87
Kajal 234, 241
Kakerlaken 473
Kalilauge 149
Kalkseife 150, 152
Kaltauszug 320f
Kaltwachs 231
Kalzium 33, 38
Kamera, analoge 481f
Kamera, digitale 482
Kamille 168, 191, 225
Kamillenblüten 325, 330, 348
Kämme 223
Kampfer 348
Kaolin 160
Kapillarelastizität 330
Kapseln 322
Karies 84f, 88, 254
kariogen 298
Katarr 58, 60, 339, 345, 348, 355, 360, 362
kationische Tenside 383ff
Katzen, Alleinfutter 499
Katzen, Ernährung 499

Katzen, Nassfutter 500
Katzen, Snaks 500
Katzen, Trockennahrung 500
Kehlkopf 57
keltisch 177
Keratin 124, 219
Keratinisierung 115
Keratinozyten 176
Keratolyse 97
keratolytisch 145f
Keratonozyten 117
Kernseife 151
Kerzen, Bienenwachs 435ff
Kerzen, Paraffin 435ff
Kerzen, Stearin 435ff
Kerzenrohstoffe 435
Keuchhusten 339, 362
Kieselerde 160
Kilojoule 250
Kilokalorie 250
Klarlack 210
Klarspüler 413ff
Klebereiweiß 293
Kleinbildkamera 481
Klimawandel 19
Knoblauchzwiebel 349
Knochen 31ff, 33
Knochen, Aufbau 31
Knochendichte 33f
Knochengewebe 31
Knochenschwund 33
Knochensubstanz 31
Knorpel 32f
Knorpelgewebe 31
Köder 468
Ködermittel 457
Kohlenhydrate 69, 253
Kokken 30
Kokosöl 150
Kolibakterien 30
Kollagen 146, 330
Kollagenfasern 118f
Komedonen 127ff
Komplexbildner 380
Kompresse 324
Konditionierungsmittel 215, 217
Kondom 109
Konkurrenzpflanzen 445
Konservierungsmittel 373
Kontaktmittel 460
Kopfhaare 122
Kopfnote 200
Kopfschmerzen 363
Korneozyten 116
Körnerzellenschicht 115
Koronargefäße 45
Körperhaare 122
Körperlotion 158
Körpermaske 163
Korrosionsinhibitoren 386
Kosmetik, dekorative 232ff

Kosmetik, Geschichte 111
Kosmetika, Inhaltsstoffe 132ff
Krampf 39
Krampfadern 100, 357
Krebstherapie 354
Kreislauf, Herz- 45
Kreislauf, Lungen- 45
Küchenreiniger 416
Kulturpflanzen 447
Kümmelfrüchte 349
Kunststoffreiniger 429f
Kürbissamen 350
KVO 140

Lagerung von Pflanzen-
 schutzmitteln 461f
Lakritze 360
Laktase 67
Laktat 40
Laktose 251
laktosefrei 288
Laktoseintoleranz 254
Laktoseintoleranz 74, 274, 287f
Landbau, ökologisch 23f, 440
Landbau, ökologisch/biologisch 440
Lanolin 229, 385, 394
Larven 446
Lästlinge 439, 471
Lavendelblüten 325, 350
Lavendulae flos 350
Laxans 351
Laxantien 70
L-Carnitin 282
Leave-on-Produkte 218
Lebendfallen 475
Lebensmittel- und Mehlmotten 472
Lebensmittel, diätische 249
Lebensmittelallergie 286
Lebensmittelintoleranz 286
Lebensmittelpyramide 269
Leber 65, 67, 69, 76, 260
Leberbeschwerden 366
Leberfleck 127
Leber-Galle-Tee 359
Leberschäden 353
Leberschutzwirkung 330
Leberzirrhose 353
Lecithin 257
Lederhaut 115, 117f, 119, 146
Lederpflegemittel 433
Lederreinigungsmittel 432f
Leguminosen 469
Leinen 395
Leinsamen 254, 351
Leinwände 492
Leistungsumsatz 250
Leitsubstanz 361
Lektine 354
Leuchtschicht 115f
Levistici radix 352
Lichtempfindlichkeit 485

Lichtschutzfilter 178
Lichtschwiele 113, 175, 177, 191
Lichtstärke 484
Lidschatten 234, 240
Lidstrich 232, 241
Liebstöckelwurzel 352
Lindenblüten 351
Lini semen 351
Linse 478f
Lipasen 67, 256, 377
Lipglos 244
Lipid 142
Lipide 147, 255
Lipogel 139
lipophil 135, 383
Lipoproteine (LDL) 256
Liposom 147, 180
Lippenfarbe 245
Lippenherpes 354, 366
Lippenkontur 244
Lippenpflege 159
Lippenstift 234, 244f
Liquiritiae radix 360
Lochkamera 478
Lösungsmittel 380f
Löwenzahn 329
Löwenzahnwurzel 352
LSF 127, 178ff
Luftröhre 57
Luftverschmutzung 19
Lungenbläschen 57
Lupuli strobulus (Lupuli flos) 344
Lymphe 55, 68, 99
Lymphgefäß 44, 55, 67, 117
Lymphknoten 55ff
Lymphozyten 28, 46, 56

Magen- und Darmschleimhautentzündung 346
Magen 69
Magenbeschwerden 361, 364
Magen-Darm-Bereich, Entzündungen 360
Magen-Darm-Beschwerden 336, 348
Magen-Darm-Erkrankung, entzündliche 351
Magen-Darm-Grippe 366
Magen-Darm-Tee 359
Magensaft 66, 329
Magensaftbildung 364, 340
Magensaftsekretion 329, 332
Magensäure 70, 332
Magenschleimhaut 70
-, Entzündung der 362, 355, 366
Maiglöckchen 331
Make-up 235
Makrophagen 56
Makula 126
Mallorca-Akne 180
Maltase 67
Malvae flos 353

Malvenblüten 353
Mandelkleie 151, 160
Mandelöl 157, 170, 189, 192f, 208
Maniküruzubehör 209
Männerhaut 184
Männerhaut, Pflegeprodukte 185ff
Mariendistelfrüchte 330, 353
Mascara 242
Maschinendeo 414
Maschinengeschirrspülmittel 413f
Maschinenpfleger 414, 416
Masken 162ff
Massageartikel 156
Matricariae flos 348
Maulwurf 448
Mäuse 448
Mazerat 320
Mazeration 199
mediterran 177
Meersalz 264
Meisenringe 503
Melanin 115ff, 176
Melaninbildung 191
Melanoide 182
Melanom 178
Melanozyten 115, 117, 176
Melissae folium 354
Melisse 54
Melissenblätter 325, 354
Membrantextilien 396
Mengenelemente 263ff
Menstruation 106f
Menthae piperitae folium 355
Menthol 355
Metallreinigungsmittel 418f
Metamorphose 446
Migräne 366
Mikrofasern 396
Mikrofasertücher 434
Mikrofibrillen 37
Mikroorganismen 423, 444
Milben 447
Milchbildungstee 271
Milchen 151
Milchnahrungen 273f
Milchsäure 40, 84, 145, 161
Milchzucker 76, 288
Milchzuckerunverträglichkeit 287
Millefolii herba 359
Mineralstoffbedarf 270
Mineralstoffe 282
Mineralwasser 268
Mischhaut 165, 168, 173
Mischkost 286
Mistelkraut 333, 354
Mitesser 127ff, 166
Mitochondrien 38, 58, 282
Mitochondrium 28
Mittelohr 60
Mizellen 136
Möbelpflege 429ff

Möbelpflegeöl 429ff
Möbelpolitur 429f
Molluskizide 455
Monatshygiene 106ff
Monokulturen 440
Monozyten 46
Moose 346
Mucilaginosum 339, 346, 351
Mücken 472
Mückenlampen 472
Mückenstecker 472
Mund- und Rachenraum, Entzündungen 358
Mundhöhle 82
Mundhygiene 86f
Mundspray 91f
Mundspüllösung 91
Mundspülung 358
Mundwässer 91f
Muosse 245
Muskelfaser 40
Muskelgewebe 29, 37
Muskelhartspann 41f
Muskelkater 40
Muskelkrampf 43
Muskeln, Skelett 39
Muskelpumpe 50
Muskelrheumatismus 42
Muskelschmerz 347
Muskelverhärtung 41
Muskelverspannung 41
Muskelzellen 119
Muskelzerrung 41
Muskulatur 37ff
-, glatte 37
-, Herz- 37
-, Skelett- 37
Muttermilch 271ff
Mykosen 99
Myosinfilamente 38
Myrtilli fructus siccus 343
Myzel 444

nachhaltige Entwicklung 17f
nachhaltiger Konsum 22
Nachhaltigkeit, Indikatoren 19
Nachhaltigkeitsprinzip 21
Nachtpflege 165, 167f, 170, 185
Nackensteife 41
Nacktschnecken 447f
Nägel 124f, 202ff
Nagel, Aufbau der 125, 202
Nagelbad 207
Nagelerkrankungen 203
Nagelfeilen 205
Nagelhärter 208
Nagelhautentferner 207
Nagelhautpeeling 207
Nagellacke 206
Nagellackentferner 206
Nagelpflege 204ff, 207f

Nagelschere 209
Nager 448f
-, Ernährung 501
Nagetiere 456
Nährstoffe 249
Nährstoffverteilung 255
Nahrungsergänzungsmittel 249, 262f, 315ff
Nanopartikel 147, 381
Nanoparts 147
Nanoprotekteffekt 422
Nasendusche 61, 326
Nasenöl 61
Nasensalbe 61
Nasenspray 61
Nassfutter, Hunde 496
Nassfutter, Katzen 500
Nassrasur 187, 230
Natriumhydrogenkarbonat 71
Natriumpercarbonat 376
Natron 71, 473
Natronlauge 150
Naturdeos 331
Naturkosmetika 189ff
Nebenhöhle 57
nebenwirkungsfrei 327
Nematoden 447, 456
Nemazide 456
Nervenfasern 29
Nervengewebe 29
Nervenschäden 262
Nervensystem 52
-, autonomes 52
-, periferes 52
-, unwillkürliches 52
-, vegetative 52
-, willkürliches 52
Nervenzellen 119
Nervosität 344, 367
Netzmittel 136
Neurodermitis 131
Neuronen 29, 38
neutrale Reiniger 408
Niacin 262
nichtionische Tenside 383ff
Niere 77f
Nieren- und Blasenleiden 338
Nieren-Blasen-Beschwerden 367
Nieren-Blasen-Tee 337
Nierenfunktion, Unterstützung 362
Nierengrieß 359
Nierenkörperchen 78
Nisthilfen für Insekten 469
NMF 145f, 147, 165, 167f, 185
Normalobjektive 484
Novel Food 315
Nüsse 301f
Nützlinge 439, 452, 458, 469f

O/W/O-Emulsion 137
O/W-Emulsion 135f, 157, 165, 180

obere Atemwege 57
Oberflächenspannung 384
Oberhaut 114f, 118, 146
Objektive 484
Obst- und Gemüsebrei 279
Obstipation 75, 254
Ödem 40, 56, 359
Ökologischer Fußabdruck 22
Öle 138ff
-, mineralische 379
-, native 303f
-, natürliche 379
-, raffinierte 303f
Olivenöl 144, 170. 255f
Ölmazerat 322
Omega-3-Fettsäuren 48, 257, 315
optischer Aufheller 382
Orangenhaut 120
Organfett 255
organische (unpolare) Lösungsmittel 380f
organische Düngung 443
Osteoporose 33, 265, 279
Östrogen 34, 119, 144
ovo-lakto-vegetabile-Ernährung 271
Ovulationstest 108
Oxidationsmittel 227, 229
oxidative Coloration, Inhaltsstoffe 227
Ozon 443

Packungen 162ff
Palmkernöl 150
Pankrea 67
Panthenol 159, 182
Panthothensäure 263
Paraffin, Kerzen 435ff
Paraffine 159, 190
Paraffinöl 151, 181
Parasiten 441
Parasympatikus 52
Parfüm 197ff
-, Inhaltsstoffe 200
Parfümöle 140
Parodontitis 84f
Parodontose 84
Pasten 326
PECH-Regel 36
Peeling 159ff
-, abrasiv 165, 167, 168, 170, 185, 207
-, adsorbtiv 165, 167, 168, 170, 185
-, biologisch 159
-, chemisch 159
-, physikalisch 159
Peelingprodukte 143
Peelingseife 151
Peel-off-Maske 162
Peloidbäder 41
Pepsin 68, 329
Peptidasen 67
Peptide 147, 260
Peptidspirale 212

Peristaltik 39, 70, 333
Perkolation 321
Pestizide 225
Pfefferminzblätter 355
Pfefferminzöl 327
Pferdefüßchen 209
Pflanzenfette 139, 159
Pflanzenhaarfarben 225
Pflanzenöle 144
Pflanzenschutz, integrierter 440f, 449ff
Pflanzenschutzmittel 454
-, bienengefährliche 467
-, Formulierung 456
-, Lagerung 461f
-, Wirkmechanismen 460f
Pflanzenschutzmittelpackungen 471
Pflanzenschutzmittelreste 471
Pflanzenstärkungsmittel 443
Phämelanine 229
Pheromomfallen 453
Pheromone 454
Photosensibilisierung 347
Photosynthese 28
pH-Wert 30, 77, 113, 150ff, 161, 166, 169, 369ff, 371
Phyllochinone 262
Phytohormone 144
Phytopharmaka 334
Phytosteröle 144
Pigment 115, 141ff, 224, 244, 377, 379
Pigmentierungstyp 177
Pilze 444
Pinsel, Make-up 246
Pixel 486
Pixelzahl 487
Plaque 84, 90
Plasma, Blut- 46
Plataginis lanceolate herba 360
Poster 492
Prebiotika 315
Prellung 36, 43, 336, 347
Pre-Nahrung 273
Pre-shave-Produkte 188
Primärharn 78
Probiotika 315
probiotisch 311
Produktästhetik 375ff
Programmautomatik 488
Propanol 372
Prostata 80
-, vergrößerte 80, 350
Prostatabeschwerden 80
Protease 66, 162
Proteinbedarf 258
Proteine 68f, 258ff, 282
Proteinqualität 259
Prothesenhaftmittel 93
Prüfungsangst 367
Puder 232
Puder, Fixierung 239
Puderrouge 245f

Pusteln 125, 129, 166
Putzkörper 88f
Putztextilien 434
Pyrethrum 473
Pyridoxin 262
Pyrrolizidinalkaloid 345

Quaddeln 125
quartäre Ammonium-
   verbindungen 374
Quellstoffe 254
Quellwirkung 390
Quercus cortex 340
Quetschungen 336

Rachen 57
Rachenentzündung 336
Rachitis 265
Rachitis 32, 262
Radikalfänger 236
Rapsöl 255f
Rasierer 186
Rasiermittel 186
Rasierpinsel 186
Rasur 186, 230
Rasurmittel 230
Ratten 448
Raupen 446
Reduktionsdiät 284
Reduktionskost 283f
reflektorisch 329
reflektorischer Atemstillstand 348
Reflexion 378
Regeneriersalz 414
Reinigen 165f, 168f, 171, 185
Reiniger 408ff, 423
Reiniger, neutrale 408
Reiniger, saure 408, 410
Reinigungsprozess 384
Reinigungstücher 193
Reinigungswirkung 151, 153
Reizblase 350
Reizdarm 74
Reizdarmsyndrom 355, 367
Reizhusten 62, 332, 339, 345f, 367
Rekonvaleszenz 343
Repellents 453, 472
Resorbtion 331
Ressoucenrückgang 19
Retinol 262
rezeptpflichtige Arzneimittel 335
Rhagaden 98
Rheuma 338, 347
Rheumapflaster 332
Rheumatee 361
rheumatische Beschwerden 344, 361,
   363, 367
Rhinitis 60
Rhino-Viren 59, 61
Riboflavin 262
Ribosomen 28

Ricini semen; Ricini oleum 356
Rillenfüller 207, 210
Ringelblume 165, 168, 191
Ringelblumenblüten 356
Rinse-off-Produkte 218
Rizin 327
Rizinus/Rizinusöl 356
Rodentizide 456, 473
Rohprotein 497
Rosacea 128, 160
Rosmarinblätter 357
Rosmarini folium 357
Rosmarinus officinalis 357
Rosskastaniensamen 357
Rote Augen 492
Rotklee 144
Rotöl 347
Rouge 232, 234, 245
Rubbelpeeling 160
Rückenmark 52
Rückenschmerzen 361
Rückfetter 138, 150, 192, 215, 217
Rückfetter 151
Rückstands-Höchstmengen-
   verordnung 465
Rutin 50

Saccharide 251
Saccharose 251
Sachkunde, Allgemeine 15
Saft 322
Salbeiblätter 331, 358
Salben 326
Salicin 363
Salicis cortex 363
Salicylsäure 97, 161, 167
Salmonellen 30
Salviae folium 358
Salzsäure 329
Sambuci flos 344
Sandpapierfeilen 209
Saponine 331
Sättigungsgefühl 254
Sauerstofftransport 262
Säuglingsanfangsnahrung 272f
Säuglingsernährung 272
Säuglingsmilchnahrung 273
saure Reiniger 408, 410
Säuren 159, 369f
-, anorganische 371
-, organische 370
Säureschutzmantel 113, 122
Schachtelhalmkraut,
   Equiseti herba 359
Schadensschwelle, wirtschaftliche 459
Schaderreger, tierische 446
Schaderreger, tierische 446ff, 449
Schädling 439, 452
Schadorganismus 454
Schadursachen bei Pflanzen 442
Schafgarbenkraut 359

Schälwirkung 161
Schärfentiefe 479ff, 489
Scharfstoffe 332
Schattieren 238
Schaumbildung 150
Schauminhibitoren 386
Schaumregulatoren 383
Scheuermilch 369, 408
Scheuermittel, flüssige 369
Scheuerpulver 369, 409
Schimmelentferner 423
Schlafstörungen 344, 367
Schlagfallen 451
Schleime 254
Schleimgehalt 333
Schleimhaut 57, 330
Schleimhautentzündung 356
Schleimstoffe 332, 339, 346
Schmuckdroge 364
Schmutzarten 408
Schmutzaufnahmevermögen 412
Schmutzhaftung 391
Schmutzmenge 393
Schmutzradierer 434
Schmutzträger 386
Schnecken 447
Schnupfen 60f, 63
Schocksyndrom, toxisches 107
Schrunden 98f, 210
Schrundensalbe 97f
Schuh- und Lederreiniger 432ff
Schuhpflegemittel 434
Schuppenschicht 212
Schwangerschaftsernährung 270
Schwangerschaftstest 108
Schweiß 117, 120f
Schweißdrüsen 120f, 194
schweißflusshemmend 195
Schweißproduktion, starke 358
Schwielen 96
Schwitzen 194
Seborrhö 128, 166
Sebostase 167
Sebumzellen 122
Sedativum 344
Sehnen 31, 36
Sehnenscheidenentzündung 35f
Seide 394
Seife 150f, 171
Seitenverhältnis 486, 493
Sekret 120
Sekretion 332
sekretionsfördernd 70f
Sekundäre Pflanzenrohstoffe
   (SPS) 266f, 327
Selbstglanzemulsion 427
selektive Insektizide 461
Seniorenernährung 279ff
Sennesblätter 331
Serotonin 305
Sicherheitsdatenblatt 462

Stichwortverzeichnis

Silberfischchen 473
Silberreiniger 418
Silikone 190, 382f
Silikonöle 217, 382
Silybi mariani fructus 353
Silymarin 335
Singvögel 469
Sinner`scher Kreis 389
Sirupe 322
Sitzbad 340, 359
Skelett, Aufbau 31
Skelettmuskulatur 31, 37, 39
Skelettsystem 31
SL-Nahrung 275
Snaks, Hunde 498
Snaks, Katzen 500
Soda 399, 411
Sodbrennen 70
Sodbrennen 71f
Soja 144
Solarium 182f
Sonnenschutzprodukte 180ff
Sonnenstrahlung 174
Sortenwahl 449
Spannungskopfschmerz 327
Spasmolytika 70, 74
Speichel 82
Speicheldrüsen 82
Speichelprodukt 332
Speichergeschwindigkeit 488
Speichergröße 487
Speicherkarten 488
Speichermedien 487f
Speicherstoffe 254
Speiseröhre 65
Speisesalz 264
Spiegelreflexkamera 482
Spiegelreflexkamera, digitale 483f
Spinnen 472
Spinnmilben 455, 458
Spinntiere 447
Spirillen 30
Spiritus 362
Spissumextrakt 321
Spitzwegerichkraut 333, 360
Spritzflüssigkeiten 457
Sprühstärke 405
SPS 266f
Spurenelemente 263, 265
Spurenelemente 263ff
Sputum 332
Stahlwaren 209
Standardzulassung 334f
Staphylokokken 30
Stative 490
Staubtücher 429
Stearin, Kerzen 435ff
Steinsalz 264
Sterine 144
Sterole 144, 171
Stillen 272

Stoffwechsel, Vitamine 260
Stoffwechselendprodukte 68
Stomachia Disgestiva Amara 70
Stomachikum 329
Streptokokken 30
Streusalze 442
Stuhlgang 75
Stylingprodukte 220f
Subcutis 119f
Substanzen, heilwirksame 319
superhydrophob 381
Suspension 326
Süßholzwurzel 331, 360
Süßstoffe 298
Süßungsmittel 297f
Sympatikus 52
Syndets 151, 383
Synthesefasern 395
systemisch 460
Systempflege 163
systololisch 45

Tabletten 322
Tagescreme 157
Tagespflege 165, 167ff, 170, 185
Talg 117, 119
Talgdrüsen 107, 121f, 166, 191
Talkum 143, 160, 185, 193
Tampon 107
Taraxaci radix herba 352
Tausendgüldenkraut 329, 361
Tee 320
Teilbad/Sitzbad 325
Teint 236
Teleobjektiv 484
Tenside 88f, 136ff, 153, 169, 191, 229, 383
-, amphotere 383ff
-, anionische 383ff
-, kationische 383ff
-, nichtionische 383ff
-, nichtionische 383ff
Teppichreiniger 427
Teppichreinigungsschaum 428
Terpene 374
Teufelskrallenwurzel 361
Textilerfrischer 380, 405f
Textilfasern 393
Textilkennzeichnungsgesetz (TKG) 393
Thiamin 262
Thripse 446
Thrombus 48, 103
Thujon 358
Thymi herba 362
Thymiankraut 325, 362
tierische Schaderreger 446ff, 449
Tigerbalsam 41
Tinktur 322
Titanoxid 143
Titanoxid 171

Titanoxid 210
Tliae flos 351
Tocopherol 262
Tofu 308
Toluol 210
Tonerde 160
Tonerde 168, 170f
tonisieren 156, 165f, 168f, 171, 185, 235
Tonus 170
Top Coat 207
Totalherbizide 461
toxisches Schocksyndrom 107
Transmitter 38
Triclosan 99
Triglycerid 255
trinken, abnehmen 268
trinken, Alter 268
trinken, Säuglingsernährung 268
Trinkwasser 19
Trockenextrakt 321
Trockenfrüchte 299f
Trockennahrung, Katzen 500
Trockenrasur 188
Trockenshampoo 216
Trockenstarre 403
Tropfen 322
Trypsin 67f
Tube 60
Tumor 80
Turgor 28, 145, 170
Typenzahl, Mehl 295
T-Zone 121

Übergewicht 283
Umami 66
Umschlag 320, 324
Umschläge 320
Unkraut 445
Unruhe 344, 367f
Unruhezustände 350
untere Atemwege 57
Unterhaut 113, 115, 119f
Unterhautfettgewebe 113, 119
Unterlack 207
Unverträglichkeitsreaktion 130
Urea 99, 145, 185
Urin 77
Urinsteinentferner 420
Urticae folium 338
Uvae ursi folium 321, 337
UV-A-Strahlung 174ff
UV-B-Strahlung 164, 174ff, 177ff
UV-Filter 159
UV-Schutz 227
UV-Strahlen 32, 174, 178, 378

Vakuole 28
Vaseline 181
vegane Ernährung 271, 289
vegetarische Ernährung 289f
Vene 44f, 67, 77

Venenklappen 50
Venenleiden 368
Venenschwäche 50
Verbasci flos 364
Verbraucherschutz 465
Verdauungsbeschwerden 349, 352, 357, 362
Verdauungsenzyme 256
Verdauungsförderung 349
Verdauungsstörung 69, 342
Verdauungssystem 65
Verdickungsmittel 386
Vergrämungsmittel 453
Vergrauungsinhibitoren 377, 386
Verhütungsmittel 109
Verrenkung 36
Verschlusszeit 479
Verschmutzungen, wasserlöslich 391
Verschmutzungen, wasserunlöslich 391
Verschmutzungsgrad 390
Verseifung 150
Verstauchung 36
Verstopfung 70, 74ff, 351, 356, 368
Vielstoffgemische 335
Vier-Jahreszeiten-Typologie 233
Viren 30, 58f, 444f
Visci (albi) herba 354
Viskose 395
visuelle Hautbeurteilung 172
Vitamin A 147f, 159, 164, 262
Vitamin B 159, 262
Vitamin C 147f, 261f, 330
Vitamin D 32ff, 48, 77, 262
Vitamin E 143, 147f, 159, 262, 330
Vitamin H 263
Vitamin K 262
Vitamin-A-Säure 161
Vitaminbedarf 261, 270
Vitamine 148, 260ff, 270
Vitamine, Stoffwechsel 260
Vögel, Ernährung 502
Vollautomatik 489
Vollbad 325
Völlegefühl 72, 342, 352
Vollinsekt 446
Vollwaschmittel 400f
Vollwerternährung 290
Vorblitz 492
Vorsteherdrüse 80

W/O-Emulsion 136f, 157f, 180
Wacholderfrüchte 362
Wachse 385f
Wachspasten 231
Wachstumsregler 456
Wannebäder 149
Wannenbäder 153
Warmwachs 231
Wartezeit 459, 465
Wasch- und Reinigungsprozess 389f

waschaktive Substanzen (WAS) 383
Wäschehygiene 376
Wascheigenschaff, Textilfasern 393
Wäschestärke 405
Wäschevorbehandlungsmittel 399
Waschkraftverstärker 399
Waschmittel 24
Waschmitteldosierung 396
Waschmitteltypen 398
Waschnüsse 401f
Waschvorgang 398
Wasser, Härtebereich 391
wasserabweisend 381
Wasserenthärter 390, 401f, 415
Wasserhaushalt 264
Wasserschutzgebiete 468
Wasserschutzgebietsauflagen 459, 468
Wasserstoffbrücken 219
Wasserstoffperoxid 228, 230
wässrige Auszüge 320
Weichspüler 403f
Weichteilrheumatismus 42
Weidenrinde 363
Weißdornblätter 363
Weiße Blutkörperchen 28
Weiße Fliege 446
Weißmacher 382
Weitwinkelobjektive 484
Well- und Fixiermittel 222
Welpennahrung 495
Wermutkraut 329, 364
Wickel 324
Wildbienen 465
Wildbienen 467
Wimpern, falsche 243
Wimperntusche 234, 242
Windelbereich 192
Winterfutter 502
Wirkspektrum 327
Wirkstoffe, antimikrobielle 373f
Wirkstoffe, antimikrobielle 425
Wirkstoffpflaster 326
Wischpflege 428
Wollblumen/Königskerzenblüten 364
Wolle 394
Wollfett 394
Wollwachs 138, 159, 385
Wollwaschmittel 401
Wühlmäuse 448, 451, 453
Wunde, Regenerationsprozess 103
Wunden, schlecht heilende 348
Wundheilung 103ff, 262, 356
Wundpflaster 104
Wundschutzsalbe 192
Wurzelunkräuter 445

Zahnbeläge 82, 84
Zahnbestandteile 83
Zahncreme 88ff
Zahnfleisch 83
Zahnfleischentzündung 85, 348

Zahnhalteapparat 83ff
Zahnpasta 88ff
Zahnputztechniken 87
Zahnschmelz 86, 88
Zahnseide 90
Zahnstein 86
Zahnweiß 89
Zecken 473
Zeitautomatik 489
Zellen 28ff, 55, 116
-, Bakterien- 30
-, Drüsen- 28
-, Knochen- 28
-, Muskel- 28
-, Nerven- 28
-, Oberhaut- 28
-, pflanzliche 28
-, tierische 28
Zellkern 28
Zellmembran 28
Zellwand 28
Zentrales Nervensystem (ZNS) 52
Zimmerpflanzen 447, 458
Zinkoxid 143
Zironensäure 161
Zöliakie 260, 274, 287
Zoomobjektive 484
Zuckerarten 296f
Zuckeraustauschstoffe 298
Zuckerstoffwechsel 285
Zungenreiniger 92
Zwerchfell 58
Zwölffingerdarm 67

Bildquellenverzeichnis

Fotos

adpic: 234/1 B. Leitner; 234/2, 3 F. Langmann; 234/4 K. Gastmann
AKZENT direkt GmbH, Gelnhausen: 205/7; 206/1-4; 207/1; 209/9; 210/1, 3; 211/4,5
Alnatura Produktions- und Handels GmbH, Bickenbach: 23/5; 295/2; 297/2
Alnatura Produktions- und Handels GmbH: 295/2, 297/2
Arnold Holste Wwe. GmbH & Co. KG: 71/2
ARTDEKO cosmetics GmbH, München-Karlsfeld: 242/3
Bad Heilbrunner Naturheilmittel: 266/1
Beiersdorf AG, Corporate & Brand History: 35/1
Beiersdorf AG, Dermo Cosmetics & Health Care Medical Affairs: 112/3; 113/3; 116/1; 118/1, 2; 128/5, 6; 129/1-5; 130/1,2; 145/1; 167/1; 175/1; 176/1;
Bussmann, M., Berlin: 62/2-6; 127/2; 128/1, 4; 160/2; 162/1; 165/1; 173/1; 231/2; 374/1
Canon Deutschland GmbH, Krefeld: 482/1, 2; 483/1; 484/1
Caterine Nail Collection GmbH: 142/1
Cornelsen Verlagsarchiv: 24/1-4; 25/1-4; 24/6; 33/1, 36/2; 43/1; 46/2; 54/1,2; 60/1, 63/1-4; 64/1-2; 87/2; 96/5; 98/3, 4; 99/2, 3; 106/1, 3; 112/2; 120/2; 127/3; 208/1-3; 212/3; 221/3; 223/1-5; 295/1; 328/2
Crusilla GmbH & Co KG, Deggendorf: 11/1; 12/1, 2; 13/1, 2; 293/2-5; 294/1-9
Delta Pronatura Dr. Krauss & Dr. Beckmann: 71/1
Demeter e. V., Darmstadt: 23/3
Depositphotos: 398/1
Deutscher Imkerbund e. V.: 296/1
Dextro Energy (www.dextro-energy.de): 252/1
dm Drogeriemarkt Deutschland (www.dm-drogeriemarkt.de): 70/1; 163/3; 185/1; 193/1-5; 195/1; 215/2; 217/1; 249/1; 252/6, 9; 341/3; 355/4; 3792; 491/1
Dr. Babor GmbH, Aachen: 132/1-3
Durrer, B./ Merz, F., Berlin: 2382-4; 239/1, 2; 240/5-7; 243/1; 244/1, 3; 246/2-9
ECOVIN Bundesverband Ökologischer Weinbau e. V., Oppenheim: 23/6
Eduard Gerlach GmbH: 99/1
Faust, St., Berlin: 65/1; 95/3; 115/2; 116/2; 117/1, 2; 119/2; 121/2; 122/1; 123/1; 125/1; 202/1; 207/2
Forschungsinstitut für Kinderernährung, Dortmund: 276/2
fotolia: 41/2; 283/1; 389/1; 484/2
GABA GmbH, Lörrach: 90/1, 2
GlaxoSmithKline Consumer Healthcare: 92/1

Gütt, Dr., S, Hamburg: 128/2; 158/1; 159/1; 163/2; 164/1; 166/1; 169/1; 173/2
Hansaplast Beiersdorf AG: 105/1
Hollatz, J.: 101/1
Hoting, Dr., Edo, Hamburg: 204/2
Humana Milchindustrie GmbH, Everswinkel: 274/1; 275/2; 27773; 278/1
IC AG, Hamburg: 97/1
Industrieverband Körperpflege- und Waschmittel e. V., Frankfurt a. M.: 111/4; 133/1; 377/2; 378/1, 2; 391/1; 393/1
istockphoto: 103/1; 108/2; 254/1; 261/1; 299/1; 307/3
Kräuterhaus sanct Bernhard KG: 54/1
Lindner-Focke, A., Berlin: 25/5; 36/1; 36/3; 45/2; 70/2; 92/2; 127/1; 148/1; 152/1, 2; 155/1-4; 156/2; 159/2, 3; 196/2; 215/3; 217/2; 220/1; 221/1, 2; 230/2; 240/1, 3; 241/2; 274/2; 275/1; 358/3; 370/3; 375/2; 380/1, 3, 4; 393/1, 2, 4; 399/1; 402/1, 2; 404/1; 405/1; 406/1, 2; 407/1; 409/1; 410/1; 411/1, 2; 417/1-3; 418/1; 419/1, 2; 421/1; 423/1; 431/3; 432/3; 433/1; 434/1; 475/1; 489/3; 492/2
Luvos Just GmbH & Co. Kg: 73/1
MÄRKISCHES LANDBROT GmbH, Berlin: 292/1-16
MCM Klosterfrau Vertriebsgesellschaft mbH: 40/1; 41/1
Merk, Dr., H., Aachen: 126/1-9; 127/4; 128/3; 138/1, 2; 187/1-3; 229/2,3; 236/6; 375/1
Nauert, S., Böhmenkirch: 233/1-4
Neuhaus, J., Münster: 479/2; 480/2, 3; 485/1; 488/3
Nycomed Deutschland GmbH: 258/1
Queisser Pharma GmbH & Co. KG: 49/1
Ratzke, B.: 213/4; 231/1,2; 236/1
Reckitt Benckiser Deutschland GmbH: 92/1, 2
Shutterstock: 16/1; 17/1; 17/2; 18/1-3; 20/1; 25/8; 26/1; 58/2; 82/1; 86/1; 90/3; 107/1; 109/1; 112/1; 114/1; 121/1; 122/2; 124/1; 139/1; 143/1; 144/2; 149/1; 150/1; 153/1, 2; 155/5; 156/1; 174/1; 177/1-4; 179/1; 181/1; 184/1; 186/1-3; 187/4; 189/1, 2; 190/4; 191/1-3; 194/1; 196/1; 197/1, 2; 198/1, 2; 199/1; 201/1-3; 204/1, 3; 206/5; 209/1-3, 5; 210/2; 212/1; 213/1, 2, 4, 5; 215/1; 223/5-9; 226/1; 230/1; 231/1; 239/3; 240/2, 4; 241/1, 3; 242/1, 2; 244/2; 246/1; 250/1-3; 252/3; 264/1; 267/1; 268/1; 269/1; 270/1; 272/1; 276/1; 280/1; 287/3; 295/1; 296/2; 3034; 304/3, 5, 8; 305/1, 2; 306/1; 307/4, 6; 322/1; 375/3; 376/2, 3; 378/3, 4; 379/1; 381/2, 3; 385/2; 393/4; 394/1, 7-9; 395/1-4; 396/1; 397/1-8; 411/3; 412/1-3; 413/1; 415/1; 420/1; 421/2; 422/1, 2; 424/1; 426/1-5; 427/1; 428/1; 429/1-3; 431/1, 2; 432/1, 2; 434/2-4; 43571, 2, 4; 436/1; 439/1,2; 440/1; 446/5;

447/1; 453/1; 455/5; 467/2; 472/3; 475/2; 477/1, 3; 478/1; 479/1; 480/1; 481/2; 483/2; 488/2; 489/1-3; 490/1; 492/3; 496/2; 498/2; 499/2, 3; 500/1, 2; 502/1, 3; 503/1-5
SIEMENS & CO, Heilwasser und Quellenprodukte des Staatsbades Bad Ems GmbH & CO KG, Bad Ems: 326/1
Trebovsek, Anke, Bielefeld: 163/1
Vossler, M., Enger: 319/2-3; 320/1-4; 325/3; 326/2; 328/1; 329/1; 330/1; 331/1-3; 332/2-4; 336-364; 439/3; 442/1; 443/1; 445/1-3; 446/1-3; 447/2-452/1; 453/2-455/4; 456/1, 2; 465/2; 466/1, 2; 467/1, 3; 468/1-3; 469/1; 470/1-6; 472/1, 2, 4; 473/1, 2; 495/1-3; 496/1, 3, 4; 497/1; 498/1, 3, 4; 499/1; 501/1-4;

wikimedia: 27/1-6; 296/4, 297/1; 307/5; 333/1; 408/1; 444/1; 477/2; 488/1; 489/1, 2
Wild Beauty AG, Paul Mitchell: 229/1
Wilde Cosmetics GmbH, Eltville (www.wilde-cosmetics.com): 211/1
www.bio-siegel.de: 23/1-2;
www.ecocert.com: 189/4
www.ihtk.de: 190/2
www.kontrollierte-naturkosmetik.de: 190/1
www.mcs.org: 23/7
www.natue-label.de: 189/3
www.öko-test.de: 190/3

Grafiken

Heinisch, G., Berlin: 34/1; 35/2; 56/1; 57/2; 66/1, 2; 67/1; 75/1; 80/1; 85/1; 96/1-4; 224/3, 4; 228/1, 3; 238/1; 243/26; 312/1; 324/1; 325/1
Henschel, H., Klein Fredenwalde: 30/2; 50/1; 52/1; 59/1; 103/2; 113/1, 2; 115/1; 116/2; 19/1; 120/1, 3; 123/2; 136/1-6; 137/1, 2; 140/1; 147/1; 160/1; 174/2; 180/1; 194/2; 203/1-6; 205/1-6; 211/2,3; 212/2; 219/1; 222/1; 224/1, 2; 2362-5; 245/1-8; 251/4; 256/1; 257/1, 2; 267/2-4; 293/1; 309/1; 324/2; 371/1, 2; 373/1; 377/1; 380/2; 382/2, 3; 383/1, 2; 389/2; 390/1; 446/7, 8; 459/1; 465/1; 471/1; 478/2, 3; 481/1; 483/3; 486/1; 493/1
Kinzelstein Public Relations GbR, Bonn: 281/2
Krahe, A., Düsseldorf: 31/1
Krausen, Scott: 33/2; 68/1
Krischke, K., Marbach: 28/1; 37/1; 38/3; 44/2
Mackensen, U., Heidelberg: 440/2; 443/2
Mair, J., Hersching: 29/1-11; 30/1, 2; 32/1-4; 33/3; 37/2; 38/2; 39/1; 41/3; 44/1, 3; 45/1; 47/1; 48/1; 57/1; 58/1; 61/1; 67/2; 77/1; 78/1, 2; 82/1, 2; 83/1, 2; 84/2; 87/1; 91/1; 95/2; 285/1-3; 321/1

Mall, K., Berlin: 55/1; 106/2
Schlund, B., Hamburg: 104/1
Skincare forum (www.scf-online.com): 170/1; 178/1
SQlab GmbH, Strasslach (www.sq-lab.com): 95/1
Streble, H., Stuttgart: 46/1
Vaillant GmbH, Remscheid: 415/2
Verein für Lactoseintoleranz (VLI) e. V. Neu-Ulm: 288/1
Wrigley Oral Healthcare Programms: 92/3

In einigen Fällen war es uns nicht möglich, die Rechteinhaber zu ermitteln. Selbstverständlich werden wir berechtigte Ansprüche im üblichen Rahmen vergüten.

Titelfoto:
Gesicht mit Ölflasche: fotosearch, paa 304000038
Mund: gettyimages, Jamie Grill Photography, Iconica

How to say it in English/Comment dit-on en francais

Produktkategorien, Kennzeichnungen

Deutsch	Englisch	Französisch
Pflege	care	les soins
Hautpflege	skin care	les soins pour la peau
Feuchtigkeit spendend	moisturing	hydrant(e), rehydrant(e)
wohltuend	calming	bienfaisant(e)
erfrischend	refreshing	vivifiant(e)
kühlend	cooling	rafraichissant(e)
reinigend	cleaning	nettoyant(e)
selbst bräunend	self tanning	auto-bronzannt(e)
reparieren, wieder herstellen	repair	réparer, restructurer
Schutz	protection	la protection
Sonnenschutz	sun protection	la protection solaire
alkoholhaltig	alcoholic	alcoolisé
flüssig	liquid	liquide
Antifalten …	anti-wrinkle …	anti-rides …
Radikalfänger	free radical scavenger	anti-radicaux
vermindert lichtbedingte Hautalterung	reduces light induced skin-aging	atténue le vieillissement prématuré de la peau par des rayons
Insektenabwehr	insect repellent	les anti-insectes
Gesichts(pflege)creme	facial (care) cream	crème (soignante) pour le visage
Tagescreme	day cream	la crème de jour
Nachtcreme	night cream	la crème de nuit
getönte Tagescreme	tinted day cream	la crème teintée de jour
Körpercreme/-lotion/-milch	bodycream/-lotion/-milk	la crème/la lotion/ le lait corporel(le)
Fußcreme/-gel	foot cream/-gel	la crème/le gel pour les pieds
Hand- und Nagelcreme	hand and nail care cream, hand and nail repair cream	la crème pour les mains et les ongles
Reinigungsmilch/-gel	cleansing milk/ -gel	le lait/ le gel de toilette
Gesichtswasser	tonic water	lotion pour le visage
Augen(pflege)creme	eye (care) cream	le soin (revitaliseur) contour des yeux
Wimperntusche	eye lash tint, mascara	le mascara
Duschöl/-gel/-bad	shower oil/-gel/-bath	l'huile/le gel/la mousse de douche
Seife	soap	le savon

Deutsch	Englisch	Französisch
flüssige Seife	cream soap, liquid soap	le savon liquide
Lippen(pflege)stift	(caring) lipstick	le rouge à lèvres
Augenpflegecreme	eye care cream	le soin (révitaliseur) contour des yeux
Nagellack	nail colour	le vernis à ongles
Basisnagellack	base coat	la base pour les ongles
Nagellackentferner	nail colour remover	le dissolvant
Nagelhautentferner	cuticle remover	l'eau emolliente
Lidschatten	eye shadow	le fard à paupières
Augenkonturenstift	eye liner, eye pencil	le crayon à paupières, auch eye-liner
Haargel	hair styling gel	le gel coiffant
Frisierschaum	(hair) styling foam	la mousse coiffante
Haarspülung	conditioner	les soins après-shampooing
Schampoo und Haarkur in einem	2 in 1 shampoo and conditioner	le 2 en 1 shampooing et après-shampooing
Haarspray	hair-spray	le spray coiffant
Haarspray mit starkem Halt	hair-spray strong hold	la laque forte
Feuchtigkeitsgel (Haar)	wet gel (hair)	le gel hydrant (cheveux)
Haarfarbe	hair colour	le couleur des cheveux
Rasierschaum/-gel/-creme	shaving foam/-gel/-cream	la mousse/le gel/la crème à raser
Rasierwasser	after shave	l'emulsion après rasage
Rasierbalsam	after shave lotion (balm)	la lotion après rasage
Peeling Gel	peeling gel	le gel de gommage
Sonnenschutzcreme/ -lotion /-milch	sun protection cream/ -lotion/ -milk	la crème/la lotion/le lait solaire
Lichtschutzfaktor (LSF)	sun protection factor (spf)	le facteur de photoprotection (cp)
niedriger Schutz (LSF 2-4-6)	basic protection (spf 2-4-6)	la protection minimale (cp 2-4-6)
mittlerer Schutz (LSF 8-10-12)	medium protection (spf 8-10-12)	la protection moyenne (cp 8-10-12)
hoher Schutz (LSF 15-20-25)	high protection (spf 15-20-25)	la protection renforcée (cp 15-20-25)
sehr hoher Schutz (LSF 30-40-50)	very high protection (spf 30-40-50)	la protection maximale, la protection avancée (cp 30-40-50)
extrem hoher Schutz (LSF 50 +)	ultra high protection (spf 50 +)	la protection extreme (cp 50 +)
After-Sun Spray/-Crème/-Lotion	after sun spray/-spray/-lotion	le spray/la crème/ la lotion après soleil
Selbstbräunercreme	self tanning cream	la crème auto-bronzante
wasserabweisend	water resistant	hydrofuge

Deutsch	Englisch	Französisch
wasserfest	very water resistant (veraltet: waterproof)	resiste à l´eau, resistance à l´eau
mineralischer Sonnenschutz	mineral based sun protection	le protecteur solaire minéral
für alle Hauttypen (geeignet)	for all skin types	propre à tous types de peau
für empfindliche Haut	for sensitive skin	propre aux peaux sensibles
für trockene Haut	for dry skin	propre aux peaux sèches
für fettige Haut	for oily skin	propre aux peaux grasses
für unreine Haut	for impure skin	propre aux peaux impures
Mindesthaltbarkeitsdatum	best before date	la date de consommation
mindestens haltbar bis …	best before …	à utiliser de prèferance avant
Hautverträglichkeit dermatologisch getestet	skin compatibility dermatollogically tested	testé dermatologiquement
hautfreundlicher pH-Wert	skin-friendly pH-value	pH n´írritant pas la peau, pH neutre
ohne Farbstoffe	without colour	sans colorant
ohne Konservierungsstoffe	without preservatives	sans agent conservateur
ohne Parfüm	fragance (perfume)-free	sans parfum, sans arôme
ohne Alkohol	without alcohol, alcohol-free	sans alcool
ohne Lichtschutzfilter	without UV-filters	sans filtre solaire
vor Gebrauch gut schütteln	shake well before use	bien agiter avant emploi
nicht verschlucken	do not swallow	ne pas avaler
Inhaltsstoffe	ingredients	les ingrédients

Farben und Aromen

Deutsch	Englisch	Französisch
Rot	red	rouge
Gelb	yellow	jaune
Blau	blue	bleu
Grün	green	vert
Orange	orange-coloured	orange
Lila (Flieder)	lilac	lilas
Braun	brown	brun
Weiß	white	blanc
Schwarz	black	noir
Grau	grey	gris
Rose	rose	rose
Vanille	vanilla	vanille
Zitrone	lemon	citron
Mandarine	tangerine	mandarine
Pampelmuse	grapefruit	pamplemousse
Himbeere	raspberry	framboise
Erdbeere	strawberry	fraise
Limette	lime	lime
Haselnuss	hazelnut	noisette
Walnuss	walnut	noix
Kastanie	chestnut	châtaigne
Paranuss	brazil-nut	noix du brésil